ༀ་མ་ཎི་པདྨེ་ཧཱུྃ

Transhimalaja

Zweiter Band

Der Verfasser als Tibeter verkleidet.

Transhimalaja

Entdeckungen und Abenteuer
in Tibet

Von
Sven Hedin

Mit 397 Abbildungen nach photographischen Aufnahmen,
Aquarellen und Zeichnungen des Verfassers und mit
10 Karten

7. Auflage

Zweiter Band

Leipzig / F. A. Brockhaus / 1922

Copyright 1909 by F. A. Brockhaus, Leipzig

Inhalt des zweiten Bandes.

	Seite
Sechsunddreißigstes Kapitel. Über den Tschang-la-Pod-la	1— 12
Siebenunddreißigstes Kapitel. Der Targo-gangri und der Schuru-tso	13— 23
Achtunddreißigstes Kapitel. Nach der Mündung des Tschaktak-tsangpo in den Brahmaputra	24— 36
Neununddreißigstes Kapitel. Muhamed Isas Tod	37— 47
Vierzigstes Kapitel. Auf Schleichwegen nach Tradum	48— 59
Einundvierzigstes Kapitel. Ein kurzer Besuch in Nepal	60— 70
Zweiundvierzigstes Kapitel. Auf der Suche nach der Quelle des Brahmaputra	71— 79
Dreiundvierzigstes Kapitel. Die Quelle des heiligen Flusses. — Ein Abschied	80— 89
Vierundvierzigstes Kapitel. Eine Nacht auf dem Manasarovar	90—100
Fünfundvierzigstes Kapitel. Neue Seefahrten	101—111
Sechsundvierzigstes Kapitel. Stürmische Fahrt über den heiligen See	112—121
Siebenundvierzigstes Kapitel. Auf dem Klosterdach von Gossul	122—130
Achtundvierzigstes Kapitel. Die letzten Tage am Tso-mavang	131—141
Neunundvierzigstes Kapitel. Abenteuer auf dem Langak-tso	142—152
Fünfzigstes Kapitel. Die Quelle des Satledsch	153—163
Einundfünfzigstes Kapitel. Eine Pilgerfahrt um den Kang-rin-potsche	164—173
Zweiundfünfzigstes Kapitel. Om mani padme hum	174—180
Dreiundfünfzigstes Kapitel. Die Entdeckung der Indusquelle	181—187
Vierundfünfzigstes Kapitel. Entschluß zu einer zweiten Reise	188—197
Fünfundfünfzigstes Kapitel. Ein neues Kapitel	198—207
Sechsundfünfzigstes Kapitel. Auf die Höhen des Dapsang	208—217
Siebenundfünfzigstes Kapitel. Auf dem Dach der Welt	218—227
Achtundfünfzigstes Kapitel. Vierzig Grad Kälte!	228—235
Neunundfünfzigstes Kapitel. Erfrieren? Verhungern?	236—240
Sechzigstes Kapitel. Verkleidet durch das verbotene Land	241—249
Einundsechzigstes Kapitel. Ein Sturm von dreißig Tagen	250—258

VI   Abbildungen.

Seite

Zweiundsechzigstes Kapitel. Unser und der braunen Puppy
 Schicksal in Nagrong . . . . 259—268
Dreiundsechzigstes Kapitel. Durch Bongbas Gebirge . . . . . 269—278
Vierundsechzigstes Kapitel. Tsongpun Taschi . . . . 279—286
Fünfundsechzigstes Kapitel. Buptsang-tsangpo, einer der größten
 Flüsse im innersten Tibet . . . . 287—296
Sechsundsechzigstes Kapitel. Im Gelobten Land der Wegelagerer 297—307
Siebenundsechzigstes Kapitel. Entdeckt! . . . . 308—316
Achtundsechzigstes Kapitel. Seine Exzellenz der Gouverneur von
 Saka . . . . 317—327
Neunundsechzigstes Kapitel. Kamba Tsenam, „aller Räuber Vater" 328—336
Siebzigstes Kapitel. Zum siebentenmal über den Transhimalaja.
 Nach dem himmlischen See der Thronberge . . . . 337—347
Einundsiebzigstes Kapitel. Eine neue Reise über den „weißen Fleck" 348—357
Zweiundsiebzigstes Kapitel. Die letzten Tage in unbekanntem
 Lande . . . . 358—364
Dreiundsiebzigstes Kapitel. Der Transhimalaja . . . . 365—379
Vierundsiebzigstes Kapitel. Simla! . . . . 380—387

Register . . . . 388—406

Abbildungen.

Das bunte Bild auf dem Einband des zweiten Bandes, nach einem Aquarell
des Verfassers, stellt die Aussicht vom Tajep-parva-la über den Nganglaring-tso
und seine Felseninseln dar. (Siehe Band II, Abb. 362.)

Seite

Der Verfasser als Tibeter verkleidet . . . . (Titelbild)
195. Einwohner des Dorfes Govo. 196. Der vereiste Fluß oberhalb Tschomo-
 sumbo 8
197. Eremitengrotte in der Nähe des Tschang-la-Pod-la 9
198. Das erste Lager nordwestlich vom Tschang-la-Pod-la. 199. Tschomo-
 utschong von Osten. 200. Landschaft am oberen Raga-tsangpo . . . 16
201. Mann aus Largäp. 202. Der zwölfjährige Prior von Langbo-nan. Skizzen
 des Verfassers 17
203, 204. Nomaden aus Largäp. 205. Tibetischer Knabe. 206. Bettellama
 mit Flöte aus Menschenknochen und Trommel aus menschlicher Hirnschale.
 Skizzen des Verfassers 24
207. Der Targo-gangri südöstlich vom Lager Nr. 150. 208. Der Targo-gangri
 von Süden. 209. Lager Nr. 150 am Fuß des Targo-gangri 25
210. Targo-gangri von einem Hügel beim Lager 150 aus. 211. Tschomo-
 utschong-Massiv, vom Kintschung-la aus, 23. Mai 1907. 212. Kubi-gangri
 von Lager 201 aus. Skizzen des Verfassers 32
213. Lundup Tsering, der meinen Zug zum Dangra-jum-tso verhinderte . . . 40

Abbildungen.

	Seite
214. Lundup Tserings Heeresmacht.	41
215. Der Schuru-tso, im Hintergrund der Targo-gangri	48
216. Einige meiner Yaks auf dem Angden-la. 217. Tal in der Nähe des Angden-la	49
218. Manis beim Dorf Amtschok-jung	56
219, 220. Mädchen und Knaben von Saka und Tradum. 221. Der durchschossene Jüngling Ugju. 222. Nomade aus Basang. Skizzen des Verfassers	57
223. Weib vom Tschaktak-tsangpo. 224. Mann aus Saka. 225. Lama in Saka-dsong. Skizzen des Verfassers	64
226. Nomade von der Mündung des Tschaktak-tsangpo in den Brahmaputra. 227. Mädchen in Pasa-guk. 228. Weib in Njuku. 229. Der Gova von Tuksum. Skizzen des Verfassers	65
230. Der tote Muhamed Isa	72
231. Muhamed Isas Leichenprozession	73
232, 233. Muhamed Isas Bestattung. 234. Muhamed Isas Grabmal	80
235. Aussicht vom Kore-la nach Südwesten	81
236. Ein Tschorten bei Lager Nr. 182 in Nepal. 237. Landschaft im oberen Nepal	88
238. Manihaufen bei Kung-muga. 239. Weiber im Dorf Namla	89
240. Einwohner des Dorfes Namla. 241. Beladen des Boots mit Kisten beim Passieren des Brahmaputra, auf der Reise nach Tuksum	96
242. Vornehmer Lama in meinem Boot auf dem Tsangpo. 243. Weidende Yaks am Südufer des Manasarovar. Im Hintergrund der Gurla Mandatta	97
244. Hauptmann Cecil Rawling. 245. Major W. F. O'Connor	104
246. Das Quellgebiet des Brahmaputra. Nach Nain Sing, 1865	105
247. Kartenskizze der Reiseroute von Webber im Jahre 1866.	112
248. Das Quellgebiet des Brahmaputra. Nach Major Ryder, 1904	113
249, 250, 251. Kubi-gangri mit den Quellen des Brahmaputra, am 14. Juli 1907 aufgenommen	120
252. Panorama des Kubi-gangri und des Langta-tschen-Gletschers mit der Quelle des Brahmaputra (Standpunkt 5015 Meter, 13. Juli 1907). Skizze des Verfassers	120
253. Schafschur in Tugu-gumpa am Manasarovar	128
254. Tempelsaal, Lhakang, in Tugu-gumpa. Skizze des Verfassers	129
Bunte Tafel. Der heilige See Manasarovar mit dem Kailas im Hintergrund, von Tugu-gumpa aus. Aquarell des Verfassers	130
255. Tempelinneres in Tugu-gumpa. 256. Krypta in Janggo-gumpa. Skizzen des Verfassers	136
257. Tschenresis Bild in Tugu-gumpa. 258. Lama mit Gebetstrommel. Skizzen des Verfassers	137
259. Der Gott des Tso-mavang zu Pferd. Skizze des Verfassers	144
260. Lama vor der Tempelpforte in Tugu-gumpa. 261. Tempelsaal des Seegöttes des Tso-mavang. Skizzen des Verfassers	145
262. Ein Träumer. Lama in Janggo-gumpa am Manasarovar. Zeichnung von T. Macfarlane	152
263. Die alte Nonne in Janggo-gumpa am Manasarovar. Skizze des Verfassers	153

Abbildungen.

	Seite
264. Klosternovizen. 265. Küche in Tschiu-gumpa. Skizzen des Verfassers	160
266. Eingang ins Dunglung- oder Njandital mit dem Kailas im Hintergrund	161
267. Der Kailas hinter Njandi-gumpa. 268. Bettelnde Pilger	168
269. Der Kailas von Nordwesten. Skizze des Verfassers	169
Om mani padme hum . . . . (Kopfleiste)	174
270. Der Kailas von Diri-pu aus. 271. Vereinigung der beiden Indusarme. Skizzen des Verfassers	176
272. Tibetische Pilgerinnen aus Kham auf der Wanderung um den Kailas	177
273. Meine Transportschafe. 274. Gulam Rasuls Zeltlager in Gartok	184
275. Nomadenweib aus Jumba-matsen. 276. Der Oberlama in Tschuschul-gumpa. Skizzen des Verfassers	185
277. Weib von Jumba-matsen. 278. Ladaki-Kaufmann in Westtibet. 279. Dortsche Tsuän, Gouverneur der Provinz Saka, seine chinesische Pfeife rauchend. 280. Dang Gjä, Sohn des Gouverneurs Dortsche Tsuän. Skizzen des Verfassers	192
281. Gulam Rasul; hinter ihm Ballen chinesischen Ziegeltees	193
282. Zelt in Gartok. 283. Kloster von Gar-gunsa. 284. Die Gendarmen aus Rampur, die meine Post nach Gar-gunsa beförderten	200
285. Robert im Boot unterhalb Gar-gunsa an dem Punkte, wo die beiden Indusarme sich vereinigen	201
286. Götterbilder in Tschuschul-gumpa. 287. Meine Yaks im oberen Industal. 288. Mein Boot auf dem Indus bei Taschi-gang	208
289, 291. An der Klosterpforte in Taschi-gang, zwischen Gar-gunsa und Ladak. 290. Der Oberlama in Tschuschul-gumpa	209
292. Tanzende Pilgerinnen in Tschuschul	216
293. Mädchen in Tschuschul. 294. Auf dem Wege nach Tankse. 295. Die neuen Pferde und Maultiere in Drugub	217
296. Abdul Kerim, der neue Karawanenführer	224
297. Gulam, mein Koch. 298. Lobsang. 299. Kutus	225
Bunte Tafel. Aussicht von Lager 307. Der kleine Salzsee südlich von Lager 309. Die Pferde gehen zur Tränke zum See bei Lager 310. Berg nordöstlich von Lager 310. Sturmwolken über dem Schneegebirge südlich des Lagers 312. Aquarelle des Verfassers	230
300. Tubges. 301. Kuntschuk. 302, 303. Suän, der maître de plaisir der Karawane, tanzend	232
304. Meine braune Puppy mit dem Koch Tsering. 305, 306, 307. Mein weißer Ladaki	233
308. Berg bei Schialung im Schejoktal. 309. Tal des Buptsang-tsangpo bei Tuta. Skizzen des Verfassers	240
310. Aussicht von Lager Nr. 307. 311. Aussicht von Lager Nr. 318. 312. Aussicht von Lager Nr. 333. 313. Aussicht von Lager Nr. 333 bei Sturm. 314. Tschomo-utschong, am 1. Mai 1908. Nach Aquarellen und Skizzen des Verfassers	241
315. Geht dies noch einige Tage so weiter, dann sind wir verloren! Zeichnung von T. Macfarlane	248
316. Mein sterbender kleiner Ladaki. Skizze des Verfassers	249
317, 318. Der Lemtschung-tso nach Osten. 319, 320. Der Scha-kangscham. Nach Aquarellen des Verfassers	256

Abbildungen.

	Seite
214. Lundup Tserings Heeresmacht	41
215. Der Schuru-tso, im Hintergrund der Targo-gangri	48
216. Einige meiner Yaks auf dem Angden-la. 217. Tal in der Nähe des Angden-la	49
218. Manis beim Dorf Amtschok-jung	56
219, 220. Mädchen und Knaben von Saka und Tradum. 221. Der durchschossene Jüngling Ugju. 222. Nomade aus Basang. Skizzen des Verfassers	57
223. Weib vom Tschaktak-tsangpo. 224. Mann aus Saka. 225. Lama in Saka-bsong. Skizzen des Verfassers	64
226. Nomade von der Mündung des Tschaktak-tsangpo in den Brahmaputra. 227. Mädchen in Pasa-guk. 228. Weib in Njuku. 229. Der Gova von Tuksum. Skizzen des Verfassers	65
230. Der tote Muhamed Isa	72
231. Muhamed Isas Leichenprozession	73
232, 233. Muhamed Isas Bestattung. 234. Muhamed Isas Grabmal	80
235. Aussicht vom Kore-la nach Südwesten	81
236. Ein Tschorten bei Lager Nr. 182 in Nepal. 237. Landschaft im oberen Nepal	88
238. Manihaufen bei Kung-muga. 239. Weiber im Dorf Namla	89
240. Einwohner des Dorfes Namla. 241. Beladen des Boots mit Kisten beim Passieren des Brahmaputra, auf der Reise nach Tuksum	96
242. Vornehmer Lama in meinem Boot auf dem Tsangpo. 243. Weidende Yaks am Südufer des Manasarovar. Im Hintergrund der Gurla Mandatta	97
244. Hauptmann Cecil Rawling. 245. Major W. F. O'Connor	104
246. Das Quellgebiet des Brahmaputra. Nach Nain Sing, 1865	105
247. Kartenskizze der Reiseroute von Webber im Jahre 1866	112
248. Das Quellgebiet des Brahmaputra. Nach Major Ryder, 1904	113
249, 250, 251. Kubi-gangri mit den Quellen des Brahmaputra, am 14. Juli 1907 aufgenommen	120
252. Panorama des Kubi-gangri und des Langta-tschen-Gletschers mit der Quelle des Brahmaputra (Standpunkt 5015 Meter, 13. Juli 1907). Skizze des Verfassers	120
253. Schafschur in Tugu-gumpa am Manasarovar	128
254. Tempelsaal, Lhakang, in Tugu-gumpa. Skizze des Verfassers	129
Bunte Tafel. Der heilige See Manasarovar mit dem Kailas im Hintergrund, von Tugu-gumpa aus. Aquarell des Verfassers	130
255. Tempelinneres in Tugu-gumpa. 256. Krypta in Janggo-gumpa. Skizzen des Verfassers	136
257. Tschenresis Bild in Tugu-gumpa. 258. Lama mit Gebetstrommel. Skizzen des Verfassers	137
259. Der Gott des Tso-mavang zu Pferd. Skizze des Verfassers	144
260. Lama vor der Tempelpforte in Tugu-gumpa. 261. Tempelsaal des Seegottes des Tso-mavang. Skizzen des Verfassers	145
262. Ein Träumer. Lama in Janggo-gumpa am Manasarovar. Zeichnung von T. Macfarlane	152
263. Die alte Nonne in Janggo-gumpa am Manasarovar. Skizze des Verfassers	153

	Seite
264. Klosternovizen. 265. Küche in Tschiu-gumpa. Skizzen des Verfassers	160
266. Eingang ins Dunglung- oder Njandital mit dem Kailas im Hintergrund	161
267. Der Kailas hinter Njandi-gumpa. 268. Bettelnde Pilger	168
269. Der Kailas von Nordwesten. Skizze des Verfassers	169
Om mani padme hum . . . . (Kopfleiste)	174
270. Der Kailas von Diri-pu aus. 271. Vereinigung der beiden Indusarme. Skizzen des Verfassers	176
272. Tibetische Pilgerinnen aus Kham auf der Wanderung um den Kailas	177
273. Meine Transportschafe. 274. Gulam Rasuls Zeltlager in Gartok	184
275. Nomadenweib aus Jumba-matsen. 276. Der Oberlama in Tschuschul-gumpa. Skizzen des Verfassers	185
277. Weib von Jumba-matsen. 278. Ladaki-Kaufmann in Westtibet. 279. Dortsche Tsuän, Gouverneur der Provinz Saka, seine chinesische Pfeife rauchend. 280. Dang Gjä, Sohn des Gouverneurs Dortsche Tsuän. Skizzen des Verfassers	192
281. Gulam Rasul; hinter ihm Ballen chinesischen Ziegeltees	193
282. Zelt in Gartok. 283. Kloster von Gar-gunsa. 284. Die Gendarmen aus Rampur, die meine Post nach Gar-gunsa beförderten	200
285. Robert im Boot unterhalb Gar-gunsa an dem Punkte, wo die beiden Indusarme sich vereinigen	201
286. Götterbilder in Tschuschul-gumpa. 287. Meine Yaks im oberen Industal. 288. Mein Boot auf dem Indus bei Taschi-gang	208
289, 291. An der Klosterpforte in Taschi-gang, zwischen Gar-gunsa und Ladak. 290. Der Oberlama in Tschuschul-gumpa	209
292. Tanzende Pilgerinnen in Tschuschul	216
293. Mädchen in Tschuschul. 294. Auf dem Wege nach Tankse. 295. Die neuen Pferde und Maultiere in Drugub	217
296. Abdul Kerim, der neue Karawanenführer	224
297. Gulam, mein Koch. 298. Lobsang. 299. Kutus	225
Bunte Tafel. Aussicht von Lager 307. Der kleine Salzsee südlich von Lager 309. Die Pferde gehen zur Tränke zum See bei Lager 310. Berg nordöstlich von Lager 310. Sturmwolken über dem Schneegebirge südlich des Lagers 312. Aquarelle des Verfassers	230
300. Tubges. 301. Kuntschuk. 302, 303. Suän, der maître de plaisir der Karawane, tanzend	232
304. Meine braune Puppy mit dem Koch Tsering. 305, 306, 307. Mein weißer Ladaki	233
308. Berg bei Schialung im Schejoktal. 309. Tal des Buptsang-tsangpo bei Tuta. Skizzen des Verfassers	240
310. Aussicht von Lager Nr. 307. 311. Aussicht von Lager Nr. 318. 312. Aussicht von Lager Nr. 333. 313. Aussicht von Lager Nr. 333 bei Sturm. 314. Tschomo-utschong, am 1. Mai 1908. Nach Aquarellen und Skizzen des Verfassers	241
315. Geht dies noch einige Tage so weiter, dann sind wir verloren! Zeichnung von T. Macfarlane	248
316. Mein sterbender kleiner Ladaki. Skizze des Verfassers	249
317, 318. Der Lemtschung-tso nach Osten. 319, 320. Der Scha-kangscham. Nach Aquarellen des Verfassers	256

Abbildungen.

Seite

321. Der Verfasser als Schafhirt verkleidet. Zeichnung von de Haenen . . . 257
322. Übergang über das Eis des Kangtscham-tsangpo. Zeichnung von de Haenen 264
323, 324, 325. Die Gipfel des Lunpo-gangri (Transhimalaja) von den Lagern Nr. 379, 381 und 383 aus gesehen. Nach Aquarellen des Verfassers . . 265
326. Abdul Kerims Zelt. 327. Rindors Wachmannschaft 272
328. Dortsche Tsüän und sein Amtsbruder Ngawang. 329. Ein „Kavallerist" meiner Eskorte. Skizze des Verfassers 273
330. Kantschung-gangri und Laptschung-tso von Lager Nr. 400 aus. Nach einem Aquarell des Verfassers. 331. Aufbruch zum Lamlung-la. 332. Seine Exzellenz der Herr Gouverneur von Saka unterwegs 280
333. Pantschor, Führer zum Teri-nam-tso. 334. Häuptling Tagla Tsering, der meine Reise zum Dangra-jum-tso verhinderte. 335. Sonam Ngurbu, Statthalter der Provinz Tschoktschu. 336. Soldat aus Sonam Ngurbus Eskorte. Skizzen des Verfassers 281
337. Abschiedsfest für die Tibeter am 5. Mai 1908. Zeichnung von de Haenen 288
338, 339. Soldaten unserer Eskorte. 340, 341. Soldaten aus Tagla Tserings Gefolge. Skizzen des Verfassers 289
342. Eingeborene von Kangmar. 343. Tibetische Soldaten am Ufer des Soma-tsangpo 296
344. Hirtenknabe in Bongba. 345. Ringkampf zwischen Tibetern. 346. Junge mit Flinte am Teri-nam-tso. 347. Die Führer zum Poru-tso. Skizzen des Verfassers 297
348. Pilger der Pembo-Sekte. 349. Junger Hirt in Bongba. Skizzen des Verfassers. 350. Tagla Tserings Gefolge 304
351. Tagla Tsering mit seinen Leuten auf Besuch in meinem Zelt. 352. Die Mönche von Mendong-gumpa kommen mir mißtrauisch entgegen . . . 305
353, 354. Die Schafe und Yaks gehen über den Soma-tsangpo 312
355. Sturmwolken über dem Transhimalaja im Tal des Buptsang-tsangpo. Skizze des Verfassers. 356. Gipfel und Gletscher links auf dem Weg zum Sur-la. Nach einem Aquarell des Verfassers 313
357. Das Klosterdorf Lunkar, in der Ferne der Tarok-tso. 358. Lunkar-gumpa 320
359. Aussicht vom Klosterhügel in Lunkar-gumpa. 360. Sonam Ngurbus Soldaten mit Gabelflinten 321
Bunte Tafel. Nima Taschi, Chef der Regierungs-Eskorte, auf dem Weg zum Teri-nam-tso. Nonnen von Mendong. Vornehmer Lama von Tschoktschu. Der Prior von Selipuk. Aquarelle des Verfassers 329
361. Aussicht vom Abuk-la nach Ost bis Südsüdwest mit der Surla-Kette (drei anschließende Teile). 362. Aussicht vom Tajep-parva-la über den Nganglaring-tso und seine Felseninseln. Nach Aquarellen des Verfassers . . . 336
363. Selipuk-gumpa. 364. Innerer Hof von Selipuk-gumpa 337
Bunte Tafel. Dorf unterhalb von Lunkar-gumpa am Tarok-tso. Kloster Mendong westlich vom Teri-nam-tso. Kloster Selipuk südwestlich vom Nganglaring-tso. Aquarelle des Verfassers 349
Bunte Tafel. Zwei Seen nördlich des Transhimalaja. Der Teri-nam-tso, 4684 Meter, von Nain Sing erkundet, von Hedin zuerst aufgenommen. — Der Poru-tso, 5150 Meter, von Hedin entdeckt. Aquarelle des Verfassers 356

		Seite
365.	Der Prior von Selipuk nimmt Abschied von seinem Gast, dem vornehmen Lama aus Tschoktschu. 366. Der vornehme Lama aus Tschoktschu zu Pferd.	362
367.	D'Anville, Carte Générale du Thibet ou Bout-tan	363
368.	Hodgsons Karte von Südtibet	368
369.	Saunders' Karte von Südtibet	369
370.	Abbé Huc. 371. Oberst T. G. Montgomerie	376
372.	Ankunft in der Missionsstation von Poo	377
	Bunte Tafel. Altartisch mit Götterbildern in Mangnang-gumpa. Aquarell des Verfassers	381
373.	Der Verfasser in tibetischer Kleidung in Poo	382
374.	Takkar in seinem neuen Heim bei den Missionaren in Poo. 375. Klein-Puppy	383
376.	Sieben Gentlemen in Simla	384
377.	Abschied von meinen letzten Getreuen vor dem Hauptportal des vizeköniglichen Palastes in Simla	385
378.	Meine letzte Stunde mit Lord Kitchener	386
	Der Verfasser. Photographie von Aron Jonason	387

Karten.

Das Quellgebiet des Brahmaputra, Satledsch und Indus. Von Sven Hedin. Auf Grund der Originalaufnahmen und unter Benutzung des älteren Materials, besonders von Ryder, gezeichnet von Lieutenant C. J. Otto Kjellström. 1909. Maßstab 1:800000.

Der Transhimalaja. Von Sven Hedin. Auf Grund der Originalaufnahmen gezeichnet von Lieutenant C. J. Otto Kjellström. 1909. Maßstab 1:1500000.

Sechsunddreißigstes Kapitel.

Über den Tschang-la-pod-la.

Drei Tage hatten wir uns beim Kloster Linga aufgehalten, als wir am 17. April in dem engen My-tschu-Tal, dessen Wassermenge sich jetzt wieder bedeutend verringert hatte, nach Nordwesten weiterzogen. Der Raum verbietet es, diesen wunderbaren Weg und seine Wildheit ausführlicher zu beschreiben. In der Talerweiterung bei Linga ziehen sich Wege westlich und östlich in das Gebirge hinein; ihre Abzweigungen führen nach zahlreichen Dörfern hin, deren Namen und ungefähre Lage ich stets aufzeichnete. Der Verkehr nimmt jetzt sehr ab, obwohl an den Seiten des Wildnispfades noch immer zahlreiche Manis und andere religiöse Wegzeichen stehen.

Wir reiten auf den abschüssigen Abhängen des rechten Ufers entlang; in der Tiefe unter uns bildet der Fluß Stromschnellen; der Weg ist gefährlich, besonders mit einem Pferd, das nicht sicher auf den Beinen ist. Roberts kleines rotbraunes Füllen vom Ngangtse-tso stolperte und fiel, so daß der Reiter kopfüber auf die Erde stürzte. Wäre er bergab gerollt, so wäre er verloren gewesen, zum Glück aber fiel er gegen den Berg.

Am Eingang des kleinen Nebentales Langmar-pu lagerten wir im Dorfe Langmar, das aus einigen zerstreut liegenden Häusern bestand.

Wir haben noch immer gemietete Tiere, jetzt auch Yaks; die Karawaneneinteilung ist trotzdem wie früher. Sonam Tsering und Guffaru kommandieren ihre Unterabteilungen, Tserings Gesellschaft bricht als erste auf und geht als letzte zur Ruhe, Muhamed Isa leitet das Ganze. Er wird abends von zwei eigens dazu ausersehenen Männern, deren einer Rehim Ali ist, massiert. Noch gibt es Tschang, das unschuldige, aber doch anregende Bier; unter den Sängern an den Lagerfeuern verdient Tsering, wie gewöhnlich, den ersten Preis. Er macht mir unbeschreiblich viel Spaß, er „singt" wie eine alte Kuh oder höchstens wie eine geborstene

Tempeltrommel; unaufhörlich schnappt die Stimme über, und er kommt aus dem Takt und aus der Melodie, ohne daß ihn dies im geringsten geniert. Aber er selbst hält sein Singen für schön, und die anderen haben ihre Freude daran; man hört schon von weitem, wie ihm dabei die Tränen in die Augen treten. Manchmal macht er eine Pause, um den Inhalt des Liedes zu erklären und einen Schluck zu trinken, und dann geht es wieder los. Wenn alle anderen schon schlafen und es im Lager so still geworden ist, daß man nur noch das Rauschen des Flusses und dann und wann einen bellenden Hund hört, hallt Tserings rauhe Stimme noch spröde und tremolierend zwischen den Bergen wider.

Am nächsten Tage nähern wir uns dem Hauptkamm des Transhimalaja wieder, denn zu meiner großen Überraschung und Freude werden wir nach dieser Richtung hingelenkt. Noch immer herrscht Granit vor, in dem die Erosion die wilden Formen der Täler ausgeschnitten hat; der Weg ist leidlich, nur sehr steinig; an beiden Flußufern liegen schmale Eisstreifen, zwischen denen das frühlingsgrüne Wasser das Tal mit dem Widerhall seiner kalten Rastlosigkeit erfüllt; eine Art Wacholdersträucher, „Pama" genannt, erfreuen durch ihr tiefes Grün den Blick, der sonst nur auf graue Schuttabhänge fällt.

Hier heißt der Fluß Langmar-tsangpo, es ist aber nur der Oberlauf des My-tschu. Er entsteht aus dem von Norden kommenden Ke-tsangpo und dem von Westen kommenden Govo-tsangpo. Jener heißt in seinem Oberlauf Ogorung-tsangpo, kommt von der Hauptwasserscheide des Transhimalaja und ist also als der Hauptfluß anzusehen. Man sagte mir, daß seine Quelle sich von der Vereinigung der Täler in anderthalb Tagereisen erreichen lasse. Auf dem linken Ufer des Govo gedeiht ein kleiner Wald von Pamasträuchern; den Fluß überspannt eine sichere Brücke mit drei Bogen. Über diese Brücke führt die wichtige Verkehrsstraße nach Tok-dschalung, die ich schon früher erwähnt habe. Yak- und Schafherden weiden auf den Halden, ringförmige Schafhürden erinnern an das Leben in Tschang-tang. Ein wenig weiter oben überschreiten wir den Govo, der halb zugefroren ist; Quellen und Bäche aus den Seitentälern bilden dekorative Eiskaskaden. Der Fluß soll hier im Sommer so mächtig sein, daß er sich nirgends passieren läßt. Im Norden und im Süden erblicken wir Schneeberge.

Im Dorfe Govo, das aus sieben Steinhäusern besteht, wird Gerste gebaut, die mittelmäßige Ernte gibt. Aber die Einwohner (Abb. 195) sind nicht auf deren Ertrag angewiesen, denn sie besitzen auch Schafe, Ziegen und Yaks, mit denen sie im Sommer nordwärts ziehen. Govo ist das letzte Dorf, das Ackerbau treibt; wir befanden uns hier also auf der Grenze zwischen Ackerbau und Viehzucht, auch auf der zwischen Steinhäusern und schwarzen Zelten.

Es ist also noch Zeit, in eine gewöhnliche tibetische Steinhütte hineinzusehen, die einer in gesicherten Verhältnissen lebenden Familie gehörte. Die Mauern bestanden aus unbehauenem, nicht geputztem Feldstein, Erdfüllung aber hinderte den Wind, durch die Lücken zu wehen. Über ein Labyrinth von Mauern und kleinen runden Blöcken, die so dicht lagen, daß der balancierende Fuß selten auf Erde trat, gelangte man in zwei Höfe, wo Ziegen und Kälber gehalten wurden. In einem dritten stand ein Webstuhl, an dem eine halbnackte, kupferbraune Frau arbeitete, in einem vierten saß ein alter Mann, der mit Abzweigen und Spalten von Pamasträuchern beschäftigt war.

Aus diesem Hof traten wir in ein halbdunkles Zimmer, das Lehmfußboden und zwei Öffnungen in der Decke hatte, aus denen der Rauch entwich und durch die das Tageslicht einfiel. Das Dach bestand aus Balken und quer darüber gelegten Reisigwellen, alles mit Erde und flachen Steinen bedeckt — hier mußte es schön trocken sein, wenn es regnete! In diesem Zimmer saß eine ältere Frau und zählte ihre Om manis an einem Rosenkranz aus Porzellankügelchen ab.

Der nächste Raum war die Küche, der Versammlungsort und die Pièce de résistance des Hauses. An einer vorspringenden Mauer stand der steinerne Herd mit runden, schwarzumrandeten Löchern für Kochtöpfe und Teekannen von gebranntem Ton. Ein großer irdener Topf, der über dem Feuer stand, enthielt Gerste, die gedörrt gegessen wurde; ein Holzstück mit steifen ledernen Lappen an dem einen Ende ward zwischen den beiden Handflächen in der Gerste gedreht, um sie gleichmäßig zu rösten. Sie schmeckte vorzüglich.

Ich ging umher, durchstöberte sämtliches Hausgerät und nahm ein Inventarverzeichnis auf, und zwar nicht nur schwedisch, sondern auch tibetisch. Es gab da vielerlei Gefäße von Eisen, Ton und Holz zu den verschiedensten Zwecken, eine große Holzkelle, ein Teesieb von Eisenblech, einen eisernen Löffel, eine Aschenschaufel, eine eiserne Feuerzange und ein sogenanntes Thagma, eine eiserne Klinge, die in ein Holzstück eingefügt ist, einem zugeklappten Taschenmesser ähnelt und benutzt wird, um neugewebtes Zeug reinzukratzen. Ein großer Tonkrug war mit Tschang gefüllt; ein kleiner Würfel, der durch schmale Kreuzhölzer in vier Räume geteilt war, diente zum Messen des Getreides. In einer tiefen Holztasse ward Ziegeltee mit einem gurkenförmigen Steine pulverisiert. Eine Messerklinge, an beiden Enden gestielt, wurde zum Bereiten und Gerben der Häute benutzt. Unter dem einen Rauchfang stand auf dem Fußboden ein zweiter kleiner Herd für offenes Feuer mit einem eisernen Dreifuß. Ein großer Ledersack war mit Tsamba gefüllt, zwei Schafmagen enthielten Fett und Butter; auf einem Regal aus Stäbchen hatte man eine Menge Schafsfüße, jetzt staubig und schmutzig, aufgereiht; sie werden, erst wenn sie mehrere Monate alt sind, zu einer Suppe gebraucht, die im übrigen aus Tsamba besteht. In großen und kleinen Beuteln bewahrte man Tee, Salz und Tabak.

Sonst sah ich noch allerlei religiöse Gegenstände, Opferschalen, Weihrauchspäne und kleine Götterfutterale; ferner Ballen im Hause gewebter Zeugstoffe, bunte Bänder, die auf Pelze und Stiefel genäht wurden, Messer, Beile, Säbel und Spieße, die, wie man sagte, benutzt wurden, um Räuber und Diebe zu durchstechen. Ein Blasebalg, zwei Säcke trocknen Dungs zur Feuerung, Körbe, Handmühlen, um Gerste zu mahlen, aus zwei runden, flachen Steinen mit einem Griff auf dem oberen bestehend. Endlich eine Öllampe und eine Ölkanne, ein zylinderförmiger Zuber mit eisernen Reifen, mit Wasser gefüllt. In einer Ecke lagen Haufen von Pelzen und Kleidungsstücken, an der Wand zwei nicht in Ordnung gebrachte Schlafstellen.

In einem inneren Vorratsraum wurde in Säcken Proviant, Gerste, Grünfutter, Erbsen und große Fleischstücke aufbewahrt. Hierhin hatten sich drei junge Frauen und eine Kinderschar ängstlich geflüchtet; wir bewilligten ihnen freien Abzug, und sie schlichen laut heulend fort, als ob ihnen alle Messer des Hauses an der Kehle säßen! In dem Zimmer war auch eine Wage, bestehend aus einem rundgeschnittenen Stab mit einem Steingewicht an dem einen und einer getrockneten Yakhaut an dem anderen Ende. In einem Verschlag dahinter wurde Stroh aufbewahrt. Zwischen den verschiedenen Zimmern waren hohe, unbequeme Holzschwellen, auf dem Dach die gewöhnlichen Sträuße von Gertenbündeln, die das Haus gegen böse Geister schützen.

Nach dieser Expedition besah ich das Zelt unserer Eskorte, wo in einem zerbrochenen Tontopf ein Feuer unter dem auf einem Dreifuß stehenden Tiegel brannte. Der Rauch entwich durch die längliche Spalte zwischen den beiden Hälften, aus denen das Zelt bestand. Die Besitzer des Zeltes schrieben gerade ihre Berichte an die Behörden in Schigatse und teilten ihnen mit, daß wir auf dem richtigen Wege seien. Dabei verzehrten sie ihr Mittagessen aus Schaffleisch, das ein halbes Jahr alt, dürr und hart war; es darf überhaupt nicht mit Feuer in Berührung kommen. Einer von ihnen schnitt es in Streifen, die er unter seine Kameraden verteilte. Er war zwanzig Jahre Lama im Kloster Lung-gandän in Tong gewesen, aber vor einigen Jahren aus der Brüderschaft ausgestoßen worden, weil er ein Weib geliebt hatte. Er sprach auch selbst darüber, also wird es wohl wahr sein. —

Am Morgen des 20. April wurde Roberts rotbraunes Pferdchen als tot gemeldet. Der neuliche Purzelbaum erschien uns jetzt wie ein Omen; feist und fett, starb es plötzlich um Mitternacht. Auf unangenehmen Blockkegeln ritten wir wieder höheren Regionen entgegen, aber das Tal wurde offener, und die relativen Höhen nahmen ab. Obgleich das bißchen, was noch vom Flusse da war, wirbelte und schäumte, nahm das Eis doch an Dicke zu und bedeckte schließlich beinahe das ganze Flußbett; unter der Eisdecke hörte man das Wasser rieseln und klingen. Üppige Moosränder faßten die Ufer ein, die Aussicht erweiterte sich, und der ganze Habitus der Landschaft wurde hochalpin. In einer Schafhürde saßen zehn Männer mit Flinten, die an der einen Gabelzinke gelbe und rote Fähnchen trugen; es konnten Straßenräuber sein. Dunkle Wolken zogen über die Kämme; im Nu hatten wir eisigkaltes Schneetreiben, das aber nicht lange anhielt.

Die letzte Strecke war greulich; lauter Blöcke und Schutt, dem man jedoch streckenweise aus dem Weg gehen konnte, indem man auf dem Eis des Flusses ritt. Der Lagerplatz hieß **Tschomo-sumdo**, eine Talgabelung in einer öden Gegend (Abb. 196); aber die Eskorte hatte dafür gesorgt, daß einige Yaks Stroh und Gerste für unsere Tiere heraufgebracht hatten.

Von da an mußte man auf dem Eis reiten, das nach 15 Grad Kälte in der Nacht schön glatt und fest war. Die Gegend ist jedoch nicht unbewohnt; an mehreren Stellen zeigten sich Yaks und grasende Schafe, nach Norden wandernden Nomaden oder aus Tok-dschalung kommenden Kaufleuten gehörend. Bei zwei schwarzen Zelten war man gerade im Begriff, alles zum Tagesmarsch einzupacken; die Leute hatten Ziegen, die mit roten Zeugstreifen an den Ohren festgebunden waren.

Ein wenig höher hinauf erhebt sich auf der rechten Talseite ein senkrechter Felsen, in dessen Wand zwei Grotten wie aufgerissene schwarze Mäuler gähnen. Die untere (Abb. 197) ist der Eingang eines Ganges, der nach der oberen hinaufführt, in der ein berühmter Eremit seinen einsamen Wohnsitz aufgeschlagen hat. Die obere Öffnung ist mit einem halb natürlichen Altan versehen, der mit Wimpeln, Stangen und Bändern behängt ist. Unterhalb der unteren findet man Manisteinhaufen, lange, girlandenartige Schnüre mit bunten Gebetsfetzen, einen Gebetsmast und einen Metallgott in einer Nische der Bergwand.

Wir banden unsere Pferde beim Eisrand fest und gingen zur unteren Grotte hinauf. Hier begegneten uns zwei junge Nonnen aus Kirong (an der Grenze von Nepal) und zwei Bettelmönche aus Nepal, von denen der eine Hindi sprach, so daß Robert sich mit ihm unterhalten konnte. Die Nonnen waren hübsch, gut gewachsen, von der Sonne gebräunt und Zigeunerinnen ähnlich; ihre Augen waren groß und schwarz und schillerten wie Samt, das schwarze Haar war auf der Stirn gescheitelt und fiel in üppigen Wellen über die Schultern; sie waren in rote Lumpen gekleidet und trugen tibetische, mit roten Bändern verzierte Stiefel. Heiter und freundlich sprachen sie mit auffallend weicher, außerordentlich sympathischer Stimme und waren nicht im geringsten furchtsam. Unter einem berußten Gewölbe in der großen Vorhalle der Grotte, umgeben von einer kleinen Mauer und einer Palisade von Pamazweigen und teilweise mit Zeug verhängt, war ihre einfache Wohnung, die wir uns ansahen. Aus Tuchstreifen geflochtene Matten bildeten das Nachtlager, über dem Feuer kochte der Teekessel. Der eine Mann hatte einen dicken Zopf und ein rotes Lamagewand, der andere trug einen Schafpelz und hatte sich während dieses 20. Jahrhunderts das Haar noch nicht einmal schneiden lassen. Die eigentliche Wohnung befand sich in einem höheren Absatz der Grotte.

Alle vier waren im Herbst gekommen und warteten nun auf die wärmere Jahreszeit, um nach Lhasa und von dort wieder nach Hause zu ziehen. Während dieser Zeit dienen sie freiwillig den beiden heiligen Eremiten, die sich in diesem Berge aufhalten, verdienen sich dadurch ihren Unterhalt und erwerben sich Verdienste im Sinne ihres Ordens. Wenn sie sich wieder auf die Wanderschaft begeben, finden sich stets andere dienende Brüder und Schwestern, die bereit sind, an ihre Stelle zu treten.

Eine teils natürliche, teils aus Steinfliesen hergestellte nach links gewundene Wendeltreppe führt in die höheren Regionen der Grotte hinauf. Anfangs ist sie dunkel, aber es wird heller, wenn wir uns einer Scharte in der Felswand nähern. Hier und da sind Wimpelstangen errichtet und die heiligen Silben eingemeißelt. Von der Scharte an wendet sich die Treppe steil nach rechts; gleitet man hier auf dem glatten Gestein aus, so purzelt man gerade in die Küche der Nonnen hinunter, die von hier wie der Boden eines Brunnens aussieht. Der Gang endet an einer Stelle, von der aus eine kleine, steinerne Treppe nach einer mit Schiefer zugedeckten Fußbodenluke hinaufgeht. Indem man die Schieferplatte beiseite schiebt, gelangt man in den größeren Grottensaal, dessen Öffnung wir vom Tal aus sahen. Aber so hoch hinauf wollten uns die dienenden Brüder und Schwestern nicht bringen.

In dieser oberen Grotte, Tschomo-taka, haust seit sieben Jahren der hundertjährige Einsiedler Gunsang Ngurbu, der wegen seiner Heiligkeit in der ganzen Gegend in hohem Ansehen steht. Gunsang bedeutet

Eremit, und Ngurbu ist ein sehr gewöhnlicher Name, Edelstein bedeutend. Jeden siebenten Tag setzen die Dienenden Tsamba, Wasser, Tee und Brennmaterial unter der Luke auf die Treppe; dies alles holt sich der Alte, der nicht mit Menschen, nur mit den Göttern sprechen darf, dann selber herein. Durch ein Loch unter der Luke konnte ich einen großen, aus Steinen und Lehm hergestellten Tschorten und einige auf die Wände der Grotte gemalte Götterbilder erblicken. Hinter dem Tschorten und leider unsichtbar saß der Greis in einer Wandnische niedergekauert und murmelte Gebete; dann und wann hörte man ihn in ein Muschelhorn stoßen.

Ich wollte die Schieferplatte beiseiteschieben und in die obere Grotte hineinsteigen, aber das wollte man um alles Gold der Welt nicht auf sein Gewissen nehmen. Es würde den Alten in seiner Meditation stören und seine Eremitenzeit unterbrechen; auch werde der Alte uns mit Steinwürfen empfangen. Im Vergleich zu dem eingemauerten Lingamönch muß der Eremit Ngurbu ein idyllisches Leben führen, denn er sieht das Tal, die Sonne, den wirbelnden Schnee und die am Himmel funkelnden Sterne; aber Langeweile muß auch er haben! In einer zweiten Grotte, die mit der Ngurbus Wand an Wand liegt, wohnt noch ein Eremit; die beiden aber sind sich nie begegnet und wissen nichts voneinander. Sie dürfen kein Fleisch essen, aber Tsamba und Tee, und beides erhalten sie von den benachbarten Nomaden und Reisenden, die diese Straße ziehen. —

Nach diesem Intermezzo überschreiten wir wieder das Eis des Flusses und ziehen in dem ewigen Schutt aufwärts. Vor uns zeichnet sich die flache Wölbung des Tschang-la-Pod-la ab. Ohne große Anstrengung überwinden wir die Steigung, obgleich uns der eisige Wind gerade ins Gesicht bläst. Beim Steinmal kann ich die Messungen erst beginnen, nachdem ich die Hände über Dungfeuer wieder erwärmt habe. Die Aussicht ist begrenzt, flach und wenig orientierend. Doch nach der Seite hin, von der wir gekommen sind, sieht man die tiefeingeschnittenen Täler, und es scheint, als seien wir höher als die Grate, die sie begrenzen. Die Höhe betrug 5573 Meter! Tschang bedeutet Norden, Nordland, Pod oder Pö Tibet, d. h. das eigentliche, hauptsächlich von ansässiger Bevölkerung bewohnte Land. Tschang-la-Pod-la ist also der Paß zwischen der nördlichen Hochebene der Nomaden und dem Lande im Süden, das Abfluß nach dem Meer hat. Gerade in dieser Eigenschaft einer Grenzbarriere zwischen beiden ist der Transhimalaja von so außerordentlich großer Bedeutung. Daher gibt es so viele Pässe, die Tschang-la-Pod-la heißen. Wie oft wurde mir nicht gesagt, daß ein Paß, wie er an sich auch heißen möge, immer ein Tschang-la-Pod-la sei, wenn er auf der Wasserscheide zwischen den abflußlosen Becken im Norden und dem Flußgebiet des Tsangpo im Süden liege. So hatte ich denn den Transhimalaja jetzt zum zweitenmal auf einem Paß überschritten, der 71 Kilometer westlich vom Sela-la liegt, und hatte feststellen können, daß die gewaltige Bergkette des Nien-tschen-tang-la sich bis hierhin erstreckt! Immer lebhafter wurde nun mein Wunsch, ihr Schritt für Schritt nach Westen folgen zu dürfen.

Nachdem wir am Passe gelagert hatten (Abb. 198), wo die Nachtkälte auf —23 Grad sank, ritten wir am 22. April langsam im Tal des Schak-tschu-Flusses abwärts, das allmählich breiter wird und von flachen, abgerundeten Bergen umgeben ist, in denen anstehendes Gestein selten vorkommt. Wieder sehen wir uns aus dem Berglabyrinth, das die von Regengüssen gesättigten Zuflüsse des My-tschu durchschneiden, auf die weiten Ebenen des Plateaus versetzt, und wieder merke ich, daß der Transhimalaja auch klimatisch eine außerordentlich wichtige Grenzscheide ist.

Der Lapsen-tari ist ein Würfel von Erdschollen, in dessen Mitte ein Bündel Wimpelgerten steckt, von dem sich Wimpelschnüre nach anderen Gerten hinziehen. Von diesem Punkt hat man eine herrliche Aussicht über das Plateau und seinen Kranz von Bergen. In N 55° W sehen wir wieder den Targo-gangri, aber majestätischer, isolierter und dominierender als vom Ngangtse-tso aus, wo er in Wolken eingebettet und von anderen, den Blick irreführenden Bergen umgeben war.

Gerade an diesem Mal haben wir eine letzte verdeckende Ecke passiert. Auf einmal, blendend, silberweiß und großartig, tritt der ganze Bergstock hervor. Er strahlt wie ein Leuchtturm über das Meer der Hochebene und hebt sich grell und scharf gegen einen Himmel ab, der im reinsten Azur prangt, mit einem Mantel von Firnfeldern und blauschillerndem Eise bekleidet. Das Mal ist also an der Stelle errichtet, wo der Wanderer, der von der Schigatseseite kommt, zum erstenmal den heiligen Berg erblickt. Auch unsere Führer entblößten ihr Haupt und murmelten Gebete. Zwei Pilger, die wir schon bei der Grotte des Eremiten gesehen hatten, zündeten Feuer an und streuten ein wohlriechendes Pulver hinein, ein den Göttern des Targo-gangri dargebrachtes Rauchopfer. Im Süden und Südwesten zieht sich eine gleichmäßig hohe Kette braunvioletter Berge hin mit Schneestreifen, die in der Sonne glänzen; wieder ein Teil des Transhimalaja!

Während wir hier saßen, kam eine Handelskarawane auf dem Weg nach Penla-buk, das auf der Westseite des Dangra-jum-tso liegt und ein Rendezvous für Goldgräber und Wollhändler ist. Auf der Ebene

195. Einwohner des Dorfes Govo.

196. Der vereiste Fluß oberhalb Tschomo-sumdo.
Robert spricht mit Taschi, der den photographischen Apparat trägt.

197. Eremitengrotte in der Nähe des Tschang-la-Pod-la.

Kjangdam, wo die Wildesel sehr häufig waren, bildeten unsere Zelte ein Dörflein, um das herum noch gegen 60 Nomaden der Gegend lagerten.

Abends erschien die Eskorte aus Ghe bei mir, um zu erklären, daß sie nun, da wir uns ja im Distrikt Largäp befänden, der unter der Herrschaft des Labrang steht, wieder nach Hause zurückkehren und uns einer neuen Bedeckung anvertrauen würde. Diese bestand aus fünf schon recht bejahrten Männern. Ihr Anführer war ein kleiner Greis, dessen Hände zitterten und der sehr undeutlich sprach. Als die Leute aus Ghe, die sich nach ihren wärmern Dörfern zurücksehnten, am folgenden Morgen trotz heftigen Sturmes abgezogen waren, redete ich mit den neuen ein vernünftiges Wort. Es war ihre Absicht, mich über den Paß Scha-la (Transhimalaja!) im Südwesten zu führen, wo der Targo-tsangpo, an dessen Ufer wir den Tag verlebten, seine Quellen hat. Nach Nain Sings Karte umfließt dieser Fluß den Targo-gangri auf seiner Ostseite und ergießt sich dann in den Dangra-tso, wie der heilige See hier genannt wird. Aber Nain Sing ist nie dort gewesen, und ich wollte gern einen Überblick über die Geographie des Landes erhalten. Daher kamen wir überein, daß wir nach Nordwesten weiterziehen wollten und setzten den Männern auseinander, daß in unserem Reisepaß als nächster Ort Ragatasam genannt sei; daß zwei Wege dorthin führten, einer über den Scha-la, der andere nördlich nach dem Targo-gangri ausbiegend, und daß ich mich für den letzteren entschieden hätte. Der Reisepaß verbiete uns die Orte Lhasa, Gyangtse und Sekija-gumpa zu besuchen, aber von dem Weg nach dem Dangra-jum-tso enthalte er kein Wort. Sie hätten sich also nach unsern Wünschen zu richten. Der Alte stutzte, bedachte sich und versammelte seine Getreuen zum Kriegsrat. Sein Zelt war bald voll von schwarzen, barhäuptigen Männern in grauen Schafpelzen. Dann wurde die Beratung in Muhamed Isas Zelt fortgesetzt. Nach einigem Bedenken gingen sie auf meine Vorschläge ein, wenn ich ihnen täglich für jeden Yak einen ganzen Tenga statt einen halben zahlen wollte. Ich freute mich der Hoffnung, dem heiligen Berg immer näher zu kommen, seine feinen Einzelheiten immer deutlicher hervortreten zu sehen, ihn umwölkt und im Sonnenschein zu schauen, ihn hinter Hügeln verschwinden und dann wieder auftauchen zu sehen, wie ein Kriegsschiff in schäumender See und mit hohen weißen Wellen um den Bug, oder richtiger wie ein Schiff unter vollen Segeln auf dem Meere des Plateaus. Allerdings setzte ich mich Unannehmlichkeiten aus, wenn ich den Paß ignorierte. Aber hier handelte es sich um geographische Entdeckungen, und da mußten alle Rücksichten schwinden!

Am 24. April hatten wir heftigen Gegenwind; es war kalt, und der Targo-gangri verschwand halb hinter den Wolken. Eskortiert von dem alten Herrn und vier Reitern, die einander so ähnlich sahen, als seien sie aus demselben Guß, und die alle Gabelflinten auf dem Rücken trugen, ritt ich am Ufer des Targo-tsangpo in dem sich verengenden Tale abwärts, das außerordentlich langsam, dem Auge unbemerkbar, nach dem See abfällt. Schließlich wird das Tal so eng, daß sein ganzer Boden von Eis ausgefüllt wird. Der Weg läßt daher den Fluß links liegen und führt über flache Hügel, zwischen denen wir eine ganze Reihe kleiner Nebenflüsse überschreiten. Schwarze Zelte, weidende zahme Yaks, Steinhürden für Schafe, Wildesel und Millionen Erdmäuse erinnern an das Leben in Tschang-tang. Der wilde Yak dagegen kommt in dieser Gegend überhaupt nicht vor. Die gefiederte Welt wird durch Raben, Wildenten und gelegentlich einen kleineren Vogel vertreten. Als wir am Bumnak-tschu, einem rechten Nebenfluß des Targo-tsangpo, anlangten, kamen uns zahlreiche Leute entgegen, mit den Zungen grüßend und in ihrem langen, schwarzen, ungepflegten Haar, den kleinen grauen Pelzen und den zerrissenen Stiefeln ebenso lustig wie gutmütig anzuschauen.

Am 25. April ritten wir über den kleinen Paß Ting-la; an seinem Fuß steht ein guterhaltenes Mani mit einem Yakschädel als Verzierung, in dessen Stirnknochen zwischen den Hörnern eine Gebetformel einge= schnitten ist. Von der Paßhöhe aus zeichnet sich der Targo-gangri in Vergrößerung ab, wie eine Reihe Gipfel, die ewiger Schnee bedeckt. Das ganze Land sieht aus wie ein Meer in starker Dünung; der Targo-gangri gleicht einer weißschäumenden Brandung an der Küste. Etwas später standen die Gipfel des Gebirgsstockes scharf weiß auf einem Hintergrund von blauschwarzen Wolkenwänden; die beiden höchsten, ein Zwillingsgipfel, hatten die Form eines tibetischen Zeltes auf zwei Stangen.

Unser Lager im Tal Kokbo zählte nicht weniger als elf Zelte, denn jetzt hatten wir etwa 40 Begleiter jeglichen Alters bekommen und wenigstens 100 Yaks. Die Lasten werden mitten auf dem Marsch anderen Yaks aufgeladen, um die Tiere zu schonen. Wenn die Karawane sich über die abgerundeten Hügel hinbewegt, gleicht sie einem Nomaden= stamm auf der Wanderung. Die meisten unserer Tibeter reiten Yaks oder Pferde.

Wir hatten einen kurzen Tagemarsch gemacht, und es blieb mir reichlich Zeit, umherzugehen, in jedem Zelt einen Besuch zu machen und mir anzusehen, wie es den Leuten dort ging. Überall tranken sie Tee und aßen Tsamba, was ihnen der höchste Genuß ihres Lebens ist. In der Mitte brennt das Dungfeuer zwischen drei Steinen, und sicher ist es die Form des Zeltes, der man die starke Zugluft zuschreiben muß; Rauch sammelt sich innen nicht an. Ringsumher stehen Kessel, Teekannen und hölzerne Tassen. An den Wänden liegt eine unglaubliche Menge Proviant. Sättel und Geschirre sind vor dem Zelt in einer Reihe hingelegt. Wenn ich eintrete, erheben sich alle, aber ich bitte sie, sich wieder zu setzen und ruhig weiterzuspeisen, während ich auf einem Gerstensack am Eingang des Zeltes Platz nehme. Bei allen ist der rechte Arm nackt, bei vielen sogar beide; wenn sie den Pelz auf den Rücken hinuntergleiten lassen, ist der ganze Oberkörper bis zur Taille entblößt. Sie sind kupferbraun und mit einer Schmutzschicht bedeckt, aber gut gewachsen, kraftvoll, männlich und ebenmäßig gebaut. Der Koch der Zeltgemeinschaft schenkt allen Tee ein, dann zieht jeder seinen eigenen Lederbeutel hervor und entnimmt ihm eine Prise Tsamba, die er in den Tee streut. Dazwischen essen sie Fleisch, roh oder im Topf gekocht. Alles geht ruhig und besonnen zu, man hört keine bösen Worte, kein Zanken und Lärmen, alle sind die besten Freunde und haben es sich nach dem Marsch gemütlich gemacht, sie plaudern und lachen miteinander. Mit den Staubfängen von Perücken gleichen sie Indianern. Die meisten tragen auch einen Zopf, der jedoch zum größten Teil aus ineinandergeflochtenen Schnüren mit weißen beinernen Ringen und kleinen silbernen Götterdosen, auf deren Deckel ein paar Türkisen angebracht sind, besteht. Einige haben den Zopf um den Scheitel gewunden, wo er eine seltsame Krone, das Diadem der Wildnis, bildet.

In einem anderen Zelt war man schon mit dem Diner fertig, die meisten „Kuverts" standen leer. Dort saß ein Mann mit einem Pfriemen und flickte seine zerrissenen Stiefel, ein zweiter nähte die Riemen seines Sattels fest, und ein dritter lag mit gekreuzten Beinen und unter den Kopf geschobenen Armen auf dem Rücken und schnarchte sein Mittagsschläfchen. Aus der Vogelperspektive sah er urkomisch aus mit so großen Nasenlöchern, daß die Erdmäuse, wenn sie sie gesehen hätten, leicht aus Versehen hineinspaziert wären. Ein schmunzelnder Jüngling rauchte seine chinesische Mittagspfeife, während sein Nachbar eifrig, aber vorsichtig in seinem Pelz nach verdächtigen Einwohnern suchte.

Ich zeichnete mehrere von ihnen (Abb. 201, 203, 204, 205), ohne die geringste Unruhe zu erregen, im Gegenteil, die Sitzung schien ihnen Spaß zu machen und sie lachten aus vollem Halse, wenn sie ihr Konterfei erblickten, dessen Ränder sie durch dekorative Abdrücke ihrer mit Butter beschmierten Daumen verschönten. Sie baten mich nur, ihnen zu sagen, weshalb ich sie abzeichne und wozu ich ihren Namen und ihr Alter wissen müsse. Sympathisch, höflich und freundlich waren sie alle, und ich befand mich in ihrer Gesellschaft sehr wohl.

Auch ein Bettellama guckte herein; er war auf dem Weg nach dem Kailas und wurde schnell noch gezeichnet, zum unbeschreiblichen Vergnügen der anderen (Abb. 206). Er trug eine Lanze mit schwarzer Quaste und roten Zeuglappen, eine Handtrommel, ein Antilopenhorn, das er zur Verteidigung gegen bissige Hunde gebrauchte, und eine Trompete aus Menschenknochen, die er beim Blasen in die eine Mundecke setzte. Es machte ihm viel Spaß, Gegenstand der allgemeinen Aufmerksamkeit zu sein, die er als Einführung bei den Nomaden, als Einleitung zum Appell an ihre Freigebigkeit benutzte.

Siebenunddreißigstes Kapitel.

Der Targo-gangri und der Schuru-tso.

Bisher hatten wir keine Schwierigkeiten gehabt, aber bei Kokbo sah es beunruhigend aus. Unser Alter teilte mir mit, daß er vor zwei Tagen durch einen Boten die Nomaden am Targo-gangri ersucht habe, Yaks bereit zu halten. Eben hätten sie geantwortet, daß sie ohne ausdrücklichen Befehl einem Europäer nicht zu dienen gedächten und daß sie Gewalt brauchen würden, wenn unsere jetzigen Wächter uns zum Dangra-jum-tso führten. Der Alte regte sich jedoch darüber nicht auf, sondern glaubte, er werde sie schon dazu bringen, Vernunft anzunehmen.

Wir zogen also am 26. April in scharfem Wind nach Nordwesten über den Paß Tarbung-la weiter. Der heilige Berg zeichnet sich wieder in all seinem Glanze mit 16 Gipfeln ab, in N 33° W sieht man die Lücke, in der man den Dangra-jum-tso ahnt. Die Aussicht ist unendlich weit. Das Tal erweitert sich, um in das des Targo-tsangpo überzugehen. Vier Antilopen eilen federleicht über die Abhänge hin; schwarze Zelte sind nicht zu sehen.

Als wir wieder auf freieres Terrain gelangt sind, öffnet sich in Westsüdwest eine der großartigsten Landschaften, die ich in diesem Teil Tibets gesehen habe, eine gigantische Kette gleichmäßig hoher, mit Schnee bedeckter Hörner, zwischen denen kurze Gletscher liegen und die dem näheren Targo-gangri an imponierender Schönheit und Kraft kaum nachstehen. Die Kette ist unter den weißen Schneezinnen blauschwarz; an ihrem Fuß soll ein unbekannter See liegen, der Schuru-tso heißt. Bis an den Ngangtse-tso rechnet man nur drei Tagereisen nach Nordnordost, wenn man über den Paß Schangbuk-la geht! An der Ostseite des Targo-gangri zeigen sich jetzt fünf tiefeingeschnittene Gletscher, während östlich vom Berge das offene flache Tal des Targo-tsangpo hervortritt, dem wir uns allmählich nähern, während wir fünf deutliche Terrassen überschreiten, Überbleibsel aus einer Zeit, in der der Dangra-jum-tso viel größer war als jetzt. Vor uns her schleichen zwei Wölfe; der Alte reitet ihnen im Galopp nach; als sie aber stehen bleiben, wie um ihn zu erwarten, kehrt er hübsch wieder um. „Hätte ich nur ein Messer oder eine Flinte gehabt," sagt er, „so würde ich sie alle beide getötet haben!"

Von einer sich scharf abhebenden Doppelterrasse steigen wir schließlich in das Tal des Targo-tsangpo hinunter, wo der Fluß sich in mehrere Arme geteilt hat, an denen es von Wildgänsen und -enten wimmelt. An den Ufern wächst Gebüsch. Auf dem rechten Ufer liegt unser Lager Nr. 150, nicht weit vom Fuß des majestätischen Targo-gangri (Abb. 207, 208, 209, 210).

So weit sollte ich kommen, aber nicht weiter! Hier erwartete uns eine Schar von 20 bis an die Zähne bewaffneten Reitern, die der Gouverneur von Naktsang aus Schansa-dsong mit dem Befehl geschickt hatte, uns anzuhalten, „falls wir es versuchen sollten, nach dem heiligen See vorzudringen". Diesmal hatten sie besser aufgepaßt und vorausgesehen, daß ich mir allerlei Freiheiten herausnehmen würde! Vor 15 Tagen hatten sie Schansa-dsong verlassen, seit 3 Tagen lagerten sie hier und erwarteten unser Kommen. Wenn wir uns gesputet hätten, wäre ich ihnen wieder zuvorgekommen! Der eine der beiden Führer war derselbe Lundup Tsering, der, wie er mir selber sagte, Dutreuil de Rhins und Grenard Halt geboten hatte und auch im Januar mit Hladsche Tsering am Ngangtse-tso gewesen war (Abb. 213). Er erzählte, daß Hladsche Tsering noch im Amt sei, aber meinetwegen große Unannehmlichkeiten gehabt und dem Devaschung 60 Jambaus, ungefähr 13500 Mark, Strafe habe zahlen müssen! Als ich einwandte, daß Hladsche Tsering mir selber gesagt habe, er sei so arm, daß er nichts mehr zu verlieren habe, antwortete Lundup, daß er den Betrag von seinen Untergebenen erpreßt habe. Auch alle, die uns Yaks verkauft und uns als Führer gedient hatten, seien streng bestraft worden. — Der nächste Europäer, der sich ohne Erlaubnis hier durchzuschleichen sucht, wird mit schönen Schwierigkeiten zu kämpfen haben!

Lundup zeigte auf einen roten Granitvorsprung, 200 Meter im Norden unseres Lagers, und sagte: „Dort ist die Grenze zwischen dem Labrang (Taschi-lunpo) und Naktsang (Lhasa). So weit dürfen wir Sie gehen lassen, aber keinen Schritt weiter; andernfalls haben wir Befehl zu schießen."

Sie lasen den Paß aus Schigatse und erklärten, daß, wenn darin stehe „auf dem geraden Weg nach Ladak", damit doch durchaus nicht gesagt sei, daß ich die Erlaubnis hätte, alle möglichen Umwege zu machen, am allerwenigsten aber, daß wir nach dem Dangra-jum-tso ziehen dürften, der heilig sei und unter der Herrschaft von Lhasa stehe. Gaw Daloi habe Befehl gegeben, ihm über den Weg, den wir zögen, täglich zu berichten. Wenn sie diesem Befehl nicht gehorchten, koste es ihnen allen den Kopf. So war es denn klar, daß ich den Dangra-jum-tso nun zum drittenmal aufgeben mußte, jetzt, da ich nur noch zwei kurze Tagereisen von ihm entfernt war!

Scharf und weiß zeichneten sich die Umrisse des Berges im Mondschein gegen den blauschwarzen, mit Sternen übersäten Himmel ab. Am Tag darauf aber stürmte es, und man sah nicht einmal den Fuß des Targo-gangri, geschweige denn die eisigkalten Höhen, wo die Winde ihre himmlischen Chöre zwischen den Firnfeldern singen. Am Abend dagegen, als das Wetter sich aufgeklärt hatte, trat der ganze mit frischgefallenem Schnee bedeckte Bergstock wieder deutlich hervor.

Auch jetzt hatten wir wieder ein langes Palaver mit den Reitern aus Naktsang. Ich sagte ihnen, daß ich dieses Lager nicht eher verlassen würde, bis ich den See wenigstens aus der Ferne gesehen hätte. Sie erwiderten zu meiner Freude, daß sie, weil sie mir nun einmal gezwungen und wider ihren Willen die Enttäuschung verursachen mußten, daß ich nicht an das Seeufer dürfe, mich nicht auch noch hindern wollten, den heiligen See wenigstens von weitem zu sehen; sie würden aber scharf aufpassen, daß ich hinter jenem roten Berg nicht weiter nach Norden ritte!

Kaum waren sie gegangen, so erschienen unsere alten Führer aus Kjangdam, um sich zu beklagen, daß die Reiter aus Naktsang ihr Leben bedroht hätten, weil sie mich hierhergebracht hätten. Ich ließ mir nun die Naktsangleute wieder holen und erklärte ihnen energisch, daß sie nicht länger zu quengeln hätten, da es ausschließlich meine Schuld sei, daß wir uns hier befänden. Sie versprachen auch, da sie ja das große Glück gehabt hätten, mich noch gerade im richtigen Augenblick abzufangen, nicht länger unfreundlich gegen die Kjangdamleute zu sein. Diese konnten den Frieden schließenden Parteien gar nicht genug danken, und ihre Freude wurde noch größer, als ich der ganzen Gesellschaft Geld schenkte, um ihre knapp bemessenen Lebensmittelvorräte zu verstärken. Sie machten ihrem Entzücken dadurch Luft, daß sie vor meinem Zelt Spiele, Tänze und Ringkämpfe ausführten, und ihr fröhliches Lachen und Lärmen hallte noch in später Nacht von den Bergen wider.

Da kamen aber zwölf neue Soldaten von Naktsang mit frischeren Befehlen: unter keiner Bedingung werde mir gestattet, weiter nordwärts zu gehen! Aber alle waren freundlich und höflich; wir scherzten und lachten miteinander und wurden die besten Freunde. Merkwürdig, daß ihnen nie die Geduld riß, obwohl ich ihnen immer wieder Scherereien, Wirrwarr und lästige Reisen verursachte!

Am 28. April stand ich um 8 Uhr auf, nahm eine Sonnenhöhe, photographierte den Berg und maß die Winkel der höchsten Spitze, wozu einige Ladakis mit den nötigen Instrumenten, sowie mit Brennmaterial

voraus geschickt wurden. Just als ich mich zu Pferd setzen wollte, kam
der Häuptling von Largäp mit einer Reiterschar und wurde von seinen
auf dem Lagerplatz befindlichen Untergebenen mit wildem Hurraruf be=
grüßt. In gebieterischem Ton ließ er meine Leute sofort zurückrufen,
und 60 Tibeter aus Largäp und Naktsang drängten sich um mein Zelt
und meldeten sich zu neuen Beratungen.

Der Häuptling von Largäp aber war unnachgiebiger als die Nak=
tsangherren, unsere alten Freunde. Er ließ mich den roten Berg nicht
besteigen, sondern verlangte, daß wir am nächsten Tag die Gegend ver=
lassen und geradeswegs nach Raga=tasam ziehen sollten. Ich fuhr ihn
aber an, wie er, ein kleiner Häuptling im Gebirge, sich unterstehen könne,
so gebieterische Reden zu führen? Sogar die Chinesen in Lhasa seien
liebenswürdig gewesen und hätten mir große Freiheit gelassen. Ich würde
nicht eher von der Stelle gehen, als bis ich den See gesehen hätte! Ich
drohte den Schigatsepaß in kleine Stücke zu zerreißen, aber sofort einen
Kurier an Tang Darin und Lien Darin zu schicken und ihre Antwort
am Fuß des Targo=gangri abzuwarten. Da wurde der Häuptling ver=
legen, erhob sich schweigend und ging, von den anderen begleitet, weg.
Vor Abend noch sah ich sie jedoch wieder bei mir. Mit demütigem Lächeln
sagten sie, daß ich gern auf den roten Berg hinaufreiten dürfe, wenn ich
ihnen nur versprechen wolle, nicht bis an das Ufer des Sees zu gehen!

Den ganzen Tag lag dünner Nebelschleier über dem Lande. Aber
als die Sonne unterging, glühte der Westhimmel in Purpurflammen und
eiskalte Gletscher und Schneefelder zeichneten sich auf einem Hintergrund
von loderndem Feuer ab.

Am 29. April machten wir uns endlich auf den Weg und ritten
über den von rechts kommenden Nebenfluß Tschuma, der in seinem
Oberlauf Nagma=tsangpo heißt. Über regelmäßig geschweifte See=
terrassen stiegen wir immer höher; die Aussicht erweiterte sich immer mehr,
je mehr wir uns dem Gipfel näherten, wo die Ladakis mich mit einem
Feuer erwarteten. Das südliche Becken des Dangra=jum=tso war
wie eine bläuliche Säbelklinge vollkommen deutlich sichtbar, in die weite
Uferebene mündet das Tal des Targo=tsangpo trompetenförmig ein. Es
war um so leichter, den Lauf des Flusses bis in die Nähe des Sees zu
verfolgen, als sein ganzer Weg durch weißglänzende Eisschollen und dunkle
Flecken, an denen Gebüsch wuchs, markiert wurde. Ende Juli soll der
Fluß so hoch anschwellen, daß er nicht überschritten werden kann. Wenn
dann den Nomaden am östlichen Fuß des Berges Briefe zu bringen
sind, werden sie mit einem Stein beschwert an einer schmalen Stelle
über den Fluß geworfen.

199. Tschomo-utschong von Osten.

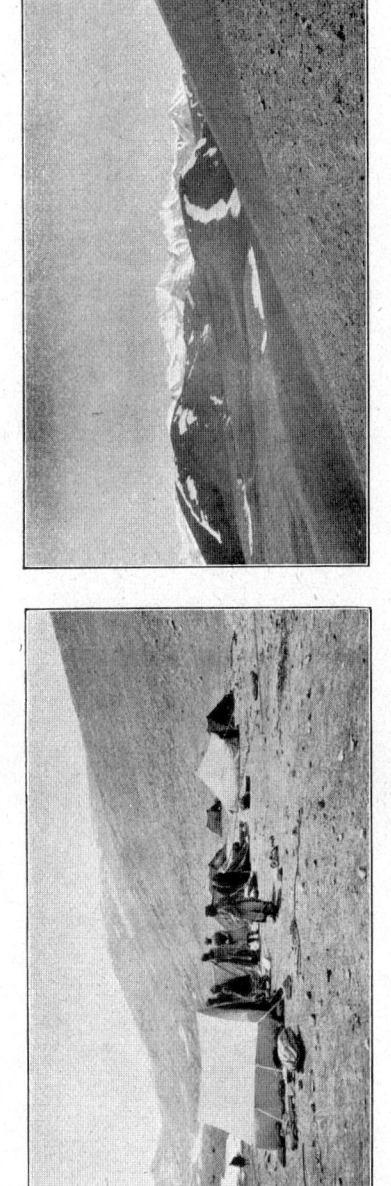

198. Das erste Lager nordwestlich vom Tschang-la-Pod-la.

200. Landschaft am oberen Raga-tsangpo.

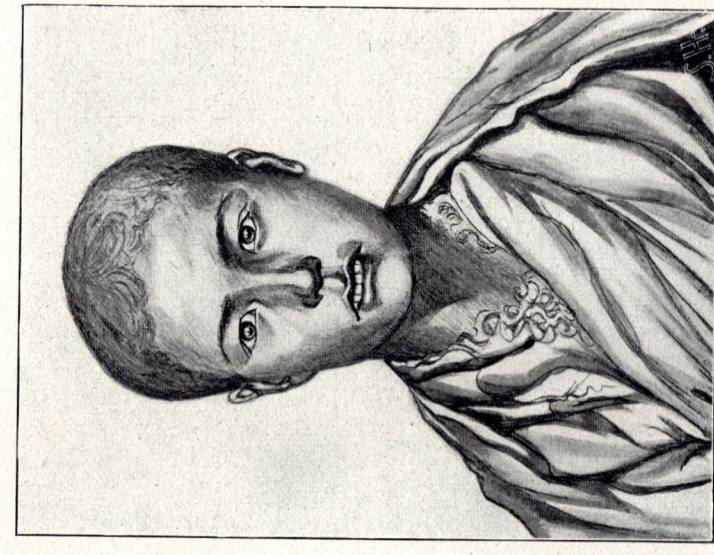
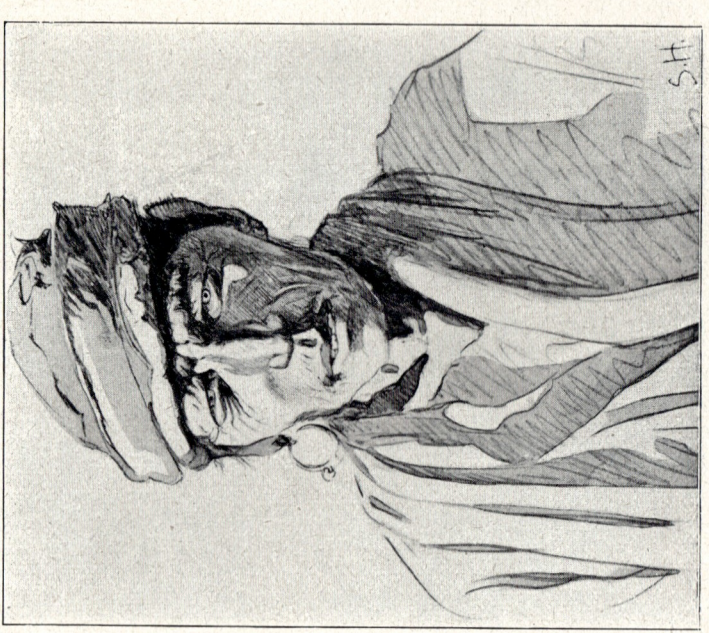

201. Mann aus Largäp.   202. Der zwölfjährige Prior von Langbo-nan.

Skizzen des Verfassers.

Das Seewasser soll ebenso salzig wie das des Ngangtse-tso und untrinkbar sein, aber die Pilger trinken es trotzdem, weil es heilig ist. Gerade jetzt war das Wintereis im Aufbrechen, nur an den Ufern lagen noch Eisstreifen. Im Gegensatz zu den meisten anderen Seen Tibets zieht sich der **Dangra-jum-tso** in nordsüdlicher Richtung hin; er ist sehr schmal und in der Mitte eingeschnürt, genau so, wie ihn Nain Sing auf seiner Karte zeichnet, obgleich er den See im ganzen ein wenig zu groß gemacht und besonders die Dimensionen des südlichen Beckens übertrieben hat. Ein Reiter braucht zur Reise um den See fünf gewöhnliche oder sieben kurze Tagereisen; die Pilgerstraße zieht sich überall nahe am Ufer hin. Die Pilger unternehmen ihre Seeumwanderung stets in der Richtung des Uhrzeigers — wenn sie nämlich orthodox sind; gehören sie aber, wie die Mönche des Klosters Särschik-gumpa, zur Pembosekte, so führen sie den Marsch in entgegengesetzter Richtung aus. Die meisten kommen im Spätsommer und im Herbst. Man sagte mir, daß die Seeumwanderung, die natürlich zu Fuß gemacht werden muß, zu Ehren des Padmasambhava geschehe, jenes Heiligen, der im Jahre 747 nach Tibet kam, der Gründer des Lamaismus wurde und sich beinahe ebenso großen Ansehens erfreut als Buddha selbst. In Tibet heißt er Lopön Rinpotsche, und sein Bild ist fast in allen Tempeln zu finden.

Särschik-Gumpa, von dem wir schon so oft gehört hatten und das Nain Sing auf seiner Karte Sasik Gombas nennt, liegt auf einer flachen Halde am östlichen Fuß der Berge. Das Kloster steht unter dem Devaschung und hat zwanzig Pembobrüder und einen Abt, namens Tibha. Einige Mönche sollen wohlhabend sein, sonst aber ist das Kloster nicht reich; es bezieht seinen Unterhalt von Nomaden in Naktsang, Largäp und Särschik. Das Kloster besteht zum größten Teil aus Stein, hat aber auch Gebälk, das aus dem Schangtal hierher transportiert worden ist. Ein Dukang ist vorhanden, sowie eine Anzahl kleinerer Götterstatuen. Auch der Bergstock Targo-gangri kann umwandert werden, man hat dabei nur einen einzigen Paß zu überschreiten, nämlich den Barong-la oder Parung, der zwischen dem Targo-gangri und der mächtigen Kette im Westen des Schuru-tso liegt.

Die kurze, hohe, meridionale Kette, die **Targo-gangri** heißt und eher als ein freistehender Gebirgsstock anzusehen ist, endet im Norden unweit des Ufers, nach dessen flacher Ebene das Gehänge des letzten Gipfels langsam abfällt. Nain Sing nennt den Bergstock Targot-la oder Snowy Peaks und das Land im Süden des Berges Tárgot Lhágeb (Largäp). Auf seiner Karte findet man den Fluß als Targot Sangpo. Sein Siru Cho im Osten des Sees kannte hier niemand, und seine Mun

Cho Lakes, die südlich davon liegen sollen, liegen statt dessen im Westen des Sees. Seine Darstellung des im Süden des Sees liegenden Gebirges ist unklar und phantastisch. Einige Nomaden nannten den heiligen Berg Tschang-targo-ri.

Auf dem Rückweg führte ich mit Robert ein Nivellement aus und fand, daß die höchste erkennbare Seeterrasse 89 Meter über der Oberfläche des Flusses lag. Der Targo-tsangpo ist hier gewiß nur 2 Meter höher als der Seespiegel. Da der Dangra-jum-tso auf mehreren Seiten, besonders im Süden, von ziemlich niedrigem, flachem Gelände umgeben ist, muß der See früher einen sehr großen Umfang gehabt haben. Damals zog sich der Targo-gangri wie eine Halbinsel des westlichen Ufers in den See hinein.

In der Nacht ertönte ein Gepolter, das an eine Lawine erinnerte; es wurde schwächer und verhallte. Die Pferde und Yaks der Tibeter waren, durch irgend etwas erschreckt, den Schuttabhang der Terrasse hinaufgestürmt. Eine halbe Stunde später hörte ich Pfiffe und Rufe — die Leute kamen mit den Ausreißern wieder.

Bevor ich unseren lästigen Freunden Lebewohl sagte, mußten sie alle zu Pferde steigen und sich photographieren lassen (Abb. 214). Sie trugen weite, dunkelkirschrote Mäntel und hatten im Gegensatz zu den barhäuptigen Largäpern eine rote, oft durch armbandähnliche Silberringe gezogene Binde um den Scheitel gewunden. Einer hatte einen hohen, weißen Hut wie einen abgestumpften Kegel, mit gerader Krempe, eine Kopfbedeckung, deren ich mich noch von Naktschu her erinnerte. Ihr Gewehr mit den kriegerischen Gabelfähnlein hatten sie über die Schulter gehängt, und im Gürtel steckte horizontal der Säbel, dessen silberbeschlagene Scheide drei unechte Korallen verzierten. Über der linken Schulter trugen einige ein ganzes Bandelier von Gaofutteralen mit Glasscheiben, durch die man die kleinen unschuldigen Götter sehen konnte, die ihren Trägern auf der Reise Glück bringen sollen. Ihre fetten Pferdchen stampften, schnoben und sehnten sich nach ihren alten bekannten Weideplätzen an den Ufern des Kja-ring-tso zurück. Auch sie waren mit unnötig schweren, aber hübschen Zieraten geschmückt. Einen besonders ansprechenden Eindruck machten die Schimmel mit roten Reitern auf dem Rücken. Es war ein buntes Bild im strahlenden Sonnenschein mit den Schneekuppen des Targo-gangri als Hintergrund und Nain Sings See im Norden. Ich bat sie, Hladsche Tsering herzlichst zu grüßen und ihm zu sagen, daß ich hoffte, ihn noch einmal wiederzusehen.

Und dann trieben sie ihre Pferde mit den Fersen an, zogen sich zu einer Schar zusammen und trabten trippelnd nach den ebenen Flächen der Flußterrassen hinauf. Vom Anblick der davoneilenden Schar gefesselt, lief ich ihnen nach und sah noch, wie sich die dunkle Kolonne an dem roten Bergvorsprung, wo die alten Uferlinien wie in einem Bündel zusammenlaufen, verkleinerte. Seltsames Volk! Sie steigen wie Kobolde aus der Tiefe ihrer Täler auf, sie kommen, ohne daß man weiß woher, sie sind einige flüchtige Tage am Fuß des Schneeberges zu Gast und verschwinden wieder wie ein Wirbelwind im Staub ihrer Pferde und am geheimnisvollen Horizont.

Auch wir brachen auf und ich überließ den Dangra=jum=tso seinem Schicksal, überließ die dunkelblauen Fluten dem Toben der Stürme und dem Liede der anschwellenden Wogen und die ewigen Schneefelder dem Sausen flüsternder Winde. Mögen wie schon seit ungezählten Jahrtausenden die wechselnden Färbungen der Jahreszeiten, die Pracht der Atmosphäre in Hell und Dunkel, Gold und Purpur und Grau, zwischen Regen und Sonnenschein über Padmasambhavas See hinziehen, mögen um seine Ufer die Schritte gläubiger, sehnsuchtsvoller Pilger eine Kette spannen!

Von Robert und unserem bejahrten Führer begleitet, ritt ich über den Fluß, der ungefähr 4 Kubikmeter Wasser führte, und nach einem Vorsprung des Targo=gangri hinauf, um mir eine Gesteinprobe mitzunehmen. Eine Gletscherzunge nach der anderen an der langen Reihe auf der Ostseite des Berges erschien und verschwand, und nun verschwand auch die Lücke, durch die man einen Zipfel des Sees und, fern im Norden, an seiner anderen Seite die Konturen hellblauer Berge erblickt hatte.

Auf einem Abhang weideten 600 Schafe ohne Hirten. Dann und wann fuhr in den dichten Steppengrasbüscheln ein Hase in die Höhe. Von den Schuttkegeln zur Rechten ertönte das gemütliche Gackern der Rebhühner. Als wir weit entfernt waren, tauchten aus einer Schlucht zwei Hirten auf, die die Schafe nach dem Fluß hinuntertrieben. Am unteren Ende der Moräne einer Gletscherzunge stand ein einsames Zelt. Ich fragte unsern Alten, wie die Stelle heiße, aber er schwor bei drei verschiedenen Göttern, daß er davon keine Ahnung habe. Die südlichste Anschwellung des Targo=gangri verdeckte jetzt die übrigen Teile der Kette, aber noch bevor wir das Lager 151 erreicht hatten, sahen wir sie wieder in Verkürzung hinter uns. Dieses Lager stand auf dem linken Ufer des Flusses.

1. Mai. Der Frühling ist gekommen; wohl haben wir während der letzten Nächte noch bis zu 16 Grad Kälte gehabt, aber die Tage sind herrlich und klar, und selbst wenn man direkt gegen den Wind reitet, empfindet man ihn nicht so lästig wie in Tschang=tang. Im Lager Nr. 150 hatten wir uns auf 4708 Meter Höhe befunden; jetzt steigen wir wieder langsam, folgen erst dem Flusse, lassen ihn aber bald zur Linken liegen, als wir ihn wie durch ein Tor aus dem Gebirge heraustreten

2*

sehen. Auf einer unglaublich gleichmäßigen, festen Ebene ohne Risse oder Bodenanschwellungen nähern wir uns nun in südwestlicher Richtung der Schwelle, die den Schuru-tso vom Dangra-jum-tso trennt. Auf der südwestlichen Seite des Targo-gangri zeigen sich sechs Gletscher, viel kleiner als die nördlichen und östlichen, sie können eher als Ausläufer und Zipfel des Eismantels angesehen werden, der die höheren Regionen des Gebirgsstockes bedeckt. Wie eine feine blaue Linie zeichnet sich der Schuru-tso ab. Wir nähern uns seinem Ufer und sehen, daß der See überall zugefroren ist. Ich mache halt, um zu photographieren und ein Panorama zu malen. Unser Alter raucht eine Pfeife, Robert und Taschi schnarchen um die Wette. Als ich fertig bin, schleichen wir anderen uns leise von den beiden Siebenschläfern fort. Als nun Taschi als erster aufwacht, versteht er die Situation und kommt uns ebenfalls leise nach. Endlich erwacht auch Rovert und findet sich zu seiner Überraschung allein und verlassen — holt uns aber dann bald auf seinem Maulesel ein.

Jetzt haben wir den See unmittelbar zur Rechten (Abb. 215). Im Süden zeichnet sich ein großartiges Gebirge ab, eine der höchsten Ketten des Transhimalaja, rabenschwarz unter der Sonne, aber die Firnfelder glitzern in metallischem Glanz. Um die Ufer stehen bedeutende Terrassen, die Täler, die sich von Osten nach dem See herabziehen, durchschneiden sie und bilden tiefe Hohlwege, in denen hier und da ein einsames, von wütenden Hunden bewachtes Zelt steht. Auf der Terrassenfläche oberhalb des Parvatals lagerten wir in 4753 Meter Höhe; die acht schwarzen Zelte stachen grell gegen den gelben Erdboden ab. Unsere alten Tibeter aus Kschangdam sagten nun Lebewohl und erhielten doppelte Bezahlung und Geschenke. Vor uns sehnten sich die erstarrten Wellen des Schuru-tso nach der befreienden Wärme der Frühlingswinde, im Süden erhob sich der Do-tsängkan, ein gewaltiger, mit ewigem Schnee bedeckter Bergstock, im Südwesten sinkt die Sonne hinter den mächtigen Kamm des Gebirges, und lautlos jagen die Schatten über das Eis. Bald zögert das Abendrot nur noch auf den Spitzen des Targo-gangri und des Do-tsängkan, und dann gleitet die neue Nacht über die Erde. Schade, daß die Tibeter das Verhältnis zwischen der Sonne und den Planeten nicht verstehen; sie könnten das ganze Sonnensystem als eine einzige, unermeßliche Gebetmühle ansehen, die sich zur höheren Ehre der Götter im Weltenraume dreht! In der Dunkelheit erschienen die hohen Berge im Südwesten nur wie undeutlicher Nebel, aber als der Mond aufging, wurden sie und das Eis des Sees gleichmäßig beleuchtet und schienen in Zusammenhang zu stehen. Von unserer Terrasse sah es aus, als hätten wir einen bodenlosen Abgrund unter uns.

Am 2. Mai ritten wir südwärts am Ufer entlang. Ebenso wie

der Dangra-jum-tso zieht sich der Schuru-tso in beinahe nordsüdlicher Richtung hin, er liegt in einem Längstal, das diese in Tibet ungewöhnliche Streckung hat. Längs des Ufers ist schon offenes Wasser, und die Wellen plätschern gegen den porösen Eisrand, auf dem noch oft lange Reihen Wildenten sitzen. Durch die Wellen wird das Wasser am Ufer schwarz von verfaulten Algen und vermodertem Seegras, in dem die Wildgänse schnattern und schreien. Als wir das regelmäßig gebogene Südufer des Sees mit seinem Sandwall erreichen, sehen wir vor uns auf der Ebene wohlbekannte Sturmwarnungen: weiße Staubtromben, die der Wind spiralförmig vom Erdboden aufwirbelt, dem Rauch nach einem Schusse gleichend. Nach einer Weile befinden auch wir uns in der Bahn des fliegenden Sturmes — solcher Stürme wird es nicht viele bedürfen, um den ganzen See aufzureißen und seine losgelösten Eisfelder nach dem Ostufer hinüberzutreiben. Wir reiten über den vom Transhimalaja kommenden Fluß Kjangdom-tsangpo und lagern auf seiner westlichen Terrasse (4739 Meter). Dort hatten wir nach Norden den ganzen See vor uns und hinter ihm den Targo-gangri, diesen jetzt wieder kleiner.

Auch hier wurde unsere Begleitmannschaft gewechselt. Der Largäper Häuptling, der erst so übermütig aufgetreten war, war im Augenblick des Abschieds so weich wie Wachs und schenkte mir ein Kadach, ein Schaf und vier Magen Butter. Jeden Morgen, wenn die Karawane aufbricht, kommt Tsche in mein Zelt, um sich meine beiden Hündchen zu holen; Muhamed Isa hat den dritten übernommen, den er zu einem Wundertier zu erziehen beabsichtigt, und den vierten hat Sonam Tsering erhalten. Sie sind schon sehr gewachsen und jaulen und beißen sich während des Marsches, den sie in einem Korb auf dem Rücken eines Maulesels mitmachen. Sie sind niedlich und spielerisch und machen mir mit ihren Einfällen viel Spaß.

Von dem kleinen Passe Dunka-la aus hatten wir eine großartige, orientierende Aussicht über den großen Schuru-tso, der länglich und im Westen konvex ist. Am nächsten Tag überschritten wir den Paß Bän-la bei Südweststurm. Es wehte und stürmte Tag und Nacht, aber die Luft blieb vollkommen klar. Am 6. ritten wir auf steilem Weg nach dem Angden-la hinauf (Abb. 216, 217). In dem ziemlich tiefen Schnee und dem anstrengenden Schutt kommen die Pferde nur Schritt für Schritt vorwärts, müssen oft haltmachen und sich ausruhen. Tsering reitet mit seiner Yakkompanie an uns vorbei, unten im Tal sind vier Ladakis zurückgeblieben — wegen wütender Kopfschmerzen. Droben auf der Paßhöhe (5643 Meter) steht ein gewaltiges Steinmal mit Schnüren und Wimpeln, deren Gebete der ewige Wind nach den Wohnungen der Götter hinaufweht.

Worte können das Panorama, das mich umgibt, nicht beschreiben! Wir schweben über einem Meer von Bergen, aus dem sich hier und dort dominierende Schneegipfel erheben. Im Süden sehen wir den Himalaja klarer und schärfer als früher, und diesseits seiner schneeweißen Grate ahnen wir das Tal des Brahmaputra. Im Norden zeigt sich der Schuru-tso in starker Verkürzung, den Dangra-jum-tso aber verdeckt der Targo-gangri, der scharf gezeichnet ist, obgleich wir sechs Tagereisen von ihm entfernt sind. Ja, sogar die mächtigen Berge am Nordostufer des Sees, die wir im Winter von Norden sahen, bilden eine deutliche Kontur und liegen doch volle zehn Tagereisen von hier. Ich sitze am Feuer, zeichne und messe, wie auf allen Pässen. Ich bin wieder auf dem Trans-himalaja, 86 Kilometer vom Tschang-la-Pod-la, und überschreite ihn jetzt zum drittenmal! Nördlich geht das Wasser nach dem Schuru-tso, südlich nach dem Raga-tsangpo; ich trete mit den Füßen die ozeanische Wasserscheide, umfasse dieses gewaltige System mit den Blicken, ich liebe es wie mein Eigentum! Denn der Teil, auf dem ich mich jetzt befinde, war unbekannt und hat seit Millionen Jahren auf mich gewartet, während ihn zahllose Stürme gepeitscht, die Herbstregen bespült und die winterlichen Schneedecken eingehüllt haben! Mit jedem neuen Paß, den in der Wasserscheide der indischen Riesenflüsse zu erobern ich das Glück habe, wird meine Sehnsucht und Hoffnung immer größer, ihrer gewundenen Linie westwärts nach den Gegenden, die schon bekannt sind, noch folgen zu dürfen und den großen weißen Fleck der Karte im Norden des Tsangpo ausfüllen zu können! Wohl weiß ich, daß Generationen von Forschern dazu gehören, dieses gewaltige, komplizierte Bergland zu erforschen, aber mein Ehrgeiz wird befriedigt sein, wenn ich mir die erste Rekognoszierung des Landes erkämpfe.

Wir verlassen das Steinmal und das Feuer, dessen Rauch wie ein zerrissener Schleier über dem Scheitel des Passes liegt, und folgen dem Paßbecken, dessen rieselnde Fluten einst nach tausend Schicksalen das warme Meer erreichen werden. — Ich wende ein Blatt um und beginne ein neues Kapitel meines Forscherlebens; hinter mir bleibt wieder das öde Tschang-tang, und der Targo-gangri verschwindet unter dem Horizont — werde ich seine majestätischen Spitzen je wiedersehen?

Jäh geht es abwärts, dem Wind entgegen. Große Eisstücke füllen zwischen Wänden von schwarzem Schiefer und Porphyr den Talboden. Mehrere bedeutende Nebentäler münden in das Paßtal ein, verlassene Lagerplätze zeugen von Sommerbesuchen der Nomaden. Unser Tal vereinigt sich mit dem großen Kjam-tschu-Tal, das 10 Kilometer breit ist und vom Scha-la herabkommt, dem Paß des Transhimalaja, über den die Tibeter uns hatten führen wollen. Um die Nomadenzelte von Kjam herum war das Land flach und offen.

Am 7. Mai zogen wir bei schrecklichem Sturm weiter, im Süden den blauen Spiegel des Amtschok-tso. Der Boden ist eben und hart. Ein Lampe läuft, als gelte es sein Leben zu retten, wie der Wind über dieses Terrain, das ihm nicht die geringste Deckung bietet. Acht muntere Antilopen zeichnen ihre herrlichen Silhouetten in federleichten Sprüngen vor mir, wobei ihnen der Himmel als Hintergrund und der Horizont als Basis dient. Robert hat den Pelz über den Kopf gezogen und sitzt wie eine Dame im Sattel, mit beiden Beinen an der vor dem Wind geschützten Seite baumelnd, während Taschi sein Maultier führt. Als er aber trotzdem durchpustet wird, legt er sich auf den Bauch über den Sattel. Mein Pferd schwankt, da der Wind sich an der breiten Brust des Reiters fängt. Es heult und stöhnt in den Ohren, es winselt und pfeift wie ehemals in Tschang-tang, ein ganzes Heer empörter Luftgeister scheint über all das Elend zu klagen, das sie auf Erden geschaut haben!

Die Ebene heißt Amtschok-tang, über ihren Boden ziehen wir am Hauptfluß entlang. Amtschok-jung ist ein Dorf von fünf Zelten, wo einige hübsche Manis stehen, die mit Yakschädeln, Antilopengehörnen und Sandsteinplatten bedeckt, einen Meter lang und von regelmäßiger, rechtwinkliger Form sind (Abb. 218). Die Bewohner des Dorfes verschwanden furchtsam wie mit einem Zauberschlag; nur ein alter Mann leistete uns Gesellschaft, als wir uns zwei der Zelte besahen. Als wir aber weiterritten, krochen die Leute wieder hinter Dunghaufen, Erdhügeln und Grasbüscheln hervor, hinter die sie sich versteckt hatten.

Der Wind bohrt eine Trombe von dichtem, gelbem Staub aus dem Erdboden auf; sie ist so dicht, daß sie auf der Schattenseite schwarz erscheint. Sie schraubt sich in zyklonischer Spirale in die Höhe wie der Rauch einer ungeheuren Explosion. Als ein seltsames Gespenst tanzt sie diagonal über die Ebene hin und löst sich erst am Fuß der östlichen Berge auf.

Im Lager dieses Tages, das am nordwestlichen Ufer des Amtschok-tso lag, hörten wir von chinesischen und tibetischen Beamten reden, die in der nächsten Zeit das Land nach allen Richtungen hin durchreisen würden, um Zelte, Volk und Herden zu zählen. Man glaubt, daß dies in Verbindung steht mit neuen Steuergesetzen, die die Chinesen einzuführen beabsichtigen.

Am Ufer lag mein Boot bereit, denn der 8. Mai war zu einem Ausfluge auf dem Amtschok-tso ausersehen worden.

Achtunddreißigstes Kapitel.

Nach der Mündung des Tschaktak-tsangpo in den Brahmaputra.

Der See war eisfrei, nur am Nordufer schaukelten einige Schollen in der Brandung. Der Südwestwind fegte unermüdlich über die Gegend; auf gutes Wetter zu warten war aussichtslos. Ein Dutzend Tibeter folgte mir in gemessener Entfernung, ich bat sie näher zu kommen und sich die Abfahrt anzusehen. Das Boot war zu Wasser gebracht, Rehim Ali und Schukkur hatten Platz genommen und Lama trug mich durch das langsam tiefer werdende Wasser nach dem Boote hin. Ein Vorsprung in S 34° O wird als Ziel angepeilt, und die Ruderer beginnen ihren Kampf mit den Wellen. Während der ersten Stunde war der See so seicht, daß die Ruder auf den Grund stießen und tintenschwarze Flocken aufwirbelten. Im Takt der Ruderschläge ruft Schukkur Ali: „Schubasa, ja aferin, bismillah, ja barkadiallah" — um nur einige Worte aus seinem unerschöpflichen Repertoir anzuführen. Rehim Alis Ruder gibt mir bei jedem Eintauchen eine Dusche, aber ich werde im Wind schnell wieder trocken. Der Seegang rührt den Bodenschlamm auf; das Wasser ist so seicht, daß die Wellen die Tendenz zeigen, mitten auf dem See zu branden.

Nun beginnen die Tromben ihren drohenden Tanz auf dem Westufer, in derselben Richtung glänzt das Wasser weiß. Der Sturm fährt über den Amtschok=tso, die beiden Mohammedaner müssen ihre ganze Kraft aufbieten, um das Boot gegen Wind und Wellen vorwärts zu bringen. Der Seegang wird immer stärker, die Tiefe beträgt 2,41 Meter, und das Wasser nimmt einen grüneren Ton an. Schukkur Ali, unser alter Fischer, hat seine Angel ausgelegt, aber nichts anderes als umherschwimmende Algen will anbeißen. An mehreren Stellen zeigen sich Wildenten, Möwen und Wildgänse. In einer Talschlucht am Ostufer schlagen eben angekommene Nomaden drei Zelte auf. Endlich sind wir an dem Vorsprung angelangt, nachdem wir eine Maximaltiefe von jämmerlichen 3,66 Meter gelotet haben.

203, 204. Nomaden aus Largäp.

 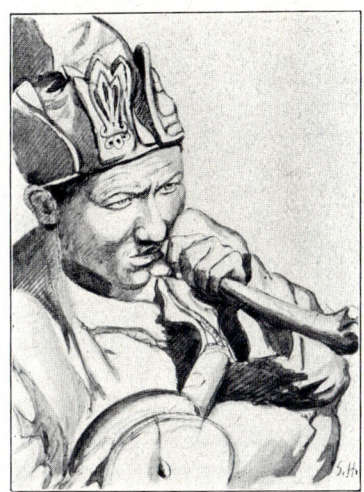

205. Tibetischer Knabe. 206. Bettellama mit Flöte aus Menschenknochen und Trommel aus menschlicher Hirnschale.
Skizzen des Verfassers.

208. Der Targo-gangri von Süden.

207. Der Targo-gangri südöstlich von Lager Nr. 150.

209. Lager Nr. 150 am Fuß des Targo-gangri.

Nachdem die Messungen beendet sind, ein Panorama gezeichnet und das Mittagessen verzehrt worden ist, stoßen wir wieder in nördlicher Richtung ab, und leicht wie eine Wildente schaukelt das Boot mit reißendem Wind über die Wellenkämme hin. Wir fahren wieder an den drei Zelten vorüber, loten 3,10 Meter und nähern uns dem Nordufer, wo das Wasser nur einen halben Meter tief und eine trübe Lehmsuppe ist. Der Seegang geht dorthin, und graue Brandungswellen rollen gegen das Ufer. Da sitzen wir auf Grund und sind noch 100 Meter vom Land entfernt! Aber Rabsang kommt mit meinem Pferd am Zügel gelaufen und ihm folgen mehrere andere Ladakis. Sie sind uns beim Landen behilflich und zünden am Fuß der Sandterrasse, die sich hier am Ufer erhebt, ein recht notwendiges Feuer an.

Der Fluß Kjam-tschu ergießt sich in den Amtschok-tso an der Nordseite, und nur 2 Kilometer westlich von seinem schlammigen Delta tritt der Dongmo-tschu aus dem See heraus, um sich östlich mit dem Raga-tsangpo zu vereinen. Genau genommen ist der Dongmo nur die Fortsetzung des Kjam-tschu, an dessen rechtem Ufer der See wie ein Beutel hängt.

Nachdem das Boot zusammengelegt ist, muß uns Muhamed Isa zu Pferd den Weg über die sandigen, mit Gras bewachsenen Hügel zeigen. Er geleitet mich über die zwanzig seichten und tückisch sumpfigen Deltaarme des Kjam-tschu hinüber. Es ist dunkel, aber im Lager haben sie ein Signalfeuer angezündet, dessen Dungfladen sich in dem heftigen Winde weißglühend erhitzen und wie elektrisches Licht leuchten.

Am folgenden Tag war ich schon vor der Sonne auf den Beinen, um Messungen auszuführen. Es war 17,6 Grad kalt gewesen, und der Wind wehte eigensinnig wie ein Passatwind. Es ist ein schöner Anblick, wie im Osten der Tag erwacht und wie das Leben zwischen den Zelten wieder beginnt. Die gemieteten Yaks haben während der Nacht gekoppelt gelegen, jetzt dürfen sie frei auf die Weide gehen. Aus dem Innern der Zelte ertönt schlaftrunkenes Gähnen, Männer kommen heraus und fachen neue Feuer an; der Krug, worin der Morgentee mit Butter verrührt wird, gluckst, die Kessel werden auf ihre drei Steine über das Feuer gesetzt. Die Hunde spielen im Freien und sind froh, daß sie einmal einen Tag nicht im Korbe umherzurollen brauchen.

Unsere Tage, unsere Monate verschwinden in dem Chor aller Stürme, der Frühling läßt immer noch auf sich warten, in den Abendliedern der Ladakis glaube ich einen weichen Unterton von Heimweh zu hören; auch sie freuen sich über jede Tagereise, die sie einen Schritt weiter nach Westen führt. Als wir am nächsten Morgen aufbrachen, wehte es wieder so frisch wie immer, Robert aber hatte sich eine

Gesichtsmaske von Filz mit einer festgenähten tibetischen Brille als Guck=
löcher angefertigt; er sah in dem Kleidungsstück, das gut in das Land
der religiösen Maskeraden paßte, urkomisch aus.

Der Weg, der in dem breiten Tal des Pu=tschu aufwärts steigt,
führte bis Serme=lartsa durch offenes, schwach gewelltes Gelände.
Hier wurde der alte Guffaru krank gemeldet, er litt an Kolik und
wurde aufs beste verpflegt. Aber spät am Abend kam Robert atemlos
in mein Zelt, um mitzuteilen, der Alte liege im Sterben. Als ich in
das Zelt kam, saß der Sohn, der schon beauftragt worden war, das
Leichentuch bereit zu halten, weinend neben seinem Vater, die anderen
wärmten der Reihe nach ihre Mützen über dem Feuer und legten sie dem
Kranken auf den Leib. Ich verordnete einen kalten Umschlag, aber da
bat er mich, zur unbeschreiblichen Erheiterung der anderen, nur ja wieder
in mein Zelt zu gehen! Muhamed Isa lachte, daß er umfiel; Guffaru
saß aufrecht auf dem Lager, ächzte und stöhnte und bat mich, zu gehen.
Vorher gab ich ihm aber noch eine ordentliche Dosis Opium, und am
anderen Morgen war er wieder so munter, daß er, wie gewöhnlich, den
ganzen Weg zu Fuß ging, obwohl ihm ein Pferd zur Verfügung stand.
Die Überreste der Apotheke von Burroughs Wellcome hatten ihm das
Leben gerettet; er war dankbar und zufrieden, daß er diesmal sein Leichen=
tuch noch nicht gebraucht hatte.

Am 11. Mai gingen wir in eisigem Schneetreiben über den Paß
Lungring (5394 Meter) und durch das Tal gleichen Namens nach dem
Ufer des oberen Raga=tsangpo (Abb. 200) hinunter. Am 12. zogen
wir am Fluß stromaufwärts; sein Tal ist breit und wird im Norden
von mächtigen Bergen begrenzt. Die Kälte war auf 18,2 Grad hinunter=
gegangen, der Sturm kam uns gerade entgegen. Gelegentlich mäßigte er
sich so weit, daß man doch die Hufschläge der Pferde auf dem Schutt hören
konnte, aber man war erstarrt, ehe man das Lager erreichte.

Während des nächsten Tagemarsches passierten wir die Stelle Kamba=
sumdo, wo sich die beiden Quellflüsse des Raga=tsangpo vereinigen; der
eine kommt von Westen und heißt Tschang=schung, der andere, der von
Südwesten kommt, Lo=schung, d. h. „nördliches" und „südliches Tal".
Der Tschang=schung ist der größere; den Lo=schung mußten wir zweimal über=
schreiten, sein Grund ist voller Steinblöcke, die schlüpfriges Eis miteinander
verband. Im Westen tritt ein großes, mit Schnee bedecktes Joch hervor,
Tschomo=utschong, „die hohe Nonne", die von Nain Sing entdeckt worden
ist (Abb. 199, 211). Ryder hat es gemessen und eine genaue Karte von
ihm gezeichnet. Von den weißen Gipfeln ziehen sich Schneestreifen an den
schwarzen Bergseiten hinunter. Andere Tibeter nannten es Tschoor=dschong.

In spitzem Winkel und noch immer gegen Südwesten nähern wir uns der großen Heerstraße zwischen Lhasa und Ladak, der sogenannten „Tasam". Wie um ihre Bedeutung zu markieren, zog gerade eine Karawane in drei Kolonnen westwärts. Sie kam so langsam in dem Gelände vorwärts, daß man sie mit den hinter ihr liegenden Bergvorsprüngen vergleichen mußte, um sich zu überzeugen, daß die kleinen schwarzen Linien sich vorwärts bewegten. Bald darauf schlugen wir unsere Zelte in Raga-tasam auf (4948 Meter), einer Station der großen Heerstraße, wo ich zum erstenmal seit Schigatse die Route der englischen Expedition unter Ryder und Rawling berührte. Was nun auch die nächste Zukunft bringen mochte, mir kam es vor allem darauf an, diese Route soviel als möglich zu vermeiden. Denn die Karte, die Ryder und Wood über ihre Expedition ausgearbeitet haben, ist die vorzüglichste, die je von einem Teile Tibets aufgenommen worden ist; ihr konnte ich, bei meiner bescheidenen Ausrüstung, nichts Neues hinzufügen. Wenn ich aber nördlich oder südlich von ihrer Straße zog, konnte ich ihre Karte immerhin durch meine Rekognoszierungen ergänzen. Tatsächlich ist mir dies auch so gut gelungen, daß ich von den 83 Tagereisen nach Toktschen am Manasarovar nur zweieinhalb Tagemärsche auf demselben Wege wie sie zurücklegte.

Mittlerweile kamen beide Häuptlinge von Raga-tasam zu Besuch. Sie waren artig und freundlich, erklärten mir aber entschieden, sie würden mich keinesfalls auf einem anderen Weg als der Tasam weiterziehen lassen; in meinem Paß stehe ausdrücklich, daß Saka-dsong unsere nächste Station sei. Ohne Erlaubnis des Gouverneurs von Saka könnten sie uns auf keinem anderen Weg durchlassen.

Als ich nun einsah, daß wir von jetzt an jene Straße würden ziehen müssen, die Nain Sing im Jahre 1865 und Ryder und Rawling mit ihren Kameraden im Jahre 1904 zurückgelegt hatten, schrieb ich, nach Beratung mit Robert und Muhamed Isa, an Tang Darin und Lien Darin in Lhasa. Jenem, dem Oberkommissar, setzte ich in flehentlichen Ausdrücken auseinander, daß es mit keinen Verträgen kollidiere, wenn ich, der bereits in Innertibet sei, auf dem einen oder dem anderen Weg nach Ladak zöge, falls ich nur wirklich dorthin ginge, und daß ich ihn daher um folgende Erlaubnis bäte: Ich wolle die Rückreise über den See Tedenam-tso nehmen, von dem Nain Sing nur gehört hat, dann den Dangra-jum-tso besuchen, von dort nach Tradum und darauf nach dem Ghalaring-tso gehen, den heiligen Berg Kailas, den Manasarovarsee, die Indus- und die Brahmaputraquellen und schließlich Gartok berühren! An den anderen, den Amban von Lhasa, schrieb ich ebenfalls über den gewünschten Weg und versprach, ihm von Gartok einen Bericht darüber zu senden. Und beiden sagte ich, daß ich schnelle Antwort wünschte, die ich in Raga-tasam erwarten würde.

Sobald mein Entschluß gefaßt war, rief ich Tundup Sonam und Taschi in mein Zelt und befahl ihnen, zunächst bis Mitternacht auszuschlafen. Dann schrieb ich die erwähnten Briefe nebst Briefen an meine Eltern und an Major O'Connor. Als die Post fertig war, hatte auch die Mitternachtsstunde geschlagen. Das Lager lag schon mehrere Stunden in tiefem Schlaf, als ich durch den Nachtwächter die beiden Eilboten und Muhamed Isa wecken ließ. Jetzt erhielten sie Befehle, wie noch nie zuvor! Sie sollten Tag und Nacht 350 Kilometer nach Schigatse marschieren und meine Post dem Ma übergeben. Auf Antwort brauchten sie nicht zu warten, da ich die Mandarinen gebeten hatte, mir besondere Kuriere zu schicken. Proviant brauchten sie nicht mitzunehmen, sie würden alles auf der großen Landstraße erhalten können; Geld zum Mieten der nötigen Pferde gab ich ihnen mit. In zehn Tagen mußten sie ihr Ziel erreichen können, in einem Monat mußten wir Antwort haben. Wenn sie uns bei ihrer Rückkehr nicht in Raga-tasam fänden, sollten sie unserer Spur folgen.

Tundup Sonam und Taschi waren fröhlich und hoffnungsvoll, als Muhamed Isa und ich sie hinausbegleiteten und ihre Schatten in der dunklen Nacht verschwinden sahen. Sie machten einen Umweg, um die zwölf tibetischen Zelte, die hier lagen, zu vermeiden und die vielen Hunde des Dorfes nicht zum Bellen zu reizen. Bis an die große Heerstraße war es nicht weit, und in der nächsten „Tasam", wie auch die Stationen genannt werden, konnten sie bei Tagesanbruch Pferde mieten. Nachher saßen Muhamed Isa und ich noch eine Weile in lebhafter Unterhaltung über unsere Aussichten in meinem Zelt. Erst als ich, nach einem anstrengenden Tag, ins Bett gekrochen war, fiel es mir ein, daß es vielleicht grausam war, die beiden Männer allein Tag und Nacht durch Tibet reisen zu lassen. Doch es war zu spät, sie mußten ihre Mission ausführen.

Nun hatten wir keine Eile. Wir lagen hier sieben Tage. Nach Westen hin war der Weg offen, aber nicht der Weg, den ich einschlagen wollte; wir waren daher Gefangene in unseren eigenen Zelten. „Geduld!" flüsterten die ewigen Winde. Im Norden dehnte sich das unbekannte Land; ich konnte es erst fahren lassen, wenn sich alle Versuche als unmöglich erwiesen hatten. Wir hatten kaltes, unfreundliches Wetter, manchmal über 20 Grad Kälte, in der Nacht auf den 15. Mai sogar 25,8 Grad! Die Tibeter sagten, diese Gegend sei stets kalt, auch wenn ringsumher Frühling herrsche.

Da lag ich nun auf meinem Bett und las David Copperfield, Dombey & Son und The Newcomes und hatte noch eine ganze Bibliothek durchzulesen, ein Geschenk des liebenswürdigen Majors O'Connor, Robert gab mir Unterricht in Hindi oder ich zeichnete Volkstypen. Ein Hündchen, gleichalterig mit den unseren, näherte sich vorsichtig meinem Zelt und erhielt ein Frühstück. Aber Mama Puppy gefiel der Zaungast nicht, der komisch anzusehen war, als er schüchtern und mäuschenstill stundenlang am Feuer saß und mich anguckte, bis er schließlich einschlief und dabei umfiel. Als er sich beim Mittagessen wieder meldete, wurde er von Puppy gründlich gezaust, ging aber trotzdem ruhig nach der Matte der Familie und legte sich da nieder. Puppy war wütend, aber auch so verblüfft über diese unerwartete Frechheit, daß sie sich neben der Matte auf den Boden hinstreckte.

Täglich erschienen Tibeter in meinem Zelt und baten mich in flehentlichen Tönen aufzubrechen. Als dies nichts nützte, erklärten sie schließlich, daß sie uns nicht länger mit Lebensmitteln versehen könnten, da in dieser Gegend nichts mehr zu haben sei. Ich fragte versuchsweise, ob sie zwei Briefe an die Mandarinen in Lhasa befördern wollten, aber sie erwiderten, daß sie dazu nicht berechtigt seien. Sie waren sehr verwundert, als sie erfuhren, daß ich die Briefe schon vor fünf Tagen abgeschickt hatte. Zwei Tage lag auch ich zu Bett, da ich vor Erschöpfung ganz am Ende meiner Kräfte war, und ließ mir von Robert vorlesen.

Zu Pfingsten, am 19. Mai, hatten wir wieder ein langes Palaver. Die Tibeter lasen mir die Instruktion vor, die sie aus Lhasa erhalten hatten und die „vom zehnten Tage des zweiten Monats im Jahre des feurigen Schafes" datiert war. Ich wurde darin Hedin Sahib genannt, und der Befehl enthielt unter anderem folgendes: „Schickt ihn schnell nach seinem Lande. Laßt ihn nicht seitwärts von der Tasam abbiegen und führt ihn weder nach rechts noch nach links. Gebt ihm Pferde, Yaks, Diener, Brennmaterial, Gras und alles, was er braucht. Die Preise, die er zu bezahlen hat, sind die gewöhnlichen von der Regierung festgesetzten. Gebt ihm sofort alles, was er begehrt, verweigert ihm nichts. Wenn er aber seinem Passe nicht gehorcht, sondern sagt, daß er auf eigene Hand andere Wege gehen wolle, so gebt ihm keinen Proviant, sondern haltet ihn fest und schickt sofort Eilboten an den Devaschung. Macht euch darüber keine eigenen Gedanken, sondern gehorcht! Jeder in den Provinzen, der nicht gehorcht, erhält Prügel, so lautet die Vorschrift, nach der ihr euch zu richten habt. Verursacht ihm keine Unannehmlichkeiten, sorgt dafür, daß die Nomaden ihn gut bedienen und ihm auf dem Weg nach Gartok nichts zuleide tun. Dann wird es die Sache der Garpuns (der beiden Vizekönige) sein, ihn in ihren Schutz zu nehmen."

Achtunddreißigstes Kapitel.

Und dennoch war ich nicht zufrieden! Ich sagte ihnen, daß ich meinem Passe nicht zu gehorchen gedächte, da er meiner Religion widerstreite, und daß ich nördlich vom Tschomo-utschong nach Saka-dsong gehen müsse. Es stehe ihnen daher frei, jetzt Eilboten an den Devaschung zu senden. Wir würden warten. Nun hielten sie Kriegsrat und einigten sich schließlich dahin, daß sie uns den nördlichen Weg einschlagen lassen wollten, daß wir aber am 21. Mai aufbrechen müßten.

Ich lag auf meinem Bett und träumte von Pferdegetrappel, das sowohl von Osten wie von Westen her kam, von mir offenstehenden Wegen nach dem geheimnisvollen Gebirgssystem im Norden, um dessen Gipfel meine Pläne und meine Träume beständig wie junge Adler kreisten.

Ich brach also am 21. Mai nach Nordwesten auf und sah die Gipfel des Tschomo-utschong hinter seinen eigenen Vorbergen verschwinden. Vom Lager aus sahen wir im Nordwesten mehrere der Täler, die von den Quellflüssen des Raga-tsangpo durchströmt werden. Gleich hinter Raga-tasam verließen wir wieder die Route der englischen Expedition und stiegen am 22. nach dem Paß Ravak-la hinauf, der in einem weichen Landrücken zwischen zweien der Quellflüsse des Raga-tsangpo liegt. Am 23. überschritten wir vier Pässe. Der Kitschung-la ist die Wasserscheide zwischen dem Raga-loschung und dem Tschungsang, einem Fluß, der selbständig in den Tsangpo mündet. Das Hinaufsteigen nach dem vierten Paß, dem Kanglung-la, war sehr mühsam; der Untergrund bestand aus fließendem Boden, worin die Pferde so tief einsanken, daß man es vorzog, zu Fuß zu gehen und durch den Schlamm zu patschen. Wir bewegten uns jetzt auf den Höhen, deren Wasser nach dreien der nördlichen Nebenflüsse des Brahmaputra hinabrinnt — der dritte geht nämlich nach dem Tschaktak-tsangpo, der westlich von Saka-dsong fließt. Hier und dort hatte der Schnee durch Wind, Auftauen und Wiedergefrieren die Form aufrechtstehender messerscharfer Klingen erhalten, die zwei Fuß hoch waren. Fern im Süden zeigten sich Teile des Himalaja; wir befanden uns hier in einer großartigen Landschaft mit wildem, phantastischem Relief. Dann und wann wurde die Aussicht durch dichte Hagelschauer verhüllt.

Am Morgen des 24. machte dichtes Schneetreiben die ganze Gegend unsichtbar, und das Wetter war hier zu Ende des Maimonates winterlicher als in Tschang-tang im Dezember. Wir reiten zwischen steilen Felsen ein tiefeingeschnittenes Tal hinab; seitlich münden Nebentäler, die Hohlwegen gleichen. In einem von ihnen befindet sich ein gefrorener Wasserfall. Manchmal überschreiten wir das klare Wasser des Flusses, das auf seinem Weg nach Saka-dsong und dem Tschaktak-tsangpo weiterrieselt. Von Zeit zu Zeit herrscht im Tal das heftigste Schneegestöber, man sieht kaum die Hand vor Augen, und der Erdboden und die Berge werden weiß. In dem naturschönen Talknoten Pangsetak lagen unsere Zelte und die der Tibeter unter einer schweren Schneelast.

Am 25. ging es bergab weiter. Nomadenzelte zeigen sich ebensowenig als während der letzten Tage, nur im Sommer kommen sie hierher. Der Pfad führt manchmal oben auf den linken Terrassen entlang, die hoch über dem Talgrund liegen, wo der Fluß zwei große Becken mit dunkelgrünem Wasser gebildet hat. Wir amüsierten uns einmal damit, runde Steinblöcke die steilen Abhänge hinabrollen zu lassen; sie schlugen gegen andere Blöcke, stürzten mit Donnergepolter ins Tal, rissen Sand und Staub auf, prallten vom Erdboden ab, hüpften in die Höhe und purzelten schließlich in das Becken, wo sie eine Kaskade von Spritzwasser aufsteigen ließen. Es war kindlich, aber recht lustig! Das Tal geht in eine Ebene über, in deren südlichem Teil sich die große Landstraße von Raga-tasam nach Saka-dsong hinzieht. Der Fluß, an dem wir abwärts gezogen sind, heißt Kanglung-buptschu, wird aber in Saka Satschu-tsangpo genannt. Im Eingang des Tales Basang auf der Nordseite der Ebene schlugen wir unser Lager auf.

Von hier bis Saka-dsong ist es nur eine kurze Tagereise. Aber anstatt diesen Weg zurückzulegen, den Ryder schon in seine Karte aufgenommen hat, wollte ich die Stelle sehen, wo sich der Tschaktak-tsangpo mit dem oberen Brahmaputra vereinigt. Das bedeutete einen vier Tagereisen weiten Umweg, und dazu konnten unsere Freunde von Raga ohne die Erlaubnis des Statthalters von Saka ihre Einwilligung nicht geben. Wir blieben daher einen Tag im Basang, während ein Bote an den Statthalter abgesandt wurde. Als die Antwort kam, war sie merkwürdigerweise bejahend, unter der Bedingung, daß die Hauptmasse der Karawane direkt nach Saka-dsong gehe. Ich erhielt sogar einen kleinen Lokalpaß für den beabsichtigten Abstecher!

Unter anderen Eingeborenen, die mir diesmal Modell saßen (Abb. 222), war ein zwanzigjähriger Jüngling namens Ugju (Abb. 221), der vor einigen Jahren mit Mutter und Geschwistern in einem Tal im Norden gewohnt hatte, wo ihr Zelt von Räubern überfallen und ausgeplündert worden war. Sie hatten sich tapfer mit Säbeln und Messern verteidigt, aber die Räuberbande hatte Schußwaffen gehabt, und Ugju war von einer Kugel getroffen worden, die ihm durch das Schulterblatt und die Lunge gegangen und aus der Brust wieder herausgekommen war. Große Narben zeigten den Weg, den die Kugel genommen hatte. Wenn man bedenkt, daß die Bleikugeln der Tibeter so groß wie Haselnüsse sind, muß man sich wundern, daß der Knabe nicht an innerlicher Verblutung gestorben ist. Er sah im Gegenteil außergewöhnlich gesund und blühend aus und hatte ein liebenswürdiges, sympathisches Wesen.

Ich saß auf einem Gerstensack vor Muhamed Isas Zelt und zeichnete. Unterdessen wurden Gepäck und Proviant für die Exkursion vorbereitet. Kerzengerade und hochgewachsen stand mein prächtiger Karawanenführer dabei und ließ die anderen die Säcke füllen, die wir mitnehmen wollten. Er ließ auch das Boot und alles andere einpacken, was ich zu Strommessungen brauchte. Am Abend arrangierte er einen Abschiedsball für Tsering, Schukkur Ali, Rabsang, Islam Ahun und Ische, die mich und Robert nach dem Tsangpo (Brahmaputra) begleiten sollten. In Schigatse hatte er eine große, elegante Gitarre gekauft, auf der er selber in seinem Zelte spielte. An diesem Abend wurde flotter und lebhafter als je getanzt und gesungen — wir erwarteten gute Nachrichten aus Lhasa und freuten uns, daß die Leute in Saka uns die erbetene Erlaubnis gewährt hatten.

Am Morgen des 27. Mai war es nach einem Minimum von nur 5 Grad wirklich schönes Wetter; war der Frühling schließlich doch noch gekommen? Die große Karawane war schon in westlicher Richtung nach Saka abgezogen, und meine Gesellschaft reisefertig, als Muhamed Isa kam, um mir Lebewohl zu sagen. Er erhielt Befehl, in Saka zu bleiben, bis ich zurückkehren würde, und auf alle Weise zu versuchen, durch Freundlichkeit und Klugheit das Vertrauen der Behörden zu gewinnen. Meine kleine Karawane war schon auf dem Weg nach Süden, wir beide standen ganz allein auf dem verlassenen Lagerplatz. Als er seine Instruktionen erhalten hatte, stiegen wir gleichzeitig zu Pferd und ich ritt den Meinen nach. Einmal wandte ich mich noch im Sattel um und sah Muhamed Isa stattlich und gerade auf seinem Schimmel, die Pfeife im Munde, die grüne Samtmütze auf dem Scheitel und den schwarzen Schafpelz lose über den Schultern, in schnellem Trab der Spur der Karawane folgen. Es war das letztemal, daß ich ihn sah!

Bald kreuzten wir die große Landstraße, die „Tasam", und ritten langsam nach dem Paß Gjäbuk-la (4830 Meter) hinauf, den vier Manis bezeichnen, die mit grünen Schieferplatten nebst hineingemeißelten Buddhabildern bedeckt sind. Daß über diesen Paß eine wichtige Verkehrsstraße führt, zeigten uns auch der ausgetretene Weg und drei Yakkarawanen, die gerade auf dem Weg nach Saka-dsong über den Paß kamen. Zwei von ihnen kamen aus dem großen Ort Tsongka-dsong, der fünf Tagereisen südwärts unweit der Grenze Nepals liegt. Von Saka aus gehen die

210. Targo-gangri, von einem Hügel bei Lager 150 aus. In N 32° W Serschik-gump

211. Tschomo-utschong-Massiv, vo

212. Kubi-gangri, von Lager 201 aus. In S 19° O der Ngomo-dingding m
In Südsüdwest bis Südwest
Skizzen des

N 55° W   N 47° W   N 32° W   N 26°—13° W

in N 26°—13° W der Dangra-jum-tso, im Vordergrund das Tal des Targo-tsangpo.

S 75° W   S 86° W   N 87° W

Kintschung-la aus, 23. Mai 1907.

S 2° W   S 21° W   S 35° W   S 43° W

dem Ngomo-dingding-Gletscher, in S 2° W der Absi mit dem Absigletscher.
as Muktschung-simo-Massiv.
Verfassers.

Karawanen über den Gjäbuk-la, überschreiten den Brahmaputra, steigen das Tal Samderling hinauf und gelangen über die Pässe Sukpu-la und Negu-la nach Tsongka-dsong, das den im Norden wohnenden Nomaden Gerste liefert. Vom Gjäbuk-la hat man eine herrliche Aussicht auf die scharfen Spitzen und kleinen Gletscherzungen des Tschomo-utschong. Auf den Südabhängen des Passes stehen beinahe überall Pamasträucher, und man freut sich, ihre frischen, grünen Nadeln wiederzusehen.

Der Weg führt das Kjärkjä-Tal hinunter. Auf einer glatten Felswand ist „Om mani padme hum" in meterhohen Silben eingehauen. Beim Lager 167 kamen mir die Tibeter der Gegend freundlich entgegen und hießen mich willkommen, und zwei von ihnen führten, wie es hierzulande Sitte ist, mein Pferd am Zügel nach meinem Zelt.

Mit neuen Führern gingen wir am nächsten Tag talabwärts, wobei wir mehrere Ruinen sahen, die von vergangenen glücklicheren Zeiten erzählten. Terrassenanlagen zur Bewässerung der Felder verrieten, daß Gerste in der Gegend gebaut wird. Vor uns haben wir jetzt das breite Tal des Brahmaputra und gelangen an einen Arm des Flusses, wo die Fähre liegt, die Karawanen und Güter zwischen Tsongka-dsong und Saka-dsong von einem Ufer nach dem anderen befördert.

Das Lager Nr. 168 war auf der Spitze der Kieszunge zwischen den beiden Flüssen aufgeschlagen (Abb. 223, 226). Der Tschaktak-tsangpo hatte hier eine Breite von 28,1 Meter, eine Maximaltiefe von 0,73 Meter, eine durchschnittliche Stromgeschwindigkeit von 1,39 Meter und 18,8 Kubikmeter Wassermenge in der Sekunde. Sein Wasser war fast ganz klar und drang infolge der größeren Stromgeschwindigkeit weit in das trübere Brahmaputrawasser ein. Dieses hatte am Nachmittag eine Temperatur von 9,4 Grad, während das Wasser des Nebenflusses ein wenig wärmer war, nämlich 9,9 Grad. Unsere Begleiter sagten, daß alle, die an den großen Fluß gelangten, von seinem Wasser tränken, denn es sei heilig, da es von dem heiligen Berg Kailas oder Kang-rinpotsche im fernen Westen komme.

An einer tiefen Bucht mit langsam kreisenden Wirbeln saß Schukkur Ali mit seiner Grundschnur und holte zehn prächtige Fische aus dem Wasser, eine Welsart mit vier weichen Bartfäden. Er hat an seinen fünf Angelhaken rohes Fleisch als Köder; an einem Ende der Schnur ist ein Stein angebunden, so daß er sie weit in das tiefe Wasser hineinwerfen kann, das andere Ende wird oben an einem in den Uferrand eingerammten Pflock festgemacht, in dessen oberer Gabel ein Stein so leicht auf die Schnur gelegt ist, daß er herunterfällt, wenn ein Fisch anbeißt; der Fischer kann sich infolgedessen inzwischen mit einer Handarbeit — dem

Häkeln von Schuhen — beschäftigen. Seinen Fang legt er in ein kleines, abgeschnürtes Bassin. Die Fische hatten weißes Fleisch und waren delikat.

Am 29. Mai maß ich den Hauptfluß an einer Stelle, wo eine flache Insel ihn in zwei Arme von 53,50 und 55 Meter Breite und 1,15 Meter Maximaltiefe teilte. Hier führte der Brahmaputra 71,7 Kubikmeter Wasser, 90,5 nach dem Einfließen des Tschaktak-tsangpo. Beim Einfließen des Dok-tschu hatte ich bloß 84 Kubikmeter gefunden, aber die Messung war auch schon vor anderthalb Monaten vorgenommen worden. Das Verhältnis zwischen dem Brahmaputra und dem Dok-tschu war $= 5:2$, und das zwischen dem Brahmaputra und dem Tschaktak-tsangpo $= 7:2$. Der Dok-tschu ist also bedeutend größer als der Tschaktak-tsangpo.

Am 30. Mai folgten wir dem breiten Tal des Tschaktak-tsangpo nach Nordwesten und Westnordwesten aufwärts, bis wir in eine Gegend gelangten, die Takbur hieß und von der aus wir den nächsten Morgen über den Paß Takbur-la nach Saka-dsong reiten wollten. Daraus wurde jedoch nichts, denn ehe ich noch geweckt worden war, kam ein Häuptling mit fünf Begleitern und machte einen entsetzlichen Spektakel mit meinen Leuten und unsern Tibetern aus Kjärkjä. Letztere mißhandelte er mit der flachen Klinge seines Säbels und jenen nahm er die Milch und die Butter, die sie am Abend vorher gekauft hatten, mit der Erklärung, daß niemand Erlaubnis habe, uns Proviant zu verkaufen. Robert hatte er gesagt, ihm sei befohlen, uns nicht nach Saka-dsong durchzulassen, und er wolle uns zwingen, hier drei Monate liegen zu bleiben! Yaks dürften wir auch nicht mieten, was sehr unangenehm war, da wir nur noch ein Pferd und einen Maulesel besaßen, nachdem alle die gemieteten wieder ausgerissen waren; Proviant sollten wir auch nicht kaufen dürfen. Dies schadete freilich weniger, da Robert vier Wildgänse geschossen und eine ganze Menge Eier gefunden hatte, und der Fluß voller Fische war.

Ich schickte daher Islam Ahun und Ische nach Saka mit dem Auftrag, Muhamed Isa solle uns sofort fünf Pferde senden. Dann ließ ich mir den hochnäsigen Häuptling in mein Zelt rufen, wo er mir die Angaben der anderen bestätigte. Er erklärte, ich sei nicht berechtigt, auch nur einen Schritt von der großen Heerstraße abzuweichen, und die Gegend, in der wir uns jetzt befänden, stehe unter ihm, nicht unter Saka-dsong; der lokale Paß sei also wertlos. Er beabsichtige, den Befehlen, die er erhalten habe, zu gehorchen, so wahr ihm sein Kopf lieb sei. Als ich ihm sagte, daß ich den Mandarinen in Lhasa sein

unmanierliches Benehmen mitteilen werde, sprang er auf und zog drohend
seinen Säbel! Als er aber meine unerschütterliche Ruhe sah, beruhigte
auch er sich schnell. Abends aber kam er mit dem Bescheid zurück, daß
wir über den Takbur-la gehen könnten, und brachte sowohl Yaks als
Proviant mit! Wer er war, erfuhren wir nie, denn in Saka-dsong
wollte ihn niemand kennen! Vielleicht war sein Auftreten nur ein kindischer
Versuch, mir alle Lust zu weiteren Abweichungen vom Wege zu nehmen.
Jedenfalls war es schade, daß wir gerade hier einen Tag verloren.
Schon als der Morgen des 1. Juni graute, kamen Islam Ahun und
Ische mit unsern Pferden, deren wir jetzt gar nicht mehr bedurften, und
brachten uns auch Salams und Grüße von Muhamed Isa, der mir melden
ließ, daß bei der Hauptkarawane alles gut stehe; sie ständen auf freundschaftlichem Fuß mit den Behörden und dürften alles kaufen, was sie
brauchten.

Wir brachen daher wieder nach Norden auf und zogen durch das
Takburtal, das sehr reich an Wild, Hasen, Fasanen und Rebhühnern
war, von denen Tsering einige schoß, und an Füchsen, Murmeltieren
und Erdmäusen. In der Ferne erblickten wir ein graues, schleichendes
Tier, das wir für einen Luchs hielten. Auch Kiangs kamen vor und
traten sehr ungeniert auf. Im Nordwesten, Norden und Nordosten sah
man vom Takbur-la (5066 Meter) aus gewaltige Schneeberge, die Ryder und
Wood gemessen hatten. Ebenso wie jene Engländer hielt ich es für gewiß,
daß diese Gipfel auf der Wasserscheide des Tsangpo lagen und zum
Hauptkamme des Transhimalaja gehörten. Ich sollte aber später Gelegenheit erhalten, nachzuweisen, daß dies ein Irrtum war. Vom Paß
führt ein Fluß hinunter, der sich in den Satschu-tsangpo ergießt. Hier
sahen wir eine Menge Yaks im üppigen Grase, ein beinahe zahmer Kulan
leistete ihnen Gesellschaft.

An der Stelle, wo der Fluß in die Ebene von Saka hinaustritt, gehen
wir auf seiner rechten Seite über einen letzten kleinen Vorsprung des
Paßberges; hier hielt ich mit Robert eine Stunde Rast, um ein Panorama der interessanten Gegend zu zeichnen. Tsering marschierte mit
den Seinen an uns vorüber und verschwand wie ein Punkt auf der
großen Ebene. Im Ostnordosten zeigten sich in weiter Ferne die
weißen Häuser Saka-dsongs; mit dem Fernglas konnten wir unser
Lager sehen, zwei schwarze Zelte und ein weißes; letzteres war das
Zelt Muhamed Isas.

Darauf überschritten auch wir die Ebene. Links standen vier Zelte,
bei denen man gerade die Schafe für die Nacht in die Hürden trieb.
An einer Stelle teilt sich die große Straße; den südlichen Weg schlagen

Reisende ein, die in Saka-dsong nichts zu tun haben. Wir durchschreiten den Sa-tschu-Fluß und einen Quellbach; es weht heftig aus Westen, und wir sehnen uns nach den Zelten und der Wärme der Lagerfeuer. Endlich sind wir da. Guffaru kommt uns grüßend entgegen, und alle die anderen rufen uns „Salam" und „Dschu" zu. Vergebens aber suche ich Muhamed Isas Hünengestalt und frage nach ihm! „Er liegt zu Bett und ist schon den ganzen Tag krank", antworten sie. Ich nahm an, daß er wieder seine gewöhnlichen Kopfschmerzen habe, ging nach dem Kohlenbecken in meinem Zelt und ließ Robert wie gewöhnlich die Sachen auspacken, deren ich zu meiner Abendarbeit bedurfte. Wir waren müde und durchfroren und sehnten uns nach dem Abendessen.

Neunundreißigstes Kapitel.

Muhamed Isas Tod.

Noch saßen wir nicht lange, als Rabsang hereinkam und meldete, Muhamed Isa habe das Bewußtsein verloren und antworte nicht, wenn man mit ihm spreche! Ich ahnte sofort, daß er von einem Gehirn= schlag getroffen worden war, und eilte mit Robert in sein Zelt, das unmittelbar neben dem meinigen stand. Am Kopfende, wo sein Bruder Tsering weinend saß, brannte eine Öllampe. Der Kranke lag auf dem Rücken ausgestreckt auf seinem Bett, groß, stark und gerade. Der Mund war auf der linken Seite ein wenig verzogen, und die linke Pupille er= schien sehr klein, die rechte normal. Der Puls war gleichmäßig und kräftig, 72 Schläge. Sofort verordnete ich heiße Kruken unter die Füße und eine Eisblase auf den Kopf. Seine beengenden Kleider wurden auf= gemacht; er atmete gleichmäßig und tief. Die Augen standen halb offen, waren jedoch ohne Glanz. Ich rief laut seinen Namen, aber er reagierte nur schwach darauf, versuchte, den Kopf zu drehen und den rechten Arm zu bewegen, und ließ ein leises Stöhnen hören, blieb dann aber wieder regungslos liegen. Robert erschrak, als ich ihm sagte, daß Muhamed Isa den nächsten Sonnenaufgang nicht mehr erleben werde!

Während wir an seinem Bette saßen, fragte ich Rehim Ali und Guffaru, die den ganzen Tag über bei ihm gewesen waren, nach dem Hergang. Während der vier Tage, die sie hier auf uns gewartet hatten, war er ganz gesund gewesen und hatte nie über Kopfschmerzen geklagt. Meiner letzten Instruktion gemäß, die ich ihm im Lager im Basangtal gegeben, hatte er versucht, Freundschaft und Vertrauen der Behörden zu gewinnen. Gestern abend war er noch ganz vorzüglicher Stimmung gewesen, hatte mit seinen vertrautesten Freunden aus der Karawane Tee getrunken und zu den Tönen der Gitarre gesungen.

Heute, am 1. Juni, war er mit der Sonne aufgestanden, hatte Tee getrunken und mehrere Stunden lang eine heftige Unterredung mit zwei Tibetern aus dem Dsong gehabt. Sie hatten sich geweigert, das Lager mit Proviant zu versehen, und darauf gedrungen, daß die Karawane sofort den Ort verlasse. Er hatte geantwortet, der Sahib komme bald zurück und es werde ihnen schlimm ergehen, wenn sie ihm nicht gehorchten. Sie waren zornig ihrer Wege gegangen, worauf Muhamed Isa gegen zehn Uhr gefrühstückt und dann eine Stunde geschlafen hatte. Als er aufgestanden war, hatte er über heftige Kopfschmerzen geklagt.

Als die Sonne die Mittagshöhe erreicht hatte, war er hinausgegangen, um nach uns Ausschau zu halten; dabei hatte er einen heftigen Brechanfall bekommen, war nach der linken Seite hingestürzt und bewußtlos liegen geblieben. Die anderen waren herbeigeeilt, hatten ihn ins Zelt getragen und ihm den Leib massiert. Dann war das Bewußtsein zurückgekehrt, er hatte viel gesprochen, aber undeutlich und hauptsächlich mit dem Gott des Islam:

„Ich war Lamaist, trat aber zum Islam über; hilf mir nun, o Allah, aus dieser schweren Krankheit; laß mich wieder gesund werden, vergib mir meine Sünden und alles Unrecht, das ich anderen zugefügt habe; laß mich leben, o Allah, so will ich immer deine Gebote halten und nie meine Gebetstunden versäumen!"

Dann hatte er die andern ermahnt, wie bisher ihre Pflicht zu tun, und ihnen gedankt, daß sie ihm in seinem Unglück so geduldig beiständen. Von Zeit zu Zeit hatte er um kaltes Wasser gebeten. Mit der rechten Hand hatte er seinen linken Arm befühlt und gefragt, wessen Arm das sei; dann äußerte er, daß er an seinem linken Fuß keinen Schuh fühle. Die ganze linke Seite war völlig gelähmt. Er hatte aufrechtsitzend, mit Kissen gestützt, Guffaru gebeten: „Du, der du alt bist und die Gebote der Religion hältst, wirst deine Hände nicht besudeln, wenn du ein Messer nimmst und mich in den Nacken schneidest; schneide tief nach dem Rücken hinunter, das wird meine höllischen Kopfschmerzen lindern." In seinem verzweifelten Schmerz hatte er mit der rechten Hand auf eine Kiste geschlagen. Ungefähr eine Stunde später hatte ihn ein neuer Schlaganfall auch der Sprache beraubt. Nun hatte er nur noch mit der rechten Hand Zeichen gegeben, wie in Verzweiflung über das Herannahen des Todes. Gegen halb vier Uhr war Tsering gekommen und hatte sich laut weinend über ihn geworfen. Muhamed Isa hatte ebenfalls geweint und die Hand an die Lippen geführt, um zu zeigen, daß er nicht sprechen konnte. Als wir um fünf Uhr in das Zelt traten, war nur noch ein schwacher Reflex seines schwindenden Bewußtseins vorhanden. Anderthalb Stunden lang veränderte sich sein Zustand nicht, er atmete ruhig und mit geschlossenem Munde. Ich ging daher zum Mittagessen, das Abdul mir bereitet hatte.

Robert und ich studierten nun Burroughs Wellcomes medizinisches
Handbuch, um uns zu überzeugen, daß nichts versäumt worden war.
Um acht Uhr kehrten wir an das Krankenbett zurück. Er atmete jetzt
mit offenem Munde, ein schlimmes Zeichen, das auf Erschlaffung der
Kiefermuskeln schließen ließ; der Puls machte 108 Schläge und war sehr
schwach. Die Verzweiflung des alten Tsering, als ich ihm sagte, daß
keine Hoffnung mehr sei, war herzzerreißend. Eine halbe Stunde später
wurde der Atem schwächer und langsamer, und um neun Uhr begann das
Todesröcheln und das Arbeiten der Muskeln des Brustkorbes, um die
Lungen mit genügender Luft zu versorgen. Ungefähr jeder vierzigste
Atemzug war tief, worauf dann eine Pause folgte, ehe der nächste kam.
Ihnen folgte ein Stöhnen. Seine Füße erkalteten trotz der heißen
Kruken, die oft erneuert wurden. Ein Viertel nach neun Uhr wurde
das Atmen immer langsamer und die Pausen immer länger. Eine Todes=
zuckung erschütterte seinen Körper und ließ ihn schwach die Schultern
heben; ihr folgte noch eine.

Die Mohammedaner flüsterten Tsering zu, den Platz am Kopfende
zu verlassen, denn ein Mohammedaner müsse ihm den Unterkiefer halten
und ihm nach dem letzten Atemzug den Mund schließen. Aber der
trauernde Bruder konnte nur mit Gewalt dazu gebracht werden, seinen
Platz zu verlassen. Den Sterbenden überfiel eine dritte und letzte Zuckung,
hervorgerufen durch das Gefühl der Todeskälte. Nach einem tiefen Atem=
zug blieb er 20 Sekunden still. Wir glaubten, daß das Leben entflohen
sei, aber er atmete noch einmal, und nach noch einer Minute erfolgte der
letzte, schwache Atemzug, nachdem ihm Guffaru ein Tuch unter das Kinn
gebunden und ihm ein weißes Zeugstück über das Gesicht gedeckt hatte.
Dann blieb alles still, und tiefbetrübt entblößte ich mein Haupt vor der
unheimlichen Majestät des Todes. —

Erschreckt und bestürzt füllten die Mohammedaner und hinter ihnen
die Lamaisten das Todeszelt, und von Zeit zu Zeit hörte ich sie halb=
laut ausrufen: „La illaha il Allah!" Tsering war außer sich; er kniete
neben dem Toten, schlug sich mit den Händen vor die Stirn, weinte
laut, ja heulte und brüllte, während ihm große Tränen über die ge=
furchten, sonnverbrannten Wangen rollten. Ich klopfte ihm auf die
Schulter und bat, er möge doch versuchen, sich zu beruhigen, in sein Zelt
gehen, Tee trinken und sich dann hinlegen und ausruhen. Als er aber
weder hörte noch sah, mußten die anderen ihn nach dem Zelt tragen,
und solange ich in dieser Nacht noch wach lag, hörte ich ihn dort
jammern. Ja, der Tod ist ein unheimlicher Gast! Wir alle konnten es
kaum fassen, daß er so plötzlich in unser friedliches Lager eingekehrt war.

Noch lange sprach ich darüber mit Robert in meinem Zelt; hierhin war auch der alte Guffaru gerufen worden, um meine Befehle wegen der Beerdigung zu erhalten. Während der Nacht sollten die Mohammedaner abwechselnd Leichenwache halten. Am nächsten Morgen sollte in aller Frühe die Erlaubnis der Behörden wegen einer Grabstelle eingeholt werden, und dann die Beerdigung stattfinden.

Um Mitternacht machte ich einen letzten Besuch bei meinem prächtigen, treuen Karawanenführer, der mitten in den besten Jahren auf seinem Posten zusammengebrochen war. Lang und gerade lag er, in Leichentuch und Filzdecken gehüllt, mitten im Zelt. Neben seinem Kopf brannte seine Öllampe, die leise in der Zugluft flackerte. Die Leichenwache, fünf Mann, saß stumm und regungslos, erhob sich aber, als ich eintrat. Wir entblößten sein Gesicht; es war ruhig und würdig, um die Lippen spielte ein schwaches Lächeln; die Farbe war bleich, aber mit einem Ton von Sonnenbrand und Windröte überzogen, so daß sie einer gleichmäßigen Bronzefarbe glich. Über ihm wölbte sich die halbdunkle Glocke des Zeltes, dieses Zeltes, das durch das ganze Tschangtang unter allen Winden des Himmels geflattert war und aus dessen Innern Muhamed Isas fröhliches Scherzen so oft zu den Tönen der Flöten und der Gitarre in stillen, kalten tibetischen Nächten ertönt war. Jetzt lag niederschmetterndes Schweigen über der Gegend; nur die Sterne funkelten mit elektrischem Glanz.

Wie leer und öde erschien mir alles, als ich am Sonntag, den 2. Juni, an Muhamed Isas Beerdigungstag, erwachte! Ich ging hinaus und sah mir das Grab an; es lag im Südwesten, 300 Meter vom Lager entfernt. Früh hatten die Mohammedaner sich im Dorf eine Tür geliehen und auf ihr den Toten gewaschen. Dann hatten sie ihn in Guffarus Leichentuch gehüllt, das von dünner Leinwand, aber glänzend weiß und sauber war. Muhamed Isa und ich hatten oft zusammen gelacht über die originelle Idee des Alten, sich diese Sterbegewandung mit auf die Reise zu nehmen! Über das Leichentuch („Kafan") hatten sie eine graue Filzdecke gewickelt. Der Tote lag jetzt im strahlenden Sonnenschein vor dem Zelt auf einer Bahre, die aus den Böden der beiden Bootshälften bestand; sie waren aneinandergeschnürt und mit vier Querstangen für die Träger versehen worden (Abb. 230).

Als alles fertig war, hoben die acht Mohammedaner die Bahre auf die Schultern und trugen ihren Häuptling und Führer von Leh, königlich lang und gerade und kalt, nach seiner letzten Ruhestätte. Ich ging unmittelbar hinter der Bahre, dann Robert und einige Lamaisten; die übrigen waren beim Grab beschäftigt, nur zwei waren im Lager,

213. Lundup Tsering (links zu Pferd), der meinen Zug zum Dangra-jum-tso verhinderte. Im Hintergrund der Targo-tsangpo und der Targo-gangri.

214. Lundup Tserings Heeresmacht. Links ein Teil des Targo-gangri.

das nicht unbewacht bleiben durfte, zurückgeblieben. Aus Tserings Zelt
ertönte noch immer verzweifeltes Weinen. Man hatte ihn überredet,
nicht mit nach dem Grabe zu kommen. Er war mit Leib und Seele
Lamaist, und nun quälte ihn der Gedanke, daß er seinen Bruder, der
auf das Paradies der Mohammedaner gehofft, nie wiedersehen werde!
In der Ferne standen einige Tibeter. Langsam, feierlich und düster
setzte sich der Zug in Bewegung (Abb. 231). Kein Glockengeläute, keine
hingestreuten Tannenzweige! Keine Gesänge sprachen von einem Wieder=
erwachen jenseits des Tales der Todesschatten. Aber über uns spannte
der Himmel sein türkisblaues Gewölbe aus, und auf den Seiten hielten
die hohen, öden Gebirge Wacht. Mit tiefer, klagender Stimme sangen
die Träger „La illaha il Allah" im Takt ihrer schweren Schritte. Sie
schwankten unter der Last und mußten sie oft auf die andere Schulter
nehmen, denn Muhamed Isa war groß und schwer.

Endlich schritten wir nach der Kiesterrasse zwischen zwei Quellbächen
hinauf. Die Bahre wurde am Rand des Grabes niedergesetzt, das noch
nicht ganz fertig war (Abb. 232). Es war tief, lag in nordsüdlicher
Richtung und hatte auf der linken Seite einen Einschnitt, eine Nische,
unter deren Wölbung die Leiche gelegt werden sollte, damit die Erde sie
nicht drücke, wenn das Grab ausgefüllt worden sei. Vier Männer standen
im Grabe und nahmen den Toten in Empfang (Abb. 233), der jetzt nur
in dem weißen Leichentuch unter die Wölbung geschoben und dort so
niedergelegt wurde, daß er das Antlitz nach Mekka wandte, dem Ziel der
Sehnsucht aller rechtgläubigen Pilger.

Kaum war er zurechtgelegt, so geschah etwas Peinliches, ein böses
Omen: das überhängende Gewölbe von losem, trockenem Kies stürzte
ein und begrub die Leiche vollständig und die vier Männer, die mit ihr
beschäftigt waren, zur Hälfte. Es wurde ganz still, die Männer blickten
einander unschlüssig an. Schukkur Ali brach das drückende Schweigen,
sprang ins Grab hinein, aus dessen Tiefe die anderen herauskletterten,
grub die Leiche wieder aus und strich den Kies, so gut es sich machen
ließ, vom Leichentuch herunter. Von Erdschollen, die am Bachufer aus=
gestochen wurden, errichteten sie nun eine Mauer zum Schutze des Toten,
füllten dann die äußere Grabkammer mit Sand und Steinen und warfen
schließlich einen meterhohen Hügel über dem Grabe auf, an dessen Kopf=
und Fußende flache Steinplatten angebracht wurden.

Als alles getan war, gingen die Lamaisten nach Hause, die Moham=
medaner aber blieben am Grab und beteten für den Toten, wobei sie
bald auf den Knien lagen, bald sich mit den Handflächen vor dem Ge=
sicht erhoben. Schukkur Ali, der Muhamed Isas alter Freund und

Kamerad auf vielen seiner Reisen in Asien gewesen war, brach in heftiges Weinen und Klagen aus, die andern trauerten stiller. Zuletzt sprach ich in Turkisprache einige Worte. Während aller meiner Reisen hätte ich nie einen tüchtigeren, erfahreneren und treueren Karawanenführer gehabt; er habe in unserer Karawane Disziplin gehalten, sei den Männern ein Vater gewesen und habe aufs beste für die Tiere gesorgt; er sei ein vorzüglicher Dolmetscher gewesen und habe die Eingeborenen klug und taktvoll behandelt; nie hätte ich über ihn klagen oder auf ihn schelten hören. Durch sein fröhliches, humoristisches Wesen habe er alle andern erheitert. In schwierigen Lagen habe er stets den richtigen Ausweg gefunden. In dem unbekannten Land habe er Pässe und Gipfel erklommen, um den besten Weg zu finden — stets sei er selber gegangen und habe nie einen anderen geschickt. Unter uns werde sein Andenken geachtet und geehrt fortleben, und auch in der Erforschung Asiens habe er sich einen großen Namen gemacht, denn dreißig Jahre lang habe er vielen anderen Sahibs ebenso treu und redlich gedient als mir.

Schweigend gingen wir nach Hause an unsere Tagesarbeit.

Unter den Kirchentexten dieses Sonntags kam auch der Bibelvers vor: „Du Tor, in dieser Nacht wird deine Seele von dir gefordert werden!" —

Weitgereist und in Asien ruhmvoll bekannt, war Muhamed Isa früher schon einmal in Saka-dsong gewesen, im Jahre 1904 als Rawlings und Ryders Karawanenführer. Damals ahnte er wohl nicht, daß er noch einmal und auf immer dorthin zurückkehren und hier zum letztenmal nach langen Wanderungen sein Lager aufschlagen werde! In der Zeitschrift „The Geographical Journal" vom April 1909, Seite 442, widmet ihm Rawling folgenden Nachruf: „Ich kann nicht von Saka-dsong sprechen, ohne dem Andenken des dort verstorbenen treuen Dieners Sven Hedins meine Ehrfurcht zu bezeugen. Muhamed Isa war einer der besten Charaktere, mit denen zusammenzutreffen ich das Glück gehabt habe. Zuverlässig und unermüdlich in seiner Arbeit, wurde er in seiner Kenntnis Asiens von keinem Eingeborenen übertroffen. Denn er hatte Younghusband auf dessen berühmter Reise von China begleitet, er war mit Carey gezogen, mit Dalgleish, der später ermordet wurde, und auch mit Dutreuil de Rhins; er war ein hilfloser Zeuge des gewaltsamen Todes seines Herrn durch die Hände der Tibeter gewesen. Er war mein Karawan-baschi auf der Expedition nach Gartok, begleitete Sven Hedin auf dessen letzter Reise und starb nach dreißigjährigen treuen Diensten an diesem weltverlassenen Orte."

Aus Briefen, die ich später von Younghusband, O'Connor und Ryder erhielt, ging hervor, daß auch sie sein Hinscheiden tief beklagten.

Die Grabterrasse erhob sich unmittelbar an der Nordseite der großen Heerstraße zwischen Ladak und Lhasa. Der Hügel wurde am nächsten Tag treppenartig mit ausgestochenen Erdschollen bedeckt, auf der Westseite des Grabes neben dem Haupt des Toten aber eine kleine Steinplatte eingegraben, auf der vorbeiziehende Mohammedaner einen Gebetteppich ausbreiten und für die Ruhe des Verstorbenen beten können (Abb. 234). Auf einer Scheibe von Tonschiefer, deren Fläche mit einem Stemmeisen geglättet worden war, ritzte ich mit lateinischen Buchstaben in englischer Sprache folgende Inschrift ein:

MUHAMED ISA
KARAWANENFÜHRER UNTER
CAREY, DALGLEISH, DE RHINS, YOUNGHUSBAND,
RAWLING, RYDER UND ANDEREN
STARB
IN SVEN HEDINS DIENST
BEI SAKA-DSONG, AM 1. JUNI 1907,
IM ALTER VON 53 JAHREN.

Die Schrift wurde von Islam Ahun in den Stein eingehauen. Der Name wurde auch arabisch eingraviert und zu alleroberst in tibetischer Schrift die Formel „Om mani padme hum" eingemeißelt, damit die Kinder des Landes dem Grabe Achtung erweisen sollten. Künftige Reisende werden den Stein an seinem Platze finden — wenn die Tibeter ihn nicht weggenommen haben!

Am Nachmittag des 3. Juni ließ ich Tsering in mein Zelt rufen. Er hatte sich jetzt beruhigt und fand sich in sein Schicksal. Er sollte wie bisher mein Koch und mein Leibdiener bleiben, sein Lohn wurde aber auf zwanzig Rupien monatlich erhöht; auch sollte diese Erhöhung rückwirkend von Leh an gelten. Er durfte die Uhr behalten, die ich seinem Bruder geschenkt hatte. Guffaru, der älteste der Leute, wurde Muhamed Isas Nachfolger als Karawan-baschi, erhielt dieselbe Lohnerhöhung wie Tsering und durfte Muhamed Isas Schimmel nebst Sattel benutzen. Er sollte künftig mit zwei anderen im Zelt des Toten wohnen.

Da ich voraussah, daß die Disziplin nicht bleiben würde, wie sie zu Muhamed Isas Zeiten gewesen, sprach ich mit den Männern ein ernstes Wort. Sie hätten Guffaru ebenso blind zu gehorchen wie seinem Vorgänger, sie sollten wie bisher zusammenhalten und mir fernerhin treu dienen. Wenn jemand Zank anfange und ungehorsam sei, werde er augenblicklich seinen ausstehenden Lohn erhalten und fortgejagt werden und könne dann gehen, wohin er wolle. Jetzt, da wir mit gemieteten Yaks reisten, könne ich sehr gut die Hälfte der Mannschaft entbehren; es liege daher in ihrem eigenen Interesse, sich so zu betragen, daß sie bleiben dürften. Rabsang und Namgjal antworteten darauf im Namen der anderen, daß sie wie bisher zusammenhalten, mir treu dienen und mir folgen würden, wohin es auch gehe.

Dann erhielt Robert den Auftrag, in Gegenwart Tserings, Guffarus, Schukkur Alis, Rehim Alis und des Hadschi die ganze Habe des Verstorbenen durchzusehen und sie, nachdem er ein Verzeichnis aufgenommen, in besondere Kisten zu packen, die versiegelt und nebst seinem ausstehenden Lohn später seiner Witwe in Leh eingehändigt werden sollten. Unter seinen Sachen fand man einige wertvolle Dinge, die er in Schigatse gekauft hatte, Teppiche, Teetassen mit Metalluntertassen und Metalldeckeln, Schmucksachen und Zeugstoffe. An Bargeld hatte er nur zehn Rupien hinterlassen, ein Beweis, daß er auf seinem Verwaltungsposten durchaus ehrlich geblieben war.

Nachdem alles, was zum Begräbnis gehörte, besorgt worden war, kamen die Mohammedaner mit der Bitte um einige Rupien, damit sie am Abend ein Erinnerungsfest zu Ehren des Toten feiern könnten. Sie wollten einen Pudding, Halva genannt, aus Mehl, Butter und Zucker bereiten, Tee trinken und ein Schaf schlachten. Auch die Heiden, wie die Mohammedaner ihre lamaistischen Kameraden nannten, sollten dabei sein. Sie sangen, aßen und tranken — und dachten wohl kaum an den Toten! —

Schon am 2. Juni hatten mich zwei Herren aus Saka-dsong besucht. Der Gouverneur selber war abwesend, er reiste in seiner Provinz umher, um die Zelte, die unter seiner Herrschaft standen, zu zählen und ein Verzeichnis der Namen aller bewohnten Täler aufzunehmen — alles auf chinesischen Befehl. Pemba Tsering, der ihm im Rang am nächsten stand, war sehr liebenswürdig und höflich, bedauerte aber, uns nicht länger Proviant besorgen zu können, da er darauf vorbereitet sein müsse, auch den Leuten, die unaufhörlich zwischen Gartok und Lhasa hin und her reisten, Lebensmittel zu liefern. Um seine Worte zu bekräftigen, rief er die fünf „Govas" oder Distriktvorsteher der Gegend herzu, die beteuerten, das arme Land könne nicht all das Tsamba und all die Gerste, deren wir bedürften, aufbringen! Ich bereitete sie darauf vor, daß wir in Erwartung der Antwort aus Lhasa noch einige Tage bleiben würden; da erhoben sie sich demonstrativ und erklärten, ich könne hier so lange liegen bleiben, wie es mir gefalle, sie würden uns aber nicht mit Lebensmitteln versehen!

Am selben Tag noch wurde dicht bei unserem Lager ein großes weiß und blaues Zelt aufgeschlagen, aber erst am 4. Juni machten mir seine Bewohner, die Govas von Tradum und Njuku, ihren Besuch. Sie hatten von meinem langen Aufenthalt gehört und wollten nun selber untersuchen, wie alles zusammenhinge. Der Gova von Njuku ergriff zuerst das Wort:

„In Ihrem Paß stehen Saka und Tradum, aber nicht Njuku. Kommen Sie trotzdem dorthin, so erlaube ich Ihnen, eine Nacht zu verweilen, jedoch nicht länger, denn in dem Passe steht, daß Sie geradeswegs nach Tradum reisen müssen."

„Lieber Freund," antwortete ich, „wenn ich erst in Ihrem Orte bin, dann werden wir so gute Freunde werden, daß Sie mich noch bitten, einen ganzen Monat zur Befestigung der Freundschaft dort zu bleiben! Wenn Sie mich dann später in Indien besuchen, wird mir Ihr Besuch um so angenehmer sein, je länger er dauert."

Er nickte mir schelmisch lächelnd zu und hielt mich gewiß für einen Spaßvogel, fügte aber hinzu, daß er den Befehlen, die er vom Devaschung erhalten habe, gehorchen müsse.

„Wenn ich mit den Mandarinen in Lhasa im Briefwechsel stehe und auf Antwort von ihnen warte, so hat der Devaschung kein Recht, mich zu hindern."

„Nun gut, dann wird es wohl das Beste sein, daß Sie hier liegen bleiben und nicht nach Njuku oder Tradum kommen; dort ist noch weniger Proviant zu bekommen."

Später stellte sich Pemba Tsering wieder ein und brachte doch zwei Säcke Gerste und ein Schaf mit! Er war, seit er mit den anderen gesprochen hatte, bedeutend gefügiger geworden und versprach zu versuchen, uns zu verschaffen, was wir brauchten. Wir hatten noch zwei schlechte Pferde und einen Maulesel aus Schigatse; er sollte eines der Tiere als Belohnung erhalten. Nach einigem Überlegen entschied er sich für den Maulesel. Die beiden Pferde verkauften wir um einen Spottpreis an einen Fremden.

Nun aber sehnte ich mich aus diesem jammervollen Saka-dsong mit seinen traurigen Erinnerungen fort! Dort draußen in Gottes freier, herrlicher Natur verwehten die Sorgen mit den Winden des Himmels. Täglich rechneten Robert und ich aus, wie lange es noch dauern könne, bis Tundup Sonam und Taschi zurückkehrten. Falls die Antwort mit sogenannter fliegender chinesischer Post geschickt wurde, mußte sie jeden Augenblick eintreffen. Aber die Tage vergingen, und keiner ließ von sich hören. Eines Tages ritten einige Reiter auf dem Wege nach Westen an unserem Lager vorbei; sie erzählten, daß sie meine beiden Boten in Kung Guschuks Garten in Schigatse gesehen hätten, wußten aber nichts von ihren weiteren Absichten. „Geduld!" flüsterte der Westwind wieder. In dem Netz von Schwierigkeiten, in dem wir uns immer mehr verwickelten, ruhte meine Hoffnung auf der Antwort der Chinesen. Den Behörden hier hatte ich gesagt, daß ich augenblicklich aufbrechen würde, wenn man uns erlaube, auf einem nördlicheren Weg nach Njuku zu ziehen; da sie aber davon noch immer nichts hören wollten, so blieben wir liegen.

Wenn ich aus meinem Zelte sah, zog das dunkle Grab auf seinem Hügel meine Blicke an. Es war, als ob das Grab uns festhalte, und doch gerade von ihm sehnten wir uns fort. Alles war öde und düster, wir vermißten Muhamed Isa und empfanden eine große Leere nach seinem Hinscheiden. Aber das Leben ging seinen ebenen Gang. Wenn die Sonne aufgeht, streifen die Dorfweiber umher, um Dung in Körben zu sammeln, während die Männer Pferde und Yaks auf die Weide treiben (Abb. 219, 220, 224, 225). Man hört sie singen und pfeifen, die Kinder schreien und die Hunde bellen. Der blaue Rauch steigt aus den Schornsteinen des Dorfes auf oder von den schwarzen Zelten, die zwischen den Häusern liegen, von Mauern umgeben. Vom Dach des Saka-gumpa mit einer Statue des Padmasambhava bläst der einzige Lama des Klosters sein Muschelhorn. Raben und blaugraue Tauben picken allerlei zwischen den Zelten auf, und die in der Nacht näher herangekommenen Wölfe kehren wieder ins Gebirge zurück. Reiter und Karawanen ziehen ostwärts nach einem besseren Land, wo Pappeln, Weiden und Obstbäume sich in ihr schönstes Sommergewand gekleidet haben. Wir aber sind Gefangene in diesem öden Lande, dessen Mittelpunkt Muhamed Isas Grab ist!

Schon bald verspürte ich den deprimierenden Einfluß, den der Verlust des großen, kräftigen Karawanenführers auf meine Leute hatte; sie bekamen Heimweh. Sie sprachen von der Wärme ihres eigenen Herdes und begannen epidemisch Schuhe für ihre Kinder und Bekannten zu häkeln und zu knüpfen. Eilig versammelten sie sich um das Abendfeuer und redeten dort nur noch von dem gemütlichen Leben in den Dörfern Ladaks. Robert sprach davon, wie wüst und unheimlich Tibet, wie warm und herrlich dagegen Indien sei; er sehnte sich nach seiner Mutter und nach seiner jungen Frau. Ich möchte wissen, ob jemand sich eifriger fortsehnte als ich selbst, der ich noch so vieles vorhatte, was getan werden mußte! Ja, ich sah nur zu deutlich, daß ich mit dieser jetzigen Karawane alles, was ich erstrebte, nicht würde erreichen können; sie war erschöpft und verbraucht, worüber man sich nach allem, was sie durchgemacht hatte, wahrhaftig nicht wundern konnte. Mein Schicksal jagte mich förmlich nach Ladak zurück. Unterwegs aber mußte ich versuchen, noch möglichst große Eroberungen zu machen. Und dann? Darüber wußte ich nichts. Aber das wußte ich, daß ich nie kapitulieren und Tibet nicht eher verlassen würde, als bis ich alles, was in meiner Macht stand, getan, um das unbekannte Land im Norden des oberen Brahmaputra zu erobern!

Am Morgen des 5. kam mein alter Freund, der Gova von Ragatasam. Er hatte gehört, daß wir in schwieriger Lage seien und erbot sich, ein vernünftiges Wort mit Pemba Tsering zu sprechen. Später kamen beide in mein Zelt und teilten mir mit, daß ich auf dem nördlichen Wege nach Njuku ziehen dürfe! Der Gova erhielt für seine Bemühungen eines unserer besten Pferde. Nun hatten wir von unsern eigenen Tieren noch sechs, darunter drei Veteranen aus Leh, zwei Pferde und einen Maulesel. Am nächsten Abend kam Guffaru zum erstenmal, um sich Instruktionen zu holen. Und am 7. Juni brachen wir in aller Frühe auf.

Am Grabe machte ich einen Augenblick halt. Es sah in all seiner Einfachheit vornehm und würdig aus. In seiner dunkeln Kammer schlummert nun der Müde bis ans Ende der Zeiten. Er lauscht dem Heulen der Weststürme und der Wölfe, er friert in der Winterkälte, er sieht aber die Sommersonne nicht und sehnsuchtsvoll und gedächtnisstark hört er die Pferde auf dem harten Geröllboden stampfen. Ich dachte an den Lama Rinpotsche in seiner dunkeln Höhle bei Linga!

Leb' wohl und Dank für gute Wacht!

Vierzigstes Kapitel.

Auf Schleichwegen nach Tradum.

Der Tag war strahlend, es war nicht Frühling, es war Sommer. In der Luft summten plötzlich Fliegen, Wespen und Bremsen, auf dem Erdboden war allerlei Gewürm herausgekrochen und beeilte sich, die warme Jahreszeit, die hier so kurz ist, zu genießen. Es war heiß! Um ein Uhr 21,2 Grad! Die Sonne erschien mir ebenso brennend wie in Indien. Das Tal des Sa=tschu erweitert sich nach Westen hin; an den Ufern des Flusses saßen Wildgänse, Reiher und Enten, und auf den Bergen, an deren Fuß wir auf der rechten Seite des Tales hinzogen, krächzten die Dohlen. Das neue Gras war schon sommerlich grün und frisch aus der Erde gekommen, aber erst nach den warmen Regen wird es wirklich üppig.

Wir begegneten einer Karawane von 200 Yaks in fünf Abteilungen, die je zwei pfeifende Treiber hatten.

„Woher kommt ihr?" fragte ich.

„Vom Tabie=tsaka, wo wir Salz geholt haben."

„Wo liegt der See?"

„Nordwärts in Bongba, 30 Tagereisen von hier."

„Geht der Weg dorthin über hohe Pässe?"

„Ja, zwölf Tagereisen nördlich ist ein hoher Paß."

Und dann zogen sie mit ihren trippelnden Yaks nach Saka=dsong weiter. Es war das erstemal, daß ich von diesem wichtigen Salzsee reden hörte, und ich beneidete die Leute der Salzkarawane, denn sie hatten diesen den Europäern gänzlich unbekannten Weg durch den Transhima=laja hinter sich.

Die Tasam hatten wir links liegen lassen; wir schwenkten nach Nord=westen ab, gerade auf Targjaling=gumpa zu, dessen rotes Lha=kang, kleine weiße Gebäude und große Tschorten auf einer Terrasse lagen, unmittelbar oberhalb der Stelle, wo Guffaru das Lager aufgeschlagen hatte. Zehn Lamas waren heruntergekommen sich zu erkundigen, ob wir

215. Der Schuru-tso, im Hintergrund der Targo-gangri.

216. Einige meiner Yaks auf dem Angden-la.

217. Tal in der Nähe des Angden-la.

Diebe und Räuber seien, die das Kloster angreifen wollten! „O bewahre," hatte er geantwortet, „wir sind friedliche Reisende, die die Nacht hier zubringen." „Das erlauben wir nicht," hatten sie erwidert, „ihr müßt auf der großen Straße bleiben." Ich schickte nun Rabsang hinauf, den schon am Tor 30 Mönche umringten. Er erhielt denselben Bescheid; nie sei ein Europäer hier gewesen, nie werde einer das Kloster betreten! Wenn die Herren des Dsong es versuchten, uns hineinzuhelfen, sollten sie es mit dem Leben büßen! Angenehme Geistlichkeit! Nicht einmal Rabsang, der Lamaist war und mehrere Gaos am Halse trug, durfte hinein. Er stand ja im Dienst eines Europäers. So feindlich waren uns diese Mönche gesinnt, daß sie die kleine Quellader verstopften, aus der wir Wasser holten! Der Devaschung ging sie, ihrer Aussage nach, gar nichts an. Wir hatten schon in Saka-dsong gehört, daß diese Mönche kriegerisch und unabhängig seien; man hatte dort behauptet, der Freibeuter, der uns am 31. Mai angehalten, müsse ein verkleideter Mönch gewesen sein. Aber wir konnten auch ohne sie und ihr Kloster, das ziemlich klein und unbedeutend aussah, fertig werden.

Hier erkrankten unsere vier Hündchen an einer seltsamen Krankheit, liefen unruhig umher, schnoben und niesten, hatten Eiter in den Augen und keinen Hunger. Abends hörte ich den einen meiner kleinen Zeltkameraden winseln und heulen, am nächsten Morgen lag er tot auf seiner Filzdecke.

Rawlings und Ryders Route zur Linken lassend, zogen wir bis an das Ufer des Tschaktak-tsangpo und dann nordwärts am Fluß entlang. Der Fluß hat starke Strömung, bildet aber keine Stromschnellen; im Süden sieht man das Tor, durch das er aus dem Gebirge heraustritt. Beim Dorfe Pasa-guk, das größer als Saka-dsong ist, lagerten wir auf dem rechten Ufer. Der Fluß war hier 43 Meter breit, höchstens $0{,}78$ Meter tief und hatte $17{,}8$ Kubikmeter Wasser. Am 28. Mai führte er $18{,}8$ Kubikmeter, den Satschu und andere Nebenflüsse aber nimmt er erst unterhalb des Dorfes Pasa-guk auf.

Mitten im Dorf (Abb. 227) war ein Serai mit großen Salzvorräten in Säcken. Hier wird von Zeit zu Zeit ein Tauschmarkt abgehalten, bei dem Salz die Scheidemünze bildet. Ich versuchte, weitere Erkundigungen über das Land im Norden einzuziehen, aber als ich die verschiedenen Angaben miteinander verglich, war das Resultat ein hoffnungsloser Wirrwarr. So fragte ich z. B. Wanderer, die von Tabie-tsaka kamen, wie weit sie jeden Tag gingen und wo sie Seen, Flüsse und Pässe überschritten, und als ich die angegebenen Wegstrecken addierte und die Richtung auf die Karte setzte, reichte die Linie bis Kaschgar — durch ganz Tibet und Ostturkestan!

Verwendbare Daten über das Land im Norden zu erhalten, war unmöglich. Ich mußte es also mit eigenen Augen sehen! Aber wie würde das möglich sein? —

Empört und voller Wut kam plötzlich der Hadschi zu mir, um sich zu beklagen, daß Guffaru ihn geschlagen habe. Ich saß zu Gericht und stellte ein Verhör an. Der Hadschi hatte sich geweigert, die Pferde zu hüten, als er an der Reihe war, und der Karawan=baschi hatte ihn deswegen durchgeprügelt. Das Urteil lautete, daß der Hadschi in Njuku seinen Abschied erhalte.

In dem sammetweichen Ufergras saßen Robert und ich und sahen mit sehnsüchtigen Blicken dem halbklaren Flußwasser zu, wie es in munterm Spiel nach den ersehnten Küsten hintanzte. Ein Greis und ein Jüngling gesellten sich zu uns und erheiterten uns durch Tanz und Gesang. Der Alte in einer dreieckigen Maske von Ziegenleder mit roten Zeugstreifen und Schellen tanzte und stampfte auf den Boden, und der Jüngling sang folgendes unbegreifliche Lied:

>Heil dir, Gott, du Gott des Passes!
>Viele Sterne funkeln in der Nacht.
>Heute ist ein schöner Tag.
>Möchte doch Regen kommen!
>Schenk' mir ein Stück Tee oder eine kleine Münze!
>O, Koch, schenkst du mir eine Prise Mehl und ein Radieschen?
>So ist die Maske, die man in Tschang=tang trägt.
>Am rechten Ohr eine Locke, weder groß noch klein,
>Am linken ein Stöckchen, weder groß noch klein;
>Weder Schatten noch Sonne.
>Es ist ein väterliches Stöckchen und ein mütterliches Stöckchen,
>Überall haben wir Stöckchen, mit Ästen,
>Denn sie beschützen uns vor allen Gefahren.
>Das Pferd hält seinen Kopf hoch,
>Und der Reiter hält seinen Kopf hoch.
>Die Götter sind hoch, der Erdboden ist tief.
>Ihr habt Gold und Silber vollauf.
>Möchte sich euer Vieh, eure Schafherden und eure Habe vermehren!
>Möchte sich eure Familie vermehren!
>Der König von Ladak sitzt zwischen einem goldenen und einem silbernen
>   König. —
>Jetzt ist das Lied zu Ende.

Am 10. Juni ließ ich den Tschaktak=tjangpo rechts liegen, leider ohne aus seinem Oberlauf klug geworden zu sein. Wir zogen in seinem Nebental Rock in nordwestlicher Richtung aufwärts. Vorher waren wir an zwei Türmen vorbeigekommen, die früher die Burg eines auf=

rührerischen Lama gewesen waren. Er lag mit Saka-dsong in Fehde, wurde aber besiegt. Im Lager am Teiche Tschuru erschien mir der Abend endlos. Das Heimweh schien auf einmal ansteckend geworden zu sein! Die Ladakis sangen nicht mehr; sie machten nur Schuhe für ihre Kinder und verknüpften dabei ihre Gedanken noch fester mit der Heimat. Auch ich fand nach der Tagesarbeit keine Ruhe. Wenn wir wenigstens wüßten, welche Antwort uns die Mandarinen geben würden, aber unsere Boten kamen ja nicht wieder! Wir schienen uns in einem Morast zu befinden und darin umherzustampfen, ohne von der Stelle zu kommen. O, du unheimliches, ödes Tibet, du schwarzes, armes, abergläubisches Volk! In der stillen Nacht waren mir die Schritte des Lagerwächters wie eine angenehme Gesellschaft.

Nach —9,8 Grad in der Nacht ritten wir nach Westen weiter über einen sehr flachen Paß, eine Wasserscheide zwischen dem Tschaktak-tsangpo und dem Njuku, auf einem Weg, der einst eine Tasam gewesen war; zahlreiche Ruinen und Manis erinnerten an jene Zeit. Die Gegend hatte viel Nomaden, oft schwarze Zelte, bei denen man Schafe blöken und Hunde bellen hörte; Frauen und Knaben hüteten die Herden, an den Abhängen grasten Yaks. Das Land erinnerte an die Sommerweiden des Pamir. Auch das zweite Hündchen starb über Nacht und war am Morgen beinahe schon von den Raben verspeist.

Am 12. Juni gelangten wir wieder an die Tasam, und zwar bei Njuku (Abb. 228), wo wir das Lager aufschlugen. Der Gova von Njuku, dessen Freundschaft ich in Saka-dsong gewonnen hatte, war sehr zuvorkommend und meinte, ich könne gern wieder einen Bogen nach Norden machen, da ich die Landstraße ja zu verabscheuen schiene. Er werde mich auf einen Paß hinaufführen, von wo aus man beinahe alle Berge auf der ganzen Erde, besonders aber den unmittelbar nördlichen Lumbo-gangri sehen könne! Hier würden wir mit Leuten aus der Provinz Bongba in Berührung kommen, die uns vielleicht alles Nötige verkaufen könnten. In Njuku starb auch das dritte Hündchen. Die Tibeter sagten, daß sie an einer Halskrankheit zugrunde gegangen seien, die „Gakpa" heiße und sehr häufig vorkomme. Mama Puppy kümmerte sich übrigens kein bißchen um ihre Kleinen, als sie krank waren, sie schien ihnen eher aus dem Wege zu gehen. Wir hatten sie mit warmem Wasser gewaschen und nach besten Kräften gepflegt und taten jetzt alles, um den letzten zu retten. Die Tibeter konnten nicht begreifen, wie man sich um einen Hund soviel Arbeit machen könne.

Blauweiß zitternde Lichtscheine zuckten den ganzen Abend über dem Gebirge im Südwesten; unter den Blitzen traten die Umrisse der Berge

scharf und schwarz hervor. Das ist das Zeichen der kommenden Monsun=
regen auf den Südabhängen des Himalaja. Alle sehnen sich danach.
Wenn hier oben Regen fällt, ist das Gras in ein paar Tagen üppig,
das Vieh wird fett und behäbig, die Milch dick und gelb; jetzt ist sie
dünn und weiß und gibt wenig Butter. Die Existenz der Nomaden,
ja der Wohlstand des ganzen Landes hängt vom Monsun ab. Die
Sommerweide hilft den Herden die Kargheit des übrigen Jahres über=
stehen. Bleibt der Regen aus, so verkümmern die Herden und sterben.

Die Nacht ist still. Nur dann und wann ertönt das heitere Lachen
eines Mädchens oder das Bellen eines Hundes. Der Lagerwächter summt
ein Liedchen, um sich wach zu halten.

Der 13. wurde ein fauler Ruhetag — wir mußten jetzt auf Tundup
Sonam und Taschi warten. Während der Rasttage rasierte ich mich
immer — es ist ein schönes Gefühl, sauber zu sein, auch wenn man
niemand hat, für den man sich hübsch machen möchte. Robert schoß drei
Wildgänse und fing zwei noch gelbe Junge, die in sein Zelt spaziert
waren und dort Spinat gemacht hatten. Wir setzten sie in den kristall=
klaren Men=tschufluß in der Hoffnung, daß irgendeine freundliche Gänse=
mama sich ihrer annehmen werde.

Von hier aus sollten es nur vier Tagereisen nach einer Gegend in
Nepal sein, wo Tannenwald steht. Man denke: Tannenwald wie in
Schweden und in Simla! Doch wir mußten auf diesen öden Hochebenen
bleiben.

Gerade als wir am folgenden Tag aufbrechen wollten, kamen der
Hadschi, Islam Ahun und Gaffar zu mir und verlangten, wenn sie bei
mir bleiben sollten, Befreiung von den Nachtwachen und eigene Be=
köstigung! Ich rief nun die anderen zusammen und fragte sie, ob noch
sonst jemand sich ihnen jetzt, wo sie weggejagt würden, anschließen wolle?
Aber keiner wollte. Hadschi, der einzige der Mohammedaner, der in
Mekka gewesen, ja sogar zweimal dort gewesen, war der einzige Schuft
in der Karawane! Er hatte die beiden andern aufgewiegelt. Meiner
Beobachtung nach sind Mekkapilger immer Schurken! Der Hadschi er=
klärte, Räuber und Strolche auf der Landstraße seien ihm lieber als
Guffaru und die anderen Ladakis. — Als wir nach Nordwesten durch
das Tal des Men=tschu bergan weiterzogen, verschwanden die drei
Männer uns aus dem Gesicht.

Im Lager Nr. 177 hatte ich am 15. Juni großen Empfangstag,
denn einige Häuptlinge von der Bongbaseite besuchten mich; auch der
Gova von Tradum, unser alter Freund, war gekommen. Sie beschlossen,
mich eine kleine Strecke nach Norden reiten zu lassen, aber nur unter der

Bedingung, daß ich am selben Tag wieder zurückkehre. Am 16. ritten wir daher auf gemieteten frischen Pferden nach dem Kilung=la hinauf, von wo die Aussicht orientierend und lehrreich war. Vor uns hatten wir das schwarze Lumbo-gangri-Gebirge mit seinen tiefen, wilden Tälern und steilen Felswänden, mit seinen kleinen Gletscherzungen und seinen Hauben von ewigem Schnee. Die Leute sagten, der Berg sei heilig, eine Art Pforte oder Vorhof zum Kang=rinpotsche, dem berühmten Wallfahrtsberg in der Nähe der Indusquellen. Hinter dem Lumbo-gangri liegen Tal und Fluß Rukjok=tsangpo, der dem Tschaktak=tsangpo zuströmt.

Schon hier wurde mir klar, daß diese Gipfel, die Ryder und Wood gemessen hatten, nicht mehr auf der Wasserscheide der ozeanischen Flüsse liegen konnten. Aber wie das nördlich von ihnen liegende Land aussah, das wußte keiner. Die Bongbaleute hatten Befehl erhalten, uns Halt zu gebieten, wenn wir versuchen sollten, uns nach Norden durchzuzwängen. Es gelang mir weder durch Bitten noch durch Drohungen, mehr zu erreichen als die Aussicht vom Kilung=la. Je weiter wir nach Westen schritten, desto größere Stücke des weißen Fleckes auf der Karte blieben hinter mir zurück! Es war mir ein entsetzlich bitteres Gefühl; ich setzte noch immer meine Hoffnung auf die chinesische Post aus Lhasa.

Am Morgen des 17. waren alle Berge verschneit; der Tag wurde aber warm und schön, als wir nach dem Sertschung=la hinaufritten und im Südwesten den nördlichsten Kamm des Himalaja und das breite Brahmaputratal sahen. Das abwärts führende Paßtal ist reich an Busch=holz und Flugsand, der hier bis zu 6 Meter hohe Dünen gebildet hat.

Nach einem interessanten, resultatreichen Marsch lagerten wir in dem Talknoten Dambak=rong. Aber der Tag war noch nicht zu Ende. Wir hörten, daß Naser Schahs Sohn gestern auf dem Weg nach Ladak mit 22 Mauleseln in Tradum angelangt sei. Sofort wurde ein Eilbote zu ihm geschickt mit der Bitte, mich zu erwarten und mir Nachricht von Tundup Sonam und Taschi zu geben. Der Gova von Tradum ritt selbst nach Hause, um alles zu unserer Ankunft vorzubereiten. Eine Weile verging. Da hörten wir Schellengeklingel. Ein Reiter kam in starkem Trab aus dem Sertschungtal. Er war sichtlich unserer Spur gefolgt, ritt gerade auf mein Zelt zu und überreichte mir einen Brief, dessen großes Siegel die Worte: „Imperial Chinese Mission, Tibet" und dasselbe in chinesischen Schriftzeichen enthielt.

Jetzt sollte sich mein Schicksal entscheiden! Die Ladakis drängten sich um mein Zelt. Ich merkte ihnen an, wie sehr sie wünschten, daß man uns zwänge, auf dem geradesten Weg nach Ladak zurückzukehren.

Sie konnten nicht von denselben ideellen Interessen beseelt sein wie ich. In der größten Spannung erbrach ich den Brief. Er war „Lhasa, am 3. Juni" datiert und also 14 Tage unterwegs gewesen. Er war in fehlerfreiem Englisch von Ho Tsao Hsing, First Secretary to His Excellency Chang (Tang Darin), geschrieben und lautete:

      Dear Doktor Hedin!
 Ihr Brief an Seine Exzellenz Tschang, datiert vom 14. Mai, ist uns richtig zu Händen gekommen. Nachdem Seine Exzellenz erfahren haben, daß Sie in Raga-tasam angelangt sind und daß der Devaschung Sie am Weiterreisen verhindert hat, bedauerte er aufrichtig, daß so etwas hat vorkommen können, und hat mich beauftragt, Ihnen folgende Mitteilung zu senden:
 In seinem letzten Briefe an Sie bat Seine Exzellenz, daß Sie auf demselben Wege, auf dem Sie gekommen, zurückkehren möchten; er kann daher nicht verstehen, weshalb Sie, seinen Wünschen entgegen, einen anderen Weg eingeschlagen haben. Daher sind Sie auch in eine so unangenehme Lage geraten, was Seine Exzellenz in der Tat aufrichtig bedauert.
 Seine Exzellenz hat nun wiederum dem Devaschung und den Behörden längs der Heerstraße Befehl erteilt, Ihnen allen nur möglichen Schutz und alle nur mögliche Unterstützung zuteil werden zu lassen. Aber er wünscht aufs bestimmteste, daß Sie Ihre Richtung nicht nach Nordwesten hin ändern, wo sowohl das Land wie das Volk wild sind (ich möchte nur wissen, woher er das weiß!) und wo Ihnen Unglücksfälle zustoßen könnten, wofür Seine Exzellenz schwerlich auch nur die geringste Verantwortung übernehmen könnte.
 Seine Exzellenz wünscht daher, daß Sie auf dem Weg, auf dem Sie gekommen sind, wieder heimkehren, und kann Ihnen nicht erlauben, eine andere Richtung einzuschlagen.
 Seine Exzellenz schickt Ihnen seine besten Grüße und wünscht, daß Sie glücklich und gesund zu Hause eintreffen möchten.

 Das war alles, was ich bei dem Streich gewann, der uns schon so viel Zeit gekostet hatte! Ein bestimmtes Verbot, nordwestwärts nach dem Land meiner Träume zu ziehen! Jetzt mußte der Devaschung neue Verhaltungsmaßregeln empfangen und die Bewachung immer enger um uns gezogen werden. Jetzt wurden mir auch von Süden her die eisernen Tore des Weges, der in das Verbotene Land hineinführt, zugeschlagen. Tang Darin war ebenso unerbittlich wie der Staatssekretär für Indien, Mr. Morley! Aber auch er stachelte nur meinen Ehrgeiz an, und dafür bin ich ihm Dank schuldig. Vorläufig belegten wir das Exemplar meines Passes, das auf der ganzen Straße vor uns von Gova zu Gova gehen sollte, mit Beschlag.
 Aber noch immer war der verhängnisvolle Tag nicht zu Ende. Als die Sonne unterging, kamen meine verschollenen Eilboten, Tundup Sonam

und Taschi angewandert, staubig und zerlumpt, ihre Bündel auf dem
Rücken! „Gut gemacht und willkommen, zehn Rupien pro Mann und
einen neuen Anzug erhaltet ihr als Belohnung! Was bringt ihr Neues?"
Keine Briefe! Nur eine Bescheinigung von Ma, daß er meine Post nach
Lhasa gesandt hat, und einen Brief von Gulam Kadir an Muhamed
Isa. Schigatse hatten sie in elf Tagen erreicht und sich dort drei Tage
ausgeruht. Dann waren sie von Taschi-lumpo aus direkt nach Westen
aufgebrochen. Sie waren den ersten Tag schnell und lange marschiert
und bei Sonnenuntergang nach dem Ta=la hinaufgestiegen, als neun
Wegelagerer, zwei mit Flinten und die andern mit Säbeln, über sie her-
gefallen waren und sie zu Boden geworfen hatten. Die beiden Flinten
waren auf die Gabeln gestellt, die Läufe auf ihren Kopf gerichtet worden, die sieben Säbel waren aus der Scheide geflogen und einer der
Männer hatte gesagt:

„So wahr euch euer Leben lieb ist, her mit allem, was ihr Wert-
volles habt!"

Zu Tode erschrocken, hatten die beiden Ladakis gebeten, ihnen
alles zu nehmen, was sie haben wollten, wenn sie ihnen nur das Leben
ließen. Die neun Räuber hatten nun die Bündel der Überfallenen geöffnet und sie gründlich ausgeplündert, ja ihnen sogar ihre kleinen Gaos
mit Götterbildern, ihr Kochgeschirr und 18 Rupien in Silber geraubt.
Die Kleider, die sie auf dem Leibe trugen, hatten sie behalten dürfen.
Aus reinem Zufall hatten die Räuber ein kleines Bündel mit 30 Tengas
übersehen, das Tundup Sonam in der Rückseite seiner Leibbinde versteckt
hatte. Nachdem die Plünderung im Handumdrehen erledigt worden,
waren die Wegelagerer im Gebirge verschwunden. Unsere beiden besiegten Helden waren weinend auf der Walstatt geblieben, bis es dunkel
wurde; dann waren sie zuerst ganz langsam gegangen, hatten sich immerfort umgeschaut und in jedem Schatten einen Räuber gesehen, dann
aber hatten sie ihre Schritte beschleunigt und waren zuletzt beinahe ge-
rannt. Todmüde waren sie schließlich unter zwei Steinblöcke am Wegrand gekrochen und hatten am nächsten Morgen drei schwarze Zelte erreicht, wo man ihnen zu essen gegeben und ihnen erzählt hatte, daß vor
zwei Tagen ein Lama auf demselben Ta=la bis auf die Haut aus-
geraubt worden sei. Nun aber waren sie gerettet, und es war rührend
zu sehen, wie sie sich freuten, wieder bei uns zu sein. Sie hatten Muhamed
Isas Grab gesehen, und die Unterhaltung hierüber rief Tserings Kummer
wieder wach.

Am 18. Juni zogen wir durch offenes Gelände nach Tradum,
wobei wir den Weg auf der nördlichen Talseite nahmen, während die

Tasam auf der südlichen blieb. Der Boden war sandig. Kleine boshafte Bremsen fliegen summend in die Nüstern der Pferde und machen sie toll. Sie gehen jetzt wie die Wildesel mit dem Maul am Boden, um sich vor den Bremsen zu schützen. Rechts liegt der Tuto=pukpa, ein Berg, zu dem die Leichen aus Tradum auf Yaks gebracht werden, um dort zerstückelt zu werden. Wir reiten zwischen Tümpeln, in denen sich Massen von Wildgänsen mit ihren niedlichen, dottergelben Jungen aufhalten. An einem Felsenvorsprung sind Steinmale und Wimpelstangen errichtet; die Bergwand ist schwarz, aber ihre ganze Front nach dem Wege hin ist rot angestrichen — „ach, das ist Blut auf Baldurs Opferstein!" Von hier aus sieht man das Dorf Tradum, seinen Tempel und seine Tschorten auf einem Hügel. Im Südwesten tritt die dunkle, schneegekrönte Wand des Himalaja wild, großartig und steil hervor. Im Südosten sieht man die Tasam sich wie ein helles Band schlängeln; unser Pfad mündet in sie ein; sie ist zwölf Meter breit zwischen grasbewachsenen Sandterrassen; sie ist die „great trunk road" Tibets.

Wir hatten kaum unser Lager aufgeschlagen, als der entlassene Hadschi und seine beiden Begleiter ankamen und uns mit einem „Salam" begrüßten! Aber ich war böse und jagte sie wieder fort. Nachher hörte ich, daß sie geweint hätten; da tat es mir bitterlich leid, daß ich unfreundlich gewesen war. Nun aber war es zu spät; man hatte sie, als die Abendschatten sich herabsenkten, schweren Schrittes in die Steppe hinauswandern sehen.

Das Kloster Tradum=gumpa steht unter Taschi=lunpo; seine fünf Mönche leben vom Ertrag ihrer Schaf= und Yakherden und treiben Handel nach Nepal. Um den Tempel stehen acht Tschorten, und im Göttersaal thront der unsterbliche Schakyasohn zwischen dem elfköpfigen, sechsarmigen Avalokiteschvara und andern Göttern. In einem Schieferhügel oberhalb des Klosters liegt eine Eremitenklause, von der man eine herrliche Aussicht über das Brahmaputratal und den aus dem Gebirge heraustretenden Tsa=tschu=tsangpo hat.

Hier starb auch unser viertes Hündchen, das ich als Andenken aus Schigatse behalten zu dürfen gehofft hatte. Mama Puppy war jetzt wieder allein auf ihrer Matte, und vor den Zelten lagen die beiden schwarzen Hunde vom Ngangtse=tso.

Der Gova von Tradum war ein angenehmer, gemütlicher Schalk und verachtete den Devaschung gründlich. Er wollte mich das Tsa=tschu=Tal nicht hinaufziehen lassen, aber er hatte nichts gegen einen Ausflug nach dem Passe Kore=la; dieser ist zwei Tagereisen weit südwestlich entfernt und gehört zu dem Himalajakamm, der eine Wasserscheide zwischen

218. Manis beim Dorf Amtschot-jung.

219, 220. Mädchen und Knaben von Saka und Tradum.

221. Der durchschossene Jüngling Ugju.   222. Nomade aus Basang.
Skizzen des Verfassers.

dem Brahmaputra und dem Ganges ist! Er ließ uns sogar sechs Pferde mieten und gab mir zwei Führer für den Ausflug mit, der am Morgen des 20. Juni angetreten wurde.

Die erste Nacht sollten wir an dem Punkt lagern, wo der Tsa=tschu=tsangpo sich in den obern Brahmaputra ergießt. Mit meinen gewöhnlichen Begleitern ritt ich über die Grassteppe und Sanddünen nach Südsüdwesten. Vor uns zeigten sich drei Wanderer mit Bündeln auf dem Rücken und Stöcken in den Händen. Als wir sie eingeholt hatten, blieben sie stehen und kamen dann heran, um ihre Stirn an meine Füße zu legen. Es waren der Hadschi und die beiden anderen! Ich war innerlich froh über die Gelegenheit, sie wieder zu Gnaden annehmen zu können. Sie sollten künftig die Yaks begleiten.

Auf dem rechten Flußufer am Fuß des Hügels (4565 Meter), auf dessen Gipfel die Ruinen des alten Klosters Liktse liegen, war das Lager schon aufgeschlagen. Hier führt eine wichtige Handelsstraße über den Fluß, eine Fähre sorgt für die Verbindung zwischen beiden Ufern. Der Tsa=tschu=Fluß hatte jetzt eine Breite von 32,5 Meter und eine Tiefe von kaum einem Meter; der Brahmaputra war 110 Meter breit und bis zu 1,75 Meter tief und machte einen viel imposanteren Eindruck als weiter abwärts.

Es war nicht leicht, das Seil über den Fluß zu spannen, weil heftiger Südweststurm herrschte und starker Wellengang war. Robert ruderte mit dem Seil vom rechten Ufer in den Fluß hinaus; vom linken aus wateten einige Ladakis soweit wie möglich in das seichte, sehr langsam tiefer werdende Wasser hinein, um das ihnen zugeworfene Ende aufzufangen und es am Ufer zu befestigen. Als wir das Seil endlich über den Fluß gespannt hatten, zerriß es durch den Druck des Windes und der Wellen und mußte noch einmal gespannt werden. Wir hatten +12 Grad in der Luft und +15,4 Grad im Wasser, aber die Leute waren doch vom Wind so durchfroren, daß sie ein großes Feuer anzünden mußten. Obendrein regnete es tüchtig, der erste Regen, seit wir Ladak verlassen hatten! Im Gebirge grollte der Donner.

In der Nacht blieb die Minimumtemperatur zum erstenmal über Null, +3,2 Grad! Und der Morgen war nach dem gestrigen Sturme herrlich, der Himmel zur Hälfte mit heitern Sommerwölkchen bedeckt, kein Lüftchen regte sich und die Oberfläche des Flusses lag blank wie ein Spiegel, den langsame Wasserwirbel schwach marmorierten. Die Fähre war schon mit Passagieren und Gütern im Betrieb. Für jede Überfahrt erhielt der Fährmann einen Tenga; er setzte zweimal stünd= lich über den Fluß. Unsere Pferde und Yaks wurden schwimmend hinüber befördert, nachdem sie nachts auf der Steppe des linken Ufers gegrast hatten.

Am 21. machten wir einen 34,6 Kilometer langen Ritt, besuchten aber erst noch das kleine Kloster Liktse-gumpa, das an der inneren Seite des Hügels erbaut ist und daher nicht die herrliche Aussicht hat, die sich von dem alten, jetzt in Ruinen liegenden Kloster auf dem Hügel darbot. Von dessen Fensterscharten aus konnten die Mönche einst das pulsierende Leben des Flusses während der verschiedenen Zeiten des Jahres sehen, sein langsames Fallen im Frühling, sein Steigen während des Sommers, wenn trübe Wassermassen von auftauenden Schneefeldern und abschmelzenden Gletschern herabkamen, ihr Abnehmen im Herbst und das Zufrieren des Flusses in der Winterkälte. Und sie konnten sehen, wie im Frühling das Eis aufbrach und in großen, rasselnden Schollen flußabwärts tanzte. Jetzt aber haben die zehn Mönche die Aussicht über ein jammervolles Lehmtal zwischen unfruchtbaren Hügeln, ihr Kloster liegt abseits von allen Fahrwegen. Liktse-gumpa ist ein Ableger von Sera, erhält aber seinen Unterhalt nicht von dort und besitzt auch keine Herden. Der Ertrag der Fähre ist die einzige Einnahme der Mönche. Der Abt, Pundschun Dung, mit rotem Turban und grauem Bart, zeigte mir die Götter des Lhakang, Buddha, Padmasambhava und die anderen. Unter den üblichen heiligen Gegenständen auf dem Altar sah man zwei zu Trinkgefäßen geformte Menschenschädel, der eine innen mit Silber beschlagen. Auf dem Klosterhof lag der heilige Hund an der Kette.

Wir ritten schnell wieder von dannen. Man sieht sofort, daß hier lebhafter Verkehr herrscht. Auf den Steppen und in offenen, weichen Talgründen ist der Weg weniger deutlich ausgeprägt, denn dort geht jeder, wo es ihm gefällt; wenn man aber über Pässe und Bergvorsprünge mit hartem Gestein ziehen muß, vereinigen sich die Pfade büschelartig von allen Seiten, dort ist der Weg seit vielen Jahrhunderten ausgetreten und abgenutzt. Auf dem kleinen Paß Tsafa-la begegneten wir einer großen, mit Gerste beladenen Yakkarawane.

„Woher kommt ihr?" fragte ich.

„Aus Mundang im Lande Lo Gapu."

Mundang findet man auf den englischen Karten von Nepal, aber wer war Lo Gapu, „der König des Südlandes?" Das klang so vornehm!

Die nächste Paßschwelle hieß Dorab-la, von seiner Höhe sahen wir das Tal des Tschokar-schung-tschu, ein breites Tal, dessen Bach teilweise vom Kore-la kommt und sich in den Brahmaputra ergießt.

Während wir rasten, zieht Guffaru mit seinem dichtgedrängten, schwarzen Troß vorbei, einem Heer beladener Yaks, pfeifender und singender Tibeter und einiger Ladakis mit unseren eigenen Tieren als Nachhut. Sie verschwinden bald im Staub der Straße, nur zwei der unseren bleiben eine Weile in einer Felsspalte sitzen, um schnell noch ein paar Züge aus ihrer von Wind und Wetter schon arg mitgenommenen Wasserpfeife zu tun. Von hier aus ziehen sie westwärts nach dem verabredeten Rendezvous, während ich in südlicher Richtung weiterreite.

In dem Tal, das nach dem Ngurkung-la hinaufführt, lagerte eine gewaltige Salzkarawane auf dem Weg nach Nepal. Die zwölf Führer hatten sich aus den Salzsäcken eine praktische Schutzmauer gegen den heftigen Wind erbaut. Wir erreichten nun das ziemlich breite Tal, das direkt nach dem Paß hinaufgeht, dessen Schwelle sich im Süden abzeichnet. Stundenlang ritten wir bergan, obgleich die Steigung nicht merkbar war; der Wind kam uns gerade entgegen. Rechts hatten wir jetzt einen Teil der wasserscheidenden Himalajakette, die wir von Tradum aus gesehen hatten. Sie wurde durch eine eigentümliche, scharf begrenzte Wolke verdeckt, die einem weißen Torpedo glich, von dessen nördlicher Spitze sich dann und wann kleine Wolkenflocken loslösen und verflüchtigen. In dem Seitental, das ganz in der Nähe der außerordentlich flachen Paßschwelle liegt, lagerten wir bei einigen schwarzen Zelten.

Einundvierzigstes Kapitel.

Ein kurzer Besuch in Nepal.

Der 22. Juni war es, an dem ich vom Plattformpaß des Kore-la einen verstohlenen Blick auf das Land Nepal werfen und versuchen wollte, zwischen den weißen Wolken einen Schimmer von dem 8130 Meter hohen Gipfel des Dhaulagiri zu erhaschen. Aber der Morgen war trübe, schwere Wolken lagen wie Matratzen über der Erde, und von den umliegenden Bergen war nichts zu erblicken. „Wir warten, bis es sich aufklärt", war die einzige Instruktion, die ich geben konnte. Doch gerade in dem Moment kam ein Milchmädchen aus einem Lager von 20 Zelten, die wir in der Nähe liegen sahen. Die Leute waren Untertanen von Nepal, lagerten aber auf der tibetischen Seite des Passes. Das Mädchen erzählte, daß wir von den ersten fest angesiedelten Dörfern und Gärten nur eine kurze Tagereise entfernt seien und daß man von hier in zwei Marschtagen nach der Sommerresidenz Lo Gapus gelange.

Da war es entschieden: „Wir können ebensogut die Südseite des Passes hinunterreiten, als hier oben wartend im Winde liegen." Gesagt, getan! Die Zelte werden zusammengeschlagen, die Tiere beladen, wir reiten längs der östlichen Talseite langsam nach dem Kore-la hinauf, der auf der tibetischen Seite keine Ähnlichkeit mit einem regelrechten Paß hat, denn das bald mit Gras bewachsene, bald aus unfruchtbarer, loser Erde bestehende Terrain scheint völlig eben. Von den Schneebergen der westlichen Talseite ist nur der dunkle Fuß sichtbar; die Wolkenschicht liegt unmittelbar über dem Erdboden — man hat das Gefühl, als ob man sich den Kopf an der Decke stoßen werde. Eine Hausruine, wo vielleicht früher ein Grenzwächter gewohnt hat, ein paar lange Manis, Scherben und lose Blöcke von Konglomerat; eine Karawane kommt von Nebuk aus der Tiefe der Täler heraufgezogen.

Vergebens schauen wir uns nach der Wasserscheide um; erst an der Hand der Rinnsale, die sich vereinigen, um nach Süden zu fließen, finden wir sie. Hier zünden wir ein Feuer an, und ich zeichne (Abb. 235) und messe. Die Aussicht ist staunenerregend, jedenfalls ein Relief, wie wir es lange nicht gesehen haben. Wohl sind die mächtigen Schneeberge im Süden, die noch gestern die Wolken durchbrachen, jetzt verhüllt, aber unsere Täler fallen schroff ab und vereinigen sich zu einem größeren Tal, in dessen Tiefe Rasenplätze und Felder intensiv frühlingsgrün in der ewig grauen, gelben und roten Berglandschaft aufleuchten. Dort unten scheint die Sonne und hinter uns über dem Brahmaputratal ist der Himmel klar; nur hier auf dem Paß und um alle die Schneeberge schweben undurchdringliche Wolken. Von dem westlich unseres Aussichtspunktes liegenden Gebirgs= joch gehen unzählige Täler aus; die Oberfläche der Rücken zwischen ihnen ist beinahe eben oder fällt allmählich nach Südosten ab, die Täler aber sind tief wie Cañons in das Gestein eingeschnitten, und die Frontspitzen stehen querabgehauen am Eingang der Talknoten. Vielleicht erheben sich einige der naheliegenden Himalajagipfel wie Felseninseln aus dem Wol= kenmeere — hier und dort scheint ein Reflex sonnenbeleuchteter Firnfelder einen Versuch zu machen, den Wolkenschleier zu durchdringen.

Wir stehen auf der Grenze zwischen Tibet und Nepal. Hinter uns im Norden haben wir das flache, ebene Land am Südufer des Tsangpo. Vom Flusse sind wir nur 96 Meter nach dem Kore=la, dessen Höhe 4661 Meter beträgt, hinaufgestiegen. Und vom Paß geht es Hals über Kopf nach dem Kali Gandak hinab, einem Nebenfluß des Ganges. Wenn man einen Kanal durch den Kore=la grübe, könnte man den oberen Brahmaputra zwingen, ein Nebenfluß des Ganges zu werden! Nord= indien bedarf des Irrigationswassers, aber vielleicht wäre der Gewinn gering, da der Brahmaputra in Assam um ebensoviel verringert würde, wie sich der Ganges vergrößerte. Tibet würde dabei verlieren und eine Menge Dörfer an den Ufern des Kali Gandak würden fortgeschwemmt werden. Von Norden her würde sich ein neuer Einfallsweg in Indien erschließen — vielleicht ist es daher für alle Teile das beste, wenn man die Flüsse so läßt, wie sie sind! Die hier angedeutete Veränderung durch menschliche Kunst wird ihrerzeit schon von selbst eintreten. Denn die Fühlfäden des Kali Gandak setzen ihre Erosion im Gebirge nach Norden hin in viel schnellerem Tempo fort, als die Erosion des Tsangpo in seinem Tale fortschreitet. Einmal im Laufe der Zeit, vielleicht in hunderttausend Jahren, wird der am weitesten nach Norden vorgeschobene Fühlfaden des Gangessystems doch das Ufer des Tsangpo erreichen, und dann tritt zunächst eine Gabelung ein, die mit der Zeit in eine vollständige Ver= änderung des gegenseitigen Verhältnisses der beiden Flußgebiete und ihres Areals übergeht.

Jetzt sind wir in Nepal und gehen zu Fuß die Abhänge hinunter. Hier hat man wenig getan, um den Weg zu verbessern. Gelegentlich ist ein hinderlicher Granitblock beiseite gewälzt worden und dadurch eine lückenhafte Brüstung entstanden; sonst hat der Karawanenverkehr durch sein Austreten der Straße das meiste getan. Es ist ein angenehmes, leichtes Gefühl, bergab nach Süden zu gehen, den immer dichter werdenden Luftschichten entgegen; es wird wärmer und man atmet leichter; das Grün nimmt zu, verschiedenfarbige Blumen prangen im Grase. Wir denken so wenig als möglich daran, daß wir uns alle diese Abhänge auch wieder hinaufarbeiten müssen; hinab, hinab laßt uns ziehen, um, wenn auch nur 24 Stunden lang, ein Sommerleben zu führen und das wüste Tibet zu vergessen. Auf dem Paß wehte es vor einer Stunde eisig kalt, jetzt spüren wir linde Lüfte, die liebkosend über die Höhen hinfahren. Robert atmet die laue Luft in vollen Zügen ein und glaubt das Säuseln eines Willkomms aus Indien zu hören; Tsering und Rabsang werden lebendig und vergnügt; und ich selber trage mich mit dem Gedanken, dem Könige des Südlandes einen Besuch abzustatten.

Drei Reiter reiten langsam die Abhänge hinauf. Zwei von ihnen lassen ihre Gebetmühlen schnurren. Sie machen ein erstauntes Gesicht. Wir fragen, woher und wohin? Sie wollen nach dem Zeltdorf droben auf dem Plateau. Als ihnen ihre Frage, wer wir denn seien, beantwortet worden ist, steigen sie ab und bitten um Entschuldigung, daß sie uns nicht zuerst gegrüßt hätten. Ich verzeih es ihnen gern, denn mittlerweile sah ich ja wie ein zerlumpter Strolch aus. Sie rieten uns, in einem der Höfe Lo Gapus zu übernachten und luden uns ein, sie doch auf dem Rückwege in ihrem Zeltdorf zu besuchen.

Das Gefälle nimmt ab, und wir gelangen in eine Talerweiterung, in der drei Täler zusammenstoßen: Kungtschuk=kong, dem wir gefolgt sind, in der Mitte, Pama im Osten und Damm im Westen. Nur aus dem Dammtal kommt ein kleiner, Stromschnellen bildender Bach. Wir ziehen auf der rechten Seite des Vereinigungstales weiter. Auf derselben Seite mündet ein sehr großes Tal namens Jamtschuk=pu, von dessen Bach ein Bewässerungskanal nach tiefer liegenden Dörfern und Äckern hinabführt. Im Dorfe Jamtschuk sehen wir die ersten Häuser und Bäume! Auf der linken Seite des Tales liegt ein großes Kloster mit Baumalleen und Manihaufen in langen Reihen; es soll Gubuk=gumpa heißen. Die Zahl der Felder, Rasenflächen und Gebüsche nimmt zu. Dann folgt eine Reihe Dörfer auf der linken Talseite. Das Tal ist kaum einen halben Kilometer breit.

Unterhalb des linken Nebentales Gurkang=pu bilden die Geröll=

betten senkrechte Wände mit zahlreichen Höhlen und Grotten; diese werden augenscheinlich zu Wohnungen benutzt, denn sie stehen mit den vor ihnen liegenden Häusern und Mauern in Verbindung. Weiter unten haben wir das von Gärten umgebene Dorf Nebuk. Die Architektur ist die gewöhnliche tibetische: weißes und rotes Mauerwerk, flache Dächer und als Schmuck Wimpelstangen. Die Vegetation wird reichhaltiger und die Felder größer. Wir kommen oft an Turm= und Mauerruinen vorüber, vielleicht noch Andenken aus der Zeit, als Nepal mit Tibet in Fehde lag. Jetzt trägt das dicht bewohnte und reich angebaute Tal friedliches Gepräge, und keine Grenzwächter hindern uns am Weiterziehen.

Längs der Straße liegen die gewöhnlichen Manis, und ein großer, roter Tschorten oder „Stupa" hat einen Anflug indischer Bauart (Abb. 236). Unterhalb dreier, nebeneinander liegender Dörfer verengt sich das Tal ein wenig. In der Nähe eines einsamen Gehöftes lagerten wir in einem herrlichen Garten mit prachtvoll grünen Bäumen inmitten wogender Kornfelder! Eine Frau klärte uns darüber auf, daß dieser Platz, den sie Nama=schu nannte, dem Lo Gapu gehöre, und daß ohne seine Erlaubnis niemand in dem Garten weilen dürfe. Aber wir richteten uns trotzdem häuslich darin ein, atmeten mit Entzücken die linde, dichte Luft und hörten den Wind in den Kronen der Bäume sausen.

Bald stellten sich zwei Männer bei uns ein, die in Lo Gapus Diensten standen, und verlangten Aufklärung über unsere Persönlichkeiten. Sie sagten, wir befänden uns in dem Distrikt Tso und der Fluß heiße Tso=charki=tsangpo. Ein Dorf, das wir gleich unterhalb unseres Lagers liegen sähen, heiße Njanjo; von dort aus habe man nur noch zwei Ausläufer des Gebirges zu überschreiten, um nach Mentang zu gelangen, der Residenz Lo Gapus. Dieser sei ein Grenzhäuptling, der dem Maharadscha von Nepal nicht tributpflichtig sei, aber die Verpflichtung habe, Seiner Hoheit alle fünf Jahre einen Besuch abzustatten. Er habe 500 Untertanen. Noch drei Tagereisen weit südwärts sei die Bevölkerung lamaistisch und spreche einen tibetischen Dialekt, aus dem man jedoch verschiedene indische und persische Worte heraushören könne.

Nachdem der eine alle die Aufklärungen, die er begehrte, erhalten hatte, ritt er talabwärts, um dem Grenzhäuptling Bericht zu erstatten. Während der Zeit hielten wir Rat. Ich hatte nur Robert, Tsering, Rabsang und zwei Tibeter bei mir, und meine Kasse bestand nur aus 24 Rupien! Der Gedanke, noch einige Tage südwärts durch die tiefen, zerklüfteten Täler des Himalaja ziehen zu können, war eine große Versuchung. Hier, im Lager Nama=schu, befanden wir uns auf einer Höhe von 3806 Meter, und waren also vom Kore=la 855 Meter herab=

gestiegen (Abb. 237). Mit jeder in südlicher Richtung führenden Tagereise würden wir in immer dichtere Luft gelangen und waren schon jetzt nicht mehr weit von den schattigen Nadelholzwäldern. Aber würde es klug sein, noch weiter nach Nepal hineinzugehen? Ich zerbrach mir den Kopf darüber und überlegte die Sache hin und her. Weiter als zwei Tage konnte meine Kasse ja nicht reichen! Unsere Pferde gehörten dem Gova von Tradum, und wir hatten mit ihm vereinbart, daß wir vom Kore-la nur nach Nepal hineinschauen würden; jetzt hatten wir schon die Grenze überschritten und waren in ein Land hinabgestiegen, wo wir uns viel weniger sicher als in Tibet fühlten. Ohne es zu ahnen, konnte ich mich in einer Mausefalle fangen! Lo Gapu konnte uns festhalten und sich von Katmandu Verhaltungsbefehle erbitten. Die größte Gefahr aber war, daß die Tibeter uns durch Blockieren der Grenze den Rückzug unmöglich machen und sagen konnten, daß wir nun, da wir einmal ihr Land verlassen hätten, auch nicht wieder über die Grenze hinein dürften! Und dann würden wir von der Hauptkarawane abgeschnitten sein und meine bisherigen Resultate wären gefährdet. Ich beschloß daher, am folgenden Morgen schon so früh wieder umzukehren, daß Lo Gapus Leute nicht die Zeit hätten, heranzukommen und uns festzuhalten.

Aber der Abend war schön und lang, und wir genossen ihn in vollen Zügen unter dem Rauschen der dichtbelaubten Bäume. Ich hatte ein Gefühl vollkommenen Behagens, es atmete sich leicht, das Herz brauchte nicht so angestrengt zu arbeiten wie in Tschang-tang; es fungierte einige Stunden lang ohne Anstrengung; man hatte warme Füße, und die Nacht schliefen wir so schön, wie selten. Denn wenn man in Tschang-tang auch acht Stunden schläft, fühlt man sich beim Aufstehen doch nie erfrischt und ausgeruht; man hat dort nicht den genügenden Gewinn vom Schlaf. Hier dagegen hatten wir nach der Nachtruhe ein uns ganz durchdringendes wohliges Gefühl; die einzige Enttäuschung waren die Wolken, die die gewaltigen Himalajagipfel im Süden und Südsüdwesten verdeckten. Nur gelegentlich traten sie kurz aus den Wolken hervor.

Am 23. Juni saßen wir wieder zu Pferd. Von Lo Gapu hatten wir noch kein Wort gehört. Als der Bote uns verlassen hatte, war er überzeugt gewesen, daß wir talabwärts weiter ziehen würden, und der kleine Potentat wartete jetzt wohl auf unser Kommen. Er mochte warten! Wir ritten langsam wieder bergauf nach dem Kore-la, ließen unsere frühere Straße zur Rechten liegen und lagerten bei Kung-muga.

Ich saß gerade beim Zeichnen, als ein Reiter angeklingelt kam. In der Hand hielt er eine grüne Zeugfahne, also eine Botschaft, chinesisch und tibetisch. Ich war sicher, daß es sich um strenge Maßregeln gegen

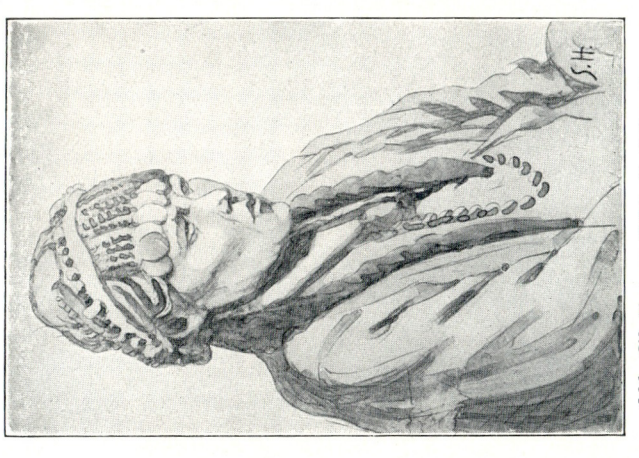

223. Weib vom Tschaktak-tsangpo.

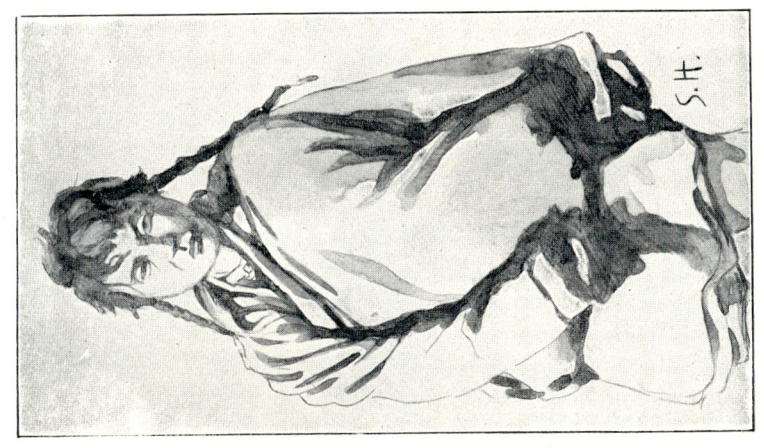

224. Mann aus Saka.

Skizzen des Verfassers.

225. Lama in Saka-dsong.

226. Nomade von der Mündung des Tschaktak-tsangpo in den Brahmaputra.
227. Mädchen in Pasa-guk. 228. Der Gova von Tuksum. 229. Weib in Njuku.
Skizzen des Verfassers.

mich handelte, fand aber, daß es nur ein Ukas aus Lhasa war, an alle Stationen bis Gartok hin: daß man zwei Chinesen, die beauftragt seien, mich ausfindig zu machen, um mit mir zu „reden" und mir einen Brief von Exzellenz Lien darin zu überbringen, überall Pferde und Lasttiere zur Verfügung zu stellen habe. Man könne sie jeden Augenblick erwarten.

Der Sommertag war so trüb als möglich. Das ganze Land lag in undurchdringlichem Nebel eingebettet, nicht einmal die benachbarten Zelte waren sichtbar. Auch als er sich ein wenig verzogen hatte, blieben die Berge noch unsichtbar. Auf vorzüglichem Wege ritten wir nach Nordwesten und erstaunten über die zahlreichen Manis mit ihrer dichten, feinen Reliefschrift auf violettem und dunkelgrünem Schiefer; andere Gebetsteine haben 3—4 Zentimeter hohe Schriftzeichen, während die allergrößten 20 Zentimeter hoch sind, so daß auf jeder Platte nur ein Schriftzeichen Platz findet. Dann liegen sechs Platten in einer Reihe, um die heilige Formel „Om ma-ni pad-me hum" zu bilden. Auf einigen Opfersteinen waren die Schriftzeichen rot und aus runden Granitstücken mit weißem Grunde ausgehauen. Das größte Mani war 80 Meter lang (Abb. 238).

Wir ritten an reichen Zeltlagern mit großen Herden vorüber; Wildesel grasten neben zahmen Yaks. Alle, die uns begegneten, blieben stehen und begrüßten uns. Der Gova von Tradum kam uns entgegen; er machte ein sehr unglückliches Gesicht und zerbrach sich den Kopf, ob Lo Gapu wohl über unsern Besuch in Nepal böse sein werde. Über die kleine Schwelle Tasang-la erreichten wir glücklich Bando in der Nähe des kleinen Sees Tsotot-karpo, wo uns Guffaru mit der Hauptkarawane erwartete.

Am 25. machten wir einen ganz kurzen Marsch nach Tschikum hinauf, von wo aus der Tsotot-karpo noch immer sichtbar war. Wir hatten nur auf einen Tag Proviant, der Gova von Tradum erbot sich aber, uns mehr zu besorgen, wenn wir für die Pferde, die wir mieten müßten, gut bezahlen wollten. Vor den Chinesen, die im Anzug waren, hatte er, wie er sagte, nicht die geringste Angst; sollten sie ihm darüber Vorwürfe machen, daß er uns habe auf dem Südufer des Tsangpo ziehen lassen, so werde er ihnen erwidern, daß es dort leichter sei, uns mit Proviant zu versehen, als auf dem nördlichen. Er war früher Lama in Taschi-gembe gewesen, hatte aber sein Herz an eine Dame verloren; um die Geschichte zu vertuschen, hatte er eine Pilgerfahrt nach dem Kangrinpotsche angetreten, sie war aber doch herausgekommen, und man hatte ihm die Rückkehr verboten. Dann hatte er allmählich doch Karriere gemacht und war nun Häuptling von Tradum und ein ebenso großer Schelm auf profanem Gebiet, als er es auf dem religiösen gewesen war. Mir leistete er jedoch vorzügliche Dienste.

Die Aussicht von unserem hochliegenden Lagerplatz war großartig. Als der Vollmond etwas höher gestiegen war, glänzte der kleine See wie eine silberne Klinge. Die Sonne hatte nur einen Widerschein über dem westlichen Horizont hinterlassen, aber die ganze Brahmaputraebene und die Gebirge von Tschang-tang im Norden traten deutlich in matten, rosigen Farben hervor, die alle feineren Einzelheiten miteinander verschmolzen. Vor dem Mond schwebte eine Wolke mit blendenden, silberweißen Rändern. Ein wenig rechts davon fing eine andere Wolke einen Reflex der Sonne auf und hatte goldene Ränder. Sie waren die Engel des Tages und der Nacht, die um die Herrschaft kämpften. Bald darauf hatte die Nacht gesiegt, und nun glänzte die Mondstraße grell im See; alles andere aber verwandelte sich in gleichmäßigen Nebel.

Als der Tag seine Herrschergewalt wiedererhalten hatte, ritten wir in der Morgenluft durch Wolken von Fliegen, stechenden Mücken und Bremsen bergauf über den **Tagu-la** und im **Tambaktal** abwärts. Im Westen entfaltet sich eine großartige Perspektive der nördlichsten Kette des Himalaja, im Nordwesten haben wir die breite offene Ebene des Brahmaputra, durch deren Mitte der Fluß sich wie ein blaues Band schlängelt. Auch an diesem Abend rief das Wiederkehren der Nacht brillante Farbenspiel- und Stimmungseffekte hervor. Leicht, unruhig, dem Auge regungslos erscheinend, aber von höheren Winden wie uralte Gebetswimpel auf einem Paß zerrissen, segelten die Wolken bei Sonnenuntergang am Himmelszelt hin. Der Mond, der Freund aller nächtlichen Wanderer und im Freien Schlafenden, erhellt die Gegend um unsere Zelte herum, zwischen denen der blaue Rauch der Lagerfeuer wie ein Schleier über dem Erdboden liegt. Die Yaks stehen still wie Schatten, nur dann und wann hört man ihre Zähne gegen die Knorpelschwiele des Oberkiefers knirschen. Der Gova von Tradum und seine Diener sagen summend ihre Abendgebete und lassen ihre Gebetmühlen schnurren.

Am Morgen kam ein schnell vorüberziehender Regenschauer, am Vormittag noch einer; wir beobachten alle Anzeichen am Himmel und sehnen uns ebensosehr wie die Tibeter nach Regen, aber nicht nur unsertwegen, sondern auch um der leichtfüßigen Antilopen, der Wildesel und der Bergschafe willen. Über den Gebirgen im Süden sind die Wolken blauschwarz, und von ihnen hängen hübsch geschweifte Fransen und Draperien von eitel Regen herab. Man glaubt zu hören, wie er auf den Steinplatten plätschert und wie neugeborene Gewässer klingend durch die Täler rieseln. Das bißchen Regen, das in unsern Gegenden gefallen ist, vermag die Erde nur auf kurze Zeit anzufeuchten. Es klang gemütlich, als seine Tropfen auf dem Regenschirm des Govas von Tradum und meinem Curzonhut trommelten. Dumpf und feierlich wie das Echo einer Posaune des jüngsten Gerichtes rollte der Donner ringsumher in den Bergen.

Dann überschreiten wir den Närung=tsangpo, kommen auf die gewaltige Talebene des Brahmaputra hinaus und lagern in einer von zahlreichen Nomaden bewohnten Gegend. Der Gova von Nagor war ein hochgewachsener, angenehmer Mensch, der uns Tsamba, Tschang und Gänseeier verschaffte, eine angenehme Abwechslung in unserer ewigen Schaffleischkost. Robert und Schukkur Ali fingen auch Fische. Der Gova erzählte mir, seine Eltern, die in Kham zu Hause seien, hätten einst eine Pilgerfahrt nach dem Kang=rinpotsche gemacht und dabei ihn, ihren kleinen Sohn, entweder aus Vergeßlichkeit oder absichtlich hier zurückgelassen. Der Junge war in den Zelten der wilden Nomaden aufgewachsen und jetzt, obwohl ein Fremdling, Häuptling der Gegend!

Am Morgen des 28. ritten wir nach Namla=gumpa auf den Felsenvorsprung hinauf, von wo aus die Aussicht ebenso umfassend wie lehrreich ist. Am östlichen Fuß des vorspringenden Berges liegt das Dorf Namla (Abb. 239, 240), ein paar elende Steinhütten; hier tritt der Fluß Pung=tschu, der aus dem See Udscham=tso kommt, in die Ebene hinaus. Das Kloster hat einige vergoldete Bronzegötter und sieben Mönche, von denen ein Sechziger schon 50 Jahre in diesen Mauern lebt. Sie sind arm und betteln, erhalten aber auch freiwillige Gaben von den in der Umgegend lebenden Nomaden.

Über eine Ebene von rissigem Lehmboden, die in der Hochwasserzeit überschwemmt wird, gelangten wir nach dem Lager am Ufer des Tsangpo; der Fluß gleicht einem See; daß dies auch im Spätherbst der Fall ist, geht aus Ryders außerordentlich gewissenhafter und korrekter Karte hervor. Die Breite belief sich hier auf 890 Meter, die größte Tiefe betrug aber nur 0,74 Meter. Man durchreitet ihn daher ungehindert, und die Yakkarawanen gehen ruhig quer durch das Wasser — wie anders weiter abwärts im Osten, wo der zwischen steilen Bergen eingezwängte Fluß reißend und tief ist. Im Spätsommer aber läßt er sich hier oben nicht durchwaten, und man wagt sich nicht einmal mit einem Boot hinüber, der tückischen, beweglichen Sandbänke wegen. Während der Fluß=messung, die wir vornahmen, konnten die Ladakis über den Fluß gehen, mit Stangen und Seilen die Breite messen und das Boot stillhalten, als ich die Geschwindigkeit der Strömung untersuchte. Als die Arbeit beendet war, sollte Rehim Ali Robert ans Land tragen, glitt aber auf dem schlüpfrigen Tongrunde aus; beide nahmen ein unerwartetes Bad und wir anderen erhielten Veranlassung zu herzlichem Gelächter.

Am nächsten Tag wurde das empfindliche Gepäck mit dem Boote hinüberbefördert (Abb. 241), alles übrige auf gemieteten Yaks, die plump und schwarz durch das trübe, grauschmutzige Wasser stampften. Auf dem Nordufer ritten wir dann durch eine ungewöhnliche Landschaft. Hier gab es Seen und Sümpfe, die aus Flußarmen entstanden sind und in einem Labyrinth von bis zu 8 Meter hohen Dünen liegen. Wir gehen in allen möglichen Richtungen, um Sanddünen oder tiefere Buchten zu vermeiden, oft aber reiten wir quer durch unangenehme Becken, deren Boden nachgibt; in einigen spürt man eine schwache Strömung, andere haben stillstehendes Wasser. Hier und dort sehen Sandinseln aus dem Wasser heraus, einige sind unfruchtbar, andere tragen Gras und Stauden. Es ist eine gründlich zerrissene, aber abwechslungsreiche und ganz vergnügliche Landschaft. Mücken verfolgen uns in wahren Wolken. Einige Männer gehen als Lotsen voran. Manchmal geraten sie in zu tiefes Wasser und müssen schnell umkehren. Das Hochwasser spült den größten Teil des Flugsandes fort, um ihn weiter unten an den Ufern des Brahmaputra wieder abzusetzen. Wenn aber der Fluß fällt, häuft sich wieder neuer Sand an, und es entstehen neue Dünen. Der Flugsand hat also hier nur eine Raststelle auf seinem Weg nach Osten. Wir lagerten am letzten Ufersee und hörten die Fische im Wasser plätschern. Das ganze Land erinnert an Lop, das Sumpfgebiet in Ostturkestan, und seinen ewigen Kampf zwischen Flugsand und fließendem Wasser. Die Gegend heißt Dongbo. Hier erwarteten mich der Gova von Tuksum und andere Häuptlinge. Der erstgenannte hatte Nachricht erhalten, daß die Chinesen, von deren Nahen wir schon gehört hatten, aus Saka-dsong abgereist und nun auf dem Weg hierher seien. Er glaubte, daß sie noch vor Abend eintreffen würden.

Am 30. Juni zogen wir einen großen Teil der Tagereise auf der Tasam hin, auf der schon Nain Sing und die englische Expedition gereist waren. Denn ich durfte Tuksum, das in meinem Paß verzeichnet stand, nicht umgehen. Den größeren Teil des Weges begleiteten uns schöne, regelmäßig halbmondförmige Dünen, die mit dem vorherrschenden Wind ostwärts über die Ebene wandern. Sie sind ephemere Erscheinungen, die leben und sterben, aber immer wieder durch andere ersetzt werden. Die Hörner ihres Halbmondes sind stark in der Richtung des Windes vorgeschoben, und das Gefälle der Windseite ist sehr steil, bis zu 17 Grad; die vor dem Winde geschützte Seite ist so steil, wie es der herabrieselnde Sand nur zuläßt.

Auf einem isolierten Hügel, westwärts vom Gandschu-la, erhebt sich Gandschu-gumpa; es steht unter dem Kloster Brebung und hat ein Lhakang mit zwölf Säulen und vier Diwanreihen, nebst zwei großen Trommeln. Die Götterstatuen schauen mild lächelnd auf die Huldigungen herab, die ihnen von Nomaden und Wanderern dargebracht werden. Nur fünf Mönche und ebenso viele Hunde sind in Gandschu zu Hause.

Die ganze Einwohnerschaft Tuksums kam uns vor dem Dorfe entgegen. Mit dem Gova (Abb. 229) wurde vereinbart, daß Guffaru und die Hauptkarawane nach Schamsang ziehen sollten, während ich mit ein paar Begleitern auf unerlaubten Wegen die Südseite des Flusses abstreifte. Am Abend machte mir eine Deputation unserer Ladakis ihre Aufwartung, um anzufragen, ob ihnen Muhamed Isa nicht von seinem ausstehenden Lohn ein Fest geben könne! Das aber fand ich denn doch zu frech, das Geld gehörte ja der Gattin des Verstorbenen; ein Fest könnten sie immerhin veranstalten, und zwar auf meine Kosten, aber es werde nichts weiter als Schaffleisch, Tschang und Tee geben.

Und am Morgen des 1. Juli machte mir wieder jemand seine Aufwartung, nämlich fünf junge Betteldirnen, zerlumpt und schwarz, mit Bündeln in Holzgestellen auf dem Rücken und großen Wanderstäben in den Händen. Sie waren, wie so viele andere, am Kang-rinpotsche gewesen und rechneten auf die Rückreise nach Kham, wo ihre Heimat war, noch ein volles Wanderjahr. Sie betteln sich auf dem ganzen Wege von Zelt zu Zelt durch — es muß für die Nomaden eine drückende Last sein, die zahlreichen Pilger zu unterhalten, die auf dieser Straße wandern.

Am 2. Juli sagten wir also Guffaru und seinem Gefolge Lebewohl, ritten in südwestlicher Richtung über die Ebene und schlugen das Lager 191 auf dem linken Ufer des Tsangpo auf, der hier 56 Kubikmeter Wasser führte. Am nächsten Morgen wurde das Gepäck hinübergebracht, und wir hatten zugleich die Ehre, einem vornehmen Lama, den ich in Taschi-lumpo kennen gelernt hatte, über den Fluß zu helfen (Abb. 242). Er trug ein gelbes Gewand mit rotem Mantel und hatte einen kleinen, gelben Holzhut, der wie Metall glänzte. Seine Diener waren mit Flinten und Säbeln bewaffnet und brachten ihr ganzes Gepäck auf Yaks über den Fluß. Sie hatten jedoch das Pech, daß die Yaks in zu tiefes Wasser hineingerieten und zu schwimmen begannen, wobei sämtliches Gepäck natürlich durch und durch naß wurde. Wir halfen auch einem Hirten und einigen Lämmern nach der anderen Seite hinüber, und wären wir noch länger geblieben, so hätten wir wohl den ganzen Tag mit unserem Boot Fährdienste leisten können.

Nun setzten wir über noch zwei Arme, so daß sich für den ganzen

Brahmaputra hier 92 Kubikmeter Wasser ergaben. Die Werte, die man erhält, wenn man die Flüsse so nahe an ihrer Quelle mißt, haben jedoch nur untergeordnete Bedeutung, besonders wenn gerade die Schneeschmelze ernstlich begonnen hat. Denn teils steigen gegen Abend, wenn das Schmelzwasser des Tages in das Hauptal hinuntergelangt, die Quellflüsse ganz bedeutend, teils hängt die Wassermenge in hohem Grade vom Wetter ab. Bei den ersten Regengüssen bleiben die Flüsse ziemlich gefühllos; wenn aber der Boden erst durchfeuchtet ist, rinnt das Wasser ab, und die Flüsse schwellen nach einem einzigen Regentag ungeheuer an. Wenn der Himmel bewölkt ist, ohne daß es regnet, fallen sie, bei vollkommen klarem Wetter taut aber die Sonne den Schnee auf und bringt die Flüsse wieder zum Anschwellen.

Es wurde eine lange Tagereise, denn in mehreren Zelten weigerten sich die Leute, uns die Unterstützung, deren wir bedurften, zuteil werden zu lassen, und wir zogen daher weiter nach dem von Süden kommenden großen Nebenfluß Gjang=tschu, der selber mehrere Nebenflüsse vom nördlichsten Kamme des Himalaja aufnimmt.

Ich habe hier keine Zeit, über die Geographie dieser Gebiete auf der Südseite des Brahmaputra zu berichten. Es sei nur gesagt, daß uns während der folgenden Tage niedrige Berge vom Hauptfluß schieden und daß wir erst am 6. Juli in der Gegend Tschärok wieder an seinem Ufer lagerten. Wir hatten mehrere Nebenflüsse hinter uns gelassen, der Hauptfluß führte nur noch 44 Kubikmeter Wasser.

Nach einer kurzen Tagereise vereinigten wir uns wieder mit Guffarus Truppe in Schamsang (4697 Meter) an der großen Heerstraße, wo jetzt 21 Zelte lagen. Die Häuptlinge der Gegend waren sehr entgegenkommend; sie hatten gegen meinen Plan, nach dem Kubi=gangri hinaufzugehen, dessen Schneegipfel im Südwesten sichtbar waren und in dem die Quellen des Brahmaputra liegen sollen, kein Wort einzuwenden. Sie besorgten uns Proviant auf zwölf Tage; wir hatten lange nicht so freie Hand gehabt wie jetzt. Hier hatte man von chinesischen oder tibetischen Verfolgern aus Lhasa noch nichts gehört.

Zweiundvierzigstes Kapitel.

Auf der Suche nach der Quelle des Brahmaputra.

Jetzt waren wir schon weit nach Westen gelangt; Schritt für Schritt hatte die Macht der Verhältnisse mich gezwungen, immer größere Gebiete des Landes im Norden hinter mir zurückzulassen! Es grämte mich, aber ich wollte wenigstens versuchen, aus der mir aufgezwungenen Lage noch das Bestmögliche zu machen. Bei Schamsang, dem Lahtsang Ryders, waren wir an dem Punkt, wo die eigentlichen Quellflüsse des Brahmaputra von verschiedenen Seiten zusammentreffen. Ich hatte schon lange bei mir beschlossen, nach der unbekannten Quelle selbst vorzudringen, falls mir die Tibeter nicht unüberwindliche Hindernisse in den Weg legten.

Der kenntnisreiche, scharfsichtige Oberst Montgomerie hatte Nain Sing im Jahre 1865 das obere Brahmaputratal hinaufgeschickt. Von unserem Schamsang aus ging der Pundit über den Marium-la und sagt in seinem Bericht, daß die Quellen des Flusses ganz entschieden in der gigantischen Kette lägen, die man im Süden sehe, und von den Gletschern dieses Gebirges gespeist würden. Aber er hat sich nicht hinbegeben, um die eigentliche Quelle selbst aufzusuchen, sondern ist in westlicher Richtung weitergezogen.

Ein Jahr darauf, 1866, machte Thomas Webber von Süden her eine Exkursion in das tibetische Gebiet hinein; seine Route liegt ein wenig südlicher als die Nain Sings. Auf seiner Kartenskizze sieht es aus, als ob er einige Quellflüsse des Tsangpo überschritten habe, aber über die Gegend, wo sie entspringen, gibt er weiter keine Auskunft als: „Snowy ranges unexplored." Und da er im Text sagt: „Hier waren die Quellen des großen Brahmaputra, der von den Gletschern des Gurla herkommt", wird die Verwirrung heillos, denn die Quellen des Flusses liegen 100 Kilometer weit vom Gurla, einem Berg, der mit dem Brahmaputra nicht das geringste zu tun hat!

Die politische Expedition, die zu Ende des Jahres 1904 unter Rawlings (Abb. 244) Befehl stand, deren Ziel Gartok war und deren Hauptresultat die bewunderungswürdige Karte des oberen Brahmaputratales ist, die Ryder und seine Gehilfen aufnahmen, zog von Schamsang über den Marium-la und an der Nordseite des Guntschu-tso entlang nach dem Manasarovar. Mir war es daher von der größten Wichtigkeit, südlich von ihrer Route durch ein Land ziehen zu können, das sie nicht berührt hatten. Sie reisten auf derselben Straße wie Nain Sing und ließen die Quelle des Flusses in einer Entfernung von etwa 40 englischen Meilen südwärts liegen. Aus Ryders Bericht könnte man die Anschauung gewinnen, als ob er den Marium-la als die Quelle des Brahmaputra ansehe. Aber in einem Brief, den ich letzthin von ihm erhalten habe, erklärt er, dies sei nicht der Fall gewesen, sondern er habe sich stets gesagt, die wirkliche Quelle müsse zwischen den Schneebergen im Südwesten liegen, deren Gipfel er gemessen und die er auf seiner Karte eingetragen habe.

Anstatt mich jetzt auf eine weitläufige Diskussion dieses Problems einzulassen, gebe ich hier kleine Skizzen der Karten meiner drei Vorgänger Nain Sing, Webber und Ryder (Abb. 246, 247, 248). Kein anderer Reisender ist je in dieser Gegend gewesen, ich aber wollte unter keiner Bedingung die Gelegenheit versäumen, bis an die wirkliche Quelle des Brahmaputra vorzudringen und ihre Lage endgültig festzustellen.

Wie aber konnte dies geschehen? Bei Schamsang vereinigen sich die Quellflüsse, und erst unterhalb dieses Punktes trägt der vereinigte Fluß den Namen Martsang-tsangpo. Ich hatte natürlich zunächst die Wassermenge der Quellflüsse zu messen; wenn sie ungefähr gleich groß waren, mußte man sich damit begnügen, zu sagen, daß der Brahmaputra mehrere Quellen habe.

Mit zehn Mann, dem Boot und den notwendigen Meßinstrumenten begab ich mich daher am 8. Juli zunächst nach der Stelle am Bergfuß der südlichen Talseite, wo zwei Flüsse zusammenfließen, nämlich der Kubi-tsangpo von Südwesten und der Tschema-jundung von Westen. Eine kurze Tagereise weiter westwärts nimmt der Tschema-jundung den Marium-tschu auf, der vom Marium-la kommt. Erst aber wurde noch der ganze vereinigte Fluß gemessen: er führte 44 Kubikmeter Wasser in der Sekunde, unmittelbar darauf der Tschemajundung, der beinahe 10 Kubikmeter führte. Wenn wir diese von dem Volumen des vereinigten Flusses abziehen, erhalten wir 34 Kubikmeter als Wassermenge des Kubi-tsangpo. Dieser ist mit andern Worten dreiundeinhalbmal so groß wie der Tschema, wobei aber zu beachten ist, daß

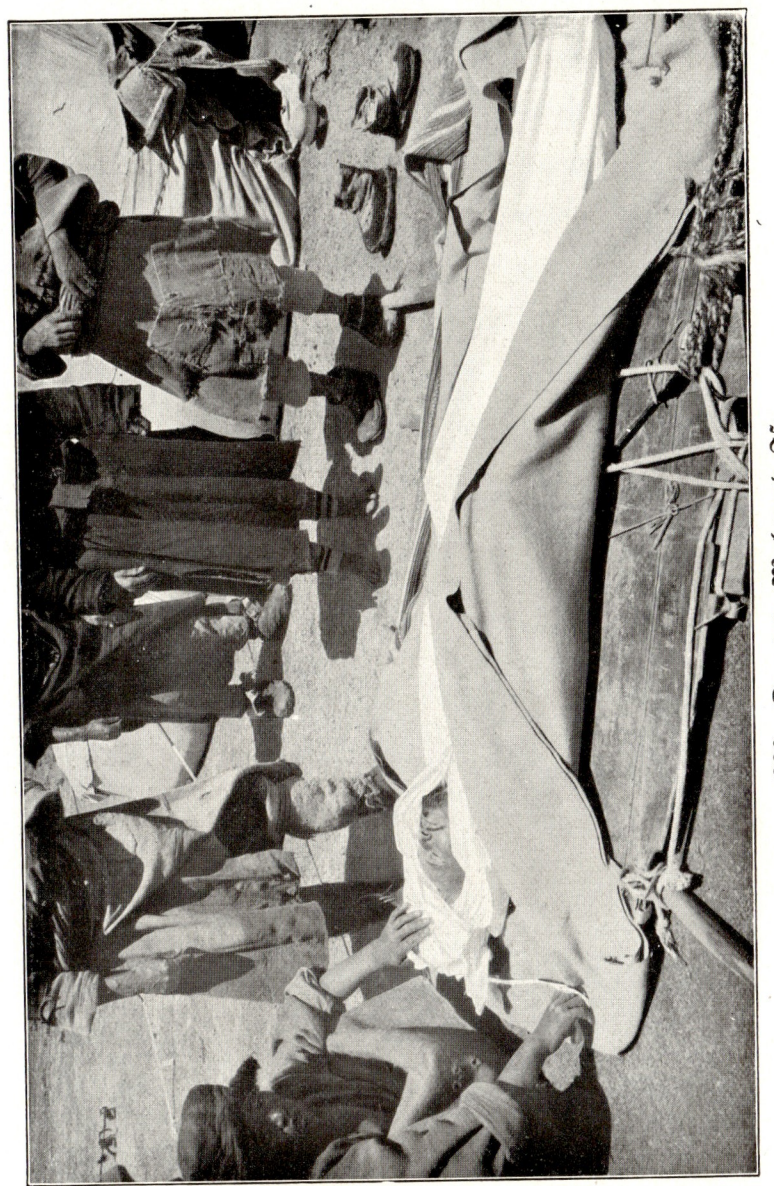

230. Der tote Muhamed Isa.

231. Muhamed Isas Leichenprozession.

der Tschema auch das Wasser des Marium-tschu enthält, so daß seine 10 Kubikmeter also die vereinigte Wassermenge zweier Nebenflüsse darstellen.

Als wir am Abend mit der Hauptkarawane zusammen in der Gegend Umbo (4702 Meter) lagerten, wo der Tschema-jundung und der Marium-tschu sich vereinigen, waren die Flüsse sehr bedeutend angeschwollen, und das Wasser, das am Morgen klar gewesen, trübe geworden. Also ließen sich nur die beiden zu gleicher Zeit vorgenommenen Messungen direkt miteinander vergleichen. Ich übergehe aber hier alle später vorgenommenen Detailmessungen. Um nach der Quelle hinzugelangen, brauchte ich nur zu wissen, daß der Kubi-tsangpo unvergleichlich viel größer war, als die beiden andern; seinem Lauf aufwärts in das Gebirge hinein hatte ich also zu folgen, was keiner meiner Vorgänger getan hatte. Auch die Tibeter sagten, der Kubi sei der oberste Teil des Martsang-tsangpo.

Am 9. Juli verabschiedeten wir Guffaru und die Hauptkarawane, die immer der großen Straße folgen und über den Marium-la nach Toktschen gehen sollte, während ich mit Robert, drei Ladakis und drei bewaffneten Tibetern dem Kubi-tsangpo bis an seine Wurzel und Quelle nachgehen wollte. Unser Weg führte nach Westsüdwest. Da wo wir, eine gute Strecke oberhalb des letzten Deltaarms des Marium-tschu, durch den Tschema-jundung gingen, führte der Fluß wenig mehr als 4 Kubikmeter Wasser; der südöstlich von ihm fließende Kubi-tsangpo ist hier also etwa achtmal größer. An der Furt schlugen unsere Tibeter einen Holzpflock mit einem weißen Zeuglappen in den Ufersand ein, „damit der Fluß nicht der Mühe überdrüssig werde, sein Wasser nach den Tälern hinunterzuschicken!"

In Tok-dschonsung, wo wir zwischen einigen Nomadenzelten lagerten, sah der Tschema mächtig aus, aber sein Wasser strömte auch sehr langsam. Die Nomaden der Gegend gehen im Winter nach Tschang-tang hinauf. Auch hier erfuhren wir, wie schon früher bei mehreren Gelegenheiten, daß in Purang die schwarzen Pocken furchtbar wüteten und daß alle dorthin führenden Wege gesperrt seien. Keine Gegend liegt so hoch, daß der Todesengel nicht den Weg dorthin findet!

In der Nacht hatten wir 9,2 Grad Kälte, mitten im Juli, aber wir befanden uns im Lager 198 auch auf einer Höhe von 4874 Meter. Vor uns im Südwesten traten die Schneegebirge immer schärfer hervor. Der Tschemafluß schlängelt sich mit langsamem Gefäll; noch ehe wir das Lager in Schärjak erreichten, ließen wir ihn zur Rechten liegen.

Bei heftigem Wind ritten wir am 11. Juli weiter südwestlich. Schon hier passierten wir poröse, schmelzende Schneeflecken. Anstehendes Gestein war nicht mehr sichtbar, alles Geröll bestand aus Granit und grünem Schiefer. Wir folgen einem deutlich erkennbaren Nomadenpfad, der nach dem kleinen Paß Tso-niti-kargang in dem Landrücken, der eine Wasserscheide zwischen dem Tschema-jundung und dem Kubi-tsangpo ist, hinaufführt. Das mächtige Tal des letzteren haben wir jetzt südlich unter uns. Der Kubi-tsangpo hat sehr trübes Wasser, aber an seinem rechten Ufer einen vollkommen klaren Moränensee. Von Südosten her tritt der Nebenfluß Lung-jung aus seinem ausgeprägten Tal heraus. Die Aussicht ist nach allen Seiten hin großartig. Von Nordwesten bis Nordosten zieht sich ein unentwirrbares Meer von Gebirgen hin: die Kämme und Abzweigungen des Transhimalaja, durchschnitten von den nördlichen Nebenflüssen des oberen Tsangpo. Im Süden ein Panorama, das in seiner entzückenden Wildheit und Weiße überwältigend großartig ist. Eine ungleichmäßige Kette mit gewaltigen Gipfeln, zackig, schwarz und zerklüftet, bald spitz wie Pyramiden, bald breit und plump; hinter ihnen sehen wir die Firnfelder, von denen der ewige Schnee langsam herabgleitet, um zwischen schwarzen Felsen Gletscherzungen zu bilden. Im Süden dominiert ein mächtiger Bergstock Ngomo-dingding; von seinen Gletschern kommt ein bedeutender Teil der Wassermenge des Kubi-tsangpo. In Westsüdwest liegt der Dongdong, ein anderer Bergstock mit einem ebenso mächtigen Gletscher; das Gebirge rechts davon heißt Tschema-jundung-pu; in ihm entspringt der Fluß dieses Namens, um dann auf Umwegen nach der Vereinigungsstelle bei Schamsang hinabzuströmen. Im Südosten zeigt man mir die Lage des Nangsa-la jenseits der nächsten Berge, wo der Fluß Gjang-tschu, den wir vor einigen Tagen kennen lernten, seine Quelle hat.

Zwischen Moränen, Granitschutt und Steinblöcken durch geht es steil abwärts. Hier liegen auf verschiedener Höhe drei kleine, klare Moränenseen, Tso-niti genannt. Das Terrain wird dann flacher; wir kommen an einem Mani, einem zwischen dem Schutt rieselnden Quellbach und einem kleinen Tümpel vorüber, bevor wir das Lager 200 in Lhajak am Ufer des Kubi-tsangpo erreichen, wo die Weide vortrefflich ist und wir zahlreiche Spuren von Nomadenlagern sehen. An mehreren Stellen fanden wir große, vom Wind verwehte Stücke dünner, feiner Birkenrinde, die die Stürme losgerissen, aufsteigende Winde aber dann von Süden her über das Gebirge entführt haben.

Unsere drei Musketiere erzählten uns, daß alle Nomaden, die sich jetzt in der Gegend von Schamsang aufhielten, in einigen Wochen hierheraufkommen und hier anderthalb Monat bleiben würden, bis der erste Schnee sie wieder vertreibe. Im Winter liegt der Schnee anderthalb

Meter hoch, viele Menschen und Tiere sind in den Schneewehen umgekommen, wenn die Herden zu hoch hinaufgestiegen sind und von frühzeitigem heftigem Schneetreiben überrascht wurden. Im vorigen Herbst weideten, wie man mir sagte, 23 Yaks oben am Fuß des Ngomo-dingding, als es heftig zu schneien begann. Mehrere Hirten eilten hin, um die Tiere nach tiefer liegenden Gegenden hinunterzutreiben, aber der Schnee hatte sich schon in solchen Massen angehäuft, daß sie umkehren mußten, um nicht selber darin umzukommen. Jetzt im Frühling hatte man sich hinaufbegeben und die Gerippe und Häute der umgekommenen Tiere gefunden. Der Gova von Schamsang hatte kürzlich auf gleiche Weise einige Pferde verloren. Nicht einmal die Wildesel können sich vor diesem Frühschnee retten. Sie können nicht laufen, wenn der Schnee tief ist; wenn sie vergeblich versucht haben, sich auf schneefreien Boden zu flüchten, verhungern und erfrieren sie zwischen den Schneewehen. Unsere drei Führer, die selber den Sommer hier oben verleben, versicherten mir, der Wildesel erfriere stehend und das erfrorene Tier stehe oft noch auf allen Vieren, wenn die Sommersonne den Schnee aufgetaut habe. Sie hätten tote Wildesel ganz wie lebende in Herden stehen sehen!

Der Schnee, der während des Winters in den Gegenden um die Quellflüsse des Brahmaputra herum fällt, schmilzt im Frühling und bildet nebst dem Flußeis eine Frühlingsflut, deren Dimensionen viel bedeutender sein sollen als die der durch Regengüsse verursachten Sommerflut. Dies wird wohl für den obersten Tsangpolauf richtig sein, weiter abwärts aber ist sicherlich die Regenflut mächtiger. Im allgemeinen sind die Oszillationen im Wasserstand in den höheren Gegenden ausgeprägter, denn je weiter es flußabwärts geht, desto mehr gleichen die Fluktuationen sich aus.

„Ist unser Land nicht hart und grausam zum Leben? Ist nicht das Land des Bombo Tschimbo (Indien) besser?" fragten meine Tibeter.

„Das will ich nicht behaupten; in Indien hat man mit Tigern, Schlangen, giftigen Insekten, Hitze, Fieber und Pest zu kämpfen, was alles hier oben in der frischen Luft nicht vorkommt."

„Ja, aber das ist doch noch besser als der ewige Wind, die scharfe Kälte und das vergebliche Warten auf Regen. Dieses Jahr haben wir nur ein paar leichte Schauer gehabt und verlieren unsere Herden, wenn nicht noch mehr Regen kommt."

„Nun, dann ist also der Sommer in Tibet recht gut, wenn es regnet, in Indien ist er aber dann erstickend; der Winter in Tibet hart und grausam, dagegen in Indien behaglich."

„Sagt uns, Bombo Tschimbo, seid ihr es, der mit seinen Glas- und

Meßmaschinen dies Jahr den Regen zurückhält? Um diese Zeit regnet es sonst heftig. Aber ihr zieht wohl klares Wetter vor, um das Land sehen zu können und damit die Wege nicht aufweichen?"

„Nein, ich sehne mich ebenso nach Regen wie ihr; meine Tiere magern ab und werden von dem jämmerlichen Gras, das hier noch vom vorigen Sommer steht, nicht satt. Nur die Götter haben Macht über das Wetter; die Menschenkinder müssen Regen und Sonnenschein hinnehmen, wie er ihnen von oben gegeben wird."

Sie sahen einander fragend an. Es war nicht das erstemal, daß sie mir ebenso große Macht wie ihren eigenen Göttern zuschrieben. Und es wäre mir schwer geworden, sie aus diesem Irrtum zu reißen.

Um Mitternacht hörten die Leute ein „einjähriges Kind" am Ufer des Kubi=tsangpo weinen, jammern und um Hilfe rufen. Erstaunt weckten sie einander, und Rabsang und zwei Tibeter gingen in dem Glauben, daß es ein Spuk sei, mit einer Flinte hin. Als sie in die Nähe kamen, hörten sie das Kind ganz deutlich weinen, unsere Helden aber erschraken darüber so, daß sie es für das klügste hielten, sich schleunigst wieder aus dem Staube zu machen. Als ich sie fragte, woher sie denn wissen könnten, daß es gerade ein einjähriges Kind gewesen, antworteten sie, es könne dem Tone nach weder jünger noch älter gewesen sein. Als ich hinwarf, daß es ja auch ein junger Wolf gewesen sein könne, da es doch keine Menschen in der Gegend gebe, versicherten sie, es müsse ein friedloser Geist gewesen sein, der am Ufer umherirre.

Gespukt mag es in der Gegend aber doch wohl haben, denn ich selber träumte in jener Nacht, daß alle die Birkenrindenstücke, die wir bei Tag während des Rittes gesehen hatten, Einladungskarten des Maharadscha von Nepal seien, daß ich die Einladung angenommen hätte und daß ich jetzt im Halbschlaf auf einem weichen Rasenteppich läge und dem Sausen der warmen Winde in den Zedern des Himalaja lauschte. Der Traum war so lebhaft, daß ich den ganzen Tag kaum an etwas anderes als an das warme, herrliche Land hinter den Bergen denken konnte. — —

Schon im Lager Nr. 200 war es mir ziemlich klar, wie es sich mit der gesuchten Quelle verhalten mußte, aber noch waren wir nicht an sie gelangt und zogen daher am 12. Juli nach Südwesten weiter. Der Fuß der Schneegebirge schien ganz nahe zu sein. Der Fluß ist breit und teilt sich wieder in mehrere Arme, zwischen denen Schlamminseln liegen. Auf der linken Talseite, auf der wir hinziehen, steht in ein paar kleinen Wänden grüner und schwarzer Schiefer an. Sonst besteht alles aus alten Moränen. Wir überschreiten einen Fluß, der aus der Gegend unterhalb des Dongdong kommt und sich in den Kubi-tsangpo ergießt. Der Tse-tschung-tso ist ein kleiner Moränensee. Der Talboden hebt sich allmählich, besteht aus weichem Material und hat nur spärlichen Graswuchs. Gelegentlich sieht man einen kleineren erratischen Block von grauem Granit. Auf den Sommerlagerplätzen liegen Lumpen, Dung und Knochenstücke. Schließlich wird der Fluß so breit wie ein kleiner, von Moränen und Flugsand umschlossener See.

Wir lagerten an der Steinmauer von Schapka, einem Hauptquartier der Nomaden. Hier erhebt sich am rechten Ufer des Kubi-tsangpo ein mittelhoher, dunkelvioletter Bergrücken mit Schneestreifen, die im Lauf des Sommers auftauen. Der Boden am Fuß dieser kolossalen Gebirge ist merkwürdig flach, statt eines Schuttkegels findet man einen seeartig angeschwollenen Fluß. Das Schmelzwasser hat eben alles feste Material weggeschwemmt.

Als wir das Lager 201 erreichten, das 4864 Meter hoch lag, verschwanden gerade die Gipfel in Wolken; aber unmittelbar vor Sonnenuntergang klärte es sich auf, und die letzten Wolken glitten leicht und weiß wie Dämpfe über den Ngomo-dingding-Gletscher hin, dessen herrlicher Bau mit den höheren Seitenmoränen und konzentrischen Ringen von grauen hügeligen Stirnmoränen deutlich hervortrat (Abb. 212). Hier und dort gähnen große blaue Spalten im Eis, dessen Oberfläche im übrigen durch Schnee und die poröse, schmelzende Eiskruste weiß aussieht.

Als die Sonne untergegangen war, zeichneten sich die neun Gipfel, die man von Südosten nach Südwesten sieht, mit außerordentlicher Schärfe ab. Aus den kreideweißen Schneefeldern sehen rabenschwarze Felsspitzen, Vorsprünge und Rücken hervor und zwischen kolossalen Propyläen treten die Gletscherzungen heraus. Ein ganzes Dorf himmelstürmender Zelte! Die Quelle des Brahmaputra konnte nicht durch eine großartigere, herrlichere Hintergrunddekoration verschönert werden. Heilig, dreimal heilig sind diese Berge, aus deren kaltem Schoß der seit unvordenklichen Zeiten in Sagen und Liedern gefeierte Fluß, der Fluß Tibets und Assams, der „Fluß" par préférence, der Sohn des Brahma, entsprossen ist und genährt wird. Eine Generation schwarzer Tibeter nach der anderen hat während der Jahrtausende seinem Rauschen zwischen den beiden höchsten Bergsystemen der Erde, dem Himalaja und dem Transhimalaja, gelauscht, und eine Generation der verschiedenen Völkerschaften Assams nach der anderen hat ihre Felder mit seinen lebenspendenden Fluten bewässert und von seinem gesegneten Wasser getrunken. Aber wo die Quelle lag, das wußte keiner! Drei Expeditionen haben ihre Lage annähernd bestimmt, aber keine ist dort gewesen. Keine Geographie hat uns je etwas von dem Lande um die Quelle des Brahmaputra herum mitzuteilen gehabt. Nur eine geringe Anzahl Nomaden begibt sich alljährlich dahin, um ein paar flüchtige Sommermonate zu verweilen. Hier ist es, hier an der Front dreier Gletscherzungen, wo der den Hinduvölkern so heilige Fluß seinen fast 3000 Kilometer langen Lauf durch das großartigste Bergland der Erde beginnt, von wo aus seine trüben Wassermassen sich zuerst nach Osten wälzen, dann südlich ein zerklüftetes Tal durch den Himalaja sägen und schließlich nach Südwesten hin Assams Ebenen durchströmen. Der obere Brahmaputra, der „Tsangpo", ist in Wahrheit Tibets Hauptpulsader, denn innerhalb seines Flußgebietes konzentriert sich die Hauptmasse der 2½ Millionen zählenden Bevölkerung des Landes, während die fruchtbarsten, volkreichsten Provinzen Assams seinen Unterlauf umgeben. Der Brahmaputra ist einer der edelsten Flüsse der Erde, und es gibt wenige Wasserläufe, die höhere Ahnen und einen abwechselnderen, ehrenvolleren Lebenslauf haben. Denn an seinen Ufern sind Völker aufgewachsen und haben ihr Leben dort zugebracht, und ihre Geschichte und ihre Kultur sind seit der Zeit, bis zu der menschliche Urkunden zurückreichen, eng mit ihm verknüpft gewesen.

In diesen Gedanken ging ich am späten Abend noch ins Freie und sah die Felsenpartien der neuen Gipfel gleich undeutlichen Nebelschatten hervortreten, während die Eis- und Schneefelder die gleiche Farbe wie der Himmel hatten und sich daher in der Nacht nicht geltend machten. Nun aber flammte im Süden hinter dem Kubi-gangri, wie der ganze Gebirgsstock genannt wird, ein Blitz auf, und die Kontur des mit ewigem Schnee bedeckten Kammes trat plötzlich scharf geschnitten und rabenschwarz hervor. Seltsames, fesselndes Land, wo man Geisterstimmen in der Nacht flüstern hört und den Nachthimmel in bläulichem Lichte flammen sieht! Lange lauschte ich noch dem Bache Schapka-tschu, der leise in seinem steinigen Bett nach dem Ufer des Kubi-tsangpo hinabrieselte.

Noch immer hatten wir eine Strecke zurückzulegen, ehe wir an die eigentliche Quelle gelangten. Außerdem konnte ich den Kubi-gangri nicht mit gutem Gewissen verlassen, ohne seine absolute Höhe mit dem Siedethermometer bestimmt zu haben. Unsere Tibeter waren eitel Freundlichkeit und schienen selber ein Interesse daran zu haben, uns diesen Punkt zeigen zu dürfen, von dem ich während der letzten Tage so viel gesprochen und nach dem ich so viel gefragt hatte. Ich war freilich auch dankbar und froh über diese unerwartet günstige Gelegenheit, die Lage der Quelle feststellen zu können, wenn ich auch wußte, daß mein Ausflug nach dem Kubi-gangri nichts anderes sein konnte als eine sehr flüchtige und mangelhafte Rekognoszierung. Eine gründliche Erforschung dieser Gegend würde viele Jahre in Anspruch nehmen, denn der Sommer ist hier oben kurz, die Arbeitszeit schon nach zwei Monaten vorüber. Aber auch wenn es mir nicht gelungen ist, einen andern Gewinn als die Hauptlinien der physischen Geographie zu erzielen, kann ich diese Exkursion doch zu den wichtigsten Ergebnissen meiner letzten Tibetreise zählen. Wir beschlossen also, am nächsten Tag, dem 13. Juli, nach der Quelle hinaufzureiten. Nur Rabsang, Robert und ein Tibeter sollten mit mir kommen. Die übrigen sollten unter Tserings Befehl unsere Rückkehr hier erwarten.

Dreiundvierzigstes Kapitel.

Die Quelle des heiligen Flusses. — Ein Abschied.

Bei herrlichem Wetter machten wir uns auf den Weg, keine Wolken verhüllten die Gipfel des Kubi-gangri. Wir folgten dem linken Ufer des Kubi-tsangpo und ritten am Fuß der gewaltigen Moränenmassen entlang, die sich hier wohl 150 Meter über dem Talgrund erheben und die einst auf der linken, westlichen Seite von dem Riesengletscher aufgeworfen worden sind, den alle die Gletscherzungen einst gebildet hatten, von denen jetzt nur noch kurze Stücke vorhanden sind. Der Moränencharakter ist deutlich erkennbar; bald sehen wir geschweifte Rücken und Wälle mit steilem Absturz nach beiden Seiten, bald abgerundete Hügel, die sich übereinander erheben. Die Oberfläche bedeckt oft feines Geröll mit Gras und hochalpinen Blumen, die sich in all ihrem Liebreiz bemühen, den kurzen Sommer möglichst zu genießen. Hier und dort hat ein Bergrutsch stattgefunden, und man sieht, daß es dem Gestein an jeder Spur von Schichtung fehlt. Gelegentlich passieren wir einzelne Granitblöcke, aber sie sind klein; der größte mochte wohl 8 Kubikmeter haben. Auf dem ebenen Talboden dehnen sich Sümpfe mit üppigem Gras; in mehreren Tümpeln sind Wildgänse in der Sommerfrische. Zweimal stoßen wir auf ganz frische Fährten kleiner Herden wilder Yaks, die nach dem rechten Ufer des Kubi-tsangpo gewechselt hatten. Es klatscht unter den Pferdehufen auf diesem sumpfigen Boden, der nur selten von kleinen Flächen Gletscherton unterbrochen wird.

Von den Moränen strömen zahlreiche Bäche herab. Sie werden von schmelzenden Schneefeldern gespeist und sind daher, im Gegensatz zu den Gletscherbächen, kristallklar. In den Moränen haben sie tiefe Erosionstäler ausgegraben, einer von ihnen hatte an seiner Mündung einen gewaltigen Kegel abgesetzt, über dessen Oberfläche hinweg der Bach sich fächerförmig in zehn Armen hinabstürzte, die zusammen 3 Kubikmeter Wasser führten. Ein sehr wesentlicher Teil des Brahmaputrawassers

232, 233. Muhamed Isas Bestattung.   234. Muhamed Isas Grabmal.

235. Aussicht vom Kore-la nach Südwesten.

stammt von schmelzendem Schnee. Überall hörte man Bächlein im Schutt rieseln und sprudeln, und alle kamen von den liegengebliebenen Schneefeldern, die vergeblich gegen die Glut der Frühlingssonne ankämpften.

Jetzt haben wir den kolossalen Gletscher, der sich von einem ausgedehnten Firnbecken im Westen des **Muktschung-simo-Stockes** herabzieht, gerade vor uns. Zwischen seinen Stirnmoränen und der älteren Moräne, der wir gefolgt sind, hat ein ziemlich wasserreicher Fluß sich sein Tal geschnitten. Sein Wasser ist halbklar und grün; es stammt also von Schneefeldern her. Ein wenig unterhalb der Endmoräne vereinigt er sich mit den zahlreichen trüben Armen des Gletscherflusses, von denen derjenige der größte ist, der am dichtesten am Fuß des Muktschung-simo-Stockes fließt. Noch 200 Meter unterhalb des Zusammenflusses kann man das grüne Wasser deutlich von dem braunen unterscheiden, nachher aber vermischen sich die kalten Ströme miteinander. Wo der Fluß, der noch immer in mehrere gewundene Arme gespalten bleibt, beim Lager Nr. 201 nach Nordosten abbiegt, empfängt er bedeutende Beiträge von den weiter ostwärts liegenden Gletschern und so entsteht der **Kubi-tsangpo**.

Schließlich ritten wir auf jäh abstürzendem Gelände im Zickzack zwischen Blöcken und Geröllabhängen, über Bäche und tückisches schwankendes Moos, über Grasflecke und dickichtartig miteinander verwachsene Büschel nach einem dominierenden Aussichtspunkt (5015 Meter) auf dem alten Moränenrücken hinauf. Vor uns haben wir ein Labyrinth mächtiger, abschüssiger, zerklüfteter, schwarzer, nackter Felsen, Hörner, Pyramiden, Säulen, Dome und Grate, Moränen, Eiszungen, Schnee- und Firnfelder, kurz eine Landschaft, die an großartiger Wildheit ihresgleichen sucht.

Hier hielten wir Rast, und während die Pferde an den Abhängen grasten, zeichnete ich ein Panorama. Die größte Gletscherzunge, die von dem eigentlichen Kubi-gangri kommt, sehen wir unter uns aus der Vogelperspektive. Sie wird von drei verschiedenen Firnfeldern gespeist und hat zwei deutliche Mittelmoränen, die hier und dort Rücken bilden, nachdem das nackte Eis auf den Seiten abgeschmolzen ist. Ihre rechte Randmoräne ist gut entwickelt und teilweise noch mit Schnee bedeckt. Die linke ist in ihrem oberen Teil mächtig, weiter unten, wo der grüne Fluß ihre Basis bespült, schmal. Oberhalb mündet eine von Westen kommende Eiszunge in den Hauptgletscher ein, und wo beide zusammenstoßen, hat der Nebengletscher einen kolossalen Stirnwall aufgetürmt, der mit der linken Seitenmoräne des Hauptgletschers verschmilzt. Der ganze unterste Teil der Front des Hauptgletschers ist mit Schutt bedeckt; nur hier und dort tritt das Eis zutage. Hier stehen mehrere kleine Wasseransammlungen; einige haben intensiv blaues Wasser, andere sind braun von Schleifmaterial und zeigen, daß sie mit den Wassern der Grundmoräne in Verbindung stehen. Zwei dieser kleinen Seen haben senkrechte Seiten von blauschillerndem Eis, wie Eingänge wunderbarer Märchengrotten. Eine Reihe Randspalten im Eis verdeckt noch Schnee. Die Endmoräne ist ein Gewirr von Hügeln, Geröll und Blöcken, mit Schneeflecken auf der Schattenseite. In einem Tal zwischen diesen Hügeln fließt der mittelste Gletscherfluß hin, nachdem er zwei Seen passiert hat. Die Endmoräne kommt jedoch nicht dazu, sich anzuhäufen, weil ihr abgeladenes Material nach und nach von dem Gletscherfluß zerrieben und fortgeschwemmt wird, dessen Arme sich unmittelbar unterhalb in tollen Krümmungen über das ebene Bett des Talbodens hinschlängeln.

Eine Wanderung auf dem Gletscher wäre nicht schwer, wenn man erst auf seinen Rücken hinaufgekommen wäre. Es gibt manche gefährliche, unter Schnee verborgene Spalten, denen man aber dadurch ausweichen könnte, daß man auf den Schuttwällen der Mittelmoränen bliebe. Das Massiv des Kubi-gangri, das von unserem Aussichtspunkt aus am weitesten rechts, in Westnordwest, sichtbar ist, heißt Gave=ting; von ihm geht der große Nebengletscher aus.

Die Front des Hauptgletschers, wo der wasserreichste aller Gletscherflüsse des Kubi-gangri beginnt, ist die wirkliche Quelle des Brahmaputra. Die übrigen, im Südosten des Lagers Nr. 201 in ihn einmündenden Flüsse sind kleiner und kürzer. Wir konnten nicht an sie herangelangen, weil die Pferde zu tief im Sand und Schlammboden des Hauptflusses einsanken.

Auf dem Rückweg machten wir an der Stelle halt, wo der Hauptarm des Kubi=tsangpo unter dem Eis heraustritt, und ich fand, daß die Quelle des Brahmaputra 4864 Meter über dem Meeresspiegel liegt. Einzelheiten muß ich bis auf die wissenschaftliche Arbeit verschieben, die seinerzeit über diese Reise herausgegeben werden wird.

Am 14. Juli schien es mir in meinem Zelt glühend heiß, schon um sieben Uhr hatten wir $+7{,}3$ Grad; in der Nacht war es beinahe 8 Grad kalt gewesen. Der Himmel war absolut klar, ich konnte daher nicht darauf verzichten, noch einen orientierenden Überblick über die herrliche Gletscherwelt des Kubi-gangri zu erhalten.

Nachdem ich mit Tsering verabredet hatte, daß wir uns im Tal des Dongdongflusses treffen wollten, ritten wir die Abhänge und Rücken der alten Moräne hinauf, durch ihre Täler und über ihre Terrassen von unfruchtbarer Erde, die jetzt infolge der Schneeschmelze weich und tückisch war, an kleinen Seen mit klarem, grünem Wasser vorüber und nach dem allerhöchsten Punkt ihres Rückens hinauf, wo es nichts gab, was uns die Aussicht hätte verdecken können.

Erst nahm ich eine Serie von neun Photographien auf (Abb. 249, 250, 251). Dann wurde zum Schutz gegen den heftigen Wind ein Mantel über das Stativ gehängt und in diesem Schilderhäuschen saß ich beinahe vier Stunden lang und zeichnete ein Panorama, das den ganzen Horizont umfaßte. Unterdessen schnarchten meine Begleiter am Boden, und ich freute mich, diesen königlichen Bergriesen von Angesicht zu Angesicht allein gegenüber zu sitzen. Der ganze Aufbau ist phantastisch wild, und das einzige Gesetz, das gehorsam befolgt wird, ist, daß jeder Gletscher von zwei gewaltigen schwarzen Felsenkämmen eingerahmt wird.

Um dem Leser einen Begriff von der Gegend zu geben, füge ich hier den Teil des Panoramas bei, der den Kubi-gangri umfaßt (Abb. 252). In S 27° O haben wir den tetraederförmigen Gipfel, den unsere Führer Ngomo-dingding nannten. In S 11° O erhebt sich ein Gipfel von beinahe genau derselben Form, der Absi. Östlich von ihm liegt also der Ngomo-dingding-Gletscher und auf dessen Westseite der Absigletscher. Westlich von diesem folgt das plumpe Massiv des Muktschung-simo, dessen Scheitelpunkt in S 24° W sichtbar ist. Die Nordseite gleicht einem Pferdestall mit geraden, kurzen Ständen, von denen jeder seinen kleinen Hängegletscher hat. Im Südwesten erheben sich zwei scharfe Spitzen und in S 57° W zwei domförmige Kuppen, die nur aus Eis und Schnee bestehen; sie gehören zu dem Langta-tschen-Massiv und ihre Firnfelder speisen zum großen Teil den Gletscher, an dessen Front die Brahmaputraquelle liegt. Auch der Gletscher muß daher Langta-tschen genannt werden. In S 70° W, S 88° W und N 83° W erheben sich Gipfel des Gave-ting-Stockes. In N 55° W tauchen drei Gipfel des Dongdong auf, von dem einer der Quellarme des Brahmaputra ausgeht, der aber mit dem Kubi-tsangpo verglichen nur unbedeutend ist.

Gegen Nordosten fällt das scharfgezeichnete Tal des Kubi-tsangpo ab, und in der Ferne zeigen sich die Gebirge von Tschang-tang, unzählige, unglaublich gleichmäßige, dichtgedrängte Pyramidenspitzen, die einen feingezähnten Horizont bilden und infolge der großen Entfernung in eine einzige rosa Nuance mit unbedeutenden Schneefeldern verschmelzen. Der Transhimalaja scheint sich nach dieser Seite hin zu verbreitern und flacher zu werden, als er im Osten ist.

Erst spät ritten wir auf abschüssigem Weg nach dem Lager am Dongdong hinunter. Und nun hieß es schnell westwärts eilen und den Mandarinen und dem Devaschung zum Trotz noch möglichst viele neue Entdeckungen und Kenntnisse — auf verbotenen Wegen — sammeln!

Am 15. Juli ließen wir unsere frühere Straße zur Rechten liegen, zogen über verwickelte Moränen nordwärts und sahen vom Paß Kargan-la die Schneegipfel des Dongdong und des Tschema-jundung immer deutlicher werden. Am 16. Juli war der Himmel bewölkt, es hagelte ein paarmal, und die Hügel um uns herum glänzten weiß von den Schloßen. Wir ritten an zwei kleinen Seen vorbei und kamen wieder mit anstehendem Gestein, grünem und schwarzem Schiefer, in Berührung. Vom Tugri-la aus hatten wir eine prachtvolle Aussicht über eine Welt von Bergen, deren Namen ich jetzt nicht alle aufzählen kann. Noch eine Schwelle, den Sen-kamba-la, überschritten wir, um in das breite, offene Tal des Tschema-jundung-Flusses zu gelangen, der von einem ziemlich großen Gletscher im Süden herkommt, der zu der Gruppe Tschema-undung-pu gehört. Hier gab es mehrere Nomadenzelte und sieben von Pilgern aus Bongba bewohnte Zelte auf einem Haufen. Mit Kind und Kegel waren diese Pilger nach dem Kang-rinpotsche unterwegs, um die Wallfahrt um den heiligen Berg zu machen. Die meisten Pilger aus dem fernen Osten schlagen diesen südlichen Weg ein; auf dem Heimweg gehen sie dann über den Marium-la.

17. Juli. Bei zehn Grad Wärme und völlig windstiller Luft war es im Sattel sehr heiß. Der braunen Puppy wurde das Laufen sehr sauer, das Wasser tropfte ihr von der heraushängenden Zunge. Aber die Antilopen und die Hasen konnte sie trotzdem nicht in Frieden lassen. Sie jagte ihnen pfeilschnell nach, holte sie aber nie ein und kam verdutzt wieder zu mir zurück, jedoch nur, um bald die aussichtslose Verfolgung von neuem aufzunehmen. Der Ronggak-tschu ist ein Nebenfluß des Tschema und kommt von Nordwesten. Im Süden ließen wir den kleinen Doppelsee Kuru-tschok liegen. In Westsüdwest sieht man den Punkt, wo der Tschema-jundung den Angsi-tschu aufnimmt, den westlichsten der Quellflüsse des Brahmaputra.

Im Tal des Tyntschung lagerten wir dann bei netten Nomaden, die uns schnell neue Yaks besorgten, denn von hier aus kehrten die drei Musketiere nach gut ausgeführtem Auftrag wieder nach Schamsang zurück. Die ganze Exkursion nach der Quelle des Brahmaputra hatte nur 110 Rupien gekostet! Sie war mehr wert gewesen! Die Eingeborenen erzählten, daß zehn Räuber in der letzten Zeit die Gegend unsicher gemacht hätten, aber spurlos verschwunden seien, sowie sich im Tyntschung das Gerücht verbreitet habe, daß eine europäische Karawane im Anzug sei; wir wurden daher als Befreier empfangen, und die Leute wußten kaum, was sie uns alles zuliebe tun sollten. Ein Hindukaufmann aus Almora lagerte hier, um bei den Nomaden Salz und Schafwolle einzukaufen, und verkaufte ihnen Filzteppiche und Zeugstoffe aus Agra und Amritsar.

Am nächsten Tag zogen wir über den **Marnjak-la** (5302 Meter) und hatten den Angsi-tschu unmittelbar unter uns liegen; am 19. Juli ließen wir diesen Fluß hinter uns und folgten dem ihm tributpflichtigen Flüßchen Loang-gonga aufwärts bis an seine Quelle auf dem außerordentlich flachen Paß Tam-lung-la oder Tag-la, der nichts anderes ist als eine Querschwelle in einem offenen Längstal. Aber dieser Paß ist trotzdem von außerordentlicher Bedeutung, denn er ist die Wasserscheide zwischen dem Brahmaputra und dem Manasarovar. Seine Höhe beträgt 5298 Meter. Im Süden rollt sich vor uns eine Reihe Schneeberge auf, im Westsüdwesten zeigt sich der Gurla Mandatta oder Memo-nani, ein majestätisches, imposantes Gebirgsjoch, das derselben Himalajakette angehört wie der Kubi-gangri. Der Paß liegt zwischen alten Moränen, die einen kleinen unbedeutenden See, den Tamlung-tso, umschließen, aus dem der Loang-gonga heraustritt. In einiger Entfernung sieht man im Süden die flache Wasserscheide zwischen dem Angsi-tschu und dem Gang-lung, einem Flusse, der von dem Gebirgsstock gleichen Namens herkommt und sich unter dem Namen Tage-tsangpo in den Manasarovar ergießt. Die allerneuesten Karten über Westtibet geben ein sehr unrichtiges Bild dieses Landes, das bisher noch nie von Europäern besucht worden ist. Anstatt einer scharf markierten, meridionalen Bergkette fand ich ein offenes hügeliges Längstal, zwischen dessen Moränen sich die Wasserscheide hinzieht. Und hier sagte ich dem Brahmaputra Lebewohl; in seinem Flußgebiet hatte ich, vom Sela-la an, ein halbes Jahr verlebt! Wir lagerten an einer Stelle, wo der Gang-lung-Fluß einen Moränenwall durchbricht und schäumende Kaskaden bildet.

Während der folgenden Tagereise wächst er zwischen Granitmoränen, Flugsand und Morästen zu einem bedeutenden Flusse an und empfängt von Süden her zahlreiche Zuflüsse. Eine Karawane aus Purang, 50 Yaks und acht mit Flinten bewaffnete Männer in blauen, mit Pelzwerk gefütterten Mänteln, war nach dem Jahrmarkt in Gyanima unterwegs. In der Gegend Tag-ramotsche, wo wir wieder lagerten, gab es viele Nomaden und Bettler mit Stäben und Bündeln auf dem Weg nach dem heiligen Berge. Auch trafen wir sechs Kaufleute aus Ladak, die auf 45 Eseln getrocknete Pfirsiche zum Verkauf transportierten. Sie waren vor anderthalb Monaten aus ihrer Heimat abgereist.

Am 21. Juli ritten wir das zwischen zerklüfteten Felsen zusammengedrängte Tage-bup-Tal hinab. Es wird von dem Flusse Tage-tsangpo gebildet, dessen Wasser auf Sandboden hellgrün und auf dunkelm Schutt blauviolett schillert. Langtschen-kamba ist ein kleines Nebental auf der rechten Seite, von dem aus Räuber wehrlose Wanderer zu überfallen pflegen. Unmittelbar unterhalb entspringt eine Quelle, deren kristallklares Wasser eine Temperatur von 3,5 Grad hatte. Sie wird als heilig angesehen und ist durch eine mit Zeugstreifen und Lappen behängte Stange bezeichnet, die einer Vogelscheuche gleicht. Auch diese Quelle heißt Langtschen-kamba.

Etwas weiter abwärts liegt auf einer steilen Halde am rechten Ufer die Quelle Tschakko, deren Wasser (+4,6 Grad) sich in einem runden, metertiefen Brunnen sammelt. Um diesen herum ist eine Mauer gezogen, auf deren flachen Decksteinen Buddhabilder und heilige Worte eingemeißelt sind; Blätter aus den heiligen Schriften stecken zwischen den Blöcken, aus denen die Mauer besteht, und von einer Stange gehen Wimpelschnüre und Lappenbüschel aus. Durch das Wasser, das so klar wie Spiegelglas war, erblickte man am Boden des Brunnens einige rote und blaue Perlen, zwei schlechte Türkisen, ein paar Muscheln und allerlei andern Trödel, den fromme Pilger als Opfergaben hineingeworfen hatten. Das Wasser gilt für wundertätig. Gebete murmelnd, schöpfte unser Führer sich seine Holzschale voll und goß sie dann über sein eigenes Haupt und die Mähne seines Pferdes aus, um es dadurch gegen die Wölfe zu feien. Zu demselben Zweck band er dem Pferd einen Lappen von der Stange in der Stirnmähne fest. Er selbst trank einen tüchtigen Schluck, um sich gegen Räuberkugeln unverwundbar zu machen. Wenn ein Schaf oder anderes Vieh krank geworden ist, braucht man es nur mit dem heiligen Wasser zu besprengen, um es wieder gesund zu machen. Wenn der Wanderer oder der Pilger an der Quelle lange sitzen bleibt und meditiert, von dem Wasser trinkt, sich Kopf, Hände und Beine wäscht und glaubt, dann kommt es vor, daß er auf dem Boden des Quellbrunnens Goldmünzen und Edelsteine findet! Der Kranke aber, der seinen ganzen Körper in dem wundertätigen Wasser badet, wird wieder gesund — ein Lourdes im kleinen! Während meine Begleiter sich mit dem Wasserschöpfen beschäftigten, saß ich am Brunnenrand, lauschte der mystischen Musik der im Winde flatternden Gebetwimpel und fand dieses fesselnde Tibet mit jedem Schritt, den ich darin zurücklegte, immer geheimnisvoller.

Jetzt ritten wir über den Tage-tsangpo, da, wo sein Tal sich nach dem flachen Becken des Manasarovar hin erweitert — ein neues Kapitel in der Chronik unserer Reise. Wieder tritt der Gurla Mandatta

in all seinem Glanz hervor, und im Nordwesten erhebt sich der Kang=
rinpotsche oder Kailas, der heilige Berg, wie ein gewaltiger Tschorten
auf dem Grab eines Lama über dem sägeartigen Gebirgskamm, der
nach dieser Seite hin den Horizont bildet. Bei diesem Anblick sprangen
plötzlich alle unsere Leute aus dem Sattel und warfen sich mit der
Stirn auf die Erde nieder. Nur Rabsang, der ein eingefleischter Heide
ist, blieb auf seinem Pferd sitzen und wurde nachher von Tsering ge=
hörig ausgescholten.

Wir befinden uns jetzt auf offenem, hügeligem Gelände und sehen
einen Schimmer des heiligen Sees Tso=mavang oder Manasarovar.
Tso=njak heißt ein kleiner See, an dem wir lagerten und wohin Islam
Ahun und Schukkur Ali kamen, von Guffaru geschickt, den unser langes
Ausbleiben beunruhigte. Sie wurden nach Toktschen zurückgesandt, um
Guffaru den Befehl zu überbringen, sich nach dem Kloster Serolung=
gumpa am heiligen See zu begeben, wo wir uns treffen würden.

Am 22. Juli ging es wieder über den Tage=tsangpo, der $8^{1}/_{4}$ Kubik=
meter Wasser führte und in dem Rabsang ein gründliches Bad nahm, für
das er seinem Pferd, das zwischen den Steinblöcken des Flußbettes einen
förmlichen Purzelbaum schlug, zu danken hatte. Tsering meinte, daß er
diese Abkühlung verdient habe, weil er den Kang=rinpotsche nicht begrüßt
habe. Das Lager Nr. 210 war in dem breiten Tal Na=marding, aus
dem ein klarer Bach nach dem Tage=tsangpo fließt. Hier herrschte heftiger
Wind, und die Tibeter sagten, die Wellen des Tso=mavang seien ge=
legentlich so hoch und dunkel wie Nomadenzelte. Sollte ich mich mit
dem kleinen Zeugboot auf diesen allen Winden ausgesetzten See wagen?
Es müßte schlimm kommen, wenn ich mich entschlösse, darauf zu ver=
zichten! Denn der See war zu lange ein Ziel meiner Wünsche und der
Gegenstand meiner Träume gewesen.

Am folgenden Morgen tauchte Tundup Sonam mit der Nachricht
auf, der Gova von Toktschen wolle uns zu einer Reise nach Sero=
lung keine Yaks vermieten. Ich mußte daher selbst nach Toktschen reiten,
über den Paß Karbu=la und am Fluß Samo=tsangpo hinunter;
er ist sehr fischreich, aber man bat uns, die Fische in Ruhe zu lassen,
da sie aus dem heiligen See heraufkämen. In Toktschen waren wir nun
wieder alle beisammen. Der Gova stellte sich aber als ein netter Mensch
heraus, der mich mit einem großen Kadach und einer Schüssel Tsamba
willkommen hieß.

Nun hatte die Stunde einer Trennung geschlagen, denn von Tok=
tschen schickte ich dreizehn meiner Leute nach Ladak zurück. Aus mehreren
Gründen. In Westtibet brauchte ich nicht so viel Leute, zwölf genügten;

eine leichtbewegliche Karawane richtet mehr aus und erregt weniger Aufsehen. Unter dem Befehl des erprobten Guffaru sollten sie sich auf der großen Heerstraße nach Gartok begeben und dort alles Gepäck, das ich entbehren konnte, dem britischen Agenten Thakur Jai Chand überliefern. An ihn sandte ich auch eine dreihundert Seiten umfassende Briefpost an meine Eltern und andere. Besonders wichtig war aber ein Brief an Oberst Dunlop Smith, den ich um 6000 Rupien, um Proviant, Bücher, Revolver mit Munition, zu Geschenken passende Dinge wie goldene und silberne Uhren, und vor allem um die Post bat, die sich mittlerweile für mich im Viceregal Lodge in Simla angesammelt haben mußte.

Als ich am ersten Abend alle 25 Männer zusammenrufen ließ und ihnen meinen Beschluß, dreizehn zu verabschieden, ankündigte und fragte, wer nach Hause reisen wolle, meldete sich kein einziger. Sie wollten mich begleiten, bis ich von Tibet selber genug hätte! Nun wählte ich die dreizehn aus und behielt die besten zwölf. Unter ihnen war Taschi, der mit Tundup Sonam die abenteuerreiche Wanderung nach Schigatse gemacht hatte. Als er aber sah, daß es mir mit der Teilung der Karawane ernst war, bat er um die Erlaubnis, nach Hause ziehen zu dürfen, und wurde daher gegen einen anderen ausgetauscht.

Zwei Tage blieben wir hier liegen, um alles zu ordnen. Nachdem das Gepäck umgestaut worden war, behielt ich nur noch vier Kisten; alles andere mußte Guffaru weiterbefördern. Robert saß in meinem Zelt wie ein Bankier und stapelte Sovereigns und Rupien in kleine Haufen auf: die Löhne, Gratifikationen und Reisegelder der Heimziehenden. Meine Kasse wurde mit einem Schlag um 2118 Rupien leichter! Die wichtige Post wurde in eine Schachtel gepackt, die Guffaru in seinem Leibgürtel trug. Die Abziehenden durften auch zwei unserer fünf Flinten behalten. Spät am Abend kam Guffaru in mein Zelt, um sich meine letzten Befehle zu holen. Alter, ehrlicher Guffaru, er war im Herbst seines Lebens und im Winter Tschang-tangs bewunderungswürdig gewesen, immer unerschütterlich ruhig und zufrieden, immer seine Pflicht bis ins kleinste erfüllend. Jetzt saß er mir zum letztenmal gegenüber, weinte, daß ihm die Tränen in den weißen Bart liefen, und dankte mir für das hinter uns liegende Jahr. Ich aber bat ihn, nicht länger zu weinen, sondern sich darüber zu freuen, daß die schwere Zeit für ihn nun zu Ende sei und er gesund und mit 400 Rupien im Beutel zu den Seinen zurückkehren könne. Als wir Leh verließen, war er so arm wie eine Kirchenmaus gewesen, jetzt war er für seine Verhältnisse ein reicher Mann, und — sein Leichentuch hatte er nicht nötig gehabt! Ich sprach ihm auch

236. Ein Tschorten bei Lager Nr. 182 in Nepal.

237. Landschaft im oberen Nepal.

238. Manihaufen bei Kung-muga.

239. Weiber im Dorf Namla.

aus, daß ich ihn sehr vermissen würde, daß ich aber das wertvolle Gepäck und die wichtige Post keinen anderen Händen als den seinen anvertrauen könne.

Als ich früh morgens am 26. aus meinem Zelte kam, standen die 13 Yaks der 13 Männer beladen da und schickten sich an, mit ihren tibetischen Führern abzumarschieren. Nun sprach ich den Männern meinen Dank für die Zeit aus, in der sie in meinem Dienst so viele Gefahren zu bestehen gehabt hatten, dankte ihnen für ihre Treue und ihre Geduld und bat sie, daran zu denken, daß sie für die nach Hause zurückkehrende Karawane verantwortlich seien, daß sie Guffaru gehorchen müßten und daß sie ihr Ansehen aufs Spiel setzten, wenn sie sich unterwegs nicht miteinander vertrügen. Wenn sie auf diesem Zug ebenso gewissenhaft seien wie in meinem Dienst, so werde es ihnen in ihrem ferneren Leben gut gehen, und vielleicht würden sich unsere Wege noch einmal wieder kreuzen.

Nun trat Guffaru vor und fiel laut weinend vor mir auf die Knie, und seinem Beispiel folgten alle die anderen der Reihe nach unter Schluchzen und Tränen; ich klopfte ihnen allen auf die Schulter und sehnte mich innerlich danach, daß dieser bittere Augenblick nur bald vorübergehen möchte. Darauf verabschiedeten sie sich von ihren Kameraden, die ihnen voller Rührung Grüße an Eltern, Gattinnen und Kinder in Ladak auftrugen, und dann gingen sie, wie früher so viele hundert Meilen zu Fuß, stumm, gebeugt und niedergeschlagen fort und waren bald hinter den Hügeln verschwunden.

Vierundvierzigstes Kapitel.

Eine Nacht auf dem Manasarovar.

Als Guffaru mit den Seinen verschwunden war, wurde die kleine Karawane, die mich begleiten sollte, in neue Ordnung gebracht. Ihr Führer wurde Tsering, die übrigen bei mir bleibenden Männer waren: Bolu, Tundup Sonam, Rabsang, Rehim Ali, Schukkur Ali, Namgjal, Abdul, Lama, Ische, Galsang und Rub Das. Der Gova von Toktschen erhielt einen Kaschmirschal, einen Turban und einige Rupien für die Dienste, die er mir geleistet hatte; auch alle anderen Tibeter, die sich uns freundlich und hilfreich erwiesen hatten, wurden beschenkt. Die Teilung der Karawane hatte noch den Vorteil, daß man glaubte, wir zögen wie bisher, nur auf verschiedenen Wegen, nach demselben Ziel und ich würde mich von Gartok aus nach Ladak begeben, wie es der Paß vorschrieb!

Mit Robert, Rabsang und zwei Tibetern ritt ich das Toktschental hinunter und über die südwestlichen Hügel. Rechts breitet der heilige See seine türkisblaue Fläche aus; welch ein herrliches, fesselndes Schauspiel! Man glaubt, leichter und freier zu atmen, man wird wieder lebenslustig, man sehnt sich auf seine blaue Tiefe und seine heiligen Wellen hinaus. Denn der Manasarovar ist der heiligste und berühmteste aller Seen der Erde, ein Ziel der Wallfahrt und der Sehnsucht unzähliger Hindupilger, ein in uralten religiösen Hymnen und Liedern besungener See, in dessen klarer Flut die Asche des Hindu ein ebenso gesuchtes und geehrtes Grab findet wie in den trüben Fluten des Ganges! Während meines Aufenthaltes in Indien hatte ich Briefe von Hindus erhalten, die mich baten, den ehrenreichen See und den heiligen Berg Kailas zu erforschen, den Berg, auf dessen Scheitel hier oben im Norden ein ewiger Schneedom ruhe und auf dessen Gipfel einer der Götter der indischen Dreieinigkeit, Schiwa, in seinem Paradiese inmitten eines Geisterheeres weile; und sie sagten mir, daß sie, wenn ich ihnen eine genaue Beschreibung des Sees und des Berges geben könne, meiner in ihren

Gebeten gedenken wollten und daß ihre Götter mich segnen würden! Aber nicht deshalb hatte ich mich schon so lange hierhin gesehnt. Die Tiefe des Sees war noch nie durch Lotungen festgestellt worden — ich wollte mein Lot auf seinen Grund hinablassen und eine Karte seines Bettes aufnehmen; ich wollte seiner Kontur folgen und erforschen, wieviel Wasser sich an einem Sommertag in seinen Schoß ergießt; ich wollte sein hydrographisches Verhältnis zu seinem Nachbarsee im Westen, dem Rakas=tal, untersuchen, ein Problem, das die verschiedenen Reisenden, die diese Gegend durchzogen haben, von Moorcroft und Strachey an bis zu Ryder und Rawling, auf verschiedene Weise erklären; ich wollte etwas von den Klöstern sehen und das Leben der Hindu= und tibetischen Pilger kennen lernen; denn auch den Lamaisten ist der See heilig, und sie nennen ihn Tso=mavang oder Tso=rinpotsche, „den heiligen See". Wie würden wohl zwei so verschiedene Religionen, wie der Hinduismus und der Lamaismus, dem Manasarovar und dem Kailas göttliche Anbetung zuteil werden lassen, wenn diese nicht durch ihre machtvolle Schönheit das menschliche Gemüt angesprochen und einen tiefen Eindruck hinterlassen hätten, wenn diese nicht wirklich eher dem Himmel als der Erde anzugehören schienen? Schon die erste Aussicht, die ich jetzt von den Uferhügeln hatte, ließ mich vor Freude über die wunderbare, großartige Landschaft und ihre überwältigende Schönheit in Tränen ausbrechen. Der eirunde See, der im Süden ein wenig schmäler ist als im Norden, liegt wie ein ungeheurer Türkis in der Einfassung zweier der herrlichsten, berühmtesten Bergriesen der Erde, des Kailas im Norden und des Gurla Mandatta im Süden, zwischen den gewaltigen Ketten, über denen die beiden Berge ihre Scheitel von blendend weißem, ewigem Schnee erheben. Ja, schon jetzt empfand ich den starken Zauberbann, der mich an die Ufer des Manasarovar fesselte, und wußte, daß ich sie nicht eher gutwillig verlassen würde, als bis ich mich an dem Rauschen der Wellen müde gelauscht hätte!

Ich saß dort oben wohl eine Stunde und freute mich an der unvergleichlichen Schönheit der Landschaft. Schwacher Wellengang kräuselte die Wasserfläche, deren Mitte so blank war, als hätte man Öl auf den See gegossen. Die Tibeter sagten, daß er, wenn es nicht stürme, stets in der Mitte glänzend sei. Im Südsüdwesten und im Südwesten erblickte man beide Gipfel des Gurla Mandatta, von denen der westliche sehr flach ist und an den Mus=tag=ata im östlichen Pamir erinnert. Die Tibeter nannten den Berg bald Namo, bald Memo=nani. In S 60° W steigt hinter dem Purangtal eine Reihe schneebedeckter Berge auf. Im Westnordwesten zeigte man mir den kleinen, pyramidenförmigen Hügel, wo sich Tschiu-gumpa am Ufer des Wasserarmes, der einst nach dem Rakas-tal hinströmte, erhebt. Im Nordwesten liegen zwei flache Lagunen am Ufer des Manasarovar, und hinter ihnen erheben sich die Ketten und Verzweigungen, die zum Transhimalaja gehören und unter denen der Kailas oder Kang-rinpotsche, „der heilige Berg", auch Gangri oder „der Eisberg" genannt, den Horizont beherrscht, wenn nicht Wolken seinen Gipfel verhüllen. Und schließlich sehen wir in N 20° W die Doppelspitze **Pundi** unweit des Ufers und im Norden die beiden Täler **Patschen** und **Patschung** mit Straßen, die über die Wasserscheide des Transhimalaja nach Tschang-tang hinaufführen.

Als ich unsere Führer fragte, was sie zu einer Bootfahrt quer über den See meinten, erwiderten sie, ohne sich zu bedenken, daß eine solche Fahrt unmöglich sei; Menschen, die sich auf einen See hinauswagten, der das Heim der Götter sei, müßten dabei umkommen! Und in der Mitte des Tso-mavang sei das Wasser nicht so eben wie an den Ufern, sondern es bilde dort eine durchsichtige Glocke, auf deren runde Wölbung kein Boot hinauffahren könne; und selbst wenn es uns gelinge, das Boot hinaufzubringen, werde es auf der anderen Seite in solcher Fahrt hinunterrutschen, daß es kentern müsse, und wir würden, da wir den Zorn des Seegottes erweckt hätten, in den Wellen umkommen.

Wir ritten nach Südsüdwesten über die Hügel nach Serolung, dem goldenen Tal, in dessen Schlucht das Kloster **Serolung-gumpa** versteckt liegt. Dort blieb ich vier Stunden, um Skizzen zu zeichnen und Notizen zu machen. Serolung, das 30 Mönche hat, von denen die meisten gerade in der Umgegend umherstreiften, ist eines der acht Klöster, die wie Edelsteine in die Kette eingefaßt sind, welche die Pilger bei der Umwanderung des Sees spannen — um Verdienste in einer künftigen Daseinsform zu erlangen, von der Schuld der Sünden und den Qualen des Fegefeuers befreit zu werden, ja vielleicht einst zu Füßen der Götter sitzen und aus goldenen Schalen Tsamba essen zu dürfen!

Am Eingang des Serolungtales hatten wir dicht am Strand das Lager Nr. 212 aufgeschlagen. Der Uferstreifen ist hier ziemlich schmal, an den Hügeln, die sich auf seiner Ostseite erheben, sind sechs horizontale Strandlinien sichtbar, deren höchste $49^{1}/_{2}$ Meter über dem jetzigen Spiegel des Sees liegt, der sich 4602 Meter über dem Meere ausdehnt!

Am 27. Juli schlief ich gründlich aus und benutzte dann den Tag zu Vorbereitungen zu der ersten Lotungslinie, die diagonal über den See S 59° W gehen sollte, wo sich im Rahmen der Seehügel eine Einsenkung zeigte. Ich wartete auf gutes Wetter, aber der Wind wehte heftig, und die Brandung schlug schäumend gegen das Ufer.

Ich beschloß daher bis zur Nacht zu warten, die in letzter Zeit windstiller gewesen war als der Tag. Bei einer Probefahrt hatten wir nicht weit vom Ufer schon über 40 Meter Tiefe gefunden und machten daher eine 150 Meter lange Lotleine zurecht. Vielleicht würde auch sie nicht lang genug sein, denn ein See, der zwischen so hohen Bergen liegt, ist aller Wahrscheinlichkeit nach tief. Schukkur Ali sollte mich begleiten; er nahm sein Schicksal mit dem gewöhnlichen Gleichmut hin, aber Rehim Ali, das andere Opfer, ängstigte sich; bei Tage gehe es wohl an, meinte er, aber in der finsteren, unheimlichen Nacht auf einem so großen See! Das wird gewiß dieselbe Geschichte wie auf dem Lake Lighten, dachte er.

Als die Sonne unterging, wurde der Wind stärker, und im Südwesten zogen schwere Wolken herauf. Um sieben Uhr war die ganze Gegend pechfinster, kein Stern funkelte am Himmel, von den Uferkonturen und den Schneebergen sah man keine Spur, und der See verschwand in der schwarzen Nacht. Eine Stunde später legte sich der Wind aber, die Luft wurde vollkommen ruhig, nur die Wellen schlugen noch in eintönigem, rhythmischem Takt ans Ufer. Der Rauch der Lagerfeuer stieg senkrecht in die Luft.

Nun gab ich Befehl zum Aufbrechen. Das Gepäck wurde zurechtgelegt, der Mast eingesetzt, um vorhanden zu sein, wenn wir günstigen Segelwind erhalten sollten. Proviant auf zwei Tage wurde im Boote verstaut. Ich trug eine Lederjacke, Kaschmirstiefel und einen indischen Strohhelm und saß auf einem Kissen und einem zusammengelegten Pelz an der Backbordseite des Steuerruders, auf dessen anderer Seite die Lotleine mit ihren Knoten wurfbereit über der Reling hing. Das Log, Lyths Strommesser, war am Boot befestigt, um die ganze Länge des zurückgelegten Weges zu registrieren, Kompaß, Uhr, Notizbuch und Kartenblätter, alles lag dicht bei mir und wurde durch eine chinesische Papierlaterne erhellt, die, wenn ich ihres Lichtes nicht bedurfte, mit einem Handtuch verdunkelt wurde. Das Handtuch benutzte ich nach jeder Lotung auch zum Abtrocknen meiner Hände. Rehim Ali nahm in der vorderen Bootshälfte Platz, Schukkur Ali in der Achterhälfte, wo wir es recht eng hatten und aufpassen mußten, uns nicht in die Lotleine zu verwickeln.

Tsering betrachtete das ganze Abenteuer recht skeptisch. Er sagte, der ganze See sei voller Wunder und im besten Fall würden wir von geheimnisvollen Mächten wieder zurückgetrieben werden, wenn wir eine Strecke weit hinausgefahren seien. Und darin gab ihm ein Tibeter recht, der erklärte, daß wir das westliche Ufer nie erreichen würden, wenn wir auch ruderten, was das Zeug halte, denn der Seegott werde unser Boot festhalten; wir würden zwar glauben, daß es sich vorwärtsbewege, aber in Wirklichkeit werde es sich nicht von der Stelle rühren und schließlich werde der zürnende Gott es in die Tiefe hinabziehen!

Robert hatte Befehl, im Lager Nr. 212 liegen zu bleiben, bis wir wieder zurückkämen; aber als wir um neun Uhr vom Ufer abstießen, riefen uns alle mit so warmem, weichem Ton einen Abschiedsgruß nach, als ob sie glaubten, daß sie uns zum letztenmal gesehen hätten! Die Stimmung wurde durch die Blitze nicht gehoben, die im Süden zuckten und Sturmwarnungen sein konnten. Die Dunkelheit war jedoch schon weniger dicht, denn der Mond war bereits im Anzug, obwohl ihn die Hügel, die sich hinter dem Lager erhoben, noch verdeckten. Aber sein Licht warf magischen Glanz über den See, und im Süden erhob sich der Gurla Mandatta wie ein in ein weißes Laken von Mondenglanz, Schneefeldern und Gletschern gehülltes Gespenst.

Auf meinen Befehl griffen die Ruderer fest in die Ruder, und fort glitt das Boot vom Ufer, auf dem die unseren in einer schweigenden, nachdenklichen Gruppe standen. Eine Weile sahen wir noch unsere Lagerfeuer, aber sie verschwanden bald, da sie beinahe in gleicher Höhe mit der Wasserfläche brannten. Robert erzählte mir später, daß es eigentümlich ausgesehen habe, als das kleine Boot in die Dunkelheit hinausgefahren sei; infolge der brennenden Laterne und ihrer Reflexe auf dem Mast sei es anfangs sichtbar gewesen, aber als es auf den vom Mond erhellten Teil des Sees hinausgekommen sei, habe es nur wie ein kleiner schwarzer Punkt ausgesehen, der bald verschwunden sei.

Dunkel und geheimnisvoll gähnte der große See vor uns in der Nacht, und unter uns lauerten unbekannte Tiefen. Noch ist die Kontur der Uferhügel hinter uns sichtbar, aber wir sind noch nicht weit gelangt, als auch sie von höheren, ferner liegenden Bergen, die nach und nach auftauchen, verschlungen wird. Als wir 20 Minuten gerudert sind, halten wir und lassen das Lot hinunter — 41 Meter. Das Rauschen der Uferbrandung ist der einzige Laut, der die nächtliche Stille unterbricht, außer dem Plätschern der Ruder und dem Lied der Ruderer, die im Takte der Ruderschläge singen. Beim nächsten Lotungspunkt betrug die Tiefe 43 Meter. Wenn der Seegrund nicht schneller abfällt, reicht unsere Lotleine. Jede volle Stunde messe ich die Temperatur der Luft und des Wassers. Schon jetzt stellt sich der Gott des Schlafes ein; Schukkur Ali gähnt bei jedem neunten Ruderschlag, aber jedes Gähnen ist so lang, daß es sich über drei Ruderschläge erstreckt!

Die Luft ist vollkommen ruhig. Eine langgezogene, blanke Dünung versetzt das Boot in eine leicht schaukelnde Bewegung. Alles ist still und seltsam stumm, und unwillkürlich frage ich mich, ob wohl noch andere

Wesen als wir dem Plätschern der Ruder lauschen. Es ist warm bei 8,3 Grad um elf Uhr nachts. Die beiden folgenden Tiefen betrugen 43,5 und 50 Meter. Meine Ruderer verfolgen die Lotungen mit gespanntem Interesse und sehnen sich nach dem Punkt, hinter dem die Tiefen abnehmen. Sie finden es unheimlich und graulich, in dunkler Nacht über so große Tiefen hinzugleiten. Wieder zucken blaue Blitze hinter dem Gurla Mandatta, der dann wie eine rabenschwarze Silhouette hervortritt, nachdem er eben noch in seinem Gewande mondbeglänzter Schneefelder weiß dagestanden hat. Eine Weile später flammte es am ganzen Südhimmel wie ein Feuermeer; die Blitze folgten einander Schlag auf Schlag, ihr Schein reichte bis an den Zenit hinauf, sie schienen eine Weile zitternd hinter den Bergen zu stehen, es wurde taghell, aber wenn sie erloschen waren, erschien das Dunkel noch undurchdringlicher als vorher, sie erhöhten den erhaben hochpoetischen, düstern Ernst der Nacht. In ihrem Schein sah ich die Gesichter der beiden Männer, sie waren bestürzt und unruhig und wagten die unheimliche Stille nicht mehr durch ihr Ruderlied zu unterbrechen.

Als ich das Lot auf dem fünften Punkt hinabsenkte, baten die beiden Männer um Erlaubnis, ihre Wasserpfeife anzünden zu dürfen. Die Tiefe war 55,1 Meter. Eine schwache Südwestbrise kräuselt die Dünung. Der Schrei eines Seevogels durchschneidet schrill die nächtliche Stille; er klingt uns so gesellschaftlich. Noch hört man schwaches Sausen vom Rauschen der Brandung am südöstlichen Ufer. Im Süden ballen sich die Wolken um das Haupt des Gurla Mandatta, die Brise hat aufgehört. Wir gleiten langsam auf dem pechschwarzen Wasser hin, zwischen dessen flachen Wellenbergen sich die Mondstraße in blanken Serpentinen ringelt; die Tiefen nehmen langsam zu: 55,9 Meter, 57,7, 58,5 und 64,8 Meter. Noch ist es 7,7 Grad warm, und ich brauche nicht an meinen Pelz zu denken.

Mit Diamanten in ihren dunkeln Haaren herrscht die Königin der Nacht über den heiligen See. Aber die Mitternachtsstunde schlägt, und die frühen Morgenstunden schreiten gar langsam dahin. An die Reling gelehnt genieße ich die Fahrt in vollen Zügen, denn nichts von allem, dessen ich mich aus meinen jahrelangen Wanderungen durch Asien erinnern kann, läßt sich an überwältigender Schönheit mit dieser nächtlichen Fahrt vergleichen. Man glaubt das große Herz der Natur seine leisen und doch mächtigen Schläge tun zu hören und ihre Pulse in den Armen der Nacht schwächer werden und in der Glut des Morgenrotes wieder erwachen zu fühlen. Es war, als ob diese Landschaft, die sich während des langsamen Verstreichens der Stunden verwandelte, nicht der

Erde angehöre, sondern den äußersten Grenzen des unerreichbaren Weltenraumes; als liege sie dem Himmel, dem dunkeln Märchenland der Träume und der Phantasie, der Hoffnung und der Sehnsucht viel näher als der Erde mit all ihren Menschen, ihren Sorgen, ihren Sünden und ihrer Eitelkeit. Der Mond beschrieb seinen Bogen, sein unruhiges Spiegelbild zitterte auf der Flut und wurde von den Bootswellen zerstört.

Die Königin der Nacht und ihr Gewand wurden bleicher. Das dunkle Himmelsfeld geht mehr ins Hellblaue über, der Morgen nähert sich von Osten her. Es dämmert schwach über den östlichen Gebirgen, und bald stehen ihre Silhouetten scharf da, als seien sie aus schwarzem Papier ausgeschnitten. Die Wolken, die eben noch weiß und flüchtig über dem See schwebten, nehmen eine schwache Rosafärbung an, die nach und nach kräftiger wird und sich in dem blanken Wasser spiegelt, auf dessen Fläche eine ganze Welt frischer Rosen hervorzaubernd; wir rudern zwischen schwimmenden Rosenbeeten, es duftet nach Morgen und reinem Wasser, es wird heller, die Landschaft erhält wieder Farbe, der neue Tag, der 28. Juli, beginnt seinen Siegeszug über die Erde. Nur ein verzauberter Pinsel und behexte Farben könnten das Bild malen, das sich meinen Blicken nun darbot, als das ganze Land noch im Schatten lag und nur der höchste Gipfel des Gurla Mandatta die erste Glut der aufgehenden Sonne auffing! Im siegreichen Lichte des Morgenrots hatte der Berg mit seinen Schneefeldern und Eiszungen noch silberweiß und kalt gestanden; aber jetzt! In einem Augenblick begann die äußerste Spitze des Gipfels purpurn wie flüssiges Gold zu glühen. Und die brillante Beleuchtung glitt allmählich wie ein Mantel an den Seiten des Berges herab, und die dünnen, weißen Morgenwölkchen, die tiefer unten die Halden umschwebten und auf einer scharf begrenzten Höhenschicht einen Gürtel bildeten, der ebenso freischwebte wie der Ring des Saturn und auch wie dieser einen Schatten auf die ewigen Schneefelder warf, auch sie wurden vergoldet und röteten sich in Purpurglanz, wie es kein Sterblicher beschreiben kann. Zauberisch breitet sich das Licht über dem See aus; ein Berggipfel nach dem anderen wird von der Sonne beleuchtet; die Einzelheiten der Landschaft treten immer deutlicher hervor; die Farben, die eben noch so leicht und flüchtig wie die eines jungen Mädchens im Ballkleid gewesen, werden schärfer, konzentriertes Licht häuft sich über den Gebirgen im Osten, und über ihre scharfe Kontur schießt ein Bündel blendender Strahlen vom oberen Rand der Sonne über den See. Und nun ist der Tag Sieger geblieben, und wie in einem Traumrausch versuche ich, mir klar zu werden, welcher Anblick auf mich den tiefsten

240. Einwohner des Dorfes Namla.

241. Beladen des Boots mit Kisten beim Passieren des Brahmaputra, auf der Reise nach Tuksum.

242. Vornehmer Lama in meinem Boot auf dem Tsangpo.

243. Weidende Yaks am Südufer des Manasarovar.
Im Hintergrund der Gurla Mandatta.

Eindruck gemacht hat, die stille Mondnacht oder der Sonnenaufgang mit seinem warmen Rosenschimmer auf dem ewigen Schnee.

Erscheinungen wie diese sind auf Erden flüchtige Gäste, sie kommen und gehen in früher Morgenstunde, sie lassen sich im Leben nur einmal schauen, sie sind wie ein Gruß aus einer besseren Welt, wie ein Widerschein der Insel des Vogels Phönix. Tausend und abertausend Pilger sind im Lauf der Jahrhunderte um den See gewandert, und haben das Morgenrot und den Sonnenuntergang geschaut, aber nie haben sie die Bilder gesehen, die wir in dieser erinnerungsreichen Nacht von der Mitte des heiligen Sees aus erblickten! Bald aber verschwinden die zauberischen Licht- und Farbenwirkungen, die einander schnell abgelöst und mich gefesselt haben. Das Land wird alltäglich und von dichten Wolken beschattet. Der Kailas und der Gurla Mandatta verschwinden ganz und gar, nur ein Schneejoch fern im Nordwesten glänzt intensiv karminrot — nur dorthin dringt noch durch einen Wolkentunnel ein Bündel der Sonnenstrahlen. In derselben Richtung schillert der Seespiegel blau, nach Süden zu aber grün. Die Wildgänse sind aufgewacht, man hört sie auf ihren luftigen Fahrten miteinander schnattern, dann und wann schreit eine Möwe oder eine Seeschwalbe. Büschel von Seegras schwimmen umher. Der Himmel sieht drohend aus, aber die Luft ist still, und nur schwache Dünungen, glatt wie poliertes Metall, schaukeln auf einem Wasser, das wie der klarste Curaçao aussieht. Das Boot gleitet seinem Ziel trostlos langsam entgegen, denn jetzt, sechs Uhr morgens, sind meine Ruderer vor Müdigkeit und Schlaflust ganz am Ende ihrer Kräfte. Sie schlafen abwechselnd beim Rudern ein. „Hem-mala-hém", ruft Schukkur Ali, die letzte Silbe betonend, wenn er das Ruder energisch eintaucht, aber er schläft inzwischen ein und das Ruder schwebt in der Luft, seine eigene Stimme weckt ihn, er taucht wieder ein und entschlummert von neuem!

Die Stunden vergehen, nichts aber zeigt, daß wir uns unserem Ziele nähern. Wir können nicht entscheiden, welches Ufer uns das nähere ist, wir scheinen selbst der Mittelpunkt dieses grenzenlosen Sees zu sein. Mitten im Gurla-Mandatta-Massiv zeigt sich eine gewaltige, tief eingeschnittene Talschlucht, deren Eingang unter dem dichten Wolkenmantel malerisch hervortritt; einen Moment lang, als das übrige Land im Schatten lag, erhellte die Sonne ihr Inneres, es sah phantastisch aus, als ob sie uns das Portal eines riesenhaften Domes öffne, dessen Halle unzählige Kerzen erleuchteten. Die Täler und Erosionsrinnen zwischen den verschiedenen Vorsprüngen des Gebirgsstockes treten scharf hervor und schlängeln sich nach dem See hinunter, zwischen flachen Schuttkegeln hindurch, deren äußerster Rand auf dem Seegrund die wechselnden Tiefen verursacht. Diese nahmen jetzt wieder zu und betrugen 61, 62, 65 und 73 Meter. Vom vierzehnten Punkt an, diesen selbst mitgerechnet, wurde auch die auf dem Seegrund herrschende Temperatur untersucht. Die Lotungen nahmen aber Zeit in Anspruch. Erst mußte die Leine mit ihren 70 Metern ablaufen und dann still gehalten werden, bis das Thermometer die Grundtemperatur annahm; dann mußte sie wieder eingeholt, die Tiefe aufgezeichnet und das Thermometer abgelesen, dann die Temperatur des Oberflächenwassers und der Luft bestimmt und das Log abgelesen werden.

Einen Kilometer nach Norden hin haben die blanken Wellen der Dünung einen seltsam brandgelben Ton, und ich kann mir gar nicht erklären, woher dieser eigentümliche Reflex kommt. Im Südwesten verdichtet sich das Gewölk, und eine Brise fährt über den See hin, ein Wellensystem hervorrufend, das die Fahrt des Bootes noch mehr hemmt. Rehim Ali kann sich nicht länger wach halten, und Schukkur Ali ist in seiner unwiderstehlichen Schlaflust gar zu komisch. Der alte Mann sieht wie ein seebefahrener, verwitterter Lotse im Südwester aus, in seiner Ladakimütze mit den ausgebreiteten Zipfeln. Er schlummert unschuldig mit hochgehobenen Rudern und rudert im Schlaf ein über das andere Mal in der Luft, wobei er immerfort sein unermüdliches „Schu-ba-la-la" ruft. Er redet im Schlaf. Rehim Ali erwacht davon und fragt ihn, was er denn wolle, und dann weiß keiner, um was es sich eigentlich handelt. Gegen sieben Uhr machte der Sandmann auch mir einen Besuch, wurde aber nicht angenommen. Nur einen Augenblick sah ich rote Wildesel auf dem Wasser laufen, hörte entzückendes Harfenspiel in der Luft und sah den großen schwarzen Kopf der Seeschlange aus den Wellen auftauchen, sinken und wieder in der Tiefe verschwinden. Grüne Delphine und kleine Walfische krümmten ihre Rücken zwischen den Wogen — doch nein, es gilt wach zu bleiben, wir können jeden Augenblick Sturm erwarten; ich gebe meinen Ruderern mit der hohlen Hand eine gründliche Dusche, wasche mir selbst Gesicht und Hände, bestelle das Frühstück — ein hartgekochtes Gänseei, ein Stück Brot und eine Schale Milch, zünde dann meine Pfeife an und bin wieder so munter wie ein Kiebitz. Bei der 20. Lotungsstelle, 79 Meter Tiefe, folgen die beiden anderen meinem Beispiel.

Um neun Uhr, als wir genau zwölf Stunden auf dem Wasser waren, loteten wir eine Tiefe von 81,8 Meter, aber das Südwestufer schien noch ebenso fern wie bisher! Rehim Ali meinte, daß es doch unheimlich sei, soviel Wasser unter dem Kiel zu haben. Die Wolkenmassen des Gurla heben sich ein wenig, und wir sehen immer tiefer in die Schlupfwinkel des mächtigen Tales hinein, je mehr wir mitten vor seinen Eingang kommen. Die unteren Zipfel der Schneefelder zeigen sich unter den Wolken. Westlich davon zieht sich eine breite Erosionsrinne hin, die grau von Schutt und schwarzpunktiert durch Buschwerk ist. Das Wasser liegt wie ein Spiegel da und wirft die Bilder der Berge zurück; es wird blau, wenn der Himmel sich aufhellt, aber wieder grün, sobald die Wolken sich anhäufen. Ein Schwarm Fische spielt im Wasser und plätschert an der Oberfläche.

Und wieder rinnen die Stunden des Tages dahin. Wir gleiten langsam vorwärts, bald über ruhige hügelartige Dünungen, die leise wie Geisterstimmen flüstern, bald über kleine Pyramidenwellen, die dadurch entstanden sind, daß die Wellensysteme zweier verschiedenen Windrichtungen einander begegneten. Vier kleine Sturmjungen wollten uns von verschiedenen Seiten her etwas anhaben, aber wir erhielten nur sozusagen den Nachklapp, und sie waren nicht imstande, die Wellen zu gefährlicher Höhe emporzutreiben. Der letzte, aus Südosten, war der kräftigste, und nun wurde das Segel gehißt. Aber noch immer schien das Ufer unendlich fern; vielleicht hatte Tsering mit seiner lamaistischen Weisheit doch recht gehabt?

Und doch treten alle Einzelzüge immer schärfer und klarer hervor. Der Gurla kehrt dem See drei mächtige Giebelvorsprünge zu, und zwischen ihnen treten gewaltige Schuttkegel und Erosionsrinnen heraus. Die Kegel werden nach dem Ufer hin flacher und tauchen dann unter das Wasser bis in die größte Tiefe des Sees; am Nordufer, wo eine weite Ebene sich ausdehnt, konnte man einen allmählicher abfallenden Seegrund erwarten. Der Gurla ist eine herrliche Hintergrunddekoration für den heiligen See; keine Meisterhand der Welt könnte etwas Großartigeres und Imposanteres ersinnen.

Jetzt loten wir 77, 74, 77, 68, 58, 54 und 25 Meter und merken nun endlich, daß das Ufer doch nahe ist, denn auf den Hügeln werden Yak- und Schafherden sichtbar (Abb. 243). Der Seegang war jetzt ziemlich hoch, und zweimal mußten wir das Boot, auf dessen Boden mein Pelz naß geworden war, ausschöpfen. Müde und schläfrig arbeiten die beiden Männer mühsam mit den Rudern. Wir reden schon davon, wie herrlich es sein wird, zu landen, Feuer anzuzünden und Tee und Speise zu erhalten, aber das Ufer weicht noch immer vor uns zurück und die Nachmittagsstunden verrinnen. Der Gurla scheint sich im Süden direkt aus dem Wasser zu erheben; man sieht sein ebenes Vorland und seine flachen Halden in viel zu starker Verkürzung. Die Mönche der dortigen Klöster

7*

sind nicht auf die Bäche des Gebirges angewiesen, sie trinken das heilige Seewasser, das wirklich einen Geschmack wie das reinste, gesundeste Quellwasser hat. Seine kristallklare Reinheit und dunkelgrünblaue Farbe verdirbt den Geschmack nicht; den aus der Ferne kommenden Pilgern ist das Wasser des Manasarovar lieber als schäumender Champagner.

Endlich wurden wir aus unserem Bootgefängnis befreit! Wir erblicken den Seeboden durch das klare Wasser, noch einige Ruderschläge und das Boot hält an einem Wall von Ton und faulenden Algen, die das Wintereis auf die Tonbank geschoben hat. Auf der Innenseite des Walles zieht sich eine längliche Lagune hin, in deren Schlamm man bis an die Knie einsinkt. Die Uhr war $1/_2 2$, wir waren also $16^{1}/_{2}$ Stunden auf dem See gewesen! Als wir endlich das Ufer erreicht hatten, war es aber dort unmöglich, an Land zu gelangen. Nachdem ich mir die Sache eine Weile überlegt hatte, während die Männer stehend Umschau hielten, ruderten wir nordwärts und fanden endlich nach anderthalb Stunden eine Stelle, wo sich das Boot aufs Land ziehen ließ. Jetzt waren wir 18 Stunden auf dem Wasser gewesen!

Ein Hirt zeigte sich, nahm aber Reißaus, ohne eine Spur zu hinterlassen. Feuerungsmaterial wurde gesammelt, ein Feuer angezündet, Tee gekocht und Schaffleisch gebraten, und nachdem wir drei unser Mittagessen verzehrt hatten, wurde aus den Rudern, dem Mast und dem Segel ein provisorisches Zelt errichtet, in dem ich mich, in den Pelz gewickelt und mit den Rettungsringen als Kopfkissen, schon gegen sieben Uhr schlafen legte. Ich hatte 31 Stunden ununterbrochen gearbeitet, schlief sofort ein und ahnte nichts von dem Sturm, der die ganze Nacht hindurch tobte und ebensowenig von den 25 Pilgern, die auf ihrer Wanderung um den heiligen See im Morgengrauen an uns vorbeizogen!

Fünfundvierzigstes Kapitel.

Neue Seefahrten.

Um sechs Uhr wurde ich geweckt und hatte keine Nachtkälte verspürt, da die Minimumtemperatur auf +4,4 Grad geblieben war. Der Morgen war herrlich, nur viel zu heiß; die Pilger waren ihrer Wege gegangen, wir frühstückten, setzten das Boot wieder ins Wasser und ruderten nun etwa 80 Meter vom Ufer entfernt nach Nordnordosten und Nordnordwesten, bis zum Lager Nr. 214 hin einen schwachen Bogen beschreibend. Linker Hand hatten wir eine Reihe Geröllhügel, die langsam nach den Höhen der Landenge ansteigen, die den Manasarovar vom Rakas-tal trennt.

Bald trat das Kloster Gossul-gumpa hervor, das auf seiner gegen 40 Meter hohen Geröllterrasse wie ein Schwalbennest über dem See hängt. Dort stand eine Gruppe Lamas, die schweigend das Boot betrachteten; eine solche Erscheinung hatten sie in ihrem Leben noch nie auf dem heiligen See gesehen. Als wir uns näherten, verschwanden sie wie Mäuse in ihren Löchern; nur ein alter Mann blieb auf einer Balustrade sitzen. Ich fragte ihn, wie das Kloster heiße, und er antwortete: „Gossul-gumpa". Die nächste Landspitze verdeckte das Kloster. Aber die Uferlagune setzte sich fort, obwohl der Ufersaum am Fuß der Hügel nur 10—20 Meter breit war. Der Ton, auf dem die Lagune steht, ist für Wasser undurchdringlich, der See braucht aber nur ein paar Fuß zu steigen, um durch darüberliegende Sandlager einen Abfluß nach dem Rakas-tal oder Langak-tso im Westen zu finden. Auch wenn der Kanal an der nordwestlichen Ecke wie jetzt verstopft ist, hat der Manasarovar einen unterirdischen Abfluß nach dem Nachbarsee, und sein Wasser bleibt folglich vollkommen süß.

Ich hatte jetzt die Absicht, auf einer geeigneten Stelle ein wenig weiter nordwärts zu lagern, und von dort aus am folgenden Tag wieder über den See nach dem Hauptquartier bei Serolung-gumpa zu rudern. Ich bestimmte als Ziel einen zinnoberroten Hügel, der auf der Nordseite einer wenig eingeschnittenen Bucht des Westufers lag. Frische südliche Brise herrschte, wir hißten das Segel und flogen mit sausender Geschwindigkeit über den See. Die Pilger am Ufer sahen unserer Fahrt mit dem größten Erstaunen zu; die Mönche von Gossul waren uns vorsichtig auf den Hügeln nachgekommen und zerbrachen sich wohl den Kopf über das Ende, das eine solche Heiligtumsentweihung nehmen mußte. Auch die Wildgänse schwammen mit ihren Jungen eilfertig in den See hinaus, andere Schwimmvögel wieder begaben sich einige hundert Meter landeinwärts — sie hielten das Boot wohl für einen sonderbaren Seevogel von ungewöhnlichen Dimensionen.

Bei der roten Spitze gingen wir an Land, und während Brennmaterial gesammelt und das Nachtlager hergerichtet wurde, rekognoszierte ich auf den oberhalb des Landungsplatzes liegenden Höhen die Gegend. An der inneren Seite der flachen Bucht fand ich eine Mulde, deren Boden tiefer liegt als der Seespiegel und die mit salzigem Wasser gefüllt ist, und auf der Westseite dieses Salzsumpfes ist der niedrigste Sattel der Landenge, die beide Schwesterseen trennt. Droben zieht sich die Pilgerstraße hin, die Hunderttausende von müden Schritten ausgetreten haben. Drei bewaffnete Reiter ritten den Weg entlang. Sie näherten sich mir, ohne abzusteigen, und wußten entschieden nicht, was sie aus mir machen sollten. Sie hätten mich jetzt, da ich von den Meinen getrennt war, leicht fangen können, aber sie dachten gar nicht daran und ritten weiter. Ein rasender Südoststurm fuhr über den See hin; sein Spiegel geriet in wilden Aufruhr und zeigte kreideweiße Schaumkämme. Der hintere, östliche Teil des Sees war intensiv dunkelgrün, wurde aber nach unserem Westufer zu immer heller. Das Wasser der Uferlagunen erschien durch den Widerschein der dichten Wolkenmassen dunkelviolett. Gegen vier Uhr wurde die Luft beängstigend ruhig, dann sprang der Wind um, und ein ebenso heftiger Nordweststurm kam mit Sausen und Brausen herangezogen. Die wilden Südostwellen wurden von ihm gedämpft, und der Seegang blieb so lange unbestimmt, bis das neue Wellensystem fertig war. Um den See herum regnete es an mehreren Stellen, aber wir bekamen nur einige Tropfen. Um sechs Uhr sah der Himmel unheimlich aus, überall pechschwarze Wolken und vom Ostufer keine Spur sichtbar; es war, als lägen wir an der Küste des Weltmeers. Bald darauf sprang der Wind nach Ostsüdost um, und dann toste die Brandung den ganzen Abend gegen unser Ufer. Welch ein Glück, daß wir dieses Wetter nicht gestern abend gehabt hatten!

Wir saßen noch zwei Stunden am offenen Feuer und plauderten. Seine Flammen flackerten und loderten nach allen Seiten hin, so daß Schukkur Alis weißer Ziegenbart angesengt wurde. Das Wetter war noch immer so drohend, daß wir aus dem Boot eine Hütte herstellten, in der ich mich früh schlafen legte. Vor dem Einschlafen lauschte ich im Liegen dem Rauschen der Wellen und glaubte alle möglichen geheimnisvollen Töne in der Nacht zu hören; aber es war nur das Geschrei der Seevögel und das Heulen des Windes zwischen den Hügeln.

Die Männer hatten Befehl, mich vor Sonnenaufgang zu wecken, denn, falls wir das Lager 212 noch vor Einbruch der Dunkelheit wieder erreichen wollten, mußten wir uns sputen. Es war kaum hell geworden, als ich ins Freie trat. Beim Morgenfeuer wurde der letzte Proviant als Frühstück verzehrt, und dann stießen wir um einhalbfünf Uhr in trübem, häßlichem Wetter vom Lande ab. Der starke Westwind trieb uns schnell vom Ufer fort, ja, er war eigentlich viel zu stark für unser Segel und unsern Mast, aber er brachte uns doch vorwärts und verdoppelte die Fahrgeschwindigkeit. Unter den Hügeln hatten wir noch Schutz gehabt, aber schon einige Minuten vom Ufer ging der See ungemütlich hohl. Das machte jedoch wenig aus, wir fuhren ja mit den Wellen, das Boot schaukelte weich und behaglich zwischen ihnen, und wir nahmen kein Spritzwasser ein.

Jetzt war auch in den Leuten ein anderer Zug als auf der ersten, nächtlichen Fahrt! Sie hatten sich sichtlich in den Kopf gesetzt, das Ziel noch vor der Dunkelheit zu erreichen, sie ruderten wie Galeerensklaven, über denen die Peitsche schwebt; es war, als wollten sie mit dem Westwind um die Wette laufen und sich schnell davonmachen, ehe die Wogen gar zu toll anschwollen. Das Wasser zischte und schäumte um das Boot, im Kielwasser siedete es mit Tönen, wie man sie beim Bräunen der Butter in einer Bratpfanne hört, und unter uns kochte der dunkelgrüne See. Es war eine schöne Fahrt, als wir so in sausender Eile über seine heiligen Wellen hinschaukelten.

Schukkur Alis Refrain zu den Ruderschlägen lautete jetzt: „Ja, paté, parvardigar, Rabel alehmin" oder „Ilallah", während Rehim Ali den Ausruf des Kameraden „Haap" — das p kam am Ende so schnell und laut wie eine Explosion heraus — mit dem Refrain: „Ilallah" oder „Svalallah" sekundierte. Die arabischen Worte waren, wie gewöhnlich in Ladak, bös verstümmelt, aber sie erleichterten das Rudern, und nachdem Schukkur Ali neun Stunden lang fünfunddreißigmal in der Minute so laut gerufen, als es seine Stimmbänder nur irgend erlaubten, war er abends denn auch gründlich heiser.

Jetzt wurde gelotet: 40, 52, 52, 54, 54, 56, 57 und 54 Meter. Wenn man erst über die Abrasionsterrassen und ihre ziemlich steile Abdachung hinausgekommen ist, dann ist der Seeboden so gut wie eben. Auf mehreren Seiten verkünden niederhängende Wolkenfransen, daß der Regen wie Gerten niedersaust, aber wir bleiben von ihm verschont. Meine prächtigen Matrosen rudern doppelt so schnell als in der ersten Nacht, aber sie dazu zu bringen, daß sie im Takt rudern, ist unmöglich. Wenn ich das Steuer eine Minute loslasse, treibt mein Boot nach Norden oder Süden, anstatt nach Osten, wo das Lager 212 liegt. Wenn es dunkel wird, ehe wir das Ufer erreichen, sollen die Unseren einen flammenden Holzstoß anzünden, nach dem wir uns richten können.

Der Tag verrinnt, es wird im Zenit hell, der Wind fegt die Wolken fort, und sie scheinen sich um die Berge zu sammeln, die einen großartigen Kranz um diese Perle unter den Seen der Erde bilden. Der Wind flaut nun ganz ab, die Sonne brennt auf meinem vom Wetter hart mitgenommenen Gesicht, und es strengt den Kopf an, wenn einem das funkelnde Gold der Sonnenstrahlen gerade in die Augen scheint. Sie macht durch ihr Blenden auch über das Ziel irre, aber ich habe den Kompaß zur Hand. Die Wellen fallen und werden schlaffer, und der See ist wieder spiegelblank. Jetzt geht es langsamer, da der Wind nicht mehr von hinten schiebt, aber die Männer ermüden nicht; ihr Ruderlied verhallt ungehört auf dem Wasser und sucht vergeblich sein Echo. Von einer Stelle, an der gelotet wird, bis zur nächsten vergrößern sich die Hügel des Ostufers nicht merklich. Ich sitze träumend, der rhythmische Gesang und das Plätschern der Ruder wirken einschläfernd. Ich glaube die Hufschläge eines Rosses zu hören, das einen Reiter in silberner Rüstung über die Granitberge des Transhimalaja durch ein unbekanntes Land trägt, und im Traum glaube ich zu gewahren, daß die Gesichtszüge des Reiters meine eigenen sind. Da werde ich traurig, denn das Traumgesicht ist unwahr. Wohl habe ich den Transhimalaja auf drei Pässen überschritten, aber das wichtigste ist noch nicht geschehen! Daß ich sowohl bei den Tibetern wie bei den Chinesen alles, was in meiner Macht stand, versucht habe, um in das Land im Norden des oberen Tsangpo ziehen zu dürfen, ist mir kein Trost. Wenn man die hindernden Bollwerke der Natur besiegen kann, müßte man auch den Eigensinn der Menschen bezwingen können. Dort droben im Norden, hinter dem Kailas, streckt der Transhimalaja seine Granitwälle aus, ich muß hin und sollte es mein Leben gelten! Ich muß hin, und wenn ich mich auch in die Lumpen eines Bettellamas kleiden und mich von einem schwarzen Zelt nach dem andern hinbetteln soll!

244. Hauptmann Cecil Rawling, der hervorragende Reisen in West- und Südtibet ausgeführt hat, zuletzt in Gesellschaft von Major Ryder.

245. Major W. F. O'Connor. Englischer Handelsagent in Gyangtse, gegenwärtig Konsul in Seistan.

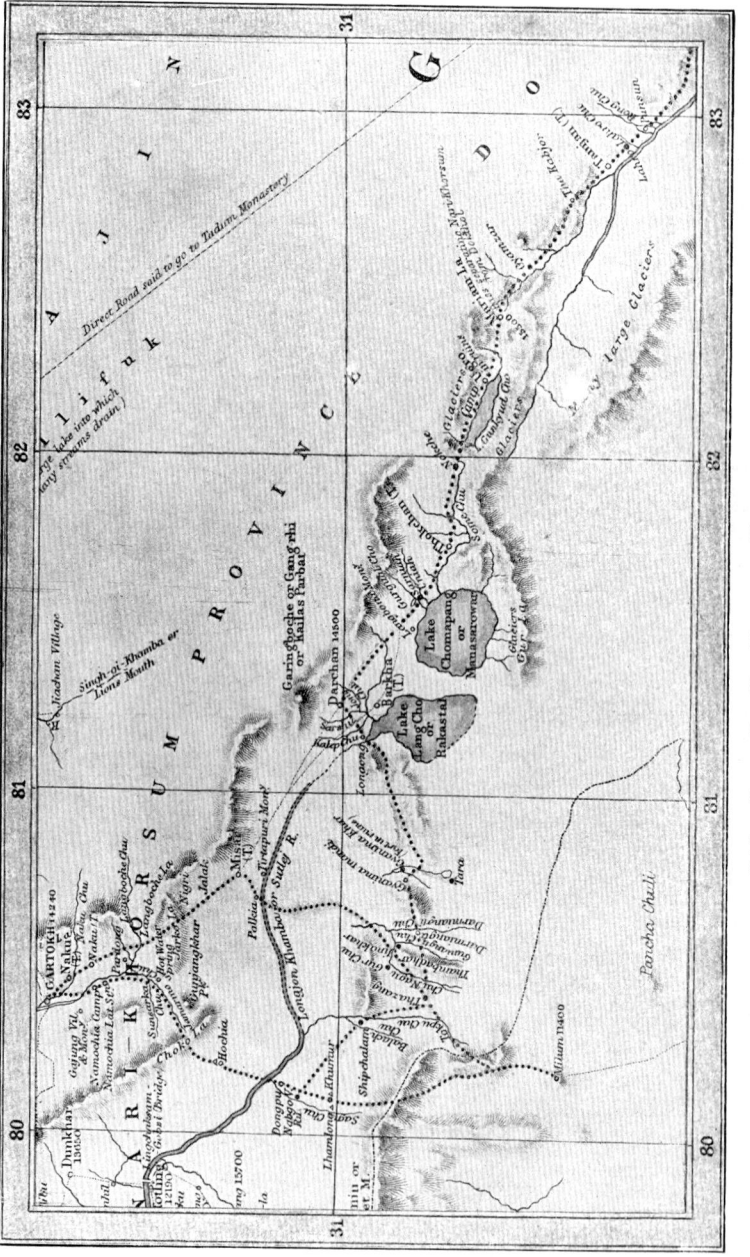

246. Das Quellgebiet des Brahmaputra.
Nach Nain Sing, 1865. Seine Route punktiert.
Vgl. die Karte: Das Quellgebiet des Brahmaputra, Sattledsch und Indus. Von Sven Hedin.

Doch jetzt sind wir noch auf dem heiligen See, es ist Ruhetag und ein Sommertag! Ich fühle, wie mir die Gesichtshaut im Sonnenbrand einreißt. Die Stunden kriechen so langsam über den See! Geduld, Geduld! Die Wolken erzeugen wundervolle Farbenwirkungen; weiß und grau, scharf begrenzt, liegen sie in verschiedenen Etagen vor den Bergen, und hinter ihnen glaubt man dunkelblaue und violette Vorhänge herabhängen zu sehen. Es war, als glitten wir über den blanken Fußboden eines Tempelsaales, dessen Wände reich mit Fahnen und Standarten dekoriert seien, die von goldenen Haken an der Himmelsdecke herabhingen und mit ihren Fransen den Staub der Erde berührten. Es war, als ob die Genien das Paradies Schiwas umflatterten.

Jetzt ist Schukkur Ali auf einen neuen Ausruf „Ja aferin adétt" verfallen, dem er, wenn er das Ruder wieder hebt, den Refrain „Ja, Allah" hinzufügt, wozu dann Rehim Alis Filialrefrain „Schupp" ertönt. Die Tiefe bleibt immer noch um 55 Meter herum. Im Südosten spiegeln sich eigentümliche Wolken im See; es sieht aus, als ob ein Nebeldunst über das Wasser krieche. Alle Töne sind so leicht, luftig und hellgrau, daß man die Landschaft, die uns, wo das Wasser endet, wie ein Ring umgibt, kaum als Wirklichkeit auffassen kann. Sie gleicht einem Traumbild. Die geringe Dünung, die noch vorhanden war, hat sich gelegt, und es ist so vollständig windstill, daß der Rauch meiner Zigarette genau da, wo er ausgestoßen wurde, in der Luft stehen bleibt. Dunkel und feierlich erhebt sich der zweiköpfige Pundiberg im Nordosten, und ebenso dunkel und feierlich ist sein Spiegelbild im See. Silberperlen tropfen von den Rudern und spielen glitzernd wie Diamanten in der Sonne. Ich könnte auf diesem himmlischen See leben und sterben, ohne seiner staunenerregenden, immer wieder überraschenden Schauspiele je überdrüssig zu werden!

Eine leichte südöstliche Brise zerstört indessen dann wieder alle die Spiegelbilder. Die Täler Patschen und Patschung öffnen ihre Tore immer weiter und lassen uns immer tiefer in die Schlupfwinkel des Gebirges hineinblicken. Wir erkennen die Hügel über dem Lager 212 wieder, aber die Zelte sind nicht zu sehen. Dagegen sehen wir auf dem Nordufer einen weißen Punkt, den wir für ein Gumpa halten. Die Tiefe beträgt etwas mehr als 60 Meter. „Ja bismillah hum" ist jetzt Schukkur Alis Losung. Beim 16. Punkt hat die Tiefe wieder abgenommen, die Südostbrise hat aufgehört und der See sich in eine Spiegelscheibe verwandelt. Jetzt zeigen sich die Zelte als minimale Pünktchen, und wir hoffen, auch diese Linie ohne Sturm abschließen zu können. Eine langgestreckte, niedrige, blanke Dünung von dicht aufeinanderfolgenden

Wellen, wie die Schlagwellen eines entfernten Dampfers, kommt uns entgegen. Wie ist sie nur entstanden, da der See ja ganz ruhig liegt — vielleicht durch eine kleine Erschütterung der Erdrinde, die das Ufer hat erzittern lassen? Der Wellengang ist auf diesem runden See gar seltsam. Am Punkt Nr. 20 ergeben sich nur 39 Meter Tiefe, und nun haben wir es nicht mehr weit.

Krach! Mit einem Knall brach Schukkur Alis Ruder in der Mitte durch, und das Boot entfernte sich schnell von dem Blattende, das wir doch wieder auffischen mußten. Der gute Mann war so verdutzt und bestürzt, daß er stammelte: „Das schadet nichts" und fortfuhr, mit dem Schafte in der Luft zu rudern. Jetzt, wo die Zelte so nahe waren, hatte er zu viel Kraft entwickelt! „Ein Glück, daß der Alte nicht selber geplatzt ist!" dachte ich. Mit einem Strickende banden wir die Stücke aneinander. Am Ufer war Leben, als wir landeten! Die Wartenden waren sichtbar und hörbar erfreut, uns wiederzuhaben, nachdem sie sich schon alle möglichen trüben Gedanken über unser trauriges Ende gemacht hatten. Gerade als sie das Boot draußen auf dem See erblickt hatten, hatte Robert Patrouillen nordwärts und südwärts am Ufer entlang schicken wollen. Im Lager stand alles gut, nur unsere Tibeter waren betrübt, denn ihr Proviant war aufgezehrt. Ich gab ihnen daher Geld, damit sie sich im Kloster Tsamba kaufen könnten. Und am Abend besprach ich mit Robert den Plan, nach Süden zu rudern, um den See Stück für Stück zu untersuchen. In Serolung kauften wir ein Brett und zwei Stangen, und während des ersten Ruhetages verfertigte Schukkur Ali daraus mit der Axt zwei vortreffliche Ruder nach einem Modell, das ich ihm aus dem Deckel einer Zigarrenkiste geschnitzt hatte.

Am nächsten Tag, dem Jahrestag unserer Ankunft in Leh, begann ein neuer Monat. Jedesmal, wenn ich in mein Tagebuch einschrieb „der Erste", fragte ich mich, was der neue Monat wohl in seinem Schoße bergen werde: neue Entdeckungen oder neue Enttäuschungen? Aber ich hoffte stets und glaubte, daß ich schließlich doch Glück haben würde. Rabsang und Tundup Sonam ruderten, Robert steuerte, einer Einmeterlinie mit etwa 50 Meter Abstand vom Lande folgend; ich selber saß im Vorderteil mit dem Kompaß in der Hand und zeichnete die Karte der Uferlinie, ihrer Hügel und Täler und alles dessen, was sonst noch zur Charakteristik eines Sees gehört. Charles A. Sherring berichtet in seinem Buch über Westtibet, daß der Commissioner von Bareilly, Mr. Drummond, im Jahre 1855 in einem Boot auf dem Manasarovar gefahren sei, aber irgendwelche Resultate sind mir nicht bekannt geworden; ich fand im Gegenteil, daß auch die allerneueste Karte des Sees gründlicher

Richtigstellung bedurfte. Tiefenlotungen aber waren bisher noch nie vorgenommen worden, und der Zweck meiner Fahrten war das Sammeln von Material zu einer detaillierten Isobathenkarte, einer Karte, auf der konzentrische Linien die Tiefen und die Gestalt des Seebeckens angeben. Schon als wir auf dem Tamlungpaß das Becken des Brahmaputra hinter uns zurückließen, hatte ich geargwöhnt, daß der Manasarovar vielleicht ein Glied des hydrographischen Systems des Satledsch sei. Und jetzt galt es zu versuchen, ob ich nicht einen Beitrag zur Lösung dieses Problems liefern könne. Ich weiß, daß meine Untersuchungen unzureichend sein mußten, aber sie gaben doch eine Anzahl bisher unbekannter Tatsachen. Dahin gehörten die systematischen Tiefenlotungen des Sees, mit deren Hilfe man Schlüsse über die Entstehung und Bildung des Beckens ziehen kann. Bald überzeugte ich mich, daß die Seedepressionen von alten Gletschern der südlichen Gebirge ausgehöhlt und nicht, wie ich erst geglaubt hatte, von Moränenwällen in dem breiten Tal aufgedämmt worden sind. Aber der Mangel an Raum verbietet mir, hier ausführlich auf diese höchst interessanten Fragen einzugehen.

Inzwischen gleiten wir in einem schwachen Bogen nach Südwesten und müssen den Abstand vom Ufer vergrößern, um nicht in dem sandigen Seeboden stecken zu bleiben. Das Wasser hat in dieser Jahreszeit die ziemlich beständige Temperatur von etwa 10 Grad. Nun erreichten wir die Mündung des Tage-tsangpo. Wohl einen Kilometer lang strömt der Fluß mit dem Seeufer parallel, wird aber von ihm durch einen vier Meter hohen Uferwall, den Wellen und Eisdruck aufgeworfen haben, getrennt. Hier lagerten wir zwischen Flugsand und Gesträuch, und ich maß den Tage-tsangpo. Seine Breite belief sich auf 17,3 Meter, seine Maximaltiefe war 1,05 Meter, und die Wassermenge betrug 11,26 Kubikmeter in der Sekunde, oder drei Kubikmeter mehr als an der Stelle oberhalb seines Nebenflusses Na-marden, wo ich ihn zuletzt gemessen hatte. Ich habe schon früher erwähnt, daß wir auf dem Tamlung-la zuerst mit diesem Fluß in Berührung kamen, dessen Quellarm Ganglung-tschu oder „das Wasser des Eistales" von den Gang-lungbergen im Süden kommt. Also ist die Quelle des Tage-tsangpo ein Gletscher oder „Eistal" jenes Gebirges. Man sieht ihn vom Tamlung-la aus. Dieser Gletscher ist es, den ich mir erlaube die genetische Quelle, das heißt die ursprüngliche, wirkliche Quelle des Satledsch, zu nennen. Später werden wir auf dieses verlockende Problem noch zurückkommen.

Von jedem Lagerplatz aus mußte Robert mit zwei Leuten rechtwinklig vom Ufer hinausrudern und alle fünf Minuten die Tiefe messen.

Auf Grund dieser Radien ergab sich die Schalenform des Beckens. Denn, wie ich schon erwähnt habe, ist der Seegrund im ganzen sehr eben. Jetzt, vom Lager Nr. 215, ruderte Robert bis zu 37 Meter Tiefe hinaus.

Am 2. August fuhren wir im Boot weiter, während die Karawane am Ufer entlang zog. Alles lief vortrefflich ab, wir hatten keinen Ton von irgendwelchen uns verfolgenden Beamten gehört, und die Tibeter stellten uns mit größter Bereitwilligkeit Yaks und Esel zur Verfügung. Ein paar Regenschauer fielen, der Donner rollte laut im Gurla Mandatta, eine heftige Südwestbrise zwang uns, haltzumachen und an einer Stelle des Ufers zu warten, wo das Nima-pendi-Tal mit einem Bach mündet, der innerhalb einer durchbrochenen Barre ein Delta bildet. Der Bach ist sehr fischreich, aber auch hier baten die Tibeter uns, die Fische nicht zu fangen, und wir respektierten ihre Wünsche — nur Dummheit und Roheit kränkt die religiösen Gefühle anderer Menschen. Durch diesen Bach erhält der See einen Zuschuß von 1,4 Kubikmeter in der Sekunde, während der westsüdwestlich von diesem Bach mündende Ri-tschung-tschu ihm 1,8 Kubikmeter liefert.

Unter Segel passierten wir Janggo-gumpa in ziemlich kurzem Abstand und steuerten gerade auf Tugu-gumpa zu, das malerisch auf einer Uferterrasse liegt. Hier beginnt die lange Lagune und der Schlammdamm, die wir vom Westufer her kennen; ich wurde hübsch ans Land getragen und von einer Hinduschar, die aus Pilgern und Wollhändlern bestand, höflich begrüßt. Eine Menge tibetischer Hirten aus dem Norden hielt sich auch hier auf, wo jeden Sommer ein nicht unbedeutender Wollmarkt abgehalten wird. Auf dem Dach stand eine Gruppe von Mönchen; unser Lager war unmittelbar am Fuß des Klosters auf der Uferstraße aufgeschlagen worden und hatte eine herrliche Aussicht auf den See und den dahinterliegenden Kailas. An der südlichen Klosterwand ist ein von einer Steinmauer umgebener Hof, wo 500 Schafe eng, wie Heringe in einer Tonne, standen, um der Reihe nach von Hindus und Botias, die aus Almora und dem Grenzland im Süden hierherkommen, geschoren zu werden (Abb. 253). Die Nomaden erhalten acht Anna (69 Pfennig) für jedes Schaf, also gute Zinsen von ihrem lebenden Kapital. Die Wolle, die man von 500 Schafen erhält, soll 16 Yaklasten ausmachen.

Ich besuchte sofort das Kloster, dessen 13 Mönche mit dem Abt Tabga Rintschen an der Spitze mich mit der größten Höflichkeit und Freundlichkeit empfingen, uns alles zeigten und die verschiedenen Tempelsäle erklärten. Sie hatten von meinen Fahrten über den See reden hören und mich nun mit eigenen Augen bei günstigem Wind mit dem Boot heransausen sehen, und erklärten mir mit aufrichtiger Überzeugung, daß ich, ihrer Meinung nach, über geheime Kräfte verfügen müsse, da ich dem heiligen See des Seegottes ungestraft trotzen könne. Aber sie begriffen, daß dies ginge, weil ich so befreundet mit dem Taschi-Lama sei und er mir seinen heiligen Segen mitgegeben habe. Das Kloster Tugu-gumpa steht unter Schibeling-gumpa in Purang, und die meisten Mönche kommen von dorther, um drei Jahre am See zu bleiben. Sie besitzen Herden in Tschang-tang, treiben Handel und scheinen wohlhabend zu sein, wenigstens helfen sie armen Pilgern, die auf ihrer Wanderung um den Tso-mavang nichts zu essen haben. Von wohlhabenden Pilgern erhalten sie selber Geschenke. Die Tempelsäle sind pittoresk, vornehm und sehr gut erhalten (Abb. 254, 255, 257). Von einem oberen Altan tritt man in eine Vorhalle mit Wandgemälden, unter denen sich auch ein Bild des Tso-mavang mit dem aus den Wellen aufsteigenden „Fischgott" Madö Gemo befindet. Im Haar hat er sieben Wasserschlangen, und sein Unterkörper gleicht einem grünen Delphin. Der See ist ebenso breit als tief gezeichnet, und da, wo der Gott emporsteigt, bilden sich konzentrische Ringe. Der Abt sagte, daß der Fischgott heraufkomme, um den Gott des Tso-mavang, Hlabsen Dortsche Barva, zu begrüßen, der in einer Wolke von grauen Feuerzungen und Rauch auf einem hellrosa Pferde im Galopp heransprengt, mit Speer, Bogen und Köcher bewaffnet. Im Hintergrund erhebt sich der Kang-rinpotsche, der heilige Berg. Dem Bild fehlt es an Perspektive und Proportion, aber es ist drollig und ansprechend, und man freut sich des lamaistischen Künstlers, der sein Bestes getan hat, um den heiligen See und den heiligen Berg in Farben zu verherrlichen. Ich kopierte dieses Kunstwerk (Abb. 259), dem einige Verwandtschaft mit unseren alten Dalmalereien immerhin nicht abzustreiten ist.

Von der Vorhalle führt eine Miniaturtür (Abb. 260) in das allerheiligste Tempelnest in ganz Tugu-gumpa, nämlich in den Saal des Seegottes. Er ist nur als Maske dargestellt und überall von Kadachs umrahmt; es sieht aus, als luge er zwischen zwei Gardinen hervor. Vor ihm brennen ein paar Flammen, auf einem Schemeltisch sind die gewöhnlichen Schalen aufgestellt. Kein anderer Mensch als die Mönche selber darf in diese kleine Kammer hinein, doch erhielt ich die Erlaubnis, auf der Schwelle zu sitzen und eine Skizze davon zu zeichnen (Abb. 261). Ich betrachtete diesen unbekannten Hlabsen Dortsche Barva beinahe mit Ehrfurcht, er herrschte ja über den See meiner Sehnsucht und war mir so aufrichtig gewogen gewesen.

Das Allerschönste ist jedoch die Aussicht vom Klosterdach. Die höchsten Partien des Gurla Mandatta, den sie hier Mama-nani oder Mamo-nani nannten, werden von den Abhängen des Gebirges verdeckt, da wir ihm hier viel zu nahe sind, aber der spiegelnde See dehnt sich unendlich weit nach Norden aus. Ein Lama, der in mehreren verschieden langen Zwischenräumen im Kloster gedient hatte, sagte, der See steige nach einem regnerischen Sommer 60—70 Zentimeter, und behauptete, daß vor 18 Jahren die Seefläche bis an den Fuß der roten Fassade des Klosters gereicht habe. Dies klingt unwahrscheinlich, denn die Entfernung zwischen See und Kloster betrug jetzt 98,45 Meter, und der Fuß der Klosterfassade (die rechte Ecke, vom Ufer aus gesehen) lag 6,30 Meter über dem jetzigen Seespiegel; ich teile diese Werte aber mit, um einem künftigen Forscher Gelegenheit zur Feststellung zu geben, ob der See seit dem 2. August 1907 wieder gestiegen oder gefallen ist.

Die folgenden Tage brachte ich im Kloster zu, zeichnete Lamas bei verschiedenartigen Tempeldienstarbeiten (Abb. 258) und verliebte mich in dieses freundliche, hübsche Tugu-gumpa. Der Lama Punso, ein junger Mönch, wurde mein besonderer Freund und zeigte mir alles mit der unerschöpflichen Sachkenntnis eines geübten Museumsdieners. In der Klostervorhalle hatten sich in Gesellschaft der vier Geisterkönige drei Beamte des Devaschung häuslich eingerichtet, Matratzen, Bündel, Schemeltische, Säbel und Flinten lagen und standen in profaner Unordnung am Eingang zur Wohnung hoher Götter.

Robert ruderte inzwischen vom Südufer hinaus und maß die Tiefen bis zur 63-Meter-Kurve. Am 5. August machten wir einen Besuch in Janggo-gumpa, das zehn Mönche und eine Nonne hat. Sie sagten mir, daß sie aus dem Lande Hor, im Norden des innersten Tibet, seien, und nennen sich daher Horpa, aber auch Dokpa; Tschangpa heißen die Nomaden in Tschang-tang. Der Abt ist aus Sekija-gumpa. Im „Gunkang" des Klosters, einer finsteren, unterirdischen Krypta (Abb. 256), hängen Masken, Kadachs, Trommeln, Speere und Flinten. Ich fragte, wozu die Mönche die Schußwaffen benutzten, da ihnen doch eines ihrer Fundamentaldogmen verbiete, ein Lebenslicht auszulöschen; sie erwiderten, daß mit diesen Flinten viele wilde Yaks erlegt worden seien, deren Fleisch Menschen als Nahrung gedient habe; die Flinten hätten deshalb einen Ehrenplatz im Kloster erhalten. Jamba Tsering, ein zweiundzwanzigjähriger Mönch, saß, das Haupt an eine hölzerne Säule gelehnt, stumm da und blickte zu dem spärlichen Licht empor, das durch das Impluvium in die Krypta fiel; ein Träumer, ein Sucher der verborgenen Wahrheit

(Abb. 262). Neben ihm saß die runzelige Nonne; beide kamen in mein Skizzenbuch (Abb. 263). Der Fuß der Klosterfassade liegt genau 4,5 Meter über dem Seespiegel; der hinter dem Kloster nach dem See hinabströmende Fluß Ri=tschung=tschu hatte 1,76 Kubikmeter Wasser.

Janggo=gumpa war das dritte der acht Klöster des heiligen Sees, das ich besuchte; ich wollte sie alle ohne Ausnahme sehen. Und ich wollte all das Wasser messen, das sich in den See ergießt. Seine Menge wechselt von Tag zu Tag, je nachdem Niederschläge erfolgen oder die Sonne scheint; nur durch gewissenhafte Messungen werde ich von der Größe der Wassermasse, die sich während eines Sommertags in die klaren Wellen des Tso=mavang ergießt, einen Begriff erhalten können.

Sechsundvierzigstes Kapitel.

Stürmische Fahrt über den heiligen See.

Auch den 6. August blieben wir noch bei Tugu-gumpa, einem der interessantesten Klöster, die ich in Tibet gesehen habe. Den ganzen Tag war ich, mit Robert und Rabsang als Gehilfen, beschäftigt, mit einem Meßband die Dimensionen der drei verschiedenen Stockwerke auszumessen und von jedem einen Plan zu zeichnen. Der dritte ist jedoch, genau genommen, nur der Dachaltan. Es fehlt mir indessen an Raum, hier das Resultat mitzuteilen. Als wir gerade auf dem Dach waren, saßen acht Mönche auf dem innern Hof und zählten ihre Einnahmen zusammen, die gewissenhaft in ein Rechnungsbuch eingetragen wurden. Ihre Rupien und Tengas lagen in Häufchen auf einem kurzbeinigen Tisch. Ich opferte eine Handvoll Rupien, indem ich mitten in die Haufen der Mönche hinein nach dem Ziel warf und ihre Rechnung in Unordnung brachte. Sie waren mir indessen sehr dankbar für diesen unerwarteten Beitrag, der sozusagen vom Himmel regnete.

Etwa 30 Hindupilger schlugen heute ihre dürftigen Zelte in unserer Nähe auf. Abends zündeten sie Feuer auf einer flachen Metallschüssel an, die dann auf dem Wasser treiben mußte und wie ein Leuchtfeuer am Ufer strahlte. Der schwimmende Scheiterhaufen sollte eine dem See dargebrachte Huldigung sein.

Am 7. August wurde ich in aller Frühe geweckt, als die Sonne neues Gold über den blauen See ausgoß, während ein Lama auf dem Klosterdach auf seinem Muschelhorn langgezogene, dumpfe Töne über die stille Wasserfläche blies. Ich eilte nach dem Ufer, wo das Boot mit seiner gewöhnlichen Ausrüstung bereit lag, Schukkur Ali und Tundup Sonam die Lotleine in Ordnung brachten und unser Gepäck verstauten. Wie die Wildgänse umsäumten die Hindus das Ufer, ließen ihre Anzüge auf dem Trocknen und wateten, nur mit einem Tuch um die Hüften, ins Wasser hinein, um in dem heiligen, segenbringenden, seligmachenden See zu baden. An einem so kühlen Morgen muß es den Leuten aus den stickigen Dschungeln Indiens sehr erfrischend erscheinen, wenn sie sich

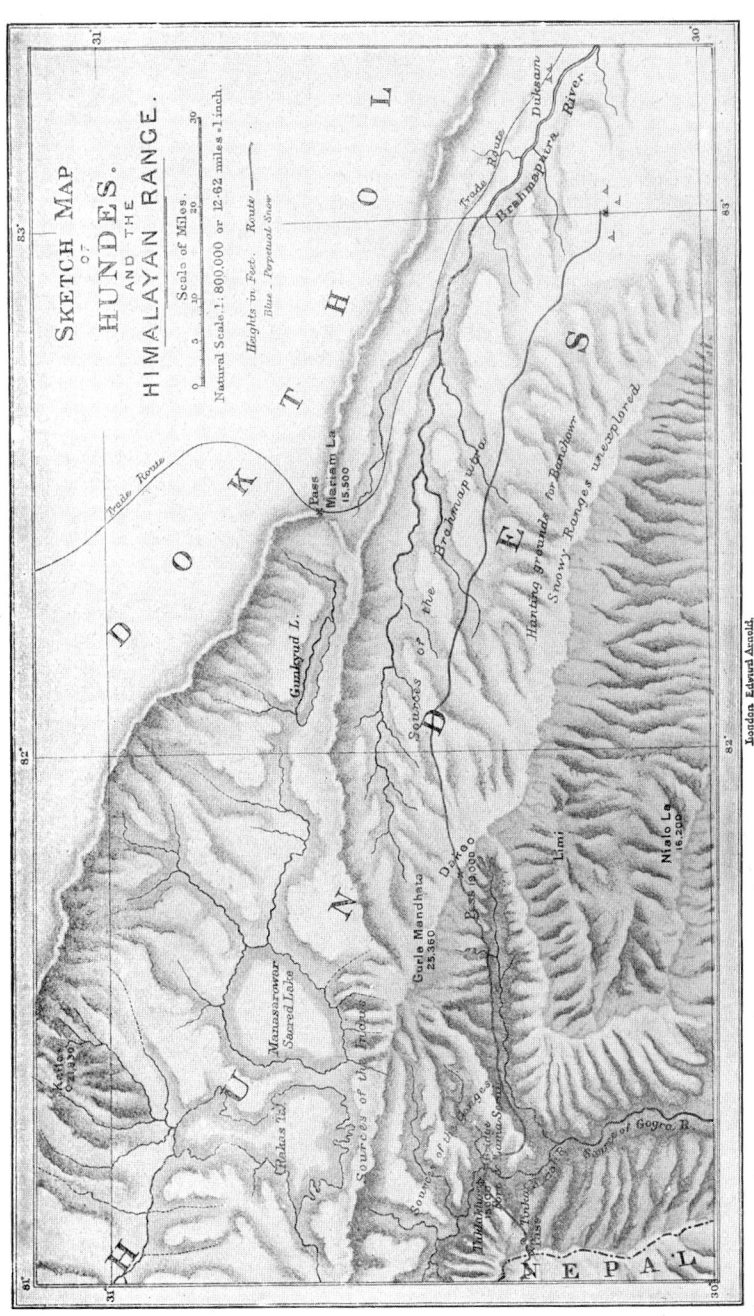

247. Kartenskizze der Reiseroute von Webber im Jahre 1866.

Aus: The Forests of Upper India. By Thomas W. Webber (London, Edward Arnold, 1902).

Webber läßt Indus, Ganges und Brahmaputra vom Gurla Manhatta kommen, was für alle drei Flüsse unrichtig ist. Vgl. die Karte: Das Quellgebiet des Brahmaputra, Satledsch und Indus. Von Sven Hedin.

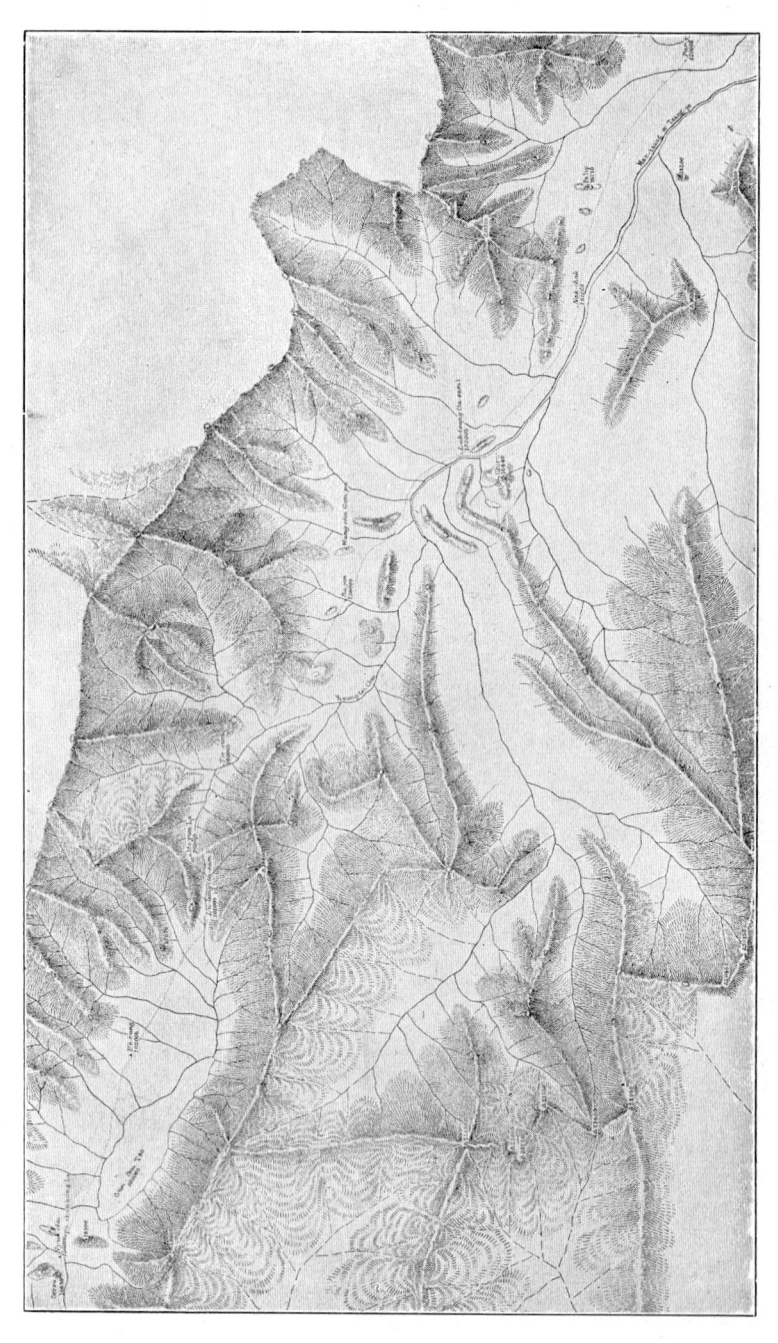

248. Das Quellgebiet des Brahmaputra.

Nach Major Ryder, 1904. Der Tschema-jundung wird als Hauptfluß gezeichnet, wogegen der Kubi-tsangpo als kleiner Nebenfluß angegeben ist. Tatsächlich ist der Kubi-tsangpo der Quellfluß und der Tschema-jundung, der den Marium-tschu empfängt, nur ein Nebenfluß.

in einem Wasser waschen, das nur einige Grad über Null hat. Die meisten gehen jedoch nicht weiter hinein, als bis ihnen das Wasser an die Knie reicht; dort hocken sie nieder oder beugen sich vornüber und schöpfen das Wasser mit beiden Händen, die sie schalenförmig zusammenlegen. Sie machen symbolische Zeichen mit den Fingern, nehmen den Mund voll Wasser, das sie wieder in einem Strahl herausspritzen, halten sich die Handflächen gegen das Gesicht und sehen nach der aufgehenden Sonne hin; sie betreiben alle jene unergründlichen, komplizierten Manipulationen, deren ich mich von den Kais der Stadt Benares her erinnere. Braun gebrannt sind sie, mager und elend sehen sie aus; sie sind viel zu dünn angezogen — ich sah keinen einzigen Pelz — und klagen daher über das rauhe Klima, erkälten sich und kommen in mein Zelt, um sich Heilmittel zu erbitten. Einige stehen wohl eine Stunde im Wasser, ehe sie wieder ans Ufer gehen, um sich anzukleiden und in Gruppen umherzusitzen und zu plaudern. Aber sie kehren mit dem Bewußtsein nach den Tälern Indiens zurück, daß sie eine den Göttern wohlgefällige Tat vollbracht haben, und sie nehmen kleine Metallbüchsen voll heiligen Wassers aus dem Manasarovar mit nach Haus, um sie ihren Verwandten zu schenken. Sie glauben, daß einer der Wege der Seligen über den Manasarovar führt. Hoffnung hegen sie ja immer, und das ist für arme Erdenpilger etwas Schönes.

Mit erstaunten Blicken folgten sie meinem Boot, das kräftige Ruderschläge vom Kloster fortführten. Vielleicht mit neidischen Blicken, denn mehrere von ihnen baten mich später, ob sie mich nicht begleiten dürften, damit sie für den Rest ihres Lebens die Erinnerung hätten, von den heiligen Wellen getragen worden zu sein. Morgenblank und ruhig lag der See, aber schon beim ersten Lotungspunkt (35 Meter) schüttelte sich der Seegott, eine nordwestliche Brise erhob sich, und die Wellen plätscherten und spielten frisch und munter am Vordersteven des Bootes. Denn diese unsere dritte Lotungslinie war nach dem Lager 214 in N 27° W gerichtet. Wir loteten 53, 63, 69, 72, 72, 75 und 77 Meter, während der Seegang stärker wurde und das stampfende Boot zwar seine Pflicht tat, aber doch in seiner Geschwindigkeit gehemmt wurde. Der Gurla Mandatta war beinahe klar, aber der Kailas hüllte sich eigensinnig in Wolken. Der Wind legte sich, und die Sonne glühte, alles prophezeite einen herrlichen Tag. Beim neunten Punkt nahm die Tiefe wieder ab: 75 Meter; wir hatten da unsere nächtliche Linie mit ihren großen Tiefen passiert. Nachher wurden 68, 60, 57, 59 und 61 Meter gelotet.

Wieder hatte es begonnen, aus Nordwesten zu wehen, und um die Mittagszeit wurden die Wolken im Norden dichter. Eine schwere, bleigraue Wolkenschicht senkte sich langsam an den Seiten der Berge herab, und von ihrem unteren helleren Rand hingen Regenfransen nieder, die sich grauviolett gegen einen dichten, dunkeln Hintergrund abhoben. Berge und Ufer verschwanden im Norden spurlos, die Wolkenmassen schienen auf den See hinunter fallen zu wollen. Wir hatten gerade den vierzehnten Punkt passiert, der eine Tiefe von 61 Meter ergeben hatte, und steuerten noch immer nach der roten Landspitze hin. Die Ruderer strengten sich tüchtig an, nachdem ich sie darauf aufmerksam gemacht hatte, daß wir uns dem schützenden Ufer näherten und daß die uns entgegenkommenden Wellen immer kleiner werden würden, je weiter wir gelangten. Wir hatten Gossul-gumpa schon eine gute Weile links hinter uns zurückgelassen; ich selbst sah das Kloster nicht, aber die Männer sahen es wie einen kleinen weißen Punkt in der Ferne.

Unmittelbar vor ein Uhr zeigten sich gelbe Tromben von Staub und Sand in der Nähe der Landspitze, die unser Ziel war. Sie wurden dichter und größer und sahen auf dem schwarzvioletten Hintergrund sich verdichtender Wolkenmassen brandgelb und unheimlich aus. Es war nicht das erstemal, daß ich solche Sturmwarnungen sah!

„Wir bekommen Sturm", sagte ich ruhig.

„Gott ist mit uns", antwortete Schukkur Ali ebenso ruhig.

„Rudert nur zu, so kommen wir noch hin, ehe die Wellen hoch gehen!"

„Wenn wir direkt nach dem Ufer abschwenken, wird es noch näher sein", schlug Schukkur Ali vor.

„Nein, wir ändern den Kurs nicht, wir gehen gerade auf das Ziel los; bald sind wir unter den Uferhügeln vor dem Wind geschützt, es fehlen nur noch drei Lotungspunkte, und die können für ein andermal bleiben."

Der Wind legte sich wieder, und es begann in spärlichen, großen Tropfen zu regnen, die bei der Berührung mit der Wasserfläche einen Augenblick freistehende runde Perlen bildeten, als ob sie mit einer Ölhaut umgeben seien. Darauf folgte ein ungeheuer dichter Hagelschauer, der die Wasserfläche peitschte, als er herabschmetterte, uns in Halbdunkel hüllte, den Seespiegel in Millionen kleiner Springbrunnen und Wasserkünste aufspritzen ließ und in zwei Minuten das Innere des Bootes weiß färbte. Nichts außer uns selbst und dem Boot war erkennbar, sonst nur Wasser und der Hagel, der wie Gerten auf den See aufschlug und einen sausenden, gurgelnden Laut hervorrief. Dann und wann wurden die Wolken durch zitternde Blitze innen erhellt, drohend und dumpf grollte im Norden der Donner. Da drehten die beiden Männer sich um, sahen aber in dem

Nebel nichts; ihnen wurde unheimlich, und wir alle fühlten, daß eine gefährliche Situation im Anzug war.

Dem Hagel folgte ein Platzregen, ein Regenguß von so ungeheurer Heftigkeit, wie ich ihn mir überhaupt nicht hatte vorstellen können. Er stürzte in solchen Massen und mit solcher Kraft herab, daß man dadurch niedergebeugt wurde. Ich hatte drei Hemden und eine Lederjoppe an, spürte aber schon nach einer kleinen Weile, wie mir das Wasser auf dem bloßen Leibe hinabrann, was den Vorteil hatte, daß die tolle Dusche, die uns noch bevorstand, mich nicht mehr zu durchnässen brauchte. Ich hatte meinen Pelz mit der Fellseite nach oben über die Knie gelegt; in seinen Vertiefungen sammelten sich kleine Lachen an. Eine Menge Wasser kam auf diese Weise in das Boot und trieb mit den Ruderschlägen hin und her. Das Ufer war nicht sichtbar, ich steuerte nach dem Kompaß.

"Rudert nur zu, es ist nicht mehr weit!"

Endlich wurde der Regen dünner, aber als die Uhr vier Minuten über eins war, hörten wir ein betäubendes Tosen im Nordosten, einen Ton, wie ihn nur ein Sturm erster Klasse hervorrufen kann. Hagel und Regen waren nichts dagegen gewesen; jetzt, da die schweren Wassergardinen sich verzogen hatten, hatte der Sturm freien Spielraum und fuhr mit einem Schlag wie ein Rasender über den See hin! Warum waren wir nicht eine Stunde früher abgefahren, anstatt uns das religiöse Baden der Hindus anzusehen! Nein, der Gott des Tso-mavang zürnte und wollte uns ein für allemal lehren, nicht so leichtfertig mit dem See umzugehen, dessen grünes Wasser sein Delphinschwanz peitschte. Wie beneideten wir jetzt die Mönche in Gossul-gumpa und die Unseren fern im Süden unter den friedlichen Mauern des Tugukklosters! Was würden sie sagen, was sollten sie anfangen, wenn wir wie Katzen in diesem tobenden See ersäuft würden!

Eine Minute kämpfte ich wie wahnsinnig um den rechten Kurs mit den Wellen, die wir direkt von der rechten Seite erhielten. Sie schwollen mit ungeheurer Schnelligkeit an, und jede Woge, die sich an dem gespannten Packleinwandrumpfe des Bootes in Büschel sprühenden Spritzwassers zersplitterte, rief einen Knall hervor, bei dem unser Schifflein zu platzen drohte. Die nächste war noch größer, ich parierte sie mit meinem indischen Helm, aber Tundup Sonam erhielt einen kalten Schlag, der ihn einen Augenblick aus der Fassung brachte. Nach der dritten, die ihren Schaumgipfel über die Reling schleuderte, stand das Wasser 10 Zentimeter hoch im Boot, die kleine Nußschale lag unter dem Gewicht dreier Männer viel zu tief im Wasser, und das Wasser, das wir schon eingenommen hatten, plätscherte, gluckste und spülte mit dem Rollen des Bootes hin und her.

Nun sah ich ein, daß der Versuch, unseren Kurs beizubehalten, aussichtslos war. Wir mußten mit Wind und Wellen abfallen. In S 50° W hatten wir Gossul-gumpa, der Sturm kam aus Nordosten, das paßte gut; im Kloster konnten wir eine Freistatt finden, wenn wir überhaupt so weit kamen! Es handelte sich nur darum, im rechten Winkel zu wenden, ohne zu kentern! Zweimal mißlang es mir, wir nahmen noch mehr Wasser ein, aber das drittemal gelang es, und nun mußten wir, wenn uns unser Leben lieb war, das Boot verhindern, sich wieder im Winde zu drehen; der Sturm kam ein wenig von rechts. Tundup Sonam, der im Vorderteil das Steuerbordruder führte, hatte die ganze Last auf sich, während Schukkur Ali nur dann und wann das Ruder nach meinem Kommando eintauchen mußte, aber er war bei aller äußeren Ruhe hitzig und zu eifrig, und da er im Heulen des Sturmes mein Rufen nicht hörte, legte ich die Hand auf seine Knöchel, wenn er das Rudern lassen sollte.

Nun begann eine Fahrt, wie ich sie auf all meinen früheren Seereisen in Tibet noch nie erlebt habe! Der Sturm schwoll zum Orkan an, unter seinem pressenden Druck wurden die Wellen so hoch wie die Wogen der Ostsee bei stürmischem Wetter; jeder Dampfer wäre in diesem Seegang ins Rollen geraten; wir in dem kleinen Zeugboot mußten in den schnellen, unerwarteten Schwankungen, die beim Schlingern dicht aufeinander folgten, immerfort parieren und balancieren. Gepeitscht, gejagt, gehetzt von der wütenden Kraft des Windes, fegten wir über den See hin. Jede neue Welle, die uns emporhob, schien größer als die vorhergehende. Einige hatten scharfe, glatte Kämme, die wie aus Bergkristall modelliert waren und die schwarzen Wolken im Norden widerspiegelten — es sah aus, als ob wir ein bodenloses Wassergrab vor uns hätten, dessen gähnende Tiefe das Boot im nächsten Augenblick verschlingen würde. Andere kamen mit vorgeschobenen Schaumfällen, zischend und donnernd von hinten her herangerollt, es wurde uns schwarz vor den Augen bei dem Gedanken, daß sie in einer Sekunde das Boot füllen und unter das Wasser hinabdrücken würden. Aber der Wellenkamm hob es hübsch in die Höhe, die Aussicht wurde nach allen Seiten frei, im Süden schien noch die Sonne, der Gurla Mandatta war klar und scharf zu sehen, in S 50° W sah man sogar die Terrasse, auf der Gossul-gumpa liegt, nur im Norden war alles schwarz und drohend. Während der Sekunde, in der das Boot zitternd auf dem Wellenkamm schwebte, konnte man sich auf einen dominierenden Paß in Tschang-tang mit einer Welt von

Bergketten auf allen Seiten versetzt glauben, während der Schaum auf den Wogen die Illusion der ewigen Schneefelder hervorrief.

Aber auch diese Welle läuft weiter, und das Boot sinkt in ein Tal hinab, wir verschwinden in einer Wassergrotte, die nächsten Wellen verdecken wieder die Aussicht, die Wände der Grotte hinter uns sind vom reinsten Malachit und vor uns von Smaragd; auf den Seiten rücken sie wie Kulissen vor. Jetzt werden wir wieder emporgetragen — „nur zu, Tundup Sonam, sonst drückt uns der gewaltige Schaumkamm nieder!"; er strengt seine ganze Kraft an, und die Welle geht vorüber. Aber sie ist oben nicht gerade abgeschnitten und erinnert an die Pyramidengipfel des Kubi-gangri; zwei solche türmen sich unmittelbar vor uns auf, und ihre Spitzen zersplittern im Winde. Sie sind durchsichtig wie Glas und quer durch die eine hindurch bricht sich das blendend weiße Bild der Schneefelder des Gurla Mandatta wie in einem gewaltigen Vergrößerungsglase. Wir haben ein Wassertor vor uns, und der Widerschein der Sonne des Südufers vergoldet die Ränder der Wogen mit mattem Glanz.

Wir kämpfen tapfer, ich sitze auf dem Boden des Bootes und muß mit meiner ganzen Kraft auf das Steuer drücken, um das Boot in der richtigen Bahn zu halten, während das vom Sturm aufgepeitschte Spritzwasser wie der zersplitterte Strahl einer Feuerspritze über uns hinfliegt. Oft schleicht sich auch ein gebrochener Wellenkamm über die Reling hinweg bei uns ein, aber wir haben keine Hand frei, um das Wasser auszuschöpfen. Wir sehen, wie sich das Boot allmählich füllt — werden wir das Ufer erreichen, ehe es sinkt? Mast und Segel liegen mit zwei Reserverudern querüber mitten auf dem Bootsboden festgeschnürt. Könnten wir nur das Segel setzen, so wäre das Boot leichter zu regieren, aber daran ist jetzt nicht zu denken, da man sich kaum im Sitzen und nur durch festes Anstemmen der Füße im Gleichgewicht halten kann bei den schweren Stößen und unberechenbaren Lagen, die das Boot je nach der Form und Neigung, der Wölbung und dem Überschlagen der Wellen annimmt. Und überdies wäre der Mast in dem herrschenden Sturm wie Glas zersprungen!

Wir waren von unserem Lotungskurs rechtwinklig abgebogen, es galt jetzt nur noch, wenn möglich, das Leben zu retten — das Land zu erreichen, ehe das Boot sank! Da, im kritischsten Moment, als eine ungleichmäßig heranrollende Welle das Boot bedrohte, rief ich Tundup zu, die ganze Kraft aufzubieten — und er tat es so gründlich, daß sein Ruder mit einem Knall zersprang! Nun hing alles an einem Haar; wir konnten das Boot nicht mehr regieren, es mußte unfehlbar kentern und sich unter diesem schäumenden Wellenkamm umkehren. Aber auch Tundup erkannte die Gefahr und riß mit schnellem Griff ein Reserveruder los, während Schukkur Ali mit dem Backbordruder rückwärts ruderte; nach einer neuen Dusche waren wir wieder in der richtigen Lage!

Je länger es dauert und je größer das Seegebiet wird, das wir im Nordosten hinter uns zurücklassen, desto höher schwellen die Wogen an; wir werden vorwärtsgeschleudert, wir schaukeln auf dem jetzt hügeligen See auf und nieder, und ständig sausen von den Wellengipfeln, deren Schaum sich wie ein Federbusch zerteilt, neue Abkühlungsgüsse auf uns herab. Wie klein und machtlos fühlt man sich diesen empörten, gereizten Naturkräften gegenüber! Imposant und unheimlich, aber auch wie herrlich und großartig ist dieses Schauspiel! Die beiden Männer hatten noch nie in ihrem Leben etwas Ähnliches gesehen. Ich selbst sitze mit dem Rücken gegen die anrückenden Sturzseen, die Männer aber haben sie vor sich, und ich höre es ihrem gedämpften Ausrufe „Ja, Allah!" an, wenn die größten Wellen kommen. Tundup ist so bleich, als seine sonnenverbrannte Haut es zuläßt; Schukkur Ali scheint ruhig, aber heute singt er nicht beim Eintauchen des Ruders. Tundup gestand mir später im Vertrauen, er sei fest überzeugt gewesen, daß wir umkommen würden.

Meine Brille trocken und klar zu halten, ist unmöglich, es rinnt und tropft von den Gläsern, und auf dem Leibe habe ich ja auch schon lange keinen trocknen Faden mehr. Schukkur Ali dreht sich um und sagt, das Kloster sei sichtbar, meinen Augen aber liegt es noch viel zu fern. „Sieh die Welle dort!" rufe ich aus. „Ist sie nicht schön?!" Er lächelt und murmelt sein „Ja, Allah!" Ihr Kamm überschlägt sich ganz in unserer Nähe wie ein Wasserfall, wodurch Luft unter Wasser gepreßt wird und sich wie brodelnder, Blasen werfender Schaum wieder hebt, es ist, als ob der See koche und siede! Bisher hatte es gesprüht, jetzt aber ist die Luft klar. Der See nimmt nun eine andere Farbe an, die Wellen sind dunkel und spiegelnd, in unserer unmittelbaren Nähe sind sie schwarz wie Tinte, aber oben nach den Gipfeln zu ein wenig heller, und manchmal sieht man den Seehorizont durch die nächste Welle wie durch einen Eisschirm.

So werden wir vorwärts gejagt, die Zeit erscheint uns endlos. Fünf Viertelstunden haben wir mit den Launen des Seegottes gekämpft, und jede Minute ist uns wie eine Stunde vorgekommen! Endlich zeigt sich das Kloster Gossul; es vergrößert sich, die Einzelheiten treten hervor, ich sehe die weiße Fassade mit ihrem roten oberen Rand, seine Fenster und Dachwimpel und hinter einer Balustrade einige Mönche, regungslos den Blick auf unser Boot gerichtet. Aber unter der Klosterterrasse steht eine schäumende, wilde Brandung. Wie wir landen werden, weiß ich noch nicht; ich habe solche Abenteuer wohl schon früher erlebt, aber so toll wie heute ist es noch nie gewesen! Wir beneiden die oben stehenden Mönche, die festen Boden unter den Füßen haben; wären wir nur schon bei ihnen! Das Log ist die ganze Zeit über draußen gewesen, ich rette es mit einem schnellen Griff und rufe den Leuten zu, sich bereit zu halten, um auf ein gegebenes Zeichen über Bord zu springen. Das heutige Notizbuch und die heutige Kartenaufnahme, die von Wasser triefen, stecken vorn in meiner Lederjoppe, damit wenigstens die gesammelten Ziffern nicht verloren gehen.

Wir haben nur noch zwei Minuten Zeit. Es gelingt mir noch, mich mit Schukkur Alis Hilfe von meinen vollgesogenen, schweren Kaschmirstiefeln zu befreien, aber kaum bin ich sie los, als das Boot auch schon ungestüm in die Sturzseen der Uferbrandung hineingeschleudert wird. Hier ist das Wasser bräunlichtrüb wie Hafergrütze, und eine Welle saugt das Boot wieder seewärts. Jetzt will Tundup Sonam aus dem Boot springen, aber ich rate ihm, erst mit dem Ruder nachzufühlen, ob er auch Grund habe; er fühlt keinen Grund und geduldet sich noch. Das Boot erhält einen neuen Stoß von hinten und droht umzuschlagen; nun arbeiten die Ruderer wie besessen, um sich dem Ufersog zu widersetzen, und ehe ich mich versehe, ist Tundup ins Wasser gesprungen, das ihm bis an die Brust reicht, und zieht das Boot mit Aufbietung seiner ganzen Kraft landeinwärts. Nun folgen wir beide seinem Beispiel, und mit vereinigten Kräften gelingt es uns endlich, das Boot auf den Uferrand hinaufzuziehen, ehe die wütende Brandung es hat zerschlagen können. Noch ein tüchtiger Zug, und wir bringen es über die Schlammbarre in das Lagunenwasser, wohin die Wellen nicht dringen.

Nun haben wir aber auch genug, und erschöpft vor Müdigkeit werfen wir uns auf den Sand. Der ungeheuren Aufregung und Anspannung, in der Leib und Seele sich anderthalb Stunden lang befunden hatten, folgte ein Gefühl der Betäubung und der Ermattung — wir hatten einander nichts zu sagen, und ich gab keine Befehle für die Nacht. Wir waren Schiffbrüchige, hatten aber alle Veranlassung, froh und dankbar zu sein, daß wir überhaupt wieder festen Boden unter den Füßen hatten und mit heiler Haut allen den grünen Gräbern entronnen waren, die unter uns gegähnt hatten und bereit gewesen waren, uns zu verschlingen, wenn wir in den kritischsten Augenblicken nicht auf unserer Hut gewesen wären.

Wir hatten jedoch erst ein paar Minuten geschlummert, als zwei Mönche und drei Novizenknaben mit leisen Schritten über den Sand herankamen und sich uns so vorsichtig näherten, als wüßten sie nicht recht, ob wir lebendig seien oder tot. Da richteten wir uns auf, und nun begrüßten sie uns freundlich und erkundigten sich, wie es uns gehe und ob wir der Hilfe bedürften. Sie bezeigten uns viel Interesse und erzählten, daß sie vom Altan aus das Boot auf den Wellen schaukelnd herankommen sehen und überzeugt gewesen seien, daß es in dem ungewöhnlich heftigen Sturm, der heute über den See hingezogen sei, untergehen müsse. Sie waren zu Tode erschrocken gewesen und sagten, es sei ein furchtbares Bild gewesen, wenn die Wellen das Boot verdeckt hätten, und sie hätten jeden Augenblick erwartet, daß es sich nicht wieder zeigen werde. Und beim Landen hätten sie uns dicht unter sich gehabt; es habe doch gar zu unheimlich ausgesehen. Ob wir irgendwie verletzt seien und ob wir nicht ins Kloster hinaufkommen und die Nacht in warmen Zimmern zubringen wollten? Aber ich dankte ihnen für ihr gütiges Anerbieten und zog es vor, wie gewöhnlich im Freien zu schlafen. Könnten sie uns aber Brennholz und Essen verschaffen, so würden wir dazu nicht nein sagen.

Sie verbeugten sich und verschwanden in den verwickelten Treppengängen, um bald mit ganzen Säcken voll Dung, Reisig und Scheiten wiederzukommen, und bald loderte ein herrliches Feuer auf der Terrasse auf. Sie zündeten es selbst an, denn unsere Zündhölzer und Feuerzeuge waren wie alles andere gänzlich unbrauchbar geworden. Und dann gingen sie wieder ihrer Wege, um uns etwas Eßbares zu besorgen, denn der Inhalt unserer Proviantbündel hatte sich in dem Bootwasser in Teig verwandelt.

Unterdessen richteten wir uns auf dem schmalen Uferstreifen unterhalb des Klosters häuslich ein. In der Terrasse gähnten zwei große Höhlen, deren gewölbte Decken rußig waren; Pilger und Hirten pflegten hier zu übernachten. Sie hätten uns gegen den Wind schützen können, sahen aber so unsauber aus, daß wir beschlossen, das Lager lieber auf dem Uferrand aufzuschlagen. Er war freilich naß vom Regen, aber wir gruben uns mit den Händen trocknen Sand aus. Das Boot wurde auseinandergenommen und ausgegossen — es war ja halb voll Wasser —, und dann wurde es am Feuer in einen Windschirm verwandelt. Es war ein Vergnügen, den Sturm anzuschauen und dem lauten Rauschen der Brandung zuzuhören.

Als das Feuer ordentlich in Brand und es glühend heiß geworden war, zogen wir uns splitterfasernackt aus, rangen ein Kleidungsstück nach dem anderen aus und hockten dann ans Feuer, um unser Unterzeug zu trocknen und selber wieder trocken zu werden. Jeder mußte für sich selber sorgen, denn wir waren alle drei gleich übel dran. Ich breitete meine Sachen möglichst dicht am Feuer aus und hängte sie über die Ruder und die Rettungsgürtel, damit Wind und Hitze wirken könnten. Inzwischen trock-

249, 250, 251. Kubi-gangri mit den Quellen des Brahmaputra, am 14. Juli 1907 aufgenommen.

nete ich meine wollene Unterjacke stückweise, kehrte sie um, wandte sie dem Feuer von vorn und von hinten, von außen und von innen zu, und als sie ganz trocken war, zog ich sie wieder an. Dann kam die Reihe an die sogenannten Unaussprechlichen, darauf an die Strümpfe und so eines nach dem anderen. Nur mit der Lederjoppe und dem Pelz gelang es mir nicht, sie wurden bis zur Nacht noch nicht trocken, aber was machte das aus? Wir hatten es hier ja doch jedenfalls besser als in den grünen Kristallsälen des Seekönigs!

Noch ist es heller Tag, aber der Sturm wütet, der Gurla Mandatta und das ganze Land im Süden sind verschwunden, dorthin zieht das Unwetter. Es regnet wieder fein und dicht. Falken schreien in den Löchern der Geröllabhänge, eine gefährliche Nachbarschaft für die blaugrauen Tauben, die auf den Vorsprüngen girren.

Mit süßer und saurer Milch und Tsamba kommen die Mönche wieder herunter, Tee haben wir selber, und das einfache Mittagessen schmeckt vortrefflich. Dann saßen wir ein paar Stunden am Feuer, während der Sturm noch andauerte. Ich hatte auch mein Tagebuch getrocknet und trug nun die Aufzeichnungen ein, die den Inhalt dieses Kapitels bilden. Währenddessen unterhielt mich der neben mir sitzende Schukkur Ali mit den Abenteuern, die er auf seinen Reisen im Dienste Younghusbands und Wellbys erlebt hatte. Nun, da er eben mit knapper Not dem Tode entronnen ist, tritt das Vergangene schärfer in seiner Erinnerung hervor, und wenn er einmal ins Erzählen gerät, läßt er sich nicht Einhalt gebieten, der gute Schukkur Ali. Ich hörte ihm mit einem Ohre zu und schrieb mit dem anderen — hätte ich beinahe gesagt —, um nicht interesselos zu erscheinen; und schließlich war es für Schukkur Ali ja die Hauptsache, daß er schwatzen konnte.

Endlich klärt es sich im Norden auf, und alle Berge erscheinen kreideweiß beschneit. Sonst zeichneten sich nur der Kailas und seine nächsten Nachbarn durch ihre weißen Hauben aus, jetzt aber ist alles weiß. Wir sind freilich schon über die ersten Tage des August hinaus, aber sollte es möglich sein, daß der Herbst bereits beginnt? Der Sommer ist ja so kurz gewesen, wir haben kaum Zeit gehabt, uns an ihn zu gewöhnen.

Eine neue Nacht senkt sich auf die Erde herab. Undurchdringliches Dunkel umgibt uns, nur im Zenit funkeln einige Sterne. Die hinsterbende Dünung rauscht noch gegen das Ufer. Der Tso-mavang aber schlummert sanft zur Nachtruhe ein. Über uns thront das Kloster auf seiner steilen Wand wie eine Burg, auch die Mönche haben sich schlafen gelegt. Die Falken sind verstummt, und die Tauben haben ihre Nester aufgesucht.

Siebenundvierzigstes Kapitel.

Auf dem Klosterdach von Gossul.

Mitten in der dunkeln Nacht weckte mich ein entsetzlicher Spektakel, ein Klosterhund war unter die Bootshälfte meiner Leute gekrochen, um zu mausen, trat aber dabei zufällig Schukkur Ali auf den Hals und erhielt Prügel. Die Temperatur ging auf +3 Grad herunter. Bei Sonnenaufgang kam Rabsang angeritten. Die Meinigen hatten gefürchtet, daß wir in den Wellen umgekommen seien; er brachte neuen Proviant und ein Postpaket von Thakur Jai Chand, dem britischen Handelsagenten in Gartok, der sich augenblicklich in Gyanima, wo die Jahresmesse stattfand, aufhielt. Er schrieb mir, daß Oberst Dunlop Smith ihn am 27. Juni beauftragt habe, zu versuchen, Nachricht von mir zu erhalten. Guffaru habe seinen Auftrag gut ausgeführt, meine ganze Bagage sei in Gartok in guter Hut und meine umfangreiche Post nach Simla abgeschickt worden. Von Mr. Sherring, der vor einigen Jahren eine Reise nach dem Manasarovar gemacht hatte, erhielt ich einen sehr liebenswürdigen Brief; er hatte auch die große Freundlichkeit, mir sein interessantes Buch über Westtibet zu schicken, während seine Gattin mich mit einem ganzen Paket englischer und französischer Zeitschriften überraschte, einer Lektüre, die mir um so willkommener war, als ich die reichhaltige Bibliothek, die mir O'Connor (Abb. 245) geschenkt hatte, längst ausgelesen und in alle vier Winde zerstreut hatte. Es war ganz eigentümlich, gerade an dem Ort, wo ich Schiffbruch gelitten hatte, so unvermutet wieder mit der Außenwelt in Berührung zu kommen.

Seltsam und warm berührte mich Rabsangs mündliche Mitteilung, daß die Mönche in Tugu-gumpa, als sie das Unwetter über unserem zerbrechlichen Boot losbrechen sahen, Weihrauch vor dem Bild des Seegottes angezündet und ihn angefleht hatten, uns aus den Armen der Wellen zu reißen! Keiner habe sie darum gebeten, sie hätten es aus eigenem Antrieb getan. Sie hatten gesagt, es wäre zu bedauern, wenn wir verloren gingen; sie hatten ein Herz und waren nicht so kalt, als man hätte glauben können. Wenig Sympathiebeweise haben mich so gerührt wie dieser.

In Begleitung Rabsangs stieg ich dann am frühen Morgen den gewundenen Pfad, der nach dem Kloster führt, hinauf. An den Biegungen und auf Vorsprüngen stehen würfelförmige Tschorten und Votivmale, hier und dort flattert ein Wimpel an einem Maste. Eine „Tsamkang", eine Eremitenwohnung, hängt über einer Grotte, die dadurch entstanden ist, daß vor elf Jahren ein gewaltiges Stück aus der Wand der Geröllterrasse fiel. Ich konnte den Mönchen sagen, daß sie sich auf den Grund, der Gossuls Kloster trägt, nicht gar zu fest verlassen sollten. Sie rechnen zwar auf die Seelenwanderung Millionen Jahre, ihre irdischen Behausungen aber sind nicht für die Ewigkeit erbaut. Sie erwiderten jedoch sehr ruhig, daß das Kloster hier schon 100 Jahre gestanden habe und sicherlich noch so lange stehen werde, als sie dort lebten. Denn im allgemeinen wechseln die Mönche alle drei Jahre und kommen aus dem Kloster Schibeling in Purang, von dem sie auch ihren Unterhalt beziehen, hierher. Es sind ihrer nur drei, aber ich sah auch vier Novizen, sieben, neun, zehn und elf Jahre alt, die so flink wie Mäuse überall umherliefen und die Mönche bedienten (Abb. 264). Ihre Mutter, eine Nonne aus Purang, wohnt auch im Kloster. Sie war verheiratet gewesen, ehe sie „den Schleier nahm", da ihr Mann aber starb, schenkte sie sowohl sich selbst, wie alle ihre Kinder der Kirche. Später erfuhr ich, daß der eine „Junge" ein Mädchen war. Sie sahen einander so ähnlich, daß ich sie nicht unterscheiden konnte; zuerst waren sie blöde und ängstlich, aber nachdem sie einige Silbermünzen erhalten hatten, wurden sie schnell zutraulich. Sie sahen für ihr Alter klein und verschrumpft aus, aber der Abt sagte, sie hätten sich so über den Tod ihres Vaters gegrämt, daß sie dadurch im Wachstum zurückgeblieben seien. Beinahe den ganzen Tag sah man sie vom See Wasser in Tonkrügen heraufschleppen, die sie in einem Korbe tragen, dessen Riemen sie sich über die Stirn legen; sie tragen also mit dem Kopf und den Halsmuskeln, die sich dadurch so entwickeln, daß der Körper im Verhältnis zu klein erscheint. Aber sie erhalten auch Unterricht und machen ihre ersten unsicheren Schritte auf dem Gebiete der Weisheit; der älteste soll schon ziemlich viel gelernt haben.

Ich ging in den Tempel und studierte ihn recht gründlich — ich blieb über zwölf Stunden da, zeichnete, nahm Messungen vor, erkundigte mich nach allem möglichen und machte Aufzeichnungen. Alles ist hübsch, interessant und gut erhalten; das Lhakang gleicht einem alten Waffensaal, einem Museum voll seltener, schöner Sachen, die von großer Kunstfertigkeit zeugen und mit unendlicher Geduld und wirklichem Geschmack zusammengesetzt, geschnitzt, modelliert und gemalt sind. Der von acht Säulen getragene Saal hat zwei rote Diwans, eine vergoldete Bronzestatue Buddhas und eine Menge anderer Götterstatuen, in Gestellen hängende Trommeln, lackierte Tischchen mit den gewöhnlichen religiösen Geräten und eine große Anzahl Opferschalen von blankstem Messing und ungewöhnlicher, geschmackvoller Form. Auf beiden Seiten der Säulen hängen kulissenartig je vier Reihen „Tankas", die so lang sind wie Standarten und Siegesfahnen, aber so, daß sie das Tageslicht nicht hindern, auf den Gesichtern der Götter zu spielen. In einer Ecke schimmert wohl eine schwedische Fahne hervor? Ach, es ist nur eine blau und gelbe „Tanka", aber auf mich wirkt sie doch wie eine Erinnerung an die goldene Zeit unserer Siege und unseres Ruhmes.

Das Lhakang in Gossul ist nach einem anderen Plan gebaut als die gewöhnlichen: ihm fehlt das Oberlicht, und es hat statt dessen drei Wandfenster in der dem See zugekehrten Fassade. Aber die Götter sehen den heiligen See nicht, denn die Fenster sind über einem Gitterwerk von Holzrippen mit Papier verklebt. Weshalb sie die herrliche Aussicht sperren und das Tageslicht ausschließen? Um die drinnen herrschende mystische Götterdämmerung zu verstärken und bei den Pilgern, die halbgeblendet aus dem hellen Tageslicht hereinkommen, größere Ehrfurcht zu erwecken, und damit man nicht sehe, daß das Gold nur vergoldetes Messing ist und die Spuren des Pinsels und Meißels nicht so profan deutlich hervortreten. Je ärmer ein Kloster ist, desto dunkler sind seine Tempelsäle; die Dunkelheit verdeckt die Armut und hilft den Mönchen, den Gläubigen zu imponieren.

Somtschung heißt eine kleine Tempelkammer, die nicht größer ist als eine Kajüte. Auf dem Diwan sind Kissen und Tücher im Kreise aufgestapelt, so daß sie zwei Nester bilden, in denen zwei Mönche während des nächtlichen Gottesdienstes sitzen. Vor der Statue Schakyamunis stehen auf dem Altartisch 40 mit Wasser gefüllte Silberschalen und auf einem anderen Tisch in einer silbernen Kanne einige Pfauenfedern, mit denen man unter dem Ausruf „Om a hum!" die Götter mit Weihwasser besprengt.

In früheren Zeiten hausten hier Räuber und Wegelagerer, die ihre Schlupfwinkel in den Grotten unter dem Kloster hatten. Von dort aus überfielen sie die wandernden Pilger und töteten viele. Da offenbarte der Gott des Tso-mavang sich dem Dschimpa Ngurbu, einem edlen Lama, und befahl ihm, das Kloster zu erbauen, damit es als eine feste Burg den Pilgern Schutz gewähre und die Götter ehre. Sicher ist die Gegend aber auch jetzt nicht. Im vorigen Jahre waren zwei Schurken, welche die Nomaden geplündert hatten, gefangen und hingerichtet worden, und wir selber sahen zehn mit Flinten bewaffnete Gurkhas, die an uns vorbeiritten und versuchen wollten, eine Räuberbande ausfindig zu machen, die ihre Pferde und Schafe geraubt hatte.

Die Mönche erzählten, der See friere gewöhnlich im Januar zu; bei stürmischem Wetter breche das Eis zwar wieder auf, aber wenn das Wetter ruhig und scharfer Frost sei, friere der ganze See an einem einzigen Tage zu und ebenso breche er auch, wenn Sturm herrsche, an einem einzigen Tage wieder auf. Leider sind die Aufklärungen, die man über den Wasserstand und den Abfluß erhält, sehr unzuverlässig und widersprechend. Ein 35jähriger Lama, der sich jetzt hier aufhielt, hatte schon als Kind am Tso-mavang gelebt. Er erinnerte sich noch sehr gut der Zeit, als so viel Wasser aus dem See nach dem Rakas-tal geströmt sei, daß ein Reiter nicht ohne Gefahr durch den Flußarm, der Ganga geheißen, habe reiten können. Nun aber seien schon neun Jahre vergangen, seit dieser Kanal aufgehört habe überhaupt Wasser zu führen. Man zeigte mir, wo die Uferlinie sich im vorigen Herbst hingezogen hatte, nämlich fünf Klafter weit seeeinwärts, so daß der See damals 57 Zentimeter höher gewesen ist. Man zeigte auch einen gelben Steinblock, bis wohin das Wasser vor zwölf Jahren gereicht haben sollte, welcher Punkt 3,15 Meter über dem jetzigen Spiegel des Sees lag. Ein Fallen in solchem Tempo ist indessen unwahrscheinlich, wenn auch diese Angabe mit der, die ich in Tugu-gumpa erhalten hatte, so ziemlich übereinstimmte. Die Schwelle der einen Grotte lag jetzt 6,88 Meter über dem Wasser, die der anderen, 36,7 Meter vom Ufer entfernten, 5,75 Meter über dem Wasser. Man sagte mir, daß, als das Kloster vor 100 Jahren erbaut worden sei, der See bis an diese beiden Grotten gereicht und nur einen schmalen Strandweg, der zu den Grotten führte, freigelassen habe. Die Zeitbestimmungen der Tibeter sind jedoch außerordentlich unklar, und um zu sicheren Schlüssen zu gelangen, müssen wir uns an die Angaben halten, die europäische Reisende gemacht haben. Darüber werde ich später ein paar Worte sagen. Als ich einen der Mönche fragte, wo denn all das Wasser bleibe, das sich in einer Menge Bäche und Flüsse in den Tso-mavang ergieße, antwortete er:

„Wenn es auch noch so sehr regnet und wenn alle Zuflüsse zum Überlaufen anschwellen, ist dem See doch nichts anzumerken, weil ebensoviel Wasser austrocknet wie hineinfließt. In unseren heiligen Büchern steht geschrieben, daß, wenn auch alle Zuflüsse versiegen, der See doch nie sinken und nie verschwinden wird, denn er ist ewig und die Wohnstätte hoher Götter. Jetzt aber sehen wir mit eigenen Augen, daß seine Oberfläche immer mehr sinkt, und verstehen nicht, was dies zu bedeuten hat."

Folgendes Merkzeichen kann irgendein künftiger Forschungsreisender benutzen: der untere Rand der massiven Holzschwelle des Hauptportals in der Fassade von Gossul-gumpa lag am 8. August 1907 gerade 37,40 Meter über dem Spiegel des Sees, wie ich mit Hilfe des Nivellierspiegels festgestellt habe.

Wir stiegen auf das Dach des Klosters Gossul-gumpa. Es ist flach, wie die meisten Klosterdächer, hat einen Rauchfang, eine Brüstung und Wimpel. Keine irdische Sprache verfügt aber über Worte, die fähig wären, die Aussicht, die man von hier aus über den See hat, zu beschreiben. Sie war freilich ungefähr dieselbe, die ich schon von andern Punkten des Ufers aus gesehen hatte, aber die Beleuchtung war so zauberisch und das Farbenspiel so wunderbar, daß man sein Herz schneller schlagen fühlte, wenn man aus dem Dunkel der Tempelsäle auf die freie Dachplattform hinaustrat. Tundup Sonam sagte in seiner einfachen Weise, der See und die ihn umkränzenden Gebirge sähen aus wie der Himmel mit seinen leichten Wölkchen. Auch ich selber wurde das Opfer einer Täuschung, die mich beinahe nach der schützenden Brüstung greifen ließ. Ich fragte mich, ob es wohl ein Schwindelanfall sei? Ich hielt nämlich den Gebirgsrahmen am Ostufer für einen Streifen leichter Wölkchen und die Oberfläche des Sees für einen Teil des Himmelsfeldes. Der Tag war vollständig windstill und der See wie ein Spiegel, in dem sich der Himmel beschaute; beide hatten genau dasselbe Aussehen und dieselbe Farbe, und die Gebirge, die infolge der Entfernung zu einer etwas dunkleren Nuance verschmolzen, glichen einem Wolkengürtel. Die Luft war nicht klar, alles trat in matten, gedämpften Tönen hervor, von Farben konnte man kaum reden, Himmel, Erde, Wasser, alles war grau mit einem Stich ins Blaue, ein Märchenland aus Glas mit Dekorationen von weißer Gaze, gesehen durch einen dünnen, blauen, berauschenden, vom Altar des hohen Seegottes aufsteigenden Weihrauchschleier!

Wo ist die Erde geblieben, wenn alles aus Himmel und Wolken besteht?! Total behext sind wir ja nicht, denn wir stehen auf dem Dach des Klosters und lehnen an seiner Brüstung. Was vor uns schwebt, ist ein Traumbild in verschwindenden leichtesten Tönen. Wir scheinen auf einem Vorgebirge zu stehen, das hinausragt in den unendlichen Weltenraum, der unter uns und vor uns gähnt. Und wo ist nun der heilige See, der uns gestern beinahe das Leben gekostet und auf dem es so gestürmt hat, daß ich noch jetzt den Boden unter den Füßen schwanken

fühle? Hat sich das Kloster Gossul durch eine göttliche Laune in ein
Luftschiff verwandelt, das mit uns nach einem anderen Planeten fährt?
Regungslos hängen seine Wimpel an ihren Stangen, von Gebirgen, Land
und Erdboden ist nichts zu sehen.

„O doch, wenn Sie sich ein bißchen über die Brüstung beugen",
sagt ein Mönch lächelnd. Ja freilich! Da verschwand die Illusion, und
ich vermißte sie schmerzlich; ich hätte gern noch eine Weile unter ihrem
Zauber geträumt. Gerade unter uns zieht sich der schmale Uferstreifen
mit seinem schwarzen Ton= und Algendamm, seinen länglichen Lagunen
hin. Durch das kristallklare Wasser sehen wir den gelbgrauen Lehm auf
dem Seegrund, den dunkeln Algengürtel und die dann folgenden dunkeln
großen Tiefen. Es ähnelt einem gewaltigen, mit einer Spiegelglasscheibe
bedeckten Aquarium. Zwei Gänseschwärme schwimmen auf dem Wasser
und rufen pfeilförmige Wellensysteme hervor. Und die Möwen und See=
schwalben sieht man wirklich aus der Vogelperspektive. Alles ist so un=
beschreiblich still, so duftig, durchsichtig und flüchtig, so fein und empfind=
lich, daß man kaum zu atmen wagt. Nie hat ein Gottesdienst, ein Hoch=
zeitsmarsch, eine Siegeshymne oder eine Beerdigung einen mächtigeren
Eindruck auf mich gemacht!

Sollte mein Geschick mich zwingen, mein Leben in einem der Klöster
Tibets zu verbringen, so würde ich ohne Besinnen Gossul=gumpa wählen!
Dort würde ich an festen Merkzeichen die Oszillationen des Seespiegels
und den Jahreslauf der Temperaturkurve beobachten. Wie ein Wächter
würde ich dort oben sitzen und über den See blicken und sehen, wie sich
in den zwölf Monaten sein Antlitz mit jeder Stunde verändert. Ich
würde dem Heulen der Herbststürme lauschen, an windstillen November=
tagen aber beobachten, wie der Streifen Ufereis von Tag zu Tag Ter=
rain gewönne, wenn auch nur, um im Laufe des Tages wieder zu
schmelzen. Immer mehr würde der Eisring sich der Mitte des Sees
nähern, aber von neuen Stürmen immer wieder zerstört werden und seine
Fesselungsarbeit von frischem beginnen müssen. Und endlich an einem
Januartag, wenn die Wassermenge durch und durch abgekühlt wäre und
kein Wind in der Luft herrschte, würde ich den Gott des Tso=mavang
ein hellklingendes Glasdach über sein grünes Schloß spannen sehen.
Winterstürme bestreuten es dann mit weißem Puder und jagten den wir=
belnden Schnee in dichten Wolken über das Eis, dessen dunkelgrüne,
glatte Bahn nur noch hier und da hervorschimmerte. Und an windstillen
Tagen läge der See dann wie eine weiße Ebene tot und einsam unter
seinem Leichentuch, und ich säße an der Bahre meines Freundes und
sehnte mich nach dem Frühling! Vergeblich kämpfen dann wieder die

ersten Frühlingsstürme mit der Festigkeit des Eises, es leistet tapferen Widerstand, aber schließlich kommt die Sonne den Winden zu Hilfe und macht das Eis brüchig und morsch. Nach allen Richtungen entstehen Rinnen und Waken, und der nächste Sturm, der über den See eilt, duldet keinen Widerstand mehr; er wälzt die Eisschollen beiseite, türmt sie wie Steinmale aufeinander, treibt sie nach den Ufern hin, jagt Sturzseen über sie hinweg und zwingt sie, einander in der rollenden Dünung zu zernagen, sich zersplittern, pulverisieren und zu Wasser schmelzen zu lassen. Dann würde ich mich über den Sieg des Sturmes, die Befreiung des Tso-mavang und sein Wiedererwachen zum Leben freuen und würde wieder dem Lied der Wellen und dem Schreien der Wildgänse lauschen! —

Vielleicht ist nur während einer einzigen Stunde des Jahres die Stimmung möglich, in der ich an der Brüstung Gossuls stand. Diese Stimmung erfordert eine bestimmte Temperatur, einen bestimmten Prozentsatz an Feuchtigkeit, Windstille, vorhergegangenen Regen und eben beendeten Nordoststurm. Wie selten werden alle diese Bedingungen zugleich erfüllt sein? Höchstens einmal im Jahr, und gerade in dieser Stunde, der Stunde aller Stunden stand ich auf dem Tempeldach und sah den blauen See von seinem Spiele ausruhen.

Wunderbarer, hinreißend bezaubernder See! Schützling der Sage und der Legende, Tummelplatz der Stürme und der Farben, Augapfel der Götter und der Menschen, Ziel der Sehnsucht müder Pilger, heiligster und herrlichster aller Seen der Erde, so bist du, Tso-mavang, der See aller Seen! Mittelpunkt der Protuberanz des alten Asiens, zwischen deren Bergriesen vier der berühmtesten Flüsse der Erde, der Brahmaputra, der Indus, der Satledsch und der Ganges, ihre Quellen haben; umgeben von einer Welt von Bergen, von denen der Kailas der berühmteste der Welt ist, denn er ist Hunderten von Millionen Hindus heilig. Zentrum eines Kranzes von Klöstern, auf deren Dächern jeden Morgen die Stöße des Muschelhorns über den See hinschallen, sobald die Sonne aufgeht; Achse und Scheibe des Rades, das ein Bild des Lebens ist und dessen Kreis die Pilger auf dem befreienden Wege nach dem Land der Vollkommenheit umwandern. Das ist der Manasarovar, die Perle aller Seen der Erde! Schon zu uralten Zeiten, als die Vedabücher geschrieben wurden, haben seine blauen Wogen im Lauf der Jahrhunderte unzählige Scharen gläubiger Hindus und Tibeter an seine Ufer kommen sehen, um dort zu trinken, zu baden und Ruhe für ihre Seele zu finden. Es gibt gewiß schönere Seen auf Erden. Der Nachbar im Westen, der Langak-tso, ist zum Beispiel malerischer. Aber es gibt keinen, der mit der Naturschönheit eine solche Macht über das Glaubensleben, die Geisteswelt der Menschen

253. Schafschur in Tugu-gumpa am Manasarovar.

254. Tempelsaal, Lhakang, in Tugu=gumpa.
Skizze des Verfassers.

verbindet, wie dieser. Daher liebt man auch das Rauschen seiner Wellen mehr als das anderer und bleibt nur zu gern lange an seinen Ufern. Und wenn man droben auf dem Klosterdach steht, während die ganze Umgegend in Schweigen versunken ist, dann glaubt man unzählige herannahende Wanderer zu hören, das Echo ihrer stolpernden Schritte auf dem heiligen Pfade um den See. Und man wirft einen verstohlenen Blick in die Nacht verronnener Jahrhunderte, von deren Sehnen und vergeblichem Suchen nach einer eingebildeten Seligkeit nichts übrig geblieben ist. Aber der Tso=mavang ist derselbe geblieben, der er schon damals war, und sein azurblaues Auge sieht immer neue Geschlechter in die Spur der alten treten.

Nach einer solchen Stunde erscheint alles andere alltäglich; erst als das Abendrot mit seinem Purpurschein den See überflutete, konnte ich wieder nach meinem Lagerplatz am Ufer hinabgehen. Noch einmal wandte ich mich dem Tso=mavang zu und rief ein lautes, gedehntes „Om a hum!" Rabsang sprach nicht, aber ich konnte ihm ansehen, daß er sich fragte, ob ich der jüngste Adept der lamaistischen Kirche geworden sei. Um so mehr, als ich von Anfang an darauf bestanden hatte, daß wir die Wanderung um den See in orthodoxer Richtung machten: südwärts auf dem Ostufer und nordwärts auf dem Westufer.

Drunten waren im Sande noch die Spuren von 120 Yaks zu sehen, die am Morgen mit Ziegeltee beladen nach Norden gezogen waren. Ein alter Hindu, der seine Umwanderung des Sees in derselben Richtung wie die Tibeter ausführte, bat, bei uns lagern zu dürfen, weil er sich vor Räubern fürchte; wir bewirteten ihn mit Tee, Brot und Tabak, wogegen er uns bat, eine Handvoll Reis anzunehmen. Seltsamerweise scheinen auch die Hindupilger Ehrfurcht vor den lamaistischen Klöstern zu hegen. Wenigstens sah ich, daß sie sich in Tugu=gumpa vor den lamaistischen Göttern verneigten und eine Handvoll Reis in die Schale legten, die ein Mönch ihnen hinhielt.

Nach nur 6,6 Grad in der Nacht erschien die Morgenluft ordentlich warm. Eine frische östliche Brise rief merkbaren Seegang hervor, und die Wellen hatten sonnenbeglänzte Schaumköpfe, aber der Tag war herrlich, man freute sich seines Lebens und ich sehnte mich wieder auf den See hinaus. Der alte Hindu erklärte, daß er beschlossen habe, seine Wanderung aufzuschieben und mich im Boot zu begleiten! Aber ich versicherte ihm, daß wir beschlossen hätten, keinen unnötigen Ballast mitzunehmen. Als wir in der Uferbrandung nach dem an der alten Feuerstelle leicht erkenntlichen Lager Nr. 213 hinruderten, begleitete er uns aber am Ufer, und als wir von dort seewärts steuerten, gerade auf

Tugu-gumpa los, das wie ein weißer Punkt im Südosten sichtbar war, war der Mann so erpicht mit uns zu kommen, daß er ins Wasser lief, bis es ihm bis zur Mitte des Körpers reichte; erst da kehrte er wieder um. Er war wohl ein bißchen verrückt; den ganzen Abend hatte er Unsinn geredet, obwohl ihm keiner zugehört hatte.

Die neue Lotungslinie hatte die Nummer vier auf meiner Karte des Sees, ihre größte Tiefe betrug 76 Meter. Beim neunten Lotungspunkt verwickelte sich leider die Lotleine in die rote Metallscheibe des Strommessers. Diese wurde aus ihren Schrauben gehoben und ringelte sich wie ein Bumerang in seltsamen Windungen 63 Meter tief durch das kristallklare Wasser hinab, um bis zum Jüngsten Gericht im Bodenschlamm des Tso-mavang zu schlafen! Glücklicherweise war sie leicht zu ersetzen.

Als wir am Kloster landeten, waren alle die Unseren und die Mönche und Pilger am Ufer, um uns zu empfangen. Der erste, den wir aber erblickten, war der verrückte alte Hindu. Seine Landsleute hatten es für selbstverständlich gehalten, daß wir im Sturme untergegangen seien, und waren daher sehr erstaunt, uns lebendig zurückkommen zu sehen. Da ich nun aber wieder kam, meinten sie wohl, daß sie doch auch Nutzen daraus ziehen könnten und baten mich, ihnen samt und sonders neue Hosen zu schenken, ein Verlangen, das ich recht unpassend fand!

Am 10. August saß ich in meiner Zelttür und malte den Kailas in verschiedener Beleuchtung (s. bunte Tafel). Sein weißer Gipfel zeichnete sich kalt und kahl auf einem hellblauen, fleckenlosen Himmel ab, der See war intensiv und blendend marineblau. Als eine Brise über den See hinfuhr, schillerte er ganz hinten wie klarer, grüner Malachit. Nach Sonnenuntergang war der Himmel brandgelb, und der ebenso brandgelbe See spiegelte die schwarzen Umrisse der Berge in zitternden Serpentinen wieder. Am Abend vorher hatte der ganze westliche Horizont in blutroten Flammen gestanden.

Der heilige See Manasarovar mit dem Kailas im Hintergrund, von Tugu-gumpa aus.
Aquarell des Verfassers.

Achtundvierzigstes Kapitel.

Die letzten Tage am Tso-mavang.

Um diese Zeit hatte sich Robert mehr als ich in der tibetischen Sprache vervollkommnet, er sprach beinahe geläufig. Daher konnte er, während andere Arbeiten meine ganze Zeit in Anspruch nahmen, Erkundigungen über Land und Leute einziehen und allerlei Aufträge ausführen. An der linken, kurzen Querwand der Eingangshalle Tugu-gumpas stand z. B. zur Belehrung der Pilger eine Inschrift, die Robert ins Hindi und ins Englische übersetzte und die in freier Übertragung so lautet:

„Der Tso-mavang ist die heiligste Stelle der Welt. In seiner Mitte wohnt ein Gott in Menschengestalt, der in einem Zelt haust, das aus Türkisen und Edelsteinen aller Art besteht. In seiner Mitte wächst ein Baum mit tausend Zweigen, und jeder Zweig hat tausend Zellen, in denen tausend Lamas leben. Der Seebaum hat eine doppelte Krone; die eine erhebt sich wie ein Sonnenschirm und beschattet den Kang-rinpotsche, die andere beschattet die ganze Welt. Jeder der 1022 Zweige trägt ein Götterbild, und alle diese Götterbilder wenden ihr Gesicht nach Gossul-gumpa, und alle Götter versammelten sich hier in früheren Zeiten. Einst wurde Goldwasser aus dem See geholt, und damit wurde in Tschiu-gumpa das Gesicht Hlobun Rinpotsches vergoldet; mit dem übrigen Wasser vergoldete man die Tempeldächer Taschi-lunpos. In alten Zeiten floß das Wasser über einen Paß, der Paktschu-la hieß, nach dem Ganga-tschimbo ab. Von allen Seiten strömt Wasser nach dem See hin: kaltes, warmes, heißes und kühles. Vom See geht Wasser nach dem Ganga-schäi und kommt dann wieder zurück. Alljährlich steigt Dampf aus dem See auf und umschwebt ihn einmal im Jahr, taucht in seiner Mitte unter und macht es das nächste Jahr wieder so. Wenn jemand aus der Mitte des Sees Ton heraufholt, so ist der Ton in Wirklichkeit Gold. Der See ist das Eigentum des Seegottes. Der See ist der Mittelpunkt der ganzen Welt. Der Sambu Taschi wuchs aus dem Seebaum heraus. Der Sotschim Pema Dabge ist von sehr heiligem, klarem und feinem Wasser. Im See liegt der Gjagar Schilki Tschorten. Das Schloß des Seegottes ist im See. Alle jene Lamas sprechen ihre Gebete mit einer Stimme. Alle Götter versammeln sich auf einmal im See und sitzen dort zwischen mit Gold und Edelsteinen bedeckten Tschorten aller Art. Der Geisterkönig des Südlandes residiert hier in einem goldenen Hause, und wenn jemand kommt, um sich zu waschen und zu reinigen, so wird der Geisterkönig nicht böse. Wenn wir den Geisterkönig des Südlandes anbeten, werden wir sehr reich und glücklich. Von dem See gehen unter der Erde vier große und vier kleine Flüsse aus. Die vier großen Flüsse sind: ein warmer, ein kalter, ein heißer und ein kühler. (Der Karnali, der Brahmaputra, der Indus und der Satledsch.) Wenn jemand sich im See wäscht, wird er von allen Sünden und allem Schmutz befreit. Wenn jemand sich ein einziges Mal im See wäscht, sollen die Sünden seiner Vorfahren vergeben sein und seine Vorfahren aus dem Fegefeuer erlöst werden. Datping Ngatscha kam mit 500 Pilgern vom Kangrinpotsche, um sich im See zu waschen. Lo Mato Gjamo begegnete ihnen und bat sie, nach dem Tso=mavang zu kommen. Datschung Ngatscha und die Pilger kamen mit Massen von Blumen, die sie in den See streuten. Datschung Ngatscha ging dreimal um den See herum und stieg dann in den Himmel auf."

Besonderes Interesse hat die hier ausgesprochene Vermutung, daß die vier großen Flüsse auf unterirdischem Wege vom Tso=mavang ausgehen. Hinsichtlich des Satledsch ist dieser Glaube, meiner Ansicht nach, vollkommen richtig. Man erzählte auch, daß der fünfte Taschi=Lama, dessen Grabkapelle wir in Taschi=lunpo besuchten, einmal die Wallfahrt nach dem Tso=mavang gemacht habe und bei Tugu=gumpa nach dem Ufer hinuntergegangen sei, um dem Seegott ein Kadach anzubieten. Das Kadach sei in der Luft hängen geblieben, d. h. es habe in Wirklichkeit an einem der Zweige des heiligen Seebaums gehangen, da aber der Baum nur Rinpotsches und wirklichen Inkarnationen sichtbar sei, habe es für gewöhnliche Sterbliche so ausgesehen, als hänge das Kadach frei in der Luft.

Am 11. August nahm ich einen langen Abschied von den liebenswürdigen Mönchen Tugu=gumpas, die reiche Geschenke erhielten. Sie begleiteten uns nach dem Ufer hinunter, als wir abstießen, um nach Westen weiterzurudern. In einer großen Uferlagune, deren Wasser von den vielen Wildgänsen und Möwen, die hier den Bodenschlamm aufwühlen, braun und schmutzig ist, mündet ein vom Gurla Mandatta kommender Bach, der jetzt 1,07 Kubikmeter Wasser in der Sekunde führte. Den ganzen Weg entlang zieht sich ein 6 Meter hoher Schuttwall hin, die Fortsetzung der Geröllterrasse, auf der Tugu=gumpa steht. Der Seegrund besteht bald aus Sand, bald aus Schutt — Ausläufern der Schuttkegel des Gurla Mandatta. Große Algenbündel bilden dunkle Flecke. Oben in zwei Talmündungen des Gurla sieht man schäumende Flüsse und wundert sich, daß sie sich nicht in den See ergießen. Aber die Erklärung ist leicht. Man sieht, wie 20—50 Meter vom Ufer entfernt sich unzählige kleine Löcher im Sande des Seebodens wie die Klappen eines Blutgefäßes öffnen und schließen und wie über ihnen auf der Oberfläche des Sees das Wasser brodelt. Das sind Quellen. Die Flüsse verschwinden in den Schuttkegeln, unter denen das Wasser auf Schichten undurchlässigen Glazialtons hinströmt. Erst am Saum des Schuttkegels tritt das Wasser unter dem Seespiegel hervor. Ich sah also, daß ich die Flüsse an der Stelle, wo sie aus den Tälern der Gebirge heraustreten, messen mußte, wenn ich den richtigen Wert des Zuflusses, den der Tso-mavang durch sie erhält, feststellen wollte.

Bei dem Lager Nr. 218 trat ganz nahe am Ufer eine Quellader zutage und hatte an der Stelle, wo sie aufsprang, eine Temperatur von nur 3,4 Grad, brachte also die Gletscherkälte bis zum See hinunter. Da das Schmelzwasser der Gurlagletscher demnach auf seinen unterirdischen Wegen seine niedrige Temperatur behält, ist es wahrscheinlich, daß es dazu beiträgt, das Seewasser während des Sommers kühl zu erhalten. Ganze Schwärme von Fischen spielten an der Oberfläche des Wassers und schnappten nach Mücken, die gleichsam einen Federbusch trugen und in Wolken auftraten.

Am 12. August ritt ich mit Rabsang und einem Tibeter nach dem Fuß des Gurla Mandatta hinauf. Wir überschritten die große Heerstraße zwischen Tugu-gumpa und Purang. Ein Wolf ergriff die Flucht; hier und dort fährt ein Hase aus dem Steppengras in die Höhe, und Heuschrecken fliegen geräuschvoll umher. Wir reiten in die Mündung des Tales Namreldi hinein, in dem Räuber hausen und dessen kristallklarer Fluß zwischen Wänden von anstehendem Gestein 2,86 Kubikmeter Wasser führte, gegen 1,07, die er an dem Punkt, wo er sich in den See ergießt, noch hatte. Das übrige Wasser strömt dem See also unter dem Schutt zu. Einige Kilometer weiter nach Westen hielten wir am Eingang des Tales Sälung-urdu Rast; in seinem oberen Teil liegt eine Gletscherzunge. Um $1/2$10 Uhr war das Bett des Tales trocken, aber um $1/2$2 Uhr toste dort ein Fluß mit Stromschnellen und Wasserfällen, dessen außerordentlich trübes Wasser ein Volumen von 1,81 Kubikmeter hatte und den See nur in Gestalt unterirdischer Quellen erreichte. Die Aussicht von diesen hochgelegenen Punkten ist großartig. Wir sehen den Tso-mavang noch mehr aus der Vogelperspektive, und im Westen schimmert das glänzende Blau des Langak-tso. Der Überblick, den man hier vom Lande erhält, ist sehr lehrreich. Die Verwitterungskegel des Gurla Mandatta, die aus Sand, Schutt und Blöcken bestehen, erstrecken sich wie umgekehrte Löffel nach Norden; ihre Stielenden tauchen unter den Seespiegel und geben zu den wechselnden Tiefen auf den Lotungslinien I und II Veranlassung. Vom Lager Nr. 218 fuhr Robert rechtwinklig zum Ufer auf eine Lotungslinie hinaus, bis er 58 Meter Tiefe erreicht hatte.

Jeder Tag und seine Beobachtungen brachten mich der Lösung des Problems, das ich mir gestellt hatte, einen Schritt näher. Als wir am 13. längs des Westufers nordwärts ruderten, gruben wir an einigen Stellen 10 Meter vom Ufer Brunnen. Der Boden bestand aus abwechselnden Sand- und Tonlagern; zuoberst Sand, darauf eine Schicht verfaulter Pflanzenteile, dann ein 50 Zentimeter dickes Sandlager, das auf Ton ruhte. Ein 62 Zentimeter tiefer Schacht füllte sich langsam mit Wasser; es hatte dasselbe Niveau wie der Seespiegel. Es durchdrang den Sand und stand auf dem Ton. Wenn dieses Tonlager sich, wie anzunehmen, durch die schmale Landenge hindurch bis an das Ufer des Langak-tso erstreckt, so ist es klar, daß das Wasser des Tso-mavang überall durch die Sand- und Geröllbetten sickert und nach dem westlichen See abfließt. Schon jetzt erhielt ich die Überzeugung, daß auch, nachdem der alte Kanal zu fungieren aufgehört hatte, eine unterirdische Verbindung zwischen den beiden Seen bestehen mußte. Denn die Tatsache, daß der Tso-mavang vollkommen süßes Wasser hat, ist allein noch kein Beweis, daß der See Abfluß hat, da erst einige Jahre verstrichen sind, seit der Kanal abgeschnürt worden ist.

Wieder lagerten wir unter dem gastfreien Kloster Gossul. Am 15. August ritt ich mit Rabsang und einem Tibeter über die hügelige Landenge zwischen den beiden Seen, um auch nach dieser Seite hin einen Überblick über das Land zu erhalten. Es geht steil nach dem höchsten Punkt des Landrückens hinauf, von dem man eine herrliche Aussicht über den Langak-tso, dessen malerische Felsufer mit vorspringenden Kaps und Spitzen, über seine Buchten und Inseln und die ringsumliegenden steilen Gebirge hat. Der Form nach unterscheidet er sich in hohem Grade von seinem Nachbar, der rund ist und keine Inseln besitzt. Wir standen auf einer Höhe von 4887 Meter und befanden uns also 285 Meter über dem Spiegel des Manasarovar. Dann ritten wir ein flaches, mit Buschholz bewachsenes Tal hinab. Es geht in den flachen Ufergürtel über, dessen Kontur regelmäßig geschweift ist; hier sind alte, außerordentlich deutlich markierte Uferlinien, deren höchste 20,7 Meter über der Seefläche liegt. Als der Langak-tso noch so hoch stand, hatte er Abfluß nach dem

Satledsch, dessen altes Bett man noch von der Nordostecke des Sees ausgehen sieht.

Heftiger Südwind wehte, und die Wellen wälzten sich nach dem Ufer, wo wir eine gute Stunde, ich zeichnend und messend, saßen. Darauf ritten wir wieder über die Landenge, aber an der Stelle, wo sie am niedrigsten (4660 Meter) und breitesten ist. In ihrer östlichen Hälfte liegt ganz nahe am Ufer des Tso-mavang ein von Hügeln umgebener Salzsumpf, dessen Spiegel 2,35 Meter unter dem des Sees liegt. Im Sand- und Schuttwall zwischen beiden sieht man wasserreiche Quellen, die von dem See nach dem Sumpfe gehen. Der Sumpf steht in einer flachen Schüssel von Ton, in der das Wasser verdunstet, die geringe Salzmenge aber, die das Seewasser enthält, sich anhäuft. An dieser Stelle ist also das Wasser des östlichen Sees verhindert, nach dem westlichen durchzusickern.

Am folgenden Tag segelten wir mit günstigem Wind nach der Nordwestecke des Tso-mavang, wo Tschiu-gumpa sich auf seiner Felspyramide erhebt. Dieser Punkt, das Lager Nr. 219, sollte nun einige Tage unser Hauptquartier werden. Die Kontur des Tso-mavang gleicht einem Totenschädel von vorne gesehen, und wir hatten nur noch den eigentlichen Scheitel zu untersuchen. Ein Ruhetag wurde zu einer ersten Rekognoszierung im Kanalarm benutzt, wo mehrere kalte und heiße Quellen entspringen; zwei der letzteren hatten eine Temperatur von 47 und 50 Grad, aber bei einer dritten reichte ein 65 gradiges Thermometer nicht zum Messen der Temperatur aus, sondern die Röhre zersprang! Eine 47 gradige Quelle mit gemauertem Bassin soll als Gesundheitsbad benutzt werden, obgleich man Tibeter sein muß, um sich in einem so heißen Wasser nicht zu verbrühen. Eine daneben liegende kleine Steinhütte dient als Entkleidungsraum. Etwas weiter abwärts führt eine Brücke, die aus vier, auf zwei Steinpfeilern ruhenden Balken besteht, über den Kanal; sie ist außerordentlich gut imstande und liefert einen Beweis mehr, daß der Kanal vor noch gar nicht so langer Zeit Wasser geführt hat. An den Pfeilern der Brücke sieht man noch deutliche Wassermarken 47 Zentimeter über den jetzigen stillstehenden, nach Schwefel riechenden Becken, die reich an schleimigen Algen sind und durch Quellen gebildet werden. In ihnen hielten sich junge Wildgänse auf, die sich nur mühsam vor der braunen Puppy schützen konnten.

Tschiu-gumpa, das fünfte der acht Klöster des Sees, das ich besuchte (Abb. 265), ist klein und hat 15 Lamas, die hier auf Lebenszeit eintreten, während der Abt alle drei Jahre wechselt. Es besitzt einige Yaks, 500 Ziegen und 100 Schafe, die zum Salztransport nach Purang benutzt werden, wo die Mönche Gerste eintauschen. Ein Mönch, ein zwanzigjähriger

Jüngling aus Rudok, hieß Tsering Tundup und gehört zu den Tibetern, deren ich mit besonderer Sympathie und Wärme gedenke. Seine Mutter wohnte auch im Kloster und besorgte die Schafe und Ziegen, wenn sie allabendlich in die Hürden getrieben wurden. Er selbst war ungewöhnlich hübsch, fein, liebenswürdig und gefällig und zeigte und erklärte mir alles. Von seiner kleinen, armseligen Klosterzelle auf dem Felsengipfel aus konnte er ungestört träumend auf den heiligen See im Osten und den von den Göttern verschmähten Langak-tso im Westen sehen, aber trotzdem war er melancholisch, was dazu beitrug, ihn mir sympathisch zu machen. Er gestand aufrichtig, daß er des einförmigen Lebens in Tschiu-gumpa müde sei; jeder Tag sei seinem Vorgänger gleich, und ständig müsse man um dürftigen Unterhalt kämpfen und auf räuberische Anfälle vorbereitet sein. Da sei es doch schöner, so wie ich zu leben und frei zwischen den Gebirgen umherzuwandern. Er bat daher, ob er nicht mit mir kommen dürfe; ich antwortete, daß ich ihn gern mit nach Ladak nehmen würde. Da erhellte sich sein Gesicht; aber dann bat er mich, sich die Sache noch überlegen zu dürfen, bis ich von der nächsten Seefahrt zurückkehre.

Die ganze Nacht regnete es. Am Morgen des 18. war alles naß, auch die Sachen in meinem vom Winde gepeitschten und zerfetzten Zelt, wo sich kleine Pfützen gebildet hatten. Aber Tsering kam mit der Wäsche, also war es nicht so schlimm. Wir hatten eine lange Fahrt vor uns, deren Ziel das Lager Nr. 212 war, der erste Punkt am heiligen See, wo wir gelagert hatten. Das Programm der Exkursion umfaßte auch einen Besuch der drei noch übrigen Klöster, das Messen der Wassermenge der von Norden kommenden Zuflüsse und das Zeichnen einer Karte des Nordufers. Wir nahmen daher auf vier Tage Proviant, den Rabsang und Adul zu Pferd längs des Ufers befördern sollten. Wir wollten uns am Eingange des Tales Serolung bei Serolung-gumpa treffen. Diese letzte Fahrt sollte meine Untersuchungen des Sees abschließen, aber gerade, weil sie die letzte war, wurde sie von meinen Leuten mit Furcht betrachtet. Sie meinten, ich hätte dem Seegott jetzt so lange getrotzt, daß nun mein Stündlein gekommen sei, und er werde Rache nehmen und mich jetzt für immer behalten!

Aber der Morgen war herrlich, und als wir um $^1/_2 6$ auf den blanken See hinausruderten, waren es 9,2 Grad. Der Wolkenmantel des Gurla erstreckte sich bis zum Wasser, das südliche Land war überhaupt nicht zu sehen. Der Pundiberg war total beschneit und machte einen winterlichen Eindruck. Beim ersten Lotungspunkt (20 Meter) sah man die Zelte wie weiße Punkte über dem See schweben. Tschiu-gumpa thronte stolz auf seiner Felsenspitze, wie eine Seemarke von jedem Punkte des

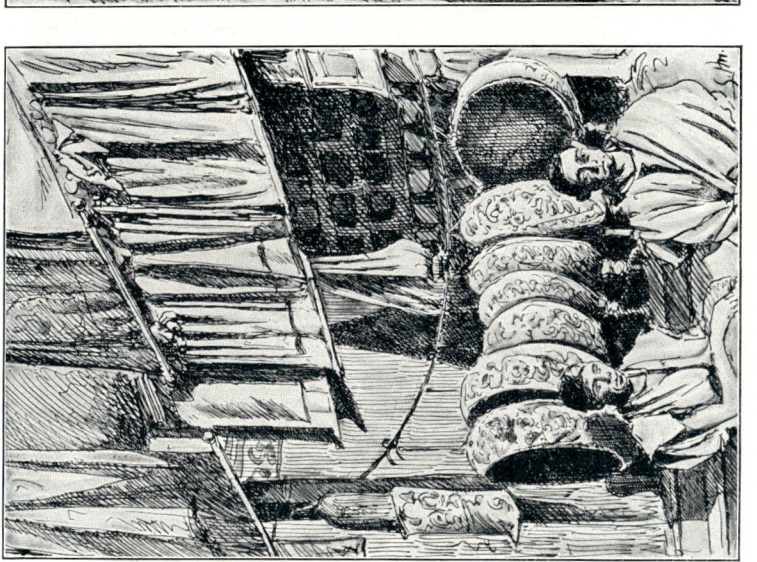

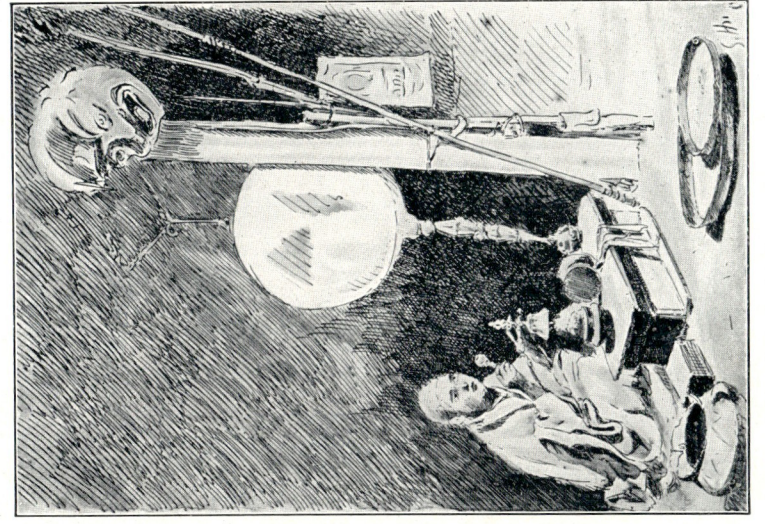

255. Tempelinneres in Tugu-gumpa. 256. Krypta in Janggo-gumpa.
Skizzen des Verfassers.

257. Tschenresis Bild in Tugu-gumpa.

258. Lama mit Gebetstrommel.
Skizzen des Verfassers.

Ufers, mit Ausnahme des westlichen, sichtbar. Beim zweiten Lotungspunkte sank das Lot tiefer als 40 Meter. Schukkur Ali und Tundup Sonam rudern wie Galeerensklaven, denn sie hoffen, auch mit dieser letzten Linie fertig zu werden; und dann hat die Sache ein Ende. Manchmal schneidet das Boot rauschend Straßen von Schaum und Seegras. Noch beim fünften Punkte (49 Meter) sieht man die Zelte mit dem Fernglas, dann aber verschwinden sie. Man ahnt auch Gossuls erinnerungsreiches Kloster auf seinem Felsen.

„Jetzt haben wir ein Drittel des Weges hinter uns", sagte ich.

„Gott sei Dank," erwidert Schukkur Ali, „möchte sich das Wetter heute nur halten."

Ein toter Fisch trieb, mit dem Bauch nach oben, auf dem Wasser; solche an Land getriebene Fische benutzt das Volk als Medizin. Die Tiefen bleiben sich gleich; der Seegrund ist sehr eben. Beim 13. Punkt hatten wir aber doch 33 Meter und beim vierzehnten 55 Meter, was einen Landrücken auf dem Seeboden oder einen Schuttkegel vom Fuße der nördlichen Gebirge ankündigte. In einem Abstand vom Ostufer, der wohl eine Wegstunde betragen mochte, sahen wir Rabsang und Abdul reiten; sie erwarteten uns bereits an dem verabredeten Ort. Sie machten dann den Vorschlag, in einer Steinhütte, die auf der rechten Seite des Eingangs zum Serolungtale steht, zu übernachten, aber dafür dankte ich, weil Pilger und Landstreicher dort zu wohnen pflegen. Sechs Mönche aus dem Kloster, unsere alten Freunde, besuchten mich, und vier muntere und lachende, aber schwarze und schmutzige Weiber kamen mit Feuerungskörben auf dem Rücken wie ein Wirbelwind die steilen Halden herunter. Puppy hatte Rabsang begleitet und unterwegs bei einem Kloster einen niedlichen kleinen Kavalier mit einem roten Schellenhalsband aufgestöbert. Es war ein schönes Gefühl, auch diese letzte Linie nun erledigt zu haben und unter dem Licht der ewigen Sterne auf dem Sandufer einzuschlafen.

Mit Rabsang machte ich am folgenden Morgen einen 27 Kilometer langen Ritt nach Norden, um die Wassermenge der Flüsse des Patschen- und des Patschungtales zu messen. Wir hatten mit den anderen verabredet, daß wir uns am Nordufer, wohin sie mit dem Gepäck ruderten, treffen wollten. Blieben wir lange aus, so sollten sie auf einem Hügel ein Feuer anzünden, damit wir sie fänden. Eine Weile folgten wir dem von Schlammdämmen, kleinen Landspitzen und Lagunen zerrissenen Ufer, ritten dann durch den Semo-tsangpo, der aus dem Toktschental kommt, ließen linker Hand die beiden kleinen Filialseen liegen, die von üppigen Weiden umgeben sind, auf denen eine Menge Kiangs weideten, die uns anglotzten, die Ohren spitzten, schnaubten und in langsamem Galopp davonliefen; dann überschritten wir die „Tasam", „the great trunk road", und ritten in das enge, scharf ausgeprägte Patschental hinauf, dessen Fluß 1,98 Kubikmeter Wasser führte. Hierauf ritten wir westlich bergauf und bergab über die Hügel hin und konnten uns eines neuen Blicks auf den heiligen See mit dem Gurla Mandatta im Hintergrund erfreuen. Der Patschungfluß führte 2,36 Kubikmeter Wasser. Als die Arbeit erledigt war, ging es wieder südwestwärts. Auf den Wiesen gingen noch die Wildesel spazieren; sie sind beinah zahm, denn an den Ufern des heiligen Sees löscht niemand ein Lebenslicht aus. 30 Stuten standen auf einem Haufen; ein Hengst bewachte sie; die Sonne sank, vielleicht ist dies die Art, wie diese Tiere den Gefahren der Nacht entgegengehen. Von Zeit zu Zeit trennte sich eine Stute von der Schar und beschrieb einen Kreis um ihre Schwestern. Sofort lief der Hengst ihr nach und zwang sie zu den anderen zurückzukehren. Dies Spiel wiederholte sich oft, es schien mir dabei darauf angelegt zu sein, den Hengst zu necken.

Wir reiten über sumpfige Wiesen und kleine Dünen; vom See ist jetzt nichts zu sehen; wir sehnen uns danach, die Wellen in der Südwest=brise rauschen zu hören; aber immer tauchen neue Hügel vor uns auf. Endlich erblicken wir den Rauch des Lagerfeuers. Abdul hatte ein vier Monate altes Kiangfüllen gefangen, das krank war und sich immer im Kreise drehte. Die Mutter kam während der Nacht, sich nach dem Füllen umzusehen, gab es aber wohl als unheilbar auf; es starb auch bald darauf.

Der 20. August wurde benutzt, eine Karte von einem Teil des Nord=ufers, das einen sehr schwach geschweiften Bogen beschreibt, aufzunehmen und eine Lotungstour gerade in den See hinein bis zu 47 Meter Tiefe zu machen. Während das Wasser der Oberfläche auf dem ganzen Wege eine Temperatur von 13,1 Grad bei ungefähr derselben Lufttemperatur hatte, sank die Temperatur des Wassers auf dem Seegrunde von 13,4 Grad auf 7,8 Grad bei 47 Meter Tiefe.

Wir fangen langsam an, Not zu leiden; ich lebe von Brot und Tee. Die Frikandellen, mit denen mich Abdul am Morgen des 21. anzu=schmieren versuchte, waren durchaus verdorben und strandeten daher in Puppys Magen. Als Rabsang und ich nordwärts nach Pundi=gumpa ritten, war es bei +13 Grad geradezu heiß, so daß uns ein kleiner Regenschauer nur angenehm war. Pundi liegt auf einem Felsenabsatz in einer Talschlucht; sein Abt ist 80 Jahre alt und hat acht Mönche unter sich. Einer war ein Chinese aus Peking, der schon 40 Jahre im Kloster verlebt hatte und durch und durch Tibeter geworden war, aber seine Muttersprache auch nicht vergessen hatte. Auch von dort hat man eine prachtvolle Aussicht über den See. Gerade als wir nach dem Lager

Nr. 222 am Ufer hinabreiten wollten, kam ein Bote von Robert mit
der Nachricht, daß die Behörden in Parka sich wieder einmal weigerten,
uns Transporttiere zu liefern oder uns sonst zu helfen, da sie nie gehört
hätten, daß es mir erlaubt worden sei, einen ganzen Monat am See zu
bleiben! Er erzählte auch, unsere Ladakis seien durch allerlei Räuber=
geschichten, die in der Gegend kursierten, sehr in Angst versetzt worden,
so daß sie sich alle nach mir sehnten.

Das Lager war ganz in der Nähe des Klosters Langbo=nan an der
Mündung des Gjuma=tschu. Nachdem wir diesen Fluß gemessen und
festgestellt hatten, daß er 2,09 Kubikmeter Wasser führte, hatten wir all
das oberirdische Wasser, das sich in den Manasarovar ergießt, aufgespürt
und gefunden, daß es 31 Kubikmeter in der Sekunde betrug, oder
2 616 400 Kubikmeter in 24 Stunden, die ungefähr einem Wasserwürfel von
139 Meter Seitenlänge entsprechen. Aber wieviel Wasser mag dem See auf
unterirdischen Wegen, die ich nicht hatte kontrollieren können, zuströmen?
Wahrscheinlich ein Volumen, welches das des oberirdischen Wassers be=
deutend übersteigt! Denn der Manasarovar liegt in einer Mulde zwischen
kolossalen Gebirgen, die beständig unterirdische Quellen speisen. Jedenfalls
sickert das Überschußwasser, soweit es nicht durch Verdunstung verloren
geht, auf unterirdischen Wegen nach dem Langak=tso, der niedriger liegt.

Am 22. ruderten wir wieder vom Ufer gerade in den See hinein,
bis wir eine Stelle mit 41 Meter Tiefe erreicht hatten, und kehrten
dann, in scharfem günstigem Winde segelnd, nach unserm Ausgangspunkt
zurück. Es war das letztemal, daß ich das Lot in die heiligen Wellen
hinabsenkte, fest überzeugt, daß ich es nie wieder tun würde! Denn jetzt
hatte ich 138 ausgelotete Punkte, die gleichmäßig über den See verteilt
waren und ein durchaus zureichendes Material zum Konstruieren einer
Isobathenkarte bildeten. Schukkur Ali war komisch anzuhören, als ich ihn
darauf aufmerksam machte, daß dies unsere letzte Fahrt auf dem Tso=
mavang gewesen sei. Er hielt sich die Hände vors Gesicht, als ob er
beten wolle, und sagte feierlich, daß wir trotz aller Gefahren „durch die
Gnade Allahs, die Gnade des Sahib, die Gnade des Papas und der
Mama des Sahib und die Gnade aller Verwandten des Sahib doch das
Glück gehabt hätten, die Arbeit glücklich zu Ende führen zu können!"
Ich erlaubte mir zu bemerken, daß er die „Gnade des Seegottes" ver=
gesse! Aber da machte er eine wegwerfende Handbewegung und sagte,
daß er an den Seegott nicht mehr glaube!

Nachher ritt ich mit Rabsang nach dem Kloster Langbo=nan hinauf,
während die anderen nach Tschiu=gumpa ziehen sollten. Ich unterlasse es,
das Kloster jetzt zu beschreiben, dessen größte Sehenswürdigkeit der zwölf=

jährige Abt Tsering war, ein aufgeweckter, freimütiger und heiterer Knabe mit blitzenden, lebhaften Augen, kreideweißen Zähnen, frischer, gesunder Gesichtshaut und von sympathischem Aussehen (Abb. 202). Er saß auf einem Diwan hinter einem rotlackierten Tisch in seinem Tsemtschung genannten Bibliotheksaale, interessierte sich sehr für alles, was ich vorhatte, guckte in mein Skizzenbuch, probierte mein Fernglas und bat mich um ein paar Bleistifte. Während der Stunde, in der ich in seiner Zelle zu Gast war, wurden wir gute Freunde, und als ich ihm schließlich Lebewohl sagte, ahnten wir beide nicht, daß wir uns noch einmal im Leben treffen würden — ein Jahr darauf!

Während der Runde durch das Kloster stießen wir in der Hofgalerie auf einen armen Kerl, der krank dalag und leidend aussah. Ich fragte, wie es ihm gehe, und er erzählte mir, daß er am 18. August, also am Tage, an dem uns Rabsang und Abdul entgegengeritten waren, elf Maulesel und zwei Pferde, mit Tsamba und Gerste beladen, nach Parka geführt habe, dessen Gova der Besitzer dieser Karawane sei. Wo sich der Patschungfluß in die östliche Uferlagune ergießt, sei er elf Uhr morgens von zwölf Räubern, die von der Seite des Patschungtales herangestürmt seien, überfallen worden. Sie wären sämtlich beritten und mit Flinten, Säbeln und Spießen bewaffnet gewesen, hätten zwei ledige Pferde für Proviant bei sich gehabt und Masken vor dem Gesicht getragen! Im Handumdrehen wären sie abgesessen, hätten ihm einen Mantel über den Kopf geworfen, die Hände auf den Rücken gebunden, ihn gründlich ausgeplündert, unter anderem ihm auch 400 Silberrupien geraubt und wären dann wieder nach dem Patschungtal zurückgeritten, dem Rabsang und ich am Tage darauf einen flüchtigen Besuch abgestattet hatten. Er habe dann durch sein Geschrei Hilfe herbeigerufen und in sehr jämmerlichem Zustand eine Zuflucht in Langbo-nan gefunden. Er zeigte uns einige tiefe Messerstiche an den Beinen, seinem Pelz und dem Sattel, denen arg mitgespielt worden war, als er einen verzweifelten Versuch gemacht hatte, sich zu verteidigen. Dies war das Ereignis gewesen, mit dem man unsere Ladakis so in Angst versetzt hatte.

Der Weg von hier nach Tschiu-gumpa ist entzückend. Senkrechte, manchmal sogar überhängende Felsen von grünem und rotem Schiefer fallen steil nach dem Ufer ab, dessen Kiesstreifen nur einige 20 Meter breit sind. Zwei Riesenblöcke stehen wie Denksteine am Ufer, in den Felswänden sehen wir schwarze Grotten und alte Eremitenwohnungen, und oft kommen wir an den üblichen drei Steinen vorüber, auf denen die Teekessel der Pilger gekocht haben. Weiter westlich bilden die Vorsprünge eine Reihe Kulissen in heller werdenden Tönen; an jedem dieser Vorsprünge öffnet sich eine neue fesselnde Perspektive. Eine Wasserstandsmarke, die 1³/₄ Meter über dem jetzigen Seespiegel liegt, ist sehr deutlich erkennbar. Auf den Felsspitzen sitzen regungslos, wie Statuen, nach Beute ausspähende Adler.

Tschärgip=gumpa ist auf einer Terrasse in einer breiten Talmündung erbaut. Es ist ein kleines, armes Kloster, aber es hat doch sein Lhakang und seine Vorhalle mit einer großen Bronzeglocke, in deren Erz die sechs heiligen Schriftzeichen gegossen sind. Wenn die Glocke morgens und bei Sonnenuntergang läutet, wird also die unergründliche Wahrheit „Om mani padme hum" auf den Flügeln der Schallwellen über den heiligen See getragen, dessen blaue Fläche mit dem Hintergrunde der Schneefelder des Gurla Mandatta vom Hofe des Klosters gesehen ein hinreißendes Bild ist. Aber ihrem Klange lauscht kein anderer Mensch als Tschärgips einziger Mönch! Armer Mann, wie muß ihm an den langen Winterabenden zumute sein, wenn der Sturm den Treibschnee über das Eis des Tso=mavang fegt!

Ich blieb zwei gute Stunden bei ihm, denn er hatte viel zu erzählen. Er war ein weitgereister Mann, war in Selipuk und am Nganglaring=tso gewesen und erbot sich, mich von dort in 20 Tagen nach dem Dangra=jum=tso zu führen; er ahnte nichts von dem politischen Bann, unter dem ich im Verbotenen Lande umherzog! Aber er weckte von neuem meine Sehnsucht nach dem großen unbekannten Lande im Norden des heiligen Flusses. Ich war voller Gedanken, voller Pläne und voll von jenem unersättlichen desiderium incogniti, das mir nie Ruhe läßt, als ich endlich, während die Dämmerung ihren dunkeln Schleier über den von mir besiegten See ausbreitete, aus diesem achten und letzten der Klöster des Tso=mavang schied.

Noch hatten wir eine lange Strecke nach dem Lager zurückzulegen. An dem letzten vorspringenden Berg steht ein Tschorten, von wo aus unsere Feuer sichtbar waren. Bald saßen wir wieder bei den Unseren. In später Nacht ritten zwei Reiter an unserem Lager vorbei; der Nachtwächter rief: „Wer da?", aber sie antworteten nicht. Nun weckte er Rabsang, der den Unbekannten in der Überzeugung, daß sie Räuber seien, unbedachtsamer Weise eine Kugel nachschickte. Meine Leute waren jetzt schon so weit, daß sie überall Räuber sahen.

Dies war meine letzte Nacht am Ufer des Tso=rinpotsche, „des heiligen Sees", und mit Wehmut lauschte ich dem verrauschenden Liede der Uferbrandung in dem abflauenden Winde.

Neunundvierzigstes Kapitel.

Abenteuer auf dem Langak-tso.

Ich habe die Schilderung meines Lebens an dem ehrenreichen See nicht mit Berichten über unsere politischen Besorgnisse gestört. Es genügt zu sagen, daß es mir gelang, uns dort einen ganzen Monat zu halten. Oft kamen Reiter und andere Boten, um sich über mich zu beschweren, und dann antworteten meine Leute ganz einfach: „Der Sahib ist draußen auf dem See, versucht ihn zu fangen, wenn ihr könnt; er ist der Freund des Seegottes und kann so lange zwischen den Zweigen des heiligen Baumes bleiben, wie er will." Und wenn ich dann zurückkam, waren sie schon abgezogen. Infolge der Bootfahrten hatten sie kein Mittel, meine Bewegungen zu kontrollieren. Aber als wir bei Tschiu-gumpa lagerten, wurden sie energischer. Während meiner Abwesenheit kam ein Bote nach dem anderen mit dem Befehl, daß ich mich sofort nach Parka begeben und von dort die Reise nach Ladak fortsetzen solle. Am 23. August schickte ich Robert und Rabsang nach Parka, um mich mit den Behörden zunächst vernünftig auseinanderzusetzen; man wollte mich jedoch den Langak=tso, mein nächstes Ziel, unter keiner Bedingung besuchen lassen; wollte ich einen Monat oder ein Jahr in Tschiu=gumpa bleiben, so gehe das sie nichts an, da das Kloster nicht in ihrem Distrikte liege, aber der westliche See stehe unter ihrer Aufsicht. Sie rieten mir jedoch, um meiner selbst willen schleunigst nach Parka zu kommen; sie würden gleich morgen 15 Yaks schicken, die mein Gepäck tragen sollten!

Aber den Langak=tso wollte ich sehen, was es auch kostete! Als daher am folgenden Morgen die 15 Yaks eintrafen, entschloß ich mich schnell dazu, Tsering, Rabsang und vier Mann mit der Bagage nach Parka zu schicken, während Robert und die anderen sechs mich nach dem Langak=tso begleiteten. Das Boot und das bißchen Gepäck, das wir mitnahmen, konnten unsere sechs eigenen Pferde und der letzte Maulesel aus Poonch leicht tragen. Die Yaks wurden beladen, und meine Leute verschwanden hinter den Hügeln. Meine eigene kleine Karawane hatte

Befehl, gerade da am Ufer des Langak-tso zu lagern, wo der alte Kanal mündet. Ich selbst ging mit Robert und zwei Mann zu Fuß und führte eine Präzisionsnivellierung der Landenge zwischen den beiden Seen aus. Zugleich nahm ich eine Karte über den Lauf des Kanals auf. Das Maßband wurde an einem Ruder, das Robert trug, festgenagelt; das Universalinstrument trug ich selbst. Der Abstand zwischen Stange und Instrument belief sich auf 50 Meter und wurde von unseren beiden Gehilfen mit Meßbändern aufgemessen. Die Stange wurde auf eine eiserne Schüssel gestellt, damit sie nicht in den weichen Boden einsinken konnte.

Im Jahre 1812 wurden die Seen von Moorcroft besucht, der noch keinen Kanal zwischen ihnen fand. Im Oktober 1846 fand Henry Strachey dort einen 100 Fuß breiten und 3 Fuß tiefen Seearm. Landor (1897) erklärt, daß an irgendwelche Verbindung gar nicht zu denken sei, weil, nach ihm, die niedrigste Stelle der Landenge 300 Fuß hoch ist! Ryder fand im Spätherbst des Jahres 1904 kein vom Manasarovar ausströmendes Wasser, hörte aber von den Eingeborenen, daß während der Regenzeit ein wenig Wasser durch den Kanal abfließe. Sherring sah ebenfalls kein fließendes Wasser, hält es aber für wahrscheinlich, daß der See nach regenreichen Sommern übertritt. Ich selbst folgte dem Kanalbett von einem See zum anderen und fand, daß im Jahre 1907 kein Wasser von dem östlichen nach dem westlichen See abfloß und ebensowenig war dies nachher, im Jahre 1908, der Fall, obwohl meine beiden Besuche in die Regenzeit fielen. Es würde auch gehöriger Regengüsse bedürfen, um den Manasarovar übertreten zu lassen, denn der höchste Punkt des Kanalbettes liegt etwas mehr als 2 Meter über dem Spiegel des östlichen Sees.

Der Umstand, daß verschiedene Reisende in verschiedenen Jahren verschiedene Angaben geliefert haben, ist indessen sehr leicht zu erklären. Es hängt alles von den Niederschlägen ab; sind diese reichlich, so steigt der Spiegel des Manasarovar, sind sie sehr reichlich, so fließt sein Wasser nach dem Langak-tso (Rakas-tal) ab. Ist der Sommer, wie im Jahre 1907, trocken, so erhält der Langak-tso keinen Zufluß durch den Kanal, wohl aber auf unterirdischem Wege. Im großen ganzen aber sinken auch diese beiden Seen, wie alle anderen Seen in Tibet, und es naht die Zeit, in der auch der unterirdische Zufluß abgeschnürt sein wird und die beiden Seen salzig werden.

Als wir beim langsamen Nivellieren des Kanals an seinen höchsten Punkt kamen, von dem aus sein Bett nach Westen abfällt, warf ich noch einen letzten Abschiedsblick auf den Tso-mavang und hatte ein Gefühl des Verlustes bei dem Gedanken, seine Ufer jetzt, und aller Wahrscheinlichkeit nach für immer, verlassen zu müssen. Denn ich hatte diese Krone der Seen aller Erde im Lichte des Morgenrots und im Purpur des Sonnenuntergangs, im Sturm, im heulenden Orkan, wenn die Wellen sich haushoch auftürmten, in frischen südlichen Brisen, wenn die Wogen wie Smaragd glänzten, im vollen Sonnenschein, wenn der See wie ein Spiegel dalag, im silbernen Mondesglanz, wenn die Berge, nachdem der dunkelgelbe Schein des Abendrotes erloschen war, wie weiße Gespenster dastanden, und in stillen Nächten, wenn die Sterne ebenso klar in der spiegelblanken Seefläche wie droben am Himmelszelte funkelten, kennen gelernt. Ich hatte einen unvergeßlichen Monat meines Lebens auf diesem See zugebracht und war der Freund der Wellen und der Vertraute der großen Tiefen geworden. Noch heute höre ich das melodische Plätschern der rauschenden Brandungswellen, und noch jetzt steht der Tso=mavang vor meiner Erinnerung wie ein Märchen, eine Sage, ein Lied! —

Wir gingen in westlicher Richtung weiter, an schmalen Wasserarmen und Tümpeln mit stagnierendem Wasser entlang; als aber der Abend so dämmerig geworden war, daß ich die Zahlen der Meßstange nicht mehr lesen konnte, gaben wir die Arbeit auf, markierten den letzten Fixpunkt und gingen nach dem Lager, das wir müde in nächtlichem Dunkel erreichten.

Am nächsten Morgen wurde die Arbeit fortgesetzt. In der Nacht hatten wir 5,2 Grad Kälte gehabt, und heftiger Südweststurm erschwerte uns das Ablesen. Der 104. Fixpunkt stand endlich am Wasserspiegel des Langak=tso — und die Nivellierung war fertig! Es fehlt mir hier an Raum, ihre Ergebnisse zu analysieren. Der Kanal geht nach West= nordwest, und die nivellierte Linie ist 9366 Meter lang, also doppelt so lang, als auf den allerneuesten Karten angegeben ist. Der Spiegel des Langak=tso lag 13,45 Meter, 44 Fuß, niedriger als der des Tso= mavang, was mit dem Höhenunterschied auf Ryders Karte, der 50 Fuß beträgt, gut übereinstimmt. Beim 94. Fixpunkt hörte alles Wasser im Bett auf.

Von der Entstehung des Kanals erzählten die Tibeter eine Legende. Zwei große Fische im Tso=mavang waren Todfeinde und jagten einander. Der eine wurde besiegt und, um sich zu retten, rannte er quer durch die Landenge an der Westseite des Sees. Die Krümmungen des Kanal= bettes zeigen den Weg, den der fliehende Fisch zurückgelegt hat.

Am 26. August war der Morgen trübe und naßkalt. Schwere Wolkenmassen segelten über die Erde hin als Herolde des Monsunregens, und der Langak=tso lud nicht zum Befahren ein. Aber wir hatten den

259. Der Gott des Tso-mavang zu Pferd, von dem aus den Wellen des Sees emporsteigenden Fischgotte begrüßt, links im Hintergrund der heilige Berg Kang-rinpotsche. Flüchtige Skizze des Verfassers nach einem Wandgemälde in Tugu-gumpa.

260. Lama vor der Tempelpforte in Tugu-gumpa.

261. Tempelsaal des Seegottes des Tso-mavang.
Skizzen des Verfassers.

ganzen langen Tag vor uns, und jeden Augenblick konnten Reiter aus Parka kommen, mich beim Kragen packen und uns, gutwillig oder böswillig, auf den Weg der Pflicht zurückführen!

Der Langak-tso hat eine sehr unregelmäßige Form. Sein Hauptbecken im Süden ist von Felsen umgeben, im Norden hat er eine kleinere Anschwellung, und zwischen beiden läuft ein abgeschnürter Kanal. Was wir immerhin wagen konnten, war über das schmale Wasser in westlicher Richtung und von dort wieder nach Südosten zu rudern, nach einer Stelle am Ostufer, wohin das Lager unterdessen verlegt werden konnte. Es ließ sich in einigen Stunden abmachen, wir nahmen daher nichts anderes mit als Mast und Segel.

Tundup Sonam und Ische waren meine Ruderer, und um $^1/_26$ Uhr fuhren wir ab. Ein vorspringender Berg im Süden gewährte uns Schutz vor dem Wind. Als wir ihn aber passiert hatten, drang plötzlich das ganze Wasser des Sees mit schäumenden, rollenden Wellen, Spritzwasser und drohenden Sturzseen auf uns ein! In dem schmalen Hals, der auf der Backbordseite gähnte, wurden die Wellen zusammengepreßt und nahmen unregelmäßige, ganz überraschende Formen an. Zwischen ihnen schaukelten Haufen von Seegras; das Wasser war hellgrün und ebenso klar und süß wie das des Tso-mavang. Wir waren erst ein kleines Stück hinter dem Vorgebirge; wäre es nicht besser, umzukehren? Nein, nie umkehren, nie kapitulieren, immer vorwärts! Naß wurden wir, aber wir hielten uns gut im Gleichgewicht und parierten die hinterlistigen Angriffe der rollenden Wellen. Frisch drauf losgerudert, bald werden wir unter der großen Landspitze des Westufers Schutz finden! Ich konnte sogar loten und fand, daß die größte Tiefe 16,6 Meter betrug; der Seegrund war beinah eben. Vier Stunden hatten wir gegen den See gekämpft, als wir vor dem Winde geschützt auf der Nordseite der Landspitze landeten.

Hier zogen wir das Boot aufs Land und rekognoszierten. Die Landzunge zeigt nach Nordosten und ist mit Flugsand bedeckt, der in beständiger Bewegung ist. Auf der Uferebene im Südwesten wandern gelbe Tromben, sich wie Korkzieher drehend mit der Windrichtung, und unsere Landspitze erhält ihre angemessene Portion von dieser Sandbelastung. Nach Norden ist die Düne sehr steil; von Zeit zu Zeit stürzt neuer Sand ihre Wand herab und gleitet etwas in den See hinein, wo ihn die Wellen wie nichts fortschwemmen. Von dem scharfen Kulminationskamm der Düne weht der Flugsand wie ein dichter Federbusch nach dem See hin, dessen Wasser wohl 200 Meter weit in der Windrichtung gelb schimmert, von Myriaden Sandkörnern, die zu Boden sinken, um einen Unterwassersockel zu bilden, auf dem die Landzunge dann weiter in den See hineinwachsen kann. Noch eben war der Wind heftig, jetzt haben wir Sturm. Geduld! Zurückgehen ist unmöglich. Der Flugsand liegt jetzt so dicht über dem See, daß das östliche und nördliche Ufer nicht zu sehen sind; wir könnten ebensogut auf einer Düne im Herzen der Wüste Taklamakan wartend sitzen!

Wir rutschten auf der geschützten Seite der Düne hinunter. Aber dort, vom Winde abgekehrt, war es noch schlimmer. Wir wurden in Wolken von Sand eingehüllt, der überall eindrang, in Augen, Ohren und Nase, und die Haut auf dem Rücken reizte, wenn er mit dem Körper in Berührung kam. Über uns und seitlich ertönte ununterbrochen das klagende Heulen des Sturmes. Meine Ruderer schliefen oder streiften umher; unsere Fußspuren aber wehte der Wind sofort wieder zu. Ich spielte wie ein Kind im Sand, ließ ihn auf der Leeseite hinabrollen, baute eine kleine Halbinsel, welche die Wellen bald wieder zerstörten und einen Hafendamm, den der See sofort überflutete und durchbrach, und sah zu, wie neue Schichten und Wülste von Seegras am Sandabhange auftauchten und wie der trockne Sand Wasserfälle und Kaskaden bildete, wenn er über sie hinwegrollte. Aber der Sturm wurde nicht schwächer.

Vier Stunden lagen wir dort und warteten. Auf dem Ostufer hatten die Unseren das Lager ein wenig mehr nach Süden verlegt. Wir sahen die Zelte ganz deutlich. Ob wir es doch wagen sollten, uns längs des Ufers nach Süden zu schleichen, um nach der Stelle gegenüber dem Lager zu gelangen? Draußen vor der Landspitze ging der dunkelgrüne See unangenehm hoch, aber wir wurden ja mit den Wellen fertig, die Männer mußten sich nur tüchtig beim Rudern anstrengen. Wir schlichen uns also längs der Küste hin, wo wir etwas Schutz hatten, aber es galt aufzupassen, daß wir nicht in den rasenden Wellengang hinaustrieben. Nachdem wir um zwei Sandspitzen herumgerudert waren, landeten wir auf der geschützten Seite einer dritten, wo das Boot wieder an Land gezogen wurde. Die Südseite der Spitze bedrängte der ganze See mit schweren, donnernden, hochaufspritzenden Wellen. Weiter konnten wir also nicht kommen, kein Lotse würde mit einem Zeugboot solchen Sturzseen gerade entgegengegangen sein. Ich stand oben auf der Landspitze und genoß das herrliche Schauspiel. Roberts Zelt glänzte blendend in der sinkenden Sonne. Wir sahen die Männer, die am Ufer grasenden Pferde und den Rauch des Lagerfeuers, den der Sturm auf die Erde hinabdrückte; die Fahrt dorthin mochte eine knappe Stunde in Anspruch nehmen, aber zwischen uns und ihnen gähnte dieser dunkelgrüne Abgrund von tyrannischen, siegesgewissen Wogen!

Die Sonne geht unter, wir sitzen und warten weiter, betäubt von dem Wettlauf der Luft- und der Wassergeister. Diesmal spielen sie uns einen bösen Streich, und wir fallen darauf hinein. Im Norden erhebt sich der Kang-rinpotsche, klar und hoch wie die Krone eines Königs. Sein Gipfel gleicht dem Tschorten auf dem Grabe eines Großlama. Schnee und Eis, die in vertikalen und schwach geneigten Spalten und auf Absätzen liegen, bilden ein Netzgewebe, das dem weißen Netze einer Riesenspinne auf schwarzen Felswänden gleicht.

Und der Tag, ein langer Tag des Wartens, näherte sich erbarmungslos seinem Ende. Lange Schatten strichen über die weißschäumenden Wogenkämme, die Sonne ging unter und der Pundiberg, unser alter Freund vom Tso-mavang her, glühte wie Feuer im Scheine des Abendrots, als ob die Erde sich geöffnet habe und vulkanische Kräfte am Ufer erwacht seien. Die Stunden schritten dahin, die Wolkenglut erlosch, die Umrisse des Pundi wurden undeutlicher, und zuletzt verschlang sie der dunkle Nachthimmel. Uns umgab Dunkelheit, während auf dem Ostufer das Lagerfeuer der anderen loderte. Unsere Hoffnung ruhte jetzt auf der Nacht und dem Monde. Der Sturm hatte dreimal 24 Stunden getobt, einmal mußte er doch genug haben! Aber er wurde nicht schwächer, und da mein Warten vergeblich blieb und ich mir die Zeit und den nagenden Hunger nicht einmal mit einem Stück Brot und einer Tasse Tee vertreiben konnte, wickelte ich mich in das Segel, bohrte mich in den Sand ein und fiel in einen schweren Schlaf.

Ein paarmal weckte mich der Regen, der auf das Segel herabschmetterte; um vier Uhr erwachte ich infolge der Morgenkälte. Da lag das Land grau in grau und regenschwer. Aber Ische machte trotzdem den Vorschlag, uns hinüberzuwagen, denn der Sturm hatte infolge des Regens ein wenig abgenommen. Wir vergewisserten uns erst, daß alle Geräte in gutem Zustand waren, stiegen dann ins Boot und ruderten nun längs des geschützten Ufers der Landspitze hinaus. Aber kaum hatte das Boot seine Nase über die Spitze hinausgesteckt, als es einen solchen Stoß erhielt, daß es in den Fugen knackte. „Rudert, rudert so stark ihr nur könnt," brüllte ich durch den heulenden Sturm, „wir kommen hinüber, ehe das Boot voll ist. Besser naß, als noch 24 Stunden am Daumen zu lutschen!" In S 52° O glänzte die Zeltleinwand weiß im Morgengrauen. Wir kamen bedeutend vom Kurse ab, teilten aber endlich die Sturzseen und steuerten gegen die Schaumkränze auf. Und hinüber kamen wir mit knapper Not! Drüben wurden wir von den anderen empfangen, die uns das Boot an Land ziehen halfen und Frühstück und Feuer bereit hatten.

Namgjal war gerade aus Parka angelangt und brachte die Nachricht, daß der Gova gedroht habe, meine Männer auf den Schub bringen zu lassen, um mich dadurch zu zwingen, den Langak-tso zu verlassen. Schreckschüsse wirken jedoch nicht auf mich! Schlimmer war, daß Puppy seit 48 Stunden verschwunden war und daß auch Schukkur Ali, der gestern morgen nach Tschiu-gumpa zurückgegangen war, um sie zu suchen, seitdem nichts hatte von sich hören lassen. Indessen fand sich Puppy schließlich von selbst wieder im Lager ein, und nun war es Schukkur Ali, welcher verloren war!

Am 28. stürmte es ebenso wie bisher. Wir hörten später von mehreren Tibetern, daß über dem Langak-tso gewöhnlich stürmisches Wetter herrsche und daß er oft vom Sturm aufgewühlt werde, wenn der Tso-mavang ruhig und glatt daliege. Tundup Sonam meinte, daß eben der Tso-mavang ein Liebling der Götter sei, während über den Langak-tso Dämonen und Teufel herrschten. In Gossul-gumpa hatten wir auch erzählen hören, daß letzten Winter, als der See mit blankem Eis bedeckt gewesen, fünf mit Säbeln und Flinten bewaffnete Tibeter schräge über den Eisspiegel gegangen seien, um auf kürzerem Wege nach Parka zu gelangen. Aber mitten auf dem See sei das Eis geborsten, und alle fünf seien von ihren Waffen in die Tiefe hinabgezogen worden.

Ich selbst sehnte mich nach gutem Wetter, um über den See nach den Inseln fahren zu können. Da ich jetzt aber den Gedanken an eine Seefahrt aufgeben mußte, beschloß ich, um den See herumzugehen, um wenigstens eine Karte seiner Uferlinie zu erhalten. Wir nahmen daher sofort das ganze östliche Ufer, das einen regelmäßigen Bogen nach Osten bildet, in Angriff. Der weiße Maulesel aus Poonch trug das Boot. Auf dem Felsen zeigten sich einige Ammonschafe, die Tundup Sonam vergeblich verfolgte. Auch Schukkur Ali erschien in aller Ruhe wieder, nachdem er Puppy vergeblich gesucht hatte, die im wünschenswertesten Wohlbefinden in meinem Zelte schnarchte.

29. August. Man schläft bei Wellenrauschen und Sturmgeheul ein und erwacht wieder bei Sturmgeheul und Wellenrauschen! Wenn man am Ufer entlangreitet, hat man es unausgesetzt in den Ohren. Es ist als ob man am Fuße eines Wasserfalls wohnt. Jetzt folgen wir dem Südufer nach Westen. Hier stürzen die Felsen beinahe überall steil ab, die Gesteinarten sind Porphyr, Granit und Schiefer; der Ufersaum ist außerordentlich schmal und abschüssig und in scharf ausgeprägte Terrassen geteilt. Es geht kopfüber in große Tiefen hinunter, seichte, allmählich abfallende Stellen sieht man nicht. In einer Bucht lag ein Menschenschädel im Wasser und nickte im Wellengeplätscher, nicht weit davon andere Skeletteile. War es einer der Männer, die im Winter ertrunken

waren? Bei diesem Fund wurde der Abscheu meiner Leute vor dem
Langak=tso, der sogar Menschenleben nahm, noch größer. Ich merkte,
daß sie sich fragten, auf was für Tollheiten ich nächstens noch ver=
fallen würde!

Eine scharfe, spitze, nach Nordwesten gerichtete Halbinsel hielt uns
auf. Im Hintergrunde der Bucht lagerte eine Karawane, und es freute
uns, wieder Tibeter zu treffen, nachdem alle anderen ihre Hand von uns
abgezogen hatten. Sie ihrerseits freuten sich, einem Europäer zu begegnen,
der am Luma=ring=tso, in ihrer Heimat, gewesen war. Aber es war
ihnen unbegreiflich, daß wir auf alle Vorsprünge hinaus= und in alle
Buchten hineingingen anstatt auf dem geraden Wege zu marschieren,
der sich ein wenig weiter südlich hinzog. Einer von ihnen hielt mir seine
Hand mit weitgespreizten Fingern hin und sagte dabei, daß das Süd=
ufer des Sees genau so voller Einschnitte sei. Als ich ihnen sagte, daß
ich eine Karte des Ufers haben wolle, meinten sie, es sei doch ganz
gleichgültig, wie das Ufer aussehe, da außer Eiersammlern niemand hin=
komme.

Nachdem wir noch zwei Ausläufer passiert hatten, lagerten wir
mitten auf der Spitze des steilen Vorgebirges, in dessen Verlängerung
die südlichste der Inseln liegt. Es stürmte, aber hier fanden wir Schutz
unter der Felswand, auf deren Gipfel eine Wimpelstange errichtet war.
Steinmauern, Lumpen und Eierschalen zeugten von menschlichen Besuchen.
Im Osten und Westen des Vorgebirges hatten wir offene Buchten mit
hohem Seegang, und in N 19° O sah man die südlichste Spitze der Insel,
einen abschüssigen dunkeln Felsen, der sich wie ein gewaltiges Brötchen
aus den Wellen erhebt. Wir hatten von dieser Insel, Latsche=to,
schon gehört; im Mai legen die Wildgänse hier ihre Eier, und Leute
aus Parka kommen über das Eis, um sie zu sammeln. Ich konnte es
daher nicht gut unterlassen, sie zu besuchen. Die Insel lag ganz nahe.
Wir würden gleich wiederkommen, und Abdul könne schon mit dem Braten
der Wildgans beginnen, die Tundup während des heutigen Marsches
geschossen hatte. Proviant brauchten wir also nicht, aber Robert riet
Ische, doch lieber einen Beutel Tsamba mitzunehmen, damit er nicht gar
zu lange auf das Mittagessen warten müsse.

Diese beiden saßen an den Rudern, als wir abfuhren. Aber unter
dem Vorgebirge war der Schutz trügerisch. Nur zwei Minuten vom Ufer
versuchte ich zu loten, das Lot erreichte den Grund jedoch erst, als die
Leine einen Bogen bildete, da der Sturm das Boot nordwärts jagte.
Dann kam ich auf einen anderen Gedanken. Die Ruderer brauchten
die Ruder nur in die Luft zu halten, um das Boot schon vorwärtssausen

zu lassen. Aber so leicht ging es ein bißchen weiter schon nicht mehr, da wir dahin kamen, wo das Wellensystem des östlichen offenen Seeteils dem des westlichen begegnete. Hier erhoben sich die Wogen zu Bergen und Pyramiden, und es galt, sie mit den Rudern zu parieren. Wir näherten uns schnell der Insel; ihr Felsen wurde immer höher und sah unheimlich schwarz und drohend aus. Wir waren schon dicht an der Südspitze, als ich einsah, daß es unmöglich sei, hier zu landen. Das aus Schutt und Felsblöcken bestehende Ufer war sehr steil, und in seiner schäumenden Brandung wären wir und das Boot kurz und klein geschlagen worden. Die Lage war kritisch. Robert wollte unter der Nordspitze an der geschützten Seite landen, aber das wäre riskant gewesen, denn der Sturm fegte ungehindert längs der Seiten der Insel hin, und wenn wir nicht im richtigen Augenblick unter Land kämen, würde das Boot auf den großen offenen See hinausgetrieben werden, wo wir vom Nordufer zwei Tagereisen weit entfernt gewesen wären.

Wir schaukelten auf weichstem grünem Kristall auf und nieder; ich steuerte dicht ans Ostufer, wo aber ebenso heftiger Wellengang war. Nun blieb uns keine Wahl. Ich drehte das Boot dem Lande zu und ließ die Männer rudern, als ob es hinter ihnen brenne. Ein unheimlicher Wellenkamm schleuderte uns ans Land. Robert sprang ins Wasser, glitt aus und nahm ein Bad. Ische eilte ihm zu Hilfe. Ich selbst wurde von dem Wasser dreier zerstiebenden Wellen überschüttet, ehe auch ich das Land erreichte. Alle drei waren wir gründlich naß, freuten uns aber, festen Boden unter den Füßen zu haben und trotz des tückischen Sturmes, der uns leicht an der offenen Reede vorbeitreiben konnte, doch nach der Insel hingelangt zu sein.

Nun gingen Robert und ich auf der Insel umher, während Ische Brennmaterial sammelte. Obgleich wir im Schutt langsam gehen mußten, dauerte es doch nur 25 Minuten, um die Insel herumzugehen und ihre Gestalt mit dem Kompaß auszupeilen. Sie ist länglich, zieht sich in nordsüdlicher Richtung hin und besteht aus einer einzigen Klippe, die überall steil nach dem Wasser abfällt. Während des Spazierganges trockneten wir im Wind. Dann zeichnete ich ein Panorama des Gurla Mandatta. Und nachher mußte sich das Fleckchen Erde, auf das uns das Schicksal als Gefangene geführt hatte, eine genauere Untersuchung gefallen lassen. Am nordöstlichen Fuße des Berges ist ein ziemlich flaches Geröllplateau. Hier nisten im Frühling die Wildgänse, und hier lagen noch mehrere Tausend Eier, zu zweien, dreien oder vieren in einem Nest von Steinen und Sand.

Das war ein Fund! Ische hatte zwar einen Beutel Tsamba, aber

das war auch alles. Wir hatten Aussicht, hier, wie neulich, die Nacht
über bleiben zu müssen, und nun hatten wir ganz unerwartet Proviant
für mehrere Monate gefunden! Und einmal würde dieser ewige Wind
doch wohl aufhören. Wir spielten Robinson Crusoe und fanden unsere
Lage höchst vorteilhaft. Die Eiersammlung war jedoch das Allerinter=
essanteste. Die Eier sahen so hübsch und appetitlich aus, wie sie zur Hälfte
in den Sand eingebettet lagen, und ich stellte mir das friedliche und
glückliche Geschnatter vor, das hier im Frühling herrscht, wenn die Gänse=
mütter sehnsüchtigen Herzens auf ihren harten Nestern sitzen und jeden Mor=
gen die Sonne den Gurla Mandatta mit einem Lichtmeere umfließen sehen.

Wir schlugen zwei Eier auf. Sie waren faul! Wir versuchten es
mit anderen, die im Schatten und tiefer im Sande lagen. Sie verbrei=
teten einen widerlichen Gestank, als die Schale mit einem Knall an dem
Steine zersprang. Aber unter etwa 200 Eiern, die wir aufschlugen,
fanden wir doch schließlich noch acht, die sich essen ließen, und mehr
brauchten wir nicht! Dann halfen wir Ische beim Einsammeln dürrer
Pflanzen, die auf den Abhängen standen, und als die Sonne unterging,
hatten wir einen gewaltigen Haufen, den wir bei einer kleinen Ring=
mauer auftürmten. In ihrer Mitte wurde das Feuer angezündet, und
wir saßen an die Mauer gelehnt, die uns gegen den Wind schützte. Wir
hatten es warm und schön, und die Stimmung erreichte ihren Höhepunkt,
als Isches Tsambavorrat in drei gleich große Teile geteilt und mit der
hohlen Hand statt eines Löffels aus seiner Holzschale gegessen wurde.
Unterdessen wurden die Eier in der Glut erhitzt und gedreht und schmeckten
dann auch nicht übel. Das schlimmste war aber, daß wir weiter kein
Gefäß hatten als Isches kleine Holzschale und er daher jedesmal nach
dem Ufer hinuntertraben mußte, wenn einer trinken wollte.

Der Sturm heulte weiter in dem Felsen über uns und in den Löchern
und Ritzen der Mauer. Da durchfuhr mich wie ein Blitz der Gedanke:
„ist das Boot auch festgemacht?" Wenn es abgetrieben wäre! Dann
sind wir verloren. Ja, aber es treibt vielleicht am Nordostufer ans Land,
wo die Unseren es abholen und damit nach der Insel herüberkommen
können! Nein, es wird von den Wellen gefüllt und von den Zinkscheiben
der Bootsschwerter in die Tiefe gezogen! Aber dann können wir ja
immer noch morgen früh auf das südlichste Vorgebirge steigen und den
Unseren durch Zeichen zu verstehen geben, daß wir Proviant haben müssen.
Wir sind in 18 Minuten nach der Insel hingetrieben. Sie können aus
den Zeltstangen und Zeltrippen ein kleines Floß bauen, das sie mit etwas
Eßbarem beladen und mit dem Winde nach der Insel hintreiben lassen.
Und noch können wir auch frische Eier finden.

Das waren die Gedanken, die Robert und ich austauschten, während Ische sich im Stockfinstern nach dem Landungsplatz hinuntertappte. „Wenn wir hier bleiben müssen, bis der See zufriert," sagte ich, „das dauert noch vier Monate!" Doch in diesem Moment hörten wir Isches Schritte im Sande, und er beruhigte uns mit der Versicherung, daß sowohl das Boot wie auch die Ruder noch da seien.

Nun plauderten wir wieder und unterhielten das Feuer. Aber allmählich schlief Ische ein, und Robert folgte seinem Beispiel. Eine Weile noch saß ich mit meinen Gedanken allein und lauschte dem Donnern der Wellen draußen auf dem weiten offenen See und schaute dem flackernden Spiel der Flammen zu. Dann schlummerte auch ich ein. Hier auf der Insel konnte man sich dem Schlaf mit dem behaglichen Gefühle hingeben, allen Wegelagerern und Wölfen absolut unerreichbar zu sein.

Früh, als es noch dunkel war, regten wir uns schon. Der Sturm hatte sich gelegt, aber unentschiedene Windstöße kamen noch aus verschiedenen Richtungen. Wir rekognoszierten das Fahrwasser und fanden, daß wir ohne Risiko nach dem Festlande gelangen könnten. Vorher aber nahmen wir alles übrige Brennmaterial und stapelten es zu einem hochauflodernden Scheiterhaufen auf, dessen Flammen wie ein riesenhaftes Leuchtfeuer über den See hinstrahlten. Wenn irgendein Tibeter hierhersah, mußte er glauben, daß auf der wüsten Insel ein Spukfeuer brenne.

Der Mond stand hoch, als wir abstießen, und der See war noch wellig. Bald schimmerte aber das schwarze Kap der Lagerspitze aus dem verschwommenen Gebirgshintergrund des Südufers hervor. Mitten im Sunde betrug die Tiefe 34,5 Meter. Wir schrien so laut wir konnten, so daß unser Lärm bald durch ein Feuer auf der Landspitze, nach der unsere Leute hinabgestiegen waren, beantwortet wurde. Und der Wildgansbraten, der so lange auf uns hatte warten müssen, und ein Becher heißen Tees in aller Herrgottsfrühe schmeckten ganz vorzüglich. Aber noch schöner war es, nach dem flüchtigen Besuch der Ganseinsel, die geheimnisvoll und schwarz ihren Delphinrücken im Mondenlicht erhob, ins Bett kriechen zu können! Nie wieder wird mein Fuß ihren friedlichen Strand betreten!

262. Ein Träumer. Lama in Janggo=gumpa am Manasarovar.
Nach einer Skizze des Verfassers von T. Macfarlane gezeichnet.

263. Die alte Nonne in Janggo-gumpa am Manasarovar.
Skizze des Verfassers.

Fünfzigstes Kapitel.

Die Quelle des Satledsch.

Wir hatten uns am Morgen kaum angezogen, als der Sturm schon wieder tobte. Da trafen Galsan und ein Gova aus Parka bei uns ein. Jener brachte Lebensmittel, dieser den strengen Befehl von seinem Vorgesetzten, dem „Parka Tasam", mir zu sagen, daß er, falls ich nicht unverzüglich nach Parka komme, meine ganze Bagage nach dem Langak=tso schicken, mich aber zwingen werde, nach Purang hinunterzuziehen. Der Gova war ein jovialer alter Herr, der von mir die Antwort erhielt: wenn der Parka Tasam sich unterstehe, meine Kisten anzurühren, solle er sofort abgesetzt werden! Wenn er sich noch ein paar Tage gedulde, würde ich sowieso nach Parka kommen, da auch ich es unmöglich fände, in dieser Jahreszeit noch auf dem See herumzufahren.

Darauf zogen wir aber westlich weiter, in die Buchten hinein und wieder heraus und an allen jenen Vorgebirgen vorbei, die dadurch entstehen, daß ein im Norden des Gurla liegender Gebirgsarm seine Verzweigungen nach dem See hinabschickt. Die beständig wechselnden Uferperspektiven hier, wo wir wie in einem Labyrinth umhergehen und zwischen Land und Wasser balancieren, sind unbeschreiblich bezaubernd. Die beiden großen Inseln, die weiter draußen im See liegen, sehen wir, wo wir uns auch befinden; die eine heißt Dopserma; dort nisten keine Wildgänse, wohl aber andere Wasservögel. Im Winter treibt man Yaks und Schafe über das Eis nach der Insel, wo gute Weide ist. Wenn Viehseuchen im Lande grassieren, sterben die Tiere nicht, die sich auf Dopserma aufhalten.

In wütendem Sturm mit blendenden Sandwolken gingen wir um die westlichste, spitze Seebucht und lagerten dann wieder am Ufer. Dasselbe angenehme Wetter hielt auch am letzten August an, als wir nach Nordosten weiterzogen und den Langak=tso in neuen herrlichen Perspektiven sahen. Die Luft war jetzt klar, der Kang=rinpotsche und der Gurla Mandatta standen unverhüllt und wachten über ihre Seen. Auch an der

Landspitze, wo Tundup Sonam, Ische und ich unsere lange Wartezeit zugebracht hatten, und an der Sanddüne, wo wir vier Stunden gelegen hatten, kamen wir vorüber.

In der nordwestlichen Bucht überschreiten wir das alte Satledschbett, das aus tückischem Moorboden oder trocknem, hartem Ton besteht; es ist breit, hat keine Terrassen und ist in jüngerer Zeit durch die Winderosion und den Treibsand sehr deformiert und verwischt. In der Mitte entspringen zwei Quellen, die zum See fließen. Nach Westen scheint das Bett vollkommen eben, tatsächlich aber steigt es langsam und allmählich zu einer flachen Kulmination an, von der es dann endgültig nach der anderen Seite, nach dem Indus hinunter, abfällt.

Jetzt war es dunkel geworden. Eine Stunde nach der anderen ritten wir zwischen niedrigen Hügeln und Dünen und über Wiesen und Wasserarme. Ich glaubte schon, wir hätten uns verirrt, als die Glocken weidenden Viehs klingelten, ein Feuer sich zeigte und Rabsang uns mit einer Laterne entgegenkam, um uns nach dem Dorf Parka zu führen, wo mein Zelt auf einem Hofe aufgeschlagen war.

Während des sehr notwendigen Rasttages, den wir uns in Parka gönnten, wurde mit den Govas der Gegend hin und her verhandelt. Sie baten mich, am nächsten Tage doch nun endlich nach Westen aufzubrechen, und ich versprach es ihnen, aber unter der Bedingung, daß ich in Chaleb, eine halbe Tagereise weiter westlich, drei Tage bleiben dürfe. Sie gingen darauf ein, ohne meine Nebenabsichten zu durchschauen. Ich wollte nämlich um jeden Preis den heiligen Berg auf der Pilgerstraße umwandern, sah aber ein, daß die Behörden hierzu nie ihre Erlaubnis geben könnten. Nur mit List konnte es glücken.

Hier erhielt ich zum zweitenmal einen sehr liebenswürdigen Brief von Mr. Cassels, der sich in offizieller Sendung in Gyanima befand. Leider verhinderte die Macht der Verhältnisse, daß wir uns trafen. Er überraschte mich durch drei Pakete Tee, die mir um so willkommener waren, als ich in der letzten Zeit mit Ziegeltee hatte vorliebnehmen müssen.

Endlich erhielten wir hier auch Aufklärung über das Gerücht, das uns so lange hartnäckig verfolgt hatte, daß sechs chinesische und tibetische Beamte aus Lhasa gesandt worden seien, um mich zur Vernunft zu bringen. Das Gerücht war allerdings wahr gewesen, aber als diese Herren bei ihrer Ankunft in Saka-dsong gehört hatten, daß ich schon längst nach Westen weitermarschiert sei, waren sie einfach wieder umgekehrt!

Von Tibetern, die lange in der Gegend gelebt hatten, erhielt ich

noch allerlei Auskünfte über die beiden Seen und ihre periodischen Wasser=
arme. Noch vor vier Jahren war etwas Wasser vom Tso=mavang nach
dem Langak=tso geströmt, eine Angabe, die mit der Ryders übereinstimmt.
Vor zwölf Jahren war der Abfluß so reichlich gewesen, daß man ihn
ohne Brücke nicht hatte passieren können. Den Kanal nannte man teils
Ngangga, teils Ganga. Das Wasser des Langak=tso soll unter der
Erde westwärts strömen und an einer Stelle des alten Bettes, die
Langtschen=kamba heißt, aus einem Loch wieder herauskommen. Dies
Wasser soll die eigentliche Satledschquelle sein und in die großen
Flüsse gehen, welche zusammen diesen Strom bilden, dessen tibetischer
Name Langtschen=kamba ist. Vor 12 und 48 Jahren ist die Quelle
des alten Bettes viel ergiebiger geflossen als jetzt. Derartige Auf=
klärungen sammelte auch Sherring im Jahre 1905.

Der Langak=tso soll in alten Zeiten giftig gewesen sein, so daß jeder,
der das Wasser trank, sterben mußte. Aber seitdem der heilige Fisch
aus dem Tso=mavang die Landenge durchbrochen hat und in den See
hineingegangen ist, ist das Seewasser wieder süß geworden. Der See friert
Anfang Dezember zu, einen halben Monat früher als sein östlicher Nach=
bar, und zwar felderweise und langsam, während der Tso=mavang inner=
halb einer Stunde zufriert. Das Eis des Langak=tso bricht auch einen
halben Monat früher auf als das des Tso=mavang. Beide Seen haben
meterdickes Eis. Im Winter sinkt der Spiegel des Tso=mavang unter
dem Eise um einen halben Meter, wodurch es Spalten und Risse erhält
und sich vom Ufer abwärts neigt. Der Langak=tso aber sinkt nur um
einen oder zwei Zentimeter. Dies deutet darauf hin, daß er immer
Wasserzufluß aus dem östlichen See erhält, aber im Winter selbst nur
eine unbedeutende Menge Wasser abgibt.

Über die Gänseinsel erzählte man, daß drei Männer vom Devaschung
beauftragt werden, sich sofort nach Ankunft der Wildgänse auf der
Insel niederzulassen, um die Vögel vor Wölfen und Füchsen zu schützen.
Sie bekommen acht Rupien, ein Schaf und einen Kloß Butter als Ge=
halt. Um diese Zeit, im Mai, ist das Eis noch ellendick, aber die Eier=
sammler müssen sich doch vorsehen, daß sie nicht durch einen Sturm vom
Festland abgeschnitten werden. Vor einigen Jahren passierte es, daß
zwei Wächter auf diese Weise auf der Insel isoliert wurden. Sie lebten
dort acht Monate von Eiern und Kräutern und kehrten im nächsten
Winter, sobald der See zugefroren war, über das Eis zurück. Da war
der eine aber schon so entkräftet, daß er bei der Ankunft in Parka starb.

Nach einem fröhlichen Feste, das die Ladakis am Abend veranstal=
teten, ritten wir am 2. September nun wieder nordwestwärts, begleitet

von einem alten grauhaarigen Gova, der bereits mein ganz besonderer Freund geworden war. Das Wetter war herrlich, aber schon jetzt spürte man morgens eine beißende Kälte, ungefähr wie daheim auf den Schären, wenn die gelben Blätter abgefallen sind und eine dünne Eishaut sich über die Buchten gespannt hat. Ganz Parka war auf den Beinen, um sich unsere Abreise anzuschauen. Zugleich mit uns brach ein vornehmer Lama auf, den ich von Leh her kannte. Seine Begleiter hoben sich in ihren neuen roten und gelben Gewändern hübsch gegen den grün und grauen Erdboden ab. Er war in Schigatse gewesen und hatte kürzlich den heiligen Berg umwandert. Während des Marsches durchwateten wir die Flüsse Dam-tschu, Sung-tschu, La-tschu und Chaleb, die dem Langak-tso jetzt zusammen etwa 10 Kubikmeter Wasser in der Sekunde zuführten.

Je näher wir dem heiligen Berge kamen, desto weniger imposant erschien er; vom Langak-tso hatte er sich am schönsten ausgenommen. Der Form nach gleicht er einem auf ein Prisma gestellten Tetraeder. Von der Mitte des weißen Scheitels geht ein senkrechter Eisstreifen aus, unter dem sich ein flacher Eisstalagmit erhebt, den von oben ein dicker Wasserstrahl bespült. Der Strahl zersplittert auf dem Eiskegel in glitzernde Sprühtropfen und Wasserglocken — ein großartiges Schauspiel, dem man stundenlang zuschauen könnte.

Unser Lager auf der Chalebheide hatte den Vorzug, fern von allen menschlichen Wohnungen zu liegen, und das war auch nötig, denn von hier aus bewerkstelligte ich drei unerlaubte Exkursionen! Der zweite dieser Ausflüge nahm nur einen Tag in Anspruch, den 6. September, sein Ziel war das alte Bett des Satledsch. An dem Punkt, wo wir das Bett erreichten, schien es nach Osten wie nach Westen hin stillstehende Wasseransammlungen zu enthalten, der Boden war aber völlig eben. An der Stelle, die mir die höchste schien, ließ ich das Siedethermometer entscheiden, das einige 10 Meter Höhe über dem See angab. Folgt man dem Bett nach Westen, so gelangt man zuerst an einen sehr enten- und algenreichen großen Süßwassertümpel, darauf an eine Reihe durch kleine Wasserarme miteinander verbundener Sümpfe und schließlich an einen Bach, der langsam nach Südwesten fließt. Der Bach ergießt sich bald in einen großen Süßwassertümpel Nr. 2, der keinen sichtbaren Abfluß hat. Gehen wir aber weiter nach dem Punkt, wo das Bett sich zwischen steilen Wänden anstehenden Gesteins zusammendrängt, so stoßen wir auf zwei Quellen, die einen neuen Bach bilden, und dieser fließt durch das hier sehr markierte Tal nach Südwesten weiter. Nach meiner Überzeugung sickert dieses Wasser unter der Erde durch und kommt aus dem Langak-tso.

Folgt man, wie ich es ein Jahr später tat, dem alten Bett eine Tagereise weiter nach Westen abwärts, so findet man bei **Döltschu-gumpa** wasserreichere permanente Quellen, die ebenfalls im Boden des Bettes entspringen. Von hier an und auf dem ganzen Weg durch den Himalaja abwärts nennen die Tibeter den Satledsch **Langtschen-kamba**, den Elefantenfluß; der Hügel, auf dem das Kloster Döltschu-gumpa erbaut ist, soll Ähnlichkeit mit einem Elefanten haben, daher der Name. Die Quelle selbst bei Döltschu heißt **Langtschen-kabab** oder „der Mund, aus dem der Elefantenfluß kommt", ebenso, wie die Brahmaputraquelle **Tamtschok-kabab**, „der Mund, aus dem der Pferdefluß kommt", und die Indusquelle **Singi-kabab**, „der Mund, aus dem der Löwenfluß kommt", heißen. Der vierte in der Reihe ist der **Maptschu-kamba**, der Pfauenfluß oder Karnali. Die Tibeter behaupten also, daß die Quelle des Satledsch jetzt beim Kloster Döltschu liege, nicht im Himalaja oder Transhimalaja, aus denen er jedoch sehr wasserreiche Nebenflüsse erhält. Sie sind auch überzeugt, daß das Quellwasser des Langtschen-kamba aus dem Langak-tso stammt. Und ich bitte auf die außerordentlich beachtenswerte Tatsache aufmerksam machen zu dürfen, daß die erste der beiden heiligen Quellen, deren Wasser sich in den Tage-tsangpo ergießt, ebenfalls Langtschen-kamba heißt (s. S. 86), ein Beweis, daß man die Quelle in alten Zeiten im Osten des Tso-mavang annahm.

Jetzt rate ich dem, der an der Frage der Lage der Satledschquelle kein Interesse nimmt, das nun folgende Zitat zu überschlagen. Während meines Aufenthaltes in Kyōto im Dezember 1908 zeigte mir der Geographieprofessor der dortigen Universität, Herr Ogawa, eine Sammlung chinesischer Bücher über die Geographie Tibets. Eines davon, Schui-tao-ti-kang, „Die Grundzüge der Hydrographie", ist eine Kompilation, die Tschi Tschao Nan im 26. Jahre des Kaisers Kien Lung, also im Jahre 1762, ausgeführt hat. Im 22. Buche dieses Werks steht folgende Mitteilung über die Quelle des Satledsch, die Professor Ogawa mir mit großer Liebenswürdigkeit wortgetreu übersetzt hat*:

„Der Kang-ka-kiang tritt aus dem Kang-ti-ssu-schan (Kailas, Gangri) aus, auf dessen Südostseite der Lang-tschuan-ka-pa-pu-schan (Langtschenkamba oder Langtschen-kabab), groß wie ein Elefant, liegt. Das Relief wird allmählich immer hügeliger nach der südwestlichen Grenze hin und kulminiert im Kang-ti-ssu-schan (Kailas). Der Berg hat einen Umfang von mehr als 140 Li. Auf allen Seiten bildet er abschüssige Wände,

---

* Ich habe nur ein paar Sätze ausgelassen, die mit dem Problem direkt nichts zu tun haben.

die die umliegenden Berge um mehr als tausend Fuß überragen und angehäufter Schnee scheint auf den Felsen zu hängen. Hunderte von Quellen strömen von dem Gipfel nieder, fließen aber am Fuße des Berges unter der Erde. Er liegt im äußersten Westen der Provinz Tsang, 310 Li nordöstlich von Ta=ko=la=tscheng (Taklachar?) in A=li (Ngari?), aber mehr als 5590 Li südwestlich von Sining=fu in der Provinz Schensi. Seine Länge ist 36 Grad 4 Minuten westlich und seine Breite 30 Grad 5 Minuten nördlich. In alten Zeiten war die Gegend unbekannt, läßt sich aber mit einigem Vorbehalt mit dem A=nok=ta=schan der Schui=ching=Aufzeichnungen identifizieren. In der Nachbarschaft gibt es vier hohe Berge, von denen der südliche Lang=tschuan=ka=pa=pu=schan heißt und 250 Li südöstlich von Ta=ka=lo=tscheng liegt. Die Eingeborenen nennen den Berg so, weil seine Gestalt der eines Elefanten gleicht. Östlich von diesem Berge liegt der Ta=mu=tschu=ko=ka=pa=pu=schan (Tamtschok=kabab, die Quelle des Flusses Jalu=tsang=pu oder Jere=tsangpo). Quellen treten aus dem Nordfuß des Berges aus und sammeln sich zu einem See an. Das Wasser strömt 70 Li nach Nordwesten und nimmt einen Fluß auf, der von Nordosten kommt. Der Fluß befindet sich im Gebirge 80 Li nordöstlich vom Lang=tschuan=ka=pa=pu. Zwei Flüsse fließen von dem Berge nach Westen und biegen nach ihrer Vereinigung nach Nordwesten um. Der Lauf des vereinigten Flusses schlängelt sich dann 60 Li weiter, biegt nach Südwesten ab und vereinigt sich mit dem Hauptfluß. Dies ist eine Quelle.

„Der Fluß strömt 40 Li nach Westen bei Norden weiter, dann nach Nordosten dem Wasser aus dem See Kung=scheng (Guntschu=tso) entgegen, das unter das Bett des Seebeckens sinkt, das aber, nachdem es wieder zutage getreten ist und drei nördliche Zuflüsse aufgenommen hat, nach Südwesten dem Flusse (Satledsch) zuströmt.

„Der See Kung=schen=o=mo hat zwei Quellen, die eine kommt von Nordosten, vom Ta=ko=la=kung=ma=schan und fließt 150—160 Li, die andere von Osten vom westlichen Fuße des Ma=erh=yo=mu=ling (Marium=la) auf der Westgrenze von Tscho=schu=te. Dieses letztere Gebirge bildet die Ostgrenze von A=li und ist die Hauptkette, die vom Kang=ti=ssu (Kailas) nach Südosten geht. Das Wasser des Sees Kung=scheng (Guntschu=tso) strömt über 50 Li nach Westen und bildet einen zweiten See, der 80 Li groß ist und keinen Abfluß hat. Mehr als 10 Li weiter nach Westen gibt es jedoch einen dritten See mit einer unterirdischen Quelle, der 30 Li lang ist. Von Norden her kommt ein Fluß nach dem See. Jetzt strömt der Fluß 60 Li nach Südwesten und empfängt einen von Nordosten kommenden Fluß, und 40 Li weiter südwestwärts nimmt er einen Fluß auf, der aus den nördlichen Gebirgen kommt, und noch weiter nach Südwesten hin begegnet der Fluß dem Wasser aus dem Lang-tschuan-ka-pa-pu-schan.

„Dieses Wasser bildet den See Ma-piu-mu-ta-lai (Mavang, Manasarovar). Von Süden nach Norden ist er 150 Li lang, von Osten nach Westen 80 oder 100 Li breit, und er hat mehr als 200 Li Umfang. Am Norduser des Sees sind zwei Flüsse, die von Norden kommen. Der See liegt 120 Li südlich vom Kang-ti-ssu (Kailas). Das Wasser fließt auf der westlichen Seite aus dem See hinaus und in den See Lang-ka (Langak-tso) hinein, der 60 Li entfernt liegt. Dieser letztere See nimmt einen Fluß auf, der von Norden herkommt. Der See Lang-ka hat eine schmale, rechtwinklige Form mit Vorgebirgen und ist länglich; seine Länge von Süden nach Norden beträgt 170 Li, seine Breite von Osten nach Westen beläuft sich auf 100 Li. An seiner nördlichen spitzen Ecke empfängt er den Fluß, der von Nordosten kommt. Dort gibt es drei Quellen, 70 Li vom Südfuß eines südlichen Ausläufers des Kang-ti-ssu (Kailas) entfernt; sie fließen nach Süden ab, vereinigen sich in einem Bett und strömen dann als ein Fluß 150—160 Li südwestwärts, ehe sie sich in den See ergießen. Der See ist dem Umfang und Areal nach ebenso (wie der Tso-mavang), hat aber eine andere Gestalt.

„Das Wasser des Sees Lang-ka fließt von Westen aus (aus dem See), und nachdem es über 100 Li westwärts geströmt ist, biegt es nach Südwesten ab, heißt jetzt Lang-tschu-ho und hat mehr als 200 Li lang einen gewundenen Lauf. Darauf empfängt der Fluß den Tschu-ka-la-ho, der von Nordosten kommt."

Diese Schilderung der Lage der Satledschquelle hat so außerordentlich großes Interesse, daß ich ihre Veröffentlichung um so mehr nicht bis zu meiner wissenschaftlichen Arbeit habe aufschieben wollen, als sie mir in meiner schon in Indien ausgesprochenen Vermutung, daß der Tage-tsangpo nichts anderes als der oberste Teil des Laufes des Satledsch oder, mit anderen Worten, daß die Quelle des Tage-tsangpo auch die Quelle des Satledsch sei, recht gibt. Bei der Debatte, die sich um das Problem entsponnen hat, sind viele Zitate herausgesucht worden, aber sie lassen sich an Bedeutung nicht vergleichen mit dem soeben angeführten, das 60 Jahre älter ist als das älteste der anderen, nämlich Gerards Ansicht, daß der Guntschu-tso die Quelle des Satledsch sei.

Die Beschreibung in Tschi Tschao Nans Hydrographie zeichnet sich durch ebenso peinliche Übereinstimmung mit der Wahrheit und Gewissenhaftigkeit aus wie alle anderen chinesischen Erdbeschreibungen. Man vergleiche die Beschreibung des Kailas (Kang-rinpotsche) mit dem, was ich bereits über ihn gesagt habe!

Lang=tschuan=ka=pa=pu ist die chinesische Übertragung des tibetischen Langtschen=kabab, das wortgetreu „Quelle des Satledsch" bedeutet. Wenn uns der chinesische Verfasser nun mitteilt, daß „östlich von Langtschen= kabab Tamtschok=kabab liegt", das die Quelle des Flusses Jere=tsangpo (Brahmaputra) ist, so muß man gestehen, daß seine Beschreibung ganz genau mit der Wirklichkeit übereinstimmt, wie der erste Europäer in dieser Gegend, ich selbst, sie gefunden habe! Denn auf dem Tamlung=la stand ich auf dem Paß, der das Wasser zwischen Brahmaputra und Satledsch scheidet, und unmittelbar südlich vom Paß sah man den Gang= lung=gangri und den Gletscher, aus dem der Tage=tsangpo entsteht und in dem die Quelle des Satledsch liegt.

Ferner heißt es, daß der See Guntschu=tso zwei Quellen habe, die eine von Nordosten her vom Berg Ta=ko=la=kung=ma, der augenscheinlich mit D'Anvilles Tacra=concla identisch ist, die andere von der Westseite vom Paß Marium=la, eine Angabe, die mit Ryders Karte in allen Einzelheiten übereinstimmt. Heutzutage ist der Guntschu=tso vollständig abgeschnürt und salzig; er gehört also nicht mehr zum Satledschsystem. Vor 147 Jahren aber hatte er einen Abfluß, der zum Teil unterirdisch weiter strömte, dann wieder zutage trat und sich mit dem Langtschen= kamba oder Tage=tsangpo vereinigte. Der chinesische Verfasser betont an zwei verschiedenen Stellen seiner Beschreibung, daß der Fluß des Guntschu= tso, der damals in seinem Unterlauf mit dem jetzigen Toktschenfluß iden= tisch war, nur ein Nebenfluß des Langtschen=kabab oder Tage=tsangpo sei. Und daß der Tage=tsangpo seinerzeit auch von den Tibetern für den Quell= fluß des Satledsch gehalten wurde, geht daraus hervor, daß sein Name, Langtschen=kamba, noch der oberen der beiden heiligen Quellen im Tale des Tage=tsangpo verblieben ist.

Und ferner heißt es: Dieses Wasser, nämlich das Wasser des Lang= tschen=kabab oder des Quellarmes des Satledsch, bildet den See Ma=piu= mu=ta=lai, also den Tso=mavang oder Tso=mavam, wie der Name auch ausgesprochen wird; auf D'Anvilles Karte wird er Ma=pama Talai ge= schrieben, wobei D'Anville mitteilt, daß Talai See bedeute. Er hätte hinzufügen können, daß es dasselbe Wort ist wie in Dalai=Lama, dem Priester, dessen Weisheit so unendlich wie der Ozean ist, denn das mongo= lische Wort Talai oder Dalai bedeutet Ozean. Mit diesem Wort hat der chinesische Verfasser hervorheben wollen, daß der Tso=mavang viel größer ist als die anderen im Text angeführten Seen.

Wie man anzunehmen allen Grund hat, strömte das überflüssige Wasser des Tso=mavang im Jahre 1762 durch den Kanal nach dem Langak=tso. Die Länge des Kanals betrug 60 Li, die meinen neun

264. Klosternovizen.

265. Küche in Tschiu-gumpa.
Skizzen des Verfassers.

266. Eingang ins Dunglung- oder Njandital mit dem Kailas im Hintergrund. Der Sitzende ist der Gova, der mir erlaubte, die Reise zur Indusquelle auszuführen.

Kilometern entsprechen. Alle von Norden aus den Tälern des Trans=
himalaja kommenden Flüsse, die sich in die beiden Seen ergießen, sind
richtig angeführt. Der See Langak wird Lang=ka genannt. Auf D'An=
villes Karte, zu der die Jesuiten, die zur Zeit des Kaisers Kang Hi
(am Anfang des 18. Jahrhunderts) in Peking lebten, das Material ge=
liefert haben, heißt der See Lanken. Auf derselben Karte heißt der von
dort nach Westen gehende Fluß Lanc=tschou (Satledsch), es wird aber
ungereimterweise die Vermutung ausgesprochen, daß er der Oberlauf des
Ganges sei. Die Gebirge im Süden des Tso=mavang nennt D'Anville
Lantchia=Kepou, was Langtschen=kabab ist, und das südöstlich davon
liegende Gebirge Tam=tchou, also Tam=tschok, in dem er ganz richtig
den Yarou Tsanpou, den Brahmaputra, entspringen läßt. Das Material
zu der Karte des ganzen Chinesischen Reichs, das die Jesuiten dem Kaiser
Kang Hi im Jahre 1718 übergaben, wurde vom Jahre 1708 bis zum
Jahre 1716 gesammelt, aber über Tibet verschaffte der Kaiser sich Auf=
klärungen durch Eingeborene, die zu ihrer Arbeit von den Jesuiten an=
gelernt wurden, ganz wie in späterer Zeit englische Topographen die
indischen Punditen angelernt haben.

Aus D'Anvilles Karte erfahren wir also, daß vor 200 Jahren der
Satledsch durch das Bett, das ich bereits beschrieben habe, aus dem
Langak=tso abfloß. Professor Ogawas Übersetzung des chinesischen Textes
läßt uns erfahren, daß noch im Jahre 1762, oder einige Jahre früher,
der Fluß noch immer aus dem Langak=tso heraustrat. Und es wird aus=
drücklich gesagt, daß der Fluß Tschu=ka=la=ho (= Tschu=kar, der jedoch,
der Angabe nach, aus Nordosten anstatt aus Südosten kommt) nur ein
Nebenfluß sei.

Im Jahre 1846 fand Henry Strachey keinen sichtbaren Abfluß,
sagt aber, daß ein solcher unter der Erde vorhanden sei, und hält es
für wahrscheinlich, daß auch der Kanal Wasser führen könne, wenn der
See nach heftigen Regengüssen sehr gestiegen sei.

Am 30. Juli 1908 hörte ich vom Oberlama des Klosters Döltschu=
gumpa, der in der Gegend geboren und damals 55 Jahre alt war, daß,
als er noch ganz klein gewesen sei, von Zeit zu Zeit Wasser aus dem
See herausgeströmt sei. Doch als er zehn Jahre alt gewesen, also im
Jahre 1863, sei auch dieses Wasser versiegt und habe sich seitdem nie
wieder gezeigt. Dagegen flössen die Quellen im Bett permanent, sowohl
im Winter wie im Sommer und unabhängig von den Niederschlägen.
Man sei daher im Kloster der Ansicht, daß sie aus dem Langak=tso
stammten, nenne sie aber trotzdem Langtschen=kabab, den Fluß, der aus
dem Munde des Elefanten herauskommt.

Meine Untersuchungen an Ort und Stelle, sowie das chinesische Zitat beweisen, daß Oberst S. G. Burrard vollkommen recht hat, wenn er in seiner meisterhaften Beschreibung der Flüsse des Himalaja und Tibets (Kalkutta 1907) den Tso-mavang und den Langak-tso und alle ihre Zuflüsse zum Flußgebiete des Satledsch rechnet, und ich möchte hier die beiden folgenden, von Oberst Burrard ausgesprochenen Sätze besonders hervorheben:

„The connection between the two lakes may be taken as established, but that between the western lake and the Sutlej basin is still open to question. If the water from Rakas Tal flows into the Sutlej once a century, and then only for such a short period as to be observed by no one, we shall still be justified in including the lakes in the catchment area of the river."

(„Die Verbindung zwischen den beiden Seen kann als festgestellt angesehen werden, aber die zwischen dem westlichen See und dem Satledschbecken ist noch fraglich. Wenn das Wasser aus dem Rakastal nur einmal in 100 Jahren in den Satledsch fließt und dann nur während einer so kurzen Periode, daß sie niemand beobachtet, werden wir noch berechtigt sein, die Seen in das Stromgebiet des Flusses einzuschließen.")

In Verbindung hiermit will ich hervorheben, daß der Wasserstand der tibetischen Flüsse und Seen je nach der Menge der Niederschläge periodischem Wechsel derselben Art wie die Brücknerschen Perioden unterworfen ist. In den beiden Seen verändert sich der Wasserstand von Jahr zu Jahr. Gegenwärtig stehen sie sehr niedrig, aber nichts könnte hindern, daß sie sich in naher oder ferner Zukunft wieder langsam heben; daß der Tso-mavang so anschwölle, daß er sein Wasser durch den Kanal an den Langak-tso abgäbe, und daß schließlich dieser See, wie einst, sich seines überflüssigen Wassers durch das jetzt ausgetrocknete Bett des Satledsch entledigte. Das Wahrscheinlichste ist jedoch, daß der Langak-tso dem Zeitpunkt entgegengeht, an dem er auch seinen unterirdischen Abfluß verliert und ebenso wie der Gungtschu-tso und der Panggong-tso vollständig abgeschnürt und infolgedessen mit der Zeit salzig wird. Aber nach dem, was Professor Brückner mir mitgeteilt hat, kann es lange dauern, ehe der See merkbar salzig wird, nachdem er seinen Abfluß eingebüßt hat. Der nächste Schritt der Entwicklung ist dann, daß der Tso-mavang vom Langak-tso abgeschnürt und ebenfalls salzig wird.

Jedoch brauche ich mich nicht in Prognosen und Spekulationen zu vertiefen, die einer Zukunft angehören, über deren Überraschungen wir nur mehr oder weniger wahrscheinliche Vermutungen anstellen können.

Es ist unsere Pflicht, uns einzig und allein auf Tatsachen und Beobachtungen zu stützen.

Und nun, da wir uns darüber einig sind, daß die beiden Seen zum Flußgebiet des Satledsch gehören, ist die nächste Frage die: welcher der Flüsse, die sich in den Tso-mavang ergießen, ist der Quellfluß des Satledsch? Natürlich der wasserreichste und längste. Auf diese Ehre hat der Fluß, der seinerzeit dem Guntschu-tso entströmte, nie Anspruch erheben können, und der Guntschu-tso kann daher als Quelle des Satledsch nicht in Frage kommen. Der Tage-tsangpo führte 11 Kubikmeter Wasser in der Sekunde, während alle anderen in den Tso-mavang mündenden Flüsse höchstens 2—3 Kubikmeter führten. **Die Quelle des Tage-tsangpo an der Front des Ganglunggletschers ist daher die Quelle des Satledsch.**

Einundfünfzigstes Kapitel.

Eine Pilgerfahrt um den Kang-rinpotsche.

Wir sind wieder auf der Chalebheide, und morgen ist der 3. September, an dem die Umwanderung des heiligen Berges beginnen soll! Der vornehmste Gova von Parka ist bei uns, um mich im Zaum zu halten; aber ich lasse es hübsch bleiben, meine Pläne zu verraten. Tsering, Rabsang, Namgjal und Ische sollen mit; sie sind Lamaisten und freuen sich auf die Gelegenheit, durch Umwandern des heiligsten aller Berge der Erde den Toren der Seligkeit näher zu kommen. Proviant auf drei Tage, die absolut notwendigen Instrumente und Skizzen- und Notizbücher werden mitgenommen. Das Stativ des großen photographischen Apparates und die eine Persenning des Bootes sollen als Zelt dienen. Das ganze Gepäck ist nur eine leichte Pferdelast. Ich reite auf meinem kleinen Ladakischimmel, die vier Männer gehen zu Fuß, denn den heiligen Berg darf keiner umreiten, der nicht, wie ich, ein Heide ist! Die übrige Karawane sollte uns in Chaleb erwarten, und mein Zelt sollte unberührt stehen bleiben, damit die Tibeter dächten, daß man mich zum Abend zurückerwarte.

Tsering, Namgjal und Ische brachen früh auf, ich und Rabsang ein wenig später. Der Gova und seine Leute kamen, um zu fragen, was dies bedeute und wohin ich wolle. Aber ich antwortete ihm nur: „Ich bin bald wieder da", und ritt nach N 30° O nach dem Eingange des Dunglungtales (Abb. 266).

Oben zwischen den ersten Moränen erwarten uns die anderen, und nun ziehen wir in geschlossener Kolonne bergauf und bergab über alte Moränen, die von verschwundenen Gletschern hier abgestoßen worden sind. Am Ufer des Dunglungflusses rastet eine Pilgergesellschaft aus Kham im fernen Osten. Sie haben die Zelte aufgeschlagen und ihre Pferde weiden im frischen Grase. Von der Moränenhöhe aus sieht man den nördlichen Teil unseres stürmischen Langak-tso.

Wir reiten das Tal hinauf und haben bald auf beiden Seiten festes Gestein von hartem grünem und violettem Konglomerat mit gewaltigen

Schuttkegeln am Fuß der Abhänge. Kolossale Konglomeratblöcke sind hier abgestürzt. Am linken Flußufer, da wo der Weg von Tartschen heraufkommt, stehen ein kleines würfelförmiges Haus und mehrere Manis und Tschorten in langen Reihen; es ist ein heiliger Weg, der Weg der Pilger um den Kang-rinpotsche.

Die Bergwände nehmen immer wildere Formen an, sie fallen senkrecht nach Terrassen und Geröllkegeln ab, sie bilden Treppenstufen und Leisten, Festungsmauern, Zinnen und Türme, sie scheinen von Menschenhand aufgemauert zu sein. Sie bestehen aus Sandstein und Konglomerat, die Schichten fallen 10 Grad nach Süden ein und erscheinen dem Auge oft horizontal. Eine kleine Brücke führt über den Fluß; eine Pilgergesellschaft, die hinter uns herzieht, geht gerade hinüber. Wir aber sind auf dem rechten Ufer, und über uns thront Njandi-gumpa auf seiner Terrasse. Über ihm erhebt sich die senkrechte Wand eines kolossalen Bergmassivs, ein gefährlicher Hintergrund für ein Kloster. Droben auf einem Absatz haust ein Eremit, und ganz oben auf dem Gipfel steht eine Wimpelstange, Njandi-kong genannt. Vor fünf Jahren stürzte ein gewaltiger Felsblock gerade auf das Kloster herab und zertrümmerte es zur Hälfte. Der Block liegt noch auf dem inneren Klosterhofe. Es war früh morgens nach langem, anhaltendem Regen; keiner kam zu Schaden, aber das Kloster mußte neu aufgebaut werden.

Zwei Mönche, zwei alte Weiber und ein Junge empfingen uns freundlich und sagten, es sei das erstemal, daß sie einen Europäer in Njandi sähen. Das Kloster steht ebenso wie die drei anderen am Kailas liegenden unter dem Tartschen-labrang, der am Südfuß des Berges liegt und bei dem die Pilger ihre Wanderung beginnen und beenden. — Seltsamerweise gehören diese Klöster Tongsa Penlop, dem Radscha von Bhutan. Das vorige Jahr, 1906, war ein „Jahr des Feuerpferdes"; das Jahr 1918 wird ein „Jahr des Erdpferdes" sein; jedes zwölfte Jahr ist ein Pferdejahr, und dem Wort „Pferd" werden die Bezeichnungen Holz, Feuer, Erde, Eisen oder Wasser abwechselnd vorangesetzt; der tibetische Zyklus (die Zeitperioden, nach denen gerechnet wird) erstreckt sich über 60 Jahre mit zwölf verschiedenen Tiernamen. In jedem Pferdejahr, also jedem zwölften Jahr, kommen Massen von Pilgern nach dem Kailas. Die Mönche sagen, man könne sie nicht zählen, sie wüßten aber, daß im Jahre 1907 über 5000 Pilger in Njandi gewesen und ein großer Teil aus Ladak gekommen sei.

Das Lhakang, der Göttersaal, ist recht originell. Vier Säulen tragen seine Decke. Der Altar, einem chinesischen Kiosk von bunt bemaltem Holze ähnlich, steht frei und im tiefen Schatten, aber seine Vorder-

seite wird durch so zahlreiche Opferlichter erhellt, daß die Beleuchtung
einen festlichen Eindruck macht. Vor dem Bilde Schakyamunis, das
seinen Platz an der einen Wand hat, hängt eine besondere Lampe. Vor
dem Altar steht ein gewaltiger Kupferkessel mit Deckel, der Tosungdschön
genannt wird. Man erzählt, daß er in alten Zeiten aus Indien durch
die Luft hierhergeflogen sei. Im Winter ist er mit Butter gefüllt, im
Sommer mit Tschang; ein Lama füllte mit einer langen Messingkelle
das geweihte Getränk in die Holzschalen meiner Leute. Und aus der
silbernen Kanne mit den Pfauenfedern goß er Weihwasser in ihre hin=
gereichten hohlen Hände; sie tranken davon und bestrichen sich mit dem
Rest das Gesicht. Alle außer Rabsang huldigten den Götterbildern vor=
schriftsmäßig und beteten, Tsering hatte außerdem noch auf dem ganzen
Weg Gebete gemurmelt und die Kugeln seines Rosenkranzes durch die
Finger gleiten lassen. Zwei schöne Elefantenzähne (Langtschen=sala=rapten)
waren auch vor dem Altar aufgestellt.

Im Tsänkangsaal steht eine in Goldbrokat und Kadachs gekleidete
Statue des Hlabsen, des Gottes des Kang=rinpotsche und des Tso=ma=
vang. Im Vorzimmer des Saals ist ein ganzes Arsenal von Säbeln
und Flinten nebst hölzernen und ledernen Schilden, die je vier eiserne
Buckel haben. Auf der Außenseite des Klosters, dessen Front dem heiligen
Berg zugekehrt ist, sind Reihen künstlerisch ausgemeißelter Schieferplatten
angebracht. Auf sechs von ihnen ist je eines der heiligen Schriftzeichen
eingeritzt; aber jedes der riesigen Schriftzeichen ist wieder mit dem un=
veränderlichen A und O des Lamaismus: „Om mani padme hum"
ausgefüllt. Auf anderen Platten sind Götter mit einer Kunstfertigkeit
ausgemeißelt, die in Erstaunen setzt und den freilich vergeblichen Wunsch
erregt, eine oder die andere kaufen zu dürfen.

Die Aussicht, die man vom Dache hat, ist unbeschreiblich schön
(Abb. 267). Dort erhebt sich der vereiste Gipfel des Kang=rinpotsche
inmitten phantastischer, wildzerklüfteter Bergwände, und im Vordergrund
haben wir die pittoresken Oberbauten und Wimpel des Klosters.

Aber die Zeit vergeht. Nachdem wir Njandi drei Stunden ge=
opfert haben, sagen wir den guten Mönchen Lebewohl, steigen wieder den
steilen, zwischen Schutt und Blöcken durchführenden Zickzackpfad hinunter
und setzen die Wanderung nach Nordnordosten auf dem rechten Ufer
flußaufwärts fort. Bei jeder Biegung möchte man bewundernd stehen
bleiben, denn dieses Tal ist an wilder Naturschönheit eines der groß=
artigsten, die ich je gesehen habe. Die Bergwand der rechten Talseite
besteht aus zwei Etagen, zwischen denen ein Terrassenabsatz liegt; mitten
in der Wand gähnt eine schwarze Schlucht. Auf der linken Seite bildet

das Gestein eine einzige senkrechte Wand, und dann fällt der Blick auf eine Reihe seltsamer Reliefformen, Felsen, die in Steinkaskaden erstarrt zu sein scheinen, Zitadellen, Kirchtürme und mit Zinnen versehener Festungsmauern, die cañonartige Hohlwege voneinander trennen. Von schmelzenden Schneefeldern rieselt Wasser an den steilen Gehängen herab. Ein solcher Wasserstrahl ist wohl 250 Meter hoch und weiß wie Milch; der Wind zerstäubt ihn, aber er sammelt sich wieder, um dann an einem Vorsprung zu zersplittern. Um ihn herum ist die Felswand von sprühenden Tropfen naß und dunkel. Über eine senkrechte, schmale Kluft führt eine natürliche Steinbrücke.

Schon unmittelbar hinter dem Kloster verschwindet der Gipfel des Kailas, aber bald sieht man wieder einen Zipfel von ihm durch eine Lücke. Wir zogen an zwölf Pilgern und bald darauf an einer zweiten Gesellschaft vorüber, die sich an einem Abhang ausruhte. Sie machen feierliche Gesichter und reden nicht miteinander, sie murmeln nur Gebete und schreiten vornübergebeugt und auf den Stab gestützt, manchmal aber auch ohne Stab, dahin. Wie haben sie sich danach gesehnt, hierher zu kommen! Und nun sind sie da und gehen im Kreis so um den Berg herum, daß sie ihn stets zu ihrer Rechten haben. Sie fühlen keine Müdigkeit, denn sie wissen, daß jeder Schritt ihre Aussichten jenseits des Todesflusses besser werden läßt. Und wenn sie wieder nach ihren schwarzen Zelten in den fernen Tälern zurückgekehrt sind, erzählen sie ihren Freunden von all den Wundern, die sie gesehen haben, und von den Wolken, die wie alte Drachenschiffe unter dem weißen Scheitel des Gangri hinsegelten.

Überall erheben sich kleine, kegelförmige Steinmale. Tsering versäumt nie, einen Stein vom Wegrande aufzuheben und ihn als seinen Beitrag auf jeden solchen Votivhaufen zu legen; und damit tut er auch ein gutes Werk, indem er den Weg für die, die nach ihm kommen, weniger holprig macht. Durch eine Lücke sieht die Sonne hervor und wirft grelles, gelbes Licht in das Tal, das sonst im Schatten liegt. Wieder zeigt sich der Eisgipfel in starker Verkürzung. Von den Seiten kommen mehrere Nebenflüsse, und gegen Abend steigt der Fluß; er führt nun wohl 8 Kubikmeter.

Ein Mann aus Gertse ist 20 Tage hintereinander um den Berg gegangen und hat jetzt gerade seine zehnte Umwanderung hinter sich. Dunglung-do ist ein sehr wichtiger Talknoten, drei Täler stoßen hier zusammen; das Tschamo-lungtschen kommt von N 70° W, das Dunglung von N 5° W; das dritte, das in seinem oberen Teil Hle-lungpa heißt, ist das, in dem wir aufwärts ziehen. Wir haben jetzt auf beiden

Seiten Granit. Der Kailas wendet eine scharfe Kante nach Norden, und der Gipfel hat hier mehr denn je Ähnlichkeit mit einem Tetraeder (Abb. 269). Wieder wird der Berg von einer Höhe des Bergringes verdeckt, der den Gipfel umgibt, wie der Vesuv von seiner Somma umgeben ist. Der Hauptfluß ist gegen Abend angeschwollen; über die beiden anderen Flüsse führen Brücken. Blöcke liegen massenhaft umher. Alles ist Granit, und daher sind die Bergformen runder und plumper.

Endlich erblicken wir vor uns das Kloster Diri=pu, das am Abhang der rechten Talseite liegt. Ein gewaltiger Granitblock neben dem hinaufführenden Wege trägt die gewöhnlichen heiligen Schriftzeichen, und dort sieht man auch lange Manis, Wimpel und Steinhaufen. Alle die Pilger, die wir im Laufe des Tages überholt hatten, kehrten im Kloster ein, in dessen Herberge sie kostenfrei übernachten dürfen (Abb. 268). Sie war zum Bersten voll, nachdem auch noch eine Gesellschaft von Wanderern, die zur Pembosekte gehörten, angelangt war; diese umwandern den Berg natürlich in verkehrter Richtung, und die Orthodoxen, die ihnen begegnen, werfen ihnen verächtliche Blicke zu. Ich zog es daher vor, mein Zelt auf dem Dache aufzuschlagen, wo das Gepäck der Pilger in Haufen aufgestapelt lag. Auch von hier hat man eine prachtvolle Aussicht auf den Kailas, dessen Gipfel sich gerade im Süden zeigt (Abb. 270). Bei +4,5 Grad um 9 Uhr war es kalt und unfreundlich, weil heftiger Wind wehte, und weil mein Zelt, das nur aus dem mit Leinwand überdeckten Stativ des photographischen Apparates bestand, zu klein war, um das Anzünden eines Feuers zu erlauben.

Seit es mir geglückt war, die Lage der Quellen des Brahmaputra und des Satledsch feststellen zu können, war mein alter Traum von der Entdeckung der Indusquelle wieder erwacht, mein ganzes Sehnen und mein ganzer Ehrgeiz hatten sich nun auf dieses Ziel konzentriert. Da ich nun von den Mönchen erfuhr, daß der Punkt, wo der berühmte Fluß aus dem „Munde des Löwen" hervorquillt, in nur drei Tagereisen nach Nordosten unter Überschreitung eines hohen Passes zu erreichen sei, erschien mir alles andere im Vergleich mit dem Vordringen durch das unbekannte Land im Norden gleichgültig und unbedeutend. Wir hielten Kriegsrat; Proviant hatten wir nur noch für zwei Tage und Geld hatte ich zu wenig mitgenommen, unsere Lage in Chaleb war außerdem viel zu unsicher, um größere Wagnisse zu erlauben. Ich beschloß daher, vorläufig den ursprünglichen Plan auszuführen und die Pilgerwanderung zu beenden und dann die Indusquelle zum Ziele einer neuen Exkursion von Chaleb oder schlimmstenfalls selbst von Gartok aus zu machen.

267. Der Kailas hinter Njandi-gumpa.

268. Bettelnde Pilger.

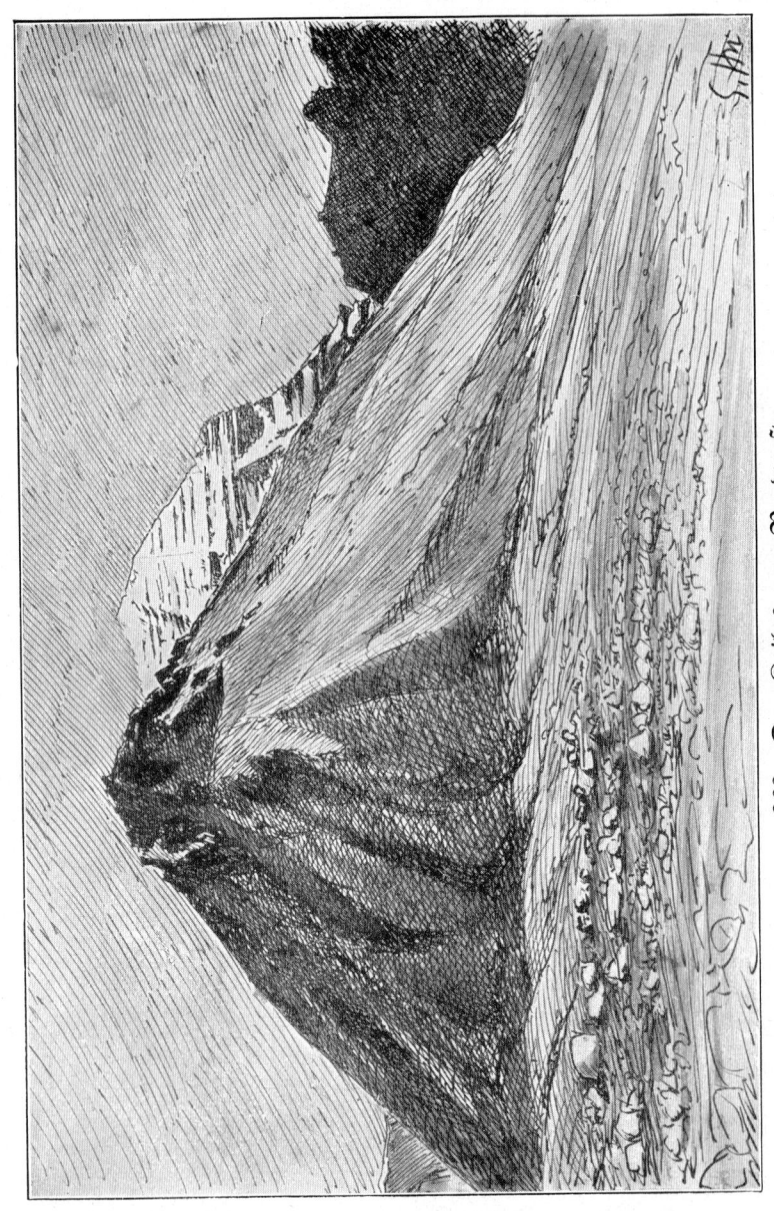

269. Der Kailas von Nordwesten.
Skizze des Verfassers.

Am 4. September nahmen wir von den Mönchen in Diri=pu Abschied, überschritten auf einer Brücke den Fluß, der vom Paß Tseti=latschen=la im Transhimalaja, auf dessen anderer Seite das Wasser zum Indus geht, herabkommt, und stiegen dann über holprige, steile, mit Granitblöcken und Steinmalen dicht bedeckte Halden in östlicher Richtung bergan. Zu unserer Rechten haben wir den Fluß, der von den Gletschern des Kailas gespeist wird; er ist ganz kurz, aber sehr wasserreich. Immer abschüssiger wird der Pfad, der sich zwischen riesigen Granitblöcken hinschlängelt und nach einem ersten Buckel hinaufführt; von dort an ist das Terrain bis zum nächsten Absatz ein wenig ebener. Von hier aus haben wir einen prächtigen Blick über den kurzen, abgestutzten Gletscher, der, aus einem scharfbegrenzten, muldenartigen Firnbecken gespeist, von der Nordseite des Kailas ausgeht. Seine End=, Rand= und Mittelmoränen sind klein aber deutlich. Nach Osten hin geht vom Kailas ein außerordentlich scharf gezeichneter, spitziger, zackiger Felsrücken aus, dessen Nordseite Schnee bedeckt, und in dem Schnee sieht man Geröllbänder, die dieser ganzen Seite ein geriltes Aussehen verleihen. Von allen Zipfeln des Eismantels und der Schneefelder eilen schäumende Bäche nach dem Flusse hinunter. Zu unserer Linken, im Norden, besteht das Gebirge aus vertikal zerklüftetem Granit in wilden, pyramidalen Formen. Der Kailas wird also im Norden durch mächtige Granitmassen geschützt, aber daß der Berg selber allem Anscheine nach aus Konglomerat besteht, ergibt sich schon aus der beinahe horizontalen Schichtung, die infolge ihrer vorspringenden Leisten, scharf gezeichneten Schneelinien und Eisstreifen so deutlich erkennbar ist. Der Gipfel erhebt sich über diesem Meere wilder Berge wie ein ungeheurer Bergkristall von sechseckiger Form.

Eine Gesellschaft armer Frauen und Kinder klimmt mühsam nach dem Paß hinauf (Abb. 272). Ein älterer Mann, der schon bei der neunten Umkreisung war, hatte nichts dagegen, sich uns anzuschließen; er kannte die Gegend und konnte Auskunft darüber geben. Auf einer neuen Anschwellung, Tutu=dapso genannt, sahen wir Hunderte von meterhohen Votivhaufen, einen wirklichen Wald von Steinpyramiden, der an einen Kirchhof mit unzähligen Grabmalen erinnerte.

Mühsam und langsam klimmen wir nach diesem anstrengenden Paß hinauf, einem der schwierigsten auf der ganzen Reise. Immer dichter liegen die Blöcke, ausschließlich Granit in allen möglichen Abarten, darunter auch rosiger und so hellgrauer, daß er beinahe weiß ist. Zwischen zwei Steinblöcken lag ein Kleiderbündel, das verdächtig aussah. Wir untersuchten es und fanden, daß es die Leiche eines Mannes enthielt, der auf der Wanderung um den Berg der Götter zusammen=

gebrochen war. Seine Züge waren erstarrt, er sah arm und abgezehrt
aus. Keiner wußte, wer er war, und wenn er Angehörige besaß, so
würden sie es nie erfahren, daß seine Pilgerfahrt ihn direkt in neue
Abenteuer in den dunkeln Irrgängen der Seelenwanderung gestürzt hatte.

An einem flachen Granitblock von kolossalen Dimensionen bleibt unser
Alter stehen und erklärt, daß dies ein „Dikpa=karnak", ein Prüf=
stein für Sünder sei. Unter dem Block läuft zwischen ihm und der
Erde ein enger Tunnel durch. Wer ohne Sünde ist oder wenigstens ein
gutes Gewissen hat, kann durch den Gang kriechen, wer aber in der
Mitte stecken bleibt, ist ein Schurke! Ich fragte den Alten, ob es nicht
vorkommen könne, daß ein magerer Schuft sich hindurchwinde, während
ein dicker guter Kerl im Gang stecken bleibe, aber er erwiderte sehr ernst=
haft, die Dicke habe nicht das geringste bei der Probe zu bedeuten,
sondern der Erfolg hänge ganz allein von den seelischen Eigenschaften ab.
Indessen muß unser ehrlicher Ische sich über die Gleichgewichtslage seines
Gewissens doch nicht völlig klar gewesen sein, denn, ehe wir uns dessen
versahen, sahen wir ihn unter dem Block verschwinden und hörten ihn
pusten, keuchen und stöhnen, mit den Händen kratzen und nach hinten
mit den Füßen Halt suchen. Als er aber lange und tüchtig drinnen ge=
zappelt hatte, fand er sich schließlich doch veranlaßt, mit halberstickter
Stimme um Hilfe zu rufen. Wir lachten, daß wir nicht mehr auf den
Beinen stehen konnten, ließen ihn aber seiner nun offenbaren Sündhaftig=
keit wegen noch eine Weile im Loche sitzen. Dann zogen die beiden an=
deren ihn an den Hinterbeinen wieder heraus, und er sah außerordentlich
verdutzt und staubig aus, als er jetzt als demaskierter Schurke wieder
in die Außenwelt trat! Der Alte erzählte uns, daß einmal eine Frau
so gründlich festgesessen habe, daß man sie buchstäblich habe ausgraben
müssen.

Etwa 200 Schritt weiter in diesem Irrgang gewaltiger Granit=
blöcke, zwischen denen man wie in Gassen mit niedrigen Häusern und
Mauern einhergeht, gibt es noch einen Prüfstein anderer Art. Er be=
steht aus drei Steinblöcken, die so aneinandergelehnt stehen, daß zwischen
ihnen zwei Höhlungen sind. Es handelt sich nun darum, durch die linke
Höhlung zu kriechen und durch die rechte zurückzukommen, also in der
orthodoxen Richtung. Hier machte Ische seine ebenerlittene Niederlage
aber dadurch wieder gut, daß er durch beide Löcher schlüpfte! Ich sagte
ihm freilich, daß dies wahrhaftig keine Kunst sei, da die Löcher so groß
seien, daß sogar kleine Yaks hindurchgehen könnten! Indessen hat der
Sünder in diesem zweiten Prüfstein eine Reserve, um wenigstens den
Schein eines guten Gewissens zu retten!

Unsere Wanderung um den Kang-rinpotsche, den „heiligen Berg"
oder „das Eisjuwel", ist eine meiner merkwürdigsten Erinnerungen aus
Tibet, und ich verstehe es gut, daß die Tibeter ein göttliches Heiligtum
in diesem wunderbaren Berge sehen, der in seiner Form eine so auf=
fallende Ähnlichkeit mit einem Tschorten hat, jenen Denkmalen, die zur
Erinnerung an entschlafene Heilige im Inneren und an der Außenseite
der Tempel errichtet werden. Wie oft hatte ich auf unseren Irrfahrten
schon von diesem seligmachenden Berg erzählen hören! Und nun wan=
derte ich selbst im Pilgergewand auf dem Weg zwischen den Klöstern,
die wie Edelsteine in einem Armband in der Bahn der Wallfahrer um
den Kang-rinpotsche, diesen Finger, der nach „hohen Göttern, sternen=
gleichen, im unerreichten Weltenraum" hinaufzeigt, gefaßt sind.

Aus dem Bergland Kham im äußersten Osten, aus Naktsang und
Amdo, aus dem unbekannten Bongba, dessen Existenz mir nur dunkel
vom Hörensagen bekannt war, aus den schwarzen Zelten, die gleich den
Flecken eines Leopardenfells in Tibets öden Tälern zerstreut liegen, aus
Ladak in den Bergen des fernen Westens und aus den Himalajaländern
im Süden kommen alljährlich Tausende von Pilgern hierher, um in tiefer
Meditation zu Fuß langsam die vier Meilen um den „Nabel der Erde",
den Berg der Seligkeit, zurückzulegen. Ich sah ihren schweigenden Zug,
ihre gläubigen Scharen, unter denen alle Lebensalter und Geschlechter
vertreten waren, Jünglinge und Mädchen, kräftige Männer mit Weib
und Kind, Greise, die vor ihrem Tode noch der Spur der unzähligen
Pilger folgen wollten, um sich ein glücklicheres Dasein zu erschließen,
zerlumpte Kerle, die wie Schmarotzer von der Barmherzigkeit der anderen
Pilger lebten, Schurken, die ein Verbrechen abzubüßen hatten, Räuber,
die friedliche Wanderer ausgeplündert hatten, Häuptlinge, Beamte, Hirten
und Nomaden, ein bunter Zug dunkler Menschengeschicke auf dem dornen=
vollen Weg, der nach grenzenlosen Zeitaltern in der großen, stillen Ruhe
des Nirwana endet! Hoch und würdevoll blicken Schiwa aus seinem Para=
dies und Hlabsen aus seinem Juwelenschlosse auf die unzähligen Menschen
herab, die, wie die Asteroiden die Sonne, den Fuß des Berges in immer
neuen Scharen hinauf durch das westliche Tal, über den Dolmapaß und
hinab durch das östliche, umkreisen.

Man kommt bald dahinter, daß die meisten dieser einfachen Wan=
derer nicht einmal einen klaren Begriff von den Vorteilen haben, die
dieser Spaziergang ihnen bringen wird. Fragt man sie danach, so ant=
worten sie gewöhnlich, daß sie nach ihrem Tode in der Nähe des Gottes
des Gangri sitzen dürfen. Woran sie aber alle steif und fest glauben,
das ist, daß die Wanderung ihnen auf Erden zum Segen gereichen wird.

Sie wendet alles Böse von ihren Zelten und Hütten ab, hält ihnen
selber, ihren Kindern und Herden Krankheiten fern, schützt sie vor Räu=
bern, Dieben und Verlusten, schenkt ihnen Regen, gutes Weidegras und
Vermehrung der Yaks und der Schafe, ist wie ein Talisman und be=
schirmt sie und ihr Eigentum ebenso, wie die vier Geisterkönige die
Götterbilder der Tempelsäle vor den Dämonen schützen. Sie gehen
leichten, elastischen Schrittes dahin, sie fühlen weder die schneidenden
Eiswinde noch die Glut der Sonne; jeder Schritt ist ein Glied einer
Kette, die von den bösen Mächten, die die Menschenkinder verfolgen und
quälen, nicht zerrissen werden kann. Sie beginnen ihre Bahn bei Tar=
tschen=labrang, und jede neue Wegbiegung führt sie dem Punkt, der den
Ring schließt, einen Schritt näher. Und während der ganzen Umwande=
rung beten sie „Om mani padme hum" und lassen jedesmal, wenn
dies Gebet gesprochen ist, eine Kugel des Rosenkranzes durch die Finger
gleiten. Aber auch der Fremdling nähert sich dem Kang=rinpotsche mit
Ehrfurcht. Es ist der unvergleichlich berühmteste Berg der Erde. Der
Mount Everest und der Montblanc können sich an Berühmtheit nicht
mit ihm messen. Dennoch gibt es Millionen Europäer, die nie vom
Kang=rinpotsche gehört haben, aber ein Viertel aller Menschen, die Hindus
und die Buddhisten, die keine Ahnung davon haben, wo der Mont=
blanc seinen Scheitel erhebt, kennen alle den Kailas! Daher nähert man
sich ihm mit demselben Respektgefühl, das man in Lhasa, Taschi=lunpo,
Buddha Gaya, Benares, Mekka, Jerusalem und Rom empfindet, jenen
heiligen Orten, die unzählige Scharen Schuldbewußter oder Wahrheits=
sucher nach ihren Altären hingezogen haben.

Unser freiwilliger Führer erzählte, daß er gerade bei seiner neunten
Umkreisung des Berges sei. Er brauche zu jeder zwei Tage. Und er
werde dreizehnmal um den Berg herumgehen. Er nannte die Strecke
„Kang=kora", den Gangrikreis. Vor vielen Jahren hatte er sogar einmal
die verdienstliche Handlung ausgeführt, die „Gjangtschag=tsallgen" genannt
wird und die darin besteht, daß man die Länge des Weges mit der Länge
seines eigenen Leibes ausmißt. Eine einzige solche Umwanderung ist
ebensoviel wert wie dreizehn gewöhnliche Umkreisungen zu Fuß. Meine
Wallfahrt aber gelte überhaupt nicht, weil ich beritten sei, meinte der
Alte, ich müsse wenigstens zu Fuß gehen, wenn ich irgendwelchen Nutzen
davon haben wolle!

Als wir uns einige Tage später zum zweitenmal Diri=pu näherten,
erblickten wir zwei junge Lamas, die die Niederwerfungswanderung um
den Berg gerade ausführten. Sie waren aus Kham, und zwar aus der
Gegend dieses Landes, „wo die letzten Menschen wohnen", und schon

ein ganzes Jahr unterwegs, um nach dem Kailas zu gelangen. Sie waren arm und zerlumpt und hatten nichts zu tragen, da sie nur von frommen Gaben lebten. In neun Tagen waren sie von Tartschen nach Diri=pu gelangt und rechneten auf die noch fehlende Wegstrecke elf Tage. Ich begleitete sie eine halbe Stunde lang zu Fuß, um ihre Bewegungen zu studieren. Diese zerfielen in sechs Tempi. Denken wir uns den jungen Lama auf dem Pfade stehend, wobei er die Stirn ein wenig gesenkt hält und seine Arme schlaff an den Seiten herabhängen: 1. er legt die Handflächen zusammen und hebt sie nach dem Scheitel empor, indem er den Kopf etwas abwärts beugt; 2. er legt die Hände auf dieselbe Weise unter sein Kinn, wobei er den Kopf wieder aufrichtet; 3. er kniet auf der Erde nieder, beugt sich nach vorn und legt sich mit vorgestreckten Armen der Länge nach auf den Weg; 4. er fährt sich mit den zusammengelegten Händen über den Scheitel; 5. er streckt die rechte Hand, so weit er nur kann, nach vorn und kratzt mit einem Knochenstück ein Zeichen in den Weg, das die Linie bezeichnet, die beim nächsten Vorrücken von seinen Zehen berührt werden wird, und 6. er erhebt sich mit Hilfe der Hände und geht mit zwei oder drei Schritten nach dem Zeichen hin, um dort dieselbe Prozedur zu wiederholen. Und so geht es um den ganzen Berg herum!

Schnell geht es nicht; sie übereilen sich nicht, sie betreiben die Sache mit Gemütsruhe, werden aber doch atemlos, besonders auf dem Weg nach dem Paß hinauf. Und auch auf dem vom Dolma=la hinabführenden Weg gibt es Stellen, die so steil sind, daß es ein gymnastisches Kunststück sein muß, sich mit dem Kopfe voran hinzulegen. Einer der beiden jungen Mönche hatte schon eine Umkreisung ausgeführt und war jetzt bei der zweiten. Wenn er in elf Tagen fertig war, wollte er sich nach einem Kloster am Tsangpo begeben und sich dort für den Rest seines Lebens in einer Grotte einmauern lassen. Und er war erst zwanzig Jahre alt! Wir, die wir in unserer erhabenen Weisheit über diese Erscheinungen von Fanatismus und Selbstkasteiung lächeln, sollten einmal unseren eigenen Glauben mit dem ihrigen vergleichen. Das Leben jenseits des Grabes ist für alle Völker gleich dunkel, aber die religiösen Vorstellungen davon haben sich bei den verschiedenen Völkern in verschiedene Formen gekleidet. „Wenn du genau hinsiehst, so wirst du sehen, daß die Hoffnung, das Himmelskind, bei jedem Sterblichen mit zitternder Hand nach den dunkeln Höhen hinaufzeigt." Welche Überzeugung wir auch haben mögen, wir müssen diejenigen doch bewundern, die zwar unserer Ansicht nach auf Irrwegen gehen, aber einen so starken Glauben besitzen, daß er Berge versetzen kann!

Om - ma- ni - pad- me - hum

Zweiundfünfzigstes Kapitel.

Om mani padme hum.

Nun beginnt die letzte sehr steile Zickzacksteigung zwischen scharfkantigen oder runden grauen Blöcken jeder Form, Größe und Lage, ein Blockkegel mit Stufen in dem beschwerlichen Pfad. Dung-tschapdsche heißt eine steinerne Ringmauer, in deren Mitte ein kleinerer ausgehöhlter Granitblock in einer Vertiefung einen runden Stein enthält, der die Form des gespaltenen Hufes eines wilden Yaks haben soll. Wenn der gläubige Pilger an dieser Stelle vorüberkommt, nimmt er den Stein, schlägt damit auf den Boden der Höhlung und dreht ihn einmal wie eine Mörserkeule um. Die Höhlung des Granitblockes wird infolgedessen immer tiefer und wird wohl eines Tages durch den Stein hindurchgehen.

Wir steigen auf einem Landrücken aufwärts, an dessen beiden Seiten Bäche fließen. Auf jedem Felsblock, dessen Oberfläche einigermaßen eben ist, sind kleine Steine aufgestapelt, und mancher dieser pyramidenartigen Haufen ist so vollgepackt, daß kein einziger Stein mehr Platz findet. Dank diesen Steinmalen findet der Pilger auch im Schneesturm und im Nebel den Weg, der selbst bei Sonnenschein nicht immer leicht zu finden ist.

Jetzt endlich sehen wir vor uns einen gigantischen Block; seine Masse kann wohl 200—300 Kubikmeter betragen, er steht wie ein riesiger Meilenstein gerade auf dem Sattel des Dolma-la, der die kolossale Höhe von 5669 Meter erreicht. Oben auf dem Block sind kleinere Steine zu einer Pyramide aufgestapelt, die einer Stange Halt verleiht, von deren Spitze Schnüre mit Lumpen und Wimpeln sich nach anderen im Erdboden befestigten Stangen hinziehen. Hörner und Knochenstücke, meistens Schafschulterblätter, sind hier in Massen niedergelegt, Huldigungsgaben an den Paß, der auf dem halben Wege des Wallfahrtskreises liegen soll. Wenn der Pilger den Block erreicht, schmiert er mit dem Daumen ein Klümpchen Butter auf die Seite des Steines, reißt sich eine Locke seines eigenen Haares aus und drückt sie in die Butter hinein. Er hat dann etwas von sich selbst und etwas von seiner Habe geopfert. Der Block glich infolgedessen einem gigantischen Perückenstock, dessen schwarze Locken im Winde flatterten. Daß er nicht mit der Zeit ganz unter tibetischem Haar versteckt wird, kommt wohl daher, daß die Locken dann und wann abfallen und fortgeweht werden. In alle Ritzen des Dolmablockes sind Zähne gesteckt worden, sie glichen ganzen Rosenkränzen von Menschenzähnen. Hast du einen losen Zahn, so opfere ihn ja den Paßgeistern! Tsering war leider schon zu zahnlos, sonst hätte er auch dieses Gebot gewiß gern befolgt.

Lumpen liegen haufenweise überall umher; die Pilger haben immer irgendeinen Fetzen übrig, um ihn an die Stricke zu hängen oder am Fuß des Blockes niederzulegen. Aber man gibt nicht nur, sondern man nimmt auch. Unser Alter nahm sich einen Lumpen aus dem Haufen; er hatte eine ganze Menge derartiger Reliquien um den Hals hängen, da er jedesmal eine mitgenommen hatte.

Die Aussicht ist großartig, obgleich man den Kailas gar nicht sieht. Aber man sieht auf dem scharfen, schwarzen Kamme, der auf der Südseite ganz nahe liegt, den Schneemantel und einen Hängegletscher, dessen blauer Rand am Südufer des kleinen Moränensees auf der östlichen Paßseite senkrecht abgeschnitten ist.

Während ich, am Fuße des Blockes sitzend, Messungen anstellte und ein Panorama zeichnete, kam ein Lama auf seinen Stab gestützt angewandert. Er trug ein Buch, eine Trommel, ein „Dortsche" und eine Klingel, dazu auf dem Rücken in einem Korb ein kleines Kind, das jämmerlich aussah. Er hatte von den Eltern des Kindes, Nomaden drunten im Tale, Tsamba für ein paar Tage bekommen, wenn er das Kind um den Berg herumtrüge, denn dadurch würde es seine verlorene Gesundheit wiedererhalten. Viele Pilger erwerben sich ihren Unterhalt durch solche Dienste, und einige machen die Wallfahrt nur zum Besten anderer Leute. Der Lama mit dem Kinde beklagte sich darüber, daß er erst dreimal den Berg umwandert habe und nicht die Geldmittel besitze, ihn dreizehnmal zu umkreisen! Ich spendierte sie ihm.

Dann setzte er sich auf dem Paß nieder, das Gesicht nach der Richtung gewandt, wo der Gipfel des Kang-rinpotsche versteckt lag, legte die Hände zusammen und sagte in singendem Ton eine endlose

Reihe Gebete her. Darauf trat er an den Block heran und fiel mit der Stirn auf die Erde nieder, wie oft, weiß ich nicht, aber er war noch dabei, als wir zwischen Blockmassen hindurch nach dem runden Miniatursee Tso=kavala hinunterstiegen. Wir folgten seinem Nord= ufer, wo ein schmaler Streifen offenen Wassers ist; sonst ist der See zugefroren, und unser Freund, der Alte, sagte mir, daß das Eis nie aufbreche.

Aber die Zeit vergeht, und wir müssen uns beeilen. Wir gehen, rutschen und schrammen die steilen Abhänge hinunter, auf denen man leicht kopfüber hinabschießen kann. Der Alte ist sicher auf den Füßen, ihm sind diese Halden alte Bekannte. Aber wehe ihm, wenn er sich je einmal umdrehte und in verkehrter Richtung ginge! Endlich erreichen wir das Haupttal, dessen oberer Teil Tselung und dessen unterer Lam= tschyker heißt. Durch das große Tal, das auf der rechten Seite in das Haupttal einmündet und Kando=sanglam heißt, sehen wir von Osten aus die höchste Spitze des Kailasgipfels, die eine scharfe Kante nach Nordosten richtet und noch immer einem Kristall ähnelt. Bei zwei nebeneinander errichteten Manis passiert man die Grenze zwischen dem Granit und dem jetzt wieder beginnenden Konglomerat. Je weiter wir hinuntergelangen, desto zahlreicher werden Felsblöcke dieser Gesteinsart, die aus Granit bestehenden hören schließlich ganz auf. Wir ziehen nach Südwesten und lagern auf dem Dach des Klosters Tsumtul=pu. Den ganzen Tag hatte ich während der Wanderung, bei allen Steinmalen und an allen Rastorten nichts anderes gehört als ein ewiges Summen der Worte „Om mani padme hum", und auch am Abend ertönte, solange ich noch wach war, wieder aus allen Winkeln und Ecken „Om mani padme hum".

Der Tempelsaal hatte weiter keine Sehenswürdigkeiten als eine anderthalb Meter hohe Statue des Duk Ngavang Gjamtso, der wie an einem Schreibpulte saß, zwei nicht sehr große Elefantenzähne und einen fünfarmigen Leuchter aus Lhasa. Unser Besuch wurde daher nicht lang ausgedehnt, und wir ritten durch das Tal, dessen Fluß sich nach und nach vergrößert, abwärts. Auch hier sind Manis und Tschorten er= richtet, und unten am Ende des Tales, wo wieder eine Menge Granit= blöcke angehäuft liegen, sehen wir von neuem den Langak=tso und das herrliche Gurlagebirge.

Bei Tartschen=labrang hatten wir den Endpunkt der Wallfahrt erreicht; dreiundzwanzig Zelte waren aufgeschlagen, und man erwies uns die größte Aufmerksamkeit, wir wurden mit Milch und Tschang erquickt und ruhten uns zwei Stunden aus. Dann ließen wir die Pilgerstraße

270. Der Kailas von Diri-pu aus.

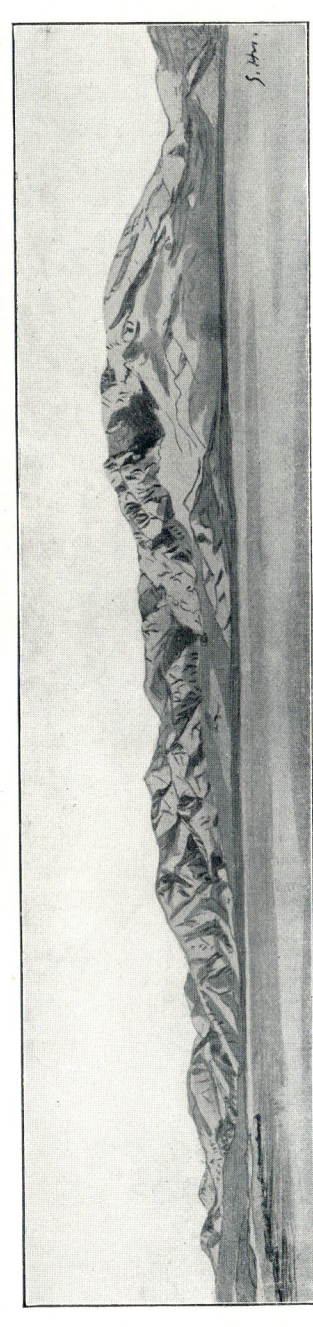

271. Vereinigung der beiden Indusarme; die Einsenkung rechts ist das Tal des östlichen Indusarmes.
Skizzen des Verfassers.

272. Tibetische Pilgerinnen aus Kham auf der Wanderung um den Kailas.

rechts liegen, und nun zeigte sich hoch oben auf einer Talterrasse unter dem heiligen Gipfel das vierte Kloster. An der Nordwestecke des Langak-tso wehte ein eigentümlicher Lokalwind, der den Staub in Wolken aufjagte, die dem Rauch einer brennenden Stadt glichen. Eine Weile später saßen wir in schönster Ruhe wieder bei den Unseren im Lager auf der Chalebheide. —

Durch diese Wanderung um den heiligen Berg, die ich durch einen so unerwartet glücklichen Zufall hatte ausführen können, hatte ich einen neuen Einblick in das religiöse Leben der Tibeter erhalten. Sie war gleichsam ein Repetitionskursus all der Erfahrungen, die ich in dieser Beziehung bereits gesammelt hatte.

Noch sind unsere Kenntnisse über Tibet zu mangelhaft, aber irgendein künftiger Forscher wird über genügend reichliches Material verfügen, um auf einer Karte der ganzen lamaistischen Welt alle die großen Pilgerstraßen nach unzähligen Heiligtümern angeben zu können. Auf dieser Karte würden fern im Norden zahlreiche Straßen, wie Speichen eines Rades, bei Da Kuren, dem Tempel des Maidari in Urga, zusammenlaufen. Noch dichter würden die Radien von jedem bewohnten Punkt des ungeheuren Gebietes der Lamaherrschaft nach ihrem Hauptbrennpunkt Lhasa hinzeigen. Etwas weniger dicht würden sie sich in Taschi-lunpo vereinigen. Von den äußersten Grenzgebieten Tibets würden wir unzählige gewundene Wege und Stege ausgehen sehen, die alle nach dem heiligen Kailas hinstreben. Wir wissen, daß sie vorhanden sind, und man bedarf keiner großen Phantasie, um sich vorzustellen, wie die Karte aussehen wird. Aber mit den Wegen der Pilger ist es genau so wie mit den Wegen der Wildgänse: über ihren genauen Verlauf wissen wir nichts. Zwischen den großen Brennpunkten würde die Karte überdies noch eine Menge kleinerer Wegsterne zeigen, die von einem Heiligtum, einem See oder einer Quelle strahlenförmig ausgehen oder zusammenlaufen. Und aus dem Mittelpunkt aller dieser Sterne ertönt ein Mahnruf an die Gläubigen, der mit den Mahnworten des Jesaia verwandt ist: „Schaue, Zion, die Stadt unseres Stifts; deine Augen werden Jerusalem sehen" (Jesaia 33, 20).

In den Ohren der Tibeter ertönt jedoch nicht nur auf der Wanderung nach dem Ziel der Wallfahrt, sondern während ihres ganzen Lebens ein anderer Spruch, die mystische Formel: „Om mani padme hum". Über diese sagt Waddel unter anderem folgendes: „Sie bedeutet wörtlich: Om! Das Juwel ist in der Lotosblume! Hum! und sie wird an den Bodhisattva Padmapani gerichtet, der, wie Buddha, in einer Lotosblume sitzend oder stehend dargestellt wird. Er ist der Schutzpatron Tibets

und übt die Kontrolle über die Seelenwanderung aus. Kein Wunder also,
daß dieser Zauberspruch so populär ist und sowohl von Lamas wie von
Laien unablässig wiederholt wird, denn man glaubt, daß ihr bloßes Aus=
sprechen den Zyklus der Wiedergeburten zum Stillstande bringe und den,
der sie ausspricht, direkt ins Paradies hineinführe. So wird in der
Mani=kah=bum mit rhapsodischer Überschwänglichkeit versichert, daß die
Formel ‚die Quintessenz jedes Glückes, Wohlergehens und Wissens
und das große Mittel zur Erlösung' sei. Denn om macht der Wieder=
geburt unter den Göttern ein Ende, ma unter den Titanen, ni als
Mensch, pad in Tiergestalt, me als ein Tantalus und hum als ein Be=
wohner des Totenreichs. Und daneben wird noch jedem der sechs Schrift=
zeichen gerade die Farbe gegeben, die den sechs Stadien der Wiedergeburt
zukommt, dem Om das göttliche Weiß, dem Ma das titanische Blau, dem
Ni das menschliche Gelb, dem Pad das tierische Grün, dem Me das
tantalische Rot und dem Hum das höllische Schwarz."

Koeppen und Grünwedel übersetzen die vier Worte so: „O, Kleinod
in der Lotosblume, Amen!"

Wohin man sich in Tibet wendet, sieht man die sechs heiligen
Schriftzeichen eingegraben oder ausgemeißelt, und überall hört man sie
hersagen. In jedem Tempel haben wir sie zu Hunderttausenden, nein
zu Millionen, gefunden, denn in den großen Gebetmühlen sind sie mit
feiner Schrift auf dünnem Papier gedruckt. Auf den Klosterdächern,
auf den Dächern der Privathäuser und auf den schwarzen Zelten flattern
sie in Gestalt bunter Wimpel. Auf allen Wegen reiten wir täglich an
jenen mauerähnlichen Steinwällen vorbei, die mit Schieferplatten be=
deckt sind, in denen die Formel „Om mani padme hum" eingehauen
ist. Selten führt der kleinste Wildnispfad über einen Paß, auf dessen
Sattel nicht ein Steinmal errichtet ist, dessen Steine den Wanderer an
die Abhängigkeit von guten oder bösen Geistern erinnern, in der er
sein ganzes Leben hindurch steht. Und auf der Spitze eines jeden solchen
„Lhato" oder „Lhadse" erhebt sich eine Stange oder ein Stock mit Wim=
peln, deren jeder mit schwarzer Schrift die ewige Wahrheit verkündet.
An vorspringenden Felsen hat man am Wegrand würfelförmige „Tschor=
ten" oder „Lhatos" in Rot und Weiß errichtet. Auf den von Wind und
Wetter blankpolierten Seiten der Granitfelsen findet man oft Buddha=
bilder eingehauen, und unter ihnen, wie auch auf herabgefallenen Blöcken,
liest man in riesengroßen Schriftzeichen: „Om mani padme hum!"
Auf den Steinpfeilern, zwischen denen eine Kettenbrücke über den Tsangpo
oder andere Flüsse gespannt ist, sind wieder segenbringende Steinhaufen
aufgetürmt, und auf allen diesen unzähligen Opferhaufen liegen Schädel

von Yaks, sowie von Wildschafen und Antilopen. In die Hörner und das weißgebleichte Stirnbein des Yaks ist die ewige Formel eingeschnitten und die einzelnen Schriftzeichen sind mit Rot oder einer anderen der heiligen Farben ausgefüllt. In unzähligen Exemplaren und in vielen verschiedenen Formen finden wir sie besonders auf den Heerstraßen wieder, die nach den Tempeln und Wallfahrtsorten führen, sowie an allen Stellen, wo Gefahren drohen, wie auf Gebirgspässen und bei Flußübergängen. Und sogar die ledernen Fährboote sind mit segenbringenden Wimpeln verziert.

In jeder Karawane hat mindestens einer, gewöhnlich mehrere der Leute eine Gebetmühle in der Hand. Mittels eines Gewichtes rotiert diese um die Achse des Stiels; sie ist mit Papierstreifen, auf denen die heilige Formel viele tausendmal gedruckt ist, vollgepfropft. Den ganzen Tag, wie lang die Reise auch sei, dreht der Gläubige seine Gebetmühle und plappert dabei in rhythmisch singendem Tone: „Om mani padme hum". Die Miliz, die aufgeboten wird, um eine Räuberbande zu fangen, hat auf dem Ritt größeres Vertrauen zu ihren Gebetmühlen als zu ihren Flinten und Säbeln, und schlimm ist, daß es sogar unter den Räubern einige gibt, die auf der Flucht ihr Om und Hum abschnurren lassen, um zu entkommen! Unter den Eskorten, die mich bei verschiedenen Gelegenheiten begleiteten, war immer der eine oder andere Reiter mit einer Manimaschine bewaffnet. Beständig sieht man dieses bequeme Gebetinstrument in den Händen derer, denen man begegnet. Der Hirt bei der Herde murmelt die sechs Silben, seine Frau tut es beim Melken der Schafe; der Kaufmann, wenn er nach der Messe zieht; der Jäger, wenn er auf ungebahnten Wegen den wilden Yak verfolgt; der Nomade, wenn er auszieht, um sein Zelt auf einem anderen Weideplatz aufzuschlagen; der Handwerker, wenn er über seiner Arbeit hockt. Mit ihnen beginnt der Tibeter seinen Tag, und mit ihnen auf der Zunge legt er sich zur Ruhe nieder. Das Om und das Hum sind nicht nur das A und O des Tages, sondern des ganzen Lebens.

Beständig hallten mir die mystischen Worte in den Ohren wider. Ich hörte sie, wenn die Sonne aufging und wenn ich mein Licht ausblies; nicht einmal in der Wildnis blieb ich von ihnen verschont, denn meine eigenen Leute murmelten: „Om mani padme hum". Sie gehören zu Tibet, diese Worte, sie sind eins mit Tibet, ohne sie kann ich mir die schneebedeckten Gebirge und die blauen Seen nicht denken, sie sind ebenso eng mit diesem Lande verknüpft, wie das Summen mit dem Bienenstock, wie das Wimpelgeflatter mit dem Paß, wie der ewige Westwind mit seinem Geheul.

So ist das Leben des Tibeters von der Wiege bis zum Grabe in eine Reihe religiöser Vorschriften und Sitten eingeflochten. Auf ihm ruht die Last, mit seinem Scherflein zum Unterhalt der Klöster und der Tempel beizusteuern. Wenn er an einem Votivmal vorübergeht, legt er einen Opferstein auf den Haufen; wenn er an einem Mani vorbeireitet, vergißt er nie, sein Reittier so zu lenken, daß der Steinhaufen auf seiner rechten Seite liegen bleibt; wenn er einen der heiligen Berge erblickt, versäumt er nie, anbetend mit der Stirn den Boden zu berühren; bei allen wichtigeren Unternehmungen muß er um seines ewigen Heiles willen gesetzeskundige Mönche um Rat fragen; wenn der Bettellama an seine Tür kommt, weigert er sich nicht, ihm eine Handvoll Tsamba oder einen Kloß Butter zu geben; wenn er selber die Runde durch den Tempelsaal macht, vergrößert er den Vorrat in den Opferschalen durch eine Spende, und wenn er sein Pferd sattelt oder einen Yak belädt, summt er wieder das ewige: „Om mani padme hum!"

Öfter als ein Ave-Maria oder ein Vaterunser in der katholischen Welt, rauscht das „Om mani padme hum!" wie ein Unterton des Lebens und der Wanderungen der Menschen immer wieder über das halbe Asien hin. Die grenzenlosen Perspektiven, die die heiligen sechs Schriftzeichen den Gläubigen erschließen, drückt Edwin Arnold in den letzten vier Versen seines Gedichtes „The Light of Asia" mit den Worten aus:

> The Dew is on the Lotus! Rise, Great Sun!
> And lift my leaf und mix me with the wave.
> Om mani padme hum, the Sunrise comes!
> The Dewdrop slips into the shining Sea!

> (Der Tau liegt auf dem Lotos! Große Sonne gehe auf!
> Und heb' mein Blatt und misch' mich mit der Welle.
> Om mani padme hum, der Sonnenaufgang kommt!
> Der Tropfen Tau gleitet in die glänzende See!)

Dreiundfünfzigstes Kapitel.

Die Entdeckung der Indusquelle.

Gleich bei meiner Ankunft in Chaleb sagte ich dem alten Gova, der den hoffnungslos undankbaren Auftrag hatte, meine Schritte zu überwachen, daß ich jetzt über Singi-kabab, über die Indusquelle ziehen würde.

„Wenn ihr euch dorthin begebt, Bombo," antwortete er, „so schicke ich augenblicklich einen Kurier an die Garpuns, die beiden Häuptlinge in Gartok."

„Ich glaube nicht, daß die Garpuns etwas dagegen haben, daß ich einen nördlicheren Weg einschlage."

„O doch, vor fünf Tagen haben die Garpuns den Befehl aus Lhasa erhalten, genau aufzupassen, daß ihr keinen anderen Weg zieht als die große Heerstraße nach Gartok! Die Garpuns schickten sofort Kuriere nach zwölf verschiedenen Orten, Parka, Misser, Purang, Singtod und anderen, und meldeten, daß euch nicht erlaubt sei, Seitenwege zu benutzen. Wenn dieser Brief nicht gekommen wäre, hättet ihr gern nordwärts ziehen können; jetzt aber kann ich es meines Kopfes wegen nicht erlauben."

„Was gedenkt ihr zu tun, wenn ich eines Nachts einfach verschwinde? Ich kann in Tartschen Yaks kaufen und bin dann nicht mehr auf die von euch gemieteten angewiesen."

„Ja freilich, in Tartschen lebt ein Mann, der 60 Yaks hat, und sobald der Silbergeld sieht, verkauft er sie. Aber ich benachrichtige sofort die Garpuns, und sie werden euch Leute nachschicken und euch zwingen, wieder umzukehren. Der Yakkauf wäre daher unnötiges Geldwegwerfen. Wenn ihr aber die Hauptmasse eurer Karawane der großen Straße folgen laßt und selbst einen Abstecher ein paar Tage nordwärts nach Singi-kabab macht und euch dann wieder mit der Karawane vereinigt, werde ich euch keine Hindernisse in den Weg legen. Aber ihr tut es auf eure eigene Gefahr, und werdet ganz gewiß angehalten, ehe ihr nach der Indusquelle kommt!"

Ebenso erstaunt wie erfreut über diesen plötzlichen Umschlag im Verhalten des Govas, verabredete ich mit Robert, daß er die Hauptkarawane in ganz kurzen Tagemärschen nach Gartok führen solle, während ich mich so schnell als möglich nach der Indusquelle begeben würde. Ich nahm nur mit, was in einem kleinen ledernen Handkoffer Platz hatte, und ließ mich nur von fünf Leuten, darunter Rabsang als Dolmetscher und Abdul als Koch, unseren sechs eigenen Tieren und drei Hunden, von denen einer, ein neuangeschaffter, uns aber am ersten Tag schon fortlief, begleiten. Ich hatte Roberts kleines Zelt; unser Arsenal bestand aus zwei Flinten und einem Revolver, weil Räuber die Gegend sehr unsicher machen sollten. Einen Führer konnte ich nicht auftreiben. Aber auf dem Weg nach Diri-pu, wo ich wieder lagerte, stieß ich auf einen älteren Mann aus Tok-dschalung, der den Kailas dreizehnmal umwandern wollte und der mir mancherlei wertvolle Auskunft erteilte. Er ließ sich aber um keinen Preis bewegen, uns weiter zu begleiten.

Am 8. setzten wir unseren Weg durch das Tal fort, das von Diri-pu nach Nordnordost geht und nach dem Tseti-la hinaufführt. Der in viele Arme gespaltene Fluß war über Nacht mit einer dünnen Eishaut überfroren, die, wo das Wasser sich verlaufen hatte, wie Glas aussah. Sie verschwand jedoch bald in der neuen Tagesflut. Das Tal ist breit, und der Weg trägt Spuren lebhaften Verkehrs, obgleich uns kein Mensch begegnete. Die Murmeltiere pfiffen vor ihren Höhlen, für sie ist der Sommer auch bald zu Ende. Von vielen Punkten aus sieht man den Kang-rinpotsche emporragen; an solchen Stellen haben die von Norden kommenden Pilger stets Steinmale angehäuft. Überall herrscht Granit vor, gelegentlich kommt aber auch kristallinischer Schiefer vor. Wir folgen den frischen Spuren dreier Reiter. Die Steigung nimmt zu, und die Landschaft wird immer hochalpiner. Zwischen gewaltigen Geröllkegeln mit rieselnden Schmelzbächen steigen wir auf abschüssigem Pfade nach dem Paß hinauf, dessen Höhe 5628 Meter beträgt. Sein Plateau ist außerordentlich flach. Auf seiner Nordseite wurde das Lager Nr. 234 aufgeschlagen.

Am Abend meldete Rabsang, daß unsere Brennstoffsammler Pfiffe und Signale, die von anderer Seite beantwortet wurden, gehört hätten; die Leute glaubten fest, daß hier Räuber seien, und wagten nicht draußen am Feuer zu sitzen, um nicht gute Zielscheiben für Schüsse aus dem Hinterhalt abzugeben. Ich beruhigte sie mit der Versicherung, daß kein Räuber es wagen werde, einen Europäer zu überfallen, gab aber doch dem Nachtwächter Befehl, auf unsere Tiere gut achtzugeben.

Die Nacht verlief ruhig; die Minimumtemperatur ging auf 8,8 Grad

Kälte hinunter; der Herbst war schon wieder in das öde Tibet eingezogen! Ich hatte angenommen, daß der Tseti-la der entscheidende Paß sei, aber wir waren noch nicht weit gelangt, als wir seinen nach Norden strömenden Bach eine Biegung nach Westen machen und durch ein scharf ausgeprägtes Tal nach dem Dunglung hinunterfließen sahen. Er gehört also zum Flußgebiet des Satledsch und nicht zu dem des Indus; der Tseti-la ist also nur ein Paß zweiter Ordnung. Aber den wirklichen Paß, eine außerordentlich flache Talschwelle, erreichten wir bald. Hier liegt ein kleiner, trüber See, aus dessen östlichem Teil der Bach, an dem wir nun den ganzen Tag entlangziehen, austritt. Dieser Paß ist der Tseti-latschen-la, er bildet die Wasserscheide zwischen dem Satledsch und dem Indus. Seine Höhe bleibt hinter der des Tseti-la zurück, da sie nur 5466 Meter beträgt; er liegt im Hauptkamm des Transhimalaja. Der Kailas liegt also eine starke Tagereise südwärts der Wasserscheide der beiden Ströme und gehört ganz zum Flußgebiet des Satledsch.

Von dem See an folgten wir diesem kleinen Nebenfluß des Indus nach Norden. Der Talboden war sumpfig und höckerig. Hier und dort sah man drei Kochsteine. In dem vorzüglichen Gras lag ein totes Pferd. Seltsam, daß sich hier keine Nomaden aufhielten! Endlich erblickten wir in weiter Ferne ganz unten im Tal bergabziehende Männer mit großen Schafherden. Tundup Sonam und Ische müssen ihnen nachlaufen, allmählich holen auch wir anderen die Gesellschaft ein. Es sind Nomaden aus Gertse, die Salz nach Gyanima gebracht haben und nun auf ihren 500 Schafen Gerste befördern. Das ganze Tal sieht weißgetüpfelt aus von den Schafen, die flott trippeln und im Gehen Gras abrupfen. Vor uns im Norden erhebt sich eine violette, schroffe Bergkette, auf deren uns zugekehrter Seite der Indus fließen soll. Wir einigten uns mit den Leuten der Schafkarawane dahin, am selben Ort zu lagern. Sie waren ihrer fünf, alle mit Flinten bewaffnet, und sagten, daß die Gegend oft von Räubern heimgesucht werde; manchmal seien diese freilich auch wie fortgeweht, dann aber wieder führen sie herab wie ein Wirbelwind, von dem man nicht wisse, woher er komme.

Unser Lager am Ufer des Indus (5079 Meter) nannten sie Singi-buk. Nach Osten erscheint das Flußtal breit und offen, aber der Indus selbst ist hier ein sehr unbedeutender Fluß. Es setzte mich daher nicht in Erstaunen, als ich hörte, daß es nur eine kurze Tagereise nach der Quelle sei, von der mir gesagt wurde, daß sie weder von Schnee noch von einem Gletscher herrühre, sondern direkt aus der Erde entspringe. Den Fluß nannten sie Singi-tsangpo und Singi-kamba und die Quelle selbst Singi=kabab, obgleich wir das Wort später oft mehr Sängä als Singi aussprechen hörten.

Es stellte sich heraus, daß einer der fünf Männer ganz genau über uns unterrichtet war. Er war nämlich ein Bruder des Lobsang Tsering am Dungtse=tso, der uns im vorigen Winter drei Yaks verkauft hatte (s. Kapitel 15). Es war ein eigentümlicher Glückszufall, daß ich gerade auf ihn stieß! Er sagte, daß er gehört habe, wie nett wir gegen seinen Bruder gewesen, und bot uns auch seine Dienste an — gegen gute Bezahlung natürlich. Da er diese, Europäern völlig unbekannten Gegenden viele Male durchreist hatte und über alle Pässe, Wege und Täler genau orientiert war, erschien er mir hohen Preises wert, und ich bewilligte ihm täglich 7 Rupien — also täglich etwa den halben Monatslohn meiner Ladakis! Er trat natürlich sofort in meinen Dienst und wurde bald unser ganz besonderer Freund.

Damit aber waren unsere geschäftlichen Abmachungen noch nicht zu Ende. Der Mann hatte ja auch eine Masse Schafe und Gerste! Er ließ sich darauf ein, mir acht Schafe (Abb. 273) zu vermieten und deren Lasten, die für unsere Tiere eine Woche ausreichen mußten, zu verkaufen. Für jedes Schaf sollte ich eine Rupie Miete zahlen, was viel war, da ein Schaf nur 2 bis 3 Rupien wert ist. Der Alte wollte also, solange er bei mir war, allabendlich 18 Rupien erhalten — es war aber immer noch wohlfeil, da es sich ja um die Entdeckung der Indusquelle handelte!

Die große Schafkarawane war schon aufgebrochen, als wir am 10. September mit unserem neuen Führer, der sein eigenes Tsamba auf einem neunten Schafe transportierte, ihrer Spur folgten. Nach einstündigem Marsch überschritten wir den Nebenfluß Lungdep=tschu, der von Südosten aus einem Tal kommt, in dessen Hintergrund sich flache Berge erhoben.

Ein wenig weiter aufwärts hatte sich der Singi=kamba zu einem Bassin erweitert, in dem es viel mittelgroße Fische gab. Als wir heranzogen, schossen die Fische in dichten Schwärmen flußaufwärts, wobei sie eine sehr seichte, schwach wirbelnde Stelle passierten. Hier wurden sie von Rabsang bombardiert, aber seine ganze Beute bestand nur aus einem kleinen jämmerlichen Fisch. Nun machten wir am Ufer durch einen aufgeworfenen Damm einen an einer Seite offenen Teich, und in diesen trieben die Männer die Fische hinein, indem sie ins Wasser gingen, schrien und plätscherten. Und dann wurde auch die Öffnung verbaut. Nachdem wir diesen Scherz dreimal wiederholt hatten, waren wir im Besitz von 37 herrlichen Fischen, und ich sehnte mich förmlich nach dem Mittagessen, dem ich sonst mit einem gewissen Grauen entgegen=

273. Meine Transportschafe.

274. Gulam Rasuls Zeltlager in Gartok.

275. Nomadenweib aus Jumba-matsen. 276. Der Oberlama in Tschutschul-gumpa.
Skizzen des Verfassers.

zusehen pflegte, da mir das harte, trockne Schaffleisch nachgerade gründlich
zuwider geworden war. Unser Alter, der uns sitzend zuschaute, glaubte,
daß wir total verrückt geworden seien. Weiter oben standen in einem
ruhigen Bassin die Fische so dicht, daß das Wasser von ihren dunkeln
Rücken beinahe schwarz erschien.

Wir ritten talaufwärts weiter und ließen eine rote, semmelförmige
Bergpartie, die Lungdep=ningri hieß, rechts liegen. Gegenüber sahen
wir an der nördlichen Talseite zwei stattliche Ammonschafe auf einer
kegelförmigen Anhöhe äsen. Sie trugen prachtvolles Gehörn und hatten
eine königliche Kopfhaltung. Sie bemerkten uns aber bald und wechselten
langsam die Abhänge hinauf. Aber sie interessierten sich zu sehr für
unsere Bewegungen und merkten nicht, daß Tundup Sonam, die Flinte
auf dem Rücken, einen Umweg machte, um sie von der anderen Seite
des Berges aus zu beschleichen. Nach einer Weile hörten wir einen
Schuß krachen, und eine gute Stunde, nachdem wir das Lager aufge=
schlagen hatten, erschien Tundup beladen mit so vielem Fleisch seines
Opfers, als er nur hatte tragen können. Wir erhielten also neuen Zu=
schuß zu unserem ziemlich knappen Proviant, und Tundups Heldentat er=
höhte den Glanz dieses unvergeßlichen Tages. Am Abend ging er wieder
aus, um mehr Fleisch zu holen, und brachte mir auch den Kopf des
Wildschafes mit, den ich als ein Andenken an den Tag an der Indus=
quelle aufheben wollte.

Das Gelände hebt sich außerordentlich langsam. Singi=jyra ist eine
rauhe Felspartie im Norden, durch deren Kamm ein großes Loch geht;
Singi=tschava heißt eine dominierendere Partie im Süden. Dann durch=
waten wir den von Südosten kommenden Abfluß des Mundschamtals.
Nun ist vom Indus nur noch ein unbedeutender Bach übrig, und ein
Teil seiner Wassermenge stammt obendrein aus einem südöstlichen Tal,
dem Bokar. Nach einer kleinen Weile lagern wir am Auge der Quelle,
das so gut verdeckt ist, daß man es leicht übersehen könnte, wenn man
keinen Führer hätte.

Vom Gebirge der nördlichen Seite fällt ein flacher Schuttkegel oder
richtiger ein mit Schutt bestreuter Abhang nach dem ebenen, offenen Tal=
boden ab. An seinem Fuß tritt eine Felsplatte von einer weißen, beinahe
horizontal geschichteten Gesteinsart hervor, unter der eine Reihe kleiner
Quellen aus der Erde tritt, um algenreiche Tümpel und den Quellbach
zu bilden, an dem entlang wir aufwärts gezogen sind und der das
Alleroberste und Erste des nachher so gewaltigen Indus ist.
Die vier größten Quellen hatten an der Stelle, wo sie aus der Erde
traten, eine Temperatur von 9,2, 9,5, 9,8 und 10,2 Grad. Sie sollen

im Winter und im Sommer gleich viel Wasser geben, nach Regenzeiten
aber ein wenig anschwellen. Im Winter gefriert ihr Wasser ein wenig
unterhalb des Quellauges und bildet dann Eisschollen. Oben auf der Fels=
platte sind drei hohe Steinmale und ein kleiner würfelförmiger „Lhato",
der tönerne Opferpyramiden enthält. Und unterhalb des „Lhato" steht
ein viereckiges Mani mit zierlicher Schrift auf Hunderten roter Sand=
steinplatten, die teils mit feiner, dichter Schrift bedeckt waren, teils nur
eine 50 Zentimeter hohe Silbe enthielten. Auf zweien war das Lebens=
rad ausgemeißelt und auf einer anderen ein Götterbild, das ich mir als
Andenken an die Indusquelle mitnahm!

Unser Führer sagte, daß der Quelle Singi=kabab ihres göttlichen
Ursprunges wegen gehuldigt werde. Wenn Wanderer an diese Stelle
oder einen anderen Teil des oberen Induslaufes gelangten, schöpften sie
mit den Händen Wasser, tränken davon und benetzten sich damit das
Gesicht und den Scheitel.

Durch die Rekognoszierungen, die Montgomeries Punditen im Jahre
1867 ausführten, wurde bekannt, daß der östliche Arm des Indus der
eigentliche Quellfluß ist, und ich hatte später Gelegenheit durch genaue
Messungen nachzuweisen, daß der westliche, der Gartokfluß, sogar be=
deutend kleiner ist (Abb. 271). Bis an die Quelle gelang es aber keinem
der Punditen vorzudringen, und derjenige, der am nächsten an sie heran=
kam, nämlich bis an einen 50 Kilometer entfernten Punkt, wurde dort
von Räubern überfallen, die ihn zur Umkehr zwangen. Infolgedessen
hat bis zu unserer Zeit die irrtümliche Ansicht allgemein bestanden, daß
der Indus seine Quelle auf der Nordseite des Kailas habe. Und Dank
jenen vortrefflichen Räubern blieb die Entdeckung der Indusquelle mir
und meinen fünf Ladakis vorbehalten!

Einen unvergeßlichen Abend und eine unvergeßliche Nacht brachten
wir an diesem geographisch so wichtigen Punkt zu, der sich 5165 Meter
über dem Meere befindet. Hier stand ich und sah den Indus aus dem
Schoß der Felswand hervorquellen. Hier stand ich und sah diesen un=
ansehnlichen Bach sich das Tal hinabschlängeln und dachte an alle die
Schicksale, die ihm bevorstehen, ehe er zwischen Felswänden bis ans Meer
hinunter in tönendem Creszendo sein rauschendes Lied ausgesungen hat,
in Karatschi, wo die Dampfer ihre Waren einnehmen oder löschen. Ich
dachte seines rastlosen Zugs durch Westtibet, durch Ladak und Baltistan,
an Skardu vorbei, wo die Aprikosenbäume am Ufer über seinen Fluten
nicken, durch Dardistan und Kuhistan, an Peschawar vorüber und durch
die Ebenen des westlichen Pandschab, bis sie schließlich in den warmen
Wellen des salzigen Meeres, dem Nirwana und dem Hafen ewiger Ruhe

aller müden Flüsse ertrinken. Hier stand ich und fragte mich, ob wohl
der mazedonische Alexander, als er vor 2200 Jahren über den Indus
gegangen, geahnt hat, wo die Quelle liegt, und ich freute mich in dem
Bewußtsein, daß außer den Tibetern kein anderer als ich bis an diesen
Punkt vorgedrungen war. Große Hindernisse waren mir in den Weg
gelegt worden, aber höhere Mächte hatten mir den Triumph beschert, an
die wirklichen Quellen sowohl des Brahmaputra wie des
Indus zu gelangen und den Ursprung dieser beiden weltgeschichtlichen
Ströme feststellen zu können, die wie die Doppelschere eines Taschen=
krebses das höchste aller Gebirgssysteme der Erde, den Himalaja, um=
klammern. Aus Himmelsfässern wird ihr erstes Wasser geboren, und sie
wälzen ihre Wassermassen nach dem Tiefland hinunter, um 50 Millionen
Menschen Leben und Nahrung zu geben. Hier oben stehen Klöster
still und weiß an ihren Ufern, in Indien spiegeln sich Pagoden und
Moscheen in ihren Fluten; hier oben schweifen Wölfe, wilde Yaks und
Wildschafe in ihren Tälern umher, dort unten im Hinduland funkeln
aus den Dschungeln, die ihre Ufer umsäumen, Tiger= und Leoparden=
augen wie glühende Kohlen, und giftige Schlangen ringeln sich durch das
dichte Gebüsch der Uferbänke. Hier im öden Tibet peitschen eisige Stürme
und kalter Treibschnee ihre Wellen, dort unten im Flachland flüstern laue
Winde in den Kronen der Palmen und der Mangobäume. Mir war
zumute, als lauschte ich hier dem Klopfen der Lebenspulse dieser beiden
berühmten Flüsse, als sähe ich den Fleiß und den Wetteifer, der seit un=
zähligen Generationen unzählige Menschenleben erfüllte, die so flüchtig
und kurz gewesen sind wie das Leben der Mücke und des Grases; all
jene Wanderer auf Erden und Gäste der Zeit, die an dem dahinfluten=
den Lauf dieser Flüsse geboren wurden, von ihrem Wasser getrunken,
ihren Feldern damit Leben und Kraft gegeben, an den Ufern gelebt
haben und gestorben sind und aus dem schattigen Frieden der Täler dieser
Flüsse sich nach den geahnten Regionen ewiger Hoffnung emporgeschwungen
haben. Nicht ohne Stolz, aber auch mit dem Gefühl demütiger Dank=
barkeit stand ich da oben in dem Bewußtsein, daß ich der erste weiße
Mann war, der je bis an die Quellen des Indus und des
Brahmaputra vorgedrungen ist.

Vierundfünfzigstes Kapitel.

Entschluß zu einer zweiten Reise.

Von der Quelle des Indus zogen wir mit unserem freundlichen Führer immer weiter nordostwärts nach einer Gegend, die Jumba=matsen heißt und in 32 Grad nördlicher Breite liegt (Abb. 275, 277). Und von dort begab ich mich nach Gartok (Abb. 278, 282), dem Hauptort Westtibets und der Residenz der beiden Garpuns, wo ich, nachdem ich den Transhimalaja im Dschukti=la (5814 Meter hoch) zum fünften=mal überschritten hatte, nach vielen Abenteuern am 26. September 1907 ankam. Ich muß leider für jetzt die Beschreibung dieses Zuges überspringen, der zum größten Teil durch unbekanntes Land führte. Nur über den Dschukti=la war schon Mr. Calvert vor zwei Jahren gegangen.

In Gartok (4467 Meter) begann eine neue Periode. Die Stadt wurde ein Wendepunkt in der Chronik dieser Reise. Erstens trat ich wieder mit der Außenwelt in Berührung. Thakur Jai Chand, der britische Handelsagent, überlieferte mir gleich bei meiner Ankunft eine dicke Post=sendung, eine ganze Menge Briefe aus meinem geliebten Elternhause, von Lord und Lady Minto und ihren Töchtern, von Oberst Dunlop Smith, Younghusband, O'Connor, Rawling und vielen anderen Freunden in Europa und Asien. Dagegen verlautete noch nichts von dem großen Transport, den ich aus Simla erwartete. Aber bald darauf erfuhr ich von Dunlop Smith, daß alles Bestellte abgegangen sei und seinerzeit ankommen werde. Bis dahin mußte ich mich also gedulden.

Die Garpuns schickten mir sofort mit den gewöhnlichen Höflichkeits=phrasen Bewillkommnungsgeschenke; sie waren zu vornehm, um mir zuerst einen Besuch zu machen; ich ging deshalb am nächsten Tage zu ihnen. Der Ältere war krank, der Jüngere, ein fünfunddreißigjähriger, distin=guiert aussehender Herr aus Lhasa, empfing mich in seinem einfachen Regierungsgebäude außerordentlich liebenswürdig und war über die Frei=heiten, die ich mir in der letzten Zeit genommen hatte, so wenig erzürnt, daß er mich nicht einmal fragte, wo ich gewesen sei! Es war eine Ironie des Schicksals, daß ein so freundlicher und in seinen Zugeständnissen so weitgehender Brief wie der, den ich jetzt aus der Hand des Garpun von Lien Darin erhielt, mich erst erreichte, als es zu spät war! Als Lien Darin meinen Brief aus Raga-tasam erhalten hatte, hatte er mir sofort zwei Chinesen nachgeschickt, die bevollmächtigt waren, sich mit mir über den Weg, den ich einschlagen wollte, zu einigen. „Denn es wird mich freuen," sagte der Amban von Lhasa, „zu wissen, daß Sie auf dem Wege reisen, der Ihnen am meisten zusagt!" Er sei überzeugt, daß meine Bewegungen, welchen Weg ich auch einschlüge, keine Veranlassung zu politischen Verwicklungen geben würden. Und er schloß mit den Worten: „Jetzt hoffe ich, daß Sie eine glückliche, friedliche Rückreise haben werden, und ich werde für Ihre gute Gesundheit und ihr Wohlergehen beten."

Wie reute es mich nun, daß ich nicht doch in Saka geblieben war, um so mehr, als der Garpun mir sagte, daß die beiden Chinesen mit vier Tibetern als Eskorte dort schon zwei Wochen, nachdem wir abgezogen waren, angelangt seien! Aber der hiesige Garpun war mir freundlich gesinnt, er war der mächtigste Mann in ganz Westtibet und konnte mir nun noch alle Tore öffnen, wenn er es wagte und wollte.

Wohl war ich froh und dankbar über die Resultate, die ich mir schon hatte sichern können: außer mehreren anderen Problemen, die gelöst worden waren, hatte ich den Transhimalaja in fünf Pässen überschritten, nämlich im Sela-la, im Tschang-la-Pod-la, im Angden-la, im Tseti-latschen-la und im Dschukti-la, von denen die vier ersten bisher gänzlich unbekannt gewesen waren. Aber zwischen dem Angden-la und dem Tseti-latschen-la hatte ich eine Lücke im Verlauf des Transhimalaja lassen müssen, die ganze 500 Kilometer lang war! Von diesem Gebiet kannte man nichts weiter als die Gipfel, die Ryder auf seinem Wege gesehen und die er und Wood gemessen hatten. Daneben besaßen wir einige schwankende Angaben von Nain Sings Reise im Jahre 1873, deren Route sich jedoch im Norden des weißen Flecks hinzieht. Und dieser weiße Fleck hatte noch ein Areal von 1400 Quadratkilometer! Ich konnte nicht nach Haus zurückkehren, ohne alles, was in Menschenmacht stand, getan zu haben, um dieses unbekannte Land wenigstens auf einem Wege zu durchziehen. Gerade dort war die Linie, die die Wasserscheide zwischen dem Indischen Ozean und den abflußlosen Salzseen auf der tibetischen Hochebene bildet; dort konnte man das Vorhandensein vieler Flüsse und Seen annehmen. Und dort lag die große Provinz Bongba, von deren Grenzen schon von Norden, Osten und Süden so viele dunkle Gerüchte zu uns gedrungen waren. Aber das Größte und Wichtigste

war doch die Antwort auf die Frage: durchzieht der Nien=tschen=
tang=la ununterbrochen ganz Tibet in westlicher und nord=
westlicher Richtung im Norden des Tsangpo und des obe=
ren Indus? Kein Europäer und kein Pundit hatte sich bisher an dieses
Problem gewagt, aber Hodgson, Saunders und Atkinson hatten vor
mehreren Jahren eine hypothetische Bergkette in ihre Karten über Tibet
eingetragen! Existierte sie wirklich? Oder verbarg sich unter dem weißen
Fleck ein Labyrinth von Ketten oder ein vergleichsweise flaches Plateau=
land, auf dessen Sockel sich einzelnliegende Schneegipfel und Ketten er=
hoben? Mit bewiesenen Tatsachen verglichen, sind Hypothesen absolut
wertlos. Solche Tatsachen wollte ich liefern! Ich wußte, daß, wenn es
mir jetzt nicht gelang, in das Land einzudringen, das auf der letzten
englischen Karte von Tibet nur das Wort „Unexplored" enthält, eines
schönen Tages ein anderer Forscher kommen und mir diese Eroberung
rauben würde! Und diesen Gedanken konnte ich nicht ertragen.

In Gartok hielt sich jetzt mein alter Freund aus Leh, der reiche Kauf=
mann Gulam Rasul (Abb. 281), auf. Mit ihm hielt ich Rat, und er sollte
mein rettender Engel werden. Er sah meine Lage in sehr rosigem Licht,
denn der Garpun war ihm 7000 Rupien für gelieferte Waren schuldig
und fürchtete seinen Einfluß; er konnte daher einen Druck auf den Vize=
könig des westlichen Tibet ausüben. Zuerst versuchte er es mit einer
List, die jedoch völlig mißglückte; der Garpun antwortete, daß ihm sein
Kopf zu lieb sei, als daß er ihn aufs Spiel setzen werde, um einem
Europäer zu dienen, der keine Erlaubnis habe, im Lande umherzureisen.
Dann versuchten wir es mit Gold, worauf der Garpun mit einer hoch=
dramatischen Geste erwiderte: „Wenn dieses Haus von Gold wäre und
Sie es mir schenken wollten, würde ich es nicht annehmen! Wenn Sie
auf verbotenen Wegen ziehen, schicke ich Ihnen Bewaffnete nach, die Sie
zwingen werden, hierher zurückzukehren."

Er war unbestechlich, und er war uns zu stark. Wie reute es mich
jetzt, daß ich nicht ostwärts weitergezogen war, als ich mich an der
Indusquelle und in Jumba=matsen vollkommener Freiheit erfreut hatte!
Aber nein, das wäre nicht gegangen, meine Kasse war damals nicht voll
genug gewesen, ich hatte nur fünf Leute bei mir gehabt, und ich hätte
die übrige Karawane auch nicht sich selbst überlassen können.

Wie wäre es, wenn ich nach Nepal hinunterzöge und von dort auf
unbewachten Wegen wieder nach Tibet zurückkehrte? Nein, das würde
nie gehen, der Schnee würde bald die Himalajapässe versperren! Und
wenn wir nun versuchten, uns nach Rudok durchzuschmuggeln, und von
dort ostwärts gingen? Nein, in Rudok wimmelt es von Spionen. Und

bald erfuhr auch Gulam Rasul, daß der Garpun in seinem ganzen Lande Befehl erteilt habe, mich anzuhalten, wo ich mich auch außerhalb der großen Heerstraße nach Ladak zeigen würde!

So überlegten wir hin und her und grübelten Tag und Nacht, bald in meinem, bald in Gulam Rasuls Zelt und warteten auf die Sendung aus Simla, hörten Schellen klingeln, wenn Kuriere von Osten kamen, sahen einen Kaufmann nach dem anderen vom Jahrmarkt in Lhasa zurückkehren, trafen mit dem „Serpun" oder Goldkontrolleur, der aus Tokdschalung kam, zusammen und fühlten die Herbstkälte, die auf 24 Grad hinunterging, immer schärfer in unsere Haut einschneiden.

Da reifte in einsamen Stunden in mir der Entschluß: **ich kehre nach Ladak zurück und bringe wie im vorigen Jahr von Norden her in Tibet ein, durchziehe das ganze Land noch einmal in der Diagonale und gehe quer durch den weißen Fleck!** Wohl weiß ich, daß bei diesem ungeheuren Umweg ein halbes Jahr erforderlich ist, um Gegenden zu erreichen, die nur eine Monatsreise von Gartok entfernt liegen! Wohl wird es eine neue Karawane kosten und neue Abenteuer und Gefahren geben, und der Winter erwartet mich mit seiner arktischen Kälte! Aber trotzdem muß es geschehen. Ich kehre erst dann um, wenn mir der Weg durch unüberwindliche Hindernisse versperrt wird! In Ladak englisches Schutzgebiet zu betreten, ist ein Wagnis; ich muß daher schnell wieder über die Grenze eilen. Rawlings und Deasys Gebiet kann ich dabei nicht vermeiden, aber was bedeutet das? Mein Ziel ist das unbekannte Land, das ich zu erobern suchen werde, auf welchem Wege es auch sei!

Gulam Rasul und Robert waren die einzigen, die in den neuen Plan eingeweiht wurden; auf sie konnte ich mich blind verlassen. Während unserer Beratungen sprachen wir Persisch, und Robert paßte auf, daß sich keine Lauscher meinem Zelt näherten. Gulam Rasul übernahm es, die neue Karawane von Leh aus zu bilden; sie sollte rechtzeitig in Drugub eintreffen, wo ich meine letzten 13 Leute entlassen wollte; sie waren erschöpft und verbraucht und sehnten sich nach Hause. Gulam Rasul übernahm es, mir neue Leute zu besorgen.

Am 20. Oktober verließ ich Gartok, um in Gargunsa die Sendung aus Indien abzuwarten. Auch Gulam Rasul, Thakur Jai Chand, der Postmeister Deni Das und der Arzt Mohanlal begaben sich dorthin. Robert aber hatte in Gartok eine Trauerkunde erhalten, sein älterer Bruder war in Hinterindien gestorben; jetzt traf ihn ein neuer Schlag, sein kleiner zehnjähriger Bruder war in Srinagar ertrunken. Er war untröstlich und bat mich, ihn doch zu seiner Mutter heimkehren zu lassen, die jetzt nur noch einen Sohn habe. Auch ihn sollte ich also verlieren!

Gulam Rasul hatte innerhalb eines Reisigzauns drei große Zelte (Abb. 274). Dort saß er wie ein Pascha auf seinen Diwanen, rauchte eine große silberne Wasserpfeife und empfing seine Gäste mit morgenländischer Würde. Er war jovial und gemütlich, übernahm alles und kannte keine Schwierigkeiten. Da wir nun Pläne machen und lange Listen von allem, was gekauft werden sollte, anfertigen mußten und da sich meine Ankunft in Ladak auf die Dauer doch nicht verheimlichen ließ, verbreiteten wir das Gerücht, daß ich einer kleinen Karawane bedürfe, mit der ich erst nach Chotan und dann im Frühling nach Peking zu gehen beabsichtigte. Um den Plan glücklich durchführen zu können, kam es vor allem darauf an, daß niemand meine wirklichen Absichten argwöhnte. Denn in solchem Fall wären besondere Befehle nach Rudok und an die Nomaden in Tschang=tang geschickt worden. Meine eigenen Diener und Hadschi Naser Schahs ganzes Haus glaubten denn auch, daß es meine feste Absicht sei, nach Chotan zu gehen, und daß ich jeden Gedanken an Tibet nun auf=gegeben hätte. Ich mußte sogar so weit gehen, von Drugub aus ein Telegramm an den Korrespondenten Reuters in Indien, meinen Freund Mr. Buck mit der Nachricht zu schicken, daß ich eine kleine Reise nach Chotan machen wolle. Es galt nämlich auch die Man=darinen irrezuführen. Wollte mir kein anderer helfen, so mußte ich mir eben selber helfen, wenn nötig auch mit List und auf Schleichwegen. Keiner meiner indischen Freunde durfte eine Ahnung von meinen wirklichen Plänen haben; nicht einmal Oberst Dunlop Smith; es wäre natürlich takt=los von mir gewesen, sie in eine Lage zu bringen, in der sie entweder mich verraten oder gegen ihre eigene Obrigkeit illoyal sein mußten. Außer Gulam Rasul und Robert waren nur meine Eltern und Geschwister ein=geweiht. Aber leider hatte ich ihnen eine viel zu optimistisch kurze Zeitdauer des neuen Unternehmens angegeben, und daher wurden sie, als sie keine Nachrichten erhielten, von Tag zu Tag unruhiger und glaubten schließlich, daß ich umgekommen sei. Daher auch die Frage: „Hedin verschollen?" —

Am 29. Oktober 1907 kamen Gulam Rasuls Maulesel und wurden einer genauen Musterung unterworfen. Sie waren in ganz vorzüglichem Stand, kleine, kräftige und feiste Tiere aus Lhasa, die also an die dünne Luft gewöhnt waren und, nach Aussage ihres Besitzers, jede Art Strapazen ertragen konnten. Gulam Rasul erbot sich sogar, sie um denselben Preis, den ich bezahlte, mir wieder abzukaufen, wenn sie lebend zurück=kämen. Ich bezahlte für alle zwanzig zusammen 1780 Rupien. Auch besaß ich selbst noch fünf Tiere, seitdem ein kleiner weißer Maulesel

277. Weib von Jumba-matsen.   278. Ladaki-Kaufmann in Westtibet.

279. Dortsche Tsuän, Gouverneur der Provinz Saka, seine chinesische Pfeife rauchend. 280. Dang Gjä, Sohn des Gouverneurs Dortsche Tsuän.
Skizzen des Verfassers.

281. Gulam Rasul; hinter ihm Ballen chinesischen Ziegeltees.

in Gartok von Wölfen zerrissen worden war. Ein ganzes Rudel hatte unsere letzten sechs Tiere überfallen, der Nachtwächter hatte die Wölfe nicht verjagen können, und der Maulesel war grauenhaft verwundet worden. Man hatte ihn noch vor den Wölfen herlaufen sehen, als ihm die Eingeweide schon lang nachschleppten. Der letzte Maulesel aus Poonch existierte noch, auch mein kleiner Ladakischimmel und einer seiner Landsleute, die Veteranen von Leh.

Außerdem übernahm Gulam Rasul, mir fünfzehn vorzügliche Pferde aus Ladak zum Preise von 1500 Rupien zu besorgen. Die übrigen Einkäufe bestanden aus: Gerste für die Tiere 60 Rupien; Reis 70 Rupien; Tsamba 125 Rupien; Proviantsäcke 60 Rupien; Anzüge für die neuen Leute 152 Rupien; Butter 80 Rupien; Tee 50 Rupien; Stearinkerzen und Zucker 104 Rupien; ein Lhasapelz für mich 40 Rupien und ein Schlafsack aus weichem Ziegenfell für mich 25 Rupien; dazu kam dann noch die Miete für die Lasttiere, die mein Gepäck nach Leh beförderten, mit 40 Rupien und die Transportkosten der neugekauften Sachen von Leh nach Drugub mit 20 Rupien. In Leh sollten elf Leute angenommen werden, aber nur solche, die bereits in Hadschi Naser Schahs Handelshaus gedient hatten und als ehrliche, anständige Menschen bekannt waren. Sie sollten jeder monatlich 15 Rupien erhalten, obgleich sie sonst nicht mehr als zwölf hatten, und drei Monatslöhne als Vorschuß bekommen. Der Karawan-baschi erhielt monatlich 50 Rupien und sollte mit ganz besonderer Sorgfalt ausgesucht werden. Meine ganze Schuld an Gulam Rasul betrug gegen 5000 Rupien, denn diejenigen, die die Mühe all dieser Einkäufe hatten, sollten vom Überschuß Gratifikationen erhalten. Ich sandte an Oberst Dunlop Smith einen Schuldschein mit Anweisung, daß dieser Betrag dem Gulam Rasul ausbezahlt werden solle, damit er, wenn ich von dieser Reise nicht wiederkäme, gedeckt sei.

Am 30. Oktober schickte Gulam Rasul seinen Sohn nach Leh, um die neue Karawane auszurüsten, die sich spätestens am 30. November fix und fertig in Drugub einfinden sollte. Für die wichtigen Dienste, die Gulam Rasul mir hier leistete, erhielt er später von Sr. Majestät König Gustav von Schweden die goldene Verdienstmedaille, und bei der Indischen Regierung bewarb ich mich für ihn, wie schon erwähnt, um den Ehrentitel Khan Bahadur, den er auch erhielt; hierbei berief ich mich jedoch verständlicherweise nur auf die großen kommerziellen Dienste, die er dem indischen Kaiserreich leistet.

In Gar-gunsa (Abb. 283) erhielt ich die Kunde von dem neuen Vertrag zwischen England und Rußland, der im Oktober dieses Jahres abgeschlossen worden war. „Großbritannien und Rußland verpflichten sich, während der drei nächsten Jahre nicht ohne vorhergehende Vereinbarung irgendeine wissenschaftliche Expedition, welcher Art sie auch sei, in Tibet eindringen zu lassen und China aufzufordern, es ebenso zu halten."

Es war, als sei diese Klausel eigens für mich erfunden worden! Ich sagte Gulam Rasul kein Wort davon. Aber ich sah ein, daß ich nicht länger als Europäer in Tibet umherreisen konnte. Es war mir im vorigen Jahre geglückt, als die politische Lage noch in der Schwebe gewesen war. Aber ich hatte den Chinesen sowohl wie den Tibetern eine Lehre erteilt und ihnen gezeigt, daß es einem Europäer möglich ist, das ganze Land in der Diagonale zu durchziehen. Ich hatte ihnen auch eine Waffe gegen mich in die Hand gegeben. Ein zweites Mal würde es mir nicht wieder glücken! Jetzt würden sie an der Peripherie des bewohnten Landes die Augen offen halten. Ich mußte also verkleidet reisen, um möglichst wenig Aufsehen zu erregen. Ein neuer Kurier wurde daher nach Leh gesandt, um mir einen vollständigen Ladakianzug von mohammedanischem Schnitt zu besorgen. Auch Gulam Rasul meinte, daß es unter allen Umständen das klügste sei, als Kaufmann zu reisen. Der neue Karawanenführer sollte unser Herr sein, ich selber sollte als der geringste seiner Diener gelten und bei allen Verhandlungen im Schatten verschwinden.

Das Ganze war ein hohes Spiel, eine politische und diplomatische Schachpartie, der Einsatz: mein eigenes Leben — oder große geographische Entdeckungen! Ich, der ich bisher mit den Tibetern auf freundschaftlichem, vertrautem Fuße gestanden hatte, mußte ihnen nun wie Feinden aus dem Wege gehen! Ich würde keinem Tibeter in die Augen sehen können und mußte meine eigenen verhüllen, um nicht ertappt zu werden. Daher wurde eine große, runde Brille mit dunkeln Gläsern und Korbrändern angeschafft; an ihrer inneren Seite befestigte ich geschliffene Gläser von der Schärfe, die meine Augen erfordern. Die europäische Ausrüstung mußte so minimal wie nur denkbar gemacht werden; der große photographische Apparat und das Boot mußten daher mit der übrigen Bagage nach Leh gehen, und ich nahm nur eine kleine Richardskamera mit.

Die Hauptsache war, daß ich in den bewohnten Gegenden mit orientalischer Selbstbeherrschung und völlig passiv auftrat. Der Ausgang dieses tollen Planes schwebte mir selber noch in undurchdringlichem Dunkel vor. Ich wußte nur, daß ich von Drugub nordwärts in der Richtung des Kara-korum-Passes gehen, dann nach Osten und Südosten abbiegen und vom Lemtschung-tso aus versuchen müßte, den weißen Fleck, der im Süden der Route Bowers von 1891 lag, zu durchziehen, um von dort aus die Reise durch den großen weißen Fleck im Norden des oberen Tsangpo fortzusetzen. Gelang mir dies, so wollte ich entweder durch Nepal oder über Gyangtse, wo ich vielleicht noch Gelegenheit haben würde, Major O'Connor zu treffen, was ich mir schon immer gewünscht hatte, nach Indien hinunterziehen. Gulam Rasul riet mir, ja sehr vorsichtig zu sein, denn in Drugub besolde das Rudok-dsong einen Spion, der über die Bewegungen der Europäer auf der englischen Seite der Grenze zu berichten habe. Dieser Spion war eine der gefährlichsten Unterwasserklippen in meinem Fahrwasser; der Argwohn der Tibeter war schon erregt worden, als sie gesehen, daß ich Gulam Rasul 20 Maulesel abgekauft hatte. Der Garpun schickte sogar einen Boten, der sich erkundigte, wozu ich sie brauche. Er erhielt die Antwort, daß sie zur Reise nach Chotan bestimmt seien.

Thakur Jai Chand hatte seinen vortrefflichen Tschamadar dem aus Indien kommenden Transport entgegengeschickt. Anfangs November erhielten wir endlich Nachricht, daß die Sendung im Anzuge sei. Nun schlug Robert vor, mit einigen unserer neuen Maulesel den ersehnten Gästen entgegenzuziehen. Spät abends am 6., als ich schon zu Bett war, kamen sie alle an. Es waren fünf Polizisten aus Rampur (Abb. 284), einer von ihnen hatte Lungenentzündung und war mehr tot als lebendig. Robert hatte sie beim Zusammentreffen so durchfroren und erschöpft gefunden, daß er erst die ganze Gesellschaft hatte massieren müssen, um wieder Leben in sie zu bringen.

Sofort gab ich Befehl, ein gewaltiges Feuer anzuzünden und Tee aufzusetzen. Sie kamen mit ihren beladenen Mauleseln heran, zwei Mohammedaner, drei Hindus, alle in dunkelblauen Uniformen mit hohen blau und weißen Turbanen und Gewehren mit Bajonetten. Ich hieß sie willkommen, dankte ihnen, wie vorzüglich sie ihren Auftrag ausgeführt hätten, und ließ mir von ihrem Korporal über ihre anstrengende, beschwerliche Reise über den Adschi-la Bericht erstatten. Dann wurden ihnen in einem Zelt Schlafplätze angewiesen, und am nächsten Tag besichtigte ich die neun Kisten, die mir Oberst Dunlop Smith geschickt hatte. Drei von ihnen enthielten 6000 Rupien in Silber, lauter Königinnen, keine Könige, denn die Tibeter nehmen die Rupien, auf denen das Bild des Königs Eduard geprägt ist, nicht! Die übrigen Kisten enthielten Konserven aller Art, Eingemachtes, Schokolade, Käse, Kakes und Biskuit, Zigarren, Zigaretten und Pfeifentabak, goldene und silberne Uhren und Revolver mit Munition, beides zu Geschenken bestimmt, Patronen zu zweien unserer Flinten, Notizbücher und Kartenpapier, eine ganze Bibliothek neuer Romane, Jack Londons „The call of the wild", ein Geschenk O'Connors und eine passende Lektüre für die Zeit der Abenteuer, die unser wartete, einen Anemometer und einen Aräometer, Geschenke des Chefs der meteorologischen Zentralanstalt in Simla, Dr. Gilbert Walker, und eine Menge anderer ebenso notwendiger wie willkommener Dinge. Der liebenswürdige Oberst, seine ebenso liebenswürdige Schwester, Miß Mary, und seine Tochter, Miß Janet, hatten eine Masse Arbeit damit gehabt, da sie erst alle Sachen ausgesucht und gekauft und sie dann eingepackt und nach Tibet geschickt hatten; ihrer Güte war es zuzuschreiben, daß ich noch lange wie ein Prinz leben konnte, und ich kann ihnen dafür nicht genug danken.

Jetzt hatte ich auf nichts mehr zu warten. Die Polizisten wurden gut bezahlt, und ich trug außerdem die Kosten ihrer Rückreise und schenkte ihnen Winteranzüge, nahm dann herzlichen Abschied von meinem redlichen Freunde Gulam Rasul, ohne dessen Beistand die neue Reise unmöglich gewesen wäre, dankte Thakur Jai Chand und den anderen Hindus für ihre Freundlichkeit und brach am 9. November 1907 nach Nordwesten auf, dem Laufe des oberen Indus folgend (Abb. 276 und 285—294).

Am 26. erreichten wir Tankse, wo die Honoratioren der Gegend und sogar der Tesildar aus Leh selbst uns empfingen. Sie hatten schon alle gehört, daß ich mitten im Winter nach Chotan reisen wolle. Der folgende Tag sollte ein Ruhetag sein, denn hier wollte ich alle meine alten Diener, außer Robert und dem Gurkha Rub Das, entlassen. Als ich gefrühstückt hatte, trug Tsering die Teller und Schüsseln, deren Emaille jetzt bedenkliche Lücken zeigte, hinaus. „Dies ist das letztemal, Tsering, daß du mich bedienst; du hast mir treu und gut gedient." Da begann der Alte zu weinen und eilte schnell hinaus.

Dann ließ ich alle nach meinem Zelt rufen und hielt eine Rede an sie. Sie hätten sich treu und gehorsam in meinem Dienst abgearbeitet und die Gemütlichkeit und Ruhe, die ihrer im Familienkreis am häuslichen Herde warte, wohl verdient. Dann wünschte ich ihnen für die Zukunft Glück und Wohlergehen und erinnerte sie an den Verlust, den wir alle durch Muhamed Isas Tod erlitten hatten, des guten Muhamed Isa, der, als wir zuletzt in Tankse gewesen, alles so klug und gewissenhaft eingerichtet hätte. Und um ihnen zu zeigen, daß nicht nur wir ihn betrauerten, las ich ihnen vor, was mir Younghusband, O'Connor und Rawling über sein Hinscheiden geschrieben hatten.

Während ihre fünf Pferde und fünf Yaks mit ihrer ganzen Habe beladen wurden, mußten sie der Reihe nach zu mir ins Zelt kommen und ihren Lohn nebst einer Gratifikation in Empfang nehmen. Tsering, Rehim Ali, Schukkur Ali und Tundup Sonam erhielten noch besondere Geldgeschenke, die drei letzteren hatten ja meinetwegen in Lebensgefahr geschwebt. Der alte Tsering bat mich, ob er nicht den lahmen Hund vom Ngangtse-tso behalten dürfe; sein Bellen vor seiner Hütte in Leh werde ihn an den Wachtdienst des Hundes bei unsern Lagerfeuern erinnern. Schukkur Ali durfte einen zweiten Hund aus derselben Gegend behalten. Nun hatte ich nur noch die braune Puppy (Abb. 304), die nebst Robert und dem Maulesel aus Poonch zu den ältesten Veteranen der Karawane gehörte, denn alle drei hatten mich schon von Srinagar an begleitet.

Und dann kam der bittere Augenblick des Abschieds. So viel Kummer, so viel lautes Weinen! Sie konnten sich kaum losreißen. Der Tesildar war ganz ergriffen, als er so viel Anhänglichkeit bei diesen einfachen Arbeitern sah. Aber es waren auch starke Bande, die zerrissen wurden, denn es gibt wohl nichts, was Menschen so fest miteinander verknüpft, als gemeinsam ausgestandene Leiden und Gefahren. Mir selbst wurde es irgendwo oben im Halse so eng, als ob mir die Kehle zugeschnürt würde, und als sie endlich zögernden Schrittes ihren Yaks auf dem Weg durch Drugub abwärts folgten, blieb ich noch lange stehen und schaute ihnen nach, bis sie nicht mehr zu sehen waren. Dann trocknete auch ich mir die Tränen ab, ehe ich wieder ins Zelt ging, wo mich Robert und der Tesildar bei Tee und Kuchen, serviert von Rub Das, erwarteten. Ich mußte dabei an den Leichenschmaus nach einer Beerdigung denken, bei der man einen Veilchenkranz auf das Grab eines entschlafenen Freundes gelegt hat.

Am folgenden Morgen erwachte ich zu ganz Neuem. Alle die Alten waren in alle Winde zerstoben, und nun sie fort waren, kam mir alles leer und verlassen vor. Robert las wie gewöhnlich die meteorologischen Instrumente ab, und Rub Das setzte mir, leise wie ein Wichtelmännchen, mein Frühstück vor. Ich freute mich, daß ich trotzdem keine Spur von Unschlüssigkeit empfand. Derselbe Engel, der uns auf der vorigen Reise beschützt hatte, würde auch jetzt meine Schritte begleiten. „Ich höre in der Ferne das Rauschen seiner Flügel" droben in den kalten Winternächten in Tschang-tang.

Fünfundfünfzigstes Kapitel.

Ein neues Kapitel.

Sobald wir fertig waren, stiegen wir zu Pferd und ritten nach Drugub hinunter. Bald zeichnete sich das alte Dorf mit dem Hause, in welchem ich vor sechs Jahren gewohnt, und dem Garten, wo wir im Jahre 1906 Rast gehalten hatten, ab. Auf einer Terrasse unterhalb des Dorfes standen unsere drei gewöhnlichen Zelte und ein viertes. Der Tschamadar Ische, der alte Hiraman, der es noch nie unterlassen hatte, mich zu begrüßen, und der junge Anmar Dschu, auch einer meiner alten Freunde, salamten und stellten mir meine neuen Leute vor. Diese drei hatten vom Tesildar Befehl erhalten, mich nach Schejok zu begleiten.

„Wer ist der Karawan-baschi?" fragte ich.

„Ich", antwortete ein kleiner, runzliger älterer Mann, der Abdul Kerim hieß und einen großen gelben Pelz trug (Abb. 296).

„Wie heißen die anderen?"

„Kutus, Gulam, Suän, Abdul Rasak, Sedik, Lobsang, Kuntschuk, Gaffar, Abdullah und Sonam Kuntschuk."

„Ihr seid also elf Mann im ganzen, drei Lamaisten und acht Mohammedaner?"

„Jawohl, Sahib."

„Ich werde eure Namen, euer Alter, Heimatsort, Reisen, die ihr gemacht, die Dienste, die ihr gehabt, und dergleichen später notieren." — Dabei stellte sich heraus, daß nur sehr wenige von ihnen schon im Dienst eines Europäers gestanden hatten, aber alle waren bei Naser Schah angestellt gewesen, dessen Sohn Gulam Rasul für sie einstand. Vier waren in Lhasa gewesen, die Mohammedaner fast alle in Jarkent, alle sahen angenehm und munter aus und standen im kräftigsten Mannesalter. —

„Wer von euch ist mein Koch?"

„Ich", erwiderte Gulam (Abb. 297), ein klassisches Kerlchen, dem Rub Das gerade eine Vorlesung hielt, wie mir aufzuwarten sei.

„Seid ihr alle Ladakis?"

„Ja, Sahib, alle, außer Lobsang, der ein Tibeter aus Gargunsa ist, sich aber in Leh verheiratet hat und beim Hadschi Naser Schah dient."

Ich war eigentlich nicht dafür, einen Tibeter mit auf die Reise zu nehmen, bei der es gerade darauf ankam, die Tibeter so lange als irgend möglich hinters Licht zu führen. Wie leicht konnte er mich, wenn Gefahren drohten, seinen Landsleuten verraten! Ich überlegte, ob ich ihn nicht gegen einen anderen austauschen oder ihn einfach zurücklassen solle. Aber wie oft sollte ich später noch Gelegenheit haben, mich darüber zu freuen, daß ich den Gedanken nicht hatte zur Tat werden lassen! Wenn ich die vier russischen Kosaken und Robert ausnehme, war Lobsang der beste Diener, der mich je auf meinen Wildniswanderungen durch Asien begleitet hat. Es war ein prächtiger Mensch, und ich erinnere mich seiner gern und mit warmer Empfindung (Abb. 298).

Alle wurden nun in meinem Dienst willkommen geheißen, wobei ich die Hoffnung äußerte, daß sie ihre Pflicht ebenso treu erfüllen würden wie ihre Vorgänger, und ihnen je 50 Rupien als Extrageschenk versprach, wenn ich mit ihnen zufrieden gewesen sei, und ihnen sagte, daß ich von dem Punkt, wo unsere Reise enden werde, die Kosten ihrer Heimreise bezahlen würde — ganz wie das vorige Mal. Als es in Leh bekannt geworden war, daß ich neuer Diener zur Reise nach Chotan bedürfe, hatten sich Guffaru und alle die von Toktschen aus nach Hause geschickten Leute auch wieder gemeldet und dringend um Wiederanstellung in meinem Dienst gebeten. Aber der alte Hadschi hatte von seinem Sohn strenge Verhaltungsmaßregeln erhalten. **Kein einziger meiner früheren Dienerschar dürfe mich diesmal begleiten.** Es hätte die Gefahr vergrößert, wenn wir mit Tibetern, die wir schon früher kennen gelernt, wieder zusammengetroffen wären.

Die neuen Pferde sahen prächtig und kräftig aus und standen, Heu und Gerste fressend, in einer langen Reihe neben den Mauleseln und den Veteranen am Fuße einer Mauer (Abb. 295). Sie sollten gut gefüttert werden, denn die Tage der süßen Brote waren bald zu Ende; es würde gut sein, wenn sie Fett ansetzten, von dem sie in bösen Tagen zehren konnten. Alle bestellten Sachen waren in bestem Zustand und in neue haltbare, mit Leder überzogene Kisten verpackt.

Am Morgen des 29. November 1907 kamen drei Tibeter aus dem Rudok-dsong angeritten und schlugen ihr Zelt auf unserem linken Flügel auf. Sieh da, dachte ich, nun geht das Spionieren schon wieder los. Eine Stunde später hörten wir hoch oben im Tale Schellengeläute, das wie Glockenspiel klang. Zwischen den Felswänden wurde der Klang immer stärker, und gewaltiges Klingeln ertönte, als 34 prächtige kleine Maulesel mit Salzlasten an meinem Zelt vorüberzogen. Alle hatten einen Glöckchenring um den Hals, die meisten waren mit roten und blauen Bändern aufgeputzt, und einige hatten vorn an der Brust große rote Quasten hängen, die beinahe die Erde berührten und bei jedem Schritt hin und her baumelten. Es sah hübsch und lustig aus, und das Schellengeläute lockte mich hinaus zu neuen Abenteuern in der Ferne. Im Handumdrehen wurden die Tiere von ihren Lasten befreit und wie eine Herde wilder Esel talaufwärts gejagt, um dort das magere Gras zwischen Graustein und Granit abzuweiden. Die Besitzer mußten Kaufleute sein. Sie kamen nachher in mein Zelt, erhielten Tee und Zigaretten und fragten Abdul Kerim, wohin wir reisen würden. Er antwortete ohne zu lügen: „Nach Chotan". Ich war es, der log. Doch hätte ich die Wahrheit gesagt, so hätte ich schon nach 14 Tagen festgesessen, und da hätte ich ja ebensogut gleich jetzt nach Hause reisen können.

Wir hatten drei neue Zelte. Die zwei größeren erhielten meine elf Diener, das kleinste, das aber so klein war, daß man unter seiner Firststange nur eben noch aufrecht stehen und ein Bett und zwei Kisten darin unterbringen konnte, wurde das meine. Ich wollte es möglichst klein haben, um es leichter warm halten zu können. Meine ganze Bagage wurde umgepackt. Einige überflüssigen Sachen schenkte ich Robert und dem Pastor Peter in Leh. Die Aussonderung wurde sehr gründlich betrieben, und als dann nur das absolut Notwendige eingepackt war, füllte es bloß zwei Kisten, und dabei enthielt die eine noch zum größten Teil schwedische und englische Bücher, die ich von meiner Schwester Alma und von Oberst Dunlop Smith erhalten hatte. Sowie sie ausgelesen waren, sollten auch sie den Winden geopfert werden. Als ich am Abend mein neues Zeltchen bezog, mich in dem großen Schlafsack mit der Ziegenwolle innen zur Ruhe legte und mir den Lhasapelz noch überdeckte, da lag ich so warm und bequem wie in einem Hotelbett.

Gulam Rasuls Sohn, Abdul Hai, besuchte mich, und mit ihm wurde das Geschäftliche abgemacht. Robert sollte für mein großes Gepäck verantwortlich bleiben, bis er es im Hause des Hadschi Naser Schah abgeliefert hätte. Es bestand aus zehn regelrechten Pferdelasten. In meinen Mußestunden schrieb ich einen ganzen Stapel Briefe, die Robert im Posthaus in Leh abliefern sollte.

Wir hatten nun 21 Maulesel und 19 Pferde, die braune Puppy und einen großen gelben Hund aus Gartok. Alle Maulesel und Pferde, außer meinem und Abdul Kerims Reitpferd, trugen Lasten. Ich ritt meinen kleinen Ladakischimmel (Abb. 305, 306, 307), der sich wieder

282. Zelt in Gartok.

283. Kloster von Gar-gunsa.

284. Die Gendarmen aus Rampur, die meine Post nach Gar-gunsa beförderten.

285. Robert im Boot unterhalb Gar-gunsa an dem Punkte, wo die beiden Indusarme sich vereinigen.

unglaublich gekräftigt hatte und ebenso munter war als eins der neuen
Pferde. Er und noch zwei hatten die ganze große Karawane, die voriges=
mal aus Leh ausgezogen war, überlebt. Um sicher zu gehen, daß
Abdul Kerim auch genügend Proviant mitnahm, sagte ich ihm,
er solle nicht denken, daß ich wie gewöhnliche Karawanen den geraden Weg
einschlagen wolle. Es könne sein, daß ich Abstecher nach rechts und links
machte und manchmal wochenlang stilläge. Er solle sich daher auf 2½ Mo=
nate mit Gerste für die Tiere versehen, und er sei verantwortlich, daß der
Vorrat, den wir mitnähmen, auch ausreiche. Es ist aber dumm, sich auf
andere zu verlassen! Das ganze große Gepäck aus Simla, das Silbergeld
und die Konserven, machten vier Lasten aus; Gulams Küchengeschirrkisten
zwei; das Zelt, die Bettsachen und die Habe der Leute waren auch einige
Lasten; alle übrigen Tiere sollten mit Reis, Gerste und Tsamba beladen
werden. Wir nahmen auch 25 Schafe aus Tankse mit.

In der Nacht zum 3. Dezember hatten wir 23,4 Grad Kälte!
Am nächsten Morgen wurde das ganze Gepäck verstaut und von Kulis
das Tal hinab nach Schejok getragen. Meine beiden Zeltkisten trugen
zwei Leute, die an Kräften wirkliche Bären waren. Die Tiere trugen
nur ihre neuen Packsättel. Eine Gruppe nach der anderen zog ab, und
zuletzt blieb ich allein zurück. Da schüttelte ich meinem treuen Reise=
kameraden Robert die Hand, dankte ihm für seine unschätzbaren Dienste,
seine Ehrlichkeit, seinen Mut und seine Geduld, bat ihn, die Missionare,
Doktor Neve und das warme Indien zu grüßen, nahm auch Abschied von
dem redlichen Rub Das und all den anderen, setzte mich in meinem
neuen Ladakisattel auf meinem treuen Schimmel zurecht und ritt in Be=
gleitung Anmar Dschus nach dem Schejoktal hinunter. Ich war nun
der einzige, der von der ursprünglichen Karawane geblieben war, und war
nur von Männern umgeben, die mir völlig fremd waren. Aber auch ich
war ihnen fremd, und sie hatten keine Ahnung von den Tollheiten und
Abenteuern, auf die ich mit ihnen auszuziehen beabsichtigte! Der Wind
jedoch war immer noch derselbe, und auch dieselben Sterne wie damals
funkelten noch immer in den stillen, kalten tibetischen Nächten vom Himmel
herab. Ganz einsam würde ich also nicht sein!

Nach Schejok sind es wenig mehr als 10 Kilometer, und dennoch
nahm die kleine Strecke beinahe acht Stunden in Anspruch. Sechsmal
muß man über den Fluß setzen, der sich gleich unterhalb des Dorfes
Drugub tief in einen engen Hohlweg zwischen Granit= und Gneisfelsen
eingräbt. Der erste Übergang war leicht, dort war der Fluß über Nacht
zugefroren, und obwohl das Eis knackte, kamen wir doch auf einem mit
Sand bestreuten Fußweg hinüber. Beim zweiten Übergang war der

Fluß zwar offen, aber breit und seicht, und die Eisränder seiner beiden Seiten waren mit Sand bestreut worden. Der dritte, wo wir wieder nach dem rechten Ufer hinüber mußten, war schon recht ungemütlich, weil die in der Mitte scharf abgeschnittenen Eisränder überschwemmt waren infolge einer Eisstauung, die weiter abwärts eingetreten war. Man kann sie also nicht mit Sand bestreuen und muß selbst aufpassen, daß man nicht kopfüber aus dem Sattel stürzt, wenn das Pferd mit den Vorderfüßen in das metertiefe Wasser hinabsteigt. Nicht viel angenehmer ist es, wenn es auf den gegenüberliegenden Eisrand hinaufspringt und erst mit den Füßen hin und her rutscht, ehe es auf dem glatten Eis festen Fuß fassen kann.

Unterhalb dieser Stelle war der vierte Übergang, der schlimmste; hier hatte der ganze Zug haltgemacht. Am rechten Ufer, wo wir uns befanden, war der Fluß breit und tief und hatte eiskaltes, dunkelblaues, kristallklares, sich schlängelndes Wasser, am linken Ufer aber lag ein breiter Eisrand. Suän, ein hochgewachsener, schwarzbärtiger, sehr jüdisch aussehender Mann, untersuchte die Furt mit entblößtem Oberkörper zu Pferd. Dabei geriet er in so tiefes Wasser, daß sein Pferd zu schwimmen begann; er selbst sprang nun auch in den Fluß hinein und schwamm nach dem Rand des Eises hin, wo ihm das Hinaufklettern nur mit großer Mühe gelang. Der arme Kerl! Mich fror, wenn ich ihn nur ansah; er war ganz unter Wasser gewesen.

Vier der anderen versuchten es ein wenig weiter flußaufwärts und kamen hinüber, aber auch bis an den Hals eingetaucht. Darauf wurde die ganze Herde Maulesel und Pferde in den Fluß hineingejagt; die Pferde machten es am besten. Von einem Maulesel glaubte ich bestimmt, daß er verloren gehen werde. Er versuchte es nicht einmal, sich auf den Eisrand hinaufzuschwingen, und entschloß sich erst dazu, als er von unserem Ufer aus mit Steinen bombardiert wurde. Und als er endlich droben war und der Spur der anderen folgte, krachte das Eis unter ihm, er brach wieder ein und lag wie eingegossen da. Alle fünf Leute mußten ihn wieder herausziehen und ihn dann über das Eis schleppen, bis er auf festen Boden kam.

Kaum 100 Meter weiter abwärts ist der fünfte Übergang. Zwischen beiden Ufern steht ein steiler, glatter, vorspringender Felsen, dessen Fuß der Fluß bespült. Man kann jedoch in kleinen Spalten und über einige unbedeutende Vorsprünge hinweg über den Felsen hinüberkommen und so die beiden gräßlichen Furten umgehen. Hier wurde sämtliches Gepäck von den Leuten hinübergetragen, und ich selber legte den Weg über die Felsen barfuß zurück; ein kleines Ende jenseits der Wand trug mich dann

ein starker Mann über glattes, überschwemmtes Eis. Hier überlegten
wir uns die Geschichte erst gründlich, während die Tiere wieder durch so
tiefes Wasser, daß sie beinahe schwammen, nach der anderen Seite ge=
trieben wurden. Keines von ihnen blieb bis zur Schwanzwurzel trocken,
den meisten aber reichte das Wasser über den Rücken. Die armen Tiere
standen zitternd auf einem Haufen und die ihnen von den Seiten herab=
hängenden Eisklumpen klapperten wie Kastagnetten. Wir zündeten Feuer
an, damit die fünf Leute, die im Wasser gewesen waren, sich auskleiden,
trocknen und von Kopf bis zu Fuß anders anziehen konnten.

Dann ging es wieder eine Strecke abwärts bis an einen Punkt,
wo der schwere Proviant am Ufer aufgestapelt lag und wo die armen
Tiere, ehe sie ihre Körperwärme wieder hatten, von neuem in das eisige
Wasser hinein sollten. Hier mußte das Gepäck über den Fluß getragen
werden, und zwar von den splitterfasernackten Männern, die mit Stäben
in der Hand zwischen den tückischen, rundgeschliffenen Blöcken des Fluß=
bettes durchbalancierten. Ein älterer Mann wurde, als er halb hinüber
war, von einem Krampf befallen und konnte keinen Schritt weiterkommen.
Zwei mutige Jünglinge sprangen ins Wasser und schleppten ihn ans
Land. Ein paar Maulesel, die weder durch Bitten noch Drohungen
dazu gebracht werden konnten, freiwillig ins Wasser hineinzugehen, mußten
an einem Strick hinübergezogen werden. Ich selbst hatte einen Lotsen
vor meinem Pferde, das bis zur Hälfte des Sattels naß wurde. Man
muß daher die Beine so hoch hinaufziehen wie irgend möglich; in dieser
Stellung ist es recht schwierig, Balance zu halten, wenn das Pferd
zwischen den Blöcken die unerwartetsten Kuhsprünge macht! Als ich mit
heiler Haut über die letzte Furt gelangt war, riefen die Männer so laut
Hurra, daß es von den Bergen widerhallte; die Folgen meines Fuß=
bades neutralisierte ein sprühendes Feuer. Jeder Mann, der frostbebend,
triefend und blaugefroren herüberkam, mußte sich sofort ans Feuer setzen.
Ich konnte nicht begreifen, daß sie nicht ganz erfroren waren.

Dann ritten wir in der Dämmerung bergauf und bergab über die
Halden, und es war pechfinster, ehe freundlich lodernde Feuer uns an=
zeigten, daß wir uns in der Nähe des Dorfes Schejok befanden. Um
sie versammelten wir uns in der Reihenfolge, in der wir ankamen, und
erfreuten uns an der von ihnen ausstrahlenden Wärme. Ich konnte den
Gedanken nicht unterdrücken, daß wenn mich jetzt Verfolger von der eng=
lischen Seite her suchten, sie wenigstens ein recht abkühlendes Bad nehmen
müßten, ehe sie mich fänden!

In der Nacht hatten wir nur —9,2 Grad, aber wir befanden uns
hier auch nur auf einer Höhe von 3769 Meter. Am 5. Dezember

blieben wir in Schejok, um die Packsättel zu trocknen und damit die Tiere
sich nach dem anstrengenden Tage ausruhen konnten. Am Abend hatten
die Leute ein Abschiedsfest veranstaltet — denn Schejok war das letzte
Dorf in Ladak. Sobald die Trommeln und Flöten riefen, kamen alle
Frauen und Mädchen der Gegend zum Tanz.

Am 6. Dezember sagten wir unseren letzten Freunden Lebewohl und
zogen die Halden hinunter nach dem Grund des Schejoktales, einige
20 Meter tiefer als das Dorf; es war der tiefste Punkt, den wir
auf lange hinaus berührten. Denn von hier aus stiegen wir nördlich
das Tal hinauf, das der große Nebenfluß des Indus ausgegraben hat.
Von Weg und Steg kann nicht die Rede sein; hier gibt es nichts als
Schutt und rundgeschliffene Blöcke, aber die Landschaft ist wunderbar
schön, und riesige Granitfelsen erheben sich auf beiden Seiten. Fünfmal
überschritten wir noch den Fluß, der etwa 12 Kubikmeter Wasser führen
mochte und Eisränder hatte, deren Breite wechselte. Ein einsamer, aus=
gehungerter uns begegnender Wanderer aus Jarkent erhielt eine Tsamba=
mahlzeit. Zwischen den in Sand eingebetteten Büschen von Tschong=
jangal, wo ich schon im Jahre 1902 zu Gast gewesen war, schlugen
wir in 3744 Meter Höhe das Lager auf.

Jetzt waren wir ganz unter uns. Nur noch ein nicht zu uns Ge=
hörender befand sich bei der Karawane, der Schejoker Tubges (Abb. 300),
der während der ersten Tagereisen die Aufsicht über unsere Schafe, besonders
bei den Furten, führen sollte. Abends hatte ich eine Unterredung mit
Abdul Kerim, Kutus (Abb. 299) und Gulam. Jetzt sagte ich ihnen, daß
ich nicht auf der gewöhnlichen Straße nach Chotan ziehen wolle, weil sie
mir schon bekannt sei. Wir würden einen östlicheren Weg einschlagen,
und es handle sich jetzt nur darum, je eher je lieber auf das Plateau
hinaufzukommen. Sie antworteten, daß Tubges die Gegend genau kenne.
Er wurde zur Beratung zugezogen. Wie wäre es, wenn wir durch das
Tschang=tschenmo=Tal nach Pamsal und dem Lanek=la hinaufzögen?
„Nein," antwortete er, „das ist unmöglich, bis Oro=rotje kann man
kommen, dann aber wird das Tal so eng wie ein Korridor, und Eiskas=
kaden und Blöcke bedecken den Talboden. Auch ohne Lasten können Tiere
dort nicht durch." Nun war es klar: ich mußte im Schejoktal aufwärts
gehen und eine Gelegenheit abpassen, um nach Osten abzuschwenken.

Am 7. ging es also zwischen herrlichen Berggiebeln weiter, stumm
und feierlich, wie ägyptische Pyramiden, wie Dome oder Festungstürme.
Zwischen ihnen stürzen die Schuttkegel nach dem Talboden ab, wo
ihre Basis vom Hochwasser der Sommerflut angefressen und zu senk=
rechten Wällen abgeschnitten wird. Es muß ein prachtvolles Schauspiel

sein, wenn die trüben, donnernd einherrollenden Schmelzwasser des Kara=
korum, die sich mit ungeheurer Gewalt einen Weg nach dem Indus
hinab suchen, dies ganze Tal anfüllen. Ein wohl 2000 Kubikmeter mäch=
tiger Block ist abgestürzt; er ist beim Fall geborsten, als wenn ein Riese
ihn mit seiner Axt gespalten hätte; man glaubt oben auf den Höhen
die durch ihn entstandene Lücke zu erkennen. Viermal ging es wieder
über den Fluß, der ziemlich enge Eingang des Tschang=tschenmo=Tales
blieb auf der rechten Seite liegen. Wir lagerten zwischen Dünen von
Kaptar=chane. In der Nacht sank die Temperatur auf —16,4 Grad.

Der Weg ist entsetzlich anstrengend; nur Geröll und Blöcke von grauem
Granit, an denen die Pferde sich die Hufeisen abnutzen. Wieder gingen
wir zweimal über den Fluß und schlugen die Zelte in der Oase Dung=
jeilak auf, wo eine erschöpfte Karawane aus Chotan sich bereits nieder=
gelassen und einen Boten nach Nubra geschickt hatte, um Hilfe beim Trans=
port zu erhalten, da mehrere ihrer Pferde verendet waren.

Solange es noch Weide gab, konnten wir die Sache mit Ruhe an=
sehen und kurze Tagesmärsche machen; bald genug würde das Gras ja
aufhören, und dann konnten wir uns ein wenig mehr beeilen. Wir
ruhten also einen Tag aus, als der Kaufmann Muhamed Rehim aus
Chotan mit seiner Karawane in der Oase ankam. Er blieb aber nur
eine Stunde — er sehnte sich nach wärmeren Gegenden und war froh,
daß er den Kara=korum=Paß hinter sich hatte. Er gab mir den dringen=
den Rat, mit dem Übergang bis zum Frühling zu warten, da der Schnee
auf dem Paß höher als gewöhnlich liege. Auch einer seiner Karawanen=
leute trat an mich heran und schenkte mir eine Handvoll gedörrter Pfirsiche.
„Kennt der Sahib mich noch?" fragte er. „Freilich, du bist ja Mollah
Schah!" Der gute Kerl, der jetzt 57 Jahre alt und dessen Bart noch
mehr ergraut war, hatte sein Heim in Tschertschen nicht wieder besucht,
seit er im Frühling 1902 aus meinem Dienst getreten war. Welch
seltsames Wanderleben voller Arbeit und Anstrengung führen doch diese
Asiaten! Er bat mich flehentlich, ihn doch wieder anzustellen, ich aber
sagte ihm, er solle froh sein, nach Ladak hinunterziehen zu können, statt
jetzt mitten im eisigen Winter nach dem scheußlichen Paß zurückzukehren.
Es wäre allerdings angenehm gewesen, einen alten bewährten Reisege=
fährten bei mir zu haben. Aber nein, er paßte nicht zu meiner Ladaki=
gesellschaft. Mollah Schah erzählte mir auch noch zu unserer Ermutigung,
daß eine große Karawane aus Chotan auf dem Paß 52 Pferde verloren
und den größten Teil der Waren dort habe zurücklassen müssen!

Noch argwöhnte keiner meiner Leute meine wirklichen Pläne. So=
lange wir uns auf der großen Winterstraße nach Ostturkestan befanden,

mußten alle glauben, daß Chotan mein Ziel sei. Dies hatte auch den Vorteil, daß alle, denen wir begegneten, in Ladak erzählen würden, daß sie uns auf der großen Heerstraße gesehen hätten; es würde also kein Verdacht entstehen können.

10. Dezember. Es wird kälter, das Minimum beträgt jetzt —19,1 Grad. Mein Curzonhut wurde im Morgenfeuer verbrannt. Statt seiner setzte ich eine große Pelzmütze auf, die mir Muhamed Isa noch genäht hatte, und umwand sie mit einer Binde als Schirm gegen die Sonne. Ruhig fließende, abgeschnürte Flußarme sind mit glänzendem Eis bedeckt, sonst ist der bedeutend kleiner gewordene Fluß beinahe offen. Beim Lager in Tscharvak stürzt ein Quellbach in hellklingender Kaskade die Felswand herab; aber die Kälte tut, was sie kann, ihn zum Schweigen zu bringen. Die Tiere wurden die Abhänge hinaufgetrieben, wo das Gras besser war. Ein riesiges Feuer wurde angezündet als der Tag auf die Neige ging und eine dünne Mondsichel am Himmel stand. Wo die Tiere bergauf gegangen waren, gab es aber in der Nacht einen donnernden Bergrutsch, einige Blöcke rollten sogar so, daß sie zwischen unseren Zelten liegen blieben. Es war ein gefährlicher Platz.

Auf dem Wege nach Julgunluk hatten wir einen kalten Marsch. Wenn dichte Schneewolken den Himmel verdecken, der Wind dem Wanderer gerade ins Gesicht weht und die Temperatur um ein Uhr —9,5 Grad beträgt, dann fühlt man die Kälte und bindet ein dickes Halstuch ums Gesicht. Das Tal lag tot und verlassen. Nur einen Hasen, einen Adler und einen Raben sahen wir bisher; der Rabe begleitete uns von Lager zu Lager! Sechsmal überschritten wir den Fluß; die braune Puppy wird hinübergetragen, aber der gelbe Hund kann sehen, wie er hinüberkommt; jedesmal, wenn er in das kalte Wasser hinein muß, heult er jämmerlich.

Auch in Julgunluk, auf 4101 Meter Höhe, lagerten wir einen Tag. Jetzt ging aber die Nachtkälte schon auf —21,2 Grad herunter! Dies war die letzte wirklich freundliche und angenehme Oase, die wir berührten. Während des Ruhetags hörten wir die Pferde behaglich auf den Weideplätzen wiehern und die Schafe vergnügt blöken. Die Proviantlasten wurden schon kleiner; wir konnten daher vier Pferde mit gutem knorrigem Brennholz beladen. Auf der rechten Talseite erhebt sich ein schneeiger Kamm; schon um zwei Uhr verdeckt er die Sonne, aber sie beleuchtet den Schnee noch lange, nachdem das Tal schon in tiefem Schatten liegt; der Himmel ist wolkenlos blau. Abends singen die Leute am Feuer genau dieselben Melodien wie ihre Vorgänger. Die Wintertage sind kurz, aber sie erscheinen dem, der sich in Sehnsucht und Ungewißheit verzehrt, doch unendlich lang. Schon um acht Uhr wird es im Lager still; um neun bringt mir Gulam das letzte Kohlenbecken, nachdem ich die meteorologischen Instrumente abgelesen habe. Wie sehne ich mich aus diesem eingeschlossenen Tal nach dem Plateaulande hinauf! Hier gehen wir nach Nordnordwesten, und ich sollte doch nach Osten und Südosten ziehen!

Könnten wir nur in einem der östlichen Täler einen Weg nach Tschang-tang hinauf finden, so würden wir Zeit und manchen Schritt sparen.

Auch am 13. Dezember spähten wir vergeblich nach einem solchen Weg aus. Noch zweimal überschritten wir den Fluß auf seiner Eisdecke. Bei der zweiten Furt kam die ganze Karawane trocknen Fußes hinüber, nur mein kleiner Schimmel brach ein, und ich erhielt dabei ein Fußbad. Nach einem dritten Übergang lagerten wir in öder Gegend, dem Tale Schialung gerade gegenüber (Abb. 308). Es sah vielversprechend aus. Tubges und Kutus wurden talaufwärts geschickt, um das Gelände auszukundschaften. Spät abends kehrten sie mit dem Bescheid zurück, daß man zwar ziemlich weit talaufwärts ziehen könne, das Tal dann aber wegen tiefer Bassins, vielen Eises und großer Felsblöcke, ganz wie im Drugubflusse, unpassierbar werde! Wir mußten also unseren Weg nach dem Kara-korum-Paß noch fortsetzen. Dies vergrößerte das Risiko der Karawane, denn es vergrößerte die Länge des Weges; aber es verringerte die Gefahr der Entdeckung, denn wir konnten, wenn wir einmal nach Tibet hineingelangt waren, die nördlichsten Nomaden ganz umgehen.

Nun bat Tubges, ob er mich nicht bis zu Ende begleiten dürfe, und seine Bitte wurde von allen anderen eifrig befürwortet. Ich nahm ihn um so lieber mit, als er ein geschickter Jäger sein sollte. Ich hatte jetzt zwölf Leute und war selbst der **dreizehnte** in der Karawane, aber wir waren nicht abergläubisch!

Sechsundfünfzigstes Kapitel.

Auf die Höhen des Dapsang.

Schwere Wolken und durchkältender Wind erschwerten am 14. Dezember den Marsch, der langsam durch das Tal hinauf weiterging. Zwei in Sackleinwand eingenähte und mit dem Stempel einer turkestanischen Firma versehene Warenballen sahen wir an der Erde liegen, als ob sie von dem sterbenden Pferd, an dessen Kadaver wir eben vorübergekommen waren, heruntergeglitten seien. Höher oben noch zwei. Sie enthielten seidene Stoffe aus Chotan! Mit schwindenden Kräften kommen die Karawanen noch so weit, nachdem sie sich auf dem Paß über alle Gebühr haben anstrengen müssen. Sie gleichen Schiffen, die ihre Last über Bord werfen müssen, wenn sie zu sinken beginnen. Auch bei Köteklik fanden wir leidliches Gras und Brennholz. Gulam ist ein vortrefflicher Koch; er bereitet mir die feinsten Kotelettes und Frikandellen, und zur Abwechslung gibt es noch Hühner und Eier.

Am 15. ist wenig Wasser im Tal; aber es rinnt unter Schutt, und höher aufwärts fließt der Fluß wieder frisch und klar. Oft ziehen wir an Resten verunglückter Karawanen vorüber, toten Pferden, Warenballen und Packsätteln, aus denen das Heu herausgenommen worden ist, um damit ein sterbendes Pferd zu retten. Wir ziehen nach Westnordwesten und entfernen uns daher immer mehr von unserem Ziel. Endlich aber gelangen wir an einen Talknoten, der uns nach der richtigen Seite führen wird. Links lassen wir das Saffertal und gehen in ein Taltor hinein, das voll tückischen, manchmal nur hautdünnen Eises ist. Wir warteten, bis unsere Kundschafter das Eis untersucht hatten, das sie aber für unpassierbar erklärten. Tubges machte dagegen einen anderen, weiteren Weg über steile Hügel ausfindig, und an deren Basis schlugen wir das Lager auf.

Am folgenden Morgen gingen wir über einen steilen Porphyrvorsprung, um an eine bessere Stelle des gefrorenen Flusses zu gelangen, der uns als östlicherer Richtweg nach Murgu hinauf dienen sollte. Unaufhörlich überschritten wir seine Eisstraße, die erst mit Sand bestreut

286. Götterbilder in Tschuschul-gumpa.

287. Meine Yaks im oberen Industal.

288. Mein Boot auf dem Indus bei Taschi-gang.

289, 291. An der Klosterpforte in Taschi-gang, zwischen Gar-gunsa und Ladak. 290. Der Oberlama in Tschuschul-gumpa.

werden muß, damit die Tiere sich nicht die Beine brechen. Wie gewöhnlich gingen zwei Kundschafter voraus. Der eine kam zurück und rief uns schon von weitem zu, daß abgestürzte Felsblöcke das Tal versperrten. Ich begab mich hin und fand, daß kürzlich ein Bergrutsch stattgefunden hatte. Die Porphyrblöcke, die die Talrinne verrammelten, waren so groß wie Häuser, und zwischen ihnen hatte der Bach tiefe Tümpel gebildet, die nur mit einer dünnen Eishaut bedeckt waren. Wir mußten daher umkehren und den ganzen Weg nach dem vorigen Lager Nr. 279 zurückgehen, wieder über den greulichen Vorsprung hinüber, der auf dieser Seite so steil war, daß jedes Tier einzeln hinaufgeschoben werden mußte und man sich unten in acht zu nehmen hatte, wenn eine abgeglittene Last den Abhang hinunterrollte. Dann zogen wir noch eine Strecke im Saffertal weiter. Ein heftiger, eisiger Wind kam uns entgegen. Längs einer Felswand jagten die Hunde einen Hasen auf, der sich in ein Loch flüchtete, aus dem Kuntschuk ihn aber herauszog; das arme Tier wurde zum Verspeistwerden verurteilt. Unser Lager befand sich diesmal in einer beinahe vegetationslosen Gegend, und nach all den Flußübergängen des Tages klapperten jetzt Eiszapfen an den Seiten unserer müden Tiere.

Es ist wieder Abend. Die Ausläufer des Gebirges springen schroff und schwarz in das Tal vor wie gewaltige Sarkophage, auf denen die vom Mond beschienenen Schneefelder als Leichentücher ruhen. Die Ladakis singen nicht mehr, die Lieder sind ihnen auf den Lippen erfroren. Es ist entsetzlich still. Das Küchenfeuer flackert noch gelbrot im weißen Mondschein. Man glaubt den Frost draußen klingen zu hören.

Nachdem Gulam mir das letzte Kohlenbecken gebracht hat, entkleide ich mich, ziehe den großen, wollenen Schlafrock an, setze mich eine Weile buchstäblich über die Glut, um ein wenig Wärme in den Leib zu bekommen, ehe ich in meine Pelzhöhle krieche, und lächle über den gelben Hund, der draußen liegen muß und die zunehmende Kälte in den zornigsten und komischsten Tonarten ankläfft und anknurrt. Es nimmt mich nicht wunder, daß er wütend ist, denn die Kälte sank diese Nacht auf 24,6 Grad! Da hörte ich seltsame quiekende Töne aus Gulams Zelt. Wir hatten schon das nahe Bevorstehen eines freudigen Ereignisses geahnt, und ich erkundigte mich, ob die Puppyfamilie sich etwa vergrößert habe. Vier kleine Hündchen waren wieder zur Welt gekommen! Sie hatten gerade die kälteste Nacht, die wir bisher gehabt hatten, abgewartet. Gulam hatte von Filzdecken einen richtigen Vogelbauer hergestellt, in dem Puppy lag und ihre Jungen leckte. Zwei der Kleinen waren weiblichen, zwei männlichen Geschlechts; die ersteren wurden ersäuft, weil wir uns sagten, daß die letzteren größer und kräftiger werden würden, wenn sie alle Milch und Wärme, die eigentlich auf vier verteilt werden sollte, allein erhalten dürften. Ich saß am Vogelbauer und studierte die interessante Gruppe, bis ich so steifgefroren war, daß ich kaum wieder nach meinem Zelt gehen konnte. Am nächsten Morgen ging es den kleinen Kötern ganz vorzüglich; der eine jaulte ganz regelrecht und fand wohl nur, daß ihn das Schicksal in ein grimmig kaltes Land gebracht habe. Wir nahmen uns vor, sie gut zu behüten, sie würden mir angenehme Gesellschafter werden. Hier oben würden sie wenigstens von der Krankheit verschont bleiben, die ihre älteren Geschwister hingerafft hatte. Kuntschuk mußte sie auf dem bloßen Leibe tragen, um sie warm zu halten. Auf halbem Weg aber ließen wir Mama Puppy sich eine Weile mit ihren Kleinen beschäftigen, obgleich diese sich über das Milchgeschäft noch nicht ganz klar zu sein schienen.

Es wurde ein böser Marsch an diesem 17. Dezember! Man hört keine anfeuernden Rufe, die Karawane bewegt sich in schneidender Kälte und bei scharfem Wind apathisch und langsam vorwärts. Innerhalb einer halben Stunde schlafen die Füße ein und werden vollständig gefühllos. Wie ein Helmvisier habe ich mir die Enden des Baschliks bis unter die Augen mehrmals ums Gesicht gewunden, aber der Atem verwandelt sie in eine schwere Eiskruste, die an meinem Schnurrbart und dem Vollbart festfriert; letzteren habe ich seit Gartok wachsen lassen, damit er zu meiner bevorstehenden mohammedanischen Verkleidung passe. Alle Leute haben ihre Pelze angezogen. Staub und Erde fliegen umher, und unsere Gesichter sehen merkwürdig aus.

An einem Punkt, wo eine Karawane aus Jarkent lagerte, bogen wir rechts ab und zogen ein sehr enges Nebental hinauf, dessen Boden mit glashartem, glänzendem milchweißem Eis bedeckt war und wie Marmorfußboden zwischen den Felswänden aussah. Glücklicherweise hatten die Jarkenter das Eis schon mit Sand bestreut, was jedoch mehrere unserer Tiere nicht vor dem Fallen bewahrte, so daß sie neu beladen werden mußten.

Als wir endlich in der Gegend Long lagerten, war es schon um drei Uhr 18 Grad kalt. Eine zweite große Jarkentkarawane, die sich auf dem Heimweg befand, hielt hier Rast. Ihre Führer meinten, ob wir nicht zusammen über den Kara-korum-Paß ziehen wollten, aber ich sagte nein, unter dem Vorwand, daß wir nur ganz kurze Tagemärsche machen könnten. Kontrolleure, die den Chinesen in Jarkent erzählen konnten, daß ich wieder nach Tibet hineingezogen sei, waren gerade das, was ich vor allem vermeiden mußte!

Hier lag ein armer Mann, dem auf dem Kara-korum-Paß beide Füße erfroren waren, so daß das Fleisch und die Zehen buchstäblich abfielen.

Er kroch an unser Lager heran und weinte über sein unglückliches Schicksal. Er war bei der Jarkentkarawane, der wir zuerst begegnet waren, angestellt gewesen; als er aber infolge seiner Frostwunden arbeitsunfähig geworden, hatte der grausame Kaufmann ihm mitten in der Wildnis den Laufpaß gegeben und ihn einfach zurückgelassen. In solchem Fall ist es recht schwer, zu entscheiden, was man zu tun hat. Kurieren kann man ihn nicht, ihn mitnehmen und seinetwegen einen Teil der Karawane opfern, kann man auch nicht. Er selber sagte, daß er nach Schejok kriechen wolle — aber wie sollte er über den Fluß kommen? Ich ließ ihn sich an unserem Feuer wärmen, Tee trinken und essen, und gab ihm, als wir am 18. nach einer nächtlichen Kälte von 31,4 Grad weiterzogen, Tsamba auf mehrere Tage, Zündhölzer und eine Geldsumme, die ihn instand setzte, bei einer nach Schejok ziehenden Karawane ein Pferd zu mieten. —

Der heutige Marsch führte östlich nach einem Orte Bulak (die Quelle); er hätte eigentlich Guristan, der Friedhof, heißen müssen, denn hier lagen mindestens zwanzig tote Pferde. Während eines zweistündigen Rittes hatte ich 63 Pferdeleichen gezählt; es ist seltsam, daß der Handel auf diesem Karawanenwege, der der höchste auf Erden ist, doch noch gewinnbringend sein kann!

Von da aus führte der Weg in dem engen, zerklüfteten Murgutal aufwärts. Erst bergauf und bergab über Hügel, auf denen Massen toter Pferde, die einst stark und fett gewesen sind, uns den Weg zeigen. Dann auf halsbrechend steilem Pfad in das tiefe Tal hinab, auf dessen Boden das Quellwasser geborstene Eisglocken gebildet hat. An den Abhängen der linken Talseite klettert man auf einem abschüssigen Zickzackweg wieder in die Höhe; die Schneemenge nimmt zu, und der Schnee hat sich besonders auf dem Pfade angehäuft; er ist glatt; ein Fehltritt des Pferdes, und man ist rettungslos verloren. Die Landschaft ist großartig, aber man hat keinen rechten Genuß davon, wenn es mittags um ein Uhr schon 17,6 Grad kalt ist! Und dann geht es wieder Hals über Kopf nach dem Talgrund hinunter, wo wir eine natürliche Blockbrücke passieren, bei der Menschenhände nachgeholfen haben. Unsere Richtung war östlich gewesen, wird aber jetzt immer nördlicher und nordwestlicher.

Die Schneemenge nimmt zu; die Sonne sinkt, die Schatten klettern an den rotgelben Bergen hinauf, der Wind wird stärker und man denkt: dauert dies noch eine Weile, so erfriere ich. Endlich machen wir am Terrassenfuß der rechten Talseite halt, wo die Schafe in eine Höhle getrieben werden, um sich über Nacht warm zu halten. Ohne Gefühl in den Gliedern lasse ich mich vom Sattel gleiten und sehne mich nur nach dem Feuer. Keine Spur organischen Lebens zeigt sich beim Lager 283. Die Pferde und Maulesel werden daher so gekoppelt, daß sie in einem dichten Haufen stehen.

In diesem Unglückslager machte ich die erste Entdeckung auf dieser neuen Reise durch Tibet! Abdul Kerim trat nämlich zu mir ans Feuer und sagte:

„Sahib, wir haben noch für acht bis zehn Tage Gerste für die Tiere, aber in dieser Zeit erreichen wir Schahidullah, wo man alles erhalten kann."

„Acht bis zehn Tage?! Bist du toll? Gehorchst du meinen Befehlen nicht? Habe ich dir nicht ausdrücklich gesagt, Gerste auf $2^1/_2$ Monate mitzunehmen?"

„Ich nahm einen Vorrat mit, der für die Reise nach Chotan genügte."

„Sagte ich dir nicht, daß ich nicht auf der gewöhnlichen Straße nach Chotan ginge, sondern auf Umwegen, die wenigstens zwei Monate in Anspruch nehmen würden?"

„Ja, Sahib, ich habe unrecht gehandelt", antwortete der alte Mann, und begann zu schluchzen. Abdul Kerim war ein Ehrenmann, aber er war dumm; ihm fehlte Muhamed Isas große Erfahrung.

„Du bist Karawan=baschi. Die Pflicht des Karawanenführers ist, für das Vorhandensein des auf der Reise nötigen Proviants zu sorgen. Wenn die zehn Tage vergangen sind, sterben unsere Tiere. Was gedenkst du dann zu tun?"

„Sahib, schickt mich mit einigen Tieren zum Gerstekaufen nach Schahidullah, ich kann in zwei Wochen wieder hier sein."

„Du weißt, daß alles, was in Schahidullah passiert, dem Amban von Chotan berichtet wird. Die Chinesen dürfen aber von meinem Vorhaben nichts ahnen!"

Mein erster Gedanke war, Abdul Kerim sofort zu entlassen und an Hadschi Naser Schah wegen neuer Vorräte zu schreiben, die uns auf gemieteten Tieren heraufgebracht werden könnten. Aber was würde man in Westtibet und Ladak denken, wenn man sah, daß ich mir neuen Proviant aus Leh kommen ließ, während ich kaum acht Tagereisen von Schahidullah entfernt war, das auf dem geraden Wege nach Chotan liegt! Mein ganzer Plan wäre verraten gewesen und hätte mißlingen müssen! Ich wäre von den ersten Nomaden angehalten worden, vielleicht schon von den Engländern, denen ich bisher so gut entgangen war! Sie brauchten den Eingeborenen nur zu verbieten, mich mit Proviant und Lasttieren zu versorgen. Verschaffte ich mir aber alles, was wir bedurften, aus Schahidullah, so mußte der Chotaner Amban darüber nach Kaschgar berichten, von wo aus eine Telegraphenlinie durch ganz Asien nach Peking geht, und wo Exzellenz Na Tang sich ganz unerbittlich gezeigt hatte, als der

Gesandte Wallenberg sich sehr bemüht hatte, mir die Erlaubnis zu einer neuen Reise durch Tibet zu erwirken. Hier oben in dem öden Tal war meine Stellung stark. Still und vorsichtig hatten wir uns über das britische Gebiet geschlichen, ohne Argwohn zu erregen. Sowie wir aber mit der Außenwelt in Berührung kamen, saß ich fest!

Den ganzen Abend saß ich in meinem Zelt, überlegte nach allen Seiten und maß mit dem Zirkel die Entfernungen auf meinen Karten. Wir waren von meinem Lager Nr. 8 im vorigen Jahr, wo das Weidegras so vorzüglich gewesen war, ungefähr 160 Kilometer entfernt. Soweit würden wir ohne die geringste Schwierigkeit kommen können. Aber von dort hatten wir dann bis nach der Gegend am Tong-tso noch 650 Kilometer! Indessen mußten wir, ehe wir dort ankamen, unterwegs Nomaden und Weideland antreffen. Die Pferde würden ja jedenfalls verloren sein, aber die tibetischen Maulesel waren nach Gulam Rasuls Aussage gewöhnt, für sich selber zu sorgen, und bekamen nie Gerste. Es kam aber zunächst darauf an, auf das freie, offene Tschang-tang hinaufzugelangen und diese scheußliche Mausefalle zu verlassen, das Schejoktal, das uns immer weiter nach Nordnordwesten geführt hatte. Auch wenn wir alles opfern müßten und auf allen Vieren nach dem ersten Zelt würden kriechen müssen, konnte ich nicht kapitulieren; von dem einmal gefaßten Plan durfte nicht um Haaresbreite abgegangen werden.

Die Nacht kam mit klarem Himmel, funkelnden Sternen und scharfem Frost; schon um neun Uhr hatten wir —29,1 Grad. Die Tiere standen still in einem dichten Haufen, um sich aneinander zu wärmen. Wenn ich gelegentlich aufwachte, hörte ich sie nicht; ich konnte glauben, sie seien verschwunden. Das Minimum sank auf —35,1 Grad! Als ich geweckt wurde, hatte Kuntschuk sich schon als Kundschafter in einem breiten Tal, das gerade hier von Osten mündete, umgesehen und, soweit er hatte sehen können, einen vortrefflichen Weg gefunden. Vom Lager Nr. 283 hatten wir noch zwei Tagereisen nach dem gefürchteten Kara-korum-Paß, den ich umgehen wollte. Zogen wir durch das Nebental östlich aufwärts, so mußten wir bald an den Hauptkamm des Kara-korum-Systems gelangen und ersparten zwei Tagereisen. Ich beschloß, es zu versuchen.

So zogen wir denn am 20. Dezember in laut knarrendem Schnee nach Ostnordosten hinauf. Das Tal sah vielversprechend aus, um so mehr als wir an einigen Stellen alte Pferdespuren erblickten. Mitten im Tal zog sich ein mit glattem, tückischem Eis bedecktes Bachbett hin, sonst war alles Schutt. Nachdem wir einen Hügel passiert hatten, der dicht mit Burtsestauden bestanden war, hörte die Vegetation ganz auf. Um ein Uhr hatten wir 21 Grad Kälte. Der Bart ist weißbereift, mein Gesichtstuch hat sich in einen Eisklumpen verwandelt, und die Tiere sind alle weißhaarig geworden. Stundenlang schreitet der Zug langsam bergauf. An einigen Stellen verengt sich das Tal so, daß es nur noch 2 Meter breit ist. Die beste Zeit des Tages war schon vorüber, als die Karawane plötzlich haltmachte. Vorn an der Spitze war alles still, und ich wartete mit Kutus der Dinge, die da kommen sollten.

Nach einer Weile erschien Abdul Kerim sehr niedergeschlagen mit der Meldung, daß das Tal an zwei Stellen unpassierbar sei. Ich begab mich dahin. Die erste Blocksperre ließ sich forcieren, aber die zweite war schlimmer. Wir hätten allerdings das Gepäck auf dem Eis zwischen und unter den Blöcken vorwärtsziehen können, aber für die Tiere war kein Weg vorhanden. Sollten wir es versuchen, einen Weg anzulegen, auf dem wir den Tieren mit vereinten Kräften einzeln über die Blöcke hinweghelfen könnten?! Ja, aber erst mußten Leute talaufwärts geschickt werden, um nachzusehen, ob vielleicht noch mehr solche Sperren zu überschreiten waren. Als sie mit der Nachricht wiederkehrten, daß der Weg droben noch schlechter sei, befahl ich das Lager aufzuschlagen, da die Abendschatten zu fallen begannen.

Du liebe Zeit, welch ein Lager! Kein Grashalm, kein Wasser! Wieder saßen wir in einer Mausefalle zwischen steilen Bergwänden, von deren Seiten der Frost jeden Augenblick vernichtende Blöcke absprengen konnte. Die Tiere scharrten grassuchend im Schnee. Während der Nacht gingen sie umher und stolperten über die Zeltstricke. Die Kälte ging auf 34,8 Grad hinunter! Der eine kleine Hund geriet auf Abwege, trieb sich im Freien herum und kam auf eigene Hand in mein Zelt; zu seinem Glück erwachte ich von dem Winseln und beherbergte ihn bei mir im Bett, wo er es warm und gut hatte.

Ein frostiger Morgen! Man mußte sich hüten, Metall zu berühren, es brannte wie Feuer! Ein Esel drang in mein Zelt und untersuchte meine Waschschüssel nach etwas Eßbarem. Zu seiner großen Verwunderung blieb sie ihm an der Nase hängen, und er nahm sie eine Strecke weit mit. Die hungrigen Tiere hatten während der Nacht zwei leere Säcke und sechs Stricke aufgezehrt und gegenseitig ihren Schwänzen übel mitgespielt. Im Winter ist das Leben hier oben eigentlich nur ein verzweifelter Kampf mit dem Erfrieren.

Der Tagesbefehl erging nun dahin, an einer Stelle, wo Japtschan- (Japkak) und Burtsestauden standen, zu lagern und den ganzen nächsten Tag dort zu bleiben. Bei 31 Grad Kälte brach ich auf und fand das Lager schon auf der rechten Talseite bereit. Die Tiere wurden sofort auf die bewachsenen Hügelabhänge geschickt, und dort weideten sie mit gutem Appetit die hartgefrorenen, dürren Stauden ab. Während des Ruhetages wurden Eisstücke aus dem Bache losgehauen und in den beiden großen Leutekesseln aufgetaut. Pferde und Maulesel durften sich dann der Reihe nach satt saufen.

In der Nacht trat dann ein hochwillkommener Witterungsumschlag ein, der ganze Himmel war bedeckt, und das Minimum sank auf nur —17,2 Grad; es kam uns am Morgen ordentlich warm vor. Einige Maulesel waren durchgebrannt, Lobsang fand sie aber nach eifrigem Suchen wieder. Bald nach der Karawane brach ich mit Kutus auf. Wir waren aber noch nicht weit gelangt, als wir Muhamed Isas Schimmel aus Schigatse mager und steifgefroren im Schnee liegen sahen! Er war schon einige Tage kümmerlich gewesen, und die letzten Strapazen hatten ihm nun den Rest gegeben. Erschöpft und abgezehrt bedurfte er wirklich einer langen, langen Ruhe.

Nach einer Weile passierten wir den Talknoten und das Unglücks= lager Nr. 283 und waren nun wieder auf dem großen Karawanenweg, der Straße der toten Pferde! In einer Schlucht lagen vier ganz dicht nebeneinander, als hätten sie noch im Tode Gesellschaft haben wollen; ein großer Apfelschimmel hatte sich noch nicht verändert, aber ein zweites Pferd sah schon aus, als ob es ausgestopft worden sei, ein drittes glich mit den von sich gestreckten steifen Beinen einem umgefallenen Turnbock. Einige guckten nur teilweise aus dem Schnee hervor; andere waren in seltsam rückwärts zusammengekrümmter Stellung zusammengebrochen; die meisten aber lagen so, als habe der Tod sie überrascht, als sie sich ge= rade nach einer großen Anstrengung ausruhen wollten. Die Haut spannte sich direkt über Rückgrat und Rippen, und sie sahen von der Rückseite intakt aus, aber von der anderen Seite sah man, daß sie nur noch aus einem leeren, trocknen und holzharten Gerippe bestanden, das rasselte, wenn der gelbe Hund, der unterwegs nichts weiter zu fressen hatte, daran herum= zerrte. Die Hunde bellten die ersten Kadaver noch an, jetzt aber war ihnen dieser Anblick schon längst nichts Neues mehr. Welche Leiden und welch verzweifelten Kampf ums Leben haben diese öden Gebirge im Lauf der Zeiten mit ansehen müssen! Wenn man des Nachts wach liegt, glaubt man die Seufzer der entkräfteten Lasttiere und ihr mühsames Atmen auf dem geduldigen Gang zum Tode zu hören, einen endlosen Reigen zum Tode verurteilter Veteranen zu sehen, die im Dienst grausamer Men= schen nicht weiter können. Wenn die Hunde in den stillen Winternächten draußen bellen, scheinen sie Gespenster und Erscheinungen anzubellen, die sich mit stolpernden Schritten herauszuarbeiten suchen aus den sie fest= haltenden Schneefeldern, die noch zwischen ihnen und Ladaks saftigen

Weiden liegen. Wenn irgendein Weg in der Welt den Namen „Via dolorosa" verdient, so ist es der Karawanenweg über den Kara=korum=Paß, der Ostturkestan mit Indien verbindet! Wie eine ungeheure Seufzerbrücke überspannt er mit seinem luftigen Bogen das höchste Bergland Asiens und der ganzen Erde.

Immer höher schreitet unser langsamer Zug das zerklüftete Tal hinauf, zwischen dessen steilen Felsen hier und dort kleine Gletscherzungen hervorschimmern. Oft sieht man alte Lagerplätze mit aufgetrennten Packsätteln. Orkane aus Süden herrschen hier; feiner, roter Staub von verwittertem Sandstein weht wie blutige Wolken durch das Tal und färbt die Schneefelder rot. Das Tal schrumpft in einen Hohlweg zusammen, wo ein etwas geschützterer Platz den Namen „Dovlet Bek ölldi" (die Stelle, wo Dovlet Bek starb) trägt. Wer war das? Niemand weiß es mehr, aber der Name hat sich erhalten. Vielleicht ein gewöhnlicher Kaufmann aus Chotan oder Jarkent oder ein Pilger, der auf der Wallfahrt starb und daher die Türen des Paradieses weit offen gefunden hat? Denn über den Kara=korum=Paß geht auch der Hauptwallfahrtsweg von Ostturkestan nach Mekka.

Immer schmaler wird das Tal, ein Korridor zwischen roten Konglomeratwänden. Dies ist das Kisil=unkur oder „das rote Loch", ein passender Name. Hier hat die Karawane ihr Lager aufgeschlagen. Keine Spur organischen Lebens. Die Tiere stehen auf einem Haufen, die Maulesel knabbern an dem gefrorenen Dung früherer Gäste. Von diesem Loch aus steigt der Weg nach dem Hochplateau des Dapsang hinauf, wo jetzt der Schneesturm tobt, und auch hier im Tal tanzen die Schneeflocken wirbelnd in der Luft. In der Dämmerung war Kuntschuk (Abb. 301) mit nur noch zwölf Schafen angekommen; die übrigen waren ihm unterwegs erfroren! Die Nacht senkt sich unheimlich und drohend über den ewigen Schnee herab. Alles ist hier oben so düster und so kalt; nichts Lebendes gibt es weit und breit, und dennoch erfüllt der gelbe Hund die Schlucht mit seinem einsamen Bellen. Wir sind hier in 5128 Meter Höhe.

Die Männer hatten ihre Zelte so aufgeschlagen, daß sie einander nahe gegenüber lagen und in dem Zwischenraum brannte nur ein recht spärliches Feuer — wir mußten mit dem Brennholz aus Köteklik sparsam umgehen. Die Mohammedaner stimmten ein weiches, wohllautendes Lied an, in dessen rhythmischem Aufundniederwogen eine starke Stimme dann und wann ein dumpfes „Allahu ekbär" intonierte. Als Gulam mit dem Kohlenbecken kam, fragte ich ihn nach der Bedeutung und erhielt die Antwort, daß sie eine „Namas" oder Gebethymne zu Allah emporsendeten, damit der Höchste

292. Tanzende Pilgerinnen in Tschuschul.

293. Mädchen in Tschuschul.

294. Auf dem Weg nach Tankse.

295. Die neuen Pferde und Maultiere in Drugub.

uns morgen vor Schneesturm bewahre. Denn wenn eine Karawane auf den Höhen des Dapsang vom Schneesturm überfallen wird, ist sie verloren.

An schweren Tagen hörte ich später noch oft diese melodische Hymne. Sie berührte mich stets schmerzlich. Nicht so wie der vorwurfsvolle, mahnende Klang der Kirchenglocken, die eben zum Gottesdienst läuten, wenn ich an einer Kirchentür vorübergehe ohne einzutreten, sondern weil die Leute diese Hymne nur dann sangen, wenn sie mutlos waren und unsere Lage als verzweifelt ansahen. Es war, als hätten sie mich daran erinnern wollen, daß meiner eine Niederlage warte und daß ich diesmal den Bogen zu stark gespannt habe!

Siebenundfünfzigstes Kapitel.

Auf dem Dach der Welt.

Am heiligen Abend des Jahres 1905 hatte ich bei Mr. und Mrs. Grant Duff in der gastfreien englischen Gesandtschaft diniert, dann beim Grafen D'Apchier in der französischen Gesandtschaft soupiert und schließlich noch beim Grafen Rex in der deutschen Gesandtschaft Weihnachten gefeiert — alles in dem jetzt so unruhigen Teheran. Im folgenden Jahr hatte ich am selben Tag noch Muhamed Isa und Robert bei mir, und wir befanden uns in bewohnten Gegenden. Wie wenig ahnte ich heute, daß das alte Asien mir noch einen heiligen Abend bescheren, und ich am 24. Dezember 1908 mit einem Kreise heiterer, liebenswürdiger und intelligenter Japaner im fernen Mukden, wo vor einigen Jahren der Kriegsdonner über die Gräber der unsterblichen Mandschukaiser rollte, zu Tisch sitzen würde! In diesem Jahr aber, 1907, war ich ganz allein und mit zwölf Trabanten auf dem Weg nach meiner — Ukraine.

Der Morgen begann mit strahlendem Sonnenschein und windstillem Wetter, und die Karawane schritt langsam nach den Höhen des Dapsang hinauf, während ich und Kutus ihr in dem knarrenden Schnee nachkamen. Ich hatte Abdul Kerim befohlen, oben zu warten. Nachdem ich die Instrumente abgelesen und eine Höhe von 5428 Meter gefunden hatte, untersuchte ich mit dem Fernglas den Horizont — ein Gewirr beschneiter Berge. Nur nach Nordosten fiel eine breite Erosionsrinne allmählich ab, und ich entschied mich daher für diese Richtung.

„Jetzt verlassen wir die Kara=korum=Straße und reiten nach Osten", sagte ich. „Folgt meinen Spuren, ich reite an der Spitze." Die Männer machten erstaunte Gesichter; sie hatten sich nach den Gärten und Weintrauben Chotans gesehnt, und ich bot ihnen statt dessen die Granitblöcke und Schneefelder von Tschang=tang. Doch sie sagten nichts, sondern folgten stumm und geduldig meinen Spuren. Leicht war es diesmal nicht, den Lotsen zu spielen, denn das Land lag unter tiefem Schnee. Ich zeigte Kutus die Richtung, und er mußte vor meinem Pferde hergehen und die Tiefe des Schnees feststellen. Das Terrain war ziemlich flach, aber in Vertiefungen lagen 1—2 Meter Schnee. Die Schneedecke, die manchmal so fest war, daß sie das Pferd trug, war außerordentlich tückisch, denn sie barst alle Augenblicke; ich wurde dann aus dem Sattel geworfen, das Pferd sprang und hüpfte wie ein Delphin und ertrank beinahe in dem mehlfeinen, trocknen Schnee. Wir mußten daher umkehren und anderswo unser Glück versuchen.

Lobsang, der stets achtsam war, wenn wir uns in einer kritischen Lage befanden, suchte einen besseren Übergang. Wir mußten auf jeden Fall über die Rinne, die Männer traten daher einen Pfad im Schnee aus, auf dem die Tiere einzeln geführt wurden. Mit den Pferden ging es am besten, aber die Maulesel fielen oft ungeschickt um und waren schuld, daß wir lange aufgehalten wurden. Wie weit erstreckten sich diese Schneefelder? Sie kosteten uns viel Zeit und verdeckten das bißchen Gras, das vielleicht noch in irgendeiner Schlucht stehen konnte. Langsam wie Schnecken kamen wir vorwärts. Ich ging, durch den Schnee stampfend, zu Fuß; mein Pelz war so schwer wie Blei. Aber nach mehrstündiger, anstrengender Arbeit erreichten wir doch die rechte Uferterrasse der Erosionsrinne, wo nicht soviel Schnee lag, und kamen dort schneller vorwärts.

Lager 287 war das ödeste, dessen ich mich von allen meinen Reisen erinnere — das Sandmeer der Takla=makan=Wüste ausgenommen! Hinter uns schlängelte sich unser Weg wie eine kreideweiße Linie durch den weißen Schnee und auch vor uns war alles mit Schnee bedeckt. Die Tiere wurden möglichst dicht aneinander gebunden und erhielten abends Gerste.

Nachdem die Tagesarbeit getan war, zündete ich mir zwei Lichter an — sonst hatte ich nur eines — und stellte die Bilder meiner Eltern und Geschwister auf eine der Kisten in einer Reihe auf, wie ich es schon so manchen Weihnachtsabend in Asien getan hatte. Halb neun Uhr ging der Mond prachtvoll über den Gebirgen im Ostnordosten auf, und um neun Uhr war die Kälte auf 27,1 Grad hinuntergegangen. Im Zelt konnte ich das Quecksilber nicht dazu bringen, über —20 Grad zu steigen! Meine Hände wurden so klamm, daß ich kein Buch halten konnte, sondern zu Bett gehen mußte. Und das war auch das beste, was ich tun konnte — so vergaß ich das Weihnachtsfest mit all seinen teuern Erinnerungen und seine einsame Wemut.

Aber die Kälte sank auf 38,6 Grad! Ein Pferd lag hartgefroren auf seinem Platz in der Reihe; die anderen standen schlaff mit hängendem Kopf und großen Eiszapfen am Maul. Auch der erste Feiertag brachte uns gutes Wetter. Ich aber sehnte mich beinahe nach einem

Schneesturm. Verfolgung hatte ich zwar hier nicht zu fürchten, aber falls etwa eine turkestanische Karawane nach Kisil=unkur hinabzog, konnte sie unsere Spuren im Schnee finden und erzählen, daß wir doch den Weg nach Tibet eingeschlagen hätten! Schneetreiben dagegen hätte alle Spuren verwischt.

Indessen arbeiteten wir uns in östlicher Richtung durch den Schnee weiter. Eine Quelle hatte da, wo sie entsprang, offenes Wasser, so daß alle Tiere getränkt werden konnten. In einer Schlucht mit Japkakstauden machten wir halt. Die Tiere fielen gierig über die dürren, harten Kräuter her, die auch uns herrliches Feuer schenkten; in meinem Zelt war es diesen Abend schön warm. Ich freute mich bei dem Gedanken, daß die Tage jetzt wieder länger würden, und subtrahierte die Länge der zurück= gelegten Strecke jedes Tages von der Entfernung, die uns noch von dem Tong=tso trennt. Ach, wären wir doch erst dort! — Aber auch dort sind wir erst am Nordrand des weißen Fleckes! Wie unendlich weit müssen wir noch marschieren!

Am zweiten Feiertag zogen wir in demselben ebenen Tal zwischen mittelhohen Bergen nach Osten hinauf und benutzten einen Pfad, den Pantholopsantilopen ausgetreten hatten. Die Schneemenge nahm ab; nur stellenweise verursachte der Schnee uns Arbeit, während er sonst mit einer pergamentartig zähen Kruste bedeckt war. Nachdem wir das Lager in einer völlig sterilen Gegend aufgeschlagen hatten, hielt ich mit Abdul Kerim Rat. Wir hatten nur noch zwei Sack Gerste! Ich sah es dem Kara= wanenführer an, daß er geweint hatte, und mein Zorn machte sich in= folgedessen nicht Luft; auch die anderen waren betrübt und verwundert; noch hatte ich mich nicht ausgesprochen, aber sie sagten sich selbst, daß Chotan nicht unser Reiseziel sein könne. Die Leute hatten noch Tsamba auf drei und Reis auf zwei Monate. Ich erteilte infolgedessen Befehl, die Tiere auch damit zu füttern, sobald die Gerste verzehrt sei; nur ein zwei Monate reichender Vorrat müsse für die Leute unberührt bleiben. Bei solchen Beratungen versammelten sich die anderen draußen vor dem Zelt. Nur Lobsang war so ruhig, als gehe ihn die ganze Sache nichts an; wenn er die Tiere hütete, hörte man ihn pfeifen und singen. Ich hatte ihn am liebsten, vielleicht lag das daran, daß er ein Tibeter war. Aber auch alle die anderen hatte ich gern, es waren prächtige Menschen. Abends wurden wieder Hymnen an Allah gesungen; die Leute begriffen jetzt, daß unsere Lage mehr als kritisch war!

Am nächsten Tag brachen wir zeitig auf, und ich ritt wieder an der Spitze. Wir hatten alle entsetzliche Kopfschmerzen, die Höhe war ja auch kolossal, 5378 Meter! Wir hatten erst 2 Kilometer zurückgelegt, als ein schwacher Schimmer auf den Abhängen im Norden dünnen Graswuchs anzeigte. Das war ein Weihnachtsgeschenk! Hier wurde das Lager aufgeschlagen. Die Tiere liefen schon nach dem Gras hin, als sie noch gar nicht von den Lasten befreit waren. Und wie fraßen sie! Es war eine Freude, ihnen zuzuschauen. Suän führte einen komischen Tanz zwischen den Zelten auf. Alle waren gehobener Stimmung. Diesmal hörte ich keine Hymne an Allah; der Karawan-baschi, der eine gewisse Verantwortung für das Seelenheil aller seiner Mohammedaner zu haben glaubte, betete abends, wenn die Sonne unterging, nur eines der fünf täglichen Gebete. Unser Brennholzvorrat war zu Ende, aber Lobsang entdeckte ein holziges Moos, das lange glühte und herrlich wärmte. Schon jetzt sah ich, daß, wenn wir uns dereinst trennen müßten, ich Lobsang am meisten vermissen würde.

Am 28. Dezember hingen bleischwere Wolken über dem Land, und wir hatten daher keine so strenge Kälte. Wir zogen direkt östlich weiter und allmählich bergab, bis wir an eine Quellader gelangten, deren Temperatur $+0{,}9$ Grad betrug; das Wasser erschien uns warm; es bildete in dem flachen Tal gewaltige Eisschollen, aus der Ferne hatten sie wie ein See ausgesehen. Während die Männer am Rand des Eises die Zelte aufschlugen, mußte Puppy sich, wie gewöhnlich, auf einer zusammengelegten Filzdecke mit ihren Kleinen beschäftigen. Der eine kleine Hund hatte einen weißen Fleck auf der Stirn und war mein besonderer Liebling, denn er jaulte nie, wenn es nicht nötig war. Gerade heute hatte er die Augen geöffnet und einen flüchtigen Blick geworfen auf die unwirtliche Welt, die ihn umgab. Da starb er uns ganz plötzlich, noch ehe mein Zelt fertig war, und wir begruben ihn unter einigen Steinen, damit er nicht von dem gelben Hund gefressen würde. Mama Puppy suchte ihn eine Weile, beruhigte sich aber bald und gab sich mit dem letzten der Vier zufrieden. Hoffentlich behielten wir wenigstens dies kleine Vieh.

Auf dem Weg nach dem nächsten Lagerplatz, Nr. 292, zogen wir noch immer in dem bequemen Längstal, das uns seit dem heiligen Abend einen so vorzüglichen Weg geboten hatte, weiter. Das Minimum war wieder auf $-29{,}9$ Grad gesunken; es hatte den Anschein, als zögen bisweilen Kältewellen über das Land. An einer Stelle hatten wilde Yaks ihre Visitenkarten hinterlassen, und die Männer sammelten uns einen Sack voll. Augenscheinlich kommen diese Tiere nur im Sommer hierher; der Winter hier ist auch ihnen zu kalt. Ein Maulesel starb, noch ehe wir eine von leidlicher Weide umgebene, zugefrorene Quelle erreichten. Bisher war alles noch gut gegangen, aber schnell ging es nicht. In den letzten sechs Tagen hatten wir nur 75 Kilometer zurückgelegt.

30. Dezember. Wenn das Minimum —18 Grad und die Temperatur mittags um eins —16 Grad beträgt, ist der Unterschied zwischen Tag und Nacht nicht groß. Jetzt aber war der Himmel außerdem mit undurchdringlichen Wolken bedeckt; es schneite und war halb dunkel, die Leute hatten keine Ahnung von der Marschrichtung und fragten wiederholt, wo die Sonne aufgehe. Noch eine Tagereise weit half uns das Längstal, in dem wir nun abwärts zogen bis an einen Talknoten, wo eine riesige Eisscholle lag. Unterwegs sahen wir eine Herde von 22 Wildschafen, die, fett und gewandt, einen Geröllabhang hinauf flüchteten und ein polterndes Herabrollen lockerer Steine verursachten.

Am Abend teilte ich Abdul Kerim, Gulam und Kutus mit, daß wir unseren Weg nach dem Innern Tibets fortsetzen und über den Arport-tso nach dem oberen Brahmaputra ziehen würden! Ich eröffnete ihnen jetzt auch meine Absicht, die Reise in Verkleidung zu machen, um ganz unbemerkt zu bleiben. Bestürzt fragten sie, ob ich mich nicht zweifelloser Lebensgefahr aussetze? Aber ich beruhigte sie, es werde schon alles gut gehen, wenn nur sie meinen Befehlen in jeder Hinsicht gehorchten! Die Hauptsache sei, daß wir alles täten, um unsere Tiere zu retten; gehe die Karawane verloren, so werde es uns nicht möglich sein, unser Ziel zu erreichen. „Ja," antwortete der Karawanenführer, „wenn wir nur so gute Weide finden, daß die Tiere sich satt fressen und ausruhen können, halten sie es gut und gern noch zwei Monate aus; lange Tagesmärsche können sie aber nicht machen."

Gerade hier standen wir an einem Scheideweg. Unser Tal ging in ein anderes über, das von den südlichen hohen Jochen, einem Teil des Kara-korum-Kammes, herabführte. Der vereinigte Fluß strömte nordwärts und mußte der Oberlauf des Kara-kasch-darja sein, in dessen unterem Tal, am Chotan-darja, ich vor vielen Jahren einmal beinahe das Leben eingebüßt hatte! Jetzt handelte es sich darum, ob wir bergauf oder bergab ziehen sollten, und um zu erforschen, welche Richtung die beste sei, beschloß ich, den letzten Tag des Jahres zu opfern und Abdullah nach Südosten, Tubges aber nach Nordosten hin auf Rekognoszierung auszuschicken. Da wir in jedem Fall über das Eisfeld hinübermußten, wurde ein Sandweg gestreut.

Die 6000 Rupien, die Oberst Dunlop Smith mir aus Indien geschickt hatte, wurden nun in zwei Säcke gepackt, weil diese sich leichter tragen ließen als die Holzkisten, die, wenn wir einmal gar nichts anderes mehr hatten, ja auch als Brennholz hätten dienen müssen. In jedem Lager wurde unsere Last sowieso leichter, da der Proviant zusammenschrumpfte und ich von Zeit zu Zeit ein ausgelesenes Buch fortwarf.

Aus meinem Elternhaus hatte ich den halben Jahrgang einer schwedischen Zeitung erhalten, die uns nun sehr zustatten kam, wenn unsere Lagerfeuer angezündet werden sollten. Noch besaßen wir neun Schafe, aber wir sahen die Zeit kommen, wo das Fleisch zu Ende sein mußte. Auf Wild konnten wir einstweilen kaum rechnen.

Der Neujahrstag 1908 brachte strahlenden Sonnenschein — ein gutes Omen für all die dunkeln Rätsel, die dieses Jahr in seinem Schoße trug. Die beiden Kundschafter brachten die gleiche Meldung: keinerlei Hindernisse. Ich ließ sie daher miteinander beraten und selbst entscheiden, welcher Weg der beste sei. Sie stimmten für Abdullahs Weg, der aufwärts nach Südosten führte. Der Weg war ausgezeichnet. Am Eingang des Tales fanden wir sogar zwei kleine runde Steinmauern, die aber schon viele hundert Jahre alt sein konnten. Ein toter Yak wirkte sehr belebend, so seltsam dies klingen mag. Immer höher ging es, bis an einen Punkt, von dem aus wir im Hintergrund des Tales hohe Schneeberge mit Gletschern erblickten. Dort machten wir halt, und ich schickte Kundschafter talaufwärts. Sie erklärten den Weg für unmöglich und verlangten, daß Abdullah Prügel erhalten solle! Da dieses Verfahren aber unsere Lage nicht verbessert hätte, kam er mit mündlicher Strafe davon. Er gestand, gar nicht soweit, wie wir jetzt, in das Tal hineingegangen zu sein; aber bei seiner Rückkehr hatte er sich als Lohn für seine Rekognoszierung sogar noch eine Handvoll Tabak ausgebeten und auch erhalten. Ich sagte ihm, daß dies eine schlechte Spekulation gewesen sei und er den Rauch meines Tabaks nie wieder sehen werde!

Es blieb uns jetzt nichts weiter übrig als zu lagern. Heftiger Südwestwind wehte und von allen Kämmen und Gipfeln stäubten förmliche Büschel mehlfeinen Schnees herab. Als die Männer nach Brennmaterial suchten, waren sie wie Polarvölker angezogen. Genau besehen, hatte der Neujahrstag uns also kein gutes Omen gebracht, eher das Gegenteil — einen Rückzug.

Dieser begann früh am 2. Januar und führte uns wieder abwärts, am Lager 293 vorbei und über die Geröllabhänge am Ostrand des Eisfeldes weiter. An einer Stelle bildete das Quellwasser mitten im Eis einen gemütlich sprudelnden Springbrunnen. Nachdem das Tal eine Biegung nach Ostnordosten gemacht hatte, lagerten wir an einer Ecke, wo der Flugsand sich zu kleinen Dünen angehäuft hatte.

Ich sehnte mich aus diesem Labyrinth von Bergen und Tälern, deren Wasser noch nach Ostturkestan hinunterströmt, hinaus. Noch befanden wir uns im Gebiet des Kara-kasch-Flusses und mußten früher oder später über einen Paß hinüber, der dieses Gebiet von den abflußlosen Salzseebecken des Tschang=tang scheidet. Am 3. Januar gingen wir wieder eines der Quelltäler des Kara=kasch hinauf und lagerten in seinem oberen Teil, wo heftiges Schneetreiben die ganze Landschaft verhüllte. Dies Wetter hielt bis in die Nacht hinein an; das Merkwürdigste war, daß wir die Sterne durch den dichten Schnee funkeln sahen. Vorher hatten wir blauschwarze Wolken über uns gehabt, ohne eine einzige Schneeflocke. Seltsames Land!

Der nächste Tag war ein Ruhetag. Die Tiere hatten lange nicht getrunken, Brennmaterial war überreichlich vorhanden, und das Bachbett lieferte Eis, das in den Kesseln aufgetaut wurde.

In dieser Gegend ist das Gebirge nicht zusammenhängend, es bildet scharfe Nadeln und Pyramiden, die keine große relative Höhe haben. Die ganze Nacht hindurch schneite es, aber als wir am Morgen des 5. Januar auf einem von Kutus rekognoszierten Weg nach Osten hin weiterzogen, wurde das Wetter schön. Auf schneebedecktem Boden ging es einen kleinen Paß (5485 Meter) hinauf, an dessen anderer Seite aber noch ein Arm des Kara=kasch unsern Weg kreuzte. Wir mußten heraus aus diesem ewigen Gewirr, das uns nur Zeit raubte und unsere Kräfte mit= nahm. Solange die Tiere sich hielten, hatten wir allerdings noch keine Veranlassung zum Klagen. Ich freute mich über jeden Tag, der uns dem Frühling einen Schritt näher brachte und uns von der Winterkälte entfernte. Sie durchdringt alles. Meine Füße sind gefühllos. Gulam knetet sie und massiert mich jeden Abend über dem Feuer, aber es gelingt ihm nicht, wieder Leben hineinzubringen. Der Inhalt des Tintenfasses gefriert zu einem Eisklumpen, der am Feuer aufgetaut werden muß. Wenn ich schreibe, muß ich über das Kohlenbecken gebeugt sitzen, und trotzdem erstarrt mir die Tinte in der Feder, die ihrerseits wieder am Papier festfriert! Seltsamerweise habe ich ein unwiderstehliches Verlangen nach eiskaltem Wasser und trinke es viel lieber als heißen Tee, aber das Wasser, das sich uns gewöhnlich bietet, ist durchaus nicht von der besten Sorte. Gewöhnlich schaufelt Tubges mit einem Spaten in einen leeren Sack Schnee, der dann geschmolzen wird. Gulam versucht mich zu über= reden, doch lieber Tee zu trinken, und kann es nicht begreifen, daß ich von dem Wasser nicht krank werde. In der Nacht hat das Durstigsein jedoch keinen Zweck; ein Becher Wasser, der unmittelbar neben dem Kohlenbecken steht, gefriert innerhalb einer Viertelstunde bis auf den Grund.

Nach 33,4 Grad Kälte und einer windigen Nacht, die einige unserer Tiere veranlaßte, im Leutezelt Schutz zu suchen, durchzogen wir das weite Tal, in das viele andere einmünden, auf dem Weg nach dem nächsten

296. Abdul Kerim, der neue Karawanenführer.

299. Kutus.

298. Lobsang.

297. Gulam, mein Koch.

Paß. Auf der Südseite ließen wir mächtige, schneebedeckte Berge hinter uns zurück. Am Fuß eines Hügels ging ein wilder Yak in Gedanken versunken spazieren. Als er unseren schwarzen Zug auf dem weißen Schnee bemerkte, stürmte er auf uns los, aber bald witterte er Gefahr und schwenkte in wilder Flucht mit beiden Hunden auf den Fersen nach Norden ab. Es war ordentlich ermunternd, in dieser gottverlassenen Gegend einmal wieder ein Zeichen von Leben zu sehen. Denn jetzt hatten wir auch unseren bisherigen Begleiter, den Raben, verloren.

Steil und langsam ging es nach dem Paß hinauf; seine Höhe betrug 5488 Meter. Unerwarteterweise stellte er sich als eine Schneegrenze heraus, d. h. auf der Ostseite des Passes gab es keinen Schnee. Daher mußten wir, als wir an der anderen Seite nach einem weiten offenen Talkessel hinabzogen, vor allem darauf bedacht sein, daß uns am Abend das Wasser nicht fehle. Fern im Süden zeigte sich eine Eisscholle, aber sie lag zu weit außerhalb unseres Kurses. Wir füllten daher bei der letzten Schneewehe zwei Säcke mit Schnee, lagerten, wo spärliche Stauden uns Brennstoff gaben, und ließen fünf Leute mit allen Tieren südwärts nach dem Eis gehen und sich dort Wasser und Weide suchen.

Die Wasserfrage war jetzt die gefährlichste. Denn es hatte den Anschein, daß wir weiter ostwärts auf Schnee nicht würden rechnen können. Und wir konnten nicht, wie das vorige Mal, nach Wasser graben, denn jetzt war die Erde steinhart gefroren. Ich mußte vorsichtig zuwegegehen; wir hatten das große offene Meer vor uns; wir mußten uns von einem Nothafen nach dem anderen hintasten und scharfen Ausguck halten, um uns nicht einer Katastrophe auszusetzen. Ich befahl daher, daß nun, da unsere Lasten so bedeutend zusammengeschrumpft waren, stets zwei Tiere Säcke mit Schnee oder Eis tragen sollten. In jedem Lager blieb eine leere Konservendose zurück; ich dachte dabei weniger an die bald bevorstehende Zeit, da die herrlichen Sachen aus Simla alle verspeist sein würden, als daran, daß unsere Tiere mit jedem Tag leichtere Lasten haben müßten. Die Gesteinproben, die ich sammelte, wogen nicht schwer. Leider war der Gerstevorrat längst zu Ende, aber da, wo es schlechtes oder gar kein Gras gab, wurden für unsere Tiere Klöße von geröstetem Mehl geknetet.

Die andern sollten am 7. wiederkommen, so war ihnen gesagt worden, und wir warteten bis Mittag. Endlich kamen sie, man sah deutlich ihre schwarze Schar; sie marschierte unausgesetzt, näherte sich uns aber nicht! Es waren nur einige schwarze Steinblöcke, die sich in der Luftspiegelung bewegten! Eine Weile später erschien jedoch Suän mit der Meldung, daß einige der Tiere ausgerissen seien; die Folge davon war, daß wir den ganzen Tag in diesem erbärmlichen Lager bleiben mußten.

Wie langsam schreiten an einem solchen Tag die Stunden dahin! Ich sitze in meinem eigenen Zelt wie ein Gefangener. Die Kälte und der Wind machen jegliches Arbeiten im Freien unmöglich. Solange die Sonne am Himmel steht, geht es noch, da sehe ich die Gebirge, diese stillen, öden, einsamen Gebirge, die nie von Menschen durchwandert werden, und ich sehe, wie die Sandsäulen wirbelnd im Winde tanzen. Wenn aber die Sonne untergegangen ist, beginnt der endlose Winterabend, und dann höre ich nur den Sturm draußen heulen. Geduld! Einmal wird es auch wieder Frühling! Die braune Puppy und ihr Sohn leisten mir Gesellschaft, meine Unglücksgefährten. Sie haben ihre Matte in einer Ecke meines Zeltes und erhalten ihre Mahlzeiten zur selben Zeit, wie ich die meinen. Der Kleine, den wir den schwarzen Puppy nennen, macht mir unbeschreiblich viel Spaß. Er hat angefangen, die Welt und das Leben um ihn herum zu beobachten. Wenn die großen Hunde vor dem Zelt bellen, dreht er den Kopf und knurrt leise. Wenn die Mutter ihn in der Kälte auf der Matte allein läßt, jault er und findet das sehr unfreundlich. Er trabt im Zelt umher, obgleich er noch so unsicher auf den Füßen ist, daß er unaufhörlich hinpurzelt. Vor dem Kohlenbecken hat er bereits einen höchst notwendigen Respekt und zieht schnaubend das Näschen kraus, wenn er ihm einmal zu nahe gekommen ist. Manchmal kommt es vor, daß er mitten in der Nacht, wenn es im Zelt gegen 30 Grad kalt ist, seine Mutter nicht findet; dann weckt mich sein jämmerliches Gequiek, und ich nehme ihn zu mir unter die Pelze, eine Aufmerksamkeit, die er sehr zu schätzen weiß. Eines Morgens weckte er mich dadurch, daß er aus eigenem Antrieb auf mein Kopfkissen geklettert war und nun in mein Bett zu kommen suchte; seitdem war mir um seine Zukunft nicht mehr bange, er würde sich schon durch diese Welt zu bringen wissen, und das tat er auch.

Am 8. gingen wir über einen kleinen, 5355 Meter hohen Paß. Auf dem Weg dorthin zahlten ein Pferd und ein Maulesel der Vergänglichkeit ihren Tribut. Da, wo wir das erste Gras fanden, in einem Tal jenseits des Passes, wurde das Lager 299 in 5165 Meter Höhe aufgeschlagen. Wasser gab es nicht, aber wir hatten vier Säcke Eis. Sieben Schafe waren noch vorhanden, und der Rabe hatte sich jetzt wieder eingefunden.

Das Hauptziel der nächsten Tagereise war also eine Stelle, wo wir Wasser für die Tiere fänden. Mein bewährter Ladakischimmel, den ich noch immer ritt, pflegte jeden Morgen mein Waschwasser zu erhalten, und um es ihm nicht ungenießbar zu machen, verzichtete ich auf die Seife.

Von einer ganz kleinen Schwelle konnten wir endlich die Aussicht genießen, nach der ich mich schon solange gesehnt: die große, offene Hochebene, die wir im Herbst 1906 durchzogen hatten! Im Ostsüdosten erkannte ich leicht den vorspringenden Berg wieder, an dem wir damals entlanggezogen waren. Wir konnten daher nicht mehr als zwei Tagereisen vom Aksai-tschin-See entfernt sein. Während einiger Tagereisen war ich jetzt ungefähr demselben Weg gefolgt wie Crosby; am See mußte ich nun meine eigene Route vom Jahre 1906 überschreiten, dann mußten wir nach dem Arport-tso ziehen und wie im vorigen Jahr Bowers, Deasys, Rawlings und Zugmayers Wege kreuzen.

Das ganze Land lag unter einem tiefhängenden Wolkendach. Nach einem nur 5 Kilometer langen Marsch fanden wir die ersehnte offene Quelle mit herrlichem Wasser ($+ 0{,}6$ Grad), an der das Lager Nr. 300 (!) in einer Höhe von 4977 Meter aufgeschlagen wurde. An diesem Abend sangen meine Leute wieder fröhliche Lieder, und Suän tanzte ihnen seinen allerverrücktesten Tanz vor (Abb. 302, 303). Wir waren wieder oben auf dem „Dach der Welt", und das ganze öde Tibet lag vor uns.

Achtundfünfzigstes Kapitel.

Vierzig Grad Kälte!

Mit neuen Eisblöcken in den Säcken brachen wir am 10. Januar auf, um geradeswegs nach jenem vorspringenden Berg zu ziehen, an dessen Fuß ich voriges Jahr das Lager Nr. 8 aufgeschlagen hatte und wo die Weide, wie ich wußte, gut war. Nur die große, platte, sterile Hochebene trennte uns von jener Stelle, und 24 Kilometer hatten wir zurückzulegen! Der Wind war heftig, nach einer Weile waren wir bis ins Mark durchkältet. Auf der geschützten Seite der Karawane, die voraufmarschierte, erhob sich eine rauchähnliche Staubwolke. Schon aus weiter Ferne trat aber die gelbe, vom Gras herrührende Färbung des Bodens hervor, ein Anblick, der meine Leute derartig belebte, daß sie schon während des Marsches zu singen begannen. Auch die Tiere merkten, daß sie sich guter Weide näherten, und setzten sich ohne Anfeuerungsrufe in Trab. Die Zelte wurden auf derselben Stelle wie im vorigen Jahr aufgeschlagen; hier knüpfte sich meine lange Route durch Tibet wieder zusammen. Mit einer gewissen Wehmut erblickte ich den Platz, wo Muhamed Isa sein hohes Steinmal errichtet hatte. Diesmal hatte ich alle Gefahren, die uns von Rudok her drohten, umgangen, und es ließ mich völlig gleichgültig, daß Rußland und England einander versprochen hatten, drei Jahre lang keinen Europäer nach Tibet hineinzulassen! Die Höhe betrug hier 4937 Meter.

Schon vor mehreren Tagen hatte ich von dieser Stelle und ihrem guten Gras gesprochen, und als wir am 11. aufbrachen, konnte ich den Leuten zum Abend ein noch besseres Lager versprechen. Sie wunderten sich, daß ich in dieser Einöde so gut Bescheid wisse. Die Spur der großen Karawane von 1906 hatten die vielen darüber hingefahrenen Stürme verweht, aber bald zeigte sich der Aksai-tschin-See, dessen Spiegel in dem greulichen Wetter grau und düster aussah. Sechs Kiangpfade liefen bei der herrlichen Süßwasserquelle an seinem Ufer zusammen, an der auch wir unsere Lagerfeuer zwischen denselben Steinen wie damals anzündeten. Die Gegend ist eine wirkliche Oase, das beste Lager, das wir seit Köteklik gehabt hatten. Aber es stürmte, und der See ging in hohen Wellen, die bis auf —6,3 Grad abgekühlt waren, aber keine Spur von Eisbildung zeigten. Während der Nacht schneite es wieder tüchtig, und am 12., einem Ruhetag, lag der See (4929 Meter) glänzend blau in blendend weißer Landschaft.

Wenn alles gut geht, beten die Mohammedaner nicht. Sie glauben wohl, wenn wir uns selber helfen können, sei es unnötig, Allah zu belästigen!

Ein Pferd mußten wir als Zoll für die gute Weide bezahlen. Es lag am Morgen des 13., als wir nach 28 Grad Kälte weiterzogen, steinhart gefroren beim Lager. Bei ihm blieb der gelbe Hund zurück, und als er spät abends im nächsten Lager ankam, war er so dick und faul, daß man sich sagen konnte, er habe sich gleich auf mehrere Tage versorgt. Zwei Raben folgten uns mit ihrem heiseren Krächzen. Der Schnee fiel in dichten Flocken und verbarg die Aussicht. In seinem Nebel verschwand eine Herde Antilopen wie Schatten. Ein Schaf starb auf dem Marsch, und zwei mußten geschlachtet werden, weil ihre Kräfte erschöpft waren; jetzt hatten wir nur noch drei. An diesem Abend hatten wir klingenden Frost, und die Kälte ging wieder auf 36,1 Grad hinunter.

Am 14. Januar zogen wir nach Südosten über eine Ebene, deren weicher, schwer zu durchschreitender Staub wieder einem Maulesel das Leben kostete. Die Karawane schleicht in dicht zusammengedrängtem Zuge vorwärts; wenn die Tiere aneinander Gesellschaft haben, wird ihnen das Marschieren leichter; die Nachzügler, die sich der Müdigkeit hingeben, werden von den Ladakis angetrieben. Beim Lager 304 war es mit der Weide wieder schlecht bestellt, und zwei Maulesel schienen kein langes Leben mehr vor sich zu haben. Abends hatten wir schneidend grimmige Kälte. Sie sank auf 39,8 Grad, auf den Gefrierpunkt des Quecksilbers, also fast auf 40 Grad! Dies war der niedrigste Kältegrad, den ich während all meiner Reisen durch Asien je abgelesen habe!

Aber der 15. Januar bescherte uns einen schönen Morgen und italienisch blauen Himmel. Abdul Kerim und alle Mohammedaner machten mir in tragikomischer Prozession mit gedörrten Aprikosen, Mandeln und dem gemeinsamen Ruf „Aid mubarek", „gesegnetes Fest", ihre Aufwartung. Auf diesen Tag fiel nämlich eines der kirchlichen Feste des Islam. Durchaus komisch war dann die Prozession der vier Lamaisten, die der rechtgläubigen auf dem Fuße folgte und bei der Lobsang, der sie anführte, auf tibetische Weise seine Mütze in der Hand hielt und sich den Kopf kratzte; die Zunge streckte er aber nicht heraus — er hatte wohl in Leh gelernt, daß dies Europäern nicht imponiert. Ich schenkte jedem

10 Rupien und dem Karawan-baschi eine Uhr, die er jeden Abend ordentlich aufziehen solle, um unsere Zeiten einhalten zu können.

Und dann ging es langsam weiter, das Terrain stieg. Wie ein Leichenzug schritten wir durch das Tal aufwärts, und Suän vertrat dabei die Stelle des Pastors. Durst brauchten wir nicht mehr zu fürchten; der Boden war teilweise mit Schnee bedeckt. Aber jeden Kilometer mußten wir uns erkämpfen, und es dauerte lange, ehe wir die Vorsprünge, die wir uns als Ziel gesetzt hatten, erreichten. Auf unserer rechten Seite hatten wir ein mächtiges Schneegebirge.

Die nächste Tagereise führte uns über eine flache Schwelle in ein Nebental, das etwas Gras hatte. Die Kälte hatte 34,4 Grad betragen, ich konnte den Blutumlauf in meinen Füßen gar nicht wieder in Gang bringen. Bald hatte ich Schmerzen in den Füßen, bald ein unangenehmes Stechen in den Zehen, bald waren sie ganz gefühllos. Während des Ruhetages, den wir uns im Lager Nr. 306 gönnten, schoß Tubges eine Antilope und ein Ammonschaf, ein Ereignis, das die Lebenstage der beiden letzten Schafe verlängerte. Am Abend herrschte fröhliche, hoffnungsfreudige Stimmung, da die Leute wieder an gefüllten Fleischtöpfen saßen.

Gulam Rasul hatte mich hier durch sechs Flaschen Whisky überrascht, die, in dicken Filz eingenäht, bis hierher mitgenommen worden waren. Die Ladakis behaupten nämlich, daß man einen Maulesel, der Zeichen von Erschöpfung und Kraftlosigkeit zeige, retten könne, wenn man ihm Whisky oder Spiritus eingebe. Aber die Flaschen waren schwer. Drei wurden auf den Schutt gegossen und dann als Erinnerungszeichen auf einem Steinmal befestigt. Vielleicht findet sie noch einmal ein anderer Reisender. Die drei übrigen wurden einstweilen noch mitgenommen.

Am 18. marschierten wir in demselben Längstal weiter. Alle Bergketten ziehen in ostwestlicher Richtung, was in Tibet das Gewöhnliche ist. Zur Rechten hatten wir eine gewaltige Kette, die wir überschreiten mußten, um uns nach Südosten wenden zu können. Durch eine Lücke im nördlichen Gebirge erblickten wir im Nordosten die mächtigen Schneekuppen, die wir auch 1906 links hatten liegen lassen. Nach Osten zeigten sich keine Hindernisse, aber wir bogen nach Südosten ab und zogen ein Tal hinauf. Noch ehe wir das Lager (Abb. 310 und bunte Tafel) aufschlugen, war wieder ein Maulesel gefallen, und mit ihm hatten wir schon ein Viertel der Karawane verloren!

Im selben Tal ging es am folgenden Tag bergauf weiter. Bisweilen war es zwischen seinen harten, horizontal gelagerten Terrassen 10 Kilometer breit. Unten an einer jähabstürzenden Bergwand lagen fünf

Aussicht von Lager 307.

Der kleine Salzsee südlich von Lager 309. (Flecke oben infolge Gefrierens der Farbe.)

Die Pferde gehen zur Tränke zum See bei Lager 310, links Abdul Kerim.

Berg nordöstlich von Lager 310, vorn der Süßwassersee.

Sturmwolken über dem Schneegebirge südlich des Lagers 312.
Aquarelle des Verfassers.

Kesselsteine — bis hierhin waren also tibetische Jäger vorgedrungen! Die Ladakis wurden ganz vergnügt, als sie wieder Anzeichen von Menschen sahen. Das Tal lief in eine weite Ebene aus; im Südosten zeigte sich eine Lücke. Da aber das Gelände nach Osten hin niedriger war, setzten wir unsern Marsch in dieser Richtung fort. Als wir dort ankamen, war die Aussicht von der außerordentlich flachen Paßschwelle jedoch nichts weniger als ermutigend — eine Welt von Gebirgen! Wir beschlossen, da zu lagern, wo wir uns befanden (5305 Meter hoch), und am nächsten Morgen den anderen Weg südlich einzuschlagen.

Ein scheußliches Lager! Der Sturm tobte so heftig, daß die Männer die Zelte, deren eiserne Pflöcke klingend aneinanderschlugen, ehe sie in die Erde gerammt wurden, kaum aufrichten konnten. Vorher mußten wir erst Feuer anzünden, damit wir mit unseren erstarrten Händen überhaupt etwas anfassen konnten. Und damit der Sturm uns das Feuer nicht wegfegte, mußte eine kleine Schutzmauer von Steinen errichtet werden. Jetzt hatten wir Natur und Elemente gegen uns, und dazu die Aussicht auf den Widerstand der Menschen! Die Weide war erbärmlich; ein graues Pferd und der letzte Maulesel aus Poonch lagen am Morgen tot an der Erde. Er war der älteste der Veteranen, denn ich hatte ihn schon aus Srinagar mitgebracht, er hatte mir redlich gedient, und ich war betrübt über seinen Tod. Nun war nur noch ein einziges lebendes Wesen, das mich vom ersten Anfang an begleitet hatte, in der Karawane, nämlich die braune Puppy; sie und Klein-Puppy leisteten mir in dieser endlosen Einsamkeit Gesellschaft.

Vom Lager Nr. 309 aus, wo wir einen Tag verweilten, hatte man freie Aussicht über ein neues Längstal, das wie das vorige nach Süden ging. Dort lag ein konzentriert salziger See. Beinahe in jedem Lager zeichnete ich, ganz wie früher, ein Panorama der Gegend und versuchte auch manchmal kleine Aquarelle zu malen. Ich mußte dabei, in der Zeltöffnung sitzend, das Zeichenblatt über das Kohlenbecken legen, damit der Pinsel nicht zum Eisklumpen gefror. Trotzdem pflegte mein Himmel, der gleichmäßig blauen oder grauen Ton erhalten sollte, sich in eine Eishaut mit seltsamen Froststernen und Kristallen zu verwandeln (s. bunte Tafel).

Auch im Lager Nr. 310 opferten wir einen Tag, da das Gras dort besser war, als seit längerer Zeit (s. bunte Tafel). Es wuchs im Sand am Ufer eines kleinen Süßwassersees mit einer offenen Quellwake, wo die Tiere, die ihren Durst lange nur mit Schnee hatten stillen können, endlich einmal wieder ordentlich saufen konnten. Seit dem heiligen Abend hatten wir nur 302 Kilometer zurückgelegt, also im Durchschnitt 10 Kilometer täglich; es ging beinahe aussichtslos langsam! Jetzt hatten wir drei Tage lang wütenden Sturm gehabt; auch hier flogen gelbe Sandstreifen über das Eis, und der Wind pfiff heulend durch das Gras. Abdul Kerim nähte mir einen mohammedanischen langen Kaftan; ich sollte ihn, wenn ich demnächst meine beabsichtigte Verkleidung anlegte, unter dem Pelz tragen.

Am 24. Januar war das ganze Land blendend weiß, die Sonne schien, aber stürmischer Wind fegte Treibschnee wie Streuzucker oder Marmorstreifen längs des Erdbodens hin, was ein sausendes Geräusch hervorbrachte. Leicht wie Federbälle eilten Antilopen, die sich dunkel gegen das weiße Erdreich abhoben, davon. Noch ein Maulesel starb auf dem Marsch; dies Klima konnten nicht einmal tibetische Maulesel vertragen! Ich selbst war lahm und halbtot vor Kälte, ehe ich im Lager ankam.

Nach 29 Grad Kälte hüllten schwere Wolken die Gegend in Dämmerung. Die zerklüfteten Gebirge im Süden erinnerten an ein Geschwader von Panzerschiffen, das bei Regenwetter ein Probeschießen abhält; ihre grauen Rümpfe sahen aus tiefhängenden Wolken hervor. Das Tal war etwa 10 Kilometer breit. Nach Osten hin wurde der Schnee geringer, und schließlich waren nur noch die Fährten wilder Tiere mit Schnee angefüllt, so daß sie weißen Perlenketten auf dem dunklen Erdboden glichen.

Wie oft lese ich, wenn ich jetzt in meinen Tagebüchern von dieser Reise durch die Wildnis blättere, die Worte: „dieser Tag war der ärgste, den wir bisher erlebt haben!" Und dennoch kamen beständig Tage, die noch schlimmer waren. So der 26. Januar. Der Himmel war mit so dichten Wolken bedeckt, daß man unter dem Gewölbe eines Gefängnisses zu reiten glaubte (s. bunte Tafel S. 230). Der Sturm tobte mit unverminderter Heftigkeit; schon als ich eine Viertelstunde im Sattel gesessen hatte, war ich gelähmt und betäubt. Die Hände schmerzten, und mit dem Atem mußte ich die rechte Hand zu jeder neuen Aufzeichnung auftauen! Aber schon nach zwei Sekunden Kompaßbeobachtung war die Hand wieder gefühllos. Die Füße peinigten mich weniger, denn in ihnen hatte ich überhaupt kein Gefühl mehr. Nur den einen Wunsch hatte ich, noch das Lager des Tages zu erreichen, ehe mir das Blut in den Adern völlig zu Eis erstarrt sein würde!

Nun aber sind wir endlich am Arport-tso und haben das nördliche Becken des Sees links zurückgelassen, während sich ein großes Becken wie ein Fjord nach Süden hinzieht. Kaps und vorspringende Berge gehen in den See, dessen Form sehr unregelmäßig ist. Er versperrt uns den Weg. Sollen wir rechts oder links weiterziehen? Wir nähern uns seiner Mitte und warten, während ich Lobsang auf Untersuchung ausschicke, ob

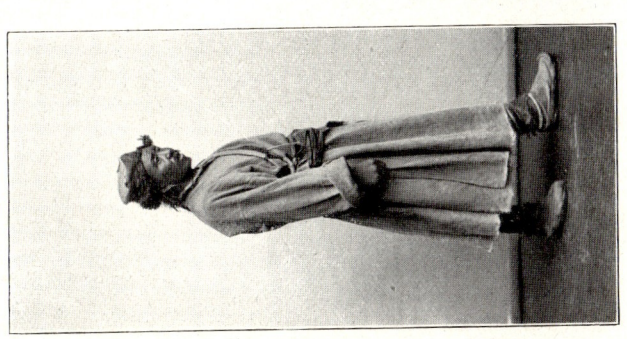

300. Tudges. 301. Kuntschuf. 302, 303. Guän, der maître de plaisir der Karawane, tanzend.

304. Meine braune Puppy mit dem Koch Tsering.
305, 306, 307. Mein weißer Ladaki.

die Karawane etwa über das Eis des Sees gehen kann. Er eilt voraus und macht uns bald Zeichen, nachzukommen. Wir ziehen nach dem Ufer hinab und auf eine Landspitze hinaus, die sich in einen nadelfeinen Erd= damm verschmälert.

Hier hat das Eis sich links zu 2 Meter hohen Terrassen aufge= türmt, die aus wunderbar durchsichtigen grünen Blöcken und Schollen be= stehen; auf der rechten Seite aber breitet sich das Eis, soweit man über das südliche Becken hinsehen kann, wie eine glatte Scheibe von herrlicher dunkelgrüner, an Lorbeerblätter erinnernder Farbe aus. Die Fläche hat die gewöhnliche Zauberkraft des Eises, man bleibt stehen und starrt in die dunkle, kalte Tiefe hinab. Der wirbelnde Schnee fährt in weißen Kometenschweifen über die Eisbahn. Wir stehen auf der Spitze der Land= zunge und haben den schmalsten Teil des Arport-tso vor uns, wo der See wie eine Wespe eingeschnürt ist. Gerade hier sind durch die Eis= pressung Zäune, Blockmauern und Gehege entstanden, zwischen denen der angehäufte Treibschnee fest und zäh auf der Eisfläche liegt. Auf dem freien Eis marschieren, wäre natürlich unmöglich gewesen, der Wind hätte die Karawane wie Spreu fortgeweht. Dagegen bot die Schneebahn einen ausgezeichneten Weg. Lobsang ging voran und führte uns in allen mög= lichen Schlangenwindungen; wir kamen aber hinüber und erreichten am Fuß eines vorspringenden Felsens das andere Ufer.

Dann aber kam es ärger. Der vorspringende Felsen fiel auf der östlichen Seite gerade ins Wasser ab, und hier mußten wir auf glattem, zwar zuvor mit Sand bestreutem Eis, von dem der Wind allen Schnee weggeweht hatte, weiter. Ein Pferd und ein Maulesel nach dem anderen glitten aus und stürzten. Einige versuchten nicht, sich wieder zu erheben; sie wurden auf dem Eis nach festem Boden geschleift und dort frisch be= laden. Andere fielen unglücklich und schlugen dumpf auf das steinharte, tückische Eis auf. So mußten wir eine ganze Reihe vorspringender Felsen umziehen, bis wir endlich an einen gelangten, wo der Weg versperrt war. Denn an seinem Fuß entsprangen Quellen, die große Waken offenhielten; dort rauschten eiskalte Wellen mit metallischem Klang gegen die Eisrän= der, gegen die der Wind, der noch immer Wolken von Treibschnee wie einen winterlichen Elfenreigen über das dunkelgrüne Eisfeld hinjagte, sie aufpeitschte. Wir mußten uns also über die steilen Hügel hinauf= arbeiten, bis wir endlich, erschöpft, in einer Bucht strandeten, die ein wenig Gras führte. Einen Maulesel hatten wir auf dem Eis zurück= lassen müssen. Zwei Männer gingen zurück und gaben ihm einen Schluck Whisky, wonach er noch mit ins Lager kam. Aber mein Brauner aus Schigatse, der mich so manches Mal nach dem Osttor Taschi-lunpos getragen hatte, blieb auf immer dort. Es ist so traurig, die Veteranen sterben zu sehen.

Der Arport-tso liegt 5298 Meter hoch; das Wasser, das aus einer Wake geholt wurde, war durchaus trinkbar. Vor uns lag ein hoher Paß, aber wir waren nicht mehr imstande, ihn in einem Tag zu erreichen; wir mußten auf der südöstlichen Uferebene des Sees lagern, die Rawling einst besucht hatte. Wir waren kaum 2 Kilometer marschiert, aber die Weide war gut, und die Tiere bedurften des Futters. Den ganzen Tag fiel dichter Schnee. Ich blieb hübsch im Zelt und bedauerte die armen Tiere, die bei der Kälte im Freien grasten. Klein-Puppy war nun schon so entwickelt, daß er allein draußen zwischen den Zelten umherspazierte, um Fleisch zu mausen. Das eine Schaf wurde geschlachtet.

Abends wurde die Kälte wieder schlimmer, in der Nacht hatten wir —34,6 Grad. Der kranke Maulesel suchte hinter dem Leutezelt Schutz, legte sich aber bald nieder und ließ klagendes Stöhnen hören. Ich ging hinaus und befahl den Männern, ihn von jeglichem Gefühl der Erschöpfung zu befreien.

Am Morgen des 28. fanden wir wieder zwei Pferde tot im Gras. Das eine war der Veteran aus Leh, den Robert geritten und der auch mich nach den Quellen des Satledsch getragen hatte. Ich besaß jetzt nur noch 23 Tiere, und mein kleiner Ladakischimmel war der allerletzte der Veteranen geworden. Als er mich über den Tschang-lung-jogma trug, hatte ich nicht geahnt, daß er etwa 150 Kameraden überleben werde! Jeden Morgen hingen zwei lange Eiszapfen an seinen Nüstern; er wurde aber besonders liebevoll behandelt, und ich hob ihm jeden Morgen eine Semmel von meinem Frühstück auf.

Ein Verlust von drei Tieren an einem Tag war für eine Karawane wie die unsere recht viel. Wie sollte das schließlich enden? Wir hatten ja noch unendliche Entfernungen vor uns. Drei Stunden lang arbeiteten wir uns heute mit ersterbenden Schritten nach diesem greulichen Paß, der eine Höhe von 5572 Meter hatte, hinauf, lagerten dann im Schutz eines Felsens und schlachteten das letzte, entkräftete Schaf. Wir besaßen nun keinen lebenden Proviant mehr!

Die Kälte war auf 31,4 Grad hinuntergegangen, und das erste, was ich am Morgen des 29. hörte, war wieder das ewige Heulen des Sturmes. Wir zogen in fußhohem Schnee, der uns gar nicht wieder loslassen wollte, nach Südosten. „Einer unserer schlimmsten Tage" heißt es in meinem Tagebuch. Man wird gegen alles gleichgültig, wenn man nur lebendig nach dem Lager hinkommt! Ich habe mir ein Tuch ums Gesicht gewunden, aber es verwandelt sich bald in ein Eisbrett, in dem es knackt, sobald ich den Kopf drehe. Ich versuche eine Zigarette zu rauchen, aber das Mundstück friert mir an den Lippen fest. Noch zwei Pferde starben unterwegs. Abdul Kerims Reitpferd übernahm die Last des einen; er selber mußte von nun an, wie die anderen, zu Fuß gehen. Ich folgte mit Kutus der Spur der Karawane. Dabei stießen wir auf Kuntschuk Sonam und Suän, die nicht weiter konnten und über Herzschmerzen klagten! Ich versuchte sie zu ermutigen und versprach ihnen Medizin, wenn sie langsam unserer Spur folgten. Kamen jetzt, wo wir die halbe Karawane verloren hatten, die Männer an die Reihe? Totmüde schlichen sie in der Dämmerung ins Lager.

Tief niedergeschlagen kam Abdul Kerim nun in mein Zelt und fragte, ob ich glaube, daß wir in den nächsten zehn Tagen auf Nomaden stoßen würden? Sonst halte er unsere Lage für hoffnungslos. Leider konnte ich ihm nichts anderes sagen, als daß wir, solange wir noch einen Maulesel hätten, weitermarschieren und, wenn auch dieser gestürzt wäre, versuchen müßten, uns mit soviel Gepäck, wie wir tragen könnten, nach den nächsten Nomaden durchzuschleppen. Jetzt dachte ich nicht mehr an Verfolger, die uns von hinten nachkommen könnten! Auch nicht an die Gefahren, die unser warteten; jetzt handelte es sich nur noch um das nackte Leben, um das Erreichen von Gegenden, wo man sich vor dem Tode retten konnte! Hinter uns verwischten die Schneestürme unsere Spur, und vor uns wartete die Zukunft mit ihrem undurchdringlichen Dunkel.

Neunundfünfzigstes Kapitel.

Erfrieren? Verhungern?

Die ganze Nacht heulte der Sturm, und unsere dünne Zeltleinwand flatterte im Winde. Gulam weckte mich mit den Worten: „es ist scheußliches Wetter, man sieht gar nichts." Auch die nächsten Berge verschwanden im Schneetreiben, und wenn ich das Tal in S 35° O, in dem wir weiterziehen mußten, nicht schon gestern gepeilt hätte, hätten wir nicht aufbrechen können. An diesem Tag, dem 30. Januar, mußten wir alle beisammen bleiben, da der wirbelnde Schnee die Spuren sofort ausfüllte. Wir hatten zwei Lotsen; ich ritt als letzter auf dem ausgetretenen Pfad, der sich anfangs wie eine schwarze gewundene Linie ausnahm. Weiter aufwärts aber, wo der Schnee zwei Fuß hoch lag, sah man Erdboden und Geröll nicht mehr. Ein braunes Pferd, das schon unbeladen war, legte sich im Schnee zum Sterben nieder. Man sah, wie geschäftig der Treibschnee ihm, noch ehe es kalt geworden war, sein Grab bereitete. Es verschwand hinter uns in der entsetzlichen Einsamkeit.

Langsam, langsam ziehen wir durch die Schneewehen weiter. Windstöße reißen den Lotsen Warnrufe von den Lippen; ihre Stimme dringt aber nicht zu uns; wir folgen nur dem ausgetretenen Pfad. Lobsang geht voran, oft sieht man ihn ganz in dem trocknen, losen Schneetreiben verschwinden und in anderer Richtung nach einem Weg suchen. In Mulden liegt meterhoher Schnee, nur schrittweise kommen wir in dem Tempo vorwärts, wie uns die beiden Lotsen mit ihren Spaten eine Rinne durch den Schnee schaufeln. Unaufhörlich fallen die Tiere, das Umladen verursacht Aufenthalt, da alle in derselben Rinne bleiben müssen. Und Menschen und Tiere sind zu Tode erschöpft und ringen in der hohen Luft mühsam nach Atem. Zum Ersticken dicht umhüllt uns Treibschnee und fegt uns wie mit Besen weiter. Man wendet ihm den Rücken zu und beugt sich nach vorn. Nur die nächsten Maulesel sind sichtbar, der fünfte ist schon undeutlich, und die an der Spitze befindlichen erscheinen nur wie ein etwas dunkleres Weiß; von den Lotsen sehe ich keinen Schimmer mehr. Dann bewegt sich der Zug wieder einige Schritte vorwärts, bis die nächste Verzögerung eintritt. Als der Maulesel unmittelbar vor mir sich wieder in Gang setzt, stürzt er in eine schneegefüllte Mulde, wo ihn zwei Männer in Empfang nehmen müssen, um seine Last zurechtzurücken. Es geht jetzt östlich vorwärts, und das Terrain steigt. Geht dies noch einige Tage so weiter, dann sind wir verloren! (Abb. 315.)

Endlich erreichen wir eine flache Paßschwelle (5568 Meter hoch). Auch in Seehöhe würde eine solche Reise schon schwer genug sein, wieviel schlimmer aber in einem Land, das mehrere Hundert Meter höher liegt als der Gipfel des Montblanc und wo es nichts weiter gibt, als Graustein! Auf der Ostseite des Passes lag streckenweise meterhoher Schnee; es schien, als sollten wir rettungslos in den Schneewehen steckenbleiben und dort warten müssen — aber auf was?! Denn der Proviant näherte sich seinem Ende, und wollten wir überhaupt Weide finden, so mußten wir vorwärts. Nun ging es wieder langsam bergab; der Schnee lag nicht mehr ganz so hoch, wir näherten uns einer Talerweiterung, wo der Wind einige Strecken reingefegt hatte. Zur Rechten zeigte sich eine Halde, auf der Abdul Kerim einige Grashalme aus dem Schnee hervorgucken zu sehen glaubte und nun das Lager aufschlagen zu dürfen bat. Mit Mühe gelang es uns die Zelte aufzurichten; erst in der Dämmerung kamen die beiden kranken Männer, ihre Gesichter waren geschwollen und blau!

Ein unheimliches Lager! Der Sturm schwoll zum Orkan an, und man hörte weiter nichts als sein Heulen. Aus meinem Zelt sehe ich ringsumher nur ein weißes Chaos, alles ist weiß, zwischen Erdboden, Bergen und Himmel ist kein Unterschied, alles weiß in weiß. Nicht einmal die Zelte sind in dem Schneetreiben zu erkennen, der feine Schnee stäubt herein und bedeckt alles mit seinem weißen Mehl. An Suchen von Feuerung ist nicht zu denken, schon um drei Uhr habe ich daher im Zelt 17 Grad Kälte. Draußen aber sehe ich kein lebendes Wesen, ich könnte ebensogut ganz allein in dieser Einöde sein.

Mein treuer Gulam aber kommt schließlich doch noch mit Kohlen; Lobsang und Sedik haben einige dürre Stauden gefunden. Gulam berichtet, Sonam Kuntschuk wolle sich zum Sterben in den Schnee legen; aber ich rate ihm, vorläufig lieber eine tüchtige Dosis Chinin zu nehmen. Am späten Abend schlug wieder die Melodie der Allahhymne an mein Ohr, ganz schwach und unheimlicher als gewöhnlich zwischen den Windstößen. Wir gehen einem dunkeln Geschick entgegen! Ich habe diesmal den Bogen zu straff gespannt, er kann jeden Augenblick zerspringen! Wir werden hier einschneien, die Tiere müssen Hungers sterben, und wir selber müssen — — es ist nur noch eine Frage der Zeit!

Eine kleine Strecke weit unterhalb des Lagers machte das Tal eine Biegung nach rechts. Dorthin waren die Tiere in der Nacht gegangen, aber wieder umgekehrt, weil sie kein Gras gefunden hatten. Ein grauer Maulesel war zum Sterben dort geblieben. Er lag in merkwürdiger Stellung, als ob er gerade in dem Moment gestorben sei, als er aufzustehen versuchte, auf den Knien, die Nase auf den Boden gestemmt; er war in dieser Lage steinhart gefroren. Die Kälte sank jedoch nur auf 26,9 Grad.

Der Sturm tobte am 31. Januar mit unverminderter Heftigkeit weiter; wir beluden die 19 Maulesel und Pferde und zogen in demselben undurchdringlichen Schneetreiben aufs Geratewohl talabwärts. Der Schnee fiel in ungeheuern Massen, solche Schneefälle hatte ich nicht einmal im Pamir erlebt! Wir waren nicht imstande, täglich mehr als 4½ Kilometer zurückzulegen; dann schlugen wir die Zelte auf, die sich wieder dunkel gegen den reinen Schnee abhoben. Auf dem Abhang stampften vier große wilde Yaks durch den Schnee, als ob ein Schneepflug hindurchgehe. Die Hunde setzten ihnen zwar nach, gaben die Jagd aber bald wieder auf, als sie nicht durch die Schneewehen hindurch konnten. Die Tiere erhielten ihre Reisrationen und durften dann auf einem Hügel umhergehen, wo sie sich spärliches Gras aus dem Schnee herausscharrten.

Mit Abdul Kerim und Gulam musterte ich wieder das ganze Gepäck und kassierte alles Entbehrliche. Kleidungsstücke und zerrissene Stiefel wurden verbrannt und die Reserveanzüge angelegt. Meine Notizbücher und Instrumente steckten wir in zwei kleine Säcke; Schreibmaterialien und andere Dinge, die ich täglich gebrauchte, wurden in eine kleine Handtasche aus Stockholm gelegt; die leer gewordenen Kisten wurden als Brennholz benutzt, nachdem die Leute die Lederbezüge, aus denen sie neues Schuhzeug machen wollten, in Sicherheit gebracht hatten. Auch die Küchen- und Proviantkisten wurden verbrannt. Von nun an wurde sämtliches Gepäck in Säcken befördert. So wurden die Lasten leichter und bequemer, wenn es auch beschwerlicher war, erst den ganzen Sack auspacken zu müssen, wenn man etwas brauchte; denn das Gewünschte lag natürlich immer zu unterst.

Nachmittags trat eine kleine Pause im Schneefall ein. Über dem weißen Rand der Talkontur sah man im Südosten den großen See Schemen-tso unter einem schwarzvioletten Himmel, der noch mehr Schnee versprach. Ich peilte die nächste Tagesroute ein, und das war gut, denn bald fiel der Schnee wieder ungeheuer dicht. Es schneite den

ganzen Abend und die ganze Nacht, man hörte nur das Sausen der
Schneeflocken, die der Wind gegen die Zeltleinwand trieb und die hier
dann und wann herabglitten. Am Morgen des 1. Februar lag mein
Zelt in Schneewällen (Abb. 311); das Minimum betrug aber nur
—18,2 Grad, und das war sehr angenehm. Wir beluden unsere müden,
hungrigen Tiere und zogen langsam nach Südosten weiter. Der Wind
kam aus Süden und wirbelte den Treibschnee uns gerade entgegen.

Lautlos und schwarz zog der Todeszug nach dem See hinunter.
Alle Bärte waren kreideweiß bereift; es sah aus, als seien wir alle in
einer Nacht Greise geworden. Abdul Kerim ging mit seinem Stab an
der Spitze, aber er stiefelte in verkehrter Richtung ab, und ich ernannte
einen anderen zum Lotsen. An einigen Stellen versanken wir beinahe
im Schnee. Ratlos blieben die Männer in den Schneewehen stehen und
wußten nicht, was sie tun sollten. Dann aber stampften wir ein End=
chen weiter, blieben von neuem stehen, und gingen wieder eine Strecke.
Es war klar, daß der Schnee jetzt die Pässe versperrte, die wir in den
letzten Tagen noch bezwungen hatten. Wären wir ein paar Tage später
gekommen, so hätten wir sie nicht mehr forcieren können. Nun war die
Welt hinter uns verschlossen, nur in südlicher Richtung war noch Rettung
zu finden. Es ist gut, wenn man weiß, daß man seine Schiffe hinter
sich verbrannt hat.

Glücklicherweise senkte sich das Gelände; als wir uns eine Stunde
nach der anderen weiter arbeiteten, nahm die Schneemenge ab, und es
ließ sich leichter gehen. Aber der Sturm, der jetzt zwei Wochen hindurch
ununterbrochen getobt hatte, wurde nicht schwächer. Drunten auf der
westlichen Uferebene des Sees lag nur eine dünne Schneedecke, und wir
lagerten in einer Gegend, wo das Gras nicht schlecht war. Jeden Abend
gab ich den Männern einige Zigaretten, sie benutzten in ihren Wasser=
pfeifen schon Teeblätter und rauchten sonst Yakdung!

Die Nacht war ungewöhnlich „gelinde", nur —14,9 Grad, aber der
Himmel war auch so dicht bewölkt, wie nur möglich, und es schneite un=
ausgesetzt. Der ganze Tag war so trüb, als sei vor dem verbotenen
Lande ein undurchdringlicher Vorhang herabgelassen worden. Wir blieben im
Lager 319, während der Südoststurm wahnsinniger tobte als je. Die
Tiere grasten, den Kopf vom Winde abgekehrt, und mußten jedesmal,
wenn sie das beschränkte Weideland überschritten hatten, gegen ihn zurück=
getrieben werden. Auch am 3. Februar blieben wir noch hier. Die
ganze Nacht herrschte orkanähnlicher Sturm; er tobte und wütete, zerrte
an allem, wühlte den Schnee wie mit Riesenpflügen auf und bemühte sich,
unsere Zelte loszureißen. Ich lag wachend und horchend im Bett und

erwartete, „that something might happen" (daß irgend etwas passierte). Am Abend aber packte ich für den Fall, daß das Zelt umgerissen werden sollte, alles ein, was hätte fortfliegen können. Am Morgen waren alle Tiere verschwunden, der Sturm schien auch sie fortgeweht zu haben; jedenfalls waren sie mit dem Wind nach dem Nordufer des Sees gezogen.

Oberhalb des Lagers lag eine Süßwasserquelle und eine Ringmauer für Schafe. — Ich habe aufgehört, mich nach dem Frühling zu sehnen, der mir nun hoffnungslos fern zu liegen scheint, während das Wetter mit jedem Tag, der vergeht, schlechter wird. Aber die braune Puppy und Klein-Puppy leisten mir Gesellschaft, und wir spielen miteinander, um die Stunden der Gefangenschaft zu verbringen. Gulam massiert mir noch immer die Füße, aber mit wenig Erfolg; sie bleiben gefühllos und kalt wie Eis. Heute kam er, um mir zwei Paar „Paipaks" von dickem Filz und darüber ein Paar „Tscharuks" anzuziehen, Jarkentpelzstiefel, bei denen die Haarseite nach außen gekehrt war. Sie waren wirklich wärmer als meine Kaschmirstiefel, die ohne Erbarmen verbrannt wurden.

308. Berg bei Schialung im Schejottal.

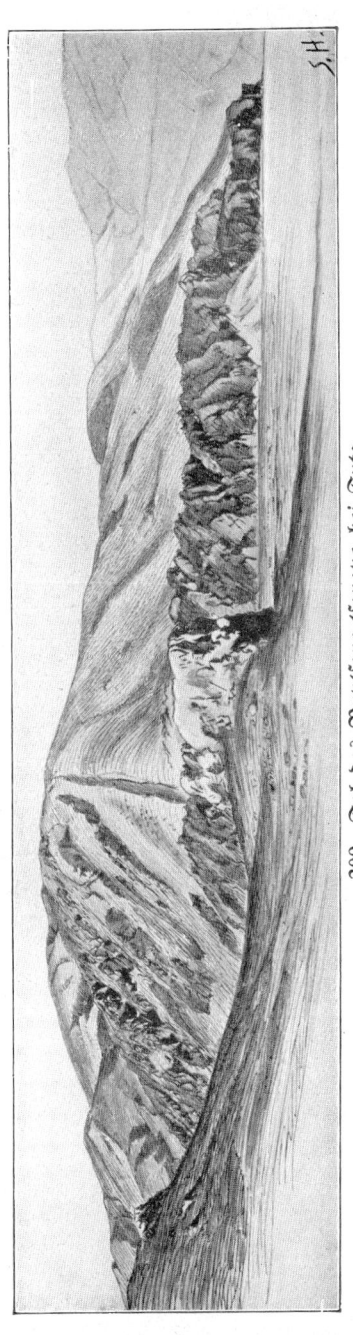

309. Tal des Buptfang-tfangpo bei Tuta.

Skizzen des Verfassers.

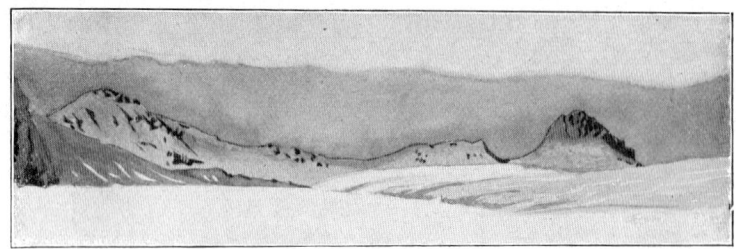

310. Ausficht von Lager Nr. 307.

311. Ausficht von Lager Nr. 318.

312. Ausficht von Lager Nr. 333.

313. Ausficht von Lager Nr. 333 bei Sturm.

314. Tschomo-utschong, am 1. Mai 1908.
Nach Aquarellen und Skizzen des Verfassers.

Sechzigstes Kapitel.

Verkleidet durch das verbotene Land.

Mit funkelnden Sternen übersät, spannte der Winterhimmel sein dunkelblaues Zelt über unser einsames Lager, und 28 Grad Kälte prophezeiten einen klaren Tag. Am 4. Februar schwebte denn auch kein Wölkchen über dem Gebirge, und das von Menschen und Göttern verlassene Hochland, das eben noch unter der weißen Decke des Winters begraben lag, wurde endlich wieder von blendendem Sonnenlicht bestrahlt. Eine Trauerbotschaft wurde mir am Morgen gebracht; ein Pferd und ein Maulesel lagen tot vor dem Zelt. Mit den letzten 17 Tieren setzten wir unsern Weg nach Osten fort, an dem unregelmäßigen nördlichen Ufer des Schemen-tso hinziehend. Die Schneemenge nahm ab, und beim Lager 320 war der Kiesboden beinah schneefrei. Die Aussicht über den See war großartig. Hauptmann Rawlings Karte dieser Gegend ist mit großer Genauigkeit ausgeführt. Der See liegt 4958 Meter hoch.

Auch am 5. Februar lagerten wir am Ufer des großen Sees, dessen Buchten und Landspitzen wir getreulich folgten. Noch ein Maulesel starb auf dem Marsch. Obgleich wir alles irgendwie Entbehrliche schon verbrannt hatten, wurden die Lasten den überlebenden Tieren doch zu schwer. Ein großer, starker Maulesel marschiert stets an der Spitze und folgt treu Gulam, der den Zug führt; er trägt mindestens zwei gewöhnliche Lasten und ist dabei doch fett und kräftig. Von Menschen keine Spur. An einer Felswand lärmte eine Schar Dohlen. Im Lager wurde der Proviant erneut inspiziert, und ich beschloß, uns dreier schweren Reissäcke zu entledigen. Mit geröstetem Mehl und Wasser vermengt, sollte der Reis den Tieren während der nächstfolgenden Tage gegeben werden. Von meinem eigenen Proviant waren nur noch zwei Konservendosen da, nebst etwas Kompott und Zwieback. Fleisch hatten wir seit einiger Zeit nicht mehr gesehen. Den ganzen Tag über herrschte Sturm, und die Sonne war wieder verschwunden.

Am 6. Februar gingen wir an einer sehr wasserreichen Quelle

vorbei, deren 7,9 Grad warmes Wasser sich in den See ergießt. Dort hatten kürzlich Schafherden getrunken, und vom Ufer aus zogen sich wieder Reihen von Steinhaufen mit Antilopenfallen landeinwärts. Jetzt zeigte sich kein anderes Wild als ein einsamer Kiang. Ein Maulesel starb; auch Abdul Kerims gelbes Pferd brach auf dem Marsch zusammen. Nur 14 Tiere erreichten heute noch das Lager, und von ihnen war mein kleiner Ladakischimmel am kraftlosesten; er stolperte und fiel, so daß ich einen Salto mortale über seinen Kopf weg machte.

Am Tag darauf legten wir nur eine kurze Strecke zurück, ließen den See und sein unfruchtbares Ufer hinter uns und schlugen die Zelte zwischen üppigem Gras auf. Das Wetter war herrlich, und als wir um ein Uhr 10 Grad Kälte hatten, war uns zumute, als sei der Frühling gekommen. Alle Tiere legten sich gleich nieder, um sich auszuruhen und sich im Sonnenschein zu wärmen. Nur mein kleiner Ladaki begann sofort zu grasen; er **wollte** nicht sterben, er wollte mich bis ans Ende begleiten. Wildesel und Antilopen weideten auf der Steppe, und Hasen kamen in Menge vor. Da wurde ich durch die Nachricht alarmiert, daß man im Norden in einiger Entfernung **drei Männer** gesehen habe, und der Karawan-baschi bat mich, herauszukommen und sie mit dem Fernglas zu beobachten. Sie waren auf dem Weg nach unserem Lager, aber ich hatte noch reichlich Zeit zum Anlegen meiner Verkleidung. Lange betrachtete ich sie, bis sie sich als drei wilde Yaks entpuppten, die durch die Luftspiegelung verlängert worden waren. Noch brauchten wir uns also vor Menschen nicht zu ängstigen, aber vielleicht waren diese Yaks ein gutes Omen!

Meinen kleinen Schimmel hatte ich zum letztenmal geritten! Als wir am 8. Februar, nach wieder 28,3 Grad Kälte, nach Ostsüdosten weiterzogen, mußte er frei mit der Karawane gehen, stürzte aber auch ohne Reiter. Statt seiner ritt ich einen Grauschimmel aus Tikse. Wir konnten kaum 8 Kilometer zurücklegen, aber der Tag war trotzdem reich an Ereignissen. Jenseits eines flachen Hügels stand eine Pantholopsantilope, die nicht entfloh, obgleich wir ihr ganz nahe waren. Wir merkten bald, daß sie am Boden festsaß und sich abmühte, loszukommen. Die Hunde stürmten auf sie los, aber zwei Männer eilten ihnen nach und hielten sie zurück. Die Antilope hatte sich in einer Schlinge gefangen, die auf dem Antilopenpfad ausgelegt war, und auf diesem zeigten sich auch die frischen Fußspuren zweier Männer. Wir befanden uns augenscheinlich in der Nähe einiger Winterjäger, die uns vielleicht schon beobachtet hatten! Vielleicht hatten sie auch mich, den einzigen Reiter und den einzigen in europäischer Kleidung, schon erblickt! Vielleicht war es zum Anlegen der Verkleidung schon zu spät? Dann wäre mein ganzer Plan gescheitert und der ganze Winter unnütz vergeudet gewesen!

Doch wir hatten wenigstens frisches Fleisch. Untersuchen wir die schlau konstruierte Falle, während das Tier noch darin sitzt. In einem Ring von fest zusammengedrehten Pflanzenfasern sind Knochenblättchen von Antilopenrippen so gleichmäßig eingefügt, daß sie einen Trichter bilden, dessen Spitze sich unten in der Grube befindet. Vor einer Reihe kleiner Steinhaufen scheuend, nähert sich die Antilope der Falle und tritt, wenn sie Pech hat, mitten in den Trichter, wobei die Blättchen nachgeben, aber unerbittlichen Widerstand leisten, sobald das Tier den Fuß aus dem Trichter herauszuziehen versucht. Denn um die beabsichtigte Wirkung zu erzielen, ist die Falle verankert. Zu diesem Zweck ist am Boden der Grube ein fingerdicker Strick befestigt, die Grube aber selber mit Wasser gefüllt, so daß man nach dem Gefrieren einen steinharten Ankergrund hat, aus dem der Strick sich nicht losreißen läßt. Das obere Ende des Strickes bildet oberhalb des Fasernringes eine Schlinge, die sich beim ersten Versuch des Tieres, den Fuß zu heben, zuzieht und den Trichter, worin der Fuß steckt, nicht durchläßt. Je länger das geängstete Tier umherhüpft, desto fester umschließt die gedrehte Schlinge seinen Fuß.

Das gefangene Tier wurde zerlegt, die Hunde durften sich an den Eingeweiden satt fressen, und das erhaltene Fleisch machte vier regelrechte Manneslasten aus. Dann zogen wir weiter. In einer Talmündung im Süden sahen wir eine Schafhürde und zwei schwarze Punkte, die wir für Steine hielten. Hinter einem mit Gras bewachsenen Hügel fanden wir einen Süßwassertümpel, eine viel zu willkommene Entdeckung, um nicht sofort das Lager in seiner Nähe aufzuschlagen. Es dauerte denn auch nicht lange, bis die Ladakis um die Feuer saßen und sich Stücke des guten, lange ersehnten Fleisches brieten.

Nun, da wir sichtlich Menschen in unmittelbarer Nähe hatten, schien es mir an der Zeit, meinen Leuten Verhaltungsbefehle zu erteilen. Alle wurden nach meinem Zelt gerufen. Ich erklärte ihnen, daß es uns nur durch List und Vorsicht gelingen würde, das verbotene Land zu bereisen, und daß ich mir die großen Entbehrungen, deren Zeugen sie bereits gewesen, nur auferlegt hätte, um Gegenden sehen zu können, in denen noch nie ein Sahib gewesen sei. Solle der Plan glücken, so müsse jeder seine Pflicht tun und seine Rolle gut spielen. Jedesmal, wenn die Tibeter die gewöhnlichen Fragen „Woher" und „Wohin" stellten, müsse ihnen geantwortet werden, daß wir alle ohne Ausnahme Ladakis seien und im Dienst eines Kaufmanns Gulam Rasul ständen, der uns nach Tschang-tang geschickt habe, um Erkundigungen einzuziehen, wieviel Schaf-

wolle sich im nächsten Sommer bei den Nomaden aufkaufen lasse. Abdul
Kerim sei der Führer und Befehlshaber und habe alle unsere geschäft=
lichen Angelegenheiten zu ordnen. Er erhielt daher 100 Rupien zu Aus=
lagen und mußte abends, wenn niemand spionieren konnte, mit mir ab=
rechnen. Ich selber sei einer seiner Diener, ein Mohammedaner namens
— — — Adurrahman, schlug der Karawan=baschi vor — nein, Hadschi
Baba klang, meinem Geschmack nach, besser. Also, wenn wir uns unter
Tibetern befänden, dürften sie sich nie vergessen und mich Sahib nennen,
immer nur Hadschi Baba! Alle begriffen die Lage und versprachen, ihr
Bestes zu tun.

Eine Weile darauf kam Lobsang gelaufen, um mir zu melden, die
beiden schwarzen Steine seien bestimmt Zelte. Ich begab mich ins Freie
und beobachtete sie durch das Fernglas; richtig, aus dem einen stieg Rauch
auf, Menschen und Tiere aber waren nicht sichtbar. Sofort befahl ich
Abdul Kerim, Abdul Rasak und Kutus hinzugehen, die Antilope zu be=
zahlen, alles, was man uns ablassen könne, zu kaufen und Erkundigungen
einzuziehen. Nach einer Weile kamen sie aber wieder zurück, um zu fragen,
ob es nicht klüger sei, die Zelte zu vermeiden und auf dem Weg nach
Osten weiterzuziehen, um so mehr als die Bewohner ja Räuber sein
könnten. Nein, diese Männer hatten uns gesehen, sie konnten darüber
nach Rudok berichten, und dann saßen wir fest. Daher war es doch
besser, mit ihnen in freundschaftlichen Verkehr zu treten und sie in Sicher=
heit einzuwiegen. „Bismillah", riefen die drei und zogen ab, während
die andern in lebhafter Unterhaltung am Feuer saßen und ihre Ansichten
über die Tagesereignisse und die Zukunftsaussichten austauschten. Seit
wir das letzte Dorf in Ladak verlassen hatten, waren gerade 64 Tage
vergangen! Bei der vorigen Durchquerung hatte die Zeit der Einsam=
keit 81 Tage betragen.

Nach drei Stunden kamen meine Leute wieder. Die beiden Zelte
enthielten neun Bewohner, zwei Männer, zwei Frauen, drei Mädchen und
zwei Buben. Der älteste Mann hieß Purung Kungga und besaß außer
150 Schafen noch vier Hunde, weiter aber keine Tiere. Wenn sie von
Jildan hierherzögen, würden ihre Sachen und ihre Zelte von den Schafen
getragen. Vor zwei Monaten seien sie angelangt und gedächten, noch
anderthalb Monate hier zu bleiben. Gerade gestern hätten sie ihre
Schlingen auf dem Antilopenpfad untersucht, als sie unsere Karawane
erblickt hätten und aus Furcht fortgelaufen seien. Sie hätten es für
selbstverständlich gehalten, daß nur Räuber in diesen Gegenden, die jen=
seits der Grenzen von Sitte und Redlichkeit lägen, umherziehen könnten!
Die Antilope habe also höchstens eine Stunde in der Schlinge gesessen.

Abdul Kerim hatte sie mit drei Rupien bezahlt, ein Schaf mit drei Rupien und Milch und Butter mit einer Rupie. Wir könnten morgen früh mehr Milch erhalten, müßten sie aber selbst holen, denn nach unsern Zelten getrauten sie sich nicht hin. Die Antilope hätten wir gern ohne Vergütung behalten können; wir seien ja Reisende und als solche berechtigt zu nehmen, was wir fänden. Auf ihre Frage, was für Leute wir seien, habe Abdul Kerim die Geschichte hergesagt, die er eben von mir gelernt. Die Gegend um das Lager 324 herum heiße Riotschung. In dem einen Zelt lägen Felle und Fleisch von neun Antilopen. Die Leute lebten ausschließlich von dem in den Schlingen gefangenen Wild.

Soweit war alles gut abgelaufen. Anstatt für 75 Tage hatten wir nur für 21 Proviant gehabt; anstatt einen Richtweg nach Osten zu finden, hatten wir auf den Kara-korum-Paß hinaufgemußt; auf dem ganzen Weg hatten uns heulende Stürme, schneidende Kälte und furchtbare Schneemassen verfolgt, und dennoch war es uns geglückt, wieder zu Menschen zu gelangen! Diese ersten Menschen waren wie eine Klippe im Weltmeer; jetzt aber mußten wir wieder hinaus auf die trügerischen Wellen. Jämmerliche 10 Kilometer legten wir heute in einem langsam ansteigenden, vereisten Tale zurück. Klein-Puppy wurde heute losgelassen und mußte eine Strecke allein laufen. Aber er wurde dessen bald überdrüssig, legte sich ruhig hin und wartete, bis Kuntschuk ihn wieder holte.

10. Februar. Der Talgrund ist voller Eis, das oft überschritten werden muß, nachdem es erst mit Sand bestreut worden ist; die Eisflächen breiten sich in einem Labyrinth von Lehmhügeln aus. In einer Erweiterung auf der linken Seite zeigen sich drei Steinhütten und einige Manihaufen; hier ist die Goldfundstelle, die Rawling Rungma-tot nennt und die, nach Aussage der gestrigen Jäger, Gätsa-rung heißt. Nur im Sommer kommen Goldgräber hierher. Das heutige Lager, Nr. 326, war angenehm: sandiger Boden, reichlich Brennmaterial und ein offener Quellbach. Es war schön, wieder rieselndes Wasser rauschen zu hören — ein Zeichen des herannahenden Frühlings. Im Osten und Südosten erhebt sich ein Kranz mächtiger Gebirge. Wir müssen über sie hinüber! Solange das Terrain flach ist und wir Gras finden, halten sich unsere Tiere, aber hohe Pässe können sie nicht mehr bestehen. Mein weißer Ladaki erholt sich wieder; die Leute sind angewiesen, ihn mit größter Sorgfalt zu behandeln.

11. Februar. Wir stiegen im Tal aufwärts. Die Schneemenge nahm wieder zu. An einer Stelle sahen wir die frischen Fußspuren dreier Männer. Um vor dem Wind geschützt zu sein, lagerten wir hinter einem vorspringenden Felsen, mußten aber erst über das Eisband der

Talrinne hinüber, auf dem ganz kürzlich ein Sandweg gestreut worden war. Es war klar, daß wir jeden Augenblick auf Leute stoßen konnten, ja vielleicht gerade auf dem Marsch von einem Lager zum andern. Daher zog ich nun mein neues Ladakigewand mit der Leibbinde an. Den weißen Turban wollte ich stets bei mir haben, um ihn aufzusetzen, wenn wir Tibeter träfen. Der Tschapan sah freilich verdächtig rein aus, aber Gulam verpflichtete sich, ihn mit Ruß und Fett einzuschmutzen. Meine weiche Lederjoppe wurde geopfert und zu Stiefelsohlen zerschnitten. Von diesem Lager an mußten mir Lobsang und Kutus allabendlich eine Lektion im Tibetischen geben, und ich trug alle neuen Worte in ein Wörterbuch ein, das nach und nach einen bedeutenden Umfang annahm. Damit wurden jetzt, nachdem mir alle Lektüre ausgegangen war, täglich zwei Stunden verbracht. Ich übte mich besonders in den Antworten, die ich geben mußte, wenn man mit Hadschi Baba ein Kreuzverhör anstellen sollte!

Am 12. Februar schritten wir durch die Schneewehen das Tal hinauf, wo sich an zwei Stellen kleine elegante Goaantilopen zeigten. Der Lagerplatz hatte aber so magere Weide, daß alle unsere Tiere während der Nacht nach dem vorigen Lager zurückliefen! Dadurch ging uns ein Tag verloren. Beim Warten aber wird die Zeit unerträglich lang. Ich steche in meinem grauen Tschapan noch viel zu sehr gegen meine zerlumpten Genossen ab, aber sowie sich mir Gelegenheit bietet, reibe ich Ruß und Fett in das Zeug und schneide auch hier und dort ein Loch hinein. Wenn er lange so behandelt wird, wird er wohl schließlich ebenso schmutzig aussehen wie die der anderen! Jetzt übe ich mich auch im Unterlassen des Hände- und Gesichtwaschens, aber es gelingt mir nicht, ebenso schmutzig zu werden wie meine Diener! Bei ihnen scheint der Schmutz zur Haut zu gehören und überhaupt nicht zu verschwinden; unter den Nägeln haben sie ganze Kartoffeläcker. Mein Ziel war es ja, ihnen so schnell wie möglich ähnlich zu werden — dann würde ich der Aufmerksamkeit der Tibeter schon entgehen.

Am 14. Februar 30,5 Grad Kälte! Wieder näherten wir uns unserem Ziel um nur 10 Kilometer und dem Frühling um nur einen Tag. Langsam geht es, aber man muß froh sein, solange es überhaupt noch geht. Das Lager 329 liegt endlich in dem Tal, das zum Grenzpaß hinaufführt, nach dessen Höhen wir seit mehreren Tagen hinaufsteigen. Ein Maulesel versagte und wurde von seiner Last befreit. Noch gab es ein wenig Gras, zu dem alle Tiere hinliefen, nur nicht mein kleiner Ladaki, der mit hängendem Kopf und zwei Eiszapfen unter den Augen vor meinem Zelt stand (Abb. 316). Ich saß mehrere Stunden bei ihm, liebkoste und streichelte ihn und versuchte es, ihn mit Reis- und Mehlklößen vollzustopfen. Da wurde er wieder munter und ging mit langsamen Schritten zu seinen Kameraden.

15. Februar. 30,3 Grad kalt. Ein böser, anstrengender Tag. Durch scharfkantigen Schutt, Eis und Schnee ging es talaufwärts. Mein Schimmel führte aus eigenem Antrieb den Zug an; ich ritt als letzter. Lange blieben wir beisammen und stiegen Schritt für Schritt nach diesem mühsam zu erklimmenden Paß hinauf. Dann aber blieb eines, darauf ein zweites und schließlich blieben mehrere Tiere zurück. Unter ihnen mein Schimmel. Ich machte bei ihm halt und flüsterte ihm in unverfälschtem Schwedisch ins Ohr: „Verliere den Mut nicht, spanne deine Kraft aufs äußerste an, steig langsam nach dem Paß hinauf, nachher geht es mehrere Tage wieder abwärts nach schönen, üppigen Weiden hinunter!" Er hob nur den Kopf, spitzte die Ohren und sah mir und Kutus nach, als wir paßaufwärts weiter schritten. Nur zwei Maulesel folgten meinem Pferd und blieben stehen, wenn es haltmachte, was alle 20 Schritt geschah.

Endlich machten wir die letzten Schritte nach dem flachen Paß hinauf, dessen Höhe die kolossale Ziffer von 5655 Meter erreichte! Hier warteten wir lange. Der große schwarze Maulesel steigt über die schneeweiße Paßlinie empor, ein zweiter und ein dritter tauchen über ihr auf, neun Lasttiere ziehen an mir vorbei, die also gerettet sind, und mein grauer Tikse war Nr. 10. Abdul Kerim meldet, daß vier Tiere vor Erschöpfung zu Ende seien. Ich befahl, sie Schritt für Schritt heraufzuführen, wenn es darüber auch Nacht werden sollte, und er stieg wieder zu ihnen hinunter. Eine Weile darauf erschienen Tubges und Abdullah, die zwei Lasten heraufschleppten. Eines der vier Tiere war also bereits verendet.

Nach Westnordwest hin, also in der Richtung, aus der wir kamen, war die Aussicht prachtvoll, ein Meer wilder, roter Riesenwellen, die in zügelloser Wut schäumten — der Schaum war der Schnee, der ihre Kämme krönte und sich in Streifen an ihren Seiten herunterzog. In den letzten Tagen waren wir Schiefer, Porphyr, rotem und grauem Granit begegnet. Die Gegend ist absolut unfruchtbar; wir müssen versuchen, das erste Gras in dem abwärtsführenden Tal zu erreichen, aber das Tal liegt voller Schnee, und der Zug schreitet langsam und mühsam durch die Schneewehen. Ich gehe, wie alle andern, zu Fuß; jeder ist mit einer Bürde beladen, um den Tieren die Last zu erleichtern; man spricht nicht, man stampft und balanciert in dem Weg, den der Führer ausgesucht hat. Das Tal schrumpft zu einem Hohlweg zusammen; an der Stelle, wo das erste Yakmoos steht, werfen wir unsere Bürden hin.

Ein trauriges Lager in dem engen, finstern Tal! Die letzten Tiere mußten gekoppelt stehenbleiben und mit einer Mischung von pulverisiertem Jakdung, Moos, gedörrtem Mehl und Reis gefüttert werden.

In der Dunkelheit kamen die anderen, einen Maulesel führend, im Lager an; drei Tiere hatte der Paß uns also genommen, und eines von ihnen war mein kleiner Ladakischimmel! Er hatte sich bis auf die höchste Schwelle des Passes, wo ich vergeblich auf ihn gewartet hatte, hinaufgearbeitet, dort aber sich zum Sterben niedergelegt. Er hatte mich auf den Tag anderthalb Jahre treu und gut getragen, von Anfang an nie auf einem Lagerplatz gefehlt, und nun erst, da er, der letzte der Veteranen, fort war, fühlte ich mich recht einsam. Während der ganzen Reise hatte er sich fast nie auf so großer Höhe befunden, wie auf der Stelle, wo er starb; auf dem Sattel des Passes konnten Winterstürme und Sommersonne seine Gebeine bleichen. Öde und leer war es diesen Abend in der Karawane; mir war ein treuer Freund gestorben. Jetzt war die braune Puppy mein einziger Trost; sie war schon von Srinagar an bei mir, und ihr Söhnlein war das jüngste, sorgloseste Mitglied unserer mit der Vernichtung kämpfenden Gesellschaft.

Zwei der Maulesel waren zwar noch über den Paß hinübergekommen, starben aber im Tal. Wenn uns noch ein solcher Paß den Weg versperrte, so mußte unsere Karawane umkommen! Die Lasten waren jetzt viel zu schwer für die noch lebenden Tiere. Wiederum war eine gründliche Aussonderung notwendig! Mein Ulster und die meisten meiner europäischen Kleidungsstücke wurden verbrannt. Filzmatten, Werkzeuge, Küchengeschirr und Reservehufeisen für die Pferde wurden kassiert. Auch meine kleine Stockholmer Reisetasche verzehrten nun die Flammen, die ganze Apotheke, außer der Chininbüchse, wurde ihnen geopfert; mein europäisches Toilettenetui und sogar die Rasiermesser wanderten denselben Weg; nur ein kleines Stück Seife wurde noch behalten! Alle europäischen Sachen, die sich irgendwie entbehren ließen, mußten ins Feuer. Aus Frödings Gedichten riß ich die Blätter heraus, deren Inhalt ich noch nicht auswendig wußte; der Rest strandete in den Flammen. Die noch vorhandenen Zündhölzer wurden unter die Leute verteilt; ich selber behielt 24 Schachteln, die wohl bis zu der Zeit reichen würden, in der wir, um unser Inkognito zu schützen, nichts anderes als ein Stahlfeuerzeug benutzen durften.

Unheimlich kalt breitete die Nacht ihre Schwingen über das stille Tal, wo unser einsames Lager, ein Bild der Verödung, zwischen schwarzen Felswänden und weißen Schneewehen verschwand, und über ihm funkelten die ewigen Sterne wie brennende Kerzen um einen offenen Sarg.

315. Geht dies noch einige Tage so weiter, dann sind wir verloren!

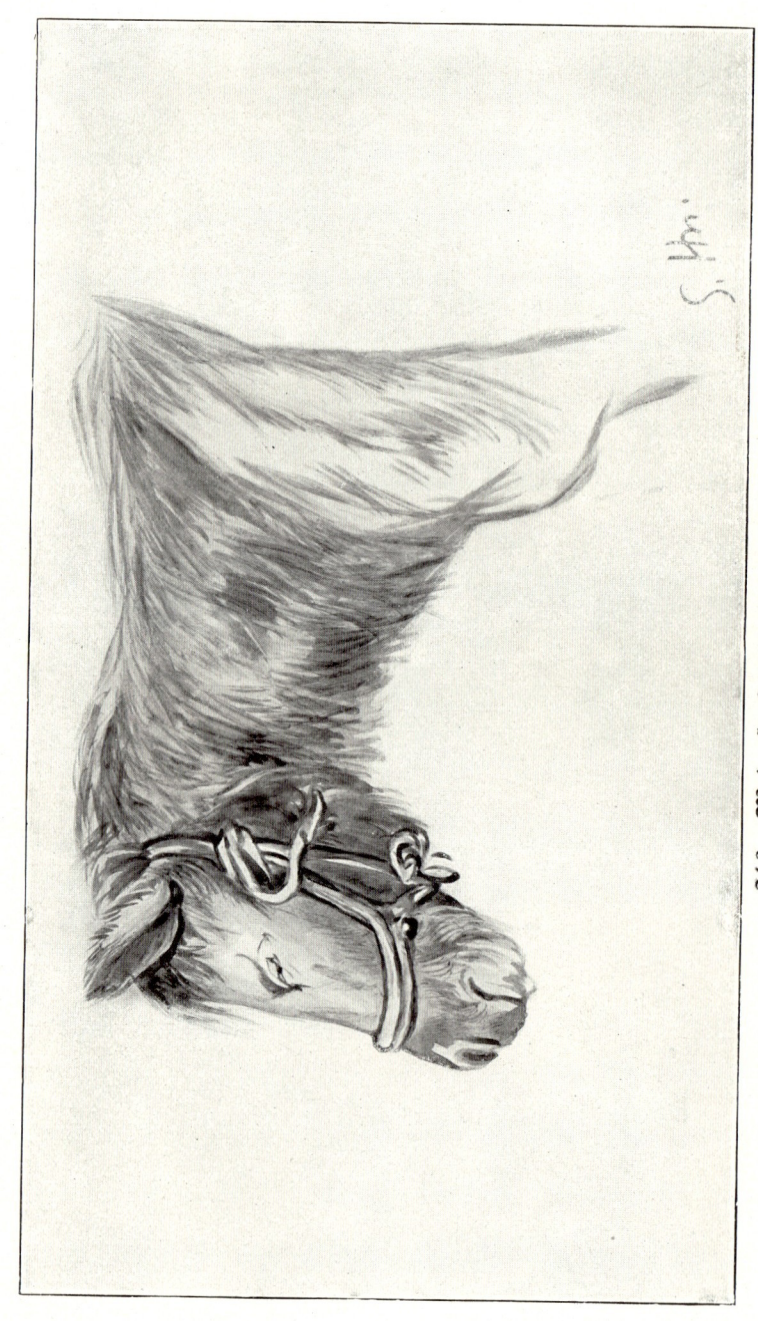

316. Mein sterbender kleiner Ladakſi.
Skizze des Verfaſſers.

Während den Tieren die bedeutend erleichterten Lasten aufgeladen
wurden, brach ich in Begleitung zweier Männer zu Fuß auf. Der eine,
Kutus, ging neben mir, und ich stützte mich beim Durchwaten der Schnee=
wehen auf seine Schulter. Es wehte rasend, der Treibschnee tanzte in
spiralförmigen Wirbeln und flog von allen Kämmen und Vorsprüngen
in dichten Massen herunter, wie weiße, im Winde flatternde Tücher.
Nachdem wir nur 5 Kilometer weit gewandert waren, lagerten wir
schon da, wo wir das erste Gras fanden. Schnee wurde aufgetaut, denn
die Tiere hatten lange nicht getrunken. Jetzt war es schon leichter, ihnen
auf diese Weise Wasser zu verschaffen, da ihrer ja nur noch elf waren.

Mit unsicheren Schritten setzten wir am 17. und 18. Februar un=
sern Weg nach Ostsüdosten fort, bald durch Täler, bald über offenes
Gelände und überall durch tiefen, mühsam zu durchwatenden Schnee.
Aber das Lager 333 war kaum aufgeschlagen (Abb. 312, 313), als uns
auch schon ein arger Sturm überfiel. Der Himmel war eben noch klar
gewesen, aber im Nu verwischten brandgelbe Staubwolken, die aus Süd=
westen heransausten, seine reine blaue Farbe. Ich saß gerade zeichnend
im Schutz meines Zeltes, als mir auf einmal der ganze Inhalt meines
Kohlenbeckens weggeweht wurde. Die Männer hatten auch einen Haufen
Dung von Wildeseln gesammelt, der ebenso schnell verschwand; wir sahen
die runden kleinen Äpfel so lustig den Abhang hinauftanzen, als wollten
sie ein Wettklettern anstellen. Eine Antilopenherde eilte an unserm Lager
vorüber; das glatte Fell der Tiere glänzte je nach der Lage und Be=
leuchtung der Haare wie Samt und Seide. Wieder dröhnen uns die
Ohren von diesen ewigen Stürmen. Ich eile unter Dach und höre nur
dann und wann einen Aufschrei, wenn eins der Leutezelte umzufallen
droht, oder den hellen Klang aufeinanderschlagenden Eisens, wenn die
Zeltpflöcke wieder in die Erde gehämmert werden, oder einen klappernden,
schnell verhallenden Ton, wenn der Wind mit meiner Waschschüssel ab=
fährt und sie an den Fuß des Gebirges hinaufträgt. Man glaubt an
Bord eines zerbrechlichen Schiffleins zu sein, dessen Segel in den knallenden
Peitschenschlägen des Windes flattert und klatscht; die Bergvorsprünge,
die noch schwach erkennbar aus dem Nebel hervortreten, sind gefährliche,
drohende Klippen, an denen wir im nächsten Augenblick scheitern werden.
Aber groß und majestätisch ist ein solcher Sturm, wenn er in ungezügelter
Wut über die Erde hinfährt!

Einundsechzigstes Kapitel.

Ein Sturm von dreißig Tagen.

Am 19. Februar hatten wir günstiges Terrain, das allmählich nach dem Ufer des in der Ferne sichtbaren Lemtschung-tso abfiel. Ich ging meistens zu Fuß, was mir leicht wurde, weil der Sturm nachschob, aber man wurde, wie gewöhnlich, vom Winde durcheist, obgleich die Temperatur um ein Uhr bis auf —2,2 Grad stieg. Am Fuß einiger Hügel im Süden zeigten sich ganze Reihen schwarzer Punkte, die wir für zahme Yaks hielten. Sie lösten sich jedoch bald in Heerscharen leichtfüßiger Antilopen auf, die in leichten Wellenbewegungen nordwärts über die Ebene hineilten. Jetzt sah man schon oft Anzeichen von Sommerbesuchen der Gertsenomaden. Deasys und Rawlings Routen hatte ich seit zwei Tagen hinter mir zurückgelassen und befand mich jetzt **am Westrand eines der größten weißen Flecke auf der Karte Tibets**.

Nachdem ein Grauschimmel in der Nacht das Zeitliche gesegnet hatte, besaßen wir nur noch zehn Tiere, ein Viertel der ursprünglichen Karawane! Sie wurden morgens mit Mehl und in Wasser gekochten Teeblättern bewirtet, die sie begierig hinunterschlürften. Unser Proviantvorrat reichte nur noch knapp einen Monat.

Zehn Kilometer trennten uns noch vom Seeufer, als wir in der Nähe einer Höhle, in der noch vom Sommer her ein Mühlstein und zwei Yakfelle lagen, unser Lager aufschlugen. Längs des Ufers zog sich ein von Menschen ausgetretener Pfad hin. Wir blieben einen Tag liegen und nahmen nun noch eine Gepäckaussonderung vor! Alle Reserveinstrumente, wie Thermometer, Metermaße, Brillen usw. samt noch einigen europäischen Kleidungsstücken, zwei Mützen, Verbandartikeln und Brieftaschen wurden mit einigen Steinen in einen Sack eingenäht und durch eine Wake in den See geworfen, dessen Eisdecke beinahe meterdick war. Jetzt hatte ich nur noch so viel Unterzeug, daß ich dreimal wechseln konnte, auch davon konnte also bei der nächsten Aussonderung noch ein Drittel geopfert werden — wir glichen einem Ballon, der Ballast auswirft, um sich schwebend zu erhalten, bis er über ein Meer hinübergeflogen ist und wieder festen Boden unter sich hat.

Am Abend war wieder ein ganzes Orchester tobender Winde im Gang. Die Luftmassen wälzten sich wie Kaskaden von den Bergen oberhalb des Lagers herab und wußten selbst nicht, wie schnell sie über das klare Eis des Sees hinjagen sollten, in dessen Spiegel der Mond silberglänzende Streifen hervorzauberte, während das Gebirge im Norden sich wie eine dunkle Silhouette abzeichnete. Gras und Brennstoff waren gut gewesen, daher herrschte im Lager fröhliche Stimmung. Der Gesang der Leute war bald weich wie ein schaukelndes Wiegenlied oder wie runde Wellen in einer Bucht, bald asiatisch wild und leidenschaftlich, und die Sänger tanzten dabei um ihr Feuer. Wenn aber besonders heftige Sturmkaskaden herabsausten, verstummten sie und stellten sich auf, um die Zelte zu halten, damit diese nicht ins Feuer stürzten. Ein Wechselgesang zwischen ihnen und dem Sturm; aber er bereitete mir Vergnügen, denn er verscheuchte den Gedanken an die langen Stunden der Einsamkeit und weckte hellere Träume, lichtere Hoffnungen und Sehnsucht nach dem Frühling, wärmeren Winden, Entdeckungen und Abenteuern in Tibet. Täglich fragte ich mich, wie diese Reise enden möge, aber jeder Tag brachte mich der Antwort ja einen Schritt näher.

Am 22. Februar ließen wir den kleinen Süßwassersee zur Linken, während der eigentliche Lemtschung-tso seinen nur teilweise zugefrorenen Spiegel auf der rechten Seite unseres Weges ausbreitete (Abb. 317, 318). In der Mitte war das Wasser offen und dunkelgrün und wurde vom Sturm so aufgepeitscht, daß die Wellen Schaumköpfe trugen. Nach Ostsüdosten hin sah das Land günstig aus, eine offene Ebene, die uns keine Hindernisse in den Weg legte. Etwas vor uns zeigten sich zwei weidende Tiere — Yaks oder Wildesel? Gulam, der voraus ging, war im Besitz des Fernglases und meldete, es seien Pferde. Also wieder Nomaden ganz in der Nähe! Wir spähten nach allen Seiten, erblickten aber keine Zelte. Hatten die Pferde sich verlaufen? Scheu waren sie nicht, im Gegenteil, sie wurden ganz lebendig, als sie uns heranziehen sahen, liefen der Karawane entgegen und begrüßten sich mit jedem unserer Pferde und jedem Maulesel besonders. Nachdem diese Pflicht der Höflichkeit erfüllt war, begleiteten sie uns mit muntern Sprüngen und fröhlichem Gewieher auf unserem ganzen Marsch. Es waren dreijährige Füllen, die noch nie einen Sattel, geschweige denn eine Last getragen hatten, feiste, kräftige und schnellfüßige Tiere, ganz anders als unsere drei letzten Pferde. Als wir unser Lager aufschlugen, verschwanden sie aber spurlos nach Süden. Der Sturm wurde noch heftiger, es klang unheimlich, als wenn der Wasserstrahl einer Feuerspritze in die Flammen hineinführe. Unser letzter eiserner Spaten und ein Kessel wurden vom Sturm fortgerissen, aber noch rechtzeitig wieder eingefangen.

23. Februar. Die Kälte ging auf 28,8 Grad herunter. Unsere letzten Tiere überstanden den kurzen Tagesmarsch, der uns weiter durch das bequeme Tal führte, in dessen Verlängerung ich aber keine Spur von der „Snowy Range" der englischen Karte erblicken konnte. Zwei Zelte am Eingang eines Tales der Nordseite wurden nicht durch einen Besuch belästigt, da wir noch keine Not litten. Ich lebte ausschließlich von Tee, Brot und Obstmarmelade, von der noch zwei Büchsen vorhanden waren.

Der Sturm hielt auch den nächsten Tag an. Selten konnten wir mehr als 10 Kilometer marschieren. Wir hatten im letzten Monat nur 350 Kilometer zurückgelegt, 50 Kilometer mehr als im vorletzten. Am Abend und in der Nacht trommelte stürmisches Schneetreiben auf unsere Zelte. Noch hatte ich mein bequemes, warmes Bett behalten, aber wenn es sein mußte, wanderte auch dieses wohl stückweise ins Feuer. Alles Ausrangierte wurde vergraben oder verbrannt, da es Verdacht erregen konnte, wenn es liegen blieb.

Noch eine Tagereise weit konnten wir dieses herrliche Längstal benutzen; es stieg unmerklich nach einer flachen Schwelle an, auf deren Ostseite wir wieder eine Goldfundstelle passierten. Die Gruben, aus denen der goldhaltige Sand herausgeholt wird, haben 1—5 Meter Durchmesser und sind wenig mehr als einen Meter tief. Man sah deutlich, daß einige erst im Sommer aufgegraben worden waren. Ring= und Schutzmauern für auf der Lauer liegende Jäger und Steinmale gab es an mehreren Stellen.

Weiter talabwärts kamen wir am folgenden Tag an eine dritte Goldfundstelle, da, wo unser Tal sich zu einem Hohlweg verengte. Hier fanden wir große Schafhürden und zahlreiche Menschenfährten. In einer 100 Meter langen Rinne schien der Goldstaub aus flachen Steinen ausgewaschen zu werden. Das Tal schrumpfte dann so zusammen, daß es nur noch 5 Meter breit war; der Boden war mit Eis bedeckt, das hier und dort Terrassen bildete. Diese mußten erst mit der Axt bearbeitet und mit Sand bestreut werden und die Männer mußten jedes Tier einzeln stützen und führen; wir durften auch nicht eines von ihnen durch einen Beinbruch verlieren! Da, wo das Eis aufhörte und das Tal in eine gewaltige Ebene überging, wurde das Lager aufgeschlagen. Nach Osten hin sah das Gelände noch immer günstig aus, und keine „Snowy Range" versperrte uns den Weg. Man konnte 40 Kilometer weit vor sich sehen. Tubges erlegte fünf Hasen, die wir zum Mittag verspeisten. Während der Nacht ertönte um unser Lager herum wieder einmal das jämmerliche Heulen eines Rudels Wölfe.

27. Februar. Auf der Ebene, die sich allmählich nach Ostsüdosten senkt, spazierten heute wohl tausend Kiangs umher. Sie bildeten dunkle Linien, bald breite, bald schmale und dann wieder punktierte wie Rosenkränze. Einige Herden liefen in spitzem Winkel nach einem Punkt, wohl 200 Meter von der Karawane, machten dort halt, beobachteten uns und zerstreuten sich dann wieder, um hastigen Trabes in eleganten Bogen und Kurven einzeln davonzulaufen. Vielleicht hatten sie sich hier zu einem großen Frühlingskongreß versammelt, auf dem über ihre Territorial- und Weidefragen entschieden werden sollte? Daß sie gleich den Nomaden regelmäßige Jahreszeitwanderungen unternehmen, ist sicher, denn auch sie sind vom Auftreten des Grases und seiner auf den einzelnen Höhen während der verschiedenen Jahreszeiten wechselnden Üppigkeit abhängig.

Weiter unten auf der Ebene hinter einem kleinen Felsvorsprung grasten noch fünf Kiangherden, von denen die uns zunächst weidende aus 133 Tieren bestand. Sie kamen ganz dicht an uns heran. Lobsang eilte ihnen mit lautem Hallo entgegen. Da liefen sie, im Gänsemarsch, so eilig davon, daß der Boden von ihren Hufschlägen dröhnte, beschrieben hinter uns eine hübsche Kurve und verschwanden in einer undurchdringlichen Staubwolke, aus deren Innern noch immer der schmetternde Trab der Hufe ertönte. Ein heftiger Windstoß zerteilte dann die Staubwolke, sie wurden wieder sichtbar, blieben auf ängstlich zitternden Beinen stehen, betrachteten uns, spitzten die Ohren, blähten die Nüstern auf und witterten im Winde.

Im Süden unserer Route zeigten sich zwischen kleineren, einzeln liegenden Bergen wieder zwei Zelte. Abdul Kerim ging mit zwei Leuten hin, während wir das Lager Nr. 341 aufschlugen. Bei der Rückkehr erzählten sie, daß der Besitzer der Zelte, Tsering Ngorpel aus Gertse, vor zwei Monaten hier mit fünf Familiengliedern angekommen sei und nach einem Monat wieder nach Hause zurückkehren wolle. Es seien arme Leute, die nur 70 Schafe und Ziegen, 6 Yaks und einen Hund besäßen. Die Gegend unseres Lagers hätten sie Senes-jung-ringmo genannt und auch gesagt, daß wir, falls wir nach Südosten weiterzögen, beinahe täglich auf Nomaden aus Gertse und Senkor — Gebiete im Süden, die ich im Jahre 1901 durchzogen hatte — stoßen würden. Sie hatten vor den Unseren Angst gehabt und hatten sie nicht in ihre Zelte gelassen. Aber zwei prächtige Schafe und einen Kloß Butter verkauften sie und fristeten uns so vorläufig das Leben. Der Rest des Hasenfleisches wurde vom Küchenzettel gestrichen und den Hunden gegeben.

Nach dem Lager 342 mußten die beiden Schafe unseren neuen Fleischvorrat noch selber tragen; wir hatten für Extralasten keine sonstige Transportgelegenheit. Langsam stiegen wir nach einem flachen Paß hinauf. In einem Nebental sahen wir wieder drei Zelte, aus denen einige Männer herauskamen und uns angafften; aber wir zogen ohne Austausch von Frage und Antwort an ihnen vorüber. Den ganzen Tag und auch den ganzen 29. Februar tobte rasender Wind. Die Wolken fegten dicht am Erdboden hin. Um ein Uhr hatten wir —5,5 Grad; völlig ausreichend, um einen Reiter bis in das Mark der Knochen hinein vor Kälte erstarren zu lassen.

Vor uns in Südosten hatten wir eine gewaltige, flache Talmulde, in deren Mitte die Eisdecke zweier kleinen Seen weiß erglänzte. Langsam nähern wir uns der zwischen beiden liegenden Landenge. Eine Antilopenherde ergreift die Flucht und läuft beinahe einem einsamen Wildesel in die Arme, der sie regungslos anschaut; im letzten Augenblick schwenkt sie aber nach der anderen Seite ab, als ob sie vor ihm Angst habe. Auf der linken Seite treiben in einer flachen, nach dem See gehenden Rinne zwei Hirten eine Schafherde vor sich her. Halt! Schnell her mit dem Turban! Gulam windet ihn mir um den Kopf, und ich gehe nun wie die andern zu Fuß. Am Ufer entlang treibt ein junger Mann sechs Yaks. Abdul Kerim und Gulam eilen zu ihm, während wir die Zelte am Ufer in 4633 Meter Höhe aufschlagen.

Nach einer Weile kehrten sie in Begleitung des Yaktreibers zurück, der, wie sich herausstellte, ein vierzehnjähriger Junge mit einer großen, weißen Pelzmütze war. Er hatte sich entsetzlich gefürchtet und sich nur mit Mühe überreden lassen, die Männer nach unseren Zelten zu begleiten. Es handelte sich nämlich darum, daß er zweien unserer Leute den Weg nach seinem Wohnort zeigen sollte. Den See nannte er Lumburringmo. Da ich nun vollständig verkleidet war, ging ich hinaus und sah mir den Burschen an, der durchaus nicht mißtrauisch schien.

Lobsang und Tsering begleiteten ihn nach seinem Zelt; als sie aber nach langer Zeit wiederkamen, brachten sie schlechte Nachrichten mit. Zwei Tibeter waren aus dem Zelt gekommen und hatten barsch gefragt, was sie hier zu suchen hätten. Sie hatten ruhig geantwortet, daß sie etwas Eßbares kaufen wollten, aber dergleichen war, wie es schien, nicht verkäuflich.

„Aber was seid ihr für Leute?" hatte ein älterer Mann gefragt.

„Wir sind Ladakis im Dienst eines Kaufmanns und ziehen nach Saka dsong", war ihre Antwort.

„Ihr lügt!" hatte der Tibeter ausgerufen. „Diese Straße zieht kein Kaufmann, am allerwenigsten im Winter; in Tschang-tang treibt keiner Handel."

„Wir treiben auch nicht Handel", hatte Lobsang erwidert. „Wir sind beauftragt, Erkundigungen einzuziehen, wieviel Schafwolle sich hier im nächsten Sommer aufkaufen läßt."

„Schafwolle — in unbewohnten Gegenden? Nein, ihr seid Diener eines Europäers, der sich in einem eurer Zelte versteckt hält. Heraus mit der Wahrheit, sonst geht es euch schlecht!"

„Fragt doch euren Jungen," hatte Lobsang, der selbst Tibeter war, nun in seinem unschuldigsten Tone gesagt, „ob er in unseren Zelten Europäer gesehen hat. Wir hassen die Europäer ebenso gründlich wie ihr. Wenn ihr uns nicht traut, so könnt ihr ja selber in unseren Zelten nachsehen."

„Nein, danke, nach euren Zelten gehen wir nicht", hatte der Alte geantwortet und war dann mit den Seinen wieder hinter seiner schwarzen Zeltwand verschwunden.

Lobsang war sehr ernst, als er wieder kam. Er schlug vor, wenn wir nicht schon hier angehalten würden, unser Lager künftig immer möglichst fern von den Zelten der Nomaden aufzuschlagen. Ich erschrak nicht wenig und hatte das Gefühl, daß es mir nicht gelingen werde, weit in das verbotene Land einzudringen. Es ist wirklich höchst unbehaglich, so offenkundig in Verdacht zu stehen, ein Europäer zu sein!

Jetzt war guter Rat teuer, denn die Nomaden zeigten uns sicher bei der nächsten Behörde an. Während meines abendlichen Unterrichts im Tibetischen, der mehrere Stunden in Anspruch nahm, besprach ich die Lage mit meinen beiden Lehrern Lobsang und Kutus. Es wurde beschlossen, Abdul Kerim solle am nächsten Morgen in aller Frühe nochmals nach dem Nomadenzelt gehen; wenn die Nomaden uns weiter feindlich gesinnt wären, müßten wir versuchen, die Tagemärsche zu verlängern, um Vorsprung vor einer wahrscheinlichen Verfolgung zu gewinnen.

Diesmal wurde Lobsang besser empfangen, da er unseren Häuptling und Anführer, den die Nomaden ganz richtig „Bombo" titulierten, in eigenster Person vorstellen konnte. Der alte Mann stellte sich selber unter dem Namen Sogbarong Tsering Tundup vor — Sogbarong ist sein Wohnort im Westen, und dieser Name wird mit dem Personennamen zusammengenannt, ungefähr so, wie man bei uns auf dem Lande „Anders Persson vom Großhof" sagt. Der Alte hatte seine Gäste gebeten, ins Zelt einzutreten, zwei Schaffüße genommen, sie mit einem Beil zerhackt und in einen Topf mit kochendem Wasser geworfen, dann Abdul Kerim von dieser Flüssigkeit vorgesetzt und gesagt, dies sei der einzige Tee, den er habe. Im Zelt hatten fünf zerlegte Antilopen, eine Flinte, ein Messer und allerlei andere Geräte gelegen. Jetzt hatte der Alte keinen Verdacht mehr gegen uns ausgesprochen, aber erzählt, daß vor etwas länger als einem Jahr ein Europäer mit einer großen Karawane weiter nach Osten hin durch das Land gezogen sei! Er ahnte nicht, daß sich gerade dieser Europäer in einem unserer Zelte verbarg! Als die Gesandten zurückkehrten, brachten sie ein fettes, kräftiges Schaf und eine Kanne Milch mit.

An diesem Tag, dem 1. März, stürmte es so, daß an Weiterziehen nicht zu denken war. Mein Zelt wurde umgerissen und wäre fortgeweht worden, wenn die Sand= und Steinbelastung auf dem Saum der Leinwand es nicht festgehalten hätte. Von der Landschaft war keine Spur zu sehen; wären wir weiter marschiert, so hätte ich mir nicht einmal einen flüchtigen Begriff von ihr machen können. Um zwei Uhr kam unser „Anders Persson vom Großhof" mit einem anderen Tibeter, um Abdul Kerim seinen Gegenbesuch zu machen. Sie tauchten erst aus dem Staubnebel auf, als sie unmittelbar vor unserm Lager standen und zwei meiner Leute eilten hinaus, um sie vor den Hunden zu schützen. Der Besuch war uns eine außerordentlich große Überraschung, aber nichts lag umher, was im geringsten hätte Argwohn erregen können. Meine Sachen waren in einen Sack gestopft worden, und ich selber war verkleidet — ich hatte ja auch nichts anderes anzuziehen! Auch wenn sie in mein Zelt hineingesehen hätten, wäre es nicht gefährlich gewesen.

Unsere Gäste trugen weite Schafpelze, die aus dem Gürtel so hoch herausgezogen waren, daß sie die üblichen aufgeblähten Beutel bildeten, in denen ein großer Teil der Habe verwahrt wird. Sie trugen Schaffellmützen und sahen wie Samojeden oder Tschuktschen aus. Eine Weile standen sie mit den Unseren plaudernd draußen im Wind, aber ich hörte kein Wort, obgleich sie von dem Guckloch in der Zeltwand, durch das ich sie beobachtete, nur 3 Meter entfernt waren. Nach einigem Zieren traten sie in Abdul Kerims Zelt ein, und nun wurde die Yakfrage verhandelt. Leider besaßen sie nur sechs Yaks, deren sie selber zu ihren Wanderungen bedurften; wollten wir aber Schafe haben, so würden sie sich bis zu zwölf Tieren verstehen; jedes Schaf trüge mit Leichtigkeit den fünften Teil einer Esellast. Das Anerbieten wurde freudig angenommen und der Preis auf 38 Rupien festgesetzt. Dann humpelten sie wieder fort, dem Sturm entgegen, und ich fühlte mich wieder ungeniert.

Am 2. März wurde der Kauf abgeschlossen. Die Schafe standen in einem Haufen mit den Köpfen nach innen hinter dem Leutezelt, wo sie vor dem Wind geschützt waren. An Aufbrechen war aber noch nicht zu denken, in einem solchen Sturm konnte man kaum auf den Beinen stehen. Wir blieben daher auch noch diesen Tag im Lager. Die Leute hatten vollauf zu tun, da sie kleine Säcke für die Schaflasten nähen und sie dann packen und abwiegen mußten. Ich hatte es nicht so gut, denn ich hatte nichts zu tun und nichts zu lesen; ich schrieb daher tibetische

317, 318. Der Lemtschung-tso nach Osten.

319, 320. Der Scha-kangscham.
Nach Aquarellen des Verfassers.

321. Der Verfasser als Schafhirt verkleidet.

Vokabeln auf und trug die neuen Worte in mein Wörterbuch ein. Dann hörte ich eilige Schritte in der Nähe des Zeltes; es ist Kuntschuk, der mir frische Kohlen bringt; da rasselt es laut, er flucht, die ganze Bescherung ist ihm von der Schaufel geweht, und er muß nach dem Lagerfeuer zurückkriechen, um noch eine Schaufelvoll zu holen. Und der Tag geht hin, und der Sturm tobt weiter, bis man ganz müde und gleichgültig geworden ist.

Während dieser stürmischen Tage des Abwartens hatten unsere Tiere still in einer Mulde gelegen, wo sie vor dem Wind geschützt waren. Der Sturm machte ihnen das Grasen unmöglich, das Fasten aber schwächte sie noch mehr. Einen weißen Maulesel hatten wir denn auch am Lumbur-ringmo-tso zurücklassen müssen, als wir am 3. März mit drei Pferden, sechs Mauleseln und zwölf Schafen nach Südosten weiterzogen und uns freuten, über diesen kritischen Punkt doch noch beinahe mit heiler Haut hinweggekommen zu sein. Süßwasserquellen bildeten eine Reihe malerischer Eisvulkane am Ufer des kleinen Sees. Bevor wir im Schutz eines vorspringenden Berges lagerten, begegneten wir drei großen Schafherden mit ihren Hirten. Bei solchen Gelegenheiten ging ich immer zu Fuß. Die neuen Schafe trugen sämtlich Lasten — eine unschätzbare Hilfe für unsere erschöpften Tiere. Sie wurden nun jede Nacht zwischen den Zelten angebunden, um vor Wölfen geschützt zu sein, und der gelbe Gartokhund erwies sich als ein vorzüglicher Wächter. An diesem ersten Abend blökten sie sehnsuchtsvoll, vielleicht aus Kummer darüber, daß sie ihre Heimat hatten verlassen müssen.

Heftiger Sturm herrschte Tag für Tag. Wir kamen wieder an zwei schwarzen Zelten vorüber. In jedem Lager ist die größte Vorsicht zu beobachten; keine Papierfetzen, Zündholzschachteln, Lichtstümpfe und weggeworfene Zigarettenmundstücke dürfen liegen bleiben, denn man kann sicher sein, daß benachbarte Tibeter sofort nach unserem Aufbruch den Platz gründlich absuchen. Unser Weg führte aufwärts über einen flachen Paß (4886 Meter); das Gestein war verwitterter Schiefer, Quarzit und Granit, letzterer trat jedoch nur in losen Blöcken auf. Jenseits des Passes folgten wir einem tief eingeschnittenen Tal, das in eine Ebene mündete. Wir waren gerade dabei, unsere Zelte dicht an einem vorspringenden Berge aufzuschlagen, als zwei große schwarze Hunde mit lautem Gebell herankamen. Also lagerten in unserer unmittelbaren Nähe Nomaden, und es hieß wieder sich vorsehen. Abdul Kerim, der stets taktvoll und klug war, sowie es sich um delikate Unterhandlungen drehte, begab sich nach einem Zelt hin, das an der anderen Seite des vorspringenden Berges stand und von vier Senkornomaden bewohnt war, die 400 Schafe besaßen.

Der vornehmste der Zeltbewohner hieß Schgoge; er verkaufte uns drei Schafe zu je 3 Rupien, ein wenig Butter und etwas Milch. Er sagte, die Gegend um das Lager Nr. 345 heiße Pankur; bis zum Dorfe des Gertse Pun, dem Zeltlager des Gertsehäuptlings, hätten wir noch drei Tagereisen nach Südosten. Mit dem Häuptling hatte ich jedoch nichts zu besprechen. Uns kam es im Gegenteil darauf an, allem, was Behörde hieß, möglichst aus dem Weg zu gehen und uns sowohl Gertse und Senkor im Westen, wie meiner Route vom Jahre 1906 im Osten ja nicht zu sehr zu nähern; wir mußten uns zwischen mancherlei lauernden Hinterhalten durchschlängeln. Gerade hier überschritten wir den 84. Grad ö. L. Es war mein Plan, vom Tong-tso aus direkt nach Süden, quer durch den großen weißen Fleck, zu gehen. Die immerwährenden Stürme, die uns so viel Schaden zufügten, hatten aber wenigstens den Vorteil, daß wir große Flächen unbemerkt durchziehen konnten. Heute war alles dunkel von Staubwolken; die Schafe unserer Nachbarn, die in langen Kolonnen mit Herden und Hunden an meinem Zelt vorbeitrippelten, sahen in dem Dunstschleier ganz eigentümlich aus.

5. März. Abdul Kerim erhandelte noch zwei Schafe; wir hatten jetzt 17 zur Unterstützung der Maulesel und Pferde. Ich beabsichtigte, die Schafkarawane nach und nach zu vergrößern, um uns von den anderen Tieren unabhängig zu machen. Wir mußten auch ein Pferd für Abdul Kerim frei haben; er war ja unser Vorgesetzter, und es schickte sich nicht, daß er zu Fuß ging, während ich, ein ganz gewöhnlicher Karawanentreiber, ritt. Heute hatten wir den Sturm im Rücken und marschierten 13,7 Kilometer weit auf demselben ebenen, vorzüglichen Gelände, das uns vom Lemtschung-tso an das Vorrücken erleichtert hatte. Wir lagerten bei einer Hürde und freuten uns in dem Bewußtsein, daß es hier keine Nachbarn gäbe, die uns ausspionieren konnten. Ein lahmes Schaf wurde geschlachtet; nur die schlechtesten sollten verzehrt und, sobald sich Gelegenheit bot, durch neue ersetzt werden.

Zweiundsechzigstes Kapitel.

Unser und der braunen Puppy Schicksal in Nagrong.

Am 6. März machten wir einen neuen Hahnenschritt nach dem Ziele hin! Im Winter reist es sich auf den tibetischen Hochebenen recht schwer — mehr als vier Stunden kann man am Tag nicht marschieren. Der Morgen war klar, aber wir waren noch nicht weit über einen kleinen See hinaus, dessen Eisspiegel Flugsand und Staub bedeckte, als der Sturm so stark wurde, daß ich im Sattel schwankte. Die Staubwolken werden immer dichter, die Tromben sind an der Basis dunkel rotbraun, die heftigsten Windstöße reißen wie ein Pflug Furchen in die Erde, und man sieht auf dem Boden spiralförmig gewundene Figuren, die nur von Wirbelwinden herrühren können. Auf der linken Seite zeigt sich ein See; seine Oberfläche ist teils weiß von Gips und Salz, teils braungestreift von Flugsand; nur an zwei Stellen ist offenes Wasser; es ist die Leiche eines zum Verschwinden verurteilten Sees.

Zwei aufgemauerte Feuerstätten kamen unserem Lagerplatz am Ufer, wo gutes Weideland war, sehr zu statten. Auf der Ostseite des Sees erhebt sich ein mittelhoher, ziegelroter Kamm, den ich malen wollte, um seine wirkungsvolle Tönung im Staubnebel zu verewigen. Ich wartete also mit Kutus und Gulam auf die anderen. Wir hatten aber kaum ein Feuer anzünden können, als der Sturm — um die Mittagszeit — zum Orkan anschwoll. Außer den nächsten Grashügeln verschwand alles, See, Bergkamm und Gegend, in einem undurchdringlichen Chaos. Das Feuer wurde, damit es nicht fortflöge, mit Steinen und Lehmklumpen eingehegt, Sand und kleine Steine sausten trommelnd gegen meinen Pelz, das ganze Gesicht bedurfte des Schutzes, die Haut schmerzte wie von Peitschenhieben, wenn man sie dem Wind nur einen Augenblick aussetzte. Glücklicherweise fanden die anderen uns. Alle Mann mußten beim Aufrichten meines Zeltes helfen. Endlich kam Gulam rückwärts zu mir herangekrochen und brüllte mir ins Ohr, das Zelt sei fertig. Breitbeinig und mit gespannten Muskeln ließ ich mich im Zickzack dorthintreiben und war froh, noch eins der Zelttaue ergreifen zu können, ehe ich umgerissen wurde. Nun war ich unter Dach und atmete auf. Die Hinterwand, auf die der Wind drückte, dehnte und straffte sich nach innen wie ein Ballon und drohte jeden Augenblick mit einem Knall zu platzen. Betäubend sauste der dagegen schmetternde Kiessand. Es war so dunkel wie in der Dämmerung, es pfiff und heulte im Grase. Die Leute versuchten eines ihrer Zelte aufzurichten, aber nachdem es ihnen zweimal wieder umgeweht war, ließen sie es liegen, und bedeckten es nur mit Gepäckstücken, um es vor dem Fortfliegen zu bewahren. Fünf Ladakis hockten wie zusammengerollte Igel im Schutz meines Zeltes; ich ließ sie aber zu mir hereinkommen, wo sie ein paar Stunden stumm und regungslos saßen. Die anderen waren unter die Ruinen ihres verunglückten Zeltes gekrochen. Auch Puppy und Klein=Puppy lagen, sich aneinander wärmend, in einer Ecke. Und dabei zeigte das Thermometer $+2{,}1$ Grad; so warm hatten wir es seit drei Monaten nicht gehabt! Ein langer, düsterer Abend! Mit Müh und Not erhielt ich ein Stück Brot, einen Becher Tee und ein Stück Rostbraten. Ich war wirr im Kopf und schwerhörig, als ich endlich in meiner Pelzhöhle Ruhe suchte, während der Sturm da draußen weiterheulte.

Ich erwachte bei der gleichen Musik. Sich zu Pferd in solch ein Wetter hinausbegeben, ist ungefähr so, wie in eiskaltes Wasser springen. Weder Himmel, noch Horizont sind sichtbar, und die Berge treten nur dann und wann aus dem Nebel hervor. Ich breche mit Kutus und Gulam zuerst auf und folge einem begangenen Weg. Dunkel und kalt ist es hier im Lande der ewigen Dämmerung und der bösen Luftdämonen. Nachdem wir 13 Kilometer weit gewandert sind, machen wir halt am Rand eines nach Südwesten gerichteten breiten Eisbandes, eines in mehreren Armen zugefrorenen Flusses. Über die glashelle Eisdecke fegt der Wind, und roter Staub gleitet wie eine feuerfarbene Schattierung schnell darüber hinweg. Auf Kutus gestützt, rutsche ich nach der anderen Seite hinüber; in einer kleinen Talmündung suchen wir Schutz und zünden das übliche Leuchtfeuer an.

Die Karawane langt am Eisrand an. Es ist unmöglich, einen Sandweg zu streuen, denn der Wind fegt ihn sogleich wieder fort. Die Tiere müssen also eines nach dem andern von mehreren Männern hinübergebracht werden. Nichtsdestoweniger fiel ein Maulesel und zog sich dabei eine verhängnisvolle Verrenkung des einen Hinterbeines zu. Nur mit großer Anstrengung konnte er noch nach dem Lager hinaufgebracht werden. Alle sahen grau und entstellt aus, unsere Augen waren voller Sand und Staub und tränten unaufhörlich. Meine Lippen sprangen auf und bluteten, meine Zähne waren schwarz. Der März ist zwar hier stets der schlimmste Monat des Jahres, aber so toll wie diesmal hat er es noch nie getrieben. Was nützt es, sich nach dem Frühling und der Sonne zu sehnen? Die Tage werden ja immer dunkler, je weiter das Jahr fortschreitet!

Der kranke Maulesel hatte sich das Bein verstaucht. Er wurde auf den Rücken gelegt und ein Strick um seine Hufe geschlungen, an dessen anderem Ende alle Mann ziehen mußten. Als es ganz straff gespannt war, schlug Lobsang mit einer Zeltstange gegen den Strick, um dadurch die Verstauchung zu heben! Ich merkte keine Besserung nach dieser Pferdekur. Nein, er war für uns verloren, jetzt, wo wir nicht in der Lage waren, eines unserer besten Tiere entbehren zu können!

Und verloren war er denn auch, am Morgen des 8. konnte er keinen Schritt mehr gehen. Es war mir schwer ums Herz, als ich ihn zum Tode verurteilen mußte; er hatte nichts Böses getan, und es war traurig, das frische, gesunde Blut in einem kräftigen Strahl aufspringen und den wüsten, unfruchtbaren Boden befeuchten zu sehen. Er lag still und geduldig, nach einigen Zuckungen war das Leben entflohen. Er blieb in der Einsamkeit zurück, während wir weiterzogen, unbekannten Schicksalen entgegen.

Vorher aber war ich noch auf einen Hügel gestiegen und hatte Ausschau gehalten. Was war klüger: nach Nordosten oder nach Südwesten zu gehen? Beide Richtungen lagen außerhalb unserer jetzigen Straße. Ich entschied mich für Südwesten und eilte durchfroren nach dem Zelt, wo Gulam gerade das Frühstück auftrug. Die braune Puppy und Klein=Puppy leisteten mir wie immer dabei Gesellschaft, um ihren Anteil zu erhalten. Klein=Puppy war jetzt schon so gewachsen, daß er seine Mama ungestraft behandeln konnte, wie es ihm beliebte. Wenn ich ihr ein Stück Fleisch gab, schoß er wie ein Pfeil darauf los und riß es ihr fort. Ich mußte den kleinen Puppy festhalten, damit die Mutter in Frieden fressen konnte. Als wir aber aufbrachen, entschädigten sich die Puppy und der gelbe Hund für alle Entbehrungen der letzten Zeit, indem sie bei dem getöteten Maulesel zurückblieben, in dessen weichen Halsmuskeln sie eine offene Wunde als Ausgangspunkt hatten. Dort standen sie noch, eifrig schnappend, als wir aufbrachen und dem Eisband des Flusses nach Südwesten folgten.

Mit meinen gewöhnlichen Begleitern ritt ich voraus. Der erstickende, blendende, betäubende Sturm kam uns gerade entgegen. Gulam geht an der Spitze, bleibt plötzlich stehen, blickt durch das Fernglas und gibt mir dann das verabredete Zeichen zum Absteigen. Vor uns haben wir einen vorspringenden Felsen, den der jetzt zugefrorene Fluß bespült.

„Was gibt's?" frage ich Gulam, als wir bei ihm anlangen.

„Ein großes Steinhaus mit einer Mauer und zwei kleinere Hütten! Sie sind augenblicklich im Nebel nicht zu sehen, aber sie liegen ganz nahe am Fuß des Berges."

„Ja freilich, nun sieht man sie wieder; merkwürdig, daß uns keine Hunde entgegenstürmen!"

„Was nun? Wollen wir nicht lieber umkehren? Hier wohnt gewiß ein Häuptling, der uns bis auf die Haut untersuchen wird."

„Nein, dazu ist es zu spät, sie haben uns schon gesehen."

Wie reute es mich, daß wir nicht lieber nach Nordosten gegangen waren! Doch jetzt hieß es, gute Miene zum bösen Spiele machen. Wir zogen an dem festen Dorf in einer Entfernung von nur 100 Meter vorüber und hielten im Schutz des dunkeln Porphyrfelsens, auf dem zwei Tschorten und ein Mani errichtet waren. Wie herrlich, wenigstens eine Weile vor dem Sturm geschützt zu sein! Es war das Gefühl, mit dem man bei einem Platzregen in einem Torweg steht. Tot und öde lag die Gegend, Menschen zeigten sich nicht, nur zwei Dohlen krächzten auf einer schroffen Felswand, und ein Hase eilte so dicht neben uns aus seinem Versteck, daß wir ihn, wenn wir aufgepaßt hätten, mit den Händen hätten greifen können. Kutus und Gulam gehen, um Brennmaterial zu suchen. Ich selbst untersuche mit dem Fernglas diese rätselhafte Umgebung, wo hinter jedem Felsenvorsprung ein Hinterhalt zu lauern scheint. Im Südosten wird es ein wenig heller, hinreichend, um mich 200 Meter von uns ein außergewöhnlich großes schwarzes Zelt entdecken zu lassen. Von einer hohen Stange gehen kreuzweise vier Stricke mit weißen Gebetwimpeln aus. Ich hatte gehofft, daß wir unbeobachtet durch das erste Dorf kommen würden, weil sich keine Hunde sehen ließen, aber unbewohnte Zelte gab es doch wohl nicht! Und die äußere Ausstattung des Zeltes verriet außerdem einen vornehmen Häuptling. Infolge des Staubnebels waren wir ihm gerade in den Rachen gelaufen. Er ließ sich gewiß von lumpigen Ladakilandstreichern keinen blauen Dunst vormachen!

Gulam war nach dem großen Haus gegangen, dessen Hoftor offen stand, und hatte dort in einem Schuppen auf dem Hof eine ganze Menge Brennholz gefunden, eine Strauchart, die die Tibeter Ombo nennen. Nun warteten und warteten wir, die Karawane aus dem Dunst auftauchen zu sehen; als sie aber gar nichts von sich hören ließ, mußte Kutus auf die Suche gehen. Sie hatte sich total verirrt und einen weiten Bogen um die Häuser und das Zelt herumgemacht. Die Führer waren über=

zeugt gewesen, daß ich unbemerkt an dem Ort vorbeiziehen wolle. Ein Pferd war zusammengebrochen; jetzt hatten wir nur noch zwei und außer ihnen noch fünf Maulesel von vierzig Tieren übrig!

Sobald die drei Zelte in einer Linie dicht nebeneinander aufgeschlagen waren, mußte sich Abdul Kerim mit Kuntschuk nach dem großen Zelt begeben. Wir sahen durch den Nebel einen Mann herauskommen und ihnen entgegengehen, worauf alle drei im Hause verschwanden, und nun warteten wir anderen in atemloser Spannung. Erst in der Dämmerung kehrten sie mit guten Nachrichten zurück. Im Zelt wohnte ein einsamer, alter Amtschi=Lama, d. h. ein Arzt=Mönch, der zugleich der Seelsorger der Nagrongnomaden ist und nach den astrologischen Büchern die glücklichen oder unglücklichen Tage für Kindtaufen und andere Geschäfte bestimmt, die dabei nötigen geistlichen Verrichtungen übernimmt und den Menschen beisteht, wenn sie krank sind, sterben und schließlich bestattet werden sollen. Er war aus Sera im Gebiete von Lhasa und lebte seit drei Jahren in Nagrong. Das Zelt war ein wandernder Tempel, dessen Inneres mit Götteraltären, brennenden Butterdochten und Opferschalen ausgestattet war, vor denen der Einsiedler den Gottesdienst hält — wir hörten ihn um Mitternacht in aller Einsamkeit eine Tempeltrommel schlagen. Das Zelt gehörte nebst dem großen Hause dem Gertse Pun Bobo, dem Häuptling des Distriktes Gertse, der vor einigen Tagen mit Kind und Kegel und seinen Herden eine Tagereise weit nach Osten gezogen war, aber bald zurückerwartet wurde, weil zwischen einigen seiner Untertanen Streitigkeiten ausgebrochen waren. Vielleicht war es also doch gut, daß wir nach Südwesten gezogen waren, anstatt nach Nordosten, wo wir dem Gertse Pun gerade hätten begegnen können? Im Spätherbst kommt dieser Potentat nach Nagrong, wo er das Steinhaus bezieht, während ringsumher Hunderte von Nomadenzelten aus der Erde wachsen und hier ein Jahrmarkt abgehalten wird.

Der alte Lama hatte keine Diener, aber alle drei Tage brachte ihm ein Mann Brennholz. Wie muß ihm an den langen Winterabenden zumute sein, wenn er draußen den Sturm heulen hört und drinnen Schweigen herrscht bei den Göttern, die seine Gebete und seine Trommelwirbel nur mit mildem Lächeln beantworten!

Vermutlich aber war er Philosoph und fürchtete die Gefahren der Nacht nicht. In dem Zelt lagen mehrere Säcke Tsamba, Gerste, Reis und Butter, aber er war nicht berechtigt, ohne die Erlaubnis des Gertse Pun etwas davon zu verkaufen. Statt dessen beschrieb er die Lage des Zeltes, in dem der Schwager des Gertse Pun wohnte und wo aller Art gute Sachen erstanden werden könnten.

Ich beschloß infolgedessen, den 9. März noch hier zu bleiben. Während dieses Ruhetages suchte Abdul Kerim mit drei Begleitern den Schwager auf, wurde freundlich empfangen und kaufte fünf Schafe, zwei Schafslasten Reis, ebensoviel Gerste und einen Beutel Tabak, nach dem die Leute sich schon solange gesehnt hatten. Den ganzen Tag über war ich Gefangener in meinem eigenen Zelt, meine Freiheitszeit war zu Ende! Und als der Abend kam und seine Schatten sich auf dies seltsame, unheimliche Nagrongtal herabsenkten, konnte ich an nichts anderes denken als an meinen alten treuen Reisekameraden, den ältesten aller derer, die mit mir in Tibet gewesen waren, die braune Puppy! Mit dem gelben Hund war sie gestern bei dem Maulesel zurückgeblieben, der seines verstauchten Fußes wegen hatte getötet werden müssen, und seitdem hatte keiner die beiden wiedergesehen. Wir hatten gehofft, daß sie uns, wie schon unzählige Male, wiederfinden würden. Aber jetzt sah ich ein, daß sie unsere Spur verloren hatten und uns nun, verzweifelt und wahnsinnig vor Angst, über Berge und Täler suchten, aber nur um sich immer weiter von uns zu entfernen. Wenn sie ein einziges Mal über das Eis gegangen waren, würden sie unsere Spur nie mehr finden können. Mich quälte der Gedanke an meine alte Zeltgefährtin mehr als sonst etwas. Noch gestern morgen hatte sie auf ihrer Filzmatte in ihrer gewöhnlichen Ecke gelegen, und wir hatten zusammen gefrühstückt. Wo war sie jetzt, wie ging es ihr in diesem Augenblick? Tag und Nacht würde sie bellend und winselnd über das öde Tschang-tang laufen, mit der Nase am Boden, und unsere verlorene Spur suchen, bis ihre Pfoten wund und zerfetzt waren. Was würde sie tun, wenn die Nacht mit ihrer unheimlichen Dunkelheit und den umherstreifenden Wölfen kam? Würde sie auf dem Gipfel eines Hügels bleiben und uns im Winde zu wittern suchen, oder würde sie auf einer der grenzenlosen Ebenen sitzen und den Mond anheulen? Blieben die beiden wenigstens zusammen oder suchten sie uns auf verschiedenen Wegen und verloren sich gegenseitig? Würde Puppy je bei freundlichen Nomaden landen und es wieder gut haben? Oder würde sie Not leiden und angebunden vor einem armseligen Zelt liegen und, in hoffnungslosem Kummer winselnd, ihres verflossenen Lebens gedenken, das sie von ihren ersten Lebenstagen an, als sie in meinem Zimmer in Srinagar Milch schlürfte, in meiner Karawane verlebt hatte? Auf diese Fragen sollte ich nie Antwort erhalten, denn Puppy und der gelbe Hund hatten ihre Rollen in unserem Roman auf immer ausgespielt. In Zukunft wird ihr Leben sich anders gestalten, und ich werde die folgenden Kapitel ihrer Geschichte nie kennen lernen. Sie war und blieb fort, und ich vermißte sie unbeschreiblich. Ich lag

322. Übergang über das Eis des Rangscham-tsangpo.

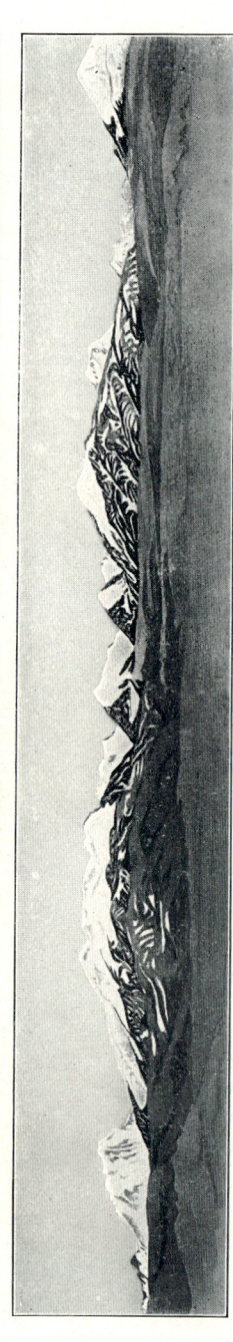

323, 324, 325. Die Gipfel des Lunpo-gangri (Transhimalaja) von den Lagern 379, 381 und 383 aus gesehen.
Nach Aquarellen des Verfassers.

nachts wach im Bett und dachte an ihren Kummer, ich sah jeden Morgen
nach, ob sie zurückgekehrt sei und sich in ihre gewöhnliche Ecke gelegt
habe, ich glaubte, in der Dämmerung ihre leisen Schritte vor dem Zelt
zu hören, ich meinte oft, durch den Nebel hindurch auf einem Hügel oder
einem Felsenvorsprung die Silhouette eines einsamen, ausgehungerten
Hundes unterscheiden zu können, der mit erhobener Schnauze in den
Sturm hineinheulte. Ich litt eine ganze Zeit hindurch förmlich an einer
fixen Idee: der Schatten, die ruhelose Seele, die unsichtbare Gespenster-
gestalt eines Hundes verfolgte mich auf Schritt und Tritt. Ich fühlte
die Nähe eines unsichtbaren Hundes, der mit mir ins Zelt ging, während
der ewig gleichen Ritte neben mir herlief, bei mir blieb, wenn ich unter
den Tibetern war und stets klagte und um Hilfe flehte; und es peinigte
mich, meinem umherirrenden, suchenden Freunde nicht helfen, ja ihn nicht
einmal trösten zu können. — Bald aber hatte ich an anderes zu denken;
andere Hunde wurden meine Freunde, und mit jedem Tag verwickelte
ich mich mehr in einem unentwirrbaren verfitzten Garn von Gefahren,
die zu einer Krisis führen mußten und in denen die Sorgen der Ver-
gangenheit vor dem Ernst des Augenblickes verblaßten.

Am 10. März. Ein Tag wie der heutige ist interessant in der Erinnerung, aber hart, solange er dauert. Vor sechs Uhr wurde ich mit der
beunruhigenden Kunde geweckt, daß zwei Tibeter sich unsern Zelten
näherten. Ich sprang sofort aus dem Bett, kleidete mich an und bepin-
selte mir Gesicht und Hände mit verdünnter schwarzer Tusche. Unterdessen kamen die Fremden an und wurden gebeten, bei Abdul Kerim einzutreten, wo ich sie in aller Gemütlichkeit von Schafen und Geld reden
hörte — es waren also keine Spione. Noch hatte unsere Stunde nicht
geschlagen. Der eine Gast war der „Schwager", der andere einer seiner
Nachbarn, der, als er gehört hatte, wie gut wir Schafe bezahlten, sich bereit
erklärte, uns die vier, die er mitgebracht hatte, nebst einer munteren
Ziege, ebenfalls zu verkaufen. Abdul Kerim war ein für allemal angewiesen, sämtliche Schafe zu kaufen, die zu haben waren, und ging also
darauf ein. Die Ziege war ein recht munteres Tier, das uns sofort
durchbrannte und sich überhaupt nicht wieder einfangen ließ!

Allerdings begaben sich die beiden Tibeter nun nach dem Zelt des
Lamas, um dort Tee zu trinken. Aber noch war die kritische Spannung
nicht vorbei, denn es war wahrscheinlich, daß sie wiederkommen und unserer Abreise zusehen würden. Daher ging ich, während die Zelte noch
standen, mit Tubges, „Klein-Kuntschuk" und „Schnarch-Kuntschuk", wie
wir Sonam Kuntschuk wegen seines angestrengten Holzsägens im Schlaf
zu nennen pflegten, als diese drei unsere 31 Schafe talabwärts trieben.

Als wir abzogen, standen die Tibeter im Freien und gafften uns an, ohne etwas zu merken. Um dem Entdecktwerden zu entgehen, hatte ich mich in aller Eile in einen Schäfer verwandelt (Abb. 321) — Priester im ersten Akt und Räuber im letzten! Aber ich kam bald dahinter, daß es mir zu diesem ebenso windigen, wie Geduld erfordernden Gewerbe an jeglicher angeborenen Begabung fehlte. Ich selber fand freilich, daß ich meine Ladakis so getreu wie nur möglich nachahmte, genau so wie sie rief, pfiff und mit den Armen in der Luft fuchtelte, wenn ein Schaf sich von der Herde trennte. Aber mir gegenüber zeigten die Tiere keine Spur von Disziplin, sondern gingen, wenn ich bei ihnen war, nur da, wo sie wollten. Nach einstündigem Treiben gerade gegen den Wind hatte ich genug, und während die beiden anderen mit den Schafen weiterzogen, ruhten ich und Kuntschuk uns in einer Schlucht aus, wo wir vom Lamazelt nicht mehr gesehen werden, selber aber das ganze Tal überblicken konnten.

Endlich kamen die übrigen, Abdul Kerim zu Pferd an der Spitze. Unsere Pelze und Turbane hatten die gleiche Farbe, so daß zufällig spionierende Tibeter sich nicht so leicht darüber klar werden konnten, ob ich oder Abdul Kerim der Reiter war. Jetzt nahm ich daher das Pferd und ritt mit meinen gewöhnlichen Begleitern voraus. Um elf Uhr wurde die Heftigkeit des Sturmes zur tollsten Wut. Der Flugsand fegt in dicken Streifen am Boden hin, man erstickt fast und glaubt selber still zu stehen, während der Erdboden sich mit Schwindel erregender Schnelligkeit bewegt. Wir gehen quer über das Tal, um auf der linken Seite weiterzuziehen. Die Staubwolken steigen zur Sonne empor, es wird dunkel, alles verschwindet, was über 20 Meter entfernt liegt, und ein Chaos umgibt uns. Wir halten Rast, um Atem zu schöpfen und die anderen nicht zu verlieren. Als sie aber wie Gespenster im dichten Staubnebel auftauchen, setzen wir unsern Weg fort. Viele Sandstürme habe ich in der Takla-makan und in der Lopwüste aushalten müssen, aber wohl kaum einen, der schlimmer gewesen wäre als dieser! In Turkestan lagert man einfach, wenn der Sturm kommt; aber was würde es hier nützen, auf das Aufhören eines Sturmes warten zu wollen, der dreißig Tage anhält? Wir irren zwischen kleinen Dünen umher, und obgleich das Tal sich in unserer Wegrichtung senkt, ist es, als arbeiteten wir uns nach einem hohen Paß hinauf — eine Folge des Winddrucks. Die andern entschwinden uns wieder aus dem Gesicht. Der Flugsand schmettert gegen meinen trocknen, harten Pelz, der durch die beständige Reibung stark mit Elektrizität geladen wird. Ungefähr alle zwei Minuten entlädt sie sich, und ich fühle unbehagliche, oft schmerzhafte Schläge, hauptsächlich in den Fußsohlen, Händen und

Knien. Bei jedem solchen Schlag fährt auch das Pferd zusammen und
wird nervös. Als mein grauer Tikse schließlich nicht weiter wollte, wir
außerdem die anderen ganz verloren hatten und unsern eigenen Weg
nicht mehr sahen, machten wir halt und kauerten uns an der Erde nieder,
dem Sturm den Rücken zukehrend. Die elektrische Entladung dauerte auch
jetzt fort, aber nicht mehr so stark. Wenn ich eine Fingerspitze der Hand
Gulams oder Kutus' näherte, so hörte und sah man einen kleinen
Funken, und wir fühlten beide den Stoß. Sie waren außerordentlich er=
staunt und glaubten, daß Zauberei dabei im Spiel sein müsse.

Drei Stunden warteten wir so und machten uns schon auf eine
ungemütliche Nacht gefaßt. Endlich aber fand Kutus die Nachzügler,
und zwar gerade in dem Augenblick, als sie alle Versuche, uns noch vor
der Nacht zu finden, aufgeben wollten. Wir lagerten zwischen den Dünen,
und in ganz kurzer Zeit verschwanden alle Sachen, die in meinem Zelt
lagen, unter einer dicken Sandschicht.

Am Morgen des 11. hatte der Sturm sich ein wenig gelegt; fröstelnd
und müde nach den Abenteuern des Abends setzten wir unseren Weg
nach Süden fort und lagerten bei einer leerstehenden Schafhürde.
Schon um neun Uhr sah man dichte Tromben sich wie gespenstische
Pinien langsam über die Ebene hindrehen, und dann war der Sturm
wieder in seiner gewöhnlichen Stärke da. Wir hatten nur für einen
Tag Tsamba, aber das spielte, solange wir noch so reichliche Fleisch=
vorräte besaßen, keine Rolle. Es war ein beruhigendes Gefühl, sich
vom Gertse Pun zu entfernen; in diesem Flugsand war es unmöglich,
unsere Spur zu finden — war es doch unseren eigenen Hunden unmöglich.
Klein=Puppy vermißt seine Mutter nicht, im Gegenteil, er kommt sich
wichtig vor, spielt sich als alleiniger Herr im Hause auf und bellt
unsere friedfertigen Schafe an. Für uns ist es eine riskante Sache,
gar keine nächtlichen Wächter zu haben, obendrein in Gegenden, wo
wir ihrer am allernötigsten bedürfen. Wir müssen sehen uns möglichst
bald neue Hunde anzuschaffen.

Am 12. März legten wir in einem schönen, breiten Längstal die
üblichen 10 Kilometer zurück und lagerten in einer schutterfüllten Schlucht.
Die drei Zelte wurden jetzt immer so dicht nebeneinander gestellt, daß
ich, wenn ein Fremder unerwartet in mein Zelt treten sollte, in Abdul
Kerims Zelt hinüberkriechen konnte, ohne von außen gesehen zu werden.
Mein Ladakitschapan begann einen mich immer mehr befriedigenden Far=
benton anzunehmen, aber ich tat auch, was ich konnte, um ihn ein=
zuschmutzen und ihm Ruß= und Fettflecke beizubringen. Klein=Puppy
unterstützte mich dabei gütigst, indem er nach meinen Ärmeln schnappte

und so zerrte, daß sie schon in Fetzen hingen; lange konnte es nicht mehr dauern, bis ich wie ein leibhaftiger Strolch aussah!

Die ganze Nacht schneite es leise und dicht, und am Morgen lag der Schnee so hoch und so dicker Schneenebel verhüllte das Land, daß wir es für das klügste hielten, im Lager zu bleiben. Immer weiter entfernen wir uns von der braunen Puppy; vergebens wird sie unsere Spur im Schnee suchen. Vielleicht war es so bestimmt, daß sie und mein Schimmel rechtzeitig von der Bildfläche verschwinden mußten, damit ich nicht durch sie verraten würde. Denn die Tibeter haben einen unglaublich scharfen Blick für Tiere und kennen jedes wieder, wenn sie es auch nur ein einziges Mal gesehen haben. Diese Gefahr war also geschwunden, alle Veteranen waren fort. Vielleicht hatte Puppy sich selbst geopfert, damit ich mein Ziel erreichen könnte? Aber immer noch sah ich sie im Geiste verirrt und verzweifelt auf den öden Ebenen im Norden umherstreifen.

Dreiundsechzigstes Kapitel.

Durch Bongbas Gebirge.

Wenn ich zu den ungewissen Schicksalen und bevorstehenden Abenteuern eines neuen Tages geweckt werde, erscheint mir jetzt das Leben düster und einsam. Je weiter die Zeit vorschreitet, desto mehr sehne ich mich nach einer Entscheidung. Als Gulam mich heute, am 14. März, weckte, beklagte er sich, daß Abdul Kerim mit der Uhr, die er von mir erhalten, nicht ordentlich umgehe; entweder sei die Uhr oder der Karawanenführer verdreht; er glaube indessen, daß der letztere es sei, denn die Uhr könne man eigentlich nicht in Verdacht haben, da sie ja nur einen um den anderen Tag aufgezogen werde. Gulam behauptete, daß Abdul Kerim auf die Frage, wieviel Uhr es sei, stets „sieben" antworte, welche Zeit des Tages es auch sein möge!

In der Nacht hatten wir wieder 24 Grad Kälte gehabt, aber trotzdem wurde es ein herrlicher Tag; es wehte zwar wie gewöhnlich, doch die Sonne stand am Himmel, und wir dachten wieder an den Frühling. Drei Hirten trieben einige Hundert Schafe nach Westen, der letzte Schnee hatte sie von ihren Weiden verscheucht, und sie waren jetzt auf der Suche nach schneefreiem Weideland. Ihrer Aussage nach waren wir nur noch eine Tagereise weit vom Tong-tso entfernt. Der Tong-tso war der Punkt, von wo aus ich nach Süden aufbrechen wollte, um durch das unbekannte Land zu dringen. Gelang es mir, dieses Land auch nur auf einer einzigen Linie zu durchziehen, so waren die Mühen des verflossenen Winters nicht vergeblich gewesen! Die Angabe der Hirten war richtig, denn am folgenden Tag lagerten wir am Westufer des Tong-tso (4511 Meter), den wir genau da fanden, wo ihn der unsterbliche Pundit Nain Sing in seine Karte eingezeichnet hat. Im Südosten thronte der großartige Gebirgsstock Scha-kangscham, an dessen nördlichem Fuß ich 1901 entlang geritten war.

Jetzt handelte es sich um das Ausfindigmachen eines geeigneten Passes, der über das Gebirge führte, das uns im Süden den Weg versperrte. Im Südosten zeigte sich eine Lücke, und dorthin zogen wir. Rechts von unserem Weg lagen am Fuß eines Hügels zwei Zelte.

Abdul Kerim wurde hingesandt, während wir in einer tiefen, schmalen
Erosionsrinne lagerten, auf deren Grund wir eine große Menge hinein=
gewehten Kiangdungs und dürrer Grasbüschel fanden. Unser guter An=
führer erzählte, daß er von zwei Männern, die Naktschu Tundup und
Naktschu Hlundup hießen, unfreundlich empfangen worden sei; sie waren
nämlich aus der drei Tagereisen nach Süden liegenden Landschaft Nak=
tschu und hätten beide dieselbe Frau. Sie hätten zuerst gefragt, wieviel
wir seien und wieviel Flinten wir besäßen, als hätten sie vor allem erst
wissen wollen, ob sie und ihre Nachbarn uns wohl überwältigen könnten.
Dann hatten sie gesagt, daß sie an der Spitze unseres Zuges einen Rei=
ter gesehen hätten, während alle anderen, auch Abdul Kerim, zu Fuß
gegangen seien. Jener Mann sei natürlich ein Europäer! Als
Abdul Kerim entgegnete, daß Europäer nicht im Winter reisten, weil sie
viel zu große Angst vor der Kälte hätten, und daß wir nur Wollkäufer aus
Ladak seien, hatten die Tibeter den Kopf geschüttelt und geantwortet,
sie hätten nie davon gehört, daß Ladakis im Winter diese Gegenden
durchreisten. Aber nach und nach gelang es Abdul Kerim ihr Vertrauen
zu gewinnen, und als er für zwei Yaks und sechs Schafe doppelt soviel
bezahlte, wie die Tiere wert waren, ließen die Tibeter ihren Verdacht
fahren — um des schnöden Goldes willen. Erst am folgenden Morgen
sollte der Kauf abgeschlossen werden. Am nächsten Tag wurden denn
auch die neuen Tiere geholt, und ihre Tragkraft erwies sich als eine
segensreiche Hilfe für die Unseren. Glücklicherweise hatten die Nomaden
im allgemeinen den größten Respekt vor unseren Zelten. Mir lag viel
daran, vor allem mit solchen, die uns anfänglich feindlich entgegentraten,
für sie vorteilhafte Käufe abzuschließen. Dadurch gewannen wir sie, und
sie dachten nicht mehr daran uns anzuzeigen, auch wenn wir ihnen ver=
dächtig erschienen; denn, falls es herauskam, daß sie sich gut hatten be=
zahlen lassen, hätte der nächste Häuptling sofort die Kaufsumme mit
Beschlag belegen und obendrein noch die Pechvögel bestrafen lassen, die
sich unterstanden, mit verdächtigen Individuen Geschäfte zu machen.

Während des heutigen Marsches ritt ich wie gewöhnlich mit meinen
beiden Fußgängern voraus. Hinter einem Bergvorsprung zur Rechten
lag ein Zelt so versteckt, daß wir es erst gewahrten, als wir es schon
hinter uns hatten, und es zu spät war abzusteigen. Zwei Männer stan=
den davor und gafften uns nach. Wenn sie ihre Beobachtungen mit denen
ihrer Nachbarn vergleichen, werden sie guten Grund zum Argwohn fin=
den! In dem heutigen Lager besuchten uns ein Greis und zwei halb=
wüchsige Jungen, die ihr Zelt in der Nähe hatten und sich davon über=
zeugen wollten, was für Leute wir seien. Sie sagten, daß sie sehr arm

seien, und bettelten um ein bißchen Geld. Wir befanden uns hier, wie wir durch sie erfuhren, auf der Grenze des Distriktes Bongba-tschangma, zu dem 300 Zelte gehören und der, wie die ganze Provinz Bongba, unter dem Statthalter Karma Puntso steht, dessen Zelte wir in sechs Tagereisen nach Süden erreichen könnten. Er sei 25 Jahre alt, wohne in einem großen Zelt und bekleide sein Amt erst seit einem Jahr, seit dem Tode seines Vaters. Es war immerhin eine Beruhigung zu wissen, daß er über Europäer und ihre krummen Wege noch keine Erfahrungen gesammelt haben konnte. Nachdem die Gäste von Abdul Kerim zwei Tengas erhalten hatten, schlichen sie im Glanz der Abendsonne wieder nach Haus, erfreut, daß wir keine Räuber waren.

Jetzt sank die Kälte auf 26,7 Grad — der Winter war noch immer merkwürdig zudringlich, aber der Tag, der 18. März, doch schön. Ich legte den ganzen Weg zu Fuß zurück und spielte wieder den Schaftreiber, weil wir an mehreren Zelten vorüberkamen. Unter ihnen war auch das Zelt des Alten, der uns gestern besucht hatte; es stellte sich jetzt heraus, daß er ein wohlhabender Mann war, der uns verschiedene notwendige Lebensmittel verkaufen konnte! Unterwegs schoß Tubges sieben Rebhühner, was zur Folge hatte, daß zwei Tibeter herankamen, dagegen protestierten und behaupteten, niemand anders als Europäer schössen Rebhühner! Abdul Kerim erklärte ihnen aber, daß er selbst lieber einmal Rebhühner als immerfort Schaffleisch esse! Hier spukte wieder das Gerücht von Karma Puntso. War es vielleicht doch klüger, einen anderen Weg einzuschlagen? Nein, dann wird der Statthalter noch mißtrauischer werden! Wir lagerten an der Nordseite einer kleinen Paßschwelle, wo wir keine lästigen Nachbarn hatten.

19. März. Das aus einem delikaten Rebhuhn und einem Becher Milch bestehende Frühstück war gerade verzehrt, als man mir meldete, daß drei Tibeter auf unser Lager loskämen. Sie blieben jedoch in gemessener Entfernung stehen, und Abdul Kerim ging zu ihnen hin. Mein Zelt stand nach der Seite offen, wurde aber noch im richtigen Augenblick zugemacht. Die Tibeter fragten, ob wir ihnen nicht Medizin geben könnten für einen Mann, der einen schlimmen Fuß habe. In Wirklichkeit war es wohl nur ihre Absicht, bei unserem Aufbruch zu spionieren, denn sie blieben die ganze Zeit über da und sahen sich alles aus der Ferne an. Nachdem ich mit dem Anmalen meines Gesichts und meiner Hände fertig war, schlich ich mich also auf dem geheimen Weg in Abdul Kerims Zelt, während Kutus und Gulam auf demselben Weg in das meine krochen, um dort alles einzupacken. Dann trieb ich mit Lobsang und Tubges die Schafe den Paßweg (4918 Meter) hinauf. Wir waren aber noch nicht

weit, als Abdul Kerim auf meinem Pferd angeritten kam und uns eifrig winkte, stehenzubleiben. Ein tibetischer Reiter mit einem großen Hund würde uns nämlich in einigen Minuten auf diesem Pfad begegnen. Wir machten daher einen Umweg um die seitwärts liegenden Hügel, während der Karawan-baschi sich mit dem Tibeter befassen sollte. So drückte ich mich um die Gefahr herum. Nach einer Weile erschienen Kuntschuk und Sedik, jeder einen Strick in der Hand, und in ihrer Mitte der große Hund, eine boshafte Bestie, die so bellte, daß ihr der Schaum vor dem Maul stand, und die die Leute, die sie von seinem Herrn fortführten, zu beißen suchte. Es war ein sogenannter „Takkar", und Takkar hieß er auch bei uns; er erinnerte an einen Bernhardiner, war rabenschwarz mit einem weißen Fleck am Halse und auf der Brust und wild wie ein Wolf. Sie hatten ihn für 2 Rupien erstanden.

Doch nicht nur das; Abdul Kerim hatte auch das Roß des Reiters für 86 Rupien erhandelt und kam uns vergnügt nachgesprengt, als wir von der Paßschwelle nach einem Längstal hinabritten, das reich an Zelten, Schafen und Yakherden war und in dem sich an zwei Stellen Reiter zeigten, die beängstigend an Soldaten erinnerten. Das neue Pferd war elf Jahre alt, wie der Besitzer angab, der hinzugefügt hatte, daß es, wenn es nur erst das 15. Jahr überstanden habe, noch so lange leben werde, bis es 30 Jahre alt sei. Es war ein neues Mitglied unserer Truppe und erregte allgemeines Interesse, nicht zum wenigsten bei Takkar, der ruhiger wurde, als er einen alten Freund und Gefährten wiedersah.

Im heutigen Lager hieß es gut aufpassen, denn ringsumher wohnten Nomaden und überall zogen Hirten mit ihren Herden über die Hügel. Um Takkar das Fortlaufen unmöglich zu machen, banden ihm die Leute eine Zeltstange am Hals fest, eine durchaus nicht leichte Operation. Sie hielten ihn an den Stricken fest, legten ihm Schlingen um die Beine, warfen ihm eine Filzmatte über, auf die sich vier Mann setzten, während die anderen die Stange festbanden. Als er losgelassen wurde, versuchte er, sich auf den ihm zunächst Stehenden zu stürzen, wurde aber durch die Stange daran gehindert. Er war zu bedauern, daß er sich wider seinen Willen aus seiner Heimat fortschleppen lassen mußte, aber ich hoffte, daß wir mit der Zeit doch gute Freunde werden würden. Damit er sich in der Gefangenschaft tröste, erhielt er Blut und Eingeweide des geschlachteten Schafes.

Am 20. passierten wir wieder eine kleine Paßschwelle (4955 Meter) und den unbedeutenden See Schar-tso, an dessen Ufer eine herrliche Quelle aus der Erde sprudelte. In zwei Zelten auf der Westseite unseres Weges kauften wir Tee, Butter und Tsamba für einige Tage und erhielten wieder das Gerücht über Karma Puntso als Zugabe. Jetzt hieß es,

326. Abdul Kerims Zelt.

327. Rindors Wachmannschaft.

328. Dortsche Tsuän und sein Amtsbruder Ngavang.

329. Ein „Kavallerist" meiner Eskorte.
Skizze des Verfassers.

er wohne drei Tagereisen westwärts; ich hoffte immer noch an ihm vorbei=
zukommen, ohne Verdacht zu erregen. Die Gegend des Lagers 359 hieß
Luma=schar; wir befanden uns hier am nördlichen Ufer des großen
Flusses Kangscham=tsangpo, der von der Nordseite des Scha=kang=
scham herabkommt, jenes gewaltigen Gebirgsstockes, den ich im Jahre
1901 unmittelbar südlich von meiner Route hatte liegen lassen und dessen
westliche Seite uns jetzt einen großartigen Anblick gewährte. Der Berg
lag etwa zwei Tagereisen nach Südosten hin.

Am folgenden Tag mußten wir über den Fluß, eine höchst unge=
mütliche Sache. Denn obgleich es die letzte Nacht 18 Grad kalt gewesen
war, hielt das Eis in der Nähe der Ufer noch nicht. Abdul Kerim ver=
suchte hinüberzureiten, aber das Tier brach mitten im Flusse so ein,
daß es kopfüber ins Wasser stürzte. Da zog Lobsang die Stiefel aus,
ging barfuß hinüber und kam wieder zurück, um mit Hilfe der anderen
unsere Lasttiere vorsichtig nach dem andern Ufer zu bringen. Am
schwersten ging es mit den Schafen, sie mußten einzeln hinübergescheucht
und an den Hörnern vorwärtsgezogen werden; beinahe alle Mitglieder
der Karawane mußten sich an diesem Eisbad beteiligen (Abb. 322).

Auf der anderen Seite gingen wir nach einem kleinen Paß hinauf,
von dem man einen prachtvollen Überblick über die Kette hatte, die vom
Scha=kangscham nach Westnordwest auszugehen schien und uns den Weg
nach Süden verlegte. Abdul Kerim, Kuntschuk und Sedik mußten mit
einem erschöpften kleinen Maulesel nach zwei Zelten gehen, die rechts von
unserem Wege standen, und sollten versuchen, den Ärmsten gegen zwei
Schafe zu vertauschen. Aber die Nomaden antworteten, daß sie den Maul=
esel nicht einmal geschenkt haben wollten. Statt zu tauschen, wurde nun
Reis, saure Milch, Butter, Salz und ein Schaf gekauft, so daß wir auf
einige Tage versorgt waren. Auch heute mußte Abdul Kerim vom Lager
aus einen weiten Spaziergang nach einigen benachbarten Zelten machen.
Er mußte seiner Sünden wegen tüchtig umhertraben, der arme Abdul
Kerim! Wenn er auch darin gefehlt hatte, daß er zu wenig Gerste aus
Ladak mitgenommen hatte, so war sein Betragen während dieser kritischen
Reise dafür um so besser.

Vom Lager 360 aus sahen wir in S 73° O den höchsten Gipfel
des Scha=kangscham (Abb. 319, 320).

Takkar ist noch immer unversöhnlich und haßt Kuntschuk, der ihn
gekauft hat, von ganzem Herzen. Aber er bellt auch uns andere samt und
sonders an, sobald wir uns außerhalb der Zelte sehen lassen. Während
des Marsches ist er resigniert, solange das neue Pferd sich in seiner
Nähe befindet, sonst wird er wild. Der einzige, der sich ihm zu nähern

wagt, ist der kleine Puppy, der ihn neckt und ihn in die Ohren beißt. Takkar behandelt Klein-Puppy aber mit göttlicher Verachtung; nur wenn der Kleine eine Gelegenheit wahrnehmen will, um dem neuen Onkel das Futter vor der Nase wegzustibitzen, knurrt er wütend; dann aber richten sich Klein-Puppys Ohren auf, und mit schiefem Kopf blickt er Takkar an. Er hat keine Ahnung, daß Takkar ihm den Hals abbeißen könnte wie einem Kücken, wenn er Lust dazu verspürte. Eigentlich war Takkar ganz froh, in der Gefangenschaft einen Spielkameraden zu haben, obgleich er anfangs schandehalber versuchte, sich abweisend zu zeigen.

Am folgenden Morgen begaben sich Lobsang und Tubges wieder nach den Zelten der Nomaden und kehrten mit noch drei Schafen, einem Kloß Butter und einem Beutel Tabak zurück. Es war der Mühe wert, ihnen zuzusehen, einen solchen Appetit entwickelten sie! Die anderen hatten ihnen den halben Topf dicken, rotbraunen Buttertees übriggelassen. Eine Schale nach der anderen verschwand, und sie leerten den großen Topf bis auf den letzten Tropfen. Dann holten sie eine Schüssel Fleisch, das sie wie wilde Tiere verschlangen. Den Rest wickelten sie in das Ende ihrer Leibbinden, um Reservevorrat zu haben, falls sie hungrig werden sollten, ehe wir das nächste Lager erreichten.

Wir zogen südlich weiter und ließen eine offene Ebene, die sich bis an den Fuß der Vorberge des Scha-kangscham erstreckt, zur Linken liegen. Zweimal kamen wir an Zelten und Herden vorbei und lagerten dann auf dem Kiesabhang nahe einer Quelle. Die Nomaden hatten nichts zu verkaufen, erteilten Abdul Kerim aber mancherlei wertvolle Auskunft. Bei solchen Gelegenheiten pflegte Kuntschuk sich verstohlen alle geographischen Namen aufzuschreiben. Unter anderem erfuhren wir jetzt, daß wir, falls wir noch sieben Tagereisen weiter nach Süden gingen, einen reichen Kaufmann aus Lhasa treffen würden, der Tsongpun Taschi hieß und sich im Winter mitten in der Provinz Bongba aufzuhalten pflegte, um den Nomaden Tee zu verkaufen. Ich konnte mir sagen, daß die Nachbarschaft seines Lagers unser nächster kritischer Punkt werden würde.

Um diese Zeit schliefen Lobsang und zwei wetterharte Ladakis schlecht, weil es ihnen, wie sie sagten, im Zelt zu heiß war! Lobsang hatte nur einfaches Unterzeug und darüber nur einen Anzug von dünnem Wollstoff. Dies Kostüm hatte er seit Drugub getragen und darin bei 40 Grad Kälte, mit nur zwei Säcken zugedeckt, geschlafen; denn seinen Pelz hatte er schon am Anfang der Reise einem der Kameraden verkauft. Nur ein Tibeter kann dergleichen aushalten.

Am 23. März arbeiteten wir uns nach dem Tschaklam-la hinauf, den wir auch Amtschen-la hatten nennen hören. Ein steiler Weg führt bergauf, und es ging verzweifelt langsam. Die Schafe und die beiden Yaks überholten uns bald. Von den letzten Zelten aus übersah man den ganzen Weg bis nach dem Paß hinauf, und ich mußte daher zu Fuß gehen. Ich wäre vor Herzklopfen und Atemnot gestorben, wenn nicht Lobsang mich hinaufgeschoben hätte! Zwei Maulesel, die während der letzten Tage schon kaum mehr atmen konnten, wurden lebendig zurückgelassen, da die Nomaden sie sich natürlich holen würden. Mit einem Rappen ging es ebenfalls zu Ende, und das neugekaufte Pferd mußte dessen Last übernehmen. Mein Grauer war auch nicht mehr viel wert. Der Tschaklam-la mit seinen 5285 Metern war uns infolgedessen ein großer Stein des Anstoßes, und ebensowenig erfreulich war die Aussicht, die sich im Süden aufrollte: ein Labyrinth von Gebirgen, aus dem man jedoch deutlich entnehmen konnte, daß alle Ketten sich in ostwestlicher Richtung hinzogen. Von dem Paß ging es steil nach dem Fluß Sangtschen-tschu hinab, der nach Westen fließt und an dessen Ufer wir lagerten. Jetzt begann Takkar, sich in sein Schicksal zu finden. Allerdings verdroß es ihn, daß er immer an seiner Zeltstange liegen mußte, aber er fand auch wieder, daß er bei uns doch gutes und reichliches Essen erhielt und daß wir alle sehr nett zu ihm waren. Nur Kuntschuk bellte er stets an; ihm konnte er nicht verzeihen.

Als wir am 24. März aufbrachen, schwankte ich zwischen Südwest und Südost, denn im Süden erhoben sich hohe Berge. Gingen wir nach Südwesten, so würden wir uns Karma Puntso zu sehr nähern; wir wählten also den Weg nach Südosten. Zuerst mußten wir über die 120 Meter breite Eisfläche des Flusses hinüber, auf die ein Sandweg gestreut wurde. Auch hier mußten die Schafe wieder einzeln an den Hörnern hinübergezogen werden, und die Yaks ließen sich erst dann zum Betreten des Eises bewegen, als sie gesehen hatten, daß es Pferde und Maulesel trug. Gulam marschierte zu Fuß an der Spitze und war wie gewöhnlich beauftragt, mir ein Zeichen zu geben, wenn sich Zelte oder Hirten zeigten. Wir waren noch nicht weit, als er schon die Hand nach links ausstreckte, was bedeutete, daß ich absteigen, mit den Schafen gehen und daß Abdul Kerim mein Pferd besteigen müsse. Diesmal war es nur ein Hirt mit seiner Herde. Sobald die Gefahr vorüber war, tauschte ich wieder mit dem Karawanenführer.

Als wir etwas weiter marschiert waren, merkte ich plötzlich, daß ich mein Zigarettenetui, das auch einige unaufgezogene Familienphotographien und ein Stück schwarzes Heftpflaster enthielt, verloren hatte. Das wäre eine schöne Geschichte, wenn ein Tibeter es fände! Ein solches Ding konnte nur einem Europäer gehören. Lobsang und Kutus kehrten daher um und suchten unsere Spur ab, während ich mich auf einem Abhang ausstreckte, um ihre Rückkehr zu erwarten. Glücklicherweise fanden sie das Etui und erhielten jeder eine Zigarette zur Belohnung! Wir blieben noch eine Weile rauchend sitzen, während Abdul Kerim mit Kuntschuk und Tubges nach einem Zelt ging, wo er aber nur Frauen traf und einige Lebensmittel kaufte. Im heutigen Lager herrschte wieder Schneesturm, und in der Nacht sank die Temperatur auf —17,8 Grad. Jetzt hatten wir nur noch 21 Schafe und mußten also darauf bedacht sein, entweder unsere Herde zu vergrößern oder, noch lieber, ein Dutzend Pferde zu kaufen. Hier und überhaupt in Bongba war das Schafkaufen schwierig gewesen. Überall klagten die Nomaden, ihre Herden seien durch Kälte, Stürme und Schnee dezimiert worden, und überdies war auch das Gras erbärmlich, nachdem der Regen im vorigen Spätsommer ausgeblieben war. Die Schafzucht ist ihre Existenz; verlieren sie ihre Herden, so verarmen sie gänzlich, und es bleibt ihnen nichts übrig, als an den Zelten der Reicheren zu betteln. Sie haben infolgedessen eine ausgesprochene Abneigung gegen jede, sozusagen nicht naturgemäße Verminderung ihrer Stückzahl; die Herde muß sich verbessern und im Gleichgewicht halten, sich in guten Zeiten vergrößern und in schlechten zusammenschrumpfen, darf aber nicht durch Verkauf verkleinert werden. Daher weigern sie sich selbst dann zu verkaufen, wenn ihnen das Doppelte des Wertes geboten wird. Noch schwieriger ist es in Bongba aber, Pferde zu erhalten.

Während der Nacht liefen unsere Tiere wieder einmal nach dem vorigen Lager zurück. Während Lobsang und Kutus sie holten, verging der größte Teil des Tages, und wir blieben daher im Lager 363. Kuntschuk und Tubges spürten unterdessen in einem südlichen Tal ein Zelt auf, wo sie Reis, Gerste, Tsamba, Milch und „Tschura", eine Art Käse, kauften, so daß die Lebensmittel wieder mehrere Tage reichten. So fristeten wir unser Dasein von Zelt zu Zelt. Unsere eigene Schafherde war ja schon auf 21 Köpfe zusammengeschmolzen, die alle als Lasttiere benutzt werden mußten.

Eine einsame Wildgans flog schreiend über unser Lager. Hatte sie sich verirrt oder kam sie als Abgesandte, um nachzusehen, ob das Eis auf den Seen im Norden schon aufgebrochen sei? Ohne Zweifel kehrte sie bald zu ihren Stammverwandten zurück, um Bericht zu erstatten. Meiner Ansicht nach war sie etwas zu früh ausgeschickt worden.

Vom 24. Februar bis zum 24. März hatten wir nur 290 Kilometer zurücklegen können, woran der mörderische Sturm, Verluste an Lasttieren und in letzter Zeit das schwierige Terrain schuld waren. Es gelang uns nur selten, den Tagesmarsch auf 10 Kilometer zu bringen.

Es ärgert mich, daß am Nordfuß aller unserer Pässe immer ein
Zelt liegt wie ein Wachthaus, ein Spionenauge. Ich muß daher den
ganzen Weg zu Fuß hinaufgehen. So auch am 26., als wir nach dem
Santschen-la hinaufkletterten, auf dessen 5356 Meter hohem Sattel
ein kleines Steinmal steht. Nach Süden hin immer neue Gebirge.
30—40 Kilometer entfernt, erhob sich in N 60° O der höchste Gipfel
des Scha-kangscham, ein großartiges Bild in dem schönen Wetter, da
auch nicht das kleinste Wölkchen die Aussicht trübte. Mit gewandten,
elastischen Sprüngen flohen fünf Ammonschafe über die Höhen, und auf
den Abhängen der Südseite, wo wir uns im Geröll vorsichtig hinab-
bewegten, sprang eine Herde kleiner, geschmeidiger Goaantilopen umher.
Pantholopsantilopen zeigten sich in diesen Gegenden nicht.

Als wir in Nema-tok lagerten, stand dicht bei uns ein Zelt, dessen
Bewohner uns eine Schaflast Reis verkauften. Ein älterer Mann, den
meine Leute familiär „Ava" oder Vater nannten, machte uns einen Gegenbesuch, um sich den Rappen anzusehen, den wir gern verkaufen wollten,
weil er nicht danach aussah, als ob er noch lange leben werde. Aber
der Alte versicherte, daß er für das Pferd nicht einmal eine Nähnadel
geben würde! Er erzählte, die Nomaden würden sich in neun Tagen
aus allen Tälern nach dem Ort begeben, wo Karma Puntso wohne, um
Tee zu kaufen und ihre Steuern dort zu bezahlen. Der Teehändler
Tsongpun Taschi sei ein sehr gebieterischer, einflußreicher Herr, meinte
unser Alter. Ich hatte bei dem Gedanken, daß wir uns diesem Handels-
potentaten näherten, ein Gefühl des Unbehagens und zunehmenden Re-
spekts. Er erfreut sich eines besonderen Privilegiums, das ihm der
Devaschung erteilt hat. Den Nomaden verkauft er Tee auf Kredit.
Wenn sie im Sommer ihre Schafwolle auf der Tasam verkauft haben,
bezahlen sie ihre Schulden in Tengas oder in Naturalien. Tsongpun
Taschi macht also gute Geschäfte, und es liegt in seinem eigenen Interesse,
mit dem Devaschung in gutem Einvernehmen zu bleiben. Wenn er, der
in dem Ansehen steht, viel geriebener und klüger als die einfachen Nomaden zu sein, uns jetzt unbehelligt passieren läßt, wird der Devaschung
ihn zur Verantwortung ziehen, und er wird vielleicht sein Privilegium
verlieren! Wir näherten uns also einem kritischen Punkt erster Ordnung.

Aber für nichts ist nichts! Wollte ich den weißen Fleck, in dessen
Herzen ich mich gerade jetzt befand, erobern, so mußte ich mir mancherlei
Widerwärtigkeiten gefallen lassen und mich großem Risiko aussetzen. Aber
für einen leidlich intelligenten Menschen kann es ja eigentlich kein Vergnügen sein, wie ein zerlumpter Strolch zu Fuß durch öde Gegenden zu
wandern und eine Schar widerspenstiger Schafe zu treiben! Ich war dieses

Gewerbes, zu dem mir alle Anlagen fehlten, schon herzlich überdrüssig. Jeden Morgen mußte ich mein Gesicht schwärzen, um wie ein Mohr aus=zusehen, saß folglich mit dem Pinsel vor dem Spiegel und strich mich dreimal an, um eine gleichmäßig dunkle Hautfarbe zu erzielen. Die Augen versteckten sich hinter einer großen, runden tibetischen Brille, hinter deren Gläsern meine eigenen geschliffenen befestigt waren. Diesmal war die Verkleidung sehr viel sorgfältiger ausgedacht als im Jahre 1901, wo ich als Mongole nach Lhasa zu dringen suchte, aber von Kamba Bombos starken Armen festgehalten wurde. Mein Turban war noch zu weiß, er wurde daher in eine Flüssigkeit gelegt, die aus verdünnter, mit Butter und Asche aufgekochter Tusche bestand, und erhielt wirklich schnell ein recht heruntergekommenes Aussehen! Meine weichen Lederstiefel waren schon so zerrissen, daß die Zehen vorn herausguckten. Ein Glück, daß ich hier nicht Gefahr lief, Bekannten aus Stockholm oder — London zu begegnen!

Aber aufreibend und qualvoll war diese Reise. Tag und Nacht schwebte ich in der größten Aufregung, entdeckt und mit Schimpf und Schande entlarvt zu werden. Je weiter wir nach Süden vordrangen, desto quälender wurde der Gedanke. Würde es mir glücken oder würde man mich gar zum Rückzug zwingen, wenn erst die Hälfte der Linie durch den weißen Fleck zurückgelegt war? Würde ich den Transhimalaja nicht noch einmal übersteigen dürfen? Mit jedem neuen Sammelpunkt, den wir erreichten, steigerte sich daher unsere Wachsamkeit und Vorsicht, aber auch unsere Erregung. Ich durfte mich nie vergessen, nie auf dem Marsch eine Zigarette in der Hand halten. Das Kartenbuch und den Kompaß trug ich verborgen auf der Brust, um sie stets zur Hand zu haben. Wenn ich in der Nähe eines Zeltes eine Gesteinprobe nehmen, mit dem Kompaß peilen oder eine Aufzeichnung machen wollte, mußte Lobsang mich decken. Er wurde mit der Zeit erstaunlich geschickt und gewandt in diesem Sport. Die Sonnenhöhe konnte ich nur nehmen, wenn wir ganz sicher waren, daß kein Tibeter das Instrument sehen konnte. Hinter dem Guckloch meiner Zeltwand saß ich, wenn ich ein Panorama zeichnete. Die Schafe waren jedoch meine rettenden Engel; mit ihnen brach ich stets zu=erst auf und brauchte mich nicht am Packen oder Beladen zu beteiligen. Im Gegensatz zu 1901 hatte ich auch nicht nötig, nachts unsere Tiere zu hüten. Immerhin war ich tatsächlich ein Gefangener in meinem eigenen Zelt, wo mir die Abendstunden recht lang wurden. Nichts strengt den Kopf so sehr an und macht so nervös, als die Aufregung, wenn man verkleidet reist und jeden Augenblick auf eine verhängnisvolle Krisis ge=faßt sein muß.

Vierundsechzigstes Kapitel.

Tsongpun Taschi.

27. März. In der Nacht beinahe 20 Grad Kälte — noch immer Winter! Um ein Uhr mittags aber hatten wir 8 Grad Wärme — der Frühling kam also!

Der Alte verkaufte uns am Morgen vier Schafe und hielt sich dann unter allerlei Vorwänden bei unseren Zelten auf. Er konnte durchaus nicht begreifen, weshalb wir hierhin gekommen waren, und gar noch um diese Jahreszeit. Aber Abdul Kerim machte ihm vor, die ärgste Kälte sei schon vorüber gewesen, als wir Tok-dschalung verlassen hätten. Dies war eine neue Geschichte, die wir uns ausgedacht hatten, weil sie wahrscheinlicher klang als die erste und zu den südlicheren Teilen des Landes besser paßte.

Auch hier lag das übliche Zelt, das den Paß beobachtete und mich zwang, auch den Ladung-la mit seinen 5302 Metern ganz zu Fuß zu erklimmen! Hier aber war die Aussicht erfreulich: wir mußten etwa vier Tage durch abfallendes oder ebenes Gelände! Der südliche Abhang ist sehr abschüssig, man glitscht und rutscht durch den Schutt, der mit- und nachrollt, und hat dabei noch das wenig befriedigende Gefühl, sich die Stiefel und Kleider noch ärger zu zerreißen. Unten biegt das Tal nach rechts, Südwesten, ab, und in der Gegend Janglung, wo wir das Lager aufschlugen, erzählte uns ein junger Hirt, daß wir am nächsten Tag Tsongpun Taschis Zelte erreichen würden!

Zahlreiche Quellen entspringen im Talgrund und bilden einen klaren Bach, der zwischen Graswällen hinfließt und sehr fischreich ist. Hier blieben einige von uns und benutzten Kutus' Leibbinde als Netz. Beim ersten Zug fingen wir schon 18 Fische, und dadurch ermutigt, gaben wir uns erst zufrieden, als wir 160 Stück hatten, die zwar nicht groß waren, aber doch genügten, uns alle dreizehn zu sättigen. Klein-Puppy war gar zu komisch, wie er mit gespannter Aufmerksamkeit still dabei stand, sich die zappelnden Fische besah, sie anbellte und dann den Kopf schüttelte. Er hatte in seinem Leben noch nie fließendes Wasser gesehen und mag wohl geglaubt haben, daß man darauf ebenso sicher gehen könne wie auf klarem Eis. Ohne etwas Schlimmes zu ahnen, sprang er daher an einer Stelle, wo der Bach zwei Fuß tief war, von dem Graswall herunter und verschwand unter Wasser. Nachdem er sich mit vieler Mühe wieder herausgearbeitet hatte, war er ebenso beleidigt wie verdutzt und knurrte noch lange verdrießlich über das kalte Bad. Später blieb er dem tückischen Bache fern.

28. März. Jetzt glaubten wir uns auf Takkar verlassen zu können und machten ihn daher los. Er brannte uns auch nicht durch, war brillanter Laune, schoß wie ein Pfeil die Abhänge hinauf und hinunter und spielte mit Klein-Puppy, der wütend wurde, als der Koloß so schnell über ihn hinweggaloppierte, daß der Kleine sich mehrmals am Boden überkugelte.

In meinem Ladakisattel sollte Abdul Kerim sich nun auf dem neuen Pferd mit zwei Begleitern auf Rekognoszierung begeben und über Tsongpun Taschi Erkundigungen einziehen. Er hatte reichlich Geld im Beutel, um einzukaufen, was man uns ablassen wollte. Auf dreiste Fragen sollte er antworten, daß Gulam Rasul uns befohlen habe, in Ragatasam zu einer seiner Karawanen zu stoßen, die vor etwa zehn Tagen aus Lhasa abgereist sei, und dann mit ihr nach Ladak zu ziehen.

Ich selber ritt ohne Sattel auf meinem Grauschimmel, war aber noch nicht weit gelangt, als wir schon zwei Zelte passierten, aus denen vier Tibeter herauskamen, um uns anzugaffen. Zwei der unseren sprachen mit ihnen, während wir anderen in dem deutlich ausgeprägten Tal längs des Baches weiterzogen. Noch etwas weiter hatten wir wieder vorsichtig zu sein, diesmal dreier Zelte und zweier großer Herden wegen, deren Besitzer 3000 Schafe hatte. Überall stießen wir auf Schafhürden, ehemalige Lagerplätze und Manis; wir befanden uns also endlich wieder auf einer großen Straße. Ich gehörte nun ganz zu den Schafen, ging mit ihnen, pfiff ihnen und trieb sie an. Im Eingang eines von links einmündenden Tales stand ein großes weißes Zelt mit blauen Streifen, das, wie man uns sagte, dem Häuptling der Gegend, dem Gova Tschykjung, gehörte. Ein Mann kam heraus, eilte uns nach und erkundigte sich nach dem „Woher und Wohin". Auch aus einem von Bettlern bewohnten Zelt kamen zwei Frauen, die dieselben Fragen stellten. Zwei Kilometer weiter konnte man uns von den Zelten aus nicht mehr sehen, und ich sprang daher wieder auf meinen Grauen, durfte aber nur ein paar Schritte reiten, weil weiter unten im Tal schon wieder neue Zelte auftauchten. Wir lagerten nun am Ufer des Baches in der Gegend Kung-scherja,

330. Kantschung-gangri und Laptschung-tso von Lager 401 aus.
Nach einem Aquarell des Verfassers.

331. Aufbruch zum Lamlung-la.

332. Seine Exzellenz der Herr Gouverneur von Saka unterwegs.

333. Pantschor, Führer zum Teri-nam-tso. 334. Häuptling Tagla Tsering, der meine Reise zum Dangra-jum-tso verhinderte.

335. Sonam Ngurbu, Statthalter der Provinz Tschoktschu.
336. Soldat aus Sonam Ngurbus Eskorte.
Skizzen des Verfassers.

an einer Stelle, wo das Tal sehr breit war und man auf mehreren Seiten Zelte sah. Aus einem unterhalb der unseren stehenden Zelt kam wieder ein Mann, um sich zu erkundigen, wer wir seien. Er teilte uns mit, eines der Zelte, das groß und vornehm aussah, gehöre Takjung Lama, dem Abt des drei Tagereisen weit nach Südosten hin liegenden Klosters Mendong-gumpa. Gemütlicher konnten wir es ja gar nicht treffen! Unsere nächsten Nachbarn waren der Häuptling des Distriktes, ein Oberlama und Tsongpun Taschi und ein bißchen weiter entfernt auch noch der Statthalter der großen Provinz Bongba in eigenster Person! Es mußte wirklich wunderbar zugehen, wenn es mir gelingen sollte, aus diesem Wespennest unbehelligt hinauszukommen. Morgen früh, ehe man über uns zu reden begonnen hatte, mußten wir schon abziehen, das stand fest.

Nachdem ich mehrere Stunden gewartet hatte, kam Abdul Kerim wieder. Schon aus der Ferne sah man, daß er ein Pferd gekauft hatte, das mit Säcken und Beuteln beladen war, die Reis, Gerste, Butter und Tsamba enthielten. In Tsongpun Taschi hatten sie einen alten Mann gefunden, der sehr ärmlich und unbedeutend ausgesehen hatte, aber sein gewaltiges Zelt war voll Warenballen, Säcken und Teepaketen, und sein Wanderladen sehr reich versehen gewesen. Natürlich hatte er sich sehr über den Besuch gewundert, aber trotzdem die Geschichte, die Abdul Kerim ihm vorlog, geglaubt. Er hatte meinem Karawan-baschi sogar die Namen aller Orte gesagt, wo wir auf dem Weg nach Saka-dsong und Naga-tasam lagern sollten, und uns geraten, in einer Gegend, die er Butzgo-lathit genannt, sehr auf unserer Hut zu sein, weil dort immer Räuber seien. Auch hatte er Abdul Kerim erzählt, daß eine Räuberbande vor einigen Wochen Targjaling-gumpa überfallen und geplündert habe, jenes Kloster, in dem wir im Juni des vorigen Jahres so feindselig empfangen worden waren. Nun seien 40 Mann mit Flinten und Pferden aufgeboten worden, um der Räuberbande nachzusetzen, aber Tsongpun Taschi hatte gesagt, diese 40 seien nicht viel besser als die Räuber selber, und wir sollten uns unterwegs überall nach ihnen erkundigen, um ihnen, wenn irgend möglich, aus dem Weg zu gehen, wenn sie zurückkämen. Abdul Kerim hatte Tsongpun Taschi versprochen, ihm unsern kranken Rappen gegen irgend etwas Eßbares zu vertauschen, aber ohne zu wissen, daß Abdullah das Pferd schon beim Bettlerzelt verschachert und zwei Schafe und eine Ziege dafür erhalten hatte. Dort hatte das treue Tier sicherlich noch gute Tage, wenn wieder frisches Gras keimte.

Nachdem Abdul Kerim Tee getrunken hatte, mußte er wieder fort-traben. Diesmal galt der Besuch dem Gova Tschykjyng, der selber

aus seiner Zelttür trat und ihm auseinandersetzte, daß ihm Takjung
Lama gerade heute ein achttägiges „Jangguk" auferlegt habe, d. h. er
durfte in dieser Zeit keinerlei Handel treiben, sondern mußte sich inner=
halb seiner vier Pfähle der Meditation hingeben, um seine Sünden zu
büßen. Für mich war das ein Glück, der Gova blieb also aus dem
Spiel.

29. März. Nur —10,6 Grad in der Nacht und +13 Grad um
sieben Uhr morgens, das ist endlich Frühling! Seid uns willkommen,
ihr lieben, linden Lüfte, und macht uns die wintersteifen Glieder wieder
geschmeidig!

Früh am Morgen kamen zwei unserer Leute mit einem neuen Hund
an, einem hellgelben, schmutzigen, unangenehmen Köter. Er wurde von
Takkar nichts weniger als gastfreundlich empfangen, da dieser ihn sofort
tüchtig im Nacken zauste und der Ansicht zu sein schien, das neue Mit=
glied der Karawane sei völlig überflüssig, solange er selber Wache halte.

Weit hinten im Norden erblickten wir einen einsamen Tibeter, der
sich unserem Lager näherte. Ich saß gerade beim Frühstück und freute
mich der Hoffnung, diesen gefährlichen Ort bald zu verlassen. Nun ging
ich hinaus, um den Ankömmling durch das Fernglas zu betrachten; der
Fremde ging gerade auf unsere Zelte zu. Nach einer Weile gesellte sich
Abdul Kerim zu mir und teilte mir mit, daß es Tsongpun Taschi selber
sei. Der Besuch blieb in einiger Entfernung stehen und rief uns zu,
unsere Hunde anzubinden, denn besonders Takkar stürmte so auf den
alten Mann los, daß dieser sich mit Steinwürfen verteidigen mußte.
Meine Leute zögerten absichtlich mit dem Maulkorb so lange, bis ich
Zeit gehabt hatte, das Innere meines Zeltes in Verteidigungszustand
zu setzen. Bei solchen Gelegenheiten wurden meine Tagebücher und In=
strumente in einem Sack Reis begraben, der immer in der Nähe stand.
Andere Möbel waren nicht vorhanden — wir hatten alle europäischen
Sachen und Kisten ja längst verbrannt.

Inzwischen führte Abdul Kerim den Besuch in sein Zelt, das Wand
an Wand mit dem meinigen stand. Als ich bei ihrer Unterhaltung den
Horcher spielte, waren sie wenig mehr als einen Meter von mir entfernt.
Das Gespräch wurde nach und nach, gelinde gesagt, lebhaft. Tsongpun
Taschi wurde immer lauter, und Abdul Kerim saß augenscheinlich arg in
der Klemme.

„Habt ihr nicht gestern versprochen, mir den Rappen gegen Butter
zu vertauschen? Sofort her mit dem Gaul! Wenn ihr euer Wort nicht
haltet, lasse ich euch und euer sämtliches Gesindel hier festnehmen! Wort=
brüchige lassen wir nicht durch Bongba ziehen. Ich habe euch gestern

für ehrliche Leute gehalten, aber jetzt sehe ich, was ihr für eine Sorte seid! Jetzt werde ich erst einmal euere Zelte untersuchen!"

Damit erhob er sich, wütend wie eine gereizte Biene, und verließ das Zelt. Aber Gulam, der stets auf dem Platz war und sich kein Wort von einer Unterhaltung entgehen ließ, hatte schnell Takkar wieder losgemacht. Sobald Tsongpun Taschi sich in der Zelttür zeigte, fuhr der Hund wieder auf ihn los. Er retirierte schnell in das Zelt hinein, und Abdul Kerim benutzte die Gelegenheit, um mit barscher Stimme aus der Tür zu rufen: "Kutus, nimm Hadschi Baba mit und sucht mir das verlorene Pferd!"

"Was für ein Pferd?" fragte Tsongpun.

"Das Pferd, das ins Gebirge gelaufen ist und das wir erst wieder haben müssen, ehe wir aufbrechen können."

"Welche Farbe hat es?" fragte Tsongpun mit unzeitgemäßer Wiß=
begierde.

"Grau", rief Abdul Kerim, der seine Unruhe kaum mehr verbergen konnte, denn er war es ja gewesen, der den schwarzen Gaul versprochen hatte, ohne zu wissen, ob wir ihn noch hatten.

"Schön, ich bleibe hier, bis die beiden das Pferd gefunden haben."

Während der Minute, die mit dieser Unterhaltung verging, hatte Tsongpun Taschi sich meinem Zelt genähert, und Kutus eilte von der anderen Seite herein, packte mich beim Kragen und flüsterte mir ins Ohr: "Fort!" Wir entfernten uns in der Richtung nach Südosten, wo ein Berg vorsprang, liefen aber dabei erst recht Tsongpun Taschi bei= nahe in die Arme.

"Was ist denn das da für einer?" fragte der Alte, auf mich zeigend, der mit klotzigen, wiegenden Schritten fortging.

"Hadschi Baba, einer meiner Leute", erwiderte Abdul Kerim, ohne eine Miene zu verziehen. Wir drehten uns nicht einmal um, als wir nach dem vorspringenden Berg hingingen, und freuten uns, als uns endlich ein Felsstück verdeckte. Von da kletterten wir in eine Schlucht hinauf, von der aus wir das ganze Tal überblicken konnten. Hier blieben wir in atemloser Aufregung eine gute Stunde, während Tsongpun Taschi unten auf die Rückkehr des entlaufenen Pferdes wartete, das gar nicht fortgelaufen war. Alle unsere Tiere standen schon vor unseren Zelten angebunden. Aber die Geduld muß ihm wohl ausgegangen sein. Nach= dem Gaffar sich nach dem Bettlerzelt begeben, um das schwarze Pferd, wenn möglich, wiederzukaufen, aber die Antwort erhalten hatte, daß daraus nichts werden könne, weil der Rappe bereits mit Gerste gefüttert sei und sich vortrefflich befinde, sahen wir Tsongpun Taschi selber in

Begleitung Gaffars dorthin trotten. Er wurde jedoch bald anderen
Sinnes, denn als er etwa den halben Weg zurückgelegt hatte, sahen
wir ihn nach dem Zelt des vornehmen Seelsorgers gehen, das gegen
300 Meter weiter unten im Tale lag. Mit ihm ging einer unserer
Leute, der ihm die Säcke tragen half, in denen die gestern eingekauften
Sachen steckten.

Wir lagen noch immer in unserem Versteck von stark verwittertem,
grünem Schiefer voller Quarzitadern, hinter denen wir ungesehen spio­
nieren konnten und auf unsere Weise das verlorene Pferd suchten. Nun
aber war die Karawane fertig und setzte sich in Marsch, um talabwärts
am Zelt des Abtes vorbeizuziehen. Tsongpun Taschi hatte noch dem
Prälaten Lebewohl sagen wollen, der gerade heute nach dem auf keiner
Karte der Welt angegebenen Kloster Mendong-gumpa aufzubrechen ge­
dachte und dessen Yaks schon, inmitten einer Dienerschar, beladen an ihren
Pflöcken standen. Abdul Kerim war so klug, uns keinen Boten nachzu­
schicken, sondern uns nach eigenem Ermessen handeln zu lassen. Das
taten wir denn auch, als es uns in dem grünen Schiefer nicht länger
gefiel — wir konnten ja nicht bis zum jüngsten Tag dort liegen bleiben.
Aber am Abtzelt mußten wir vorüber, und drinnen saß Tsongpun Taschi,
falls er nicht gar einer der Männer war, die sich draußen vor dem Zelt
bewegten. Wir stiefelten also auf gut Glück los. Kutus ging auf der
Zeltseite, um mich teilweise zu verdecken. Meine Verkleidung konnte kein
Mißtrauen erregen, mein Gesicht war schwarz. Nicht ohne Herzklopfen
gingen wir dicht am Zelt vorüber. Nur zwei bissige Hunde stürmten
uns nach, die wir uns mit Steinwürfen vom Leibe hielten, was
aber unsere Marschordnung störte und uns zu einer Frontveränderung
zwang. Die verwünschten Hunde! Wenn uns aber Tsongpun Taschi sah
— und das war kaum anders möglich, da die Hunde wie besessen
bellten — würde er sich wohl wundern, wo das graue Pferd geblieben
war. Hegte er aber jetzt noch keinen Argwohn gegen uns, so war
er zweifellos der größte Esel, dem ich je in meinem Leben be­
gegnet bin!

Wir beschleunigten unsere Schritte, holten die andern bald ein und
mischten uns unter sie. Das Tal senkte sich — ein großes Glück, da
hier so viele Hinterhalte auf allen Seiten lauerten, daß ich zu Fuß gehen
mußte. Abdul Kerim ritt auf seinem neuen Pferd vornehm an der
Spitze. Links standen ein weiß und blaues und ein schwarzes Zelt, um
das 20 Yaks grasten. Zwei Männer kamen auf uns zu, doch Abdul
Kerim ritt ihnen entgegen und verwickelte sie in ein Gespräch. Wir mar­
schierten an dem zugefrorenen Bach entlang. Noch an fünf Zelten ging

es vorüber, und aus allen kamen Menschen heraus, um uns anzugaffen. Ich selbst zog mit den Schafen in größerem Abstand von den Zelten als die Karawane. Zwanzig Zelte passierten wir an diesem Tag — eine gefährliche Gegend und ein Wunder, daß ich wieder mit heiler Haut davonkam.

Eine Frau, die eine Last Wolle auf dem Rücken trug, holte uns ein. Sie war so dreist, sich mitten durch unsere Leute zu drängen und zu verlangen, daß ihre Wolle dem einen Yak noch aufgepackt werde. Ein verteufeltes Frauenzimmer; nie in meinem Leben habe ich ein weibliches Wesen so von Herzen dahin gewünscht, wo der Pfeffer wächst! Abdul Rasak nahm sich aber der Schönen an und erbot sich, ihr die Hälfte ihrer Last nach ihrem Zelt zu tragen, und als sie dies annahm, trabte er mit ihr voraus und ging so schnell, daß er mich von der verdächtigen Person befreite.

Daß sie ein Spion war, hielten wir für ausgemacht. Als wir unterhalb einer Schafhürde lagerten, blieb auch sie stehen, richtete sich in der Hürde selbst häuslich ein, zündete Feuer an und holte sich Wasser. Sie müsse Tee trinken, ehe sie ihren Weg nach Hause fortsetze, erklärte sie; glücklicherweise zog sie auch wirklich ab, ehe es dämmerig wurde.

Im Licht der untergehenden Sonne zeichnete ich die wechselvollen Ereignisse dieses Tages auf. Ich saß in meiner Zelttür und erfreute mich an dem schmeichelnden Säuseln des Frühlingswindes. Da — was erblickten meine Augen? Das war ja Takkar in eigenster Person, der, geniert und blöde, zu mir herankam, die seltsamsten Bewegungen machte, den Kopf auf die Seite legte und mit seiner Pfote auf meinem Arm zu kratzen begann. Ich sah ihn an und er sah mich an, und endlich verstanden wir einander.

„Ich konnte doch nicht wissen," sagte er, „daß ihr so nette Menschen seid, als ihr mir die scheußliche Zeltstange am Halse festbandet. Ich glaubte, daß ihr mich quälen und plagen wolltet, mich hungern lassen und mich mit Steinwürfen traktieren würdet, wie es die Tibeter immer getan haben, seit ich auf der Welt bin! Aber ich sehe, daß ihr es gut mit mir meint und mir zweimal täglich herrliches Schaffleisch gebt. Wohl weiß ich, daß du in deinen Lumpen der Bombo Tschimbo bist und daß Abdul Kerim nur ein Knecht ist. Sei ruhig, ich lasse keinen an dein Zelt heran; ich werde nachts über dich wachen, ich werde dich nie verraten, ich werde dich begleiten, wohin es auch gehe, und du kannst dich auf mich verlassen! Nun aber komm auch und spiele ein bißchen mit mir; nimm mir die eklige Zeltstange ab und laß uns einander nicht länger fremd bleiben!"

Es stand so deutlich in seinen klugen braunen Augen geschrieben, daß er dies alles, Wort für Wort, dachte. Ich nahm seinen zottigen Kopf und kraute ihn; da sprang er an mir in die Höhe, begann vor Freude zu tanzen und zu heulen und lockte mich aus dem Zelt heraus. Nun fing ich ihn wieder ein, löste die Knoten und befreite ihn von der Stange, zur großen Verwunderung meiner Leute, die unter freiem Himmel an ihrem Feuer saßen. So nahe hatte sich, außer Klein=Puppy, bisher noch niemand an Takkar herangewagt, und ohne eine Spur von Neid mischte sich der kleine Hund in das Spiel, mit dem ich von nun an täglich ein paar Stunden meiner langweiligen Gefangenschaft totschlug.

Fünfundsechzigstes Kapitel.

Buptsang-tsangpo, einer der größten Flüsse im innersten Tibet.

Wir atmeten beim Aufbruch am 30. März alle erleichtert auf, weil es uns gelungen war, aus dem Netz, in dessen Maschen wir beinahe sitzen geblieben waren, noch einmal herauszuschlüpfen. Gerade hier ist der Serpun-lam, der Weg, den der Serpun, der Goldinspektor, auf seiner Reise von Lhasa nach Tok-dschalung durch das innerste Tibet benutzt, eine der größten Heerstraßen des Landes. Ganz sicher waren wir freilich noch nicht, aber eine beruhigende Nachricht hatten wir doch erhalten: Karma Puntso hatte sich nämlich einige Tagereisen nordwärts nach einer Gegend in Tschang-tang begeben, wo er große Schafherden besaß. Die meisten Nomaden in Bongba hatten ihre Schafe und Hirten nach dem Norden geschickt, weil das Gras dort viel besser ist. Für uns war dies von Vorteil, denn in den Zelten befanden sich jetzt bloß Weiber, Greise und Kinder, während die Mehrzahl der erwachsenen männlichen Individuen die Schafe begleitete. Es gehörte zu meiner viel Geduld erfordernden Verkleidung, daß ich nicht den geringsten Verkehr mit den Tibetern haben durfte; durch mein Gestotter hätte ich mich ja auf der Stelle verraten. Ich durfte daher nicht mit ihnen sprechen, ja nicht einmal für sie existieren, mußte aber von meinem verborgenen Platz aus doch die Drähte meiner Marionetten regieren.

Die Wildgänse hatten jetzt mit ihren Zügen begonnen, wir hörten sie unausgesetzt über unseren Zelten schreien. Der Fluß, in dessen oberstem Teil unterhalb des Ladung-la wir Fische gefangen hatten, zeigte uns auch am 30. März einen vortrefflichen Weg nach Süden. Das Land ist sehr offen und flach; zwölf Zelte wurden in einiger Entfernung passiert. Bei dem letzten wurde das Lager 368 aufgeschlagen, und ein schwarzes Pferd gekauft. Wir besaßen jetzt vier Pferde, von denen eines ein Veteran aus Ladak war; ich ritt nunmehr den zuerst gekauften Braunen. Die drei letzten Maulesel und die beiden Yaks vom Tong-tso hielten sich gut. Wenn wir in der Nähe anderer Menschen lagerten, wurde Takkar vor meinem Zelte angebunden, um neugierigen Besuch fern zu halten. Er, der unter Tibetern geboren und erzogen war und nie in seinem Leben andere Leute gesehen hatte, wurde jetzt rein toll vor Wut, wenn er einen Tibeter nur aus der Ferne erblickte. Später mußte ich noch manche Rupie an diejenigen seiner zweibeinigen Landsleute bezahlen, die er in die hosenlosen Beine gebissen hatte, denn ohne ein leichtes Blutvergießen war er bei solchen Gelegenheiten nicht zufrieden.

Noch eine Tagereise weit folgten wir dem Fluß nach Südsüdwest bis an das Lager 369, wo einige arme Nomaden am Rand eines Schneefeldes lagerten. Wieder zeigte sich der Gipfel des Scha-kangscham, jetzt in N 30° O, wo er wie ein riesenhafter Leuchtturm über dem Hochland emporragte. Man teilte mir mit, daß in einer Entfernung von fünf Tagereisen nach Westnordwest der Salzsee Tabie-tsaka liege, von dessen Lage ich mir von der „Tasam" aus vergeblich einen Begriff zu machen versucht hatte. Als ich aber am Nachmittag im Freien saß, um ein Panorama zu zeichnen, streiften die Nomaden spähend umher, so daß wir Wachtposten ausstellen mußten. Am Abend war die Gegend pechfinster, kein Mond, nur dichte Wolken standen am Himmel, unsere Tiere aber waren verschwunden. Da aller Grund vorhanden war, Wölfe und Pferdediebe zu fürchten, mußten acht Leute auf die Suche geschickt werden. Sie nahmen Revolver mit und gaben auch einige Schüsse ab, um eventuellen Friedensstörern zu verstehen zu geben, daß wir Waffen besaßen. Zu frieren brauchten sie wenigstens nicht, denn die Temperatur sank nur auf —7,8 Grad. Am Morgen des 1. April hatten die Tiere sich wiedergefunden. Der einzige, der fehlte, war der graugelbe Hund; er war wohl der Ansicht, daß er sich bei uns in zu schlechter Gesellschaft befinde, denn er hatte während der Nacht seinen Strick durchgenagt und war nach dem armseligen Zelt zurückgelaufen, in dem er bisher gelebt hatte.

Jetzt führte der Weg in südsüdwestlicher Richtung nach dem kleinen, leichten Paß Satsot-la (4856 Meter) hinauf, dessen Gestein roter Porphyr ist und der durch eine Steinpyramide bezeichnet wird. In dem weiten Kesseltal, das wir vor uns hätten, liegt der See Tschunit-tso, an dessen anderm Ufer sich ein roter kegelförmiger Berg erhebt. Wir zogen an einigen Manis vorbei; zur Linken ließen wir einen Miniatursee namens Tschabuk-tso, an dem Tubges zwei Wildgänse schoß. Der gute Jäger versorgte mich oft mit Wildbret. Seine Kameraden nennen ihn nicht bei seinem Namen, sondern ganz einfach Schejok nach seinem Heimatsort; das klingt gerade so lächerlich, als wenn wir unsere Bekannten Jönköping oder Falsterbo nennen wollten.

337. Abschiedsfest für die Tibeter am 5. Mai 1908.

338, 339. Soldaten unserer Eskorte.

340, 341. Soldaten aus Tagla Tserings Gefolge.
Skizzen des Verfassers.

Wir überschritten eine große, nach Nordwesten gehende Straße, auf der ganz kürzlich Hunderte beladener Yaks marschiert waren, wahrscheinlich eine nach dem Tabie-tsaka ziehende Salzkarawane. Nun passierten wir eine Ringmauer, an der ein einzelner Mann stand, der uns aufmerksam betrachtete; als wir aber dicht bei ihm waren, hockte er sich hinter der Mauer nieder, und wir ließen ihn dort hocken. Auf einer Terrassenhöhe war ein schönes mit Hörnern geschmücktes Mani errichtet; gleich unterhalb machten wir an einem von Quellen gebildeten Eisfeld für die Nacht halt. Kaum hatten wir aber die Zelte aufgeschlagen, so näherte sich von Nordwesten her eine aus mehreren Hundert mit Salz beladenen Schafen bestehende Karawane. Sie hatte nur zwei bewaffnete Führer, die am Tabie-tsaka gewesen waren und wieder nach ihrer Heimat zurückkehrten, dem zwanzig Tagereisen weit im Südosten liegenden Jangtschuttanga. In derselben Himmelsrichtung weideten auf den Berghalden auch 400 Yaks, die dem Gova der Gegend gehören sollten. Am Abend besuchte uns ein Wandersmann, der nach seinem ein wenig weiter südwärts liegenden Zelt wollte. Er versprach uns am nächsten Morgen drei Schafe zu verkaufen.

Und wirklich! Er hielt Wort. Er kam uns mit den Schafen entgegen, als wir am folgenden Tag längs des westlichen Ufers des Tschunit-tso (4747 Meter) südwärts zogen. Am Nordende des Sees tritt eine heiße, schwefelhaltige Quelle zutage. Der Mann erzählte, daß man krank werde, wenn man aus der Quelle trinke; vermische man aber ihr Wasser mit dem einer dicht dabei liegenden kalten Quelle, so heile dieses Getränk allerlei Krankheiten. Kranke Schafe und Ziegen pflege man in dem heißen Wasser zu baden, und sie würden danach sofort wieder gesund. — Die Quelle ist heilig, und ein Mani ist in ihrer Nähe errichtet. Der See war schwach salzhaltig und zugefroren. Zwei kleine, von Westen aus dem Gebirge kommende Bäche ergießen sich in ihn; ein dritter Bach, der Lungnak-buptschu, bildete eine gewaltige Eisscholle. In seiner Talmündung standen zwei Zelte, deren Hunde uns wie ein Unwetter überfielen, aber von Takkar so gezaust wurden, daß sie sich den ganzen Abend nicht wieder sehen ließen.

3. April. Wir ließen das Südende des Sees hinter uns und zogen in einem Tal aufwärts, das uns nach dem kleinen Paß Nima-lung-la hinaufführte; in dessen Nähe lagerten wir auf unfruchtbarem Gelände zwischen Granitfelsen. Eine Steineule saß in einer Felsspalte und rief ihr gellendes, kreischendes „Komm mit!" in die Abenddämmerung hinaus. Lobsang sagte, dieser Vogel werde in Tibet mit großer Ehrfurcht betrachtet, weil er ehrliche Menschen vor Räubern und Dieben warne. Wenn

man irgendwo einen Uhu schreien höre, könne man darauf schwören, daß Räuber in der Nähe seien.

Am 4. April hatten wir nur einen halbstündigen Weg bis zur eigentlichen Paßschwelle, dem Nima-lung-la (4882 Meter), von wo aus die Aussicht nach Süden auf den Transhimalaja, eine Reihe dunkler Felsen und schwarzer, mit Schnee gekrönter Gipfel, prachtvoll ist. Zwischen uns und dem Fuß dieses Gebirges breitet sich eine weite, völlig gleichmäßige, an Tümpeln, Sümpfen und Quellarmen reiche Ebene aus. An einem der Quellbäche saßen zwei Tibeter, mit dem Zerlegen eines verendeten Yaks beschäftigt. Sie bestätigten die uns schon früher gemachte Mitteilung, daß wir uns in dem Distrikt Bongba-kemar befänden, eine Tagereise von Bongba-kebjang entfernt seien und einige Tage am Fluß Buptsang-tsangpo stromaufwärts ziehen müßten, um über den Paß Samje-la nach Saka-dsong zu gelangen. Noch hatte ich sehr dunkle, unklare Begriffe von der orographischen Anordnung dieser Gegend. War die Kette, die wir im Süden vor uns hatten, eine Fortsetzung des Nien-tschen-tang-la, den ich im Sela-la, Tschang-la-Pod-la und Angden-la überschritten hatte? Oder war dies eine ganz andere Kette, die nicht mit jener zusammenhing? Die nächsten Tage würden mir wohl Antwort geben. Möchte ich doch glücklich durchschlüpfen und diese außerordentlich wichtige meridionale Profillinie durch das unbekannteste Tibet ganz verfolgen können! Es wäre zu bedauerlich, wenn man mich gerade am Nordfuß des Transhimalaja festnehmen würde!

Das Lager 374 wurde unterhalb eines Taleingangs aufgeschlagen, in dem wieder zwei Zelte standen. Die Nomaden warnten uns vor dem Wasser in den Tümpeln der Ebene; unsere Pferde würden die Haare verlieren, wenn sie davon tränken. „Schnarch-Kuntschuk" jammerte über Zahnweh, wurde aber von zwei beherzten Kameraden im Handumdrehen kuriert. Die Operation wurde mit der Hufzange ausgeführt, die bisher nur zum Beschlagen unserer Pferde benutzt worden war. Um besser ankommen zu können, legten sie dem Patienten einen Stein wie einen Prim in den Mund. „Bringt mich nicht um!" schrie er, als der Zahn herausflog!

Am 5. April legten wir ganze $16^{1}/_{2}$ Kilometer in der Richtung nach Süden zurück. Die Gegend war außerordentlich unfruchtbar und öde, der Erdboden mit lauter rotem Porphyrschutt bedeckt. Eine kleine, von Grasweide umgebene Quelle erschien uns wie eine Oase, und hier schlugen wir dicht neben einer Schafhürde und einem Mani das Lager auf.

Noch eine Tagereise, und wir gelangten an den Buptsang-tsangpo, den „tiefeingeschnittenen Fluß", und zogen an ihm entlang nach Süden

aufwärts. Der Fluß besteht aus mehreren Armen und war schon jetzt
ziemlich wasserreich, obwohl meist zugefroren. Sein Tal ist etwa 5 Kilo=
meter breit und hat sehr geringes Gefälle. Die Gegend, in der wir
lagerten, nachdem wir an vierzehn Zelten vorbeigezogen waren, hieß
Monlam=gongma (4822 Meter). Von hier aus soll der Fluß fünf
Tagereisen weit nach Nordnordwesten strömen und sich dann in einen großen
See namens Tarok=tso ergießen. Der Gedanke, einen Abstecher dorthin
zu machen, hatte für mich etwas Verführerisches, aber es war wichtiger,
die meridionale Profillinie ganz zu vollenden, solange das Land uns noch
offen lag. Zwei gewaltige Schneegipfel im Südsüdosten, die die Nomaden
hier ebenfalls, wie auf der Tasam, Lunpo=gangri, den „großen Eis=
berg" nannten, sollten rechts von der Route bleiben, auf der wir nach
Saka=dsong gelangen würden. Diese Mitteilung war außerordentlich
irreführend. Ich sah ein, daß der Lunpo=gangri, dessen Gipfel Ryder
und Wood gemessen hatten, keineswegs eine Fortsetzung der mächtigen
Kette sein konnte, in der ich drei Pässe überschritten hatte und die weiter
nach Osten hin Nien=tschen=tang=la heißt.

Nachdem wir vergeblich versucht hatten, unsere entkräfteten Yaks zu
verschachern, setzten wir den Weg längs des großen Flusses auf seiner
rechten, östlichen Uferterrasse fort. Ein Südweststurm, der schon vor
mehreren Tagen begonnen hatte, dauerte noch fort. In der Gegend
Amtschung (Lager 376) hatten wir einen Nachbar namens Kamba
Drambul, der uns nicht viel zu erzählen wußte; aber, was er sagte war
von großem Interesse: wir hätten nach dem Samje=la hinauf noch eine
Tagereise zurückzulegen, zögen immer am Buptsang=tsangpo aufwärts
und hätten auf beiden Seiten, rechts und links, Gangris, Schneeberge.
Auf dem Paß selber seien wir den Gipfeln des Lunpo=gangri ganz nahe.
— Da argwöhnte ich, daß die bedeutende Bergkette, die wir zur Linken,
also im Osten, hatten, doch die **Fortsetzung des Nien=tschen=
tang=la bilde, der Lunpo=gangri aber eine vollkommen frei=
stehende Kette sei, die keinen Zusammenhang mit jener habe.**

Die östliche Kette wurde während der folgenden Tage immer mäch=
tiger; zwischen ihren dunklen Verzweigungen erheben sich ziemlich flache
Kuppen mit ewigem Schnee. Wir bleiben meistens oben auf der rechten
Uferterrasse; sie liegt 15—20 Meter über dem Fluß und fällt steil nach
dem ebenen Talgrund ab, in dem der Fluß sich hinschlängelt; hier ist
das Tal etwa 3 Kilometer breit. Die Eisschollen des Flusses werden
ausgedehnter und dicker, je höher wir gelangen, aber die Steigung ist
sehr gering. Vom Lager 377 aus sehen wir die höchste Lunpo=gangri=
Spitze in S 23° O. Jede neue Strecke, die wir ohne Abenteuer

zurücklegen, stärkt unsere Lage. Die hiesigen Nomaden müssen wohl denken: wenn diese Leute durch ganz Bongba haben ziehen können, ohne angehalten worden zu sein, so können sie keine Schwindler sein!

Am 10. April zogen wir 13,7 Kilometer am Buptsang-tsangpo aufwärts — man wundert sich, oben auf dem abflußlosen Plateau einen so wasserreichen Fluß zu finden! An seinen Ufern schnattern Wildenten und -gänse in großer Zahl. Tubges schoß mehrere — es war unrecht, sie in ihrer Frühlings- und Liebessehnsucht zu stören. Heute zeigten sich keine Menschen; mich überkommt immer ein Gefühl der Sicherheit, wenn ich keine schwarzen Zelte sehe; ich verzichte gern auf saure Milch, wenn ich durch diese Entsagung Ungestörtheit erkaufen kann. Die Aussicht nach Südsüdosten ist jetzt überwältigend großartig; gegen den rein blauen Himmel heben sich die Spitzen des Lunpo-gangri blendend weiß in hellblauen Schattierungen ab, die Eis anzeigen. Auch im Osten taucht eine ganze Gebirgswelt auf. Unerwarteterweise nehmen sich die Lunpo-gangri-Gipfel von der nördlichen Seite, also vom Plateau aus, viel imposanter und grandioser aus als von der südlichen, dem Brahmaputratal, was wohl darauf beruht, daß man ihnen auf der Südseite zu nahe ist. Hier droben sahen wir sie aus allen möglichen Entfernungen, und mehrere Tage lang hatten wir sie beinahe gerade vor uns.

In der Nacht auf den 11. April hatten wir wieder einmal —18,7 Grad, in den vorhergehenden Nächten —15,7, —10,3 und —8,2 Grad; je höher wir steigen, desto kälter wird es. Wir nähern uns der Talweitung, wo drei Gletscherflüsse sich vereinigen, um den Buptsang-tsangpo zu bilden, und zwar ganz so, wie beim Brahmaputra, und auch ebenso wie bei diesem, auf der Nordseite eines der beiden mächtigsten Bergsysteme der Erde. In unmittelbarer Nähe des Zusammenflusses in Bupjung-ring hatten wir unser Lager Nr. 379 (4911 Meter) aufgeschlagen. Der östliche Quellarm kommt teils vom Samje-la, teils von dem unmittelbar auf der südwestlichen Seite des Passes liegenden Teil des Gebirges. Der mittelste stammt von einem Massiv Jallakmallak; der westliche vom Tschomo-gangri; im Südosten dieser Gebirge haben wir den Lunpo-gangri (Abb. 323, 324), der sowohl von seiner nördlichen wie südlichen Seite sein Wasser nach dem Meere hinsendet. —

Bupjung-ring ist eine der herrlichsten Gegenden, die ich in Tibet gesehen habe. Der flache, von mit Schnee und eisbedeckten Bergen umgebene Talkessel hat üppigen Graswuchs und wird von zahlreichen Wasserläufen durchschnitten. Überall waren Lagerspuren sichtbar; jetzt standen hier freilich nur noch ein paar Zeltdörfer, aber im Sommer, wenn die Nomaden aus dem Norden kommen, herrscht reges Leben im Tal. Wenn während des

Sommers die eigentliche Schneeschmelze vor sich geht, und später während der Regenzeit, schwillt der Buptsang-tsangpo so hoch an, daß er sich drei Monate hindurch nicht überschreiten läßt und der Verkehr zwischen seinen beiden Ufern abgeschnitten ist. Von der Quelle bis an den Tarok-tso, in den er sich ergießt, ist der Fluß ungefähr 150 Kilometer lang; er ist möglicherweise der größte Fluß in Tibet, der nicht dem Meere zuströmt. Die einzigen Flüsse, die sich vielleicht mit ihm messen können, sind der Satschu-tsangpo, der in den Selling-tso mündet, und der Soma-tsangpo, der sich in den Teri-nam-tso ergießt. Der Satschu-tsangpo war, als ich ihn im Jahre 1901 während der Regenzeit überschritt, ungeheuer viel größer als der Buptsang-tsangpo jetzt. Aber der Buptsang war sogar im Frühling ein ansehnlicher Fluß, der in der Regenzeit gewiß ebensosehr anschwillt wie der Satschu. Europäern war der Buptsang-tsangpo bisher unbekannt geblieben. Aber auf D'Anvilles Karte aus dem Jahre 1733 finden wir den Tarok-tso und einen von Süden her in den See hineinströmenden Fluß, der ohne Zweifel mit dem Buptsang-tsangpo identisch ist. Die Jesuiten, die sich vor 200 Jahren in Peking aufhielten und vom Kaiser Kang-hi mit der Herstellung einer Karte über das ganze chinesische Reich beauftragt worden waren, verschafften sich aus chinesischen und tibetischen Quellen also auch von dieser verborgenen Gegend genaue Kunde.

Während der letzten Tage waren unsere beiden Yaks so kraftlos und fußkrank geworden, daß wir uns ihrer um jeden Preis entledigen mußten. Wir blieben daher einen Tag in Bupjung und vertauschten sie gegen neun Schafe, die die Yaklasten übernahmen. Jetzt hatten wir wieder 31 Schafe und einige Ziegen.

Am 13. erreichten wir den Fuß des Gebirges, wo der eigentliche Anstieg nach dem Paße selbst beginnt. Hier standen vier Zelte, deren Bewohner ausschließlich aus Frauen und Kindern bestanden. Die Männer hatten sich vor zwei Tagen nach dem Zelt des Gova Tsepten begeben. Dieser Häuptling ist verpflichtet, eine gewisse Anzahl Leute und Yaks zu stellen, die ungefähr drei Monate lang auf der Tasam stationiert werden und dort unentgeltlich alle Transporte für den Devaschung besorgen müssen. Dies ist eine Art Frondienst, der nicht nur auf dem ganzen Weg zwischen Lhasa und Ladak, sondern auch auf allen größeren Straßen in Tibet geleistet wird. Natürlich schädigt dies ungesunde System die Nomaden, die während der Zeit die Wartung ihrer Herden Frauen und Kindern überlassen müssen, ganz bedeutend. Will sich jemand dem entziehen, so muß er einen Stellvertreter besorgen, ihn bezahlen und mit Yaks und Lebensmitteln versehen. Als wir im vorigen Jahr von

Schigatse aus mit gemieteten Lasttieren reisten, nahmen auch wir die Dienste armer Nomaden in Anspruch, aber ich bezahlte sie anständig und gab ihnen noch ordentliche Trinkgelder.

Nach 18,2 Grad Kälte in der Nacht ritten wir am 14. April nach dem Paß hinauf; der Saumpfad führte teils über Hügel, teils zwischen ihnen durch, und wir überschritten den Bach, der vom Samje-la seinen Wasserbeitrag nach dem Buptsang-tsangpo führt. Das anstehende Gestein war unzugänglich, aller Schutt und alle Blöcke bestanden aber aus grauem Granit; nur selten sah man ein Porphyrstück. Auf dem Paß wurde die gewöhnliche Rast für Beobachtungen gehalten und das Siedethermometer abgelesen. Die Aussicht über den Lunpo-gangri war großartiger als je, jetzt hatten wir seine Gipfel ganz nahe. In Nordnordwesten verschwand das scharf ausgeprägte Tal des Buptsang-tsangpo in der Ferne. Im Südosten aber war nichts anderes sichtbar als eine flache Schwelle, die mich argwöhnen ließ, daß wir uns noch nicht auf dem wirklichen, wasserscheidenden Paß befänden. Wir hatten auch auf der Spur der Karawane erst eine kleine Strecke zurückgelegt, als wir einen Bach sahen, der, aus Südosten kommend, noch zum System des Buptsang-tsangpo gehörte. An seinem Ufer, wo auch wir haltmachten, lagerte eine aus acht Leuten und 350 Yaks bestehende Karawane, die Salz nach Saka-dsong brachte, wohin sie noch sechs Tagereisen hatte. Die Leute konnten nicht begreifen, weshalb wir, die wir doch Kaufleute aus Ladak seien, uns einen Weg wie diesen ausgesucht hätten, und fragten immer wieder, wie wir uns nur hierhergefunden hätten. Wir tischten ihnen die gewöhnliche Geschichte vom Wollhandel im Sommer auf, und sie bedauerten, daß sie uns nicht mit ihren Yaks zu Diensten stehen könnten, da sie der Regierungstransporte wegen an die große Heerstraße gebunden seien. Ich fragte mich, ob sie dem Statthalter in Saka-dsong wohl mitteilen würden, daß sie auf der Heimreise eine Gesellschaft Ladakis getroffen hätten, und ob mir dies wohl nachteilig sein werde? Vielleicht wäre es das beste, überhaupt nicht nach Saka-dsong zu gehen?

Am 15. April handelte es sich zunächst darum, der Yakkarawane einen Vorsprung abzugewinnen. Ehe sie mit dem Beladen ihrer Tiere begann, brach ich mit den Schafen auf und kam rechtzeitig an die Paßpyramide des Samje-la mit ihren Wimpelstangen. Obgleich wir auf dem ganzen Weg vom Lager der Yakleute aus zu sehen waren, mußte ich die Höhe des Passes doch um jeden Preis feststellen, und die Entfernung war auch so groß, daß sie nicht sehen konnten, was ich tat. Nach der Siedepunktbestimmung, die eine Höhe von 5527 Meter ergab, zeichnete ich sogar noch das Panorama. Im Osten und Südosten eine

Welt von Bergen, die teils zur Kette des Lunpo-gangri gehörten, die wir
im Süden hatten, und teils zum Nien-tschen-tang-la, der auf unserer Nordseite lag. Wir befanden uns also auf der Wasserscheide selbst, zwischen
zwei gigantischen Bergketten, die beide Mitglieder der Familie Transhimalaja sind! Und dieser Paß, der Samje-la, hat in hydrographischer
und orographischer Hinsicht den allerhöchsten und vornehmsten Rang, den
ein Paß in Asien überhaupt haben kann; er scheidet nämlich das Wasser
zwischen dem abflußlosen Plateau im Norden und dem unendlichen Weltmeer im Süden. Er hat also denselben Rang wie der Sela-la, der
Tschang-la-Pod-la und der Angden-la und einen weit vornehmeren Rang
als der Tseti-latschen-la, der nur eine Wasserscheide zwischen dem Satledsch
und dem Indus ist, und als der Dschukti-la, der das Wasser zwischen
den beiden Indusarmen teilt. Auf dem Samje-la hatte ich nun das
Hauptziel meiner Sehnsucht erreicht, ich hatte den Transhimalaja zwischen dem Tseti-latschen-la und dem Angden-la übersteigen und
noch einen Punkt auf der gigantischen Grenzlinie erobern können, die im
Norden die Wasserscheide der großen indischen Flüsse ist! Es war mir
jetzt gelungen zu konstatieren, daß der Transhimalaja sich vom
Angden-la noch 490 Kilometer ohne Unterbrechung nach Westen
hinzieht! Außerordentlich großes Interesse hatte auch die Entdeckung,
daß der Angden-la und der Samje-la, obgleich sie als Wasserscheide genau
gleichwertig sind, durchaus nicht in derselben Bergkette liegen. Der
Angden-la liegt in der westlichen Verlängerung der Kette, die auf dem
Südufer des Tengri-nor steht und unter dem Namen Nien-tschen-tang-la
bekannt ist; aber der Samje-la liegt in einem Längstal zwischen dieser
Kette und dem Lunpo-gangri. Damit konnte ich für immer ein großes
schwarzes Kreuz über die fortlaufende, ununterbrochene Bergkette machen,
die Hodgson und Saunders am Schreibtisch konstruiert haben und
die sich, nach ihnen, im Norden des oberen Brahmaputra hinziehen
soll. Hier begann ich auch über den Namen nachzudenken, den man
künftig diesem kolossalen Gebirgssystem, das mit dem Himalaja parallel läuft, würde geben müssen. Der Name Lunpo-gangri war mindestens ebenso berechtigt wie der Name Nien-tschen-tang-la, aber beide waren
doch auch wieder gleich ungeeignet, da sie nur gewisse Ketten innerhalb
eines ganzen Systems bezeichneten und folglich nur lokale Berechtigung
hatten. Da durchfuhr es mich wie ein Blitz — **Transhimalaja** ist
der Name, den ich künftig diesem gigantischen Gebirgssystem
geben will!

Während ich noch über diesen großen Sieg nachdachte, den ich an
diesem Tage ohne eigenes Verdienst errungen hatte, rief Lobsang mich in

die gegenwärtige Situation zurück mit der Meldung, die schwarzen Linien der Yaks bewegten sich nach dem Paß hinauf. Nun erhoben wir uns und gingen zu Fuß die Abhänge hinab, die mit mühsam zu passierendem Schutt und Granitblöcken bedeckt waren. Bald sammelten sich aus dem Boden aufsprudelnde Quellen zu einem Bächlein. Mit besonderem Wohlbehagen betrachtete ich seine klaren, geschmeidigen Sprünge zwischen den Blöcken und lauschte seinem melodischen Rieseln. Es war die gewöhnliche Melodie; ich hatte sie eben noch von den Bächen des Buptsang-tsangpo singen gehört. Und dennoch glaubte ich einen Unterton anderer Art herauszuhören, einen Klang im Wasser, der neues Sehnen in mir erweckte. Die Fluten des Buptsang-tsangpo sind zu ewigem Untergang im Tarok-tso und Tabie-tsaka verurteilt, wo sie verdunsten und mit allen Himmelswinden wieder verfliegen. Aber der Bach, an dessen Ufer wir jetzt hinziehen, der ergießt sich in den Tschaktak-tsangpo und den Brahmaputra, und sein Ziel ist der Indische Ozean, über dessen salzige Wogen der Weg nach meiner Heimat führt! —

Wir waren eben mit dem Aufschlagen der Zelte fertig, als die Yaks schon in dichten Haufen anmarschiert kamen, begleitet von ihren pfeifenden und singenden Treibern. Sie machten einen Umweg, um nicht zu nahe an uns vorbeiziehen zu müssen. Fürchteten sie sich vor uns, oder hegten sie schon Verdacht? Was würden sie wohl in Saka-dsong von uns erzählen? Waren sie eine Wolke, nur so groß wie eine Manneshand, aus der seinerzeit ein verheerendes Unwetter über meine kleine Karawane losbrechen würde, die das verbotene Land nun zum zweitenmal ohne Erlaubnis durchzogen hatte?

342. Eingeborene von Kangmar.

343. Tibetische Soldaten am Ufer des Soma-tsangpo.

 344. Hirtenknabe in Bongba.  345. Ringkampf zwischen Tibetern.

 346. Junge mit Flinte am Teri-namtso.  347. Die Führer zum Poru-tso.
Skizzen des Verfassers.

Sechsundsechzigstes Kapitel.

Im Gelobten Land der Wegelagerer.

In früheren Zeiten erstreckten sich die Gletscherzungen des Lunpo=gangri bis in das Tal hinunter, und ich sah davon noch sehr deutliche Spuren, als wir am 16. April nach niedrigeren Gegenden hinunter=zogen! Das Tal ist hier voll alter Moränen, die ausschließlich aus Granit bestehen; einige von ihnen sind an der Oberfläche durch feines Material und Moos verdeckt. Wieder zogen wir an der großen Yak=karawane vorbei, die schon nach ganz kurzem Marsch ihr Lager aufgeschlagen hatte. Sie beabsichtigte augenscheinlich, den nächsten Tag auszuruhen, denn die Yaks waren von ihren Lasten befreit und alles Gepäck zu einer Mauer aufgestapelt. Wenn die Tibeter die Absicht haben, am nächsten Tag weiterzuziehen, lassen sie die Yaks mit den Lasten grasen und schlafen, weil das Abladen und Wiederbeladen von 350 Yaks ihnen für eine einzige Nacht zuviel Arbeit macht. Meinetwegen konnten sie gern solange wie nur möglich hierbleiben; wir gewannen dann einen Vorsprung und konnten an Saka=dsong vorüberziehen, ehe wir angezeigt wurden. Doch nein, es war klüger, Saka=dsong ganz zu vermeiden, nicht, um Muhamed Jsas Grab nicht wiedersehen zu müssen, sondern um nicht unnötigerweise Argwohn zu erregen. Es war sonnenklar, daß die Behörden sich fragen würden, weshalb eine kleine Schar Ladakis denn auf Schleichwegen gehe, statt auf der großen Tasam zu ziehen, und daß sie uns ins Verhör nehmen würden.

Nachdem die Moränen aufgehört haben, gelangen wir in eine offene Talweitung mit vorzüglichem Gras und Millionen neuer, Verdruß erregen=der Mauselöcher. Man freut sich ordentlich, wenn Takkar gelegentlich eines dieser lästigen Nagetiere totbeißt. Noch leiden wir keine Not; Tubges versorgt mich mit Rebhühnern, und eine unserer Ziegen liefert mir etwas Milch. Vom Lager 383 aus sehen wir die Gipfel des Lunpo-gangri nur in der Verkürzung (Abb. 325), einer ist so dünn wie ein

Schirm. Im Ostsüdosten zeigen sich mehrere Gipfel, die Fortsetzung der Kette, und man kann leicht berechnen, daß der Tschomo-utschong, der isolierte Bergstock auf der Tasam, in der östlichen Verlängerung des Lumpo-gangri liegt. Von jedem Lager aus nehme ich Winkelmessungen der hohen Gipfel in der Nähe vor; die Resultate werde ich später veröffentlichen. Unserm „Schnarchonkel" machen die anderen das Leben sauer. Schon um acht Uhr abends kriecht er in die „Federn" neben den aneinandergebundenen Schafen und beginnt sogleich mit dem Sägen seiner Astknorren. Sofort ruft ihn jemand an; er wacht auf und sagt etwas Lustiges, worüber die anderen lachen müssen, wird aber nie böse. Nach zwei Minuten schläft er schon wieder und sägt ebenso munter drauf los wie vorher, aber nur, um durch neues Anrufen geweckt zu werden. Erst wenn die anderen, einer nach dem anderen, eingeschlafen sind, wird er in Frieden gelassen und kann aus Leibeskräften weiter schnarchen.

Klein-Puppy entwickelt sich vortrefflich, ist lebhaft, vergnügt und anhänglich. Nachts schläft er zu meinen Füßen auf dem Pelz und hilft Takkar beim Wachehalten. Sie sind meine Gesellschafter; es wird mir sehr schwer werden, mich einst von ihnen zu trennen.

17. April. 17,4 Grad Kälte! Wie lange währt doch dieser Winter! Jetzt hat Lobsang sich ausgedacht, die Yakleute würden sich nicht getrauen uns anzuzeigen, da sie fürchten müßten, zur Verantwortung gezogen zu werden, weil sie uns nicht besser ausspioniert hätten. Wir ziehen talabwärts weiter; wie herrlich, mehrere Tage nur bergab zu gehen! An vielen Stellen sehen wir Sommerlagerplätze; jetzt ist die Gegend aber öde und leer.

Der Fluß führt ungefähr 2 Kubikmeter klaren Wassers in der Sekunde; nur in der Mitte ist er offen, sonst sind seine Ufer noch von zwei Fuß dicken, scharf abgeschnittenen Eisrändern eingefaßt, von deren Kanten Eistalaktiten herabhängen. Auf den Ufern huschen die Erdmäuse von Loch zu Loch. Das Tal verengt sich, und oft bespült der Fluß steile Schieferfelsen. Die meisten und größten Nebenflüsse kommen von links, von der Kette, die die unmittelbare Fortsetzung des Nien-tschentang-la ist. Das Eis wird immer mächtiger, je enger das Tal wird und je länger dort Schatten herrscht. Wir überschreiten es oft, um von einem Ufer nach dem andern zu gelangen; es ist so fest wie eine Brücke. Auf einem Mani ist das Geweih eines Hirsches aufgestellt; woher mag das sein? Das Tal zieht sich ebenso zwischen den beiden Bergketten hin wie das des Buptsang-tsangpo. Auch heute sehen wir weder einen Menschen, noch ein Zelt.

Abends schrie wieder eine Nachteule oberhalb des Lagers; die Ladakis waren nun überzeugt, sie wolle uns vor Wegelagerern warnen. Wenn diese wissen, daß sich ein Europäer und europäische Waffen in einer Karawane befinden, greifen sie nicht an; aber wir sind ja nur Ladakis, und die Tibeter verachten die Ladakis und betrachten sie als Feiglinge.

Am 18. zogen wir südwärts nach dem Punkt (4696 Meter), wo unser Tal in das Rukjoktal einmündet, das von Westnordwesten kommt und in dessen Hintergrund man wieder einige Gipfel des Lunpo-gangri erblickt. Auch hier sahen wir keine Menschen, nur zahlreiche Sommerlager. Zwei Reiter ritten an unserm Lager auf der andern, rechten Seite des Flusses vorüber. Was wollten sie? Waren es Späher? Jetzt hatten wir allen Grund, in jedem menschlichen Wesen einen Spion zu vermuten, der mit List hinter unsere Schliche zu kommen suchte. Doch nein, sie waren Kiangjäger und stammten aus Gertse, waren aber dort durchgebrannt und hatten sich in einer anderen Provinz angesiedelt, weil sie mit dem Gertse Pun aneinander geraten waren, jenem Potentaten, dem wir mit Mühe und Not entwischt waren. Sie sagten uns, wir würden in einem Tag nach Pasa-guk kommen, wo wir im vorigen Jahr gelagert hatten, und seien nur noch drei kurze Tagereisen von Saka-dsong entfernt. Es war bedenklich, so dicht an der Residenz eines Statthalters vorbeizuziehen! Abdul Kerim kaufte das Pferd des einen Reiters für 100 Rupien.

Heute hatte ich einen neuen Ladakianzug zum erstenmal an. Der andere war mir jetzt zu warm, und außerdem stach er durch seine rote Farbe zu sehr von denen meiner Leute ab. Der neue Rock war aus abgenutzter, durchlöcherter Sackleinwand angefertigt, die noch mit Ruß und Asche eingerieben worden war. In ihm unterschied ich mich nun nicht die Spur mehr von den anderen. Jetzt tuschte ich mir das Gesicht jeden Tag regelmäßig an; das mußte schon ein großer Schlaukopf sein, der dahinter gekommen wäre, daß ich kein echter Ladaki war! Wir waren bis jetzt merkwürdig gut durchgekommen und hatten nur noch einen Tagemarsch nach einem Punkt, an dem ich voriges Jahr gewesen war. Aber die nervöse Erregung steigerte sich immer mehr, und jeden Morgen zerbrach ich mir schon den Kopf über die Art der Überraschung, die der neue Tag in seinem Schoße tragen mußte.

19. April. Gerade als wir aufbrachen, zogen zwei Männer zu Fuß vorbei und trieben einige Hundert mit Salz beladene Schafe vor sich her. Wir hatten denselben Weg wie sie und mußten mit ihnen zusammentreffen. Während ich unsere eigenen Schafe bergab trieb, hielt Abdul Kerim sein Pferd an und redete mit den beiden, um ihre Aufmerksamkeit abzulenken.

Aber man sah ihnen an, daß unsere ungewöhnliche Gesellschaft ihr Interesse erregt hatte und daß sie uns genau betrachteten. Ich humpelte im Gehen, weil mir einfiel, daß die Tibeter wohl noch nie einen Europäer hätten hinken sehen, vorausgesetzt, daß sie überhaupt schon einen gesehen hatten! Mich aber hatten die Leute in Pasa-guk und Saka-dsong vor einem Jahr gesehen, und da hatte ich nicht gehinkt. Es gelang mir, unauffällig an der lästigen Nachbarschaft und ebenfalls an der großen Yakkarawane vorbeizukommen, die zwei Tage lang einen anderen Weg eingeschlagen hatte, jetzt aber wieder in unsere Straße eingebogen war. Dann trafen wir noch eine große Schafkarawane und eine Gesellschaft zu Pferd, eine **Dame**, die die Gattin des Rukjoker Govas sein sollte. Wer uns entgegenkam, war nicht so gefährlich, wie die mit uns Ziehenden.

Auf der Rechten blieb der Rukjokfluß immer weiter von der Straße liegen; unmittelbar vor uns im Süden erschien der hohe Gipfel, der sich oberhalb des Dorfes Pasa-guk erhebt. Die Salzschafe und die Yaks hatten wir wieder weit hinter uns zurückgelassen und gelangten nun endlich an das Ufer meines alten Freundes, des Tschaktak-tsangpo, der jetzt bedeutend seichter war als in den letzten Tagen des Mai und den ersten des Juni vorigen Jahres. Hier verließen wir die nach Süden führende Heerstraße und zogen nordwärts längs des rechten, westlichen Ufers des Tschaktak-tsangpo, wo wir bald auf einer Wiese das Lager aufschlugen (4634 Meter).

Als Abdul Kerim zurückkehrte, sah er sehr ernst aus. Es war ihm schwer geworden, all die Fragen zu beantworten, weshalb wir hintenherum am Tschaktak-tsangpo entlangzögen, anstatt, wie alle anderen, auf der großen Landstraße nach Saka-dsong zu gehen. Er hatte darauf erwidert, uns sei besonders eingeschärft worden, genaue Erkundigungen einzuziehen, wieviel Schafwolle es im nächsten Sommer hier in der Gegend geben werde. Da hatten die Männer der Salzkarawane gesagt: „Ihr scheint vor Straßenräubern nicht bange zu sein; gerade hier oben in den Bergen halten sie sich auf. Seid ihr gut bewaffnet?"

„Ja, wir haben zwei Flinten und einige Revolver."

„Ihr werdet sie brauchen. Wir sehen, daß ihr friedliche Leute seid, deshalb warnen wir euch. Vor sechs Tagen ist hier in der Gegend ein Zeltdorf von einer 18 Mann starken Räuberbande überfallen worden, in der jeder Kerl ein Pferd und eine Flinte hatte. Sie haben drei Zelte geplündert, 400 Schafe und gegen 200 Yaks fortgetrieben und sich auf derselben Straße entfernt, auf der ihr jetzt ziehen wollt. Man hat ihnen Militär nachgeschickt, aber sie haben zwei Leute davon erschossen, und die anderen haben Reißaus genommen. Keiner weiß, wo sich die Räuberbande jetzt aufhält. Wenn euch euer Leben lieb ist, paßt nachts gut auf. Werdet ihr überfallen, so laßt euch ruhig ausplündern; ihr seid nur dreizehn und könnt euch nicht wehren."

Das war es, weshalb Abdul Kerim so sorgenvoll aussah, und das konnte nicht wundernehmen. Nun mußten wir auch noch riskieren, nachts überfallen zu werden, als ob ich an der zunehmenden Aufregung bei der Durchquerung des verbotenen Landes, in Verkleidung und auf Schleichwegen, nicht schon übergenug hätte! Solange es noch hell war, durften die Tiere frei umherstreifen und grasen, wo sie wollten, in der Dämmerung aber wurden sie nach dem Lager getrieben. Am Abend redeten die Männer von nichts anderm als von Räubern. Nur Lobsang, der selbst Tibeter war, regte sich über die Sache nicht auf. Er sagte, daß es organisierte Banden gebe, die bis zu 100 Mitgliedern zählten und an deren Spitze ein Hauptmann stehe, der anordne, wo und wann ein Raubanfall stattfinden solle. Um diese Zeit des Jahres aber säßen die Bösewichter noch daheim an ihren Feuern und spielten die Unschuldigen; seiner Ansicht nach müsse es erst wärmer werden, ehe sie frech würden. Er behauptete auch, daß, wenn ein Räuber in der Gegend von Gartok gefangen worden sei, der Kopf und der eine Arm als Beweis nach Lhasa geschickt werden müsse. In der Hauptstadt sind die Strafen sehr streng. Einem Dieb werden die Augen ausgestochen und eine Hand abgehauen. Ein Gova oder ein anderer höherer Beamter, der einen gefangenen Räuber abliefert, wird belohnt oder befördert; wer in dieser Beziehung seine Pflicht vernachlässigt hat, bestraft. Wir hörten auch, die Gegend bei Geddo in der Nähe des obern Raga-tsangpo sei als Räubernest bekannt und werde von Berufsräubern aus Naktschu besucht.

In der Dunkelheit sangen die Mohammedaner unter meinen Leuten wieder jene melodische Hymne, die ich in Kisil-unkur zum erstenmal gehört hatte. „Allahu ekbär" hallte es zwischen den Felswänden wider, „er ist mächtig und wird die Rechtgläubigen vor den Schlingen der Heiden bewahren." Sie waren in aller Eile wieder fromm geworden — in diesem Gelobten Land der Wegelagerer! „Allahu ekbär", Gott ist groß!

Die Nacht verlief aber ruhig, nur wurde früh am andern Morgen gemeldet, daß sich von Norden fünf Reiter unsern Zelten näherten. Durch das Fernglas betrachtet, schrumpfte ihre Zahl auf zwei Männer, eine Frau und einige Yaks zusammen. Sie machten einen Umweg, als ob sie vor uns Angst hätten, aber Abdul Kerim hielt sie an, um sich nach dem Weg zu erkundigen. Dann zogen wir am Nordufer des Tschaktak-tsangpo entlang gerade nach Osten. Das Terrain hebt sich sehr langsam, das Tal ist ziemlich breit und reich an Weideplätzen. Zelte sahen wir nicht, aber zahlreiche Sommerlager. Ein Steinmal bezeichnet den Punkt, wo der von N 10° W kommende Tschaktak-tsangpo seinen von Osten kommenden Nebenfluß Gäbuk-tschu aufnimmt. In Nordnordost erheben sich zwei mittelhohe Schneekuppen mit nicht sehr großen Gletschern. Es war klar, daß der Tschaktak-tsangpo aus dem Norden dieser Berge kam, denn man konnte das scharf eingeschnittene Durchbruchstal des Flusses sehen. Der Hauptfluß mochte 7, der Nebenfluß 2 Kubikmeter Wasser in der Sekunde führen. In dieser Gegend heißt der Fluß Kamtschung-tschu; den Namen Tschaktak-tsangpo (Charta-tsangpo nennt ihn Nain Sing unrichtigerweise) erhält er erst unterhalb des Dorfes Pasa-guk. — In dem Winkel zwischen beiden Flüssen lagerten wir in der Nähe einer Wiese, auf der drei Pferde weideten. Ihre Besitzer, deren Zelte hinter einem Felsvorsprung in der Nachbarschaft standen, waren aus Rukjok; sie hatten im Winter viele ihrer Schafe durch Krankheit verloren und waren nun auf dem Weg nach einer heißen Quelle, um die ihnen noch gebliebenen durch warme Bäder zu retten. Wir befanden uns hier genau fast nördlich von Saka-dsong und waren nur noch zwei Tagereisen davon entfernt. Zwischen uns und der Residenz des Gouverneurs erhob sich aber noch ein Bergrücken, der ein niedriges Glied der Lunpo-gangri-Kette ist. Am Abend und in der Nacht feuerten unsere Wächter, wie gewöhnlich, einige Revolverschüsse ab, um eventuellen Straßenräubern anzuzeigen, daß wir auf unserer Hut seien.

21. April. Als wir gerade mit dem Verpacken der Zelte beschäftigt waren, zogen unsere Nachbarn mit ihren 200 Schafen an unserem Lager vorüber. Ich wandte ihnen den Rücken zu und belud einen Maulesel. Dann marschierte ich wieder mit den Schafen, denn höher oben im Tal standen noch mehrere Zelte; erst als wir wieder durch unbewohnte Gegenden kamen, konnte ich reiten. Auf unserer linken Seite öffneten sich verschiedene Nebentäler, und in ihrem Hintergrund erblickte man dann und wann einen Teil des Kammes der Hauptkette. Vom Aussehen des im Norden dieser Kette liegenden Landes wissen wir rein gar nichts, aber daß sie keine Wasserscheide zwischen dem Plateau und dem Meere sein kann, ist offensichtlich und zeigt sich schon an dem Quertal des Kamtschung-tschu.

Nachdem wir den Fluß zweimal auf porösen Eisbrücken überschritten hatten, lagerten wir bei einer großen Schafhürde, wo eine Menge Dung lag. Die letzten Nomaden hatten uns gesagt, daß wir heute an ein großes Zelt gelangen würden; darin wohne ein einflußreicher Mann namens Kamba Tsenam, der 1000 Yaks und 5000 Schafe besitze. Er wird also unser nächster kritischer Punkt sein. Wenn wir nur erst an ihm vorüber sind, liegt das Land bis Raga-tasam ziemlich offen vor uns. Es ist ein schönes Gefühl, heute wieder 13,3 Kilometer zurückgelegt zu haben, ohne behelligt worden zu sein. Aber wie wird es mir morgen ergehen — das ist die Frage, die ich mir allabendlich vorlege! Allerdings hat es sein Gutes, Schleichwege zu gehen, wo man sich den Beobachtern entziehen kann. Doch wenn irgendein geriebener Gova oder gar der Gouverneur selbst zufällig von uns hören sollte, muß gerade dies ihn argwöhnisch machen; er wird es sonderbar finden und eine peinliche Untersuchung anstellen. Jetzt sind die Salzkarawanen, an denen wir vorübergekommen sind, bereits in Saka-dsong angelangt; allerdings befinden wir uns schon östlich von diesem Ort, aber wir reisen so langsam, daß wir einem militärischen Aufgebot unmöglich entwischen können. Mit jedem Tag wird meine Aufregung größer. Ich bin nun dieser selbstverschuldeten Gefangenschaft gründlich überdrüssig und sehne ihr Ende herbei. Aber was dann? Ja, das weiß ich nicht. Ich bin so weit vorgedrungen, daß wir einer Krisis nicht mehr entgehen können. Die Linie quer durch Bongba hindurch habe ich mir ja erobert, meine nächsten Zukunftspläne aber sind mir noch sehr unklar, alles wird von den Umständen abhängen müssen. —

Der 22. April war einer jener ungemütlichen Tage, an denen man fühlt, daß die entscheidende Krise einen großen Schritt näher kommt. Abdul Kerim, Kuntschuk und Gaffar brachen zuerst auf; um Kamba Tsenams Aufmerksamkeit durch einen Besuch abzulenken, wollten sie bei ihm Lebensmittel und Pferde kaufen. Dann machten wir uns auf den Weg und gingen auf knackenden Eisbrücken zweimal über den Fluß, blieben dann auf dem Nordufer und gelangten an ein Nebental, in dessen Eingang drei Zelte standen. Hier hatten auch die Unseren inmitten einer Gruppe Tibeter, die ihnen Pferde vorführten, haltgemacht. Gulam hatte mir rechtzeitig einen Wink gegeben, so daß ich unbemerkt hatte absteigen können, und nun ging ich als Treiber mit unseren letzten Eseln. Sobald eine Uferterrasse uns wieder verdeckte, konnte ich wieder reiten. Lange währte die Freude aber nicht, denn beim nächsten Nebental auf der Nordseite mußte ich eines neuen Zeltes wegen wieder absteigen, während eine Schar bissiger Hunde von Takkar und Klein-Puppy empfangen wurde; Klein-Puppy — man denke sich — wollte uns verteidigen, mußte aber im Nacken gepackt und in Sicherheit gebracht werden. Hier verließen wir Kutus und Tubges, die bei dem Zelt blieben, und setzten nun, so dezimiert, unsern Weg nach Osten fort.

An einem Bergvorsprung auf der Nordseite des Tales lagen zwei

schöne Manis und neben dem einen war eine Wimpelstange errichtet.
Schon seit acht Uhr fiel sehr dichter Schnee, aber das Tal war so eng,
daß wir trotzdem nicht ungesehen an allen Zelten vorbeigelangen konnten.
Gerade bei jenem Vorsprung mündet ein ansehnliches Tal von Norden
her in das unsere ein — man ahnte es mehr, als daß man es sah,
denn das Schneetreiben verhüllte alles. Gulam ging ein wenig voraus
und gab mir das Zeichen, abzusteigen. Unmittelbar diesseits des vor=
springenden Berges lagen vier Zelte, eine kleine Steinhütte, vor der ein
Mann stand und uns angaffte, und ein Häuptlingszelt von so kolossalen
Dimensionen, daß ich seinesgleichen noch nie gesehen hatte — es war
so groß wie ein Haus. Hier verloren wir Lobsang und Abdul Rasak
aus den Augen, und noch mehr dezimiert, zogen wir ostwärts weiter.
Die Hauptmasse des Gäbuk=tschu kommt aus dem nördlichen Tal; in
unserm Tal, das uns, wie wir wußten, nach dem Gäbuk=la hinauf=
führte, floß jetzt nur noch ein Bach. Auf der Terrasse, im Eingang
eines nördlichen Nebentales, schlugen wir unsere Zelte auf. Das ganze
Land war kreideweiß, und von der nächsten Umgebung sahen wir
überhaupt nichts.

Unsere drei Zelte standen, wie immer, dicht nebeneinander; meines
mit der Öffnung talaufwärts, nach Osten. Nach und nach trafen die
Nachzügler ein und erstatteten mir der Reihe nach Bericht. Sie hatten
auf zwei Tage Lebensmittel erstanden und erfahren, daß die Gegend
Gäbuk=jung hieß. Morgen würden wir über den Gäbuk=la gehen
und am Fuß des Kintschen=la lagern, von dessen Paßhöhe wir am
nächsten Tag dann Raga=tasam sehen könnten. Natürlich war es ris=
kant gewesen, daß drei Partien der Unseren auf einmal drei so dicht
nebeneinander liegende Zelte besucht hatten, denn die Tibeter fragten stets
nach unseren Wegen und Plänen, und unsere Leute konnten im Eifer des
Gespräches einmal verschiedene Antwort geben. In dem großen Zelt
war Lobsang aufs Glatteis geführt worden, hatte aber dreist geantwortet,
wir kämen vom Gertse Pun und dieser habe uns geraten, die Neben=
straße zu wählen, weil man auf ihr Raga=tasam zwei Tage früher er=
reiche als auf dem Weg über Saka=dsong. „Sehr richtig", hatten die
Tibeter geantwortet und ihn wieder vor Räubern gewarnt, da dreizehn
Ladakis nur ein Bissen für eine ordentliche Bande seien und die ganze
Gegend unsicher sei. „Ein Glück, daß ihr gute Waffen habt", hatten
sie gesagt.

Schließlich stellte sich auch Abdul Kerim mit seinen Einkäufen ein.
Er hatte erfahren, daß alle Zelte, die wir heute gesehen hatten, dem
Kamba Tsenam gehörten, der selber in dem großen Zelt wohne, aber

348. Pilger der Pembo-Sekte.   349. Junger Hirt in Bongba.
Skizzen des Verfassers.

350. Tagla Tserings Gefolge.

351. Tagla Tsering mit seinen Leuten auf Besuch in meinem Zelt. Über dem Zelteingang eine Filzdecke als Sonnenschutz.

352. Die Mönche von Mendong-gumpa kommen mir mißtrauisch entgegen.

gegenwärtig in Saka-dsong sei, wo eine Versammlung wegen des bevorstehenden Besuches eines hohen chinesischen Beamten stattfinden und entschieden werden solle, was für ein Geschenk man ihm bei der Ankunft überreichen wolle. Kamba Tsenam besitze 35 Pferde, die jenseits des Gäbuk-la weideten; wenn der reiche Nomade heute abend zurückkehre, würden wir ganz gewiß einige von ihm kaufen können.

„Ihr sagt," hatte ein älterer Mann in Kamba Tsenams Diensten geäußert, „daß ihr ein Tsongpun (Kaufmann) aus Ladak seid. Weshalb zieht ihr denn aber auf diesem gefährlichen Schleichweg durch das Land? Hier findet ihr doch keine Handelsgelegenheit? Wie habt ihr euch überhaupt hierhergefunden? Warum reist ihr gerade im Winter? Und weshalb fragt ihr nach den Namen der Täler?"

„Ich muß mir alle die Namen aufschreiben," hatte Abdul Kerim geantwortet, „um im Sommer wieder denselben Weg finden zu können, da ich dann in allen diesen Tälern Wolle aufkaufen soll."

„So, das ist schön; ihr könnt dann bei uns die Wolle einiger Hundert Schafe bekommen. Ich werde euch morgen einen Führer mitgeben; ihr müßt ihm eine Rupie für zwei Tage bezahlen. Ohne ihn findet ihr den Weg über den Gäbuk-la nicht, am allerwenigsten jetzt, wo Schnee den Erdboden bedeckt."

Abdul Kerim hatte ihm für seine Freundlichkeit gedankt und sich dann entfernt, um mich aufzusuchen. Wir hielten gerade weisen Rat, als zwei mit Flinten bewaffnete Reiter auf unsere Zelte lossprengten. Sie waren schon dicht bei uns, als sie aus dem Schneenebel erst auftauchten. Wir konnten nur gerade noch mein Zelt zumachen und Takkar vor dem Eingang anbinden. Der ältere Mann war Abdul Kerims Freund aus dem großen Zelt, der andere ein Jüngling, der uns als Führer angeboten wurde. Sie banden ihren Pferden die Vorderfüße zusammen und gingen ganz ungeniert in Abdul Kerims Zelt hinein. Hier nahmen sie Platz, plauderten wohl eine Stunde mit dem Karawanenführer und boten ihm einen großen hübschen Schimmel für 127 Rupien an. Abdul Kerim kaufte ihn, worauf sie ihn fragten, wieviel Geld er bei sich habe und ob er nicht fürchte, überfallen zu werden. Dann gingen sie einmal um die Zelte herum und sahen sich unser Lager an; als sie endlich mit dem einen Pferd im Schneetreiben verschwanden, stieß ich einen Seufzer der Erleichterung aus.

Nun berieten wir wieder über die Lage. Wenn wir für den Führer dankten, würde ein solches Ablehnen sehr verdächtig aussehen, da der Schnee bereits fußhoch lag und der Saumpfad, das einzige, wonach wir uns richten konnten, verschneit war. Aber noch gefährlicher war es, zwei

Tage und eine Nacht einen Fremden, einen Spion, in der Karawane
und in den Zelten zu haben. Als Kutus und Sedik eine Weile später
nach dem großen Zelt zurückgingen, um saure Milch zu holen, wurde
ihnen also aufgetragen, dort zu sagen, daß unser „Tsongpun" den Führer
nicht haben wolle, weil wir wahrscheinlich entweder hier oder im nächsten
Lager einen Tag liegen bleiben würden. „Euer Tsongpun redet mit
zwei Zungen, er weiß selbst nicht, was er will", hatte der Mann geantwortet.

Ehe noch die Sonne am 23. April aufging, brachen wir von dieser
kritischen Stelle auf; ich ging mit den Schafen voraus, um schon fort
zu sein, falls unsere Nachbarn uns etwa einen Morgenbesuch abstatten
sollten. Die Luft wurde klarer, und die Sonne zeigte sich wieder; der
frisch gefallene Schnee verdunstet dann schnell. Weiter oben bedeckte eine
zusammenhängende Eisscholle den ganzen Talgrund. Vor uns war der
Paß Gäbuk-la sichtbar. Dort ging ein kleiner alter Mann und trieb
zehn Stuten vor sich her. Er tat, als sehe er uns nicht, wurde aber
bald von Abdul Kerim und Kuntschuk eingeholt, die ihm dann fast den
ganzen Tag über Gesellschaft leisteten. Mit Lobsang rastete ich eine
halbe Stunde auf dem Paß, dessen Höhe 5175 Meter beträgt. Nach
Osten und Südosten hin hatten wir wieder ein Gewirr von Bergen und
Tälern; ohne den so glücklich gefundenen Pferdetreiber wäre es uns einfach
unmöglich gewesen, den Weg über die Reihe einander folgender kleiner
Schwellen zu finden. Im Südsüdosten erhob sich im Sonnenglanz das
Schneemassiv des Tschomo-utschong; im Norden hatten wir einen
mächtigen Kamm, den ich, wie Ryder, für den Hauptkamm und die Wasserscheide des Transhimalaja hielt; dies erwies sich später aber als Irrtum.

Der Pferdetreiber führte uns auf eine Schwelle zweiter Ordnung,
an deren östlichem Fuß sich ein tief eingeschnittenes Tal hinzieht; es
kommt von N 10° O und ist der obere Teil des Tales, durch das
ich im vorigen Jahr gezogen bin und das bei Basang mündet, wo
ich Muhamed Isa zum letztenmal unter den Lebenden sah. Hier hatte
der Pferdetreiber sein Zelt. Um ihn über Nacht nicht als Nachbarn zu
haben, zogen wir weiter, nachdem er uns den Weg gezeigt hatte. In
einer kleinen Talmündung auf dem nach dem Kintschen-la hinaufführenden Weg stand unser Lager 390, wo uns ein wahnsinnig dichtes,
anhaltendes Schneetreiben überfiel.

Der Führer, der sich so glücklich im richtigen Augenblick gefunden, hatte
den Unsern erzählt, er sei Kamba Tsenams Bruder und ein großer Yak-
töter. Im vorigen Jahr habe er in Saka-dsong einen Europäer
gesehen, dessen Karawanenführer, ein großer, starker Kerl, sich überall

wo er sich gezeigt, Respekt verschafft habe. Doch plötzlich sei dieser kräftige Mensch in Saka gestorben, und seine Kameraden hätten ein längliches Loch in die Erde gegraben, in das er hineingesteckt worden sei. Er finde es seltsam, daß Ladakis, die doch denselben Glauben hätten wie die Tibeter, mit den verhaßten Europäern zusammenreisen und ihnen sogar dienen könnten! —

Ich beschloß, unsere Vorsichtsmaßregeln künftighin noch mehr zu verschärfen. Zwei oder drei Ladakis sollten stets eine dunkle Brille tragen, damit ich mit der meinen nicht gar zu sehr gegen die anderen abstäche. Sobald wir wollenen Stoff kaufen könnten, sollten alle andern neue Anzüge erhalten, damit ich mit meinem zerlumpten wie der ärmste und geringste unserer ganzen Gesellschaft aussähe!

Siebenundsechzigstes Kapitel.

Entdeckt!

Mein Leben war während dieser Tage düster und einsam und unsere Zukunft ungewiß. Wir wanderten wie im Dunkeln und tasteten mit den Händen umher, um nicht zu fallen. Jeder Tag, der ohne ein verhängnisvolles Abenteuer verlief, erschien mir wie eine unerwartete Überraschung. Jetzt hatten wir nur noch zwei Tagereisen bis Raga-tasam an der großen Heerstraße, wo Karawanen und Reisende hin und her ziehen und die Regierungsbeamten dafür verantwortlich sind, daß keine Unbefugten durchgelassen werden! Ich aber war meiner Verkleidung und der ewigen Aufregung herzlich überdrüssig und sehnte mich nach einer Krisis, die mich aus dieser Gefangenschaft wieder befreien würde. Aber mich selber den Tibetern auf Gnade und Ungnade zu überliefern, davon konnte denn doch keine Rede sein! Sie sollten selbst ausfindig machen, wer ich war, und bis dies geschah, würde eben die Aufregung kein Ende nehmen.

Der 24. April, der Jahrestag der Rückkehr von Nordenskiölds Schiff „Vega" nach Stockholm im Jahre 1880! Als die Sonne aufging, lag das ganze Land blendend weiß in seinem winterlichen Schneegewand vor uns. Die Kälte war wieder bis auf 16,4 Grad heruntergegangen, aber nun, da die Sonne emporstieg, dampfte es um die Pferde, und leichte Dunstwölkchen erhoben sich aus dem Schnee; man konnte glauben, durch eine Solfataren- und Fumarolenlandschaft zu reiten. Unsere Karawanentiere ertrugen diesmal das mühsame Steigen gut. Von den Schafen waren nur noch zwanzig vorhanden, zwei davon Veteranen vom Lumbur-ringmo-tso. Zweimal glaubten wir den Paß Kintschen-la gerade vor uns zu haben, aber immer wieder erhoben sich neue Höhen hinter der vermeintlichen Schwelle, und wir arbeiteten uns die Hügel hinauf, zwischen denen die Bäche nach Basang und Saka-dsong hinabrinnen, wo Muhamed Isa unter seinem Grabhügel schlummert! Im Südwesten boten die Gipfel des Tschomo-utschong einen prachtvollen Anblick. Endlich hatten wir den letzten Aufstieg nach der Steinpyramide des Passes hinter uns und befanden uns 5441 Meter über dem Meeresspiegel. Nach der anderen Seite strömt

in nordöstlicher Richtung ein Bach — einer der Quellflüsse des Raga=
tsangpo. Die Aussicht nach Westen war brillant, scharf und zerklüftet
erhoben sich die Spitzen des Lunpo=gangri aus einem Gewirr von Bergen
und Graten, die in um so helleren, blaueren Nuancen hervortraten, je
entfernter sie lagen. Im Nordosten fesselte den Blick eine Kette von
Vorbergen, die vom Fuß bis zum Scheitel mit frisch gefallenem Schnee
bedeckt waren. Das breite, flache Tal des Raga=tsangpo erstreckte sich nach
Osten, soweit der Blick reicht. In weiter Ferne erblickte man im Ost=
südosten einen grandiosen Schneekamm, den nördlichsten des Himalaja=
systems.

Wir blieben lange oben, und ich zeichnete ein Panorama. Dann
folgten wir der Spur der Karawane über zwei niedrigere Bergschultern
hinüber und fanden unser Lager in einem scharf ausgeprägten Tal mit
gutem Gras und einem teilweise zugefrorenen Bach. Seinem Ufer war
mein Zelt zugekehrt; alle drei Zelte lagen, wie gewöhnlich, in einer Linie.
Auch an diesem Tag war alles glücklich abgelaufen, aber morgen mußte
es ernst werden; morgen mußten wir Raga=tasam erreichen, wo ich
voriges Jahr eine ganze Woche gelagert und gewartet hatte. Das Lager
391 war also das letzte, in dem ich mich noch ungeniert fühlte; wir
hatten ja den ganzen Tag über keine lebende Seele gesehen und hatten
auch keine Nachbarn. Hier sollten daher einige neue Vorsichtsmaßregeln
getroffen werden.

Wir wollten alles von unserer bereits minimalen Bagage aussondern,
was irgend Argwohn erregen könnte; darunter die gepolsterte kleine Leder=
kiste, in der das Universalinstrument geschützt lag; es sollte künftig in
seinem inneren Holzkasten in meinen Schlafsack eingerollt werden. Ferner
das Lederfutteral des Siedethermometers und den Aktinometer (Sonnen=
strahlenmesser), der wohl nie wieder gebraucht werden würde. Das Brenn=
bare sollte ins Feuer geworfen und alles übrige vergraben werden. Auch
zwei Kamelhaardecken wollten wir kassieren.

Zunächst wurde noch eine Änderung in unseren Wohnungsverhält=
nissen vorgenommen. Ich sollte diese Nacht zum letztenmal in meinem
alten, sturmzerfetzten Zelt schlafen, in dem Abdul Kerim, unser Chef, von
morgen an hausen und künftig Gäste empfangen würde. Für mich wurde
eine Abteilung in Abdul Kerims bisherigem Zelt gemacht, die nur so groß
war, daß mein Bett eben den 2 Quadratmeter großen Raum ausfüllte.
Diese Bucht, die nach Aufschlagen des Lagers von allen Seiten verschlossen
blieb, sollte meine künftige Gefängniszelle sein. Sie glich dem Geheim=
fach in einem Schreibtisch; als sie fertig war, was sehr schnell ging, in=
spizierte ich sie und fand sie ebenso eng als gemütlich.

Suän war mein Friseur; er war heute gerade mit seiner Arbeit fertig, als Abdul Kerim in die Zeltöffnung guckte und mir flüsternd mitteilte, vier Männer kämen mit Yaks den Weg herab, den wir vom Kintschen=la heruntergezogen seien. Schnell ordnete ich meinen Anzug und wand mir den Turban um den Kopf, während die Zeltöffnung zugeknotet und Takkar davor angebunden wurde. Dann sah ich durch das Guckloch der Zeltwand, von wo aus ich den aufwärts gehenden Teil des Tales überblicken konnte, und bemerkte acht Fußgänger in dunkelblauen und roten Anzügen und roten Kopfbinden, mit Flinten und Säbeln bewaffnet und ihre neun Pferde am Zügel führend; ein Mann führte nämlich zwei Pack=pferde. Was in aller Welt hatte das zu bedeuten? Räuber konnten es nicht sein; die kommen plötzlich und bei Nacht. Sie sahen mir eher aus wie Leute im Dienst der Regierung; die beiden Voranschreitenden waren sicherlich Beamte. Meine Leute saßen mit allerlei Hantierungen beschäftigt am Feuer; ich sah ihnen an, daß sie von der größten Unruhe erfüllt waren.

Die Fremdlinge gingen direkt auf unser Lagerfeuer los, als ob dies das Ziel ihrer Reise sei. Sie bildeten einen Kreis um Abdul Kerim, Lobsang, Kutus und Gulam und begannen mit ihnen ein lebhaftes, aber leises Gespräch. Drei von ihnen, entschieden Diener, begaben sich mit den Pferden nach einer Stelle, die kaum 30 Schritt entfernt gerade vor meiner Zelttür lag. Dort nahmen sie den Tieren die Sättel und das Gepäck ab, trieben sie auf die Weide, packten Kessel und Kannen aus, stellten die üblichen drei Herdsteine hin, sammelten Feuerungsmaterial, füllten einen großen Kessel mit Wasser und kochten Tee. Es war klar, daß sie die Absicht hatten, die Nacht über hier zu bleiben, und daß ihre Zudringlichkeit den Zweck hatte, uns auszuspionieren.

Die fünf anderen traten in Abdul Kerims Zelt, wo sie Platz nah=men und die Unterhaltung ebenso leise, langsam und in durchaus höflichem, taktvollem Tone fortsetzten. Ich konnte nicht verstehen, was sie sagten, aber ich konnte sehr gut verstehen, daß es sich um ernste Dinge handelte, denn ich hörte sie meinen Namen — Hedin Sahib — nennen! Nachdem die Unterredung eine gute Stunde gedauert hatte, begaben sie sich wieder ins Freie und gingen einmal um mein Zelt herum, an dessen Eingang der wütend bellende Takkar sie jedoch nicht heranließ. Aber sie entdeckten das Guckloch in der Zeltwand! Ein Mann steckte seinen Finger hindurch und sah hinein, bemerkte mich aber nicht, da ich auf derselben Seite dicht am unteren Rand der Zeltwand an der Erde lag. Sie gingen dann nach ihrem Feuer und setzten sich im Kreis um den Kessel, holten ihre Holztassen heraus und begannen Tee zu trinken. Sie saßen gerade vor dem Eingang meines Zelts; ich konnte also nicht ungesehen hinauskommen!

Nun flüsterte mir Abdul Kerim aus seinem Zelt durch die Rückwand des meinen mit bebender Stimme zu, was die Leute gesagt hatten. Der Führer, ein korpulenter, aber angenehm aussehender junger Mann habe alle die üblichen Fragen gestellt und die gewöhnlichen Antworten erhalten. Darauf habe er in ernstem, bestimmtem Ton folgende Worte gesprochen:

„Durch zwei Karawanen, die oberhalb von Pasa-guk an euch vorbeizogen, ist der Gouverneur von Saka-dsong von eurem Kommen unterrichtet. Da es noch nie vorgekommen ist, daß Kaufleute aus Ladak von Norden her gekommen oder gar den Schleichweg über Gäbuk gezogen sind, schöpften der Statthalter und die anderen Behörden in Saka-dsong Verdacht, daß sich Hedin Sahib unter euch verborgen halte, um so mehr, als er selber im vorigen Jahr geäußert hat, wieder zurückkommen und durch die Gebirgsgegenden im Norden reisen zu wollen. Daher haben ich und meine Kameraden Befehl erhalten, eurer Spur zu folgen, euch einzuholen und eine gründliche Untersuchung bei euch anzustellen. Wir haben keine Eile. Morgen bringen mehrere Yaks uns Proviant. Ihr beteuert, daß Hedin Sahib sich nicht, etwa als Ladaki verkleidet, unter euch befindet. Nun gut, es ist ja möglich, daß ihr die Wahrheit sagt. Vergeßt aber nicht, ihr Tsongpun, daß wir unsern Befehlen bis ins kleinste gehorchen werden. Ihr seid dreizehn Männer aus Ladak, ich sehe hier aber nur zehn, wo sind die übrigen?"

„Sie sind ausgegangen, um Brennmaterial zu sammeln."

„Gut. Wenn ihr alle hier versammelt seid, wird die Untersuchung beginnen, und zwar wird jeder einzelne bis auf die Haut untersucht werden! Darauf werden wir euer sämtliches Gepäck von außen und innen besichtigen und jeden Sack, den ihr in euren Zelten habt, ausschütten! Wenn wir auch bei dieser Untersuchung nichts finden, was auf einen Europäer schließen läßt, so habt ihr mir nur noch eine schriftliche Erklärung auszustellen, daß sich in eurer Gesellschaft kein verkleideter Europäer verborgen hält, und unter dieser Bescheinigung werdet ihr euren Namensstempel setzen. Ist das geschehen, so könnt ihr schon morgen früh ziehen, wohin ihr wollt, und wir selber kehren dann nach Saka zurück."

Als ich diesen Bericht angehört hatte, war mir die Sachlage klar. Ich faßte sofort einen Entschluß, den ich gleich auszuführen beabsichtigte. Zuerst aber schlich ich mich auf dem geheimen Weg in das Zelt des Karawanenführers, wo ich inmitten meiner Leute war, außer den dreien, die draußen Wache hielten, um uns sofort zu benachrichtigen, falls die Tibeter zurückkämen.

„Was ist zu tun?" fragte ich Abdul Kerim.

„Das weiß der Sahib selber am besten; meiner Ansicht nach ist unsere Lage verzweifelt", antwortete der redliche Mann, der uns schon so oft aus der Klemme geholfen hatte.

„Was meinst du, Lobsang?"

„Es wäre nicht klug, ihnen die Erklärung auszustellen", erwiderte er mit tiefbekümmerter Miene.

„Sahib," schlug Kutus vor, „wenn sie uns bis zur Nacht Frist lassen, können der Sahib und ich uns wieder ins Gebirge schleichen, wie damals, als Tsongpun Taschi uns auf den Leib gerückt war. Wenn die Untersuchung fertig ist, können wir weiter abwärts wieder zur Karawane stoßen. Die Papiere des Sahib kann ich tragen; die andern europäischen Sachen können wir drinnen im Zelt vergraben."

„Sie wissen, daß wir dreizehn sind", fiel Gulam ein.

Durch die Verhältnisse gezwungen, hatten wir uns mit erlogenen Geschichten durch ganz Tibet durchgeholfen. Aber Abdul Kerim meinet= wegen mit seinem Namensstempel ein falsches Zeugnis bekräftigen zu lassen, das war für meine geographische Moral denn doch zu stark, das konnte ich nicht zugeben! Was auch geschehen mochte, wir waren trotz alledem noch in ziemlich guter Lage. Wir waren im Herzen Tibets. Der nächste Schritt würde sein, daß man uns aus dem Lande wiese, und ich würde dabei immer noch etwas erreichen können, auf welchem Wege man mich auch auf den Schub brächte! Ich würde mich unbedingt weigern, wieder nach Ladak zu gehen, aber gern bereit sein, durch Nepal oder, noch lieber, über Gyangtse nach Indien zu ziehen.

„Nein," sagte ich zu meinen Leuten, indem ich mich höher aufrichtete, „**ich werde mich den Tibetern selbst angeben.**"

Da fuhren sie alle erstaunt zurück und begannen wie Kinder zu weinen und zu schluchzen.

„Weshalb weint ihr?" fragte ich.

„Wir müssen uns hier ja auf ewig trennen, der Sahib wird ge= tötet werden", antworteten sie.

„O nein, so gefährlich wird es wohl nicht werden", sagte ich, da ich ja nicht zum erstenmal von den Tibetern erwischt wurde. Als ich aus dem Zelt heraustrat, hörte ich hinter mir die Mohammedaner Ge= bete murmeln. „Allahu ekbär! — Bismillah rahman errahim!"

Wie gewöhnlich von Kopf bis zu Fuß verkleidet und im Gesicht schwarz angetuscht, ging ich langsamen Schrittes gerade auf den Kreis der Tibeter zu. Als ich ganz dicht bei ihnen war, erhoben sich alle, als fühlten sie, daß sie es nicht mit einem gewöhnlichen Ladaki zu tun hätten.

„Setzen Sie sich!" sagte ich mit einer von oben herab dazu auffordern= den Handbewegung und nahm selber zwischen den beiden Vornehmsten Platz.

353, 354. Die Schafe und Yaks gehen über den Soma-tsangpo.

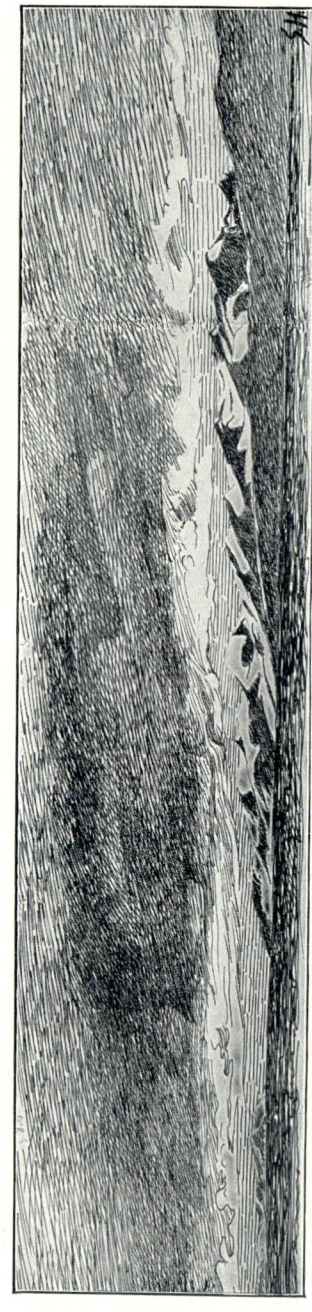

355. Sturmwolken über dem Transhimalaja im Tal des Buptsang-tsangpo. Links steigt das Gelände zum Samje-la an. Skizze des Verfassers.

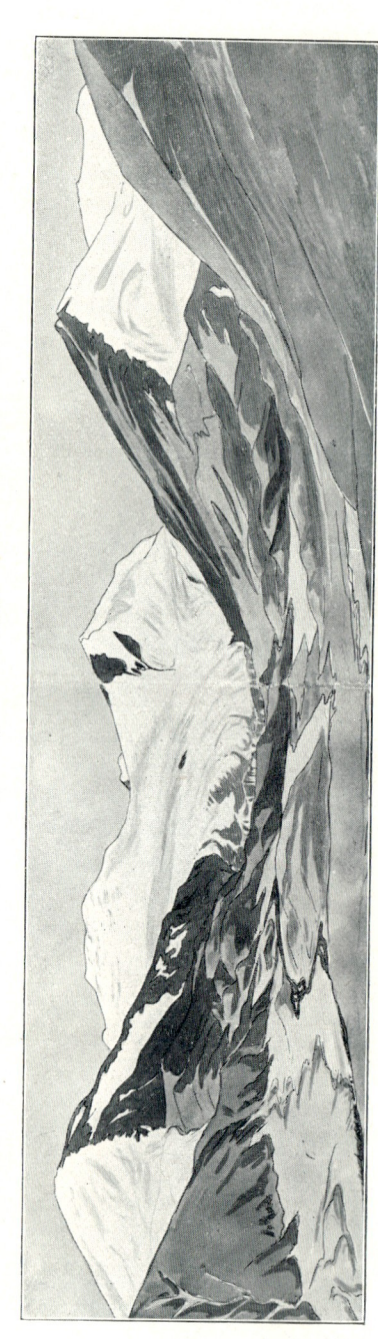

356. Gipfel und Gletscher links auf dem Weg zum Sur-la. Nach einem Aquarell des Verfassers.

In dem zu meiner Rechten sitzenden Herrn erkannte ich sofort Pemba
Tsering vom vorigen Jahr! Ich klopfte ihm auf die Schulter und sagte:
„Kennen Sie mich denn nicht mehr, Pemba Tsering?" Er erwiderte
kein Wort, sah aber seinen Gefährten mit weitgeöffneten Augen an und warf
den Kopf nach meiner Seite hin zurück, was soviel bedeutete wie: „Er ist
es!" Sie waren außerordentlich verblüfft und bestürzt; keiner sprach,
einige guckten sich an, andere starrten ins Feuer, einer schob zwei Brände
wieder zwischen die Steine und ein anderer schlürfte langsam seinen Tee.

Nun ergriff ich wieder das Wort: „Ja freilich, Pemba Tsering,
Sie haben recht, ich bin Hedin Sahib, derselbe, der im vorigen Jahr
Saka-dsong besuchte. Nun haben Sie mich wieder. Was gedenken Sie
nun mit mir anzufangen?"

Abdul Kerim, Lobsang und Kutus, die hinter mir standen, zitterten
wie Espenlaub und glaubten, der nächste Schritt, der nun folge, werde
die Vorbereitung zur Hinrichtung sein.

Auch jetzt antworteten sie nicht, begannen aber gruppenweise unter=
einander zu flüstern. Der jüngere Beamte, der sichtlich der Haupthahn
der Gesellschaft war, denn die anderen sahen ihn an und warteten auf
seine Antwort, begann nun in seinen Papieren zu kramen und zog eines
heraus, das er schweigend durchlas. Da es eine Weile dauerte, bis sie
sich von ihrem ersten Erstaunen erholt hatten — denn mich so leicht zu
fangen, hatten sie ganz gewiß nicht erwartet —, ließ ich mir von Kutus
eine Schachtel ägyptischer Zigaretten bringen und präsentierte sie ihnen
der Reihe nach! Sie nahmen jeder eine, dankten und zündeten sie an,
nachdem ich ihnen mit gutem Beispiel vorangegangen war und ihnen damit
den Beweis geliefert hatte, daß die Zigaretten nicht etwa mit Pulver
geladen waren. Damit war das Eis gebrochen, und der Führer begann
zu sprechen, mit sehr leiser Stimme und ohne mich anzusehen.

„Gestern kam ein sehr strenger Befehl vom Devaschung, der Statt=
halter von Saka sei dafür verantwortlich, daß sich kein Europäer von
Westen her in das Land einschleiche. Jeder Europäer, der sich hier zeige,
müsse augenblicklich gezwungen werden, auf demselben Weg, auf dem
er gekommen sei, wieder abzuziehen. Als das Gerücht von Ihrer
Karawane vor zwei Tagen nach Saka drang, argwöhnte der Statthalter,
daß Sie es sein könnten, Hedin Sahib, und wir haben jetzt unsern Auftrag
ausgeführt. Im Namen des Statthalters verbieten wir Ihnen, auch nur
einen Schritt weiter nach Osten zu gehen! Wir bitten Sie, sich nach
unseren Anordnungen zu richten. Es handelt sich um unsere Köpfe und
um Ihre eigene persönliche Sicherheit. Morgen begleiten Sie uns über
den Kintschen-la nach Saka-dsong."

„Ich habe Ihnen im vorigen Jahr gesagt, daß ich die im Norden der Provinz Saka liegenden Gebirgsgegenden sehen wolle und sehen müsse! Da Sie es mir nicht erlaubten, beschloß ich wiederzukommen. Jetzt habe ich sie gesehen, und Sie haben es nicht verhindern können. Sie sehen also, daß ich **größere Macht in Ihrem Lande habe als Sie selber.** Ich beabsichtige nun nach **Indien** zurückzureisen; über den Weg, auf dem dies geschehen wird, hat nur Lien Darin, der Amban von Lhasa, zu bestimmen. Es ist daher meine Absicht, an ihn zu schreiben. Vor dem Eintreffen seiner Antwort kann ich nirgends hinreisen."

„Wir haben auch keinen sehnlicheren Wunsch, als daß Sie der Straße folgen, für die Sie sich selber entscheiden, aber wir sind nicht bevollmächtigt, Ihre Briefe nach Lhasa zu befördern; darüber entscheidet allein der Gouverneur. Er ist es also, mit dem Sie unterhandeln müssen; Sie müssen persönlich mit ihm zusammentreffen. Daher begeben wir uns morgen gemeinschaftlich nach Saka-dsong."

„Nein, mein Herr, überall hin, aber nicht nach Saka-dsong! Sie wissen, daß mein Karawanenführer dort starb und dort begraben liegt. Es widerstreitet **meinen Grundsätzen,** einen Ort zu besuchen, wo ich einen treuen Diener habe begraben müssen. Nach Saka-dsong bringen Sie mich nicht, auch wenn Sie ganz Tibet aufbieten."

„Wenn es Ihnen schmerzlich ist, Saka-dsong wiederzusehen, werden wir gewiß nicht darauf bestehen. Wollen Sie statt dessen die **Güte haben,** uns nach Semoku am Tsangpo auf der Tasam zu folgen, das wir in nur zwei Tagereisen nach Südwesten erreichen können? Ich werde an den Gouverneur schreiben und ihn bitten, dort mit Ihnen zusammenzutreffen."

„Gut, ich werde morgen mit Ihnen nach Semoku ziehen."

„Danke. Ich werde den Gouverneur gleich durch einen Eilboten davon unterrichten, damit Sie nicht in Semoku zu warten brauchen. Aber sagen Sie mir, **weshalb sind Sie eigentlich wiedergekommen?** Sie reisen und reisen in Tibet umher, werden stets ausgewiesen und kommen immer wieder! Haben Sie im vorigen Jahr, als Sie gezwungen wurden, das Land auf dem Weg nach Ladak zu verlassen, denn **noch** nicht genug davon bekommen? Und nun tauchen Sie wieder mitten unter uns auf! Wie ist denn das nur möglich, und **weshalb kommen Sie eigentlich?"**

„Weil ich **Ihr Land und Ihr freundliches Volk so sehr liebe, daß ich ohne Sie nicht leben kann."**

„Hm! Es ist sehr freundlich von Ihnen, so zu sprechen; aber wäre es nicht besser, wenn Sie statt dessen **Ihr eigenes Land** ein wenig mehr liebten? Solange wir keine Reisen in Ihrem Lande machen, brauchen

Sie auch unseres nicht zu durchreisen. Wir bleiben daheim; bleiben auch Sie zu Hause, das ist das beste, was Sie tun können!"

"Solange wie ich noch in einem Sattel sitzen kann, werde ich immer wiederkommen! Sie können es dem Devaschung ruhig mit einem Gruß von mir bestellen, daß die hohen Herrschaften sich auf neue Besuche von mir gefaßt machen möchten."

Sie lachten vergnügt und guckten einander an, als wollten sie sagen: wenn er wiederkommen will, unsertwegen mag er es gern tun. Und meine Ladakis lachten ebenfalls und waren sehr erstaunt, daß unser letzter Freiheitstag so friedlich und so lustig endete. Die Tibeter waren die ganze Zeit außerordentlich liebenswürdig, höflich und gefügig und sagten kein einziges hartes oder zorniges Wort über die Mühe, die ich ihnen schon wieder verursachte. Als die Rede auf die Wollgeschichte kam, die Abdul Kerim ihnen vorher weiszumachen versucht hatte, lachten sie erst recht herzlich und erklärten sie für einen guten Einfall. Sie sind selber so an Flausen gewöhnt, daß es ihnen imponiert, wenn ein anderer sie mit Erfolg hinters Licht führt. Sie fanden es auch höchst wunderbar, daß wir das ganze Land hatten durchziehen können, ohne entdeckt zu werden, und glaubten, daß ich über geheime Kräfte gebiete, um deretwillen man mit mir vorsichtig umgehen müsse!

Nun schrieb der junge Beamte, der Rintsche Dortsche hieß, aber Rindor — eine Zusammenziehung beider Namen — genannt wurde, einen ausführlichen Brief an den Statthalter von Saka, des Inhalts, daß ich derselbe Hedin Sahib sei, der im vorigen Jahr hier gewesen sei, daß wir ohne böse Worte und in aller Freundschaft beschlossen hätten, zusammen nach Semoku zu ziehen, daß ich nicht nach Ladak, sondern direkt nach Indien reisen wolle und daß nur Lien Darin bestimmen könne, auf welchem Weg dies zu geschehen habe. Der Brief wurde versiegelt und mit einem reitenden Kurier über den Kintschen-la geschickt.

Dann plauderten und scherzten wir wieder miteinander, und noch ehe die Sonne unterging, waren wir so intim, als seien wir schon von der Kinderzeit her befreundet. Es war, als hätten wir in diesem öden Tal ein Rendezvous verabredet und freuten uns jetzt, einander nicht verfehlt zu haben!

Daß die Tibeter vergnügt waren, ist leicht begreiflich. Sie hatten ja, als diese selbe Sonne aufging, nicht geahnt, daß sie noch vor Abend einen so guten Fang machen würden! Der glückliche Ausgang ihrer Mission konnte ihnen nur Vorteil bringen; sie würden vom Gouverneur gelobt und im Rang befördert werden. Aber auch ich empfand ungeteilte Freude. Meine Freiheit war freilich zu Ende, aber in Wirklichkeit war sie ja nur eine außerordentlich nervenzerrüttende Gefangenschaft gewesen. Jetzt erst fühlte ich mich vollkommen frei und nicht mehr als Gefangener in meinem eigenen Zelt; jene jämmerliche Geheimzelle in Abdul Kerims Zelt brauchte ich nun nicht mehr zu benutzen. Die Tibeter lachten herzlich über meinen zerlumpten, berußten und fettigen Anzug von grober grauer Sackleinwand, in dem ich wie ein Sträfling, im besten Fall wie ein Bettelmönch des Ordens der Kapuziner aussah. Daß ich darin unbemerkt und unentdeckt durch ganz Bongba hatte kommen können, war ihnen aber verständlich. Wie schön war es jetzt, den ganzen Anzug ins Feuer werfen und einen neuen sauberen tibetischen anlegen zu können, die Papiere und Instrumente nicht länger in Reissäcken verstecken und sich nicht jeden Morgen das Gesicht, anstatt es zu waschen, mohrenschwarz antuschen zu müssen! Sobald wir uns am Abend von unseren neuen Freunden getrennt hatten, mußte mir Gulam in einer Waschschüssel heißes Wasser bringen. Und nun folgte in meinem Zelt eine gründliche Waschung von Kopf bis zu Fuß — und man sah es am Wasser, wie nötig sie war! Viermal mußte Gulam frisches heißes Wasser bringen, ehe ich mich einigermaßen rein fühlte. Dann schnitt ich meinen Mohammedanerbart bis auf die Haut ab und betrauerte aufrichtig die fortgeworfenen Rasiermesser! Andererseits freute ich mich auch, daß ich keine Zeit gehabt hatte, die vor einigen Stunden zum Feuertod verurteilten Sachen noch zu verbrennen.

Rindor bat, eines unserer Zelte leihen zu dürfen, da ihr eigener Transport erst morgen zu erwarten sei (Abb. 326). Außer Pemba Tsering kannte ich auch noch zwei der anderen vom vorigen Jahr her! Sie waren alle durchaus freundlich und erinnerten mich daran, daß ich ihnen gegenüber so nobel mit Trinkgeldern gewesen sei (Abb. 327). Auch ein alter runzeliger Mann befand sich unter ihnen, der unaufhörlich seine chinesische Pfeife rauchte. Er hieß Kamba Tsenam, und seine Zelte waren es, wo wir vor einigen Tagen beinahe entdeckt worden wären!

So endete der 24. April 1908. Eigentümliche, melancholische Gedanken stürmten auf mich ein, als ich mich schlafen legte. Wieder hatten die Tibeter meine Pläne durchkreuzt — ich weiß nicht, zum wievielten Male! Meine Zukunft war so dunkel wie nur je zuvor! Aber in meinem Schicksal begann jetzt eine neue Periode; am 25. soll ich zu einem neuen Kapitel erwachen. Das im Tal herrschende tiefe Schweigen wurde nur dann und wann durch Takkar unterbrochen, der treu vor meiner Tür stand und die Tibeter anbellte. Sein Bellen erweckte das Echo beider Bergwände — es klang, als ob mich drei Hunde bewachten. Und die ewigen Sterne funkelten wie früher über unseren einsamen Zelten.

Achtundsechzigstes Kapitel.

Seine Exzellenz der Gouverneur von Saka.

Am 25. April ritt die vereinigte Truppe nach dem Eingang eines Tales auf der Ostseite des Tschomo-utschong, das Rabak hieß. Sechs Tibeter umgaben mich auf beiden Seiten, und unser Zug hatte infolgedessen eine gewisse Ähnlichkeit mit einem Gefangenentransport. Jetzt aber brauchte ich nicht mehr abzusteigen, wenn wir an einem Zelt vorüberkamen! Zur Linken hatten wir die große, offene Ebene, in der Raga-tasam liegt. Ein Schuß hallte in der Wildnis wider. Rindor schickte zwei Reiter aus, die sich nach der Ursache erkundigen sollten. Ein Antilopenjäger! Er wurde festgenommen und erhielt Prügel, denn die Regierung hatte, auf Anregung der Geistlichkeit, allen Untertanen für die nächsten drei Jahre verboten, irgend etwas Lebendiges, außer Schafen und Yaks, zu töten. Dabei fiel mir der Vertrag ein, der Europäern während dreier Jahre jegliches Reisen in Tibet verbot!

Ich zeichnete ruhig meine Karte der Route, peilte mit dem Kompaß und zeichnete auch ein Panorama, ohne mich im geringsten zu genieren. Die Tibeter wunderten sich darüber und fragten wohl nach dem Grund, regten sich aber nicht weiter darüber auf. Ich selbst hatte daher reichlich Muße, über die Politik nachzudenken, die ich bei den Verhandlungen der nächsten Tage befolgen müsse. Ich wußte, man würde darauf dringen, daß ich durch Bongba auf demselben Weg, auf dem ich gekommen war, oder auch auf der Straße, auf der ich im vorigen Jahr nach Ladak gereist war, wieder abziehen solle. **Ich selbst hatte nun von Tibet genug**; ich sehnte mich nach Hause und wollte namentlich zeitraubende Wege, die ich bereits kannte, vermeiden. Ich hatte daher nur den Wunsch, über Schigatse und Gyangtse nach Indien reisen zu dürfen, und wollte nur versuchen, mir die Erlaubnis zu erwirken, auf bisher unbekannten Wegen nach diesen Städten ziehen zu können. Nach der Aufregung, in der ich solange gelebt hatte, trat jetzt die Reaktion ein; ich war abgespannt, müde und gleichgültig gegen alles, außer dem geradesten Weg nach Haus! Daher schrieb ich nun einen 15 Seiten langen Brief an Lien Darin, berief mich auf sein freundliches Schreiben nach Gartok, berichtete ihm über meine letzte Reise, setzte ihm auseinander, daß keine Großmacht etwas dabei finden würde, wenn ich Tibet über Gyangtse verließe, und versprach ihm als Entgelt Mitteilungen über die Goldfundstellen, die ich gesehen, und über Maßregeln, die zur Entwicklung der Schafzucht getroffen werden könnten, da dies ja natürliche Hilfsquellen seien, die einen Aufschwung in Chinas neuester Provinz, Tibet, herbeiführen könnten. — Und ich schloß mit dem Wunsche, daß es Lien Darin stets wohlergehen und den Gräbern seiner Vorfahren immerdar Ruhe beschert sein möge.

Ich bezweifelte keinen Augenblick, daß er zu einem so billigen Verlangen seine Einwilligung geben werde, und malte mir schon im Geist die komische Szene aus, wenn ich Major O'Connor zuerst in tibetischer Verkleidung meine Aufwartung machen und ihn eine Weile anführen würde, ehe ich die Maske fallen ließe. Aber ich kann es auch ebenso gut jetzt wie später sagen, daß diese lange Epistel an Lien Darin zu den „Briefen, die ihn nicht erreichten", gehörten, denn sie ist nie abgeschickt worden! Die Taktik des Gegenspielers stachelte mich zu einem Wetteifer an, der ihn in zwei Zügen matt machte. Seltsam, daß alles glückte! Mein Verdienst war es diesmal ebensowenig wie früher; ich war, wie immer, nur eine Marionette, und die Hand, die die Drähte regierte, schwebte oberhalb der Bahnen, auf denen die Wolken und die Sterne ziehen.

Abends besuchten mich Pemba Tsering und Kamba Tsenam und blieben lange bei mir. Jener war viel gefügiger und freundlicher als im vorigen Jahr, dieser ein großer Spaßvogel, den es gar nicht zu verdrießen schien, daß er die Gelegenheit verpaßt hatte, den Sack zuzubinden, als er mich darin hatte, und nun sehen mußte, wie die Beute anderen zufiel. Sie hatten von meinen abenteuerlichen Bootfahrten auf dem Tsomavang (Manasarovar) gehört und konnten nicht begreifen, daß ich mit dem Leben davongekommen war.

Zwei kurze Tagereisen führten uns über den Paß Kule-la und in das Tal hinunter, in dem Semoku auf dem großen Karawanenweg liegt. Hier standen zerstreut einige Zelte, während sich in einem kleinen steinernen Stationshaus der Gouverneur und sein Amtsbruder einquartiert hatten. In Tibet werden nämlich alle höheren Ämter stets von zwei Herren bekleidet; so regieren z. B. auch in Gartok immer zwei Garpuns oder Vizekönige, ein System, bei dem es darauf abgesehen ist, daß der eine den andern kontrolliert und der andere den einen anzeigt, wenn er sich eine Schurkerei zuschulden kommen lassen sollte. In Saka=dsong schien jedoch der eine Statthalter zweifellos von höherem Rang zu sein als sein Kollege, wenigstens leitete er alle Verhandlungen in einer Weise, als ob er größere Machtvollkommenheit habe als der andere.

Sobald wir mit dem Aufschlagen unseres Lagers fertig waren, trat Rindor mit zwei Begleitern in mein Zelt, um mir mitzuteilen, der Statt=halter erwarte mich im Stationshaus. Ich antwortete, der Gouverneur **möge zu mir in mein Zelt kommen, wenn er etwas von mir wolle.** Es dauerte auch nicht lange, so kam eine Männerschar über die 100 Meter, die unsere Behausungen trennten, dahergezogen. Ich ging ihnen entgegen, bat sie einzutreten und sich zu setzen, soweit Platz da sei, setzte mich selber auf mein Bett und hatte nun drei Herren vor mir, nämlich Dortsche Tsüän, den Pun oder Gouverneur von Saka=dsong, Ngavang, seinen Amtsbruder, und Oang Gjä, seinen 18jäh=rigen Sohn. Vor der Zeltöffnung drängten sich Diener, Nomaden und Soldaten bunt durcheinander.

Pun Dortsche Tsüän ist ein außergewöhnlich hochgewachsener Tibeter, 43 Jahre alt, sieht sympathisch und distinguiert aus, trägt chinesisches Seidengewand und hat ein seidenes Scheitelkäppchen auf dem Kopf, einen Zopf im Nacken und Samtstiefel an den Füßen (Abb. 279). Er ist ein wohlhabender Mann, der in der Provinz, die er als Statt=halter regiert, große Herden und in seinem Heimatort Lhasa ein Stein=haus besitzt; denn er ist ein „Upa" oder Bewohner der Provinz U, deren Hauptstadt Lhasa ist. Dort wohnen auch drei seiner vier Söhne, deren einer ein junger Lama ist. Seine Frau ist seit einigen Jahren tot.

Ngavang, der Mitgouverneur, ist ein kleiner dicker, gemütlicher Herr in tibetischer Kleidung, aber auch mit chinesischer Kopfbedeckung und einem Zopf (Abb. 328). Oang Gjä hat sich das Haar nach tibetischer Sitte frisiert, trägt keine Kopfbedeckung und ist wie sein Vater ein außer=gewöhnlich angenehmer, liebenswürdiger Mensch (Abb. 280).

„Ich hoffe, daß Sie eine glückliche Reise gehabt und nicht zu sehr unter der Kälte gelitten haben", begann Dortsche Tsüän.

„O, kalt ist es schon gewesen; ich habe meine Karawane verloren, unsere Kleider sind Lumpen, und unser Proviant ist zu Ende. Aber, wie Sie sehen, lassen wir uns davon nicht anfechten."

„Während Ihres Besuches in Saka=dsong im vorigen Jahr war ich in Tsonka, aber ich erhielt über alle Ihre Bewegungen Nachricht. Sie waren damals ausgewiesen worden. Weshalb sind Sie zurückgekehrt?"

„Um mir auch die Gegenden anzusehen, an deren Besuchen man

mich damals verhinderte. Es tut mir leid, daß ich Ihnen die Mühe einer Reise von Saka=dsong nach Semoku habe verursachen müssen. Ich hoffe indessen, daß wir uns bald über den Weg einigen werden, auf dem ich das Land nun verlassen muß."

Jetzt galt es, meine Karten gut auszuspielen! Während der letzten Tage war ich ganz anderen Sinnes geworden; ich hatte mich ausgeruht, die Reaktion nach der seelischen Erregung, die eine Folge der Verkleidung gewesen war, hatte aufgehört, und ich war wieder entschlossen, noch einen Versuch zu machen, Neues zu entdecken, ehe ich über die Grenze müßte. Wohl war es mir gelungen, einen sehr wertvollen Zug quer durch Bongba auszuführen, ich war im rechten Winkel über das für Entdeckungsreisende so verlockende Wort „Unexplored" auf der neuesten englischen Tibetkarte (s. Abb. 1 im ersten Band) gegangen — ja, ich war zwischen p und l durchgezogen, so daß ich „Unexp" im Westen und „lored" im Osten meiner Route hatte! Aber zwei gewaltige Lücken des großen weißen Fleckes hatte ich unberührt lassen müssen, und ich träumte jetzt nur davon, Bongba auf noch ein paar Linien zu durch= reisen! Allerdings würden vier oder fünf Monate darüber vergehen, wenn ich mit einem nördlichen Zickzackbogen nach Indien zurückkehrte, während ich, wenn ich über Gyangtse reiste, wie ich es vorher beabsichtigte, in ein paar Wochen britisches Territorium erreichen konnte. Doch wenn es mir gelingen sollte, den nördlichen Umweg zu machen, würde ich ein Material heimbringen, das die schon gemachten Ent= deckungen vielleicht noch an Wert übertraf. Dortsche Tsuän aber antwortete mit unerschütterlicher Bestimmtheit:

„Hinsichtlich des Rückweges will ich Ihnen zunächst eines sagen: keinen Schritt weiter nach Osten — es kostet meinen Kopf! Hier sehen Sie die Instruktion, die ich vor zwei Tagen vom Devaschung erhalten habe. Ich werde sie Ihnen vorlesen... Im vorigen Jahr reisten Sie ohne Erlaubnis nach Nepal, nach dem Kubi=gangri, über den heiligen See, um den Kang=rinpotsche und nach Jumba=matsen. Ich weiß ganz genau, wo Sie gewesen sind. Dergleichen ist dieses Jahr unmöglich. Wahrschein= lich sind Ihre Reisen nach allen möglichen verbotenen Richtungen hin der Grund, weshalb der Devaschung in diesem Jahr im ganzen Lande Be= fehle über die Europäer hat bekannt machen lassen. Nach Schansa=dsong sind neulich aus Lhasa zwei Beamte geschickt worden, um darüber zu wachen, daß sich keine Europäer von Naktsang her der heiligen Stadt nähern. Vor einiger Zeit ist ein chinesischer Offizier mit 200 Soldaten in Tingri stationiert worden, um das Land gegen ein Eindringen von Süden her zu bewachen! Nicht einmal Gurkhas und Hindus dürfen

357. Das Klosterdorf Lunkar, in der Ferne der Tarok-tso.

358. Lunkar-gumpa.

359. Aussicht vom Klosterhügel in Lunkar-gumpa. Auf dem rechten Flußufer eine kleine Vegetationsinsel.

360. Sonam Ngurbus Soldaten mit Gabelflinten.

jetzt ohne besondere Erlaubnis in Tibet umherreisen. Von dem chinesischen Grenzoffizier in Tingri erhielt ich vor einigen Tagen einen Brief, den ich Ihnen zuerst vorlesen werde... Wie Sie sehen, befiehlt er mir, jeden von Norden her nach Saka kommenden Europäer zum Umkehren zu zwingen und ihn auf seiner eigenen Spur zurückzuschicken. Weigert er sich, mir zu gehorchen, so habe ich einen Eilboten nach Tingri zu senden und erhalte dann innerhalb einiger Tage von den dort stationierten Soldaten Hilfe. Wenn Sie mir also nicht gehorchen und nicht denselben Weg, auf dem Sie gekommen sind, wieder zurückgehen wollen, schicke ich einen Kurier nach Tingri! Aber ich hoffe, wie Sie, daß wir uns ohne Verdruß und fremde Einmischung einigen werden."

Mein nächster Schachzug bestand nun aus einem Scheingefecht, nämlich darin, daß ich einen Strauß für den Weg über Gyangtse ausfocht; ich wollte mich dann schließlich seinen Wünschen fügen und unter der Bedingung auf Gyangtse verzichten, daß ich nicht durch Länder zu ziehen brauchte, die ich bereits kannte. Ich setzte ihm also auseinander, wie nahe es von hier nach Gyangtse sei und wie leicht und bequem er mich auf diesem Wege los werden könne — aber nichts machte Eindruck auf ihn, er erwiderte nur: „All das ist wahr, aber dieser Weg ist Ihnen verschlossen."

„Gut, dann werde ich Ihnen zuliebe darauf verzichten, aber nur unter der Bedingung, daß Sie einen Brief von mir an den britischen Handelsagenten in Gyangtse befördern. Sie können wohl begreifen, daß meine Angehörigen sich über mein langes Fortbleiben beunruhigen und sich nach einem Briefe sehnen."

„Das begreife ich, ich kann aber zu meinem Bedauern Ihre Briefe nicht befördern. Allen Behörden in Tibet ist es streng verboten, Europäern, die nicht berechtigt sind, sich hier im Lande aufzuhalten, irgendwelche Dienste zu leisten."

„Dann erlauben Sie aber wohl, daß zwei meiner eigenen Diener einen Brief von mir nach Gyangtse bringen?"

„Nein, niemals!"

„Sie können doch wenigstens dem Devaschung meine Ankunft in Semoku mitteilen und die Regierung bitten, Nachricht davon nach Gyangtse zu schicken?"

„Als ich Rindors Schreiben erhielt, schickte ich sofort einen Kurier an den Devaschung. In einigen Tagen weiß man in Lhasa, daß Sie wieder hier sind."

Es ist mir nie gelungen, eine tibetische Behörde zum Befördern meiner Briefe zu bewegen! Der Umstand, daß Dortsche Tsuän sich weigerte, mir einen an und für sich so unbedeutenden Dienst zu leisten, hatte aber die beklagenswerte Folge, daß meine Angehörigen erst im September sichere Nachrichten von mir erhielten und daher glaubten, daß ich verunglückt sei! Anstatt die Grenze in ein paar Wochen zu erreichen, mußte ich nach dem Innern des stillen Tibet zurück, und die Wellen schlugen wieder hinter meinem Schiff zusammen. Ich hielt es jedoch für ganz selbstverständlich, daß die Nachricht von unserem Erscheinen auf der Tasam sowohl offiziell wie gerüchtweise nach Gyangtse dringen und sich von dort überallhin verbreiten werde. Dies geschah indessen unglücklicherweise nicht, und nachdem wir die Tasam verlassen hatten, wurde mein Geschick wieder in dasselbe undurchdringliche Dunkel gehüllt wie vorher!

„Nein, Hedin Sahib," rief Dortsche Tsuän aus, „der einzige Weg, der Ihnen offen steht, ist die Straße, auf der Sie von Norden hierher gekommen sind."

„Den Weg werde ich niemals einschlagen! Es hat gar keinen Zweck, überhaupt davon zu reden."

„Sie werden es müssen!"

„Sie können mich nicht dazu zwingen. Erstens werde ich Ihnen nicht mitteilen, auf welchem Weg ich gekommen bin, und ich bin, wie Sie wissen, in Verkleidung gereist."

„Das hat nichts zu bedeuten! Daß Sie vom Samje-la und vom Kintschen-la herabkamen, ist bekannt. Jenseits dieser Pässe wird sich die Bedeckung, die ich Ihnen mitgebe, von Zelt zu Zelt weiter fragen."

„Die Nomaden werden aber aus Furcht vor Strafe antworten, daß sie keine Ladakis gesehen haben."

„Ich werde sie schneller zum Eingestehen der Wahrheit bringen, als Sie glauben!"

„Sie können mich töten, wenn Sie wollen, aber Sie werden mich nie zwingen können, über den Samje-la zu gehen. Bedenken Sie, daß ich ein Europäer und ein Freund des Taschi-Lama bin. Es kann Ihren Kopf kosten!"

Sehr besorgt beriet Dortsche Tsuän sich flüsternd mit Ngavang und sagte darauf:

„Ich werde ihretwegen so weit gehen, daß ich Ihnen erlaube, nach Ladak auf derselben Straße, auf der Sie im vorigen Jahr dorthin gezogen sind, also über Tradum, Tuksum, Schamsang, Parka und Gartok, zurückzukehren."

Dies war der „Ausweg", den ich gerade gefürchtet hatte! Wenn es in ganz Tibet eine Straße gab, die ich um jeden Preis vermeiden wollte, so war es die Heerstraße nach Ladak. Ich antwortete:

„Niemals! Keinen Schritt auf der großen Karawanenstraße nach Ladak!"

„Aber weshalb denn nicht? Sie sollten uns für ein so großes Zugeständnis doch dankbar sein."

„Die Gesetze meines Landes verbieten, daß jemand auf seiner eigenen Spur zurückgeht! Schneiden Sie mir den Hals ab, aber dazu bringen Sie mich nicht."

„Sie müssen in Ihrem Lande aber sonderbare Gesetze haben! Darf ich mich erkundigen, auf welchem Weg Sie denn eigentlich abzuziehen wünschen?"

„Ich habe es ja schon gesagt, über Gyangtse. Sie haben es mir abgeschlagen und ich verstehe Ihre Gründe. Sie haben darauf bestanden, daß ich wieder nach Norden gehen solle. Auch in dieser Hinsicht werde ich mich nach Ihren Wünschen richten, aber nur unter der Voraussetzung, daß ich nicht auf meiner eigenen Spur zurückzukehren brauche. Ich will über einen anderen Paß, östlich vom Samje=la, nordwärts nach dem Terinam=tso und von dort in westlicher Richtung Tibet auf dem geradesten Wege verlassen."

„Das ist undenkbar! Doch regen wir uns einstweilen noch nicht darüber auf! — Wollen Sie jetzt auf meinen Vorschlag eingehen, mich nach Kamba Tsenams Zelten zu begleiten, wohin wir vier Tagereisen haben? Sie sind ja schon dort gewesen, und ehe wir da anlangen, werden wir uns schon über den Weg geeinigt haben."

„Ja, gern."

Der Widerstand reizte mich. Nun wurde es Ehrensache, eine neue Schachpartie zu gewinnen! Meine Stellung war sehr stark. Die Tasam war ausgeschlossen. Wenn man mir nur erlaubte, den Transhimalaja auf einem östlicheren Paß zu überschreiten, würde ich mir den Teri=nam=tso, Mendong=gumpa, den unteren Buptsang=tsangpo, den Tarok=tso, Selipuk und einen achten Transhimalajapaß schon durch die eine oder andere Kriegslist erobern können!

Wenn je, galt es jetzt, die Karten gut auszuspielen! Noch war ich des Spieles nicht müde. Noch fühlte ich mich jung und stark! Die politische Verwicklung, die mich in Tibet von allen Seiten verfolgte, erschwerte zwar die Eroberung der großen Entdeckungen, stachelte aber auch meinen Ehrgeiz an. Daher erinnere ich mich mit besonderer Sympathie aller derjenigen, die mir kraft ihrer vergänglichen irdischen Macht Hindernisse in den Weg legten!

Nachher unterhielten wir uns über alles mögliche. Dortsche Tsüan bat mich, unsere Waffen ansehen zu dürfen, und fragte, ob er nicht einen Revolver von mir kaufen könne.

„Nein, aber ich werde ihn Ihnen schenken, mit Patronen und allem, was dazu gehört, wenn Sie mir erlauben, auf dem Weg abzureisen, den ich vorgeschlagen habe."

„Hm!"

„Sie müssen mir aber erst all den Proviant, dessen wir auf zwei Monate bedürfen, verschaffen, sowie auch neues Schuhzeug, Anzüge, Tabak, Pferde, Maulesel und Yaks."

„Sehr gern! Setzen Sie nur von allem, was Sie brauchen, eine Liste auf."

Dies geschah sofort. Mehl, Tsamba, Tee, Zucker, japanische Zigaretten, die man, wie mir gesagt wurde, hier bekommen konnte — alles sollte aus Tsongka herbeigeschafft werden, wohin noch heute Reiter auf der Straße über den Tsangpo und den Nevu=la geschickt werden sollten. In einer Woche würde alles dort Bestellte in meinen Zelten liegen! Das übrige konnte aus Saka=dsong besorgt werden. Gegen Abend machte ich meinem ritterlichen Freunde Pun Dortsche Tsüan einen langen Gegenbesuch, und spät abends opferte ich den Brief an Lien Darin den Flammen. Ich zog es jetzt vor, zu passen — nur keine chinesische Einmischung in unsere schwedisch=tibetische Politik!

Am 28. blieben wir in schönster Ruhe liegen und besuchten einander stundenlang Die beiden Statthalter saßen auf der an der Wand angebrachten Bank, Rindor und Oang Gjä auf ihren Teppichen auf der bloßen Erde und alle vier — knobelten! Die beiden Würfel wurden in einer hölzernen Schale geschüttelt, die dann schnell umgekehrt auf ein rundes Stück Leder gesetzt wurde. Die Spielmarken bestanden aus kleinen indischen Muscheln. Nachher spielten sie mit chinesischen Dominosteinen. Dabei tranken sie Tee, rauchten ihre Pfeifen, sangen, summten eine Melodie, scherzten, lachten und schoben die Steine mit unglaublicher Fingerfertigkeit und Eleganz. Ngavang gewann zehn Tengas und war sehr zufrieden. Auf diese Weise vertreiben sie sich die Zeit, wenn sie mit der Tagesarbeit fertig sind. Rindor war der Privatsekretär des Statthalters; auf einer Bank und einem Tisch lagen ganze Stapel von Akten und Briefen auf grobem chinesischem Papier, das schichtenweise zusammengefaltet wird. Alle Postsendungen an den Gouverneur kamen jetzt nach Semoku; seine tägliche Arbeit mußte ihren Gang gehen. Seine Provinz Saka ist ziemlich groß, und er erzählte mit einem gewissen Stolz, daß seine Macht sich nach Osten hin bis Sangsang, nach Süden bis an den

Nevu-la, westwärts bis an den Marium-la und im Norden eine Tagereise weit über Kamba Tsenams Zelt hinaus erstrecke.

Über meinen Anzug amüsierten die vornehmen Herren sich sehr. „Sie sind ein Sahib," sagten sie, „Sie sind sechs Wochen lang der Gast des Taschi-Lama gewesen, Sie ruinieren eine Karawane nach der anderen und lassen überall eine ganze Menge Geld zurück, und dennoch sind Sie ärmlicher gekleidet als der geringste Ihrer Diener!"

Abends wurden die Pferde und Maulesel der Eskorte von Soldaten nach dem Stationshaus getrieben. Wir hätten die gleichen Vorsichtsmaßregeln treffen sollen, denn in der Nacht überfielen Wölfe unsere Pferde. Der Braune, den wir vor 14 Tagen für 100 Rupien gekauft hatten, wurde nachts mit den beiden rechten Beinen zusammengebunden, damit er nicht fortlaufen könne. Auf ihn, der sich nicht durch die Flucht retten konnte, konzentrierten die Wölfe ihren Angriff, fraßen ihn ganz auf und nahmen seinen Kopf mit! Wenigstens fehlte dieser am Morgen an dem ziemlich reinabgeschälten Gerippe!

Am 29. April zogen wir zusammen das Tal des Semoku hinunter, der sich in den oberen Brahmaputra ergießt. Wir ließen den Fluß und auch die Tasam links hinter uns und ritten nun das Tal hinauf, in dem das kleine Dorf Uschy mit seinen Steinhütten und Gerstenfeldern liegt. Seine 150 Einwohner halten sich nur während der Saatzeit und Ernte im Dorfe auf; sonst weiden sie ihre Schafe bald hier, bald dort. Vom Dorf aus gingen wir am folgenden Tag nach dem Uschy-la hinauf; der Weg wird durch eine Reihe schöner Manis und Tschorten und der Paß selbst durch einige Stangen bezeichnet, die so dünn sind, daß man sie von fern gar nicht sieht; die Wimpel, die an den Schnüren hängen, gleichen einer Schar aufgespießter Vögel. Eine Strecke weiter nach Nordwesten überschritten wir den Gjä-la, von dem aus der Tschomo-utschong ein wunderschönes Bild darbot, und eine Weile später befanden wir uns oben auf dem Hauptpaß desselben Namens. Von einem Hügel in seiner Nähe beherrscht der Blick den ganzen Horizont in der Runde, die Gletscher und Gipfel des Himalaja, die zum Transhimalajasystem gehörenden Ketten, den Tschomo-utschong und ganz in der Nähe im Südsüdosten das Brahmaputratal und den sich in mehreren Armen hinschlängelnden Fluß. Wir lagerten am Ufer des Satschu-tsangpo, der sich westlich von Saka-dsong in den Tschaktaktsangpo ergießt. Auch hier liegt ein Votivblock von einem grünen, harten Gestein, der mit Opfergaben, Butterklumpen und Wimpeln bedeckt ist.

Der 1. Mai wurde durch den Zug über den Lamlung-la (Abb. 331

und 332) gefeiert, der ein mühsam zu erklimmender Paß ist, aber auf dessen 5118 Meter hohem Sattel man wieder durch eine herrliche Aussicht über dieses unentwirrbare Gebirgsmeer belohnt wird. Man sieht die sieben dominierenden Gipfel des Tschomo-utschong in einer dichten Gruppe; der mittelste ist ein sehr regelmäßiger Kegel und bis unten hinunter kreideweiß; die andern bestehen zum großen Teil aus schwarzen Felsen und Vorsprüngen, zwischen denen kleine bläulichschimmernde Gletscher hervortreten (Abb. 314). Die Längsrichtung des Massivs stimmt mit der des Lunpo-gangri, dessen Fortsetzung es ist, überein.

In dem Tal Namtschen bildete unser gemeinsames Lager ein ganzes Dörfchen, denn alle Häuptlinge der Gegend waren zur Beratung herbeigerufen worden. Hier war es auch, wo sich Rindor und Pemba Tsering mit allem einfanden, was ich aus Saka-dsong bestellt hatte. Zwei Tage blieben wir dort liegen. Das Wetter war rauh und unfreundlich, und die Kälte sank noch immer auf 13,2 Grad. Von Frühling konnte man also noch nicht reden. Aber die Wildgänse zogen schon über uns, und als Tubges einmal an einem in der Nähe des Lagers fließenden Bach einen Gänserich schoß, kam Dang Gjä zu mir, um sich darüber zu beklagen. Er war ganz außer sich über den scheußlichen Mord und konnte nicht begreifen, daß meine Leute so herzlos und grausam sein könnten!

„Sie haben recht," erwiderte ich, „auch mir tut es um die armen Gänse leid. Doch Sie müssen bedenken, daß wir Reisende und als solche mit unserem Unterhalt auf das angewiesen sind, was das Land bietet. Oft leben wir ganz von Jagd und Fischfang."

„Hier in der Gegend habt ihr Schafe in Hülle und Fülle."

„Ist es nicht ebenso unrecht, Schafe zu töten und ihr Fleisch zu essen?"

„Nein," rief er mit leidenschaftlicher Energie aus, „das ist etwas ganz anderes! Sie wollen doch wohl nicht Schafe und Wildgänse vergleichen? Zwischen beiden ist ein ebenso großer Unterschied wie zwischen Schaf und Mensch, denn die Wildgänse verheiraten sich und gründen eine Familie gerade so wie die Menschen! Und wenn Sie durch einen gedankenlosen Schuß ein solches Verhältnis zerstören, so haben Sie dadurch Unglück und Kummer verschuldet. Die Gans, der Sie eben den Gatten geraubt haben, sucht ihn nun vergeblich Tag und Nacht und weicht nicht von der Stelle, an der er ermordet worden ist; ihr ganzes Leben ist nun öde und leer geworden, sie schließt nie eine neue Ehe, sie bleibt Witwe und stirbt bald vor Gram! Kein Weib kann tiefer trauern als sie, und die Menschen, die ein so großes Leid verursachen, ziehen dadurch eine Strafe auf sich selbst herab!"

Der prächtige Oang Gjä war ganz untröstlich. Wir könnten soviel Antilopen, Wildschafe und Rebhühner schießen, als wir nur wollten, aber die Wildgänse müßten wir in Frieden lassen! Ich hatte nördlich, im Loplande, schon ähnliche Geschichten erzählen hören von dem Gram der Schwäne, wenn ihre Ehe durch den Tod gelöst würde. Es war rührend, Oang Gjäs Feinfühligkeit und seine große Liebe zu den Wildgänsen so sichtbar hervortreten zu sehen. Ich hegte die größte Hochachtung vor ihm. Manch edles, feinfühliges Herz schlägt ganz gewiß auch in Tibets kalten, öden Tälern.

Neunundsechzigstes Kapitel.

Kamba Tsenam, „aller Räuber Vater".

Im Lager in Namtschen kaufte ich reichliche Vorräte an Reis, Mehl, Gerste und Tsamba, Zucker, Stearinlichte und Seife nebst 500 Zigaretten, was alles aus Tsongka hingeschafft worden war. Ein reicher Kaufmann namens Ngutu, der 50 Pferde und Maulesel und 300 Yaks besaß, verkaufte uns 2 Maulesel und 1 Pferd, sowie Zeug zu neuen Anzügen für uns alle, ferner Stiefel und Kopfbedeckungen. Abdul Kerim setzte sich schleunigst an die Arbeit, um mir einen tibetischen Anzug elegantester Art von rotem Lhasatuch zurechtzuschneidern; auf dem Kopf hatte ich eine chinesische Seidenmütze, die ich mit einem roten Turban umwand; ich trug auch chinesische Seidenstiefel und hatte mir einen zierlichen Säbel durch den Gürtel gesteckt (s. Titelbild). In meinem Ladakisattel mit der bunten Satteldecke und auf meinem milchweißen Hengst sah ich in der mir aufgezwungenen Maskerade wirklich wie ein vornehmer Tibeter aus!

In Namtschen wurde auch eine große Versammlung nach Dortsche Tsüäns Zelt einberufen, auf der die Frage meines Rückweges entschieden werden sollte. Pun Dortsche Tsüän betonte die Notwendigkeit meines Heimreisens über den Samje-la; ich antwortete ihm wieder, daß ich auf keinem anderen Weg abzuziehen gedächte als über einen Paß, der im Osten des Samje-la liege. Da wandte er sich an die anwesenden Nomaden, die wohl schon vorher instruiert worden waren, und alle beteuerten, daß man über keinen anderen Paß als den Samje-la nach Tschang-tang hinaufgelangen könne. Wir hatten indessen durch den Pferdetreiber auf dem Gäbuk-la erfahren, daß von Kamba Tsenams Zelt aus ein Weg in direkt nördlicher Richtung über das Gebirge führe. Nun aber antworteten die Nomaden, die uns Yaks vermieten sollten, jener Weg sei so schlecht, daß wir auf ihm den Tarok-tso erst in drei Monaten erreichen könnten, und erklärten, daß sie dazu ihre Yaks nicht hergeben und sie auf den steinigen Pässen nicht ruinieren wollten. Als ich mich nun erbot,

Nima Taschi,
Chef der Regierungs-Eskorte, auf dem
Weg zum Teri-nam-tso.

Nonnen von Mendong.

Vornehmer Lama von Tschoktschu.

Der Prior von Selipuk.

Aquarelle des Verfassers.

die Yaks zu kaufen, wollte keiner seine Tiere hergeben. Nachdem Dortsche
Tsüän mir mitgeteilt hatte, daß, wer von Saka nach Bongba zöge, in
Buptö am oberen Buptsang-tsangpo sowohl Leute wie Lasttiere wechseln
müsse, machte ich den Vorschlag, meine Karawane in zwei Abtei=
lungen zu teilen, Abdul Kerim mit der einen Hälfte über den Samje=la
ziehen zu lassen, während ich mit der anderen über den östlicheren Paß
ginge; wir würden dann am Unterlauf des Buptsang-tsangpo wieder zu=
sammentreffen. Ngutu, ein jovialer älterer Herr von mongolischer Herkunft,
stand mir bei und meinte, es könne ihnen ja ganz einerlei sein, welchen
Paß ich selber überschritte, wenn nur die Hauptmasse der Karawane über
den Samje=la gehe. Aber Dortsche Tsüän ließ sich noch immer nicht er=
bitten und versuchte mich jetzt dadurch abzuschrecken, daß er von zehn
starkbewaffneten Räubern erzählte, die im Norden des Gebirges hausten,
das ich überschreiten wolle.

„Wenn die Gegend so unsicher ist," versetzte ich, „dann sind Sie
verpflichtet, mir zehn Soldaten als Eskorte mitzugeben!"

„Die Soldaten gehören zur Garnison Saka=dsong und dürfen zu
keinem anderen Zweck verwandt werden."

„Hören Sie mich nun an, Dortsche Tsüän, und seien Sie nicht
kleinlich. Wenn Sie mir zehn Soldaten mitgeben, so wird es Ihnen ja
möglich, meine Bewegungen zu kontrollieren. Ich werde den Soldaten
täglich zwei Rupien pro Mann für ihre Dienstleistung zahlen. Sie
können sich selber sagen, daß ich nicht in der Lage bin, mir große Aus=
gaben während langer Zeit erlauben zu können. Sie erhalten dadurch
also eine Garantie, daß ich keine größeren und weiteren Umwege machen
werde. Sobald ich mich mit Abdul Kerims Abteilung wieder vereinigt
habe, bin ich außerhalb Ihrer Provinz, und die Eskorte kehrt in ihre
Garnison zurück."

„Das ist wahr," ließen sich zwei Stimmen aus der Menge ver=
nehmen, „wenn er täglich 20 Rupien bezahlt, kann er nicht weit gehen!"

Dortsche Tsüän erhob sich und rief noch einige der Anwesenden zur
Beratung außerhalb des Zeltes. Als er zurückkehrte, sagte er, ich solle
meinen Willen haben, wenn ich mit meinem Namen eine schriftliche
Erklärung unterzeichnete, daß ich die Verantwortung für die Folgen selber
übernehmen wolle, so daß er seinerseits nicht die Schuld daran trage,
wenn mich ein Unglück treffe. Natürlich versprach ich gern, ein solches
Papier zu unterschreiben!

So war die Sache entschieden. Nima Taschi, ein hochge=
wachsener, angenehm aussehender und mit einem aufgebauschten Schafpelz
bekleideter Mann (s. bunte Tafel), sollte Anführer der Leibwache werden,

und als er sagte, daß er den nordwärts führenden Weg nicht kenne, erhielt der 45jährige Pantschor Befehl, uns als Führer zu begleiten. Er wurde ins Zelt gerufen. Ich selbst hatte ihn noch nicht gesehen, aber Abdul Kerim erzählte mir, es sei derselbe Mann, der uns am 23. April den Weg nach dem Fuß des Kintschen-la gezeigt und der mich und Muhamed Isa im vorigen Jahr in Saka-dsong gesehen habe! Es war ein kleiner, magerer, aber muskulöser Mann, der mit der Flinte, die er beständig trug, schon 80 wilde Yaks erlegt hatte (Abb. 333). Auf alles, was man ihm sagte, antwortete er unterwürfig zustimmend: „La lasso, la lasso". Man konnte ihm ansehen, daß er durchtrieben und listig war — also gerade die Sorte, die ich brauchte!

In seiner und all der anderen Gesellschaft ritten wir am 4. Mai über den Paß Gara-la, von dessen ziemlich niedriger Schwelle man Kamba Tsenams großes Zelt auf derselben Stelle wie früher liegen sah. Hier kreuzten wir also unsern Weg vom 22. April und hatten folglich eine Schleife um das prachtvolle Schneemassiv des Tschomo-utschong gemacht.

Pantschor war Kamba Tsenams älterer Bruder, und es fiel mir auf, daß der reiche Nomade jetzt, als der Statthalter von Saka-dsong selbst seine Zelte neben ihm aufschlug, nicht herauskam, um ihn zu bewillkommnen! Nun entstand im Tal eine Zeltgemeinde, die jedenfalls weit größer war als irgendeins der vorhergehenden Lager. Kuriere und Boten kamen und gingen, kleine Yakkarawanen mit dem Proviant der Behörden zogen zu unsern Zelten hinauf, und aus der Nachbarschaft stellten sich Nomaden ein, um sich den sonderbaren Europäer anzusehen, der wie eine Bombe in die Gegend hineingeplatzt und nun endlich festgenommen war!

Spät am Abend schlich sich Kamba Tsenam in mein Zelt. Er tat sehr geheimnisvoll und versicherte, der Gouverneur und seine Leute dürften von diesem Besuch, den er mir in der Dunkelheit mache, nichts ahnen! Er wolle mir aber nur mitteilen, daß Pantschor es ganz gut so einrichten könne, daß ich fast überallhin nach meinem Belieben ziehen könne! Die Leibwache habe zwar strenge Instruktion von den Behörden erhalten, aber nur Pantschor kenne den Weg und werde den anderen leicht blauen Dunst vormachen können! Ich brauchte Pantschor nur meine Wünsche mitzuteilen, so werde er schon für das übrige sorgen. Selbst wenn eine Bande von 50 Räubern wie ein Wirbelwind über uns herfahren sollte, würde sie sich wie eine Schafherde zerstreuen, sobald sie Pantschor mit seiner nie fehlenden Flinte unter uns sähe! Kamba Tsenam entlarvte sich als ein geriebener Kerl, der sich um die

Behörden Sakas nicht im geringsten kümmerte. Der alte Fuchs versprach mir dafür zu sorgen, daß ich einen beliebigen Weg ziehen könnte, wenn ich — zum Entgelt dafür sorgen wolle, daß er Statthalter von Saka würde! Was er sagte, war natürlich leeres Geschwätz, aber man mußte sich vor ihm in acht nehmen! In Bongba hatte kein Mensch je von ihm gehört, und seine große Macht existierte wohl nur in seiner Einbildung. In seiner Heimat war er jedoch seines großen Reichtums wegen allgemein bekannt und sehr angesehen, und er prahlte damit, daß kein Räuber es wage, sich an seinen Herden zu vergreifen, da er der Freund und Vertraute dieser Leute sei. „Ich bin aller Räuber Vater", erklärte er selbst recht bescheiden.

Seine Einladung, ihn am nächsten Morgen in seinem Zelt zu besuchen, nahm ich gern an. Als ich an dem Zelt zum erstenmal im Schneetreiben vorbeigekommen war, war es mir wie eine drohende Festung gegen meine Pläne und meine Freiheit erschienen! Wie ein Dieb in der Nacht, der jeden Augenblick entdeckt zu werden fürchtet, hatte ich mich an dem schwarzen Nomadenheim vorbeigeschlichen. Jetzt näherte ich mich seinem Eingang als geehrter Gast und wurde nur von den Hunden angefahren.

Das gewaltige, aus einer Menge Zeugbahnen zusammengenähte Zelt wird von drei im Erdboden eingemauerten Masten getragen. Längs seiner Innenseite zieht sich eine steinerne Mauer hin, und vor dieser sind Haufen von Tsamba-, Reis- und Gerstesäcken aufgereiht. Auch stehen dort Körbe und Kisten voller Kleidungsstücke. Der Altar, ein Holzgestell und ein Tisch, ist mit Gaos, Götterstatuen, Opferschalen, Gebetmühlen und heiligen Büchern bedeckt. In einer Ecke stehen wohl ein Dutzend Flinten mit Wimpeln an den Gabeln, und in einer anderen ebenso viele Säbel. Auf dem aufgemauerten Herd zur Linken des Eingangs kocht stets ein mächtiger Teekessel; so oft neue Gäste eintreten, wird er in Anspruch genommen. Eine ganze Batterie hölzerner Schüsselchen steht auf einer Steinplatte zum Gebrauch bereit. Der blaugraue Rauch steigt wie Nebel nach der als Rauchfang dienenden Deckenspalte empor. Am weitesten vom Eingang entfernt, in der rechten Ecke, hat der Hausherr seinen Ehrenplatz, einen Diwan mit einem niedrigen kleinen Tisch, und vor diesem einen Herd, der wie eine ausgehöhlte, zerbrochene Kanonenkugel aussieht und mit qualmenden Dungkohlen gefüllt ist. In einer Gruppe sitzen einige der Hirten Kamba Tsenams und trinken Tee, in einer zweiten spielen einige kleine schwarze Kinder, und in einer dritten kichern die Frauen des Zeltes. Mit kurzgeschnittenem, kreideweißem Haar, runzlig wie zerknittertes Pergament, vollständig erblindet und wie Monna Vanna nur mit einem Mantel bekleidet, saß Kamba Tsenam

83jährige Mutter auf ihrem Bett und drehte mit der rechten Hand ihre Gebetmühle, während ihre Linke den Perlen des Rosenkranzes keine Ruhe ließ. Sie schwatzte und betete abwechselnd, gelegentlich ließ sie den Rosenkranz sinken, um sich ein zudringliches Insekt abzusuchen, und manchmal hörte die Gebetmühle auf zu schnurren, wenn die Greisin in ihre dunkeln, stumpfen Gedanken versank. Zweimal erkundigte sie sich, ob der Europäer noch da sei und ob man ihm auch Tee und etwas zu essen angeboten habe.

Der 5. Mai, mein letzter Tag in Dortsche Tsuäns Gesellschaft, mußte irgendwie gefeiert werden. Ich lud daher die ganze Gesellschaft zu einem Fest im Lager ein. Die beiden Gouverneure und Oang Gjä erhielten ihren Platz in meinem Zelt, in dessen Mitte unsere Teetassen auf einem Präsentierbrett gefüllt wurden. Der Tag war unfreundlich und kalt gewesen und es schneite, aber wir wärmten uns die Hände über dem Kohlenbecken und hüllten uns in die Pelze wie vier vornehme Tibeter, während der Pöbel draußen im Kreise saß. In der Mitte jenes Kreises brannte ein helles Feuer, das aus vier großen Dungsäcken unterhalten wurde. Es ist pechfinster, aber gelbe Flammen werfen ihr flackerndes Licht über die schwarzen Tibeter, Diener, Hirten, Nomaden und Soldaten, Weiber und Kinder, Jünglinge und Greise. Sie bilden lebhafte Gruppen in ihren vom Ruß der Lagerfeuer geschwärzten Pelzen, ohne Kopfbedeckung und mit den auf die Schultern herabfallenden, zottigen schwarzen Haaren. Der Feuerschein macht einen verzweifelten Versuch, sie zu vergolden. Sie treten scharf beleuchtet in wirkungsvollem Relief hervor, hinter ihnen aber liegen stille, tiefe Schatten (Abb. 337).

Ich habe Abdul Kerim ermahnt, sein Allerbestes zu tun, und er meldet, daß fünfzehn Nummern, abwechselnd Tanz und Gesang, in ununterbrochener Reihenfolge das Programm bilden werden. Die erste Nummer ist ein Tanz mit Stöckchen, die Säbel vorstellen sollen. Die zweite eine Jagdepisode: ein wildes Tier, dargestellt von zwei hockenden Männern, über die eine Filzdecke mit zwei Stöcken als Geweih geworfen ist, geht brüllend um das Feuer. Ein Jäger schleicht mit der Flinte umher, erblickt das Untier und tötet es mit einem einzigen Schuß! Dann führt er mit seinen Freunden einen Siegestanz um die Strecke aus. — Nun folgt ein gemeinschaftlicher Ladakitanz, bei dem der kleine Gulam die Schar anführt, und endlich tanzt Suän seinen urkomischen Tanz mit einer Dame, die durch einen Stock dargestellt wird, den er in der ausgestreckten Hand hält. Alle andern klatschen im Takt in die Hände und bringen die Tibeter dazu, es ebenso zu machen, und meine Gäste im Zelt krümmen sich vor Lachen!

Mit Kutus als Anführer tanzen nun die Mohammedaner einen Jarkenttanz um das Feuer mit ausgebreiteten Armen und fliegenden Gewändern; zwischen dem Feuer und dem Zelt nehmen sie sich wie rabenschwarze Silhouetten aus, aber jenseits des Feuers erscheinen sie rötlichgelb im Licht der Flammen, ihre schweißbedeckten Gesichter glänzen wie Bronze. Eine Gesangnummer folgt, schallende Töne werden von den Bergwänden zurückgeworfen, die Tibeter erkennen eine Melodie und stimmen händeklatschend ein, auch der Rauch des Feuers beteiligt sich am Tanz und schlägt dem Zuschauer gerade ins Gesicht, immer lauter wird der Gesang, immer ausgelassener die Stimmung, die Nomaden lachen, daß sie die Hände gegen die Knie stemmen müssen; wie eine Feder bewegt sich Suän wieder auf dem Schauplatz und rotiert in grotesk komischen Pirouetten; dies gefällt den Nomaden, und sie wollen es ihm nachmachen; mit nach hinten gebogenem Nacken führt der plumpe Abdullah einen unbeschreiblichen Tanz aus, und als er sich so hintenüberneigt, daß er das Gleichgewicht verliert und rückwärts in die äußersten verkohlten Feuerbrände purzelt, kennt das Entzücken der dankbaren Zuschauer keine Grenze mehr. Sie ersticken beinahe vor Lachen, springen umher und stoßen ein wildes Geheul aus, der Tanzmeister aber schüttelt sich die Kohlen vom Rock und humpelt nach seiner Ecke. Ich freute mich, wie die Tibeter sich amüsierten; einen so vergnügten Abend hatten sie vielleicht in ihrem ganzen Leben noch nicht gehabt! Dortsche Tsuän sagte etwas Ähnliches. Ngavang lachte vergnügt grunzend, und Oang Gjä freute sich wie ein Kind an diesem ungewöhnlichen Schauspiel. Ich selber aber versank eine Weile in Träume. Ich dachte an die wunderbare Bahn, die mein Lebensschicksal eingeschlagen hatte! Durch die Rauchwolken sah ich das ganze alte Asien vor mir und die Abenteuer der vergangenen Jahre hinter mir. Vor den Augen der Erinnerung tanzte ein Karneval von alten Lagerszenen mit Feuern, die wie Sternschnuppen in der Nacht erloschen, von heitern Liedern, die zwischen ganz anderen Bergen verklungen waren, der verhallende Klang von Saitenspiel und Flöten. Und ich wunderte mich selber, daß ich nie genug davon bekommen konnte und des flackernden Scheines der Lagerfeuer noch nicht überdrüssig war!

Der Wind wird stärker, der Schnee fällt dichter und zischt im Feuer, und die Flocken werden von unten beleuchtet. Weiß in den Haaren und auf den Schultern, sind die Tibeter wie Nebelgestalten, hinter denen das Dunkel der schwarzen Nacht brütet, das nur dann und wann vom Wiehern eines Ponys oder dem Bellen eines Hundes durchdrungen wird. Der letzte Feuerungssack wird nun in die nur noch schwach flackernden Flammen geschüttet, sein Inhalt brennt auf und sinkt zusammen; nur die

glühenden Kohlen bleiben noch zurück und zischen im unermüdlich fallenden
Schnee. Da erheben sich meine dankbaren Gäste um Mitternacht, ver=
teilen Trinkgelder unter die Auftretenden, verabschieden sich und verschwin=
den wie Gespenster in der Dunkelheit, um ihre eigenen Zelte aufzusuchen.
Nun herrscht die Nacht allein über dem Tal, die Gegend liegt still und
schweigend, und nur der wirbelnde Schnee erzeugt ein sausendes Geräusch
auf der Zeltleinwand!

Am Morgen des 6. Mai war das Land wieder so weiß wie im
weißesten Winter. Federleicht und unhörbar wie Watte fielen noch immer
die Flocken, und sogar die Tibeter hatten sich wärmer angezogen. Die
Statthalter und ihr Gefolge kamen zur Abschiedsvisite, worauf ich sie zu
ihren gesattelten Pferden begleitete, ihnen noch einmal Lebewohl sagte
und ihnen für die Freundlichkeit dankte, die sie mir erwiesen hatten, trotz
der großen Last, die ich ihnen verursacht! Dortsche Tsuän sprach die
Hoffnung aus, daß wir uns noch einmal im Leben wieder sehen würden —
man lernt die Menschen viel leichter kennen und lenkt sie viel leichter,
wenn man sie freundlich behandelt und sanft mit ihnen umgeht; mit
Gewalt, Härte und Drohung erreicht man nichts. Hochaufgerichtet, eine
prachtvolle Erscheinung, saß der Gouverneur auf seinem Pferd; sein
Gesicht verdeckte eine dunkle Brille und eine rote über die Stirn herab=
gezogene Kappe, die es gegen den Wind schützten. Seine Reiterschar war
bedeutend zusammengeschmolzen, da die ganze Eskorte beauftragt war, mich
zu begleiten. Sie spornten ihre Pferde mit den Fersen und waren bald
auf dem hügeligen Weg, der nach dem Gara=la hinaufführt, verschwunden.

Meine eigene Karawane sollte jetzt in zwei Partien geteilt werden.
Nur fünf Mann sollten mich begleiten, Gulam, Lobsang, Kutus, Tubges
und Kuntschuk. Wir hatten acht Ziegen, der Milch wegen — unsere
alten Schafe waren um einen Spottpreis verkauft worden. Die Eskorte
unter Nima Taschi erhielt hundert Rupien Vorschuß für die ersten fünf
Tage. Mit Pantschor wurde nur vereinbart, daß er gut bezahlt werden
solle, wenn er mich dahin führe, wohin ich wolle! Die übrigen sieben
Ladakis erhielten Befehl, unter Abdul Kerims Führung über den Samje=la
nach dem Buptsang=tsangpo langsam am Fluß hinunter zu ziehen und uns
an der Stelle, wo er sich in den Tarok=tso ergießt, zu erwarten.
Was sie auch täten, den Buptsang=tsangpo dürften sie nicht verlassen, da
wir einander sonst verlieren könnten. Rindor und Pemba Tsering waren
angewiesen, sie über den Samje=la nach Buptö zu begleiten, um die
Kebjongleute wegen des verweigerten Transports zur Rede zu stellen.
Mein Gepäck war minimal, und ich nahm außerdem nur 1000 Rupien
mit, für die übrige Reisekasse war Abdul Kerim verantwortlich. Er

war ein Ehrenmann, im übrigen aber kein Kirchenlicht. Mit uns zogen auch einige Nomaden, deren sechs Yaks das Gepäck trugen.

Obgleich wir nur ein paar Wochen getrennt sein sollten, war der Abschied entsetzlich rührselig, und viele kindische Tränen rollten an wettergebräunten Wangen herab. Ich hatte noch einige Pferde gekauft, so daß alle meine Ladakis reiten durften. So ritten wir denn in geschlossener Kolonne talaufwärts. Der Talgrund ist voll morschen, krachenden Eises, voll runder Grasbüschel, zwischen denen Mauselöcher liegen, voll glockenförmiger Eisplatten und harten, grünen Schieferschutts. Es geht nach Nordosten und dann gerade nach Westen über den kleinen Doppelpaß Schalung-la hinüber und nach dem Gjägongtal hinunter, wo wir bei Kamba Tsenams Hürden lagern, um noch einige Proviantschafe zu kaufen. Die Eskorte (Abb. 329, 338, 339) war schon angelangt und saß Tee trinkend in ihrem schwarzen Zelt. —

Ich plauderte gerade mit Kamba Tsenam und Pantschor, als ein großer, kräftig gebauter junger Mann erschien und in meiner Zelttür Platz nahm.

"Ich habe den Bombo schon früher, bei Naktschu gesehen", sagte er. "Ihr hattet einen Burjäten und einen Lama bei euch. Es ist sieben Jahre her."

"Das stimmt allerdings. Hast du mir Grüße zu bringen?"

"Nein, ich wollte nur fragen, ob Sie nicht Lust hätten, mir zwei feine Yaks abzukaufen. Sie können sie für die Hälfte des Wertes erhalten."

"Danke. Jetzt brauche ich gerade keine Yaks. Was ist dein Gewerbe?" fragte ich.

"Räuber", antwortete er, ohne im geringsten verlegen zu werden!

Als er sich entfernt hatte, erzählte mir Kamba Tsenam, der junge Mann habe vor einiger Zeit einen Nomaden in Rukjok getötet und sei nun gekommen, um wegen des Bußgeldes für den Mord zu unterhandeln. Die Behörden suchten eifrig nach der Bande, zu der der Mann gehöre, und er, Kamba Tsenam, und Pantschor wüßten auch ganz genau, wo ihre Mitglieder sich aufhielten, zeigten sie aber nicht an, um nicht aus Rache ihres Eigentums beraubt zu werden. Kamba Tsenam und sein Bruder standen augenscheinlich mit den Räuberbanden der Gegend auf sehr vertrautem Fuß, und ich hatte sie stark im Verdacht, daß sie mit ihnen gemeinschaftliche Sache machten! In Pantschor hatten wir entschieden einen echten Räuberhauptmann zum Führer. Er erzählte selbst, der Dewaschung habe ihn anstellen wollen, um ihn als Späher und Wegweiser zu verwenden, wenn Räuberbanden aufgespürt würden, er sei aber nicht darauf eingegangen. Übrigens wußte er, daß ich viel Geld bei mir hatte; ich war daher in seiner Gesellschaft nicht allzu sicher. Er konnte jederzeit einen nächtlichen Überfall arrangieren und dann bei der Schlußabrechnung den Unschuldigen spielen. Er selbst gab sich den Anschein, als kenne er die Gegend nur zwei Tagereisen weit in nördlicher Richtung. Als er aber unsere sechs Pferde besichtigte, sagte er: „Das da haben Sie von einem alten Nomaden gekauft, der westlich vom Scha-kangscham wohnt, und dies da von Tsong-pun Taschi." Kannte er jedes Pferd im Lande, so kannte er das Land wohl auch! Ich bat ihn, mir unsere Lagerplätze auf der Reise nach Norden aufzuzählen, aber er nannte mir nur die beiden ersten und fügte hinzu: „Die übrigen werden Sie so nach und nach erfahren, und wenn ich selber den Weg nicht finde, so gibt es in der Nähe stets irgendeinen Räuber, den ich fragen kann."

Am 7. Mai sagten wir dem alten Räuberhauptmann Kamba Tsenam Lebewohl und ritten zusammen nach dem Gjägong-la hinauf, der 5490 Meter hoch ist. Er liegt in der ausgeprägten Kette, die Kantschung-gangri genannt wird, und ich bemerkte mit großem Interesse, daß alles Wasser auf der Nordseite des Passes dem Tschaktaktsangpo zuströmt. Der Kantschung-gangri war also nicht der Hauptkamm des Transhimalaja, und der Gjägong-la war nur ein Paß zweiter Ordnung. Die große Wasserscheide kam erst einige Tagereisen weiter nördlich.

Auf der Nordseite passierten wir eine heiße Quelle namens Memotschutsän, die im Quellauge eine Temperatur von $+34{,}2$ Grad hatte, während in einem zweiten das Wasser kochte und dampfte. Die Quellen sind von Verkalkungen, Terrassen und Bassins umgeben, in denen Kranke baden.

Pantschor hatte ein altes Fernglas, das er fleißig benutzte, um nach Räubern und wilden Yaks auszuspähen. Er meinte, daß wir immer zusammenbleiben müßten, da uns auch Räuber überfallen könnten, die ihm unbekannt seien, und bat uns, ihm in solchem Fall mit unsern Waffen bei der Verteidigung zu helfen!

Das Lager dieses Tages trug die Nummer 400.

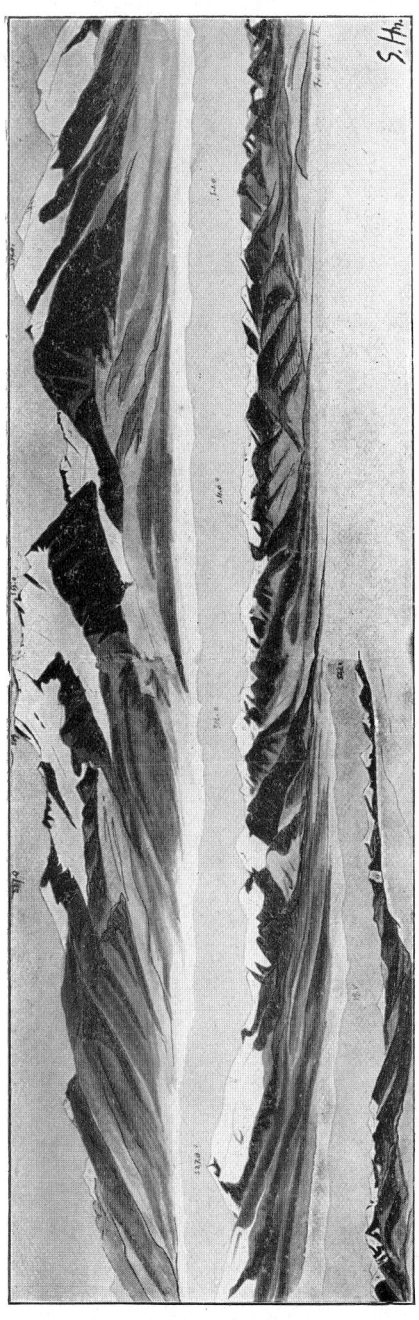

361. Aussicht vom Abuk-la nach Ost bis Südsüdwest mit der Gurla-Kette (drei anschließende Teile).

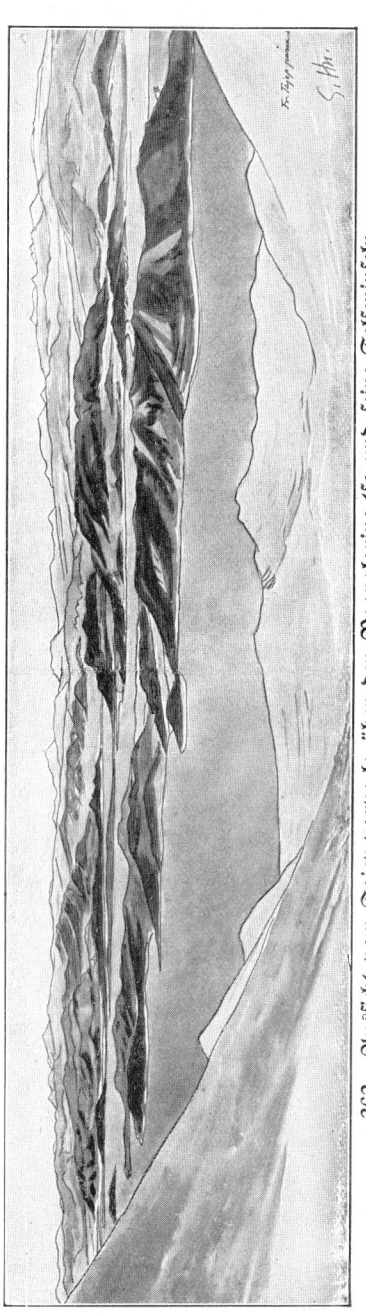

362. Aussicht vom Tajep-parva-la über den Nganglaring-tso und seine Felseninseln.
Nach Aquarellen des Verfassers.

363. Seliput-gumpa.

364. Innerer Hof von Seliput-gumpa.

Siebzigstes Kapitel.

Zum siebentenmal über den Transhimalaja. Nach dem himmlischen See der Thronberge.

Sechzehn Grad Kälte in der Nacht auf den 8. Mai! Als wenn der Winter und nicht der Frühling im Anzug wäre. Schon vor einem Monat hatten wir in Bongba viel wärmeres Wetter gehabt. Nun aber zogen wir ja wieder nach den Höhen des Transhimalaja hinauf, es war kalt, rauh und windig, die Temperatur stieg selten über Null, und heute lag das ganze Land wieder unter einer Schneedecke.

Wir ritten nordwärts und gingen über eine kleine Schwelle nach dem Tschaktak-tsangpo hinunter, in dessen Nähe wir eine Weile haltmachen mußten, um uns am Feuer zu wärmen. Der Fluß macht einen Bogen nach Westsüdwesten, um den Kantschung-gangri zu durchbrechen. An seinem Ufer sahen wir ein Zelt, 8 Pferde und etwa 100 Schafe. Pantschor war heute seine eigenen Wege gegangen, um eine Herde von 90 wilden Yaks zu verfolgen; Nima Taschi aber, der Befehlshaber der Leibwache, war fest überzeugt, daß in dem Zelt eine Räuberbande hause, da es in dieser Gegend keine Nomaden gebe! Die Eskorte und Nima Taschi ganz besonders fürchteten sich entsetzlich vor Räubern; Pantschor hatte mir gesagt, er könne die Soldaten dadurch, daß er ihnen mit den Räubern Furcht einjage, dazu bringen, ihm überall hin zu folgen, wohin er wolle! Als Pantschor sich wieder einstellte, erzählte er, daß ganz richtig Räuber in dem Zelt hausten, und zwar die Bande, die die Morde im Rukjoktal auf ihrem Gewissen habe. Und er fügte hinzu, daß die Räuberbande gedroht habe, die Gegend wieder heimzusuchen, wenn die Leute in Rukjok sich nicht gütlich mit ihnen einigten. Ich fragte ihn, weshalb denn die Behörden den Hauptmann jetzt, da er ganz in ihrer Nähe sei, nicht fingen, worauf Pantschor kopfschüttelnd sagte, daß man, wenn er gefangen und hingerichtet würde, sich an seiner Bande dreißig andere Räuber auf den Hals lüde, die noch viel ärger seien! Das Räuberleben scheint in Tibet im allgemeinen recht gemütlich zu sein.

Am Flußufer aufwärts ziehend, gelangten wir an den ganz zugefrorenen kleinen See Laptschung-tso und schlugen an seinem östlichen Ufer das Lager 401 (5193 Meter) auf (Abb. 330). Er lag zwischen Hügeln eingeklemmt, überall von hohen Bergen umgeben. Im Süden tritt jetzt der Kantschung-gangri in all seinem Glanz hervor. Seine Nordseite ist viel schneereicher als die südliche; in den Tälern zwischen seinen Gipfeln zeigen sich drei größere und mehrere kleinere Gletscherzungen, die kurz und steil sind. Aus allen Tälern im Norden, Nordwesten und Nordosten strömen Bäche nach dem Laptschung-tso, aus dessen südlicher Spitze der Tschaktak-tsangpo heraustritt, um ein wenig weiter abwärts nach Südwesten hin den Kantschung-gangri zu durchbrechen.

9. Mai. 18,3 Grad Kälte in dieser Jahreszeit! Längs des östlichen Ufers des Laptschung-tso ziehen wir nach Nordosten und folgen einem sehr ausgetretenen Weg, der aus wohl 50 parallellaufenden Fußpfaden besteht. Er bietet großes Interesse als ein Straßenzug auf der Karte Tibets, der bisher unbekannt war. Hier reisen die Kaufleute, die nach dem östlichen Bongba oder Tschoktschu wollen, ein großer Teil der von Tabie-tsaka kommenden Salztransporte und zahlreiche Pilger, die vom Kang-rinpotsche nach Hause zurückkehren; die letzteren folgen auf der Hinreise gewöhnlich der Tasam, schlagen aber bei der Heimreise meistens den nördlicheren Weg ein — damit die ganze Pilgerfahrt ein „Kore", eine seligmachende Runde sei.

Unsere Richtung wird jetzt nördlicher, und wir ziehen das Sangmobertik-Tal hinauf, dessen Boden glashelles Eis bedeckt und dessen Abhänge mit gutem Gras bewachsen sind. Zwischen dem Kantschung-gangri und dem Hauptkamm des Transhimalaja ist das Land ziemlich flach. In dem Längstal zwischen den beiden Ketten sehen wir in N 60° W die relativ niedrige Schwelle Ditscha-la, die jedoch ein wasserscheidender Paß ersten Ranges ist, weil sie das Wasser, das dem Ozean zuströmt, von dem scheidet, das nach dem abflußlosen Plateau geht. Über den Ditscha-la führt der eben erwähnte Weg nach dem Buptsang-tsangpo und Tabie-tsaka. Im Norden, Nordwesten und Nordosten zeigen sich mehrere Gangris mit Firnfeldern und Schnee, die alle zum Hauptkamm des Transhimalaja gehören. Im Osten gibt es einen Paß Nakbokongdo-la mit dem Nakbo-gongrong-gangri. Über diesen Paß, der auch auf der Hauptwasserscheide zu liegen scheint, führt ein Weg nach dem Targo-gangri und dem Dangra-jum-tso. Zwischen Raga-tasam und Ombo führt eine Straße, die hauptsächlich von Salzkarawanen benutzt wird, über den Tsalam-nakta-la. Noch vom Lager 402 aus konnten wir das Tschomo-utschong-Massiv in S 13° O sehen.

Ein Mitglied der gestern passierten Räuberbande besuchte uns, sichtlich ein guter alter Freund Pantschors! Er gab mir allerlei interessante Aufschlüsse über den Teri-nam-tso und das Kloster Mendong-gumpa, die sich später als durchaus richtig erwiesen. Aus Pantschor konnte ich nicht klug werden. Entweder war er mit dem Teufel selber im Bunde, oder er war auf eigenes Risiko und für eigene Rechnung ein vollendeter Spitzbube. Jetzt versicherte er, daß es für ihn die einfachste Sache auf der Welt sei, mich nach dem Teri-nam-tso, ja vielleicht sogar nach dem Dangra-jum-tso zu bringen! O, ihr Götter Naktsangs, schlummert ihr in diesem kalten Frühling und wollt ihr eure irdischen Vasallen erst warnen, wenn es zu spät ist? Ja, könnte ich mir nur noch zwei Transhimalaja-Übergänge erkämpfen, so würde ich nachher seine gewaltigen Ketten gern ihrer wilden tausendjährigen Ruhe unter den eilenden Wolken und den glänzenden Schneefeldern überlassen! Seltsam, daß dies ausgedehnte, der indischen Grenze so nahe liegende Land bis in unsere späte Zeit völlig unbekannt geblieben ist! Es ist ein stolzes, ein herrliches Gefühl, sich als ersten Weißen auf seinen öden Pfaden zu wissen. —

Pantschor riet uns, einen Tag im Tale zu bleiben, denn so gute Weide wie hier würden wir sobald nicht wiederfinden. Ich fragte mich, woher er dies wissen könne, da er mir eben noch gesagt hatte, daß er niemals im Norden des Sangmo-bertik-la gewesen sei!

Die Kälte sank in der Nacht zum 11. Mai auf 16,1 Grad. Wir befanden uns auf einer mächtigen Anschwellung des Transhimalaja, die Lap heißt und wegen ihres rauhen Klimas bekannt ist. Sogar mitten im Sommer, wenn es sonst überall warm ist, bleibt es in Lap kalt. Erst Anfang Juni, wenn alle anderen Seen schon wieder offen sind, bricht das Eis des Laptschung-tso auf. Aus der Karte ergibt sich auch, daß mehrere bedeutende Flüsse, die nach Norden und nach Süden strömen, auf dieser hohen Anschwellung entspringen.

Der heutige Marsch führte uns in immer höher werdende Regionen hinauf; der Weg war infam, eigentlich kein Weg, sondern ein Balancieren zwischen Granitblöcken und Yakmoos. Und noch schlechter war das Terrain am nächsten Tag. In rauhem, winterlichem Wetter bei oft 17,1 Grad Kälte zogen wir im Zickzack außerordentlich langsam in einem Talgrund bergauf, wo alles feine und lockere Material so gründlich fortgeschwemmt war, daß man jeden Augenblick befürchten mußte, die Tiere brächen sich in den Löchern zwischen den Blöcken die Beine. Hier kam weiter keine Vegetation mehr vor als eine eidottergelbe und eine rötlich schillernde Moosart. Links blieben drei kleine Gletscherzungen, deren abgebrochenes Vorderende bläulich glänzte. An einem dieser Gletscher gingen einige wilde Yaks in philosophischer Ruhe spazieren. Das Wetter war so frostig, daß wir bisweilen haltmachten, um die Hände über einem kleinen Dungfeuer zu wärmen. Pantschor bestand nachdrücklich auf diesen Ruhepausen, „damit der Bombo nicht müde werde"; aber ich hatte ihn im Verdacht, daß es hauptsächlich geschah, weil er sich nach ein paar Zügen aus seiner chinesischen „Gansa" sehnte.

Wenn unsere Pferde sich auch sehr abmühen mußten, schließlich brachten sie uns doch auf die 5820 Meter betragende, schwindelerregende Höhe des Sangmo-bertik-la hinauf, und dort stand ich zum siebentenmal auf dem Hauptkamm des Transhimalaja und der Wasserscheide der großen indischen Flüsse! Die Aussicht war sehr beschränkt und von naheliegenden Höhen versperrt. Auf einem scharfen Grat im Nordwesten stampften sieben wilde Yaks durch den Schnee; Pantschor und einer der Soldaten gingen zu Fuß hinauf, um ihnen nachzusetzen — diese steilen Wände hinauf und dabei noch schwere, klobige Flinten tragen, das hieß Courage! Wir andern ritten zwischen den Granitblöcken bergab. Weiter abwärts bestand das Gestein aus grünem Porphyr. Die Neigung der Abhänge wurde immer geringer; wo wir lagerten, sah man kaum, nach welcher Richtung hin das Tal sich senkte.

Der Tag war stürmisch gewesen, und der Sturm hielt auch am 13. Mai an. Der kleine Puppy, der sich hinausgewagt hatte, um sich den Morgen anzusehen, kam schnell zurück und legte sich wieder auf seine Matte. Takkar hat sich mit seinen tibetischen Landsleuten noch immer nicht ausgesöhnt und sich bei der ganzen Eskorte und Pantschor dadurch in den größten Respekt gesetzt. An zahlreichen Sommerlagern vorbei reiten wir in dem Tal nach Norden weiter und ich erkenne das charakteristische, flache Relief von Tschang-tang wieder, das zu den tiefer eingeschnittenen Tälern auf der Südseite des Transhimalaja in scharfem Gegensatz steht.

In der Mündung eines von Westen kommenden Nebentales hatte die Eskorte haltgemacht, und Nima Taschi teilte mir jetzt mit, daß unser Weg nach Buptö, wo wir verabredetermaßen mit Abdul Kerims Gesellschaft zusammentreffen sollten, durch dieses Tal führe und daß sie nicht weiter nach Norden zu ziehen gedächten. Sie zeigten uns jetzt zum erstenmal die Zähne und waren durchaus nicht so fügsam, als ich geglaubt hatte. Sie bedienten sich des Vorwandes, ihre Yaks seien erschöpft, sie hätten keinen Proviant mehr und es sei ihnen nicht befohlen worden, mich länger als 14 Tage zu begleiten. Pantschor, der Schuft, stellte sich

auf ihre Seite und ängstigte uns mit dem Häuptling von Bongba=
tschuschar, der von allen Räubern der Gegend Abgaben erhebe und uns
ganz gewiß ausplündern werde, wenn wir durch sein Gebiet zögen. Nach
langer Beratung beschloß ich, da, wo wir uns befanden, zu lagern, um
die Sachlage weiter zu besprechen. Ehe die Sonne unterging, hatte
ich die Leutchen da, wo ich sie haben wollte; es war hauptsächlich der
Klang von Silberrupien, der sie alle anderen Bedenken vergessen ließ.
Es wurde also vereinbart, daß sie allabendlich 20 Silberrupien aus=
bezahlt erhalten sollten; außerdem schenkte ich ihnen noch eine Ziege, da
ihr Fleischvorrat verzehrt war.

Am 14. Mai ritten wir in einem alle Aussicht verhüllenden Schnee=
treiben nach Norden weiter und passierten zahlreiche Manis, von denen
neun in einer Reihe standen. Das Tal erweitert sich immer mehr und
wird 2 Kilometer breit. Beim Lager gab es kein Wasser, aber zwei
unserer Yaks wurden mit Eisblöcken beladen. Jeden Abend sitze ich
stundenlang plaudernd mit Pantschor zusammen, und seine Angaben sind
leicht zu kontrollieren. Ich habe ihm ein für allemal gesagt, daß er
keine Extragratifikation erhalte, wenn er nicht die Wahrheit sage! Heute
abend erzählte er, daß es um Muhamed Isas Grab greulich spuke und
man nachts aus der Tiefe des Grabes unheimliche Schreie und Seufzer
hören könne! Er war überzeugt, daß sich Dämonen und Geister bei dem
Grab aufhielten, und sagte, kein Tibeter wage sich der Stelle zu nähern
— ein Umstand, der ja immerhin den Vorteil hatte, daß das Grab in
Ruhe gelassen wurde.

Er gab mir auch viel wertvolle Aufschlüsse über die Umgegend des
Nam=tso oder Tengri=nor, in der er geboren war und seine Kindheit ver=
lebt hatte. Den Nam=tso hatte er zweimal umwandert, den Tso=mavang
dreimal, und zwölfmal den Kang=rinpotsche, den er bald wieder zu be=
suchen beabsichtigte, um die dreizehnte, die seligmachende Runde zu voll=
enden! Um den Dangra=jum=tso und den Targo=gangri zu gehen, hielt
er für überflüssig, weil er schon soviel getrabt sei, daß ihm alle seine
Sünden vergeben sein müßten und er bei der nächsten Wiedergeburt einer
Beförderung sicher sein könne. Pantschor zweifelte keinen Augenblick, daß
Menschen oder Pferde, die von dem Wasser des Tso=mavang oder dem
des Nam=tso getrunken, auf ewig vor Krankheit, Räubern und Wölfen
sicher seien — „es geht Feuer von dem Punkt des Körpers aus, in
den der Wolf hineinbeißen will", versicherte er. Aber er modifizierte
seine Behauptung bedeutend, nachdem ich ihm erzählt hatte, daß ich
einen Maulesel gehabt hätte, der einen ganzen Monat lang aus
dem Tso=mavang getrunken habe und dennoch in Gartok von Wölfen

zerrissen worden sei. „Ja," erwiderte er, „der Schutz kommt nur Tibetern und ihren Tieren zugute, aber nicht Europäern und Tieren, die ihnen gehören. Und wenn der Wolf selber von dem heiligen Wasser getrunken hat, dann nützt sowieso alles nichts, dann holt er sich seine Beute doch!"

Am 15. Mai brachen wir wieder in Schneetreiben auf. Sowohl unter den Tibetern wie bei den Ladakis erregte es stürmische Heiterkeit, als ein Mann der Eskorte, der nicht wußte, wie Kuntschuk hieß, ihn „das Kalb da" nannte. Wir waren schon ein ganzes Ende geritten, bis sie aufhörten, über den neuerfundenen Titel, den Kuntschuk von nun an behielt, zu lachen. Das Tal geht in eine Ebene über, die reich an Goaantilopen, Kiangs und Pantholopsantilopen ist. Von einem wellenförmigen Landrücken aus sehen wir im Osten eine zweite, noch größere Ebene, über deren Horizont der Targo-gangri sichtbar gewesen wäre, wenn nicht Schneenebel und Wolken das Gebirge verhüllt hätten. Der Butschu-tso ist ein Tümpel, der im Sommer austrocknet. Dort standen endlich drei schwarze Zelte und hinter einem neuen Hügel, im Gebiet von Kangmar, sogar sieben. Als wir zwischen ihnen lagerten, waren 60 Männer, Frauen und Kinder im Freien und gafften uns an (Abb. 342, 344, 345, 346, 348, 349). Sie hatten sich hier versammeln müssen, um ihre Abgaben an einen Steuereinnehmer aus Saka zu bezahlen. Der Distrikt heißt Bongba-tschuschar; sein greiser Gova machte mir eine Visite. Er war ein gutmütiger alter Herr und stellte keine unbequemen Fragen — Pantschor, der es verstand, allen Leuten blauen Dunst vorzumachen, hatte ihm wohl schon vorher Auskunft gegeben. Er soll entsetzliche Furcht gehabt haben, denn er hatte noch nie in seinem Leben einen Europäer gesehen! Er gab mir indessen viele wertvolle Aufschlüsse über das Land und teilte mir unter anderm mit, daß das kleine Seenpaar Mun-tso nördlich vom Barong-la und östlich vom Teri-nam-tso liege, nicht im Süden des Dangra-jum-tso, wie auf Nain Sings Karte, die ich in jener Gegend unrichtig gefunden habe. Auf dem Weg nach dem Teri-nam-tso sollten wir an zwei Stellen Gänseeier finden können; den Tibetern war es drei Jahre lang untersagt, die Vögel ihrer Eier zu berauben, aber ein Europäer konnte sich ja alles erlauben, ohne von ihren irdischen und himmlischen Göttern zur Verantwortung gezogen zu werden.

Nach einem Ruhetag zogen wir gen Nordnordosten nach dem breiten Längstal des Soma-tsangpo (Abb. 343). Der Fluß kommt von Ostsüdosten und scheint seine Quellen auf der Westseite des gewaltigen Gebirgssystems zu haben, das ich vom Schuru-tso aus gesehen hatte. Hier strömt er nach Westnordwesten, wendet sich aber weiter unten nach Norden und

Nordosten und macht also einen scharfen Bogen, ehe er sich in den Teri=
nam=tso ergießt. Sein Bett ist flach und seicht und führte jetzt etwa
8 Kubikmeter Wasser in der Sekunde, ist aber im Sommer so wasserreich,
daß es sich nicht durchwaten läßt. An der Quelle eines Tales auf der
andern Seite lagerten wir, und am 18. Mai erklommen wir den nahe=
liegenden Dongtschen=la, auf dessen südlichen Hügeln 24 Ammonschafe
uns ein herrliches Schauspiel bereiteten.

In der Nacht auf den 19. blieb das Minimum auf —1,4 Grad, und
jetzt fühlte man sich endlich wie im Frühling, ja wie im Sommer. Der
Weg führte nach Nordwesten durch ein steiles Tal, in dem an zwei Stellen
Granit und schwarzer Schiefer anstehen, nach dem kleinen Paß Teta=la
(4958 Meter) hinauf, von dessen Höhe aus wir endlich freie Aussicht über
den ersehnten See Teri=nam=tso hatten, den „Tede=nam=tso" Nain Sings,
den er zwar nie besucht und nie gesehen, sondern nur vom Hörensagen
gekannt und dennoch mit einem punktierten Ring vollkommen korrekt in
seine Karte eingezeichnet hat. Sein einziger Fehler bestand darin, daß er
den See von Norden nach Süden länglich sein ließ, anstatt von Osten
nach Westen. —

Um freie Aussicht zu erhalten, erkletterte ich eine 5173 Meter hohe
Anhöhe auf der Nordseite des Passes. Der Anblick, der sich von hier aus
nach allen Seiten hin aufrollt, war eines der großartigsten, unvergeßlich=
sten Bilder, die ich in Tibet gesehen habe (s. buntes Panorama S. 356).
Einem gewaltigen, flachgeschliffenen Türkis vergleichbar, liegt der „himm=
lische See" zwischen den ihn einfassenden Bergen und Hügeln und spielt
in rosigen, roten, gelben und violetten Nuancen, die nach dem Horizont
hin immer mehr in den hellblauen Schleiern der wachsenden Entfernung
verschwimmen. Nur im südwestlichen Viertel wird die Aussicht durch ganz
naheliegende Höhen verdeckt, die zu der Kette gehören, auf der wir uns
befinden und die sich am Südufer des Sees entlang zieht; im übrigen
aber ist die Aussicht frei, schwindelerregend hoch und unendlich weit, und
der Blick schweift ebenso ungehindert nach dem majestätischen Gipfel des
Scha=kangscham, wie er die vielspitzige Kette des Targo=gangri und
den von mir siebenfach besiegten Hauptkamm des Transhimalaja be=
streichen kann, dessen schneebedeckte Kuppen im Süden ihre blendendweißen
Scheitel in einer langen Reihe erheben. Mehrere andere Gipfel und Dome
mit ewigem Schnee steigen über diesem Meer verschiedenfarbiger Wellen
auf, aber das allerschönste ist doch der See selbst, der den Beschauer durch
seine intensiv marineblaue Farbe, die um einige Nuancen dunkler und kräf=
tiger ist als die des Türkises, bezaubert und fesselt. Wenn man zuerst
den Sattel des Passes betritt und die Netzhaut auf diesen Reichtum an

kräftigen Farben reagiert, kann man kaum einen Ausruf des Staunens und der Verwunderung unterdrücken. Ich sehe den See sehr von oben und habe sein Südufer unmittelbar unter mir. Nach Westen hin zieht er sich zwei Tagereisen weit in das Land hinein und ist mächtig angeschwollen, nach Osten hin wird er schmäler und scheint dort noch eine gute Tagereise lang zu sein. Gerade im Nordosten wird seine blaue Fläche durch eine kleine steile Felseninsel unterbrochen, die nur im Osten einen flachen Strand hat, und nach Osten hin glaubt man die Mulde zu ahnen, wo der Dangra=jum=tso am Nordfuß des Götterberges Targo=gangri sein Becken füllt. Die grüne Wasserfläche im Vordergrund ist eine Süßwasserlagune mit Algenvegetation. Die bunten konzentrischen Linien sind Austrocknungslinien.

Herrliches Wetter, auch nicht ein Wölkchen am blauen Himmelsgewölbe, ruhig und windstill, kaum ein Hauch flüstert über den Hügeln, in den Ohren klingt es wie Schellengeläute und Saitenspiel, man fühlt sich überwältigt von dieser großartigen Schönheit, die das Herz mächtiger ergreift, als die Predigt eines Bischofs. Ich blieb mehrere Stunden hier oben und machte einen aussichtslosen Versuch, ein Bild der Landschaft zu zeichnen; es ist in diesem Buche enthalten, ist aber nur eine schwache Nachahmung der Wirklichkeit. Vom Teta=la aus beherrscht man ein sehr ansehnliches Areal des innersten Tibet. Wie weit erstreckt sich der Horizont des Scha=kangscham! An wie vielen Punkten habe ich auf verschiedenen Reisen diesen wunderbaren Berg schon gesehen! Wie ein gewaltiger Leuchtturm, eine ungeheure Landmarke, thront seine schneegekrönte Kuppe über dem öden Tibet. Und wenn er wie ein Traumbild von Schnee und Rosen zuletzt unter dem Horizont versinkt, ist man fern von seinen rinnenden Gletschern.

Endlich mußte ich mich doch losreißen und auf der Spur der anderen nach einem kleinen elenden Tal hinabsteigen, wo man in der Nähe zweier Zelte das Lager aufgeschlagen hatte. Auch hier hatten wir eine wundervolle Aussicht. Wie vermißte ich jetzt mein altes erprobtes Boot, wie gern wäre ich wochenlang unter Segel und Spritzwasser auf dem himmlischen See umhergefahren!

Ganze vier Tage blieben wir still in diesem erbärmlichen Lager mit der sterilen Umgebung und der brillanten Aussicht (4769 Meter). Denn der Dangra=jum=tso begann jetzt zum viertenmal in meinen Träumen zu spuken. Von hier aus kann man in nur vier Tagemärschen in östlicher Richtung nach dem heiligen See gelangen. Ich wollte versuchen, mich nach seinem Ufer hinzuschmuggeln! Nima Taschi und Pantschor erfanden freilich alle möglichen Gegengründe; ihre Yaks seien erschöpft, dort gebe es keine Weide, und es sei unmöglich, Yaks zu mieten, weil alles kürzlich fort=

gezogen sei, um Salz vom Tabie-tsaka zu holen. Ich machte dann den Vorschlag, mit meinen eigenen Pferden hinreiten und nach dem Ausflug mit ihnen in Mendong-gumpa wieder zusammenzutreffen. Hiergegen hatten sie anfänglich nichts einzuwenden. Wäre ich um diese Zeit Tibets nicht schließlich herzlich überdrüssig gewesen, so hätte ich ihnen noch einen schönen Streich spielen können! Ich wäre nämlich nicht nur nach dem Dangra-jum-tso gezogen, sondern immer weiter nach Osten, bis man mir wieder Halt geboten hätte! Aber ich hatte jetzt alles satt, was Geographie, Entdeckungen und Abenteuer heißt; ich sehnte mich heim. Und überdies erschien mir das im Osten des Teri-nam-tso liegende Land im Vergleich mit dem auf seiner Westseite unvergleichlich weniger wertvoll. Das erstere hatte ich auf drei Linien durchzogen, und zwei andere Reisende waren schon dort gewesen; aber im Westen war noch niemand gewesen, und man kannte nichts weiter davon, als die unklaren Nachrichten, die die Jesuiten sich vor 200 Jahren von Eingeborenen verschafft hatten. Tatsächlich war dieses Land der am wenigsten bekannte Teil Tibets, und der Weg nach dem Nganglaring-tso durchschnitt den weißen Fleck in seiner Längsrichtung. Wenn die Behörden mich gefragt hätten, welchen Weg ich wählen wolle, hätte ich ohne Zögern geantwortet: den Weg nach dem Nganglaring-tso. Es wäre am klügsten gewesen, sofort auf Nima Taschis Vorschlag, direkt nach Mendong-gumpa zu ziehen, einzugehen. Aber der Widerstand stachelte mich dazu an, noch eine letzte Lanze für den Dangra-jum-tso zu brechen. Ich hätte an das alte Sprichwort: „Wer nach einem zu großen Stück schnappt, geht leer aus" denken sollen, denn um ein Haar hätte ich obendrein noch Mendong-gumpa verloren!

Denn als Nima Taschi sah, daß er mit mir nichts anfangen konnte, schickte er heimlich zu Tagla Tsering, dem Häuptling des Distrikts S a n g g e - n g a m o - b u k, in dem wir uns jetzt befanden und der zur Provinz Naktsang gehört. Und Tagla Tsering kam. Er hatte sich im vorigen Jahr unter dem Gefolge Lundups befunden, als dieser mir am Fuß des Targo-gangri Halt geboten und mich verhindert hatte, bis an das Ufer des heiligen Sees zu gehen. Jetzt sah er prächtig und imponierend aus (Abb. 334). Über einem Pantherfellmantel trug er einen aus sechs Gaos von glänzendem Silber bestehenden Gürtel; im Gürtel steckte der Säbel in einer silbernen, mit Türkisen und Korallen verzierten Scheide, und an seiner Seite klapperte ein Gehänge von Messern und anderen Dingen. Über all dem trug er einen langen, ärmellosen, rotlila Mantel und auf dem Kopf eine chinesische Seidenmütze. Ihn begleiteten sechs Reiter, und am Tag darauf kamen noch etwa zwanzig, alle mit Flinten, Säbeln und Spießen bis an die Zähne bewaffnet und in malerischen, bunten Gewändern, einige mit hohen Krempenhüten auf dem Kopf, andere mit Binden, die sie sich um die Stirn gewunden hatten (Abb. 340, 341, 350). Tagla Tsering faßte die Lage sichtlich ernst auf und wollte mir mit seiner aufgebotenen Miliz imponieren.

Gemütlich, vergnügt und ganz wie ein guter alter Freund trat der gebieterische Häuptling aber in mein Zelt (Abb. 351), hieß mich herzlich in seinem Distrikt willkommen und sprach seine große Verwunderung aus, daß ich schon wieder hier sei, obwohl man mich doch im vorigen Jahr zur Umkehr gezwungen habe! Hätte ich nicht schon Hladsche Tserings Sturz verursacht? Wollte ich nun auch den neuen Statthalter von Naktsang auf dieselbe Weise stürzen? Oder was beabsichtigte ich denn eigentlich?

„Nein, Hedin Sahib, nach Naktsang dürft ihr nicht reisen. Kehren Sie um nach Westen! Nima Taschi hatte durchaus keine Befugnis, Sie nach dem Teri=nam=tso zu führen; am Buptsang=tsangpo sollten Sie ja Ihre Karawane treffen. Sie reden von Mendong=gumpa! Sie sind nicht berechtigt, dorthin zu gehen. Es gibt einen näheren Weg nach dem Treffplatz. Mendong=gumpa liegt zwar nicht in meinem Distrikt, aber ich habe für alle Fälle sämtliche Govas der Gegend schriftlich angewiesen, Sie festzunehmen, wenn Sie nach dem Kloster gehen sollten!"

Der arme Nima Taschi war halbtot vor Schreck. Er hatte geglaubt, mich mit einem schwarzen Mann erschrecken zu können, und jetzt sah er uns wie alte Bekannte zusammensitzen, miteinander Tee trinken und Zigaretten rauchen. Ihm aber wurden Vorwürfe gemacht, daß er mich schon zu weit geführt habe! Ich sagte ihm nachher, daß er ein Esel gewesen sei und selber die Schuld trage, wenn er jetzt in Saka=dsong Unannehmlichkeiten habe. Tagla Tserings ohnehin schon gute Laune wurde noch besser, als ich ihm versprach, umkehren und mich nach den Dispositionen der Häuptlinge auf dem Wege richten zu wollen, wenn ich zufällig verhindert werden sollte, das Kloster zu berühren.

Am 24. Mai verabschiedeten wir uns und zogen am Südufer des Sees entlang in westlicher Richtung weiter. Sein Wasser ist salzig und von außerordentlich widerlichem Geschmack; es läßt sich überhaupt nicht trinken. Der Lamlung=la (5145 Meter) ist ein dominierender Paß, den man überschreitet, um eine Halbinsel abzuschneiden. Das Gestein besteht aus Granit und grünem Schiefer. Hasen und Wildgänse sehen wir viel. Hier und dort gibt es am Ufer, dessen Gürtel unterhalb des Bergfußes sehr schmal ist, auch Süßwasserlagunen. Der nördliche Ufergürtel sieht viel breiter aus. Noch einen Tag zogen wir am Südufer hin nach der Quelle **Tertfi** am Westende des Sees, das eine ausgedehnte, regelmäßige Anschwellung bildet.

Von verschiedenen Nomaden hörte ich den Namen des schönen Sees verschieden aussprechen. Nain Sings „Tede=nam=tso" ist unrichtig. Der Gova von Kangmar behauptete, daß **Tsari=nam=tso** die richtige Aussprache sei; der Name sei dem See gegeben, weil „ri di tsa-la tso jore" auf deutsch „der See, der dicht am Fuß der Berge liege" heiße. Die Nomaden am Ufer sagten jedoch **Tiri=** oder **Teri=nam=tso**. Beim Lager 411 liegen nämlich zwei kleine Berge am Ufer, die Tetschen und Tetschung, also der Große Te und der Kleine Te oder richtiger Ti heißen. Ti ist der Thronsessel eines Lamas im Tempelsaal, ri bedeutet Berg, nam Himmel und tso See. Der ganze Name hat also die poetische Bedeutung: **Der himmlische See der Thronberge**.

Seine Höhe über dem Meere beträgt 4684 Meter, ist also 126 Meter geringer als die des Montblanc, der, wenn er seinen Scheitel aus den Türkiswogen des Sees erhöbe, ungefähr wie eine kleine Felseninsel in der Osthälfte des Sees erscheinen würde.

Einundsiebzigstes Kapitel.

Eine neue Reise über den „weißen Fleck".

Am 26. Mai verließen wir den „himmlischen See", dessen Ufer bisher noch nie Europäer oder Punditen betreten hatten, sahen seine blaue Fläche sich zwischen den Gebirgen zu einer Damaszener Klinge verschmälern und ihn schließlich im Osten verschwinden, während wir nach Westen hin über eine gewaltige Ebene ritten, die ehemals unter Wasser gestanden hat. Kutus, Lobsang und Pantschor begleiteten mich. Wir beeilten uns das Kloster zu überrumpeln, ehe die Mönche sich dessen versahen; die Karawane und die Eskorte sollten uns daher nachkommen und bei Mendong=gumpa lagern. Pantschor verschwand beim ersten Zelt, an dem wir vorbeikamen, und ward an diesem Tage nicht mehr gesehen! Er war feig und wollte nicht den Verdacht auf sich laden, uns den Weg nach dem Heiligtum gezeigt zu haben. Ich mußte mich also ohne ihn behelfen und das Kloster allein ausfindig zu machen suchen.

Da kamen aus einem Nomadenlager zwei Männer und eine Frau an den Pfad, dem wir folgten, und erkundigten sich, ob wir den Europäer nicht gesehen hätten, der in Bongba umherreisen solle. Um mein Inkognito bis Mendong zu wahren, antwortete ich, daß er mit seiner Karawane hinter uns herkomme und daß sie gut aufpassen sollten, da er eine komische Erscheinung sei! Vermutlich haben sie längst die Hoffnung aufgegeben, den Fremden zu sehen! Meine jetzt unfreiwillige und notgedrungene Verkleidung war also erfolgreich; die Nomaden beargwöhnten mich gar nicht, sondern hielten mich, ebenso wie die anderen, für einen Diener des erwarteten Europäers.

Eine Stunde nach der anderen verging, während wir auf unserem Ritt nach Westen vergeblich nach dem Kloster umherspähten. Endlich aber erhellten sich meine Aussichten mit einem Schlag. Wir befanden uns oben auf der 10 Meter hohen Uferterrasse, die das Bett des Soma=tsangpo im Osten begrenzt, und erblickten von dort aus am Fuß der gegenüber=

Dorf unterhalb von Luntar-gumpa am Tarot-tso.

Kloster Mendong westlich vom Teri-nam-tso.

Kloster Seliput südwestlich vom Nganglaring-tso.
Aquarelle des Verfassers.

liegenden Terrasse das viereckige Steinhaus des Klosters (s. bunte Tafel)
mit seinen weißen Wänden, die oben einen roten Querstreifen haben,
seinen Tschorten, Manis und Wimpelmasten und zur Rechten und Linken
des Hauses je ein Zeltdorf, das obere von sechzig Mönchen, das untere
von vierzig Nonnen bewohnt. Der Soma-tsangpo, auch Njagga-
sangpo oder Soma-njagga-tsangpo genannt, führte jetzt 10—
12 Kubikmeter Wasser, das langsam über tückisch schwankenden, nachgebenden
Boden hinfließt. Es gelang uns trotz des gefährlichen Untergrundes, hin-
überzukommen, und wir ritten an das Klostertor heran, wo uns zehn höf-
liche, aber sehr zurückhaltende Mönche empfingen (Abb. 352). Es fehlt mir
der Raum, um Mendong-gumpas religiöse Organisation zu beschreiben.
Ich will nur sagen, daß es bisher selbst dem Namen nach völlig unbekannt
gewesen ist, wie so viele der Klöster, die ich im vorigen Jahr besuchte. Das
Eigentümliche dieses Monasteriums ist, daß die Brüder und die Schwestern
in schwarzen Zelten wohnen und jedes Zelt eine Zelle ist. Die Zelte
sahen ganz komfortabel aus, aber die Schwestern, von denen ich einige
abkonterfeite (s. bunte Tafel S. 328), waren gräßlich anzusehen, alte un-
gewaschene Hexen, ungepflegt und verwildert. Das Idyllische und Bezau-
bernde, das in dem Begriffe „Nonnenkloster in der Wildnis" liegt, ist
eine Illusion, die beim Anblick dieser alten Meerkatzen spurlos verschwindet. Sie sind übrigens ihren männlichen Kollegen zum Verwechseln ähnlich, und oft ist es schwer zu erkennen, ob man einen Mann oder ein
Weib vor sich hat.

Als wir am 28. Mai das einsame Kloster verließen, beschloß ich,
mich schnell nach dem Rendezvous am Buptsang-tsangpo zu begeben, wo
Abdul Kerim gewiß über unser langes Ausbleiben schon in Unruhe war.
Wir hatten verabredet, daß die Trennung bloß vierzehn Tage dauern
solle; aber ehe wir den Fluß erreichen konnten, würde nun ein ganzer
Monat verstrichen sein!

Daher brachen wir jetzt früh auf, ritten auf dem rechten Ufer des
Soma-tsangpo südwärts und überschritten also als Zugabe wieder die
Bergkette, von deren Grat wir auf dem Tetala den Teri-nam-tso zum
erstenmal gesehen hatten. Das Tal ist wohl 4 Kilometer breit, die Ufer-
terrassen sind kräftig entwickelt, und die Abdachung findet sehr allmählich
statt; selten hört man das Wasser rauschen; hier und dort steht ein Zelt,
das grasende Herden umgeben. Noch ein Sonnenaufgang, und wir reiten
durch diesen Fluß, der mit dem Satschu-tsangpo, dem Buptsang-tsangpo
und dem Bogtsang-tsangpo die Ehre teilt, einer der größten des inneren
Tibets zu sein (Abb. 353, 354). Durch das Tal Goa-lung ritten wir am
30. Mai nach dem Paß Goa-la (5298 Meter) hinauf, der flach und leicht

zu ersteigen ist, in rosa und grauem Granit liegt und eine orientierende Aussicht über den im Süden liegenden Transhimalaja gewährt. Im Südwesten haben wir ganz dicht unter dem Paß den kleinen See Karong-tso, wie alles andere in diesem Land eine neue Entdeckung! Unser Weg führt nach Westen, als wir am 1. Juni, den Karong-tso zur Linken und einen mittelhohen Gebirgskamm zur Rechten, durch den Distrikt Bongba-kemar reitend der großen Straße der Salzkarawanen folgen, die Ragatasam mit dem Tabie-tsaka verbindet und über den bereits erwähnten Paß Tsalom-nakta-la geht. Eine große, von Naktsang kommende Straße vereinigt sich mit ihr. Im Lager 417 hatten wir den Tschunit-tso ganz nahe im Nordwesten.

Obgleich wir im Anfang des Juni waren, sank das Minimum noch immer unter Null; in der Nacht auf den 2. hatten wir 8,7 Grad Kälte. — Der Tag war jedoch warm, ja glühendheiß, da die Sonne schien und die Atmosphäre ruhig war. Sterile, wüste Täler warten auf die Regenzeit. Das Gras ist schlechter als schlecht, weil im vorigen Spätsommer der Regen ausgeblieben ist. Unsere Richtung wird jetzt südwestlicher. Vom Lager 418 sehen wir in S 60° O den Eingang des Tales, durch das eine große Straße durch Bongba-kjangrang über den Ditscha-la nach Laptschung führt.

Unsere Tibeter wissen es sich unterwegs so gemütlich wie möglich zu machen. Während des Marsches drehen sie Bindfaden, plaudern, singen, pfeifen und feuern ihre Yaks an. Beim Lagern schlagen sie im Handumdrehen ihr schwarzes Zelt auf, wobei zuerst die Taue gestreckt und mit Holzpflöcken im Erdboden festgemacht werden und dann das Zelttuch über seine Stangen gezogen wird. Die Tiere werden von ihren Lasten befreit und auf die Weide geführt; die Männer sammeln Brennmaterial und zünden im Zelt ein Feuer an, an dem sich dann alle versammeln, um Tee zu trinken und zu schlafen. Nach zwei Stunden kommen sie wieder heraus, ringen miteinander, spielen und lachen. In der Dämmerung hört man den einen ein monotones Lied singen, das jedoch lustig sein muß, da die anderen bei gewissen Stellen herzlich lachen. Morgens und abends plappern sie Gebete, alle zugleich, dann entsteht ein Summen wie in einem Bienenkorb. Ein Alter, den ich vom vorigen Jahr her kannte, hat seinen eigenen Reityak und besorgt die Gebetmühle der Eskorte! Man sieht ihn niemals ohne dies sinnreiche Instrument. Alle sind liebenswürdig und höflich, helfen uns beim Feuerungsammeln, Zeltaufschlagen und Beladen und besuchen uns oft in unseren Zelten. Wir kennen sie alle mit Namen und sind die besten Freunde. —

In der Nacht sank die Temperatur nur wenig unter Null, und dennoch herrschte am 3. Juni beinahe den ganzen Tag Schneetreiben. An ausgedehnten Morasten vorüber reiten wir talaufwärts nach der flachen Schwelle Merke-sang, wo wir die Ebene überschauen, die wir vor genau zwei Monaten auf dem Weg nach dem Buptsang-tsangpo durchzogen haben. Das Lager 419 lag also wieder im Distrikt Bongba-kebjang. Im Südosten ist der Paß Tschiptu-la mit der Straße der Naktschupilger nach dem Kang-rinpotsche. In S 27° W erhebt sich ein Schneegipfel, an dessen Fuß eine Straße über den Dsalung-la nach Tradum führt. Als Wasserscheide ist dies ein Paß ersten Ranges, der einen wasserreichen Nebenfluß nach dem Buptsang-tsangpo entsendet. Die Eskorte schickte nach diesem Fluß einen Boten voraus, der Abdul Kerim aufsuchen sollte.

4. Juni. Die ganze Nacht hatte es geschneit, und wir brachen im ärgsten Schneegestöber auf. Dämmerlicht, bleischwere Wolken, von den umliegenden Bergen kein Schimmer zu sehen, alles ist naß und riecht säuerlich, auf dem Erdboden entstehen durch den schnell auftauenden Schnee Wasserlachen; sieben Pilger vom Kang-rinpotsche tauchen erst aus dem Schneenebel auf, als sie unmittelbar vor uns sind. Wir patschten indessen ruhig durch die Nässe; als wir am Ufer des Buptsang-tsangpo lagerten, hatte sich das Wetter aber bedeutend aufgeklärt. —

Bevor wir weitergehen, will ich noch sagen, daß die große Provinz Bongba in zwölf „Tso" oder Distrikte zerfällt, die Parrjang, Laktsang, Buptö, Tsaruk, Jeke, Tarok, Kebjang, Kemar, Parma, Tschangma, Kjangrang und Tschuschar heißen. Vor jedem solchen Distriktsnamen wird gewöhnlich der Name der Provinz genannt, z. B. Bongba-parrjang, Bongba-laktsang usw. Jetzt befanden wir uns in Bongba-kebjang. —

Am Flußufer standen einige Zelte. Die Nomaden teilten uns mit, daß Abdul Kerim vor etwa acht Tagen auf einem Richtweg über das Gebirge auf der rechten Talseite nach dem Tarok-tso hinuntergezogen sei! Einen Gova gab es hier nicht, aber zwei Bauern waren bereit, uns die fünf Yaks zu vermieten, die wir brauchten. Sie waren blöde und ängstlich, aber Pantschor, der Spitzbube, sagte gut für uns, und es wurde abgemacht, daß sie uns bis in die Nähe des Tarok-tso begleiten sollten. Am Morgen des 5. Juni sagte ich Nima Taschi und seinen Soldaten Lebewohl und verabschiedete auch Pantschor. Wir ritten zwischen den Hügeln der linken Talseite am Buptsang-tsangpo flußabwärts. Eine kurze Strecke weit verengt sich das Tal zu einem Hohlweg, erweitert sich aber bald wieder. Zur Linken haben wir den Hauptkamm des Transhimalaja, der sich hier jedoch nicht sehr imposant ausnimmt, weil wir unmittelbar an seinem Fuß entlang ziehen (Abb. 355). Von Zeit zu Zeit umhüllte uns wirbelnder Schnee, und in Mabie-tangsang-angmo, wo wir lagerten, beeilten wir uns sehr unter Dach zu kommen. Als Klein-Puppy heute zum erstenmal in seinem Leben den Donner rollen hörte, wurde er verdrießlich und bellte laut; er konnte jedoch nicht ausfindig machen, woher der Lärm kam, und hielt es daher für das sicherste, ins Zelt zu laufen und sich hinter meinem Kopfkissen zu verstecken.

6. Juni. Hagel und Schnee! Das ganze Land lag, soweit der Blick reichte, unter einer Decke frischgefallenen Schnees. Muß der Juni auch noch zum Winter gerechnet werden, nachdem wir schon beinahe neun Wintermonate gehabt haben?! Der Sommer ist in diesem Jahr allem Anschein nach ganz überschlagen worden, und wir gehen einem neuen Winter entgegen. Den Nomaden aber ist die Nässe willkommen, weil sie das Wachstum des neuen Grases fördert. Wir ziehen bald oben auf den 25—30 Meter hohen Erosionsterrassen, die einen charakteristischen Zug dieses großen Tales bilden, bald unten an ihrem Fuß weiter. Wildgänse, Wildesel, Goaantilopen und Füchse treten häufig auf. Eine scharfe Biegung des Flußbetts zwingt uns, eine Strecke weit nach Nordnordosten zu gehen, und das Tal wird wieder eng und malerisch. In Tuta, das zu Bongba-tsaruk gehört, lagerten wir ganz dicht am Buptsang-tsangpo (Abb. 309), in dessen klarem Wasser Wildgänse mit ihren gelben Jungen umherschwammen.

Zehn Grad Kälte in der Nacht auf den 7. Juni! Der Tag aber wurde herrlich, und Fliegen, Mücken und andere Insekten traten in größerer Menge auf als bisher. Wie an den beiden letzten Tagen durchwateten wir mehrere kleine, vom Transhimalaja kommende Nebenflüsse. Das Buptsangtal erweitert sich immer mehr und ist schließlich 20 Kilometer breit. An einer Stelle, von der aus der Tarok-tso sichtbar ist, lagern wir auf einer glatten Ebene, die sich 3 Meter über dem Seespiegel erhebt, und haben dort zwei Nomadenzelte als nächste Nachbarn. Unsere neuen Führer waren die nettesten und bescheidensten, die wir je gehabt hatten, und unsere Bewegungen wurden weder von Häuptlingen, noch von Soldaten kontrolliert; es war weit bis zu Karma Puntsos Zeltlager — ich hätte faktisch überall hinziehen können, wohin ich nur wollte! Aber gerade der Buptsang-tsangpo und der Tarok-tso waren die interessantesten geographischen Züge der Provinz Bongba, und jetzt sah ich den See ganz nahe vor mir.

Mein Plan war, mich am 8. Juni nach Lunkar-gumpa zu begeben, das wir auf seinem Hügel mit der Aussicht über den See thronen sahen. Daraus wurde jedoch nichts, denn schon um sechs Uhr erschien der Gova

Pensa zu Pferd in Begleitung zweier Diener. Er war in einen blauen, feinen Mantel gehüllt, schien etwa 55 Jahre alt zu sein und begrüßte mich höflich und freundlich. Nach einer Weile kam noch ein halbes Dutzend Reiter — offensichtlich saß ich wieder einmal fest! Gova Pensa bat mich, den Tag hier zu bleiben, weil Gova Parvang, der Häuptling des Distrikts Tarok-schung, nachmittags kommen werde. Den Besuch in Lunkargumpa erklärte er für unmöglich, weil beide Oberlamas und die meisten der übrigen zwanzig Mönche sich vorgestern nach dem Kang-rinpotsche begeben und die Tempelpforten verschlossen hätten. Nur vier Nonnen und zwei Lamas seien daheim geblieben. Von Abdul Kerims Abteilung wisse er nur, daß sie mit Gova Parvang zusammengetroffen sei; wo sie sich aber jetzt befinde, könne er nicht sagen!

Gova Parvang stellte sich jedoch nicht bei uns ein, schickte aber den ihm im Rang nächsten Herrn, den schon ältlichen Jamba, und siebzehn andere Leute, alle unbewaffnet, nach meinem Lager. Jamba hatte Befehl, uns, wenn ihm sein Kopf lieb sei, nicht nach dem Tabie-tsaka ziehen zu lassen. Er gab jedoch zu, daß er uns, wenn wir mit unsern sechs Pferden dorthin ritten, nicht daran hindern könne; aber Yaks und Proviant würden wir nicht erhalten und der Gova werde den Nomaden befehlen, uns wie die Pest zu fliehen. Wollten wir hingegen das Tal hinaufziehen, das sich im Südsüdwesten öffne und in sieben Tagen über den Lungnak-la nach Tuksum führe, so werde er uns Yaks vermieten, Proviant verkaufen und Führer geben. Und wolle ich lieber über den Lunkar-la nordwestwärts nach Selipuk, so werde er mir ebenfalls aufs beste zu Diensten stehen. Er rate mir, diesen letztern Weg einzuschlagen, denn er sei dabei gewesen, als Gova Parvang Abdul Kerim zwischen dem Tarok-tso und dem Tabietsaka gezwungen habe, sich direkt nach Selipuk zu begeben. Ich hatte also die Auswahl unter drei verschiedenen Wegen, und alle drei führten über den weißen Fleck auf der Karte Tibets, wo, außer dem Meridian und dem Breitengrad — und dem Worte „Unexplored", nichts Schwarzgedrucktes zu finden ist! Ich schwankte keinen Augenblick; der mittelste Weg, der über den Lunkar-la, war natürlich der wertvollste, denn ich hatte das Gefühl, daß er mir den größten Beitrag zur Vervollständigung meiner Kenntnisse der verwickelten Orographie des Transhimalaja liefern werde.

Am Morgen des 9. Juni wurden unsere Geschäfte schnell abgemacht, Yaks und Führer besorgt und Gerste, Reis und Tsamba eingekauft; wir sagten den Häuptlingen Bongba-taruks Lebewohl und zogen direkt auf das Kloster los. Wir kamen an mehreren Zeltdörfern vorüber, die Gegend war dicht bewohnt; am linken Bergfuß entsprang eine heiße Quelle.

Unterhalb des Klosterhügels lagen einige zwanzig kleine weiße Steinhütten, jede mit einem roten Querstreifen unter dem Dach und mit kleinen viereckigen Höfen (Abb. 357). Vor dem Dorf standen zwei Tschorten, hinter denen sich ein paar Weiber mit ihren Kindern versteckten. Während die Karawane im Lunkartal weiterzog, ging ich mit Lobsang und Kutus den Porphyrhügel nach dem Tempel hinauf, den eine viereckige Mauer umgibt (Abb. 358, 359). Einige böse Hunde stürmten uns entgegen und schnappten nach Klein-Puppy, sonst war nichts Lebendes zu erblicken. Wir gingen in den Hof, fanden aber die Tempelpforte verriegelt und mit einem mächtigen eisernen Schloß versperrt. Als ich dann ein Panorama des großen schönen Sees und seines Bergkranzes zeichnete (s. bunte Tafel S. 348), kamen sechs Männer zu uns herauf und befahlen in zornigem Ton, uns sofort zu entfernen. Ich stand auf, ging auf den mir zunächst stehenden gerade los und sagte ihm, indem ich auf den nach dem Dorf hinunterführenden Weg zeigte, daß sie, wenn sie nicht sofort verdufteten, selber die Folgen zu tragen hätten! Ohne ein Wort zu erwidern, zogen sie ganz artig ab.

Der See breitet sich zwischen N 26° W und N 57° O aus, erstreckt sich aber hinter einem ihn verdeckenden Gebirgskamm noch weiter nach Osten. In Nordnordost liegen in der Nähe des Nordufers zwei felsige Inseln. Im Nordosten mündet der Buptsang-tsangpo in einer Bucht, und ganz in der Ferne zeigt sich in derselben Richtung wieder unser alter Scha-kangscham. Das Wasser des Tarok-tso soll süß sein, doch hatte ich keine Gelegenheit, mich von der Richtigkeit dieser Angabe zu überzeugen; ist sie richtig, so bedeutet dies, daß der See einen unterirdischen Abfluß nach dem nördlich von ihm liegenden Tabie-tsaka hat, obgleich sich zwischen beiden Seen ein kleinerer Bergarm hinzieht.

Dann verließen wir das ungastliche Kloster und zwei kleine weißrote Häuser, in denen die Nonnen ihre Zellen hatten, und stießen bald wieder zu den Unsern im Lunkartal.

In der Nacht blieb die Temperatur zum erstenmal über Null. Unser nach Südwesten und Süden führender Weg war steil; wir gebrauchten drei Stunden, um nach dem bewimpelten Steinmal des Lunkar-la hinaufzukommen, dessen Höhe 5570 Meter beträgt. Von einem Gipfel im Nordosten des Passes sieht man unter sich den Tarok-tso wie auf einer Karte und in N 20°—26° O zeigt sich, glänzend weiß und gelb, die in ganz Tibet berühmte Salzdepression des Tabie-tsaka. Aus Goangschung erhielten wir neue Führer (Abb. 347) und vier Yaks, die uns nach dem Ufer des Gjänor- oder Goang-tsangpo brachten, eines kleinen Flusses, der, auf dem Berge Kapta im Südosten entspringt und in den

Eine neue Reise über den „weißen Fleck". 355

Poru=tso geht; im Westen erhebt sich eine Kette mächtiger Schneegipfel. Am Morgen des 12. Juni war der Fluß nach 4,9 Grad Kälte mit zentimeterdickem Eis bedeckt, und ich vermißte sein melodisches Rauschen vom Abend vorher. Aber das Eis ging mit der Sonne auf und trieb in großen Schollen den Fluß hinunter. Unsere Straße führte immerfort nach Südwesten; erst am nächsten Tag, als wir in der Nähe des Seeufers lagerten, wurde die Richtung westlicher. Vom Lager 428 (5202 Meter) aus hatte ich eine prachtvolle Aussicht über den kleinen See Poru=tso (s. buntes Panorama), der auch Jeke=tso genannt wird, weil er im Distrikt Bongba=jeke liegt, dem westlichsten der großen Provinz Bongba, die Karma Puntso als Statthalter regiert. Westlich davon beginnt die Provinz Rigi=hloma oder Rigi=tschangma, die schon unter Ngari Karpun steht, wie sie hier den Garpun von Gartok nannten. Der Poru=tso ist im Austrocknen begriffen; die höchste Uferlinie liegt 108 Meter über dem jetzigen Spiegel des Sees. Das Wasser ist nicht trinkbar, enthält aber dennoch seltsamerweise Fische. Vom Ufer steigt ein außerordentlich unangenehmer Geruch auf. Der See zieht sich in der Richtung von Nordosten nach Südwesten hin. —

Am 14. Juni ritten wir wieder westwärts und überschritten das breite Tal, das vom Naptschu=tsangpo durchflossen wird; er kommt von dem gerade im Süden liegenden Men=la herab und ergießt sich in den Poru=tso. Der Men=la, den wir in der Entfernung eines Tagemarsches vor uns sehen, ist ein Längstalpaß zwischen zwei Bergketten des Transhimalaja. Über seine Schwelle führt ein Weg nach Schamsung am oberen Tsangpo. Einen Tag opferten wir am Ufer des Surle=tsangpo, der sich auch in den Poru=tso ergießt und am Abend etwa 6 Kubikmeter Wasser in der Sekunde führte.

Hier machte mir der Gova Pundar von Rigi=hloma seine Aufwartung, ein älterer Mann. Er schenkte mir ein Kadach, Butter, Mehl und Milch, verkaufte uns Proviant für mehrere Tage und erzeigte mir ein Wohlwollen, das keine Grenzen kannte. Das Volk dieses Teiles von Tibet war überhaupt sehr freundlich gesinnt. Im Loplande hatten die Eingeborenen mich einst Padischahim oder „Ew. Majestät" genannt, ein Titel, der meinem Ehrgeiz mehr als genügend erschien; aber in Bongba und Rigi wurde ich sogar Rinpotsche oder „Ew. Heiligkeit" genannt, was ich denn doch ein bißchen zu stark fand! Aber es war gut gemeint, und ich nahm die Artigkeit wie die natürlichste Sache von der Welt hin. Der Gova Pundar kannte sein Land aus= und inwendig, und ich quetschte ihn gründlich aus. Unter anderen interessanten Mitteilungen, die ich ihm verdanke, sagte er mir auch, daß dreizehn Tagemärsche nordwärts in der Nähe des Lakkor-tso ein Kloster **Marmik-gumpa** liege, das eine Filiale von Sera sei und 25 Mönche nebst 4 Nonnen beherberge. Im Jahre 1901 war ich am Lakkar-tso gewesen und hatte jenseits eines Bergrückens Muschelhornstöße gehört; aber damals hatte ich mich nicht solcher Freiheit wie jetzt erfreut und daher das Kloster nicht besuchen können. —

Mit neuen Leuten und neuen Yaks ritten wir am 16. immer noch bei Schneegestöber das malerische Surletal hinauf, und am 17. erstiegen wir auf steinigen, bemoosten Abhängen den 5832 Meter hohen **Sur-la** oder **Sur-la-Kemi-la**, gleich dem Lunkar-la ein Paß zweiter Ordnung, denn er bildet die Wasserscheide zwischen dem Poru-tso und dem Schovo-tso. Bevor man den eigentlichen Paß erreicht, hat man im Westnordwesten eine wunderbar schöne Aussicht über eine Welt von Firnbecken, Gipfeln mit ewigem Schnee und Gletschern, von denen einer mächtig, in der Front blaugrün und reich an Moränen und Schmelzbächen ist, die alle dem Surle-tsangpo zuströmen (Abb. 356 und buntes Bild auf dem Einband des ersten Bandes). Hier herrscht grauer Granit vor; wilde Yaks zeigen sich oft; das Land ist ohne Vegetation und hochalpin. Auf der andern Seite des Sur-la geht es zwischen Massen mittelgroßer Granitblöcke steil bergab.

Im Lager 431 sind wir also im Distrikt **Rigi-tschangma**. Als wir am 18. Juni das Paßtal hinunterzogen, hörten wir plötzlich ein wildes Geheul, ein Konzert von vier großen und sechs kleinen Wölfen, die auf einer unmittelbar zur Linken des Saumpfades liegenden Halde umherstreiften. Sie hatten graugelbe Pelze, sahen mager und hungrig aus und waren entschieden sehr schlechter Laune. Ohne sich zu besinnen, stürmte Takkar auf sie los, aber sie machten Front, und da hielt er es denn doch für klüger, umzukehren. Sie selber zeigten keine Spur von Furchtsamkeit, sondern blieben auch dann ruhig auf ihrem Platz, als wir mit Steinen nach ihnen warfen. Gerade in diesem Augenblick kamen zwei Reiter mit Flinten und roten Hüten vom Sur-la herunter. Es waren Herolde, die nach Selipuk vorausgeschickt worden waren, um die nötigen Vorbereitungen zum Empfang der Serpuns oder Goldinspektoren zu treffen. Diese Herren werden alljährlich von Lhasa nach Tok-dschalung geschickt; ihre Reise ist eine Last für die Nomaden, denn sie lassen sich Lasttiere und Lebensmittel liefern, ohne zu bezahlen. Die Straße, auf der sie reisen, liegt nördlich vom Teri-nam-tso und vom Tabie-tsaka und ist eine der großen Heerstraßen Tibets. Sie wird **Ser-lam**, der Goldweg, genannt.

Über eine kleine Schwelle gelangten wir in das 10 Kilometer

breite Tal des Pedang-tsangpo, das am Transhimalajapaß Pedang-la
beginnt und beinahe direkt nach Norden geht. Das Lager 432 wurde
am Ufer des Flusses in einer Gegend aufgeschlagen, wo wir keine
lebende Seele erblickten. Unsere Führer wollten nun mit ihren Yaks umkehren, ließen sich aber überreden, uns noch bis an das nächste Zeltdorf
zu begleiten. Ich begriff nicht, was die Tibeter sich jetzt eigentlich dachten;
sie ließen mich ohne die geringste Bewachung umherziehen, und ich genoß
eine Freiheit wie nie zuvor! Gerade jetzt hätte ich hinziehen können, wohin
ich nur wollte: ostwärts nach dem Tabie-tsaka, südlich über den Transhimalaja; aber die nordwärts liegenden Seen lockten mich am aller-
meisten. Das gewaltige Gebirge im Süden würde ich wohl noch einmal überschreiten können.

Zweiundsiebzigstes Kapitel.

Die letzten Tage in unbekanntem Lande.

Wir zogen am 19. Juni nach Nordnordosten das allmählich abfallende Tal des Pedang-tsangpo hinunter, bald dicht an dem nicht unbedeutenden Fluß entlang, bald in einiger Entfernung von ihm.

Zur Rechten hatten wir die Sur-la-Kette mit ihren Schneegipfeln und kleinen Gletscherzungen, und fern im Norden zeigte sich ein gewaltiger Kamm, der Ganglung-gangri, der die Fortsetzung des Sur-la-Gebirges ist. Ich fand, daß diese kolossale Bergkette sich, wie ihre Nachbarn im Osten und im Westen, von Nordnordwesten nach Südsüdosten hinzieht und daß die orographische Anordnung diametral entgegengesetzt ist der Vorstellung, die Hodgson, Atkinson, Saunders und Burrard sich von ihr gemacht haben, da alle diese Herren eine einzige, dem obern Brahmaputra parallele Kette rein hypothetisch auf der Karte verzeichnet haben! In Wirklichkeit gerät man hier in ein Labyrinth von Bergketten hinein, von denen jede nur ein Teil des gigantischen Systems des Transhimalaja ist.

Der Weg ist vorzüglich, und nach einem langen Ritt schlagen wir unsere beiden Zelte am Ufer eines Gletscherbaches auf, während Schneeböen und Regengüsse einander ablösen.

Hier müssen wir einen Tag bleiben, damit die freundlichen Nomaden der Gegend uns den Distriktshäuptling heranholen können. Wir hatten nämlich nichts mehr zu essen und mußten alles kaufen, was nur feil war. Er kam, und ich erstand für volle 50 Rupien Proviant; er selber erhielt 20 für seine Güte. Meine Kasse war jetzt beinah leer, und ich sah mit Beben die Zeit kommen, da wir gezwungen sein würden, wie wandernde Juden Uhren, Revolver und Pferde zu verkaufen, nur um uns am Leben zu erhalten! Denn hier in Rigi-tschangma hatte keiner etwas von Abdul Kerim und seinen Begleitern gehört!

Ich konnte mir nicht erklären, was dies bedeute. Er mußte total verrückt geworden sein! Er hatte 2500 Rupien bei sich; war er damit durchgebrannt, oder hatte man ihn überfallen und ausgeplündert? Dem Gova Parvang schickte ich ein Schreiben, worin ich ihm erklärte: wenn er mir unsere Leute nicht binnen einer Woche zur Stelle schaffe, werde er es mit dem ganzen Devaschung und den Mandarinen zu tun bekommen!

Jedenfalls hatte ich schon eine sehr feine Route durch unbekanntes Land hinter mir, und jetzt galt es noch, auch den Schovo-tso zu erobern, von dem ich schon soviel gehört hatte.

Eigentlich hätten wir über die Pedangkette im Westen direkt nach Selipuk gehen müssen. Der Gova aber war nicht schwer zu überreden, und am 21. Juni hatte er neue Yaks und neue Führer bereit, einen jungen Mann und einen zehnjährigen Knaben in blauem Pelz. Mit ihnen hätten wir überallhin durchbrennen können. Aber ich war reisemüde und sehnte mich heim.

Das Tal des Pedang-tsangpo führte uns nach Norden weiter. Es ist etwas Ungewöhnliches, in Tibet ein so großes Längstal von Norden nach Süden anzutreffen, denn sonst liegen sie fast immer in ostwestlicher Richtung und rufen jenen eigentümlichen Faltenparallelismus hervor, der das Land charakterisiert. Sechzehn Zelte wurden passiert; bei den letzten durchwateten wir den Pedang-tsangpo, der auf einem östlicheren Weg nach dem Schovo-tso geht. Lobsang erregte große Heiterkeit, als ihn ein wütender Hund anfiel und er aus Mangel an Steinen mit seinem blanken Messer nach dem Tiere warf; er traf zwar nicht, aber der Hund nahm das Messer zwischen die Zähne und lief damit zum Zelt seines Herrn!

Darauf ritten wir nach dem Paß Abuk-la hinauf, wo die Aussicht ebenso großartig wie lehrreich ist (Abb. 361).

Der blaugrüne See Schovo-tso liegt wie der Poru-tso der Länge nach zwischen Nordosten und Südwesten und wird von mächtigen Bergen umrahmt, von denen einige ewiger Schnee bedeckt. In N 30° O sahen wir die Paßschwelle Ka-la, über die der „Goldweg" führt. Auf der Karte eines der Punditen Montgomeries findet man den Namen Ka-la bei einem einzelnen, freistehenden Berggipfel. In Wirklichkeit ist der Ka-la aber das Gegenteil eines Berggipfels, nämlich eine Einsenkung, ein Sattel in einer Bergkette.

Wir lagerten auf dem Südufer des Schovo-tso, dessen absolute

Höhe 4784 Meter beträgt; das Wasser ist salzig, und rings am Ufer erblickt man alte Strandlinien in ungefähr derselben Höhe wie beim Poru=tso.

22. Juni. Als wir die Westecke des Schovo=tso verließen, erblickten wir eine gewaltige Yak- und Schafkarawane, die dasselbe Ziel zu haben schien wie wir. Lobsang erfuhr, daß es „Nekoras", nach dem Kang=rinpotsche ziehende Pilger, seien, und daß wir in dem Besitzer der Karawane Sonam Ngurbu, den Statthalter von Tschoktschu, in höchst eigener Person vor uns hatten! (Abb. 335.) Wir ließen aber die Karawane hinter uns zurück und ritten nach dem Tela=mata=la hinauf.

Da näherte sich uns ein Reiter im Galopp. Schon von weitem gab er uns Zeichen, anzuhalten. Ich erwartete ihn mit stockendem Atem, fest überzeugt, daß er Nachricht von Abdul Kerim bringe. Weit gefehlt! Es war einer der Soldaten Sonam Ngurbus (Abb. 336), der nur unsere Führer fragen wollte, ob eine gewisse Quelle auf dem Weg nach Selipuk in diesem Jahre sprudle oder nicht.

Sonam Ngurbus Karawane war vom Tabie=tsaka gekommen und hatte von den Unseren nichts gehört. **Es war, als habe die Erde sie verschlungen!** Ich hatte ihnen doch befohlen, uns in jedem Fall, was ich auch unternehmen würde, am Buptsang=tsangpo zu erwarten! Sie waren entschieden von Räubern geplündert worden, und ich besaß jetzt nur noch 80 Rupien! Ich segnete den Augenblick, in dem ich beschlossen hatte, alle Karten, Aufzeichnungen, Skizzen und Gesteinproben selbst mitzunehmen, als wir uns bei Kamba Tsenams Zelt trennten! Geld würden wir uns schon durch Verkauf von Wertsachen verschaffen können. Und von Selipuk aus konnte ich ja einen Kurier nach Gartok an Thakur Jai Chand schicken.

Vom Tela=mata=la hatte ich noch einmal die wunderbarste Aussicht über beinahe die ganze Sur=la=Kette und über den Gebirgszug des Lavar=gangri südlich von Selipuk. **Mit jeder Tagereise, die wir zurücklegen, erhellt und entwirrt sich der orographische Aufbau; bald fehlt nicht mehr viel daran, daß der weiße Fleck in seinen Hauptzügen ausgefüllt ist.**

23. Juni. Wieder —3,4 Grad; noch um die Mittsommerzeit fällt die Temperatur unter den Gefrierpunkt!

Durch ein kleines abschüssiges Tal reiten wir nach dem Tajep=parva=la (5452 Meter) hinauf. Der Erdboden ist so von Mäuse-löchern durchzogen, daß das Pferd in zwei oder drei auf einmal hineintritt. Klein=Puppy biß zwei Erdmäuse tot — „das haben sie verdient", denkt man! Einem Murmeltier, das sich zu weit von seiner Höhle fort=

gewagt hatte, hätte Takkar beinahe den Garaus gemacht, aber es brachte sich noch im letzten Augenblick in Sicherheit.

Auf dem Paß hielt ich die gewöhnliche Rast zu Beobachtungen und zeichnete ein Panorama der ganzen Gegend. Zwischen Nordwesten und Norden liegt der Horizont in sehr weiter Ferne, und das Land ist flach; nur in N 5° W sieht man eine kleine Schneekuppe, sonst keinen einzigen Gangri.

Die Aussicht über den Nganglaring-tso, den wir gerade unter uns haben, ist großartig (Abb. 362 und buntes Bild auf dem Einband des zweiten Bandes); alle Berge schimmern rosig, das Wasser aber ist intensiv marineblau. Den größeren Teil seiner östlichen Hälfte füllt eine gewaltige Insel, ein aus dem Wasser auftauchender Gebirgsarm mit ebenso unregelmäßiger Uferkontur wie die des Sees selbst, lauter Landspitzen, Buchten und Vorgebirge. Im Nordwesten erblickt man drei kleine Inseln.

Bisher hatte noch kein Europäer den Nganglaring-tso gesehen, und es ist auch noch kein Pundit dort gewesen. Der Pundit, den Montgomerie 1867 nach Tok-dschalung geschickt hatte, erhielt einige unbestimmte Mitteilungen über den Distrikt „Shellifuk" und den großen See „Ghalaring-tso", die seitdem auf den Karten über Tibet angegeben sind. Die Gestalt, die der Pundit dem See gegeben hat, nämlich eirund, im Norden und Süden länglich, stimmt durchaus nicht mit der Wirklichkeit überein; der See zieht sich in ostwestlicher Richtung, und seine Kontur ist so unregelmäßig wie möglich. Der Pundit gibt der nördlichen Hälfte des Sees eine kleine Insel und fügt hinzu: „Monastery on Island". In Wirklichkeit hat der Nganglaring-tso wenigstens vier Inseln, aber kein einziges Kloster.

Am Johannistag lagerten wir in einer Höhe von 4748 Meter an der rauschenden Uferbrandung, und am 25. gingen wir über die letzten hügeligen Ausläufer des Gebirges, die uns noch von Selipuks weit ausgedehntem Flachland trennten. Von ihren Höhen sehen wir wieder den mächtigen Kamm des Sur-la-Gebirges und im Süden den Transhimalaja mit dreiundsechzig Schneegipfeln, die so gleichmäßig hoch sind, daß man an die Zähne einer Säge denkt!

Am 26. ritten wir auf ebenem Gelände nach Westnordwesten. In der Ebene verfolgten zwei Tibeter zu Pferd einen Wildesel, der am linken Vorderbein verwundet war und vier Hunde auf den Fersen hatte. Diese bissen das Tier nicht, sondern jagten es nur in einer bestimmten Richtung vor sich her. Von Zeit zu Zeit waren die Männer ihrem Wild ganz nahe und sprangen aus dem Sattel; sie schossen aber nicht, sondern rührten nur mit den Händen Staubwolken auf, um den Wildesel zu erschrecken und ihn zum Weiterlaufen zu zwingen — damit er sich ihrem Zelt möglichst nähere und sie das Fleisch nicht soweit zu tragen brauchten!

Das Lager Nr. 439 wurde am Ufer des Flusses Sumdang=tsangpo aufgeschlagen, der sich in den Nganglaring=tso ergießt, ohne sich mit den weiter westlich befindlichen Flüssen Lavar=tsangpo und Aong=tsangpo zu vereinigen, die vereint in den westlichsten Teil des Sees hineinfließen.

Hier fing Lobsang einen ganz jungen Wolf, einen kleinen wilden Racker, der Takkars großes Interesse erregte. Aber Takkar hatte vor seinem Erzfeind, dem Wolf, Respekt und biß ihn bloß in den Schwanz. Nach und nach wuchs ihm aber der Mut; als das kleine Geschöpf weder aus noch ein wußte, stürzte es sich in den Fluß, um nach dem anderen Ufer hinüberzuschwimmen. Da heulte Takkar auf, sprang dem Wölflein nach, holte es ein, ertränkte es, indem er es mit den Pfoten unter das Wasser drückte, nahm es dann zwischen die Zähne, schwamm mit ihm ans Ufer und fraß es dort mit Haut und Haar auf!

Am 27. Juni zogen wir am Fluß hinauf und lagerten wieder an seinem Ufer, gerade dem Kloster Selipuk=gumpa (4784 Meter) gegen=über, dessen Abt, ein Kanpo=lama namens Dschamtse Singe, auch in weltlichen Angelegenheiten der Häuptling des Distrikts ist (Abb. 363, 364 und bunte Tafeln S. 328 und 348). Weder er, noch sonst je=mand wußte etwas von Abdul Kerim, aber er hatte die große Güte, in seinen heiligen Büchern zu blättern, um den gegenwärtigen Aufenthalt meiner Leute ausfindig zu machen; und er kam zu dem Resul=tat, daß sie sich irgendwo im Süden aufhielten, und daß wir innerhalb der nächsten zwanzig Tage entweder mit ihnen zusammentreffen oder sichere Kunde von ihnen erhalten würden!

Am 28. Juni, $^1/_2$ 10 Uhr abends, wurde das Land durch ein Erd=beben erschüttert, das einzige, das ich je in Tibet erlebt habe. Es hatte jedoch keinen nachteiligen Einfluß auf das gute Verhältnis, das zwischen mir und den Mönchen, sowie zwischen mir und dem Statthalter Sonam Ngurbu bestand, der ebenfalls als Gast im Kloster weilte (Abb. 360), und einen vornehmen Lama aus Tschoktschu in seinem Gefolge hatte (Abb. 365, 366 und bunte Tafel S. 328). Der Gouverneur schenkte mir so viel Tsamba, Reis und Gerste, daß wir im Notfall damit nach Toktschen kommen konnten; er erhielt zum Dank eine Uhr. An Geld=mitteln besaß ich jetzt nur noch zwei Rupien! Nie war ich so in

365. Der Prior von Selipuk (mit unbedecktem Kopf) nimmt Abschied von seinem Gast, dem vornehmen Lama aus Tschoktschu.

366. Der vornehme Lama aus Tschoktschu zu Pferd.

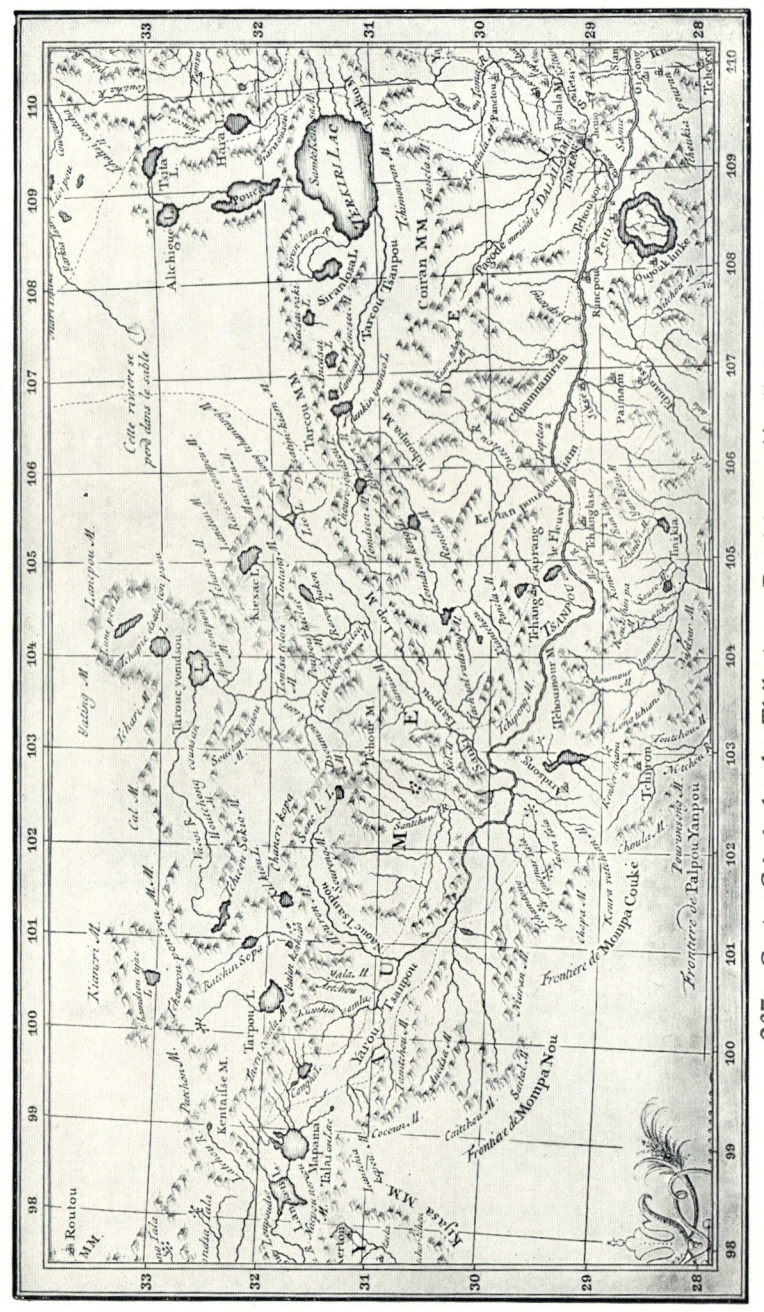

367. Carte Générale du Thibet ou Bout-tan. (Avril 1733.)
Aus: D'Anville, Nouvel Atlas de la Chine etc. Paris 1737.

der Klemme gewesen! „Treffe ich Abdul Kerim jemals wieder," dachte ich, „so soll er haben, was ihm gebührt, und eine tüchtige Portion obendrein!"

Als wir aber am letzten Juni auf der südlich von Selipuk liegenden Ebene Rartse gerade unsere Zelte aufgeschlagen hatten, meldete Lobsang in der Dämmerung, daß sich vier Männer und vier Maulesel dem Lager näherten! Es waren Abdul Kerim, Sedik, Gaffar und ein Tibeter!

Sehr kleinlaut und schüchtern trat mein Karawan-baschi mit tiefen Verbeugungen in mein Zelt, und ich hielt es für besser, ihn erst über seine Amtsführung berichten zu lassen, ehe ich ihm den Standpunkt klar machte.

Er erzählte, daß sie zur festgesetzten Zeit an dem verabredeten Treffplatz angelangt, dort aber von sechs Govas sehr bedrängt worden seien, darunter vom Gova Parvang, der das Wort geführt und ihnen befohlen habe, augenblicklich sein Gebiet zu verlassen und nach dem Tarok-tso zu ziehen. Da sie keinen Paß aus Lhasa hätten, könnten sie keine Nachsicht erwarten, habe er gesagt. Sie hätten sich infolgedessen nach dem Nordufer des Tarok-tso begeben, wo sie vierzehn Tage geblieben seien, weil dort gutes Weideland gewesen sei und niemand sie behelligt habe. Von uns hätten sie allerlei widersprechende Gerüchte gehört. Schließlich sei ein Nomade am Seeufer gestorben und der Totengebete wegen einer der Mönche von Lunkar-gumpa gerufen worden. Mit ihm seien sie zusammengetroffen, und er habe ihnen mitgeteilt, daß wir vor neun Tagen an seinem Kloster vorübergezogen seien. Da hätten sie schnell zusammengepackt und früh am nächsten Morgen unseren Spuren folgen wollen. In der Nacht aber hätten ihnen aufmerksame Pferdediebe einen Besuch abgestattet und mein graues Tikpferd und einen Maulesel aus Sakadsong gestohlen! Durch dieses Abenteuer hätten sie zwei Tage verloren und die gestohlenen Tiere doch nicht wiedererhalten. Während Suän, Abdullah, Abdul Rasak und Sonam Kuntschuk langsam nachkämen, hätten die drei anderen sich in Eilmärschen westwärts auf die Suche nach uns begeben, und nun seien sie endlich hier und brächten auch die ganze Reisekasse mit! Abdul Kerim kam bei mir daher verhältnismäßig leichten Kaufs davon, aber ich hörte nachher, wie die anderen ihn auszankten.

In Kjangrang stießen auch die Nachzügler wieder zu uns, und nun waren alle dreizehn Mann wieder beisammen, als wir am 8. Juli über den 5885 Meter hohen Ding-la ritten, über den höchsten auf der ganzen Reise durch Tibet überschrittenen Paß, von dort weiter an dem zum Flußgebiet des Aong-tsangpo gehörenden kleinen See Argok-tso vorbeizogen und am 12. Juli über den Surnge-la gingen, dessen Höhe 5276 Meter beträgt. Zwei Tage später erreichten wir Tok-tschen, wo uns eine neue politische Verwicklung volle neun Tage festhielt! Doch darüber kann ich hier nichts mehr erzählen, denn schon beim 64. Kapitel hatte ich die Grenze des mir zur Verfügung stehenden Raumes erreicht, und — mein Verleger wird ungeduldig!

Dreiundsiebzigstes Kapitel.

Der Transhimalaja.

Schon auf der zweihundertjährigen Karte der Jesuiten (D'Anville 1733, Abb. 367) zieht sich im Norden des oberen Brahmaputra eine Reihe von Bergen hin, die von Osten nach Westen folgende Namen tragen: Youc, Larkin, Tchimouran, Coïran, Tchompa, Lop, Tchour, Takra concla, Kentaisse (Kailas), Latatsi usw. Diese Berge und Ketten sind jedoch nie aus den Quellen der Jesuiten auf moderne Karten von Tibet übertragen worden, wahrscheinlich nicht, weil den Geographen das von geschulten Tibetern gesammelte Material als zu unzuverlässig und unbestimmt erschienen ist. Und dennoch ist diese Kette von Bergen nichts anderes als der Transhimalaja, obgleich die Darstellung verwirrt und unrichtig ist.

Als Brian Hodgson auf seiner Karte von Südtibet (Selections from the Records of the Government of Bengal, No. XXVII), die hier in Faksimile mitgeteilt wird (Abb. 368), eine mächtige, ununterbrochene Kette im Norden des Tsangpo und parallel mit diesem Fluß einzeichnete, tat er einen Schritt, der sich auf nichts anderes stützte und auf nichts anderes stützen konnte als auf die Karte der Jesuiten und die Aufschlüsse, die ihm der Maharadscha von Nepal im Jahre 1843 gegeben hatte. Daß es im Norden des Tsangpo hohe Berge geben mußte, konnte man ja verstehen — das wußten schon die Jesuiten zu Kang-his Zeit! Aber Hodgsons hypothetischem Nyenchhen-thangla (= Transhimalaja), den er als östliche Fortsetzung des Kara-korum und als die natürliche Grenze zwischen dem nördlichen und dem südlichen Tibet betrachtet, fehlt jede Spur von Originalität, und er bedeutet keinen Schritt weiter über das hinaus, was man bereits wußte oder — richtiger gesagt — ahnte. Denn schon im Jahre 1840 hatte Dufour eine ebenso mächtige und ebenso ununterbrochene Bergkette im Norden des Tsangpo und mit ihm parallellaufend auf der Karte angegeben, die der Reisebeschreibung des unsterblichen Lazaristenmissionars Pater Huc (Abb. 370), „Souvenirs d'un voyage dans la Tartarie, le Thibet et la Chine, 1844—46", beigegeben ist. Dufours Karte ist sogar besser als die Hodgsons, denn er hat aus der Jesuitenkarte einen nördlichen Nebenfluß des Tsangpo aufgenommen, den er die große Bergkette durchbrechen läßt, die er wie die Jesuiten „Mts. Koïran" nennt.

Huc und Gabet waren wahrscheinlich die ersten Europäer, die den Transhimalaja überschritten haben, und man fragt sich, wo dies geschehen ist. Wahrscheinlich über den Schang=schung=la auf der Straße der mongolischen Pilger, die vom Kuku=nor und Tsaidam nach Lhasa führt. Vergeblich sucht man aber in Hucs berühmtem Buch nach irgendeinem Aufschluß hierüber. Während der zwei Jahre, die Huc in Macao zubrachte, arbeitete er die kurzgefaßten Aufzeichnungen aus, die er unterwegs niedergeschrieben hatte. In seinem Buch findet man nur eine kleine Anzahl geographischer Namen. Er erwähnt Burchan Bota, Schuga und den Tang=la und nennt das große Dorf Nak=tschu, wo die Karawanen ihre Kamele gegen Yaks vertauschen; aber er sagt kein Wort von dem Paß, auf dem er eines der gewaltigsten Gebirgssysteme der Erde überschritten hat. Er spricht jedoch davon, daß er über eine kolossale Bergkette gegangen sei, und da ihre Lage den „Mts. Koïran" Dufours und der Jesuiten entspricht, adoptiert er diesen Namen, den er auf seiner Reise ganz gewiß nie gehört hat und der sicherlich auf dem Weg von Tibet bis in die Aufzeichnungen der Jesuiten in Peking verballhornt worden ist. Alles, was er von seinem Zug über den Transhimalaja zu sagen hat, beschränkt sich auf folgende Worte (II, S. 241): „La route qui conduit de Na-Ptchu à Lha-Lsa est, en général, rocailleuse et très-fatigante. Quand on arrive à la chaine des monts Koïran, elle est d'une difficulté extrême." (Die Straße, die von Naptschu nach Lhasa führt, ist im allgemeinen felsig und sehr ermüdend. Wenn man an die Kette der Koïranberge gelangt, bietet sie außerordentliche Schwierigkeiten.)

Ein anderer Versuch, die Lage des Transhimalaja darzustellen, ist von Trelawney Saunders auf seiner Karte von Tibet ausgeführt (Abb. 369), die man sowohl in Markhams „Narratives of the Mission of George Bogle to Tibet and of the Journey of Thomas Manning to Lhasa" (London 1879), als auch in Edwin T. Atkinsons „The Himalayan Districts of the North-Western Provinces of India" (Allahabad 1882) wiederfindet. Wie Dufour und Hodgson zieht Saunders eine mächtige, fortlaufende Kette durch ganz Tibet! Hinsichtlich des westlichen Teils, im Norden des Manasarovar, und des östlichen, im Süden des Tengri=nor, stützt er sich auf die Kartenaufnahme der Punditen; das übrige zwischen 82 und $89\frac{1}{2}$ Grad östlicher Länge ist teils eine Aufwärmung der Jesuitenkarte, teils reine Phantasie und hat auch nicht die entfernteste Ähnlichkeit mit der Wirklichkeit, was sich beim Vergleich der Karte Saunders' mit der meinigen deutlich zeigt. Ich will nur darauf aufmerksam machen, daß der Transhimalaja nicht aus einer Kette, sondern aus vielen besteht, und daß die Quelle des Tschaktak-tsangpo im Süden, nicht im Norden der bedeutendsten dieser Ketten liegt. Der ganze mittelste und größte Teil des Systems, den ich später untersuchte, ist daher bei Saunders wertlos.

Im Jahre 1867 beauftragte Oberst Montgomerie (Abb. 371) drei Punditen mit der Aufnahme einer Karte des im Norden des Manasarovar liegenden Landes. Einer von ihnen war der unübertreffliche und bewunderungswürdige Nain Sing, ein zweiter derjenige, der bei Jiachan durch Räuber an der Entdeckung der Indusquelle verhindert wurde. Auf ihrem Weg nach Tok-dschalung überschritten sie den Transhimalaja im Dschukti-la, den sie Gugti-la nennen und dem sie die Höhe von 19500 englische Fuß geben; ich fand, daß seine Höhe 19070 Fuß beträgt. Denselben Paß überschritt Mr. Calvert ein Jahr vor mir. Auf dem Rückweg überschritten sie den Transhimalaja so, daß sie am östlichen Indusarm entlang nach seinem Durchbruchstal bis zur Vereinigung mit dem Gartokarm hinabzogen.

Ein Pundit hat auch die Reise zwischen dem Manasarovar und Tok-dschalung über den „Ruldap-tso" gemacht, ein Name und ein See, den ich sowohl von Osten wie von Westen her vergeblich wiederzufinden versucht habe, aber ich will darum keineswegs seine Existenz leugnen. Über die Route dieses Punditen fehlen mir überdies nähere Einzelheiten. Er scheint jedoch auf einem Paß namens Sar-lung über den Transhimalaja gegangen zu sein.

Am 8. Januar 1872 ging einer der „Explorers" Montgomeries, ein dazu ausgebildeter junger Tibeter, auf dem 17200 Fuß hohen Paß Chalamba-la über den Transhimalaja. In Markhams Bericht über diese Reise heißt es, daß er auf dem Rückweg das Gebirge auf dem Dhok-la überschritten habe, obgleich der wirkliche wasserscheidende Paß, den er zum Übergang benutzte, wohl eher der Dam-largen-la gewesen ist. Diesen Paß überschritt Nain Sing im Jahre darauf, also 1873, auf seinem berühmten Zug von Leh nach Lhasa, den Oberst Sir Henry Trotter so gewissenhaft genau beschrieben hat. Nain Sing gibt dem Dam-largen-la eine Höhe von 16900 Fuß.

Der große Pundit A. K. oder Krishna, der mit Nain Sing um die Ehre wetteifert, der erste zu sein, überschritt auf seiner Reise 1881 den östlichsten Teil des Transhimalaja, und zwar wohl eher auf dem

Schiar-gang-la als auf dem Nub-kong-la, wie ich zuerst angenommen hatte; es ist jedoch nach seiner Karte sehr schwer zu entscheiden, ob der Schiar-gang-la ein wasserscheidender Paß erster Ordnung im Transhimalaja ist oder nicht. Er liegt aber jedenfalls in der Kette, die die Wasserscheide zwischen dem Salwen und dem Brahmaputra bildet und die unzweifelhaft die unmittelbare Fortsetzung des Nien-tschen-tang-la, also des Transhimalaja, ist. Dies nimmt auch Oberst S. G. Burrard in seinem und Haydens bewunderungswürdigen Werk „A sketch of the Geography and Geology of the Himalaya Mountains and Tibet" (Kalkutta 1907) an. Auf der Karte XVII dieses Werkes hat Burrard die Fortsetzung der Kette, meiner Überzeugung nach, vollkommen richtig angegeben, wenn uns auch alle sichern Angaben über ihren Verlauf fehlen.

Wir finden also, daß nach Pater Huc mehrere der Punditen Montgomeries und Trotters, sowie im Jahre 1905 Mr. Calvert den Transhimalaja in Tibet überschritten haben. Soviel ich weiß, sind diesen noch zwei Namen hinzuzufügen, nämlich der Littledales, der auf seinem kühnen Zug 1894—95 auf dem Paß Guring-la (19587 Fuß) über das Bergsystem ging, und der des Grafen de Lesdain, der es 1905 auf dem Chalamba-la überschritt. Beide schildern den wunderbar schönen Anblick, den der Nien-tschen-tang-la vom Tengri-nor aus gewährt. Aber der zuletzt erwähnte Reisende erweitert unsere Kenntnis des Transhimalaja nicht, denn er hat den Chalamba-la benutzt, den schon Montgomeries Pundit überschritten hatte. In seiner Reisebeschreibung: „Voyage au Thibet, par la Mongolie de Pékin aux Indes" redet er überhaupt nicht von einem Paß und noch weniger nennt er dessen Namen. Aber er sagt, als er am Westufer des Tengri-nor entlang zieht (Seite 340): „Des massifs de montagnes très-durs et absolument enchevêtrés formaient un obstacle insurmontable. En conséquence, je résolus de suivre le premier cours d'eau dont la direction ferait présumer qu'il se dirigeait vers le Brahmapoutra. C'est ainsi que nous cheminâmes plusieurs jours en suivant les bords d'une rivière sans cesse grossissante, appelée Chang-Chu." („Sehr schwierige und vollkommen wirre Bergmassive bildeten ein unübersteigliches Hindernis. Infolgedessen beschloß ich dem ersten Wasserlauf zu folgen, dessen Richtung voraussetzen ließ, daß er sich dem Brahmaputra zuwandte. Auf diese Weise wanderten wir mehrere Tage an den Ufern eines unausgesetzt breiter werdenden Flusses entlang, der Chang-chu heißt.") — Dieser Fluß ist der Schang-tschu, der vom Chalamba-la herabkommt.

Zwei Franzosen und zwei Engländer haben also, außer einem halben Dutzend Punditen, vor mir den Transhimalaja überschritten. Fern im

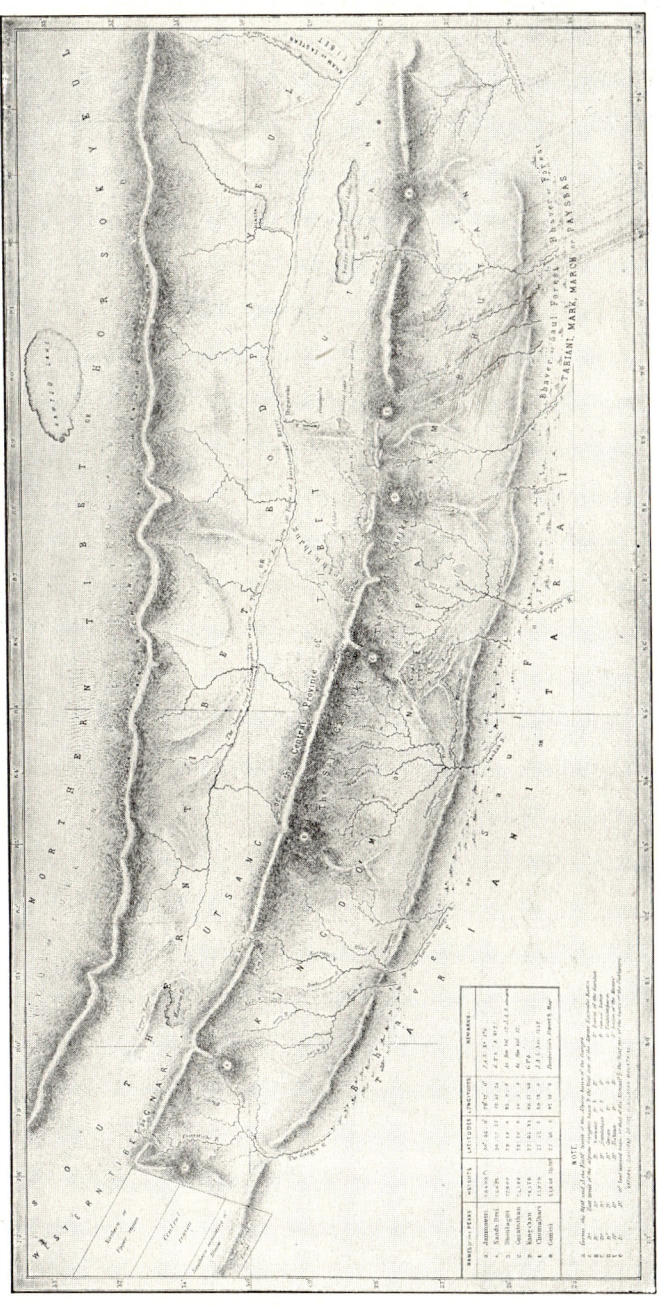

368. Hodgſons Karte von Südtibet.

Aus: Selections from the Records of the Government of Bengal, No. XXVII. Papers relative to the Colonization, Commerce, Physical Geography &c. of the Himalaya Mountains and Nepal, by Brian Houghton Hodgson, Esq., M. R. A. S. Calcutta: John Gray, „Calcutta Gazette" Office. 1857. Was Hodgſon „The Nyenchhen Thangla Chain, separating southern from northern Tibet" nennt, iſt nur hypothetiſch und entſpricht nicht der Wirklichkeit.

369. Saunders' Karte von Südtibet.

Aus: Narratives of the Mission of George Bogle to Tibet and of the Journey of Thomas Manning to Lhasa. By Clements Markham, London, Trübner & Co., 1879. Hypothetische Form des Transhimalaja („Gangri Mountains"), von 81° bis 89½° ö. L., völlig unrichtig.

Westen, auf britischem Territorium, sind unzählige Europäer über das System gegangen, besonders über den Tschang-la, den auch ich dreimal benutzt habe. Am 22. November 1907 überschritt ich das System zwischen dem Indus und dem Panggong-tso auf dem bequemen Paß Tsake-la.

Einen außerordentlich wertvollen Beitrag zur Kenntnis des Transhimalaja liefern uns Ryder und Wood durch ihre epochemachende Reise am Brahmaputra aufwärts im Jahre 1904. Sie hatten keine Veranlassung, das System zu überschreiten oder auch nur eine Tagereise weit in seine südlichen Quertäler einzudringen, aber sie maßen alle Gipfel, die sie von ihrem Wege aus erblickten. Einige der so gemessenen Berge, besonders der Lunpo-gangri, gehören zu den allerhöchsten, die sich unter einer Haube von ewigem Schnee über den Transhimalaja erheben. Der allerhöchste ist, nach Ryder, 23255 Fuß oder 7090 Meter hoch, gibt also dem Nien-tschen-tang-la mit seinen 7300 Metern nicht viel nach. Ryder und Burrard nahmen als selbstverständlich an, daß diese Gipfel in einer einzigen fortlaufenden Kette ständen, die auf ihren Karten als die Wasserscheide des Brahmaputra im Norden dargestellt ist. Im Text (S. 95) betont Burrard jedoch mit Recht, daß diese Kette, die er „The Kailas range" nennt, nicht die Wasserscheide sei, weil sie stellenweise durch Nebenflüsse von Norden her durchbrochen werde. Aber Burrard begeht denselben Fehler wie Dufour, Hodgson, Saunders und Atkinson, indem er an das Vorhandensein einer einzigen fortlaufenden Kette im Norden des Tsangpo glaubt. Ich selbst habe viel über dieses Problem nachgedacht und habe auf einer Übersichtskarte der Bergketten von Tibet (1905) zwei Ketten im Norden des Tsangpo eingetragen, eine Auffassung, die mit der F. Grenards auf seiner „Carte de L'Asie Centrale" aus dem Jahre 1899 übereinstimmt. — —

Eine Geschichte der geographischen Forschung in einem sowenig bekannten Gebiet wie dem Transhimalaja muß aus ganz natürlichen Gründen außerordentlich kurz und dürftig ausfallen. Aber ich habe mit dem besten Willen keine anderen Vorgänger als die schon erwähnten ausfindig machen können — in den Teilen des Systems nämlich, die innerhalb der Grenzen Tibets liegen — und keinen einzigen Vorgänger in den zentralen Regionen des Transhimalaja. Da es manchen mit Recht wunderte, daß ein so kolossales Gebiet wie Südtibet noch bis in unsere neueste Zeit völlig unbekannt geblieben war, obgleich es ganz dicht an der englisch-indischen Grenze liegt, gab man sich in gewissen englischen Kreisen große Mühe, Argumente und Quellen hervorzusuchen, die sich auf mehr oder weniger apokryphe Urkunden und unklare Hypothesen stützten, aber benutzt werden konnten, um zu beweisen, daß es meinen Entdeckungen an der **Priorität** fehle, auf die sie Anspruch machten! Die Karten, die ich in Faksimile mitgeteilt habe und die mit meinen eigenen Karten sorgfältig zu vergleichen sind, machen aber alle Polemik von meiner Seite vollständig überflüssig.

Dennoch will ich eine Einwendung nicht mit Stillschweigen übergehen, die sich auf die berühmten Wandkarten im Dogenpalast zu Venedig berief und die behauptete, daß die von mir gemachten Entdeckungen schon auf diesen alten Karten zu finden seien. Aber der Oberbibliothekar der Kgl. Bibliothek in Stockholm Dr. E. W. Dahlgren sagt in einem Brief an mich:

„Nur die größte Unwissenheit und Naivität kann auf diesen Karten Spuren irgendeines Vorgängers von Dir finden." Schon vor meiner Heimkehr hatte Professor Mittag-Leffler, der Direktor des mathematischen Seminars an der Universität Stockholm, Photographien und die sehr detaillierten Legenden der betreffenden Karten aus Venedig kommen lassen und stellte mir dieses Material freundlich zur Verfügung. Die Veröffentlichung dieses Materials gehört nicht in den Rahmen dieses Buches. Überdies macht folgende Erklärung, die der Oberbibliothekar Dr. Dahlgren auf meine Bitte freundlicherweise niedergeschrieben hat, alle weiteren Kommentare unnötig.

Die Wandkarten in der Sala dello Scudo im Dogenpalast zu Venedig.

Diese Karten, vier an der Zahl, wurden statt einiger älterer, im Jahre 1483 durch Feuersbrunst zerstörter von dem bekannten Kartenzeichner Giacomo Gastaldi in der Mitte des 16. Jahrhunderts angefertigt; wenigstens dürfte es sicher sein, daß zwei von ihnen, die über Ostasien und Afrika, Gastaldi als Urheber haben.

Die Karten stellen dar:
1. Asien von der Indusmündung ostwärts bis China und Japan, nebst dem Stillen Ozean und einem Teil von Amerika.
2. Asien von Kleinasien bis Indien (Kaschmir).
3. Afrika.
4. Italien.

Nur die Karten Nr. 1 und 2 können also für Sven Hedin Interesse haben. Sie entsprechen auch vollständig den von Professor Mittag-Leffler besorgten und hiermit zurückfolgenden Photographien.

Sämtliche Karten wurden um die Mitte des 18. Jahrhunderts von Francisco Grisellini restauriert. Dabei scheinen mit der Karte Nr. 2 sowohl in geographischer Hinsicht wie in Beziehung auf die Schrift und die dekorative Ausstattung große Veränderungen vorgegangen zu sein.

Da die Karte nach Osten hin nicht weiter geht als Kaschmir, ist es klar, daß sie keinen Berührungspunkt mit Sven Hedins Entdeckungen in Tibet hat.

Die Karte Nr. 1 hingegen hat in mehreren wesentlichen Beziehungen ihren ursprünglichen Charakter behalten. Wir können uns ohne Zweifel dadurch eine gute Vorstellung von ihrem ursprünglichen Aussehen machen, daß wir sie mit den Karten in Ramusios Werk: „Delle navigationi et viaggi" (2. Auflage, Venedig 1554) und mit Gastaldis „Tercia Parte dell' Asia" (Venedig 1561) vergleichen. Besonders mit ersterer sind die Ähnlichkeiten greifbar. Diese Karte ist wie die Wandkarten mit dem Süden nach oben orientiert.

Die Flußsysteme des Ganges und des Brahmaputra haben auf allen diesen Karten eine sehr verwirrte Darstellung erhalten. In den aufs Geratewohl eingetragenen Gebirgsbezeichnungen kann man nicht einmal den Himalaja mit völliger Sicherheit identifizieren, noch weniger die Bergketten Zentralasiens. Da die Karte vorzugsweise Marco Polos Reisen illustrieren soll, so sagt sie natürlich über Gegenden, die dieser nicht besucht hat, nicht das geringste aus. E. W. Dahlgren.

Pater Huc schließt seine Reisebeschreibung mit folgenden denkwürdigen Worten: „Mais il ne suffit pas toujours de zèle de l'écrivain pour faire connaître des contrées, où il n'a jamais mis le pied. Écrire un voyage en Chine, après quelques promenades aux factories de Canton et aux environs de Macao, c'est peut-être s'exposer beaucoup à parler de choses qu'on ne connait pas suffisamment ... il est en général assez difficile de faire des découvertes dans un pays sans y avoir pénétré." („Aber der Eifer des Schriftstellers ist nicht immer ausreichend, um ein Bild der Gegenden zu geben, die sein Fuß nie betreten hat. Nach einigen Spaziergängen bei den Faktoreien Kantons und in der Umgegend von Macao eine Chinareise zu schreiben, heißt wohl, von Dingen sprechen, die man nicht genügend kennt ... es ist im allgemeinen ziemlich schwierig, Entdeckungen in einem Lande zu machen, ohne dort eingedrungen zu sein.")

Mit dem Gedanken an diesen beherzigenswerten Satz habe ich die Reise angetreten, die in diesem Buche geschildert ist und deren Hauptzweck schon von Sir Clements Markham angegeben wurde, als er, bei Littledales letzter Reise, sich folgendermaßen äußerte („Geographical Journal", vol. 7, p. 482): „In the whole length from Tengri-nor to the Mariam-la pass no one has crossed them (Transhimalaya), so far as we know, ... and I believe nothing in Asia is of greater geographical importance than the exploration of this range of mountains." („In ihrer ganzen Länge vom Tengri=nor bis an den Mariam=la=Paß hat ihn [den Transhimalaja], soweit wir wissen, keiner überschritten, ... und ich glaube, daß in Asien nichts von größerer geographischer Wichtigkeit ist als die Erforschung dieser Bergkette.")

Es kommt mir nicht zu, darüber zu entscheiden, ob ich mein Ziel erreicht habe oder nicht; aber als ich auf dem Surnge=la den Trans=himalaja zum achtenmal überschritt, hatte ich wenigstens die Befriedigung, alle die alten Hypothesen wie Kartenhäuser einfallen und gerade da einen neuen wichtigen Zug in die Karte Asiens eingetragen zu sehen, wo bisher der weiße Fleck mit seinem verlockenden „Unexplored" gegähnt hatte!

Es fehlt mir hier zu einer ausführlichen Monographie des Trans=himalaja an Raum, und sie ist auch erst dann möglich, wenn alle Messungen der Gipfel ausgerechnet, die gesammelten Gesteinproben bestimmt und die gezeichneten Kartenblätter im Detail konstruiert sein werden. Zur Ausarbeitung des Materials sind ein paar Jahre erforderlich. In dem nun Folgenden will ich nur einige aufklärende Tatsachen mitteilen und mit den bisher bekannten Pässen des Transhimalaja beginnen, die Wasser=scheiden ersten Ranges sind, nebst den Namen der Reisenden, die einige von ihnen überschritten haben:

Schiar=gang=la,	Krishna 1881.		
Schang=schung=la,	Huc 1845.		
Dam=largen=la,	Nain Sing 1873.	5152	Meter
Guring=la,	Littledale 1895.	5972	„
Tsebo=la,			
Schugu=la,			
Chalamba=la,	Pundit 1872.	5244	„
	de Lesdain 1905.		
Sela=la,	Hedin 1907.	5506	„
Tschang=la=Pod=la,	Hedin 1907.	5573	„
Scha=la,			
Angden=la,	Hedin 1907.	5643	„
Tsalam=nakta=la,			
Dombe=la,			
Nakbo=kongdo=la,			
Sangmo=bertik=la,	Hedin 1908.	5820	„
Saggo=la,			

Ditscha-la,		
Samje-la,	Hedin 1908.	5527 Meter
Dsalung-la,		
Lungmar-la,		
Petschen-la,		
Lungnak-la,		
Jor-la,		
Ganglung-la,		
Men-la,		
Pedang-la,		
Gäbbji-la,		
Jylung-la,		
Tarkjang-la,		
Surnge-la,	Pundit (?).	
	Hedin 1908.	5276 „
Tseti-latschen-la,	Hedin 1907.	5466 „
Dschukti-la,	Nain Sing 1867.	
	Calvert 1906.	
	Hedin 1907.	5814 „

Es ist mir also vergönnt gewesen, acht Transhimalajapässe zu überschreiten, während sieben von andern Reisenden überschritten wurden. Sieben meiner Pässe waren vorher unbekannt. Von den übrigen habe ich den Ditscha-la und den Men-la gesehen; von allen übrigen habe ich wenigstens mündliche Nachrichten gesammelt. Der Dschukti-la ist eine Wasserscheide zwischen den beiden Indusarmen; der Tseti-latschen-la zwischen dem Satledsch und dem Indus, der Surnge-la zwischen dem Satledsch und dem Nganglaring-tso. Der Schiar-gang-la und der Schang-schung-la liegen auf der Wasserscheide zwischen dem Salwen und dem Brahmaputra. Alle die übrigen liegen auf der großen kontinentalen Wasserscheide zwischen dem Ozean und dem abflußlosen Plateau. Aus dem Verzeichnis geht hervor, daß alle Pässe, die bisher von Europäern und Punditen überschritten worden waren, dem östlichen und westlichen Teil des Systems angehören. Zwischen dem Chalamba-la und dem Surnge-la war der Transhimalaja auch nicht auf einer einzigen Linie überschritten worden, und gerade zwischen diesen beiden Pässen lag der große weiße Fleck. Das einzige, was man davon kannte, waren die Gipfel, die Ryder und Wood gemessen, und einige Spitzen, die Nain Sing von Norden aus gesehen hatte. Wenn ich die Reise des Punditen zwischen dem Manasarovar und dem Ruldap-tso ausnehme, deren

Einzelheiten ich nicht kenne, so beträgt die Lücke zwischen dem Chalamba-la und dem Dschukti-la 950 Kilometer, umfaßt also ungefähr dieselbe Entfernung wie zwischen Stockholm und Luossavara oder zwischen Berlin und London. Und zwischen diesen beiden Grenzmarken liegen alle die Pässe, durch deren Überschreitung es mir möglich geworden ist, den Verlauf des Transhimalaja zu verfolgen und zu beweisen, daß seine östlichen und westlichen, bereits bekannten Flügel zusammenhängen und ein und demselben Gebirgssystem angehören, und daß dieses Gebirgssystem eines der höchsten, gewaltigsten der Erde und nur mit dem Himalaja, dem Kara-korum, dem Arka-tag und dem Kven-lun zu vergleichen ist. Zwischen dem Schiar-gang-la und Yasin, unweit der scharfen Indusbiegung, beträgt seine Länge 2300 Kilometer; läßt es sich aber noch beweisen, daß der Transhimalaja in den Hindukusch übergeht und sich längs des Salwen weiterzieht, so ist er gegen 4000 Kilometer lang! Im Norden und im Süden sind seine Grenzen scharf und deutlich: die nördliche bilden die von Nain Sing und mir entdeckten zentralen Seen, die südliche das ungeheuere Indus-Tsangpo-Tal. Seine Breite ist geringer als die des Himalaja, und seine Gipfel sind niedriger. Aber die Paßhöhe ist im Transhimalaja bedeutender als im Himalaja. Die Durchschnittshöhe folgender fünf Himalajapässe, nämlich des Schar-chalep-la, des Man-da-la, des Sche-ru-la, des No-la und des Kore- oder Photu-la, ist 5101 Meter, während die Durchschnittshöhe meiner fünf ersten Transhimalajapässe 5600 Meter beträgt. Im allgemeinen kann man sagen, daß die wasserscheidenden Pässe ersten Ranges im Transhimalaja 500 Meter höher sind als die des Himalaja. Aber der höchste Gipfel des Himalaja, der Mount Everest, ist mit seinen 8840 Metern um 1540 Meter höher als der Nien-tschen-tang-la, der, soviel man weiß, der Kulminationspunkt des Transhimalaja ist. Hiermit hängen auch die verschiedenen Reliefverhältnisse der beiden Systeme zusammen: die Kämme des Transhimalaja sind flacher, seine Täler nicht so tief und breiter; die Kämme des Himalaja sind scharf und spitz, seine Täler tief und energisch eingeschnitten. Jenes System ist kompakter und massiver als dieses, ein Verhältnis, das sehr natürlich ist, wenn man bedenkt, daß der Himalaja den Löwenanteil der Niederschläge des Westmonsuns erhält, dessen Regenfluten seit unzähligen Jahrtausenden auf die Tiefe der Himalajatäler erodierend gewirkt haben, während der Transhimalaja auf dem trocknen Plateau nur einen relativ unbedeutenden Teil der Monsunregen auffängt. Wäre es möglich, das Volumen beider Systeme an Gesteinmasse zu vergleichen, so würde man sicherlich finden, daß das nördliche mächtiger ist als das südliche. Denn eine solche Vergleichung müßte vom Meeresspiegel ausgehen, und wenn auch der Transhimalaja der schmälere von beiden ist, beginnt seine Steigung doch von der Höhe zwischen 3000 und 5000 Meter, nämlich vom Tsangpotal, während die Steigung des Himalaja, genau genommen, vom Niveau des Meeresspiegels oder einige 100 Meter darüber beginnt. Als Wasserscheide nimmt der Transhimalaja einen höheren, bedeutenderen Rang ein als der Himalaja. Der westliche Himalaja scheidet das Wasser zwischen dem Indus und einigen seiner Nebenflüsse; im Osten ist das System eine Wasserscheide zwischen dem Brahmaputra und dem Ganges. Doch jeder Wassertropfen, der im Himalaja vom Himmel fällt, geht nach dem Indischen Ozean. Dagegen ist der ganze mittelste Transhimalaja eine Wasserscheide zwischen dem Indischen Ozean im Süden und den abflußlosen Plateaudepressionen im Norden. Nur auf seinem westlichen Flügel ist auch der Transhimalaja eine Wasserscheide zwischen dem Indus und einigen seiner rechten Nebenflüsse, und auf seinem östlichen zwischen dem Salwen und dem Brahmaputra. Innerhalb der Grenzen Tibets gibt es nur einen Fluß, der auf dem Nordabhang des Transhimalaja entspringt und das System in einem Quertal durchbricht, aber dieser Fluß ist ein Löwe und heißt auch bei den Tibetern der Löwenfluß, Singi-kamba, der Indus. Der Salwen entspringt ebenfalls auf dem Nordabhang des Systems, erreicht aber den Ozean, ohne durch das Gebirge zu gehen. Alle übrigen Flüsse, die auf dem Nordabhang entspringen und unter denen der Buptsang-tsangpo und der Soma-tsangpo die größten sind, strömen den abflußlosen Salzseen im Norden zu. — Nur im mittelsten Teil des Transhimalaja, aber doch auf einer Strecke, die gegen 1000 Kilometer lang ist, fällt die kontinentale Wasserscheide mit der Hauptachse des Systems zusammen; denn im Westen geht die Wasserscheide von der Indusquelle nordwärts und dann nach Westen, um den Panggong-tso in das abflußlose Tibet einzuschließen, und im Osten geht sie von der zwischen dem Tengri-nor und den Quellen des Salwen liegenden Gegend an nordwärts.

Im Norden des Transhimalaja bildet Innertibet das höchste und gewaltigste Plateauland der Erde, und je weiter man nach Osten geht, um so größer wird der Höhenunterschied zwischen der Oberfläche des Plateaus und dem entsprechenden Teile des Tales des Brahmaputra. So liegt z. B. der Tengri-nor volle 1000 Meter höher als der große Fluß direkt im Süden von ihm, während der Tschunit-tso nur 156 Meter höher als Tradum liegt. Und betrachten wir das Verhältnis zwischen dem Tarok-tso (4627 Meter) und dem entsprechenden Punkt am Brahmaputra im Südsüdwesten davon, der eine absolute Höhe von 4644 Meter hat, so finden wir, daß der Tarok-tso sogar fast 20 Meter tiefer liegt als der Fluß auf demselben Radius in dem gigantischen vom Himalaja und Transhimalaja gebildeten Doppelbogen. Eine Wanderung in dieser Linie würde also einen steilen Aufstieg zum Kamm des Transhimalaja bedingen und dann einen noch beträchtlicheren Abstieg zum See auf dem Plateauland hinab. Man kann daher als sicher annehmen, daß der Tabie-tsaka noch niedriger liegt und in der Tat die tiefste Depression in ganz Bongba ist. —

Ich habe dieses Buch „Transhimalaja" genannt, weil der Schauplatz der geschilderten Schicksale und Abenteuer das gewaltige Gebirgssystem ist, das im Norden des Tsangpo liegt, nebst den Gegenden im Norden und Süden des Gebirges. Als ich seinen wasserscheidenden Kamm im Sela-la zum erstenmal überschritt, beabsichtigte ich, den Namen beizubehalten, dessen sich schon Hodgson bediente, nämlich Nien-tschen-tang-la. Auch nach dem Übergang über den Tschang-la-Pod-la und den Angden-la wurde ich noch nicht anderer Ansicht, denn diese drei Pässe liegen in ein und derselben Bergkette, die am Südufer des Tengri-nor „Nien-tschen-tang-la" genannt wird. Und nachdem ich dann den Tseti-latschen-la und den Dschukti-la überschritten hatte, glaubte ich, daß auch diese Pässe in der westlichen Fortsetzung des Nien-tschen-tang-la lägen und daß Hodgsons, Saunders', Atkinsons, Burrards und Ryders Ansicht richtig sei. Doch nach der zweiten diagonalen Reise durch Tibet und nachdem ich Bongba auf mehreren Linien durchzogen hatte und dahintergekommen war, daß von einer einzigen Bergkette keineswegs die Rede sein konnte, sondern daß es sich um eine ganze Familie völlig voneinander getrennter Bergketten handelte, sah ich ein, daß der Name Nien-tschen-tang-la, der nur eine einzige von allen diesen Ketten bezeichnet, nicht gut dem ganzen System gegeben werden könne. Man hätte es dann auch ebenso unberechtigterweise Lunpo-gangri, Kamtschung-gangri, Targo-gangri oder nach irgendeinem anderen Lokalnamen benennen können. Saunders' „Gangri Mountains" erschienen mir noch weniger passend, da alle mit ewigem Schnee bedeckten Berge in Tibet „Gangri" heißen und der Name in diesem Zusammenhang nur eine leere Schale sein würde. Ebensowenig konnte ich die „Kailas Range" Burrards akzeptieren. Es galt vielmehr einen Namen zu finden, der für diese ganze, eng verbundene Bergkettenfamilie paßte — einen geographischen Begriff, der kein Mißverständnis zuläßt, und ich beschloß, dieses ganze System, dessen Zusammengehörigkeit und Kontinuität zu beweisen mir vergönnt gewesen ist, „Transhimalaja" zu nennen.

Unter den englischen Geographen haben viele diesen Namen gemißbilligt

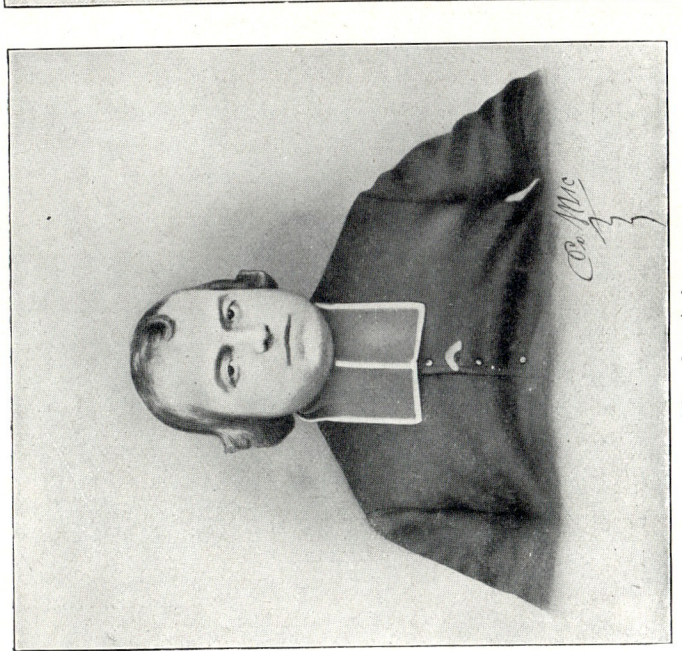

370. Abbé Huc.
Das vermutlich unveröffentlichte Bild des Paters Huc verdankt der Verfasser Herrn E. Schwarz, Paris.

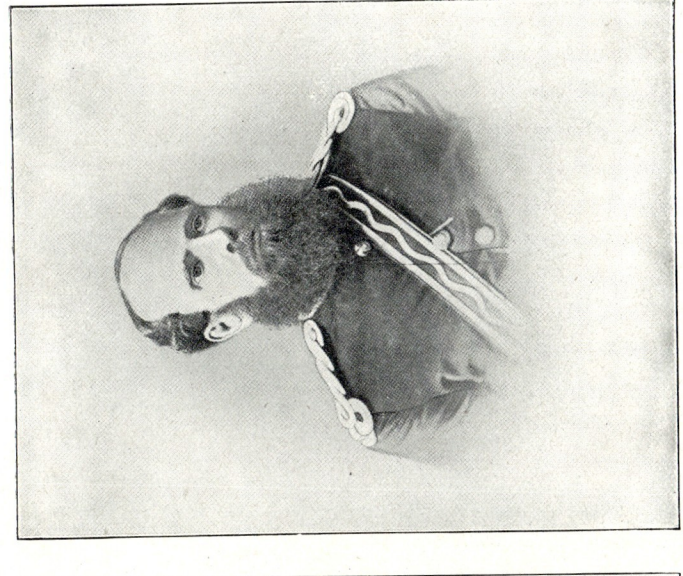

371. Oberst T. G. Montgomerie.
das Porträt Montgomeries der Witwe des Obersten.

372. Ankunft in der Missionsstation von Poo.
Sitzend Kuntschuk mit Klein-Puppy und Gulam mit Takkar. Hinter dem Verfasser von links nach rechts: Lobsang, Suän, Kutus und Tubges.

und ebenso viele ihn gebilligt. Zu den ersteren gehört Oberst Burrard, der betont, daß alle Gegenden, die jenseits des Himalaja liegen, seit fünfzig Jahren Transhimalaja-Länder genannt werden. Noch vor kurzem schrieb er mir: „Pupils of Montgomerie naturally ask, why an old word should be given a new meaning, when it is possible to invent any number of new names for newly discovered mountains. I do not see that it is necessary to give an important name to newly discovered mountains. A new name will become important, because of the mountains to which it is attached, and your mountains would have rendered any new name important."

(„Schüler Montgomeries fragen naturgemäß, weshalb einem alten Wort ein neuer Sinn gegeben werden solle, da man ja für neu entdeckte Gebirge jede beliebige Zahl neuer Namen erfinden könne. Ich sehe nicht ein, daß es notwendig ist, neu entdeckten Gebirgen einen schon gewichtigen Namen zu geben. Ein neuer Name wird durch die Gebirge, denen er beigelegt wird, berühmt werden, und Ihre Gebirge würden jeden neuen Namen berühmt gemacht haben.")

Ich kann Oberst Burrards Ansicht nicht in jeder Beziehung teilen, denn ich finde, gerade der Umstand, daß Montgomeries Schüler, die Offiziere des „Survey of India" und die Punditen, die Gegenden auf der Nordseite des Himalaja seit 50 Jahren und länger „The Transhimalayan Regions" genannt haben, macht es für mich zu einer Pietätssache, diesen Namen nicht für das Gebirgssystem zu verwerfen, das vor allen trans Himalaja, jenseits des Himalaja, ist und nie etwas anderes werden kann.

Um auch die andere Seite zu zitieren, will ich hier den Ausspruch eines der bedeutendsten Asienkenner unserer Zeit, Lord Curzons, des früheren Vizekönigs von Indien, wiedergeben. Im „Geographical Journal" vom April 1909 sagte er:

„Alongside of this great discovery I would place the tracing for hundreds of miles and the assurance of a definite orographical existence to the mighty mountain palisade or series of palisades to which he has, in my opinion very appropriately, given the title of the Transhimalaya. This range has been surmised to exist in its entire length for many years; it has been crossed at its extremities by Littledale and by native surveyors. But it was reserved for Dr. Hedin to trace it on the spot and to place it upon the map in its long, unbroken and massive significance . . . . . . It is no mean addition to human knowledge that we should realize the assured existence of one of the

greatest mountain masses in the world. As regards the name
which Dr. Hedin has given to it, I will only say, that the desi-
derata for the title of a new and momentous geographical discovery
appear to be these: 1) that the name should if possible be given
by the principal discoverer; 2) that it should not be unpronounceable,
unwriteable, over-recondite or obscure; 3) that it should if possible
posses some descriptive value; and 4) that the name should not
violate any acknowledged canons of geographical nomenclature.
The name Transhimalaya combines all these advantages, and it
has a direct Central-Asian analogy in the Transalai which is a
range of mountains, standing in the same relation to the Alai, that
Transhimalaya will do to Himalaya. I am not in the least impressed
by the fact that the name was once given to another range, where
its unsuitability secured its early extinction. Any attempts to
substitute another title on the present occasion will, in my opinion,
be foredoomed to failure."

(„Neben diese große Entdeckung [Bongba und Tschoktschu] würde ich
stellen: die Festlegung der Hunderte von Meilen langen mächtigen Berg=
palisaden oder Serie von Palisaden und die Sicherung ihrer definitiven
geographischen Existenz, der er [Hedin] meiner Meinung nach sehr passender
Weise den Namen Transhimalaja gegeben hat. Seit vielen Jahren hat
man vermutet, daß diese Kette in ihrer ganzen Länge existiere; sie ist an
ihren Enden von Littledale und von eingeborenen Topographen überschritten
worden. Aber Dr. Hedin war es vorbehalten, sie an Ort und Stelle
zu verfolgen und sie in ihrer langen, ungebrochenen und massiven Zeichnung
auf die Landkarte zu setzen..... Es ist kein geringer Beitrag zum
menschlichen Wissen, daß das Vorhandensein einer der größten Gebirgs=
massen der Welt nun bestimmt feststeht. Was den Namen betrifft, den
Dr. Hedin gegeben hat, so will ich nur sagen, daß mir hinsichtlich des
Namens einer neuen, wichtigen geographischen Entdeckung folgendes wün=
schenswert erscheint: 1) daß der Name, wenn möglich, von dem Haupt=
entdecker gegeben werde; 2) daß er nicht unaussprechbar, unschreibbar,
allzu dunkel oder unklar sei; 3) daß er, wenn möglich, beschreibenden Wert
besitze und 4) daß er keine anerkannten Vorschriften der geographischen
Namengebung verletze. Der Name Transhimalaja vereinigt alle diese Vor=
züge und hat in Zentralasien eine direkte Analogie im Transalai, einer
Bergkette, die in demselben Verhältnis zum Alai steht wie der Trans=
himalaja zum Himalaja. Die Tatsache, daß der Name einst einer anderen
Kette gegeben worden ist, macht auf mich nicht den geringsten Eindruck, da
der Umstand, daß er gar nicht für sie paßte, ihn bald in Vergessenheit

geraten ließ. Irgendwelche Versuche, bei der jetzigen Gelegenheit einen anderen Namen einzuführen, werden, meiner Ansicht nach, im voraus zum Mißlingen verurteilt sein.")

Meine lange Reise kreuz und quer über den Transhimalaja darf nur als eine flüchtige und mangelhafte Rekognoszierung eines vorher gänzlich unbekannten Landes betrachtet werden. Es ist schließlich leichter mit einer bis an die Zähne bewaffneten Armee nach Lhasa zu gehen und die Tibeter, wenn sie im Wege stehen, wie Fasanen niederzuschießen — als mit vier Regierungen und allen Behörden des Landes als Gegnern, zwölf armen Ladakis als Begleitern und keinem einzigen Soldaten als Eskorte zwei Jahre lang Tibet in allen Richtungen zu durchkreuzen! Aber es ist nicht mein Verdienst, daß ich eine Position, die schon von Anfang an unhaltbar schien, solange habe verteidigen können. Derselbe Glücksstern wie früher hat auch diesmal über meinen einsamen Wegen im weiten Asien gestanden. Und heute sind es gerade 24 Jahre, seit ich zum erstenmal den Pilgerstab ergriff! Nur die großen geographischen Hauptlinien habe ich verfolgen und aufzeichnen können; zwischen meinen verschiedenen Routen liegen noch weiße Flecke, und an Detailarbeit ist noch genug übrig geblieben für Generationen von Forschern und Reisenden, die gründlicher vorbereitet und besser ausgerüstet sind, als ich es war!

So geh' denn in die Welt hinaus, du klangvoller Name eines der gewaltigsten Gebirgssysteme der Erde, und finde deinen Weg in die geographischen Lehrbücher und erinnere die Kinder in den Schulen an die schneegekrönten Gipfel auf dem Dach der Welt, zwischen denen die Monsunstürme von Anbeginn her ihre tosenden Lieder gesungen haben! —

Solange ich lebe, werden meine stolzesten Erinnerungen wie Königsadler auf den öden, kahlen Felsen des Transhimalaja horsten. —

Vierundsiebzigstes Kapitel.

Simla!

Wie eine Schar Landstreicher und Bettler verließen ich und meine zwölf Diener am 24. Juli Toktschen. Neun Tage hatten wir dort zugebracht, ohne andere Beschäftigung als zuzuschauen, wie die Monsunregen, die ich den Eingeborenen unvorsichtigerweise versprochen hatte, kerzengerade herabstürzten! Die Ortsbehörden machten diesmal geltend, daß wir, weil ich keinen Paß aus Lhasa hätte, auch nicht berechtigt seien, die große Landstraße nach Ladak zu benutzen, sondern auf dem Wege, auf dem wir gekommen, wieder nach Innertibet zurückkehren müßten! Wenn ich des großen, weißen Fleckes nun nicht schon satt gewesen wäre, so hätte ich ihren Vorschlag mit Vergnügen angenommen. Aber ich war zu abgearbeitet und sehnte mich nach Hause! Als sie mir den Beistand und die Transportmittel, die wir begehrten, rundheraus versagten, da brachen wir zu Fuß auf und ließen unsere letzten zehn Pferde und Maulesel das Gepäck tragen. Der Schimmel aus Kamba Tsenams Zelt stand mir, wie sonst, zur Verfügung. Eine Eskorte hatte ich nicht — man wollte gar nichts mit mir zu tun haben, um im Fall eines Nachspiels mit dem Devaschung ganz frei von Schuld zu sein! Erst am heiligen See, längs dessen Nordufers wir auf bekannten Wegen hinzogen, stießen wir auf einen Vagabunden, der sich erbot, uns den Weg nach dem Kloster Totling zu zeigen.

In Langbo-nan machte ich noch in aller Eile einen Besuch bei dem jungen Abt, der noch ebenso sympathisch und liebenswürdig war als im vorigen Jahr, und in Tschiu-gumpa traf ich meinen Freund Tundup Lama, der abgezehrt und melancholisch aussah und seines einsamen Klosterlebens müde war. Große Flüsse ergossen jetzt ihr Wasser in die beiden Seen, und mit einem Gefühl des Grams verließ ich wieder den Schauplatz so vieler teurer und unvergeßlicher Erinnerungen.

Bevor wir das Kloster Tirtapuri erreichten, hatten wir mehrere Flüsse zu überschreiten, die, vom Transhimalaja kommend, dem Satledsch

Altartisch mit Götterbildern in Mangnang-gumpa.
Aquarell des Verfassers.

ihren Tribut zahlen. Drei davon waren durch den anhaltenden Regen
ungeheuer angeschwollen; graubraun und schaumweiß wälzten sich ihre
Wassermassen über tückische Steinblöcke, „dröhnend wie des Donners
Krachen!" Es wallte und kochte zwischen den Felsplatten, es brauste und
stürzte über die glatten Blöcke, und ich schwebte in Todesangst, daß die
mühsam eingebrachte Ernte des letzten langen Winters durch einen einzigen
kleinen Fehltritt verloren gehen könnte!

In rieselndem Regen erreichten wir Tirtapuris Tempel. Lobsang,
Gulam, Kutus, Tubges, Suän und Kuntschuk sollten mich von hier aus
nach Simla begleiten, während Abdul Kerim und die übrigen fünf ihre
Löhne und Gratifikationen ausbezahlt erhielten und über Gartok nach
Leh heimgeschickt wurden. Ich kannte den Weg nach Simla nicht; auf
der Karte sah er näher aus als der Weg nach Ladak. Daher glaubte
ich, daß meine Abteilung ihr Ziel eher als die andere erreichen werde.
Aber diese Straße ist phantastisch wild, und die Nebenflüsse des Satledsch
haben sich tief in die Erdrinde eingeschnitten; man kann sich in die
Cañons des Colorado versetzt glauben; einen Tag geht es steil an die
1000 Meter hinab, und am nächsten klettert man dieselbe Meterzahl wieder hinauf! Die Entfernung wird daher wenigstens doppelt so groß,
als sie auf der Karte erscheint. Abdul Kerim erreichte denn auch Leh
viel eher, als ich nach Simla gelangte. Infolgedessen gingen die ersten
Nachrichten über uns von ihm und nicht von mir aus, und manche
meiner Freunde fürchteten das schlimmste für mich. Es sah ja auch
sonderbar aus, daß meine Leute unversehrt in ihre Heimat zurückkehrten,
während ich selber noch immer vermißt wurde!

Indessen trennten wir uns am 1. August unter strömenden Tränen
und gelangten über die drei Klöster Dongbo, Dava und Mangnang
(s. bunte Tafel) am 13. nach Totling-gumpa, in dessen Nähe Pater
Andrade vor 300 Jahren in der jetzt verfallenen Stadt Tsaparang ge-
weilt hatte. Hier traf ich den Hinduarzt Mohanlal aus Gartok, der
mir die ersten Nachrichten von der Außenwelt brachte. Durch ihn erfuhr
ich zu meinem tiefen Schmerze König Oskars Tod, eine jetzt schon
acht Monate alte Trauerkunde. Er erzählte mir auch von der in Indien
erwachenden Gärung und den Befürchtungen, die meine Freunde meinetwegen hegten. Thakur Jai Chand hatte von der indischen Regierung
Befehl erhalten, um jeden Preis festzustellen, ob ich noch am Leben sei
oder nicht. Er hatte in verschiedenen Richtungen tibetische Freibeuter
ausgeschickt und dem, der sichere Kunde von meinem Schicksal bringe,
50 Rupien versprochen — soviel mochte ich, seiner Meinung nach, wohl
wert sein! Abdul Kerim, der im bestem Wohlsein in Gartok angekommen

war, wurde daher zum Garpun gerufen, der zu ihm sagte: „Euer Sahib ist schrecklich; er gibt nicht eher Ruhe, bis ich seinetwegen den Kopf verliere." Der alte Hadschi Naser Schah, der unsere letzte Karawane so gewissenhaft ausgerüstet hatte, war im letzten Winter gestorben.

Als wir am 24. Juli Toktschen verließen, hatte ich mich in dem Gedanken gefreut, daß wir jetzt Schritt für Schritt in immer tiefere Gegenden, in immer dichtere und wärmere Luftschichten hinabsteigen würden. Einen Monat später befanden wir uns jedoch auf noch größerer Höhe als in Toktschen, sahen das Land unter einer Schneedecke liegen und hörten wieder die Hagelschauer auf unsere zerrissenen Zelte schmettern! Aber in Schipki schlugen wir sie wieder in einem Garten auf, der in der üppigsten Schönheit des Sommers prangte und hörten den Wind durch die dichtbelaubten Kronen der Aprikosenbäume säuseln. Schipki ist das letzte Dorf in Tibet. Von seiner Gartenoase beginnt der steile Aufstieg nach dem Schipki-la, auf den man gelangt, nachdem man eine Höhe überwunden hat, die sechs aufeinandergestellten Eiffeltürmen entspricht! Dort oben steht man auf der Grenze zwischen Tibet und Indien. Ich wandte mich um und ließ den Blick zum letztenmal über jene trostlos öden, unfruchtbaren Gebirge schweifen, wo meine Träume sich verwirklicht und mein Glücksstern heller und freundlicher als je zuvor gestrahlt hatte.

So leb' denn wohl, du Heimat der Wildesel und der Antilopen, du heiliges Land des Taschi-Lama, des Tso-mavang und des Tsangpo, du Land, in dessen geheimnisvolle Täler der Fremdling nur dann den Weg findet, wenn er zwei arktische Winter überlebt und im Hirtengewand eine Herde widerspenstiger Schafe vor sich hertreibt! Es war mir, als hätte ich hier auch vom Besten meiner Jugend und vom inhaltreichsten Kapitel meiner Lebensgeschichte Abschied genommen! —

Am 28. August 1908 lagerten wir in dem Dorfe Poo, und ich verlebte hier zwei unvergeßliche Tage in dem gastfreien Hause der Herrenhuter Missionare. Die Herren Marx und Schnabel und ihre liebenswürdigen Familien überhäuften mich mit Güte. Hier stürmten auch tausend Neuigkeiten aus der Außenwelt auf mich ein — mir war zumute, als lausche ich der Brandung an der endlich erreichten Meeresküste! Über zwei Jahre hatte ich keinen Europäer gesehen und sah selbst wie ein tibetischer Straßenräuber aus (Abb. 372, 373). Aber die Missionare putzten mich mit einem europäischen Sommeranzug heraus und setzten mir einen indischen Helm auf den Kopf.

Einige Tage später kamen wir nach Kanam-gumpa, wo der ungarische Forscher Alexander Csoma de Körös vor 80 Jahren als Mönch

373. Der Verfasser in tibetischer Kleidung in Poo.

374. Takkar in seinem neuen Heim bei den Missionaren in Poo.

375. Klein-Puppy.

lamaistische Weisheit studierte und wie kein zweiter die Gelehrten des Abendlandes mit den Mysterien der geheimnisvollen Religion bekannt machte. Wie ruhig verlief dagegen mein Leben droben auf der weiten Hochebene von Tschang-tang! Jetzt erfüllt das Rauschen des Strudel bildenden Flusses das schwindelnd tiefe Tal, und zwischen senkrechten Felsen hallt das Echo des donnernden Tosens der Wassermassen wider. Wie kahl und karg war doch die tibetische Erde gewesen! Jetzt lausche ich täglich dem Flüstern lauer Winde in tiefen, dunklen Nadelholzwäldern, die die steilen Hänge des Himalaja beschatten.

Immer tiefer geht es hinunter, immer wärmer wird die Luft. Mein treuer Freund, der große zottige Takkar, sieht mich mit fragenden Blicken an. „Er liebt nicht des Sommers duftenden Kranz, nicht der Wiesen bunten Saum." Er gedenkt des freien Lebens auf den weiten offenen Ebenen, er vermißt die Kämpfe mit den Wölfen der Wildnis und träumt vom Land der ewigen Schneestürme. Eines Tages sahen wir ihn aus einer Quelle, deren Bächlein den Pfad kreuzte, trinken und sich dann in den kühlen Schatten des Waldes legen. Er hatte das schon manch liebes Mal getan, aber diesmal sollte ich ihn nicht wiedersehen! Er kehrte um und lief allein nach Tibet zurück! Doch schied er trauernden Herzens von mir, was ich daraus ersah, daß er geglaubt hat, die Missionare in Poo bitten zu müssen, mir einen Gruß zu senden. Eines Morgens fanden sie ihn vor dem Hoftor ihrer Station liegen, und, seiner alten Gewohnheit getreu, wollte er niemand hinein- oder herauslassen. Aber er wurde gastfrei aufgenommen und ging an der Kette als Gefangener neuen Schicksalen entgegen. Durch Herrn Marx erhalte ich noch von Zeit zu Zeit einen Gruß von meinem alten Takkar, der mein Zelt so treu verteidigte, als ich sein Heimatland verkleidet durchreiste! (Abb. 374.)

Im Club des Asiatiques in Paris hatte ich einmal mit Madame Massieu diniert, die so viele wunderbare Reisen in Asien gemacht hat. Prinz Roland Bonaparte und der Herzog Henri d'Orléans waren bei jener Gelegenheit zugegen gewesen, die mir lebhaft vor der Erinnerung schwebte, als ich am 7. September der weitgereisten Pariser Dame im Stationshaus von Taranda begegnete! Wir hatten uns viel zu erzählen, als wir das gemeinsame Mittagessen, das wir je zur Hälfte bezahlten, verzehrten. Unberührt von den Jahren, jugendlich und enthusiastisch, unternahm Madame Massieu später noch eine kühne Reise nach Katmandu.

Mit steigender Unruhe war ich dem Augenblick entgegengegangen, in dem ich nach beinah zwölfmonatigem, völligem Schweigen wieder Briefe aus der Heimat erhalten würde, und hatte mich gefragt, ob ich sie wohl ohne Tränen erbrechen und lesen würde. In **Gaursa** traf mich am 9. September die Postsendung. Ich las den ganzen Abend, die ganze Nacht und den ganzen folgenden Tag, und die letzten Tagereisen nach Simla konnte ich frohen Herzens zurücklegen, da mir jeglicher Kummer erspart geblieben war und ich wußte, daß zu Haus alles gut stand! Jetzt säuselten die Winde noch milder in den Zedern des Himalaja, und das Rauschen des Satledsch hallte wie die Trommelwirbel eines Triumphmarsches.

In **Kotgar** wohnte ich dem Abendgottesdienst in der Kirche der Missionare bei. Wie seltsam, wieder die versöhnenden, weichen Töne der Orgel zu hören und sich als unwürdiger christlicher Pilger in einer christlichen Kirche mit Dankbarkeit des einsamen Lebens der vergangenen Jahre zu erinnern!

Am folgenden Tag war ich zum letztenmal mit den Meinen unterwegs, denn bei **Narkanda** traf ich eine Rikscha, die mir Oberst **Dunlop Smith** entgegengeschickt hatte. Ich verließ die Meinen, um ohne Aufenthalt weiter zu eilen, während sie in gewöhnlicher Marschordnung nachfolgten. Wie herrlich, sich wieder an die Rücklehne des zweirädrigen kleinen Fuhrwerks lehnen zu können und in sausender Fahrt unter dem schattigen Gewölbe der Deodaras dahinzurollen!

Der 15. September war mein großer Tag. Ich hatte im Bungalow von **Fagu** übernachtet. Dieser Lagerplatz, wo ich ganz allein war, hatte die Nummer 499! Simla würde das Lager 500 werden. Es war ein ganz merkwürdiges Gefühl, so auf der Grenze zwischen der Wildnis und höchster Zivilisation zu stehen! An der Brüstung des prächtigen Fahrweges saß da ein Herr in seinem Rikscha — es war Reuters Korrespondent, mein Freund Mr. **Edward Buck**. „Nun geht's los", dachte ich! Und so ging es denn weiter, die letzte Tagereise.

In der Ferne erscheint die herrliche, vornehme Stadt auf ihren steilen Hügeln, und die weißen Häuser schimmern zwischen den Bäumen hervor. Eine schöne Jungfrau fängt uns in ihren Kodak ein; aber es ist noch früh am Morgen, und wir erreichen ohne weiteren Unfall ein rettendes Herrengarderobengeschäft! Denn trotz des Anzuges aus Poo mußte ich gründlich renoviert werden, ehe ich mich innerhalb der Tore des Viceregal Lodge sehen lassen konnte!

Welch überwältigender Kontrast gegen das Leben, das ich zwei lange Jahre hindurch geführt hatte! Schon am 16. September lief ein „Stateball" von Stapel, und wieder hörte ich das knarrende Geräusch auf dem sandbestreuten Hof, als unzählige Rikschas die Gäste zum Balle brachten. Rauschende Seide, blitzende Juwelen, glänzende Uniformen — in ununter=

376. Sieben Gentlemen in Simla.

377. Abschied von meinen letzten Getreuen vor dem Hauptportal des vizeköniglichen Palastes in Simla.
Sitzend Kutus und Lobsang, stehend Suän, Gulam und Kuntschuk.

brochener Reihe schreitet Simlas vornehme Welt zwischen den Trabanten mit den hohen Turbanen und den blinkenden Lanzen hindurch. „God save the King!" Mit dem Stab als Gefolge treten die Exzellenzen ein und unter den Klängen eines Straußschen Walzers beginnt der Tanz. Ganz wie im Mai 1906; die seitdem verflossenen 28 Monate erschienen mir wie ein bizarrer, wunderbarer Traum!

Die ersten Tage wohnte ich bei meinem alten edlen Freunde Oberst Dunlop Smith und hatte jetzt Gelegenheit, ihm und seinen liebenswürdigen Damen für alle die Mühe zu danken, die sie meinetwegen gehabt, und für die neun mit schönen Sachen gefüllten Kisten, die sie mir im vorigen Jahr nach Gartok geschickt hatten. Nachher siedelte ich wieder in das Viceregal Lodge über und genoß bei Lord und Lady Minto dieselbe grenzenlose Gastfreundschaft wie einst. Von meinen Fenstern aus sah ich wieder die Kämme des Himalaja scharf und klar am Horizont stehen, und hinter ihnen dehnten sich die Berge und Täler Tibets aus wie ein endloses Meer.

Welch ein Luxus und Reichtum! Ich wohnte wie ein Fürst, schritt nachdenklich auf weichen Teppichen auf und nieder, las abends in einem schwellenden Seidenbett bei elektrischem Licht schwedische Zeitungen, badete in einer Porzellanwanne und wurde von Hindus in vizeköniglicher Livree bedient — ich, der soeben erst in Lumpen gegangen war und Schafe gehütet hatte!

Am 24. September versammelten sich 150 Herren und Damen in großer Gala im Prunksaal des Viceregal Lodge zu Simla. Er war diesmal als Hörsaal eingerichtet, und auf der mit goldgesticktem Brokat überzogenen Estrade, wo sonst die Thronsessel stehen, war eine gewaltige Landkarte von Tibet angebracht. Auf den vordersten Stühlen sah man den Oberbefehlshaber der indischen Armee, Lord Kitchener of Khartoum, den Gouverneur des Pandschab und die Maharadschas von Alwar und Gwalior, und unter den Gästen waren alle Generale vertreten, sämtliche höheren Offiziere, alle Staatssekretäre, Männer der Wissenschaft und Mitglieder des Corps diplomatique, die sich gerade in Simla befanden. Der Militärsekretär, Oberst Victor Brook, tritt vor und verkündet das Erscheinen Sr. Exzellenz des Vizekönigs und der Lady Minto. Ich hatte ganz fürchterliches Lampenfieber, aber ehe ich mir dessen selbst bewußt wurde, hörte ich in dem glänzenden Saale „Your Excellencies, Ladies and Gentlemen" von meiner eigenen Stimme erschallen, und darauf folgte ein Bericht über meine letzten Reisen. Es war ein Uhr morgens, als mein Vortrag zu Ende war! Nachdem Lord Minto noch eine mehr als liebenswürdige Rede gehalten hatte, begaben sich die Gäste in die Nebensäle zu dem späten Souper.

In einem Serai unterhalb des Schlosses wohnten meine sechs La=
dakis und meine sieben letzten Tiere. — Ich ging oft hinunter, besuchte
sie und spielte eine Weile mit meinem alten Reisekameraden Klein=Puppy.

Doch auch die Tage der Ruhe flogen dahin und bald kam der letzte.
Ich nahm Klein=Puppy auf den Arm, drückte ihn an mich, streichelte ihm
den Kopf und kann sagen, daß es mir wirklich schwer wurde, mich von
ihm loszureißen — ihn machte die elegante Kleidung seines Herrn ver=
legen, und er sah mich in diesem Augenblick fragend und melancholisch
an, als ahne er, daß das Band zwischen uns jetzt zerschnitten werden
solle und wir einander nie wiedersehen würden (Abb. 375). Seit dem
Tage, da er am Fuß des Schneepasses Kara=korum geboren wurde,
hatten wir ja Freud und Leid gemeinsam getragen. Von den Hunden
zu scheiden, ist das allerschwerste — den Männern Lebewohl zu sagen,
wird mir nicht so schwer!

Schon bei ihrer Ankunft in Simla hatte ich meinen Leuten je
60 Rupien zu neuen Anzügen geschenkt, und sie hatten dafür in einem Basar
einige alte abgelegte Uniformen mit blanken Messingknöpfen aufgetrieben,
die ihrer Ansicht nach nobel und kleidsam waren. Auf den Achsel=
klappen waren die Worte „Guard London S. W. Railway" zu lesen;
wie sie sich nach Indien verirrt hatten, weiß ich nicht. Doch in diesen
Uniformen und mit rotem Fes auf dem Kopf fanden sich meine Leute
am letzten September auf dem Palasthof ein (Abb. 376). Sie durften
meine sieben Pferde und Maulesel, Sattel, Zelte, Pelze, Schlafsäcke und
alles andere behalten. Meinen Schimmel sollten sie in Leh verkaufen und
sich in den Erlös teilen. Gulam sollte Klein=Puppy übernehmen und
dafür sorgen, daß er nicht Mangel zu leiden brauche — es war wie
die Auflösung eines Hauswesens, wie eine Auspfändung. Außer seinem
Lohn erhielt jeder noch 100 Rupien als Geschenk und den vierfachen
Betrag des Reisegeldes nach Leh.

Lord und Lady Minto waren bei unserem Abschied zugegen, und der
Vizekönig hielt eine kurze lobende Rede an die Leute (Abb. 377). Es wurde
mir schwer, von ihnen zu scheiden; sogar der so gleichmütige Lobsang,
der über Simlas Pracht und Reichtum ganz verdutzt war, weinte wie ein
Kind, als er mit schweren Schritten seinen Kameraden zu den wartenden
Lasttieren hinunter folgte.

„Welche Treue, welche Anhänglichkeit!" rief Lady Minto gerührt
aus, „ihre Tränen sprechen deutlicher als lange Beschreibungen."

Anfang Oktober reisten der Vizekönig und Lady Minto ins Gebirge,
und nach herzlichem Abschied von ihnen und heißem Dank für all die Güte,
mit der sie mich überhäuft hatten, war ich nun allein und verlassen in

378. Meine letzte Stunde mit Lord Kitchener.

Aron Jonason Photogr.

dem großen Schloß. Erst in acht Tagen sollte mein Dampfer von Bombay nach dem äußersten Osten abgehen. Die fünf Tage, die ich noch in Simla blieb, verlebte ich zu meiner großen Freude als Gast in Lord Kitcheners Residenz Snowdon (Abb. 378). Nie werde ich diese Tage vergessen! Meine Zimmer waren mit Blumen geschmückt, und auf einem Tisch lagen vierzehn Werke über Tibet, die aus der Bibliothek des Generals herausgesucht worden waren, um mir als Lektüre zu dienen. Mit den heiteren, kameradschaftlichen Adjutanten, den Hauptleuten Wyllie und Basset, lebten wir als vier Junggesellen, nahmen Frühstück, Lunch und Mittag zu vieren und verbrachten die Abende im Billardzimmer, auf dessen Kaminfries man die bezeichnende Devise „Strike and fear not!" liest.

Nachmittags pflegte der General mit mir auf der Landstraße, die nach Tibet führt, spazieren zu reiten; wir sprachen dann von Europas Zukunft in Asien und Afrika, und ich erhielt einen Einblick wie noch nie in Lord Kitcheners Leben und Arbeit in Ägypten.

Aber auch die Tage in Snowdon verrannen. Am 11. Oktober brachte mich der Besieger Afrikas gerade um die Zeit, als die Gemeinde zur Kirche ging, nach dem Bahnhof, und ich sagte dem Manne, dessen Taten ich stets grenzenlos bewundert habe, ein letztes Lebewohl. Auf der Station Sommerhill unterhalb des Viceregal Lodge wechselte ich noch einen letzten Händedruck mit meinem lieben Freunde Dunlop Smith; dann verschwanden Simlas weiße Sommerhäuser in der Ferne, und der Zug rollte dem heißen Indien und dem großen öden Meere entgegen.

Register.

Abdul Kerim, Hedins Karawanenführer II, 200. 201. 212. 359. 362. 363. 381.
Abflußloses Gebiet I, 89. 237. 244; II, 7. 189. 223. 292. 338. 374. 375.
Absi II, 83.
Abuk-la II, 359.
Ackerbau, obere Grenze II, 2 33.
Akſai-tſchin-See I, 81. 86. 87. 88. 89; II, 227. 228.
Alexander der Große I, 2; II, 187.
Amban Lien I, 265. 353.
Amitabha I, 294. 301. 319; inkarniert in Taſchi-Lama I, 289. 292.
Ammonſchafe I, 134. 157; II, 185. 230. 277. 343.
Amtſchen-la II, 274.
Amtſchi-Lama II, 263.
Amtſchok-jung II, 23.
Amtſchok-tang II, 23.
Amtſchok-tſo II, 23. 24; Tiefe II, 24. 25.
Amtſchung II, 291.
Andrade, Pater II, 381.
Angden-la II, 21. 295. 372. 376.
Angſi-tſchu II, 84. 85.
Antelope Plain I, 129.
Antilopen I, 85. 89. 92. 109. 138. 140. 160. 167. 168; II, 13. 23. 342, ſ. a. Goa- und Pantholops-Antilopen.
Antſchar-See I, 29.
Aong-tſangpo II, 362. 364.
Argok-tſo II, 364.
Arka-tag II, 374.
Arport-tſo I, 94; II, 222. 227. 232. 233. 234.
Arung-kampa I, 250.
Aſien, Erwachen zur Selbſtändigkeit I, 357.

Aſſam I, 256; II, 78.
Atkinſon II, 190. 358. 366. 369. 376.
Austrocknungsringe I, 117; II, 344.
Avalokiteſchvara I, 40. 371; inkarniert im Dalai-Lama I, 289.

Baltal I, 35.
Bando II, 65.
Bän-la II, 21.
Barong-la II, 17. 342.
Baſang, Tal II, 31.
Basgho-gumpa I, 40.
Baumgrenze I, 385. 389.
Bergkrankheit I, 192.
Bhotias, Miſchvolk I, 344.
Bhutan I, 337; Grenze gegen Tibet I, 249; Radſcha II, 165.
Blatternepidemie I, 335. 336; II, 73.
Bob-Karbu I, 38.
Bogle, Gesandter I, 288. 300.
Bogtſang-tſangpo I, 67. 167. 180. 184. 186. 187. 191. 192.
Bokar II, 185.
Bok-tſchu I, 377.
Bolu I, 137.
Bongba, Provinz II, 48. 171. 189. 355. 376; Einteilung in Diſtrikte II, 351.
Bongba-jeke II, 355.
Bongba-kebjang II, 290. 351.
Bongba-kemar II, 290. 350.
Bongba-taruk II, 352. 353.
Bongba-tſchangma II, 271.
Bongba-tſchuſchar II, 341. 342.
Bon-Religion, die Urreligion in Tibet I, 279. 295. 392.
Bower I, 123. 131. 194; II, 227; Route I, 160. 178; II, 194.

Brahmaputra I, 1. 241. 249. 251; II, 22.
 61. 166. 292. 373. 375; Namen I, 256.
 364; Quellen I, 260; II, 70. 77. 82.
 157; Vereinigung der Quellflüsse II, 71;
 Wassermenge II, 72. 73; s. a. Tsangpo.
Braune Puppy I, 31. 139. 360; II, 148.
 209; Verlust II, 197. 264. 265. 268.
Brebung, Kloster I, 301; II, 69.
Brücke über Gobo=tsangpo II, 2; am
 Manasarovar II, 135; über My=tschu
 I, 388. 389; über Tsangpo II, 178.
Brückner, Professor II, 162.
Buck, Edward II, 192. 384.
Buka=magna I, 148.
Bulak II, 211.
Bumnak=tschu II, 10.
Bupjung=ring II, 292.
Buptö II, 329. 351.
Bup=tsang=tsangpo II, 290. 291. 292. 293.
 296. 323. 329. 334. 338. 351. 354.
 375; Erosionsterrassen II, 352.
Bup=tschu=tsangpo I, 247. 248. 389;
 Wassermenge I, 389.
Burrard, Oberst II, 162. 358. 368. 369.
 376. 377.
Burroughs Wellcome & Co. I, 26. 154. 155.
Buser=tsangpo I, 233.
Büßerschnee II, 30.
Butschu=tso II, 342.

Calvert II, 188. 367. 368. 373.
Campbell=Bannerman, Sir Henry I, 4.
Carey I, 42; II, 42.
Chalamba=la II, 367. 368. 372. 373. 374.
Chaleb II, 156. 177.
Charta=tsangpo (Nain Sing) II, 302.
Chinesen in Tibet I, 309. 332. 353. 357;
 Garnison in Schigatse I, 265.
Cockburns Agency I, 26.
Crosby I, 87. 89. 118; II, 227.
Csoma de Körös I, 317; II, 382.
Curzon, Lord, Vizekönig I, 3. 4. 290;
 II, 377; Gründe für den Namen Trans=
 himalaja II, 377. 378.

Dach der Welt II, 227.
Dagtse=tso I, 185. 187. 193. 194.
Dahlgren II, 370. 371.
Da Kuren II, 177.

Dalai=Lama I, 218. 289. 297. 338. 353.
 354. 357; Bedeutung I, 289; Bedeutung
 des Wortes II, 160; Absetzung durch
 China I, 274; Flucht I, 274; Mission
 an I, 51; Politik I, 290; bestätigt die
 Wahl des Taschi=Lama I, 294; Zweifel
 an Unfehlbarkeit I, 275.
Dalgleish I, 42; II, 42; Grab I, 53. 54.
Dambak=rong II, 53.
Dam=largen=la II, 367. 372.
Damm II, 62.
Dam=tschu I, 377; II, 156.
Dangbä=la I, 248.
Dangbä=tschu I, 247.
Dangra=jum=tso I, 95. 133. 139. 179. 190.
 191. 193. 228; II, 8. 13. 14. 16. 22.
 338. 344; heiliger See I, 223. 224;
 Ufer I, 187; salziges Wasser II, 17;
 früher wasserreicher II, 18.
Dangra=tso = Dangra=jum=tso II, 9.
D'Anville II, 160. 293; Karte II, 161. 365.
Dapsang II, 216. 218.
Daru=tso (Nain Sing) I, 231.
Dava II, 381.
Daya Kischen Kaul I, 14. 22. 25. 31.
Deasy I, 47. 88. 96. 117. 118. 126.
 129. 137; II, 227. 250; Lager I, 110.
 116. 118.
Deasy Group I, 119. 126.
Deodarazeder I, 5.
Devaschung in Lhasa I, 53. 181. 224. 338;
 II, 293. 313. 320. 335; Frondienste für
 II, 293; Verhältnis zu Indien I, 185;
 Vertrag I, 217. 223.
Dhaulagiri II, 60.
Dhok=la II, 367.
Dihong = Tsangpo I, 256.
Dikpa=karnak II, 170.
Ding=la II, 363.
Diri=pu, Kloster II, 168. 182.
Ditscha=la II, 338. 373.
Dobá Dobá Cho (Nain Sing) I, 234.
Dokang I, 250.
Dokang=pe I, 250.
Dokang=tschummo I, 367.
Dok=tschu I, 380. 381; II, 34; Geschwin=
 digkeit I, 379; Mündung in Tsangpo I,
 379; Stromschnellen I, 377. 378. 379.

Döle-gumpa, Nonnenkloster I, 387.
Dolma, Gattin des ersten tibetischen Königs I, 298.
Dolma-la II, 171. 173. 174.
Döltschu-gumpa I, 161; II, 157.
Dombe-la II, 372.
Dongbo II, 68. 381.
Dongdong II, 74. 77. 83. 84.
Dongmo-tschu II, 25.
Dongtschen-la II, 343.
Dopserma, Insel II, 153.
Dorab-la II, 58.
Dortsche, Donnerkeil I, 285. 301.
Dortsche Tsuän II, 319. 328. 334; Unterredung mit Hedin II, 319.
Do-tsängkan II, 20.
Dras I, 36. 37. 39.
Drugub I, 62; II, 191. 195. 198.
Drummond II, 106.
Dsalung-la II, 351. 373.
Dschera I, 40.
Dschihlam, Fluß I, 20. 21.
Dschimre, Kloster I, 58. 59.
Dschukti-la II, 188. 295. 367. 373. 374. 376.
Dsong I, 219. 250.
Dsundi, Dorf I, 253.
Duan Suän, Chinese I, 266. 350. 351.
Dubu Lhamo (Nain Sing) I, 185.
Dufour II, 369; Karte II, 365. 366.
Dumbok-tso I, 196. 200.
Dünen II, 68; am Langak-tso II, 145. 146; im Tsangpotal I, 254. 256. 376. 377; II, 53.
Dung-jeilak II, 205.
Dunglung II, 183.
Dunglung-do II, 164. 167.
Dungtsa-tso I, 173; II, 184.
Dung-tschapdsche II, 174.
Dunka-la II, 21.
Dunlop Smith, Oberst I, 10. 11. 51. 95. 358; II, 122. 188. 193. 196. 384. 385. 387.
Dupkang, Einsiedelei I, 396.
Dutreuil de Rhins I, 42. 43. 118. 131. 185. 194; II, 14. 42.

Eingeweide der Götterbilder I, 331.
Elektrische Entladungen bei Sandstürmen II, 266. 267.

England, Regierung I, 4; Gesandte in Tibet I, 288; Versuch, in Tibet Fuß zu fassen I, 290; Vertrag mit China I, 358. 359.
Erdbeben II, 362.
Erdmäuse I, 85. 88. 142. 193. 200; II, 10. 297. 298. 360; Auflockerung des Bodens I, 193.
Erdpyramiden I, 251. 254.
Eremiten II, 5. 6; Grotten II, 5.
Erratische Blöcke II, 77. 80.
Eule II, 289.

Fagu II, 384.
Falle für Antilopen II, 243.
Fellboote I, 257. 258.
Felsmalereien I, 380. 381. 382.
Fieberlager Deasys I, 110.
Fische I, 192; II, 33. 184. 185.
Fischgott II, 109.
Fitzgerald, Hauptmann I, 289.
Fließender Boden I, 77. 78. 80. 135; II, 30.
Forsyth I, 47. 74.
Francke, A. H. I, 49.
Fraser, David I, 289.

Gäbbji-la II, 373.
Gabet II, 366.
Gäbuk-jung II, 304.
Gäbuk-la II, 304. 306.
Gäbuk-tschu II, 302. 304.
Gaffar I, 137.
Galdan, Kloster I, 301.
Galsan I, 137.
Gandän-tschöding, Kloster I, 370. 371.
Ganderbal I, 30.
Gandscheban I, 33.
Gandschu-gumpa II, 69.
Gandschu-la II, 69.
Ganga II, 155.
Ganges II, 61. 375.
Ganglung II, 85.
Ganglung-gangri II, 160. 163. 358.
Ganglung-la II, 373.
Ganglung-tschu II, 107.
Gangri (Kailas) II, 92.
Gangri Mountains II, 376.
Gänseinsel II, 149. 155.
Gao, Amulette I, 221.
Gara-la II, 330.

Gar-gunsa II, 191.
Garpun, Vizekönige in Gartok II, 29. 181. 188. 189. 190. 191. 318. 355.
Gartok I, 347; II, 88. 188.
Gartschung I, 138.
Gastaldi II, 370. 371.
Gätsa-rung II, 245.
Gaursa II, 384.
Gawe-ting II, 82. 83.
Gaw Daloi I, 350. 351. 352. 354; II, 14.
Gebetmühle I, 324. 366. 373. 381; II, 179.
Ge-dun-dup, Gründer von Taschi-lunpo I, 297.
Gefriererscheinungen I, 204.
Geier als Leichenvernichter I, 334. 335.
Gelong, zweiter Lamagrad I, 316. 317.
Gelugpa (Tugendsekte), Lamabrüderschaft I, 275. 298. 383; Gründung I, 301; erster Großlama I, 297.
Geröllterrassen I, 385. 386.
Gertse, Distrikt I, 161. 166. 167. 174; II, 183.
Gestein, bei der Indusquelle II, 185; Gletscherton II, 80. 133; Gneis II, 201; Granit I, 251. 253. 259. 380. 382. 383. 384. 386; II, 2. 14. 65. 77. 80. 85. 148. 168. 169. 176. 182. 200. 201. 204. 205. 247. 257. 289. 294. 296. 297. 339. 340. 343. 346. 350. 356; Graustein II, 200; Grünstein I, 170; Konglomerat I, 126; II, 164. 165. 169. 176; Porphyr I, 210. 386; II, 22. 148. 208. 209. 247. 262. 290. 294. 340. 354; Quarzit I, 132; II, 257; Sandstein I, 126; II, 165; Schiefer I, 132. 134. 242. 257. 383. 384. 386. 388. 390; II, 22. 32. 56. 65. 140. 148. 182. 247. 284. 298. 335. 343. 346.
Getsul, erster Lamagrad I, 316. 317.
Ghalaring-tso II, 361.
Ghe, Dorf I, 383.
Gjäbuk-la II, 32. 33.
Gjägong-la II, 336.
Gjägongtal II, 335.
Gjä-la II, 325.
Gjalpo Rinpotsche, Titel des Dalai-Lama I, 289.
Gjangtschag-tsallgen, Kniefallwanderung II, 172.

Gjang-tschu II, 70. 74.
Gjänor-tsangpo II, 354.
Gjuma-tschu II, 139.
Glazialerosion II, 107.
Gletscher, alte II, 164; im Quellgebiet des Brahmaputra II, 80. 81; am Kailas II, 169.
Goaantilopen I, 277; II, 246.
Goa-la II, 349.
Goa-lung II, 349.
Goang-schung II, 354.
Goang-tsangpo II, 354.
Goang-tso I, 194.
Gobrang, Bergrücken I, 185.
Gogra, Lagerplatz I, 74.
Gold I, 156. 169.
Goldfundstellen I, 162. 174; II, 245. 252.
Goldgräber I, 169. 171. 174.
Goldweg II, 359.
Gomosee I, 165. 167.
Gomo-selung I, 162.
Gossul-gumpa II, 101. 118. 123. 124. 126; Gründung des Klosters II, 124. 125.
Gott des Tso-mavang II, 109. 124.
Götterbilder in Taschi-lunpo I, 331.
Gova, Distriktschef, vom Vogtsangt-sangvo I, 184; von Bongba-tschuschar II, 342; von Nagor II, 67; von Njuku II, 45. 51; von Parka II, 140. 148. 153; Parvang II, 353. 359. 363; Pensa II, 353; Pundar II, 355; von Raga-tasam II, 47; von Toktschen II, 87. 90; von Tradum II, 45. 52. 53. 56. 65; Tschykjyng II, 280. 281; Tsepten II, 293; von Tuksum II, 68. 69.
Govo, Dorf II, 2.
Govo-tsangpo II, 2.
Grabkapellen der Taschi-Lamas I, 272. 296; des zweiten und dritten Taschi-Lama I, 299; des ersten bis vierten Taschi-Lama I, 303. 304; des fünften Taschi-Lama I, 303. 304.
Grabmäler der Pembo-Großlamas I, 366.
Grenard I, 185; II, 14. 369.
Grünwedel I, 295; II, 178.
Gubuk-gumpa II, 62.
Guffaru I, 47. 66. 137. 192; II, 42. 88. 122. 199; krank II, 26.

Gulab Sing, Maharadscha I, 51.
Gulam der Koch II, 199. 208. 386.
Gulam Kadir I, 340. 341. 346. 367.
Gulam Rasul I, 51. 137. 340. 347; II, 190. 191. 192. 193. 196. 199. 382.
Gumpa = Kloster I, 40; Bedeutung des Wortes I, 329.
Gumpa-sarpa I, 332.
Gunda-tammo, Nonnenkloster I, 382.
Gunsang Ngurbu, Einsiedler II, 6. 7.
Gunt I, 33. 34.
Guntschu-tso II, 72. 157. 158. 160. 162. 163.
Guring-la II, 368. 372.
Gurkang-pu II, 62.
Gurla, Berg II, 71.
Gurla Mandatta II, 85. 86. 91. 96. 97. 99. 110. 132. 133. 134. 153.
Gurtse-la I, 195.
Gyangtse I, 219. 263. 351.
Gyanima II, 85. 183.

Hadschi, Begleiter Hedins, II, 52. 55. 57.
Hadschi Baba, Hedins Name in der Verkleidung II, 283. 244.
Hadschi Naser Schah I, 50. 51. 52. 55. 340; Handelsniederlagen I, 340. 347.
Hayden II, 368.
Hedin, Abdul Kerim vermißt II, 351. 353. 363; Abmarsch aus Gartok II, 191; Abschied vom Brahmaputra II, 85, von Dortsche Tsuän II, 334, von der Eskorte I, 384; II, 18. 351, vom Indus I, 58, von Kamba Tsenam II, 336, von Karma Tamding I, 192, von Ladak II, 204, vom Manasarovar II, 141. 143. 144, von den Mönchen von Tugugumpa II, 132, von Muhamed Isa II, 32, von Robert II, 191. 201, von Schigatse I, 363, von Simla I, 17. 18; II, 387, von Srinagar I, 28, vom Taschi-Lama I, 363, von Tibet II, 380. 382; Abschiedsfest für Tibeter II, 332. 333; Abzugslinie I, 359; Abzugspläne I, 353. 354. 355. 356. 357; auf dem Amtschoktso II, 24. 25; Ankunft der Post I, 227; Anteil der Mönche von Tugu-gumpa an ihm II, 122; tibetischer Anzug II, 329; am Arport-tso II, 232. 233. 234; Audienz beim Taschi-Lama I, 283—292, photographiert ihn I, 290; Aufbruch von Leh I, 55; Aufstieg nach Tibet II, 206. 207; Ausmusterung des Gepäcks I, 148. 149; II, 238. 248. 250; Ausrüstung I, 26. 27. 49. 67; II, 200. 201. 212. 222. 328; Ausrüstung für Tsangpo-Reise I, 359. 361; Ausrüstung zu zweiter Reise II, 193. 194. 195; Begegnung mit den ersten Tibetern I, 155. 156. 161. 163. 164, feindliche Begegnung mit Tibetern I, 183, Begegnung mit mißtrauischen Tibetern II, 254. 255; Beginn der Tibetreise I, 57; Begleiter I, 19. 25. 28. 34. 35. 36. 37. 38. 41. 46. 47. 48. 57. 60. 66. 71. 93. 94. 136—138; II, 199. 200. 202. 204. 332; Bestimmung des Quellflusses des Brahmaputra II, 72; Besuch von Beamten aus Lhasa I, 338, von Beamten aus Saka-dsong II, 44. 55, bei Ma Daloi I, 282. 310, des Tsongpun Taschi II, 282; Boot I, 26. 98; Bootfahrt auf dem Manasarovar II, 92. 113, Lotungen II, 113; Boten nach Schigatse mit Briefen II, 28; Brief des Amban Lien Darin II, 189. 361; Brief von Gaw Daloi I, 354; keinen Brief in die Heimat II, 322; Briefe aus der Heimat II, 383. 384; Briefe aus Lhasa II, 54; Brief an Lien Darin II, 318; Brief vom chinesischen Oberkommissar I, 358; Buchtitel „Transhimalaja" II, 376; auf dem Dach der Welt II, 227; mit Dortsche Tsuän II, 328; auf dem Dok-tschu I, 377—379; Einfluß des Todes Muhamed Isas II, 46; Einführung des Namens Transhimalaja II, 295. 376; auf dem Eis des Ngangtse-tso I, 202; Empfang der Post II, 188; Empfehlungsbrief des Radscha von Stogh I, 52; entdeckt II, 308. 310; Entdeckung der Indusquelle II, 168; Entlassung von Begleitern II, 50. 52. 196. 197; Besuch des Neujahrsfestes in Taschi-lunpo I, 267; Eskorte I, 360; II, 4. 10. 329. 340, neue II, 9, im Tsangpotal I, 365; Fahrt auf Jeschil-köl I, 110. 116, auf Lake Lighten I, 99.

108, auf dem Pul-tso I, 120. 122; Feststellung des Zusammenhanges des Transhimalaja II, 295; in Ganderbal I, 30. 31; in Gartok II, 188; Geschenke des Taschi-Lama I, 283. 319. 363, für den Taschi-Lama I, 283. 291. 292; Gespräch mit Taschi-Lama I, 287; Heimweh II, 317. 345. 359; hoffnungslose Lage der Karawane II, 235; Hunde I, 31. 44. 56. 60. 61. 68. 97. 130. 139. 140. 231. 235. 360. 363. 364; II, 21. 29. 49. 51. 56. 209. 226. 272; an der Indusquelle II, 186. 187; Isobathenkarte des Manasarovar II, 107; größte Kälte II, 229; Kamba Tsenam II, 330. 331; Karawane I, 42. 44. 63. 66. 68. 69. 80. 95. 96. 116. 124. 126. 186. 192; II, 1. 43. 44. 192. 257. 293. 329. 334, in Leh I, 44. 45. 46, für die Umwanderung des Kailas II, 164; Karawanenleben I, 58. 59. 129. 135; II, 25; Karawanentiere I, 44. 45. 46. 55. 56. 69. 134. 140. 143. 144. 145. 148. 160. 162. 171. 173. 175. 177. 178. 183. 237. 265; II, 193. 199. 200; krank I, 154. 155. 160; bei Kung Guschuk I, 348; Ladakischimmel I, 76. 153. 363; II, 200. 242. 246. 247. 248; Lager Nr. 1 I, 76. 77; Nr. 2 I, 80; Nr. 6 I, 84; Nr. 8 I, 87; II, 213. 228; Nr. 9 I, 88. 89; Nr. 10 I, 90; Nr. 15 I, 93; Nr. 18 I, 108; Nr. 22 I, 119; Nr. 23 I, 123; Nr. 25 I, 123; Nr. 28 I, 128; Nr. 29 I, 128; Nr. 32 I, 130; Nr. 34 I, 132; Nr. 36 I, 133; Nr. 37 I, 134; Nr. 40 I, 139; Nr. 44 I, 141; Nr. 46 I, 144. 145; Nr. 47 I, 148; Nr. 48 I, 151; Nr. 55 I, 162; Nr. 56 I, 157; Nr. 58 160; Nr. 59 I, 161; Nr. 60 I, 163; Nr. 61 I, 169; Nr. 63 I, 171; Nr. 77 I, 180; Nr. 78 I, 184; Nr. 98 I, 202; Nr. 99 I, 207; Nr. 100 I, 206; Nr. 102 I, 210; Nr. 104 I, 212; Nr. 107 I, 215; Nr. 115 I, 235; Nr. 118 I, 240. 241; Nr. 124 I, 250; Nr. 150 II, 14. 19; Nr. 151 II, 19; Nr. 167 II, 33; Nr. 168 II, 33; Nr. 177 II, 52; Nr. 191 II, 69; Nr. 200 II, 74. 76; Nr. 201 II, 77. 81. 82;

Nr. 210 II, 87; Nr. 212 II, 92; Nr. 213 II, 129; Nr. 214 II, 101; Nr. 218 II, 133. 134; Nr. 219 II, 135; Nr. 222 II, 139; Nr. 234 II, 182; Nr. 279 II, 209; Nr. 283 II, 212. 213. 215; Nr. 287 II, 219; Nr. 293 II, 223; Nr. 299 II, 226; Nr. 300 II, 227; Nr. 304 II, 229; Nr. 306 II, 230; Nr. 309 II, 231; Nr. 310 II, 231; Nr. 319 II, 239; Nr. 320 II, 241; Nr. 324 II, 245; Nr. 329 II, 246; Nr. 333 II, 249; Nr. 341 II, 253; Nr. 342 II, 254; Nr. 345 II, 258; Nr. 359 II, 273; Nr. 368 II, 287; Nr. 369 II, 288; Nr. 374 II, 290; Nr. 379 II, 292; Nr. 383 II, 297; Nr. 390 II, 306; Nr. 391 II, 309; Nr. 400 II, 336; Nr. 401 II, 338; Nr. 417 II, 350; Nr. 418 II, 350; Nr. 428 II, 355; Nr. 432 II, 357; Nr. 439 II, 362; Nr. 500 II, 384, erstes Lager im Brahmaputratal I, 252. 253, am Indus II, 183, Lager auf der Chalebheide II, 156. 177, in Saka-dsong II, 35. 36—47, im Tschanglung-jogma-Tal I, 75. 76, Lagerleben I, 62. 124. 125. 141. 143. 154. 169. 170. 177; II, 209. 224. 226. 249, Lagerplatz I, 499; II, 384; am Langak-tso II, 145; in Leh I, 41; Lotungen auf dem Jeschil-köl I, 110, auf dem Lake Lighten I, 100, auf dem Manasarovar II, 91. 92. 100. 130. 136. 137, im Ngangtse-tso I, 201; Marsch zur Indusquelle II, 181; Muhamed Isas Tod II, 40. 43; in Nepal II, 60. 62; Neujahr 1908 II, 223; chinesischer Paß I, 23. 24. 267; als Padischahim (Ew. Majestät) II, 355; Passierung des Schejokflußes II, 201. 202. 203; photographiert Taschi-Lama I, 317. 318. 319; Plan der Reise I, 1. 2. 3; Plan einer neuen Reise II, 190. 191. 192; Plan, in Verkleidung zu reisen II, 194; neue Pläne I, 220; II, 258. 320. 321. 323; an der Quelle des Brahmaputra II, 82; Reise nach Indien I, 4; als Rinpotsche (Ew. Heiligkeit) I, 163; II, 355; in Schigatse I, 263—363; Schwierigkeiten durch England I, 6. 9. 350, durch chinesischen

Vertreter in Lhasa I, 350. 351; in Simla I, 5. 6. 12. 13; II, 384—387; in Srinagar I, 21; der Statthalter von Saka-dsong II, 319; Streit mit Häuptling bei Saka II, 34. 35; Tagla Tsering II, 345. 346; in Taschi-lunpo I, 264—355; Transhimalaja-Pässe II, 372, 373; Übergang über den Kangscham II, 273; Übergang über Bogtsang-tsangpo I, 184; Überschreitung des Transhimalaja II, 8. 22. 188. 189. 340. 372. 373; Umwanderung des Kailas II, 154. 164. 176; Unterhaltung mit Taschi-Lama I, 318. 319; Unterkunft in Schigatse I, 264. 266; Unterredung mit Ma Daloi I, 265; als Ursache des Wassermangels II, 75; Verkleidung II, 244. 246. 266. 267. 268. 277. 278. 299. 309. 310; Verweigerung der Erlaubnis zur Bereisung Tibets I, 8. 9. 10; erstes Weihnachten in Tibet I, 196—199; zweites Weihnachten in Tibet II, 219; beim Wettschießen in Schigatse I, 305—310; Zelt I, 31.

Hemi, Kloster I, 58. 389.
Herrenhuter Missionare I, 49. 50; II, 382.
Himalaja I, 2. 6. 19. 244. 249. 251; II, 22. 30. 56. 59. 60. 61. 85. 309. 325. 374. 375. 378; Aufbau II, 374. 375; höchster Punkt II, 375; Kämme II, 375; Niederschläge II, 374; Pässe II, 374; Paßhöhe II, 374; Täler II, 374.
Himalajazeder s. Deodarazeder.
Hindukusch II, 374.
Hindus am Manasarovar II, 113.
Hiraman I, 61. 66. 68; II, 199.
Hlabsen Dortsche Barba I, 109.
Hladsche Tsering, Gouverneur von Naktsang I, 212. 215. 216. 217. 339; II, 14.
Hle-lungpa II, 167.
Hlindu-ling I, 257.
Hodgson II, 190. 295. 358. 369. 376; Karte II, 365. 366.
Huc, Pater II, 301. 365. 366. 368. 371. 372; Karte II, 365.
Hunde, heilige, in Klöstern I, 334.

Indus, auch Sind oder Sänd I, 29. 32. 39. 40. 41. 52. 56. 58. 60; II, 373.

375; Brücke I, 40. 58; Lauf II, 186; Quelle I, 2. 30. 40; II, 157. 184. 185; Quellflüsse I, 186.

Jallak-mallak II, 292.
Jamtschuk, Dorf II, 62.
Jamtschuk-pu II, 62.
Janggo-gumpa II, 108. 110. 111.
Jang-lung II, 279.
Jangtschut-tanga II, 289.
Japkak I, 68. 76.
Japtschan = Japkak II, 214.
Jarkentpferde I, 45.
Je, Talebene I, 251. 370.
Jege II, 351.
Jere-tsangpo (Brahmaputra) I, 241. 251. 256; II, 160.
Jeschil-köl I, 81. 88. 109. 110. 118. 119; Tiefe I, 110.
Je-schung I, 251. 370.
Jesuiten in China II, 161. 293. 365; Karte II, 366. 367.
Jor-la II, 373.
Julgunluk II, 206.
Jumba-matsen II, 188.
Junduk Tsering I, 217. 218.
Jungtschen, vierter Lamagrad I, 316.
Jurun-kasch I, 85.
Jutschen I, 317.
Jylung-la II, 373.

Kabbalo, Dorf I, 250.
Kadach, Willkommtuch I, 252. 277.
Kadsung, Tal I, 73.
Kailas I, 40. 147. 176. 181; II, 87. 91. 92. 97. 130. 153. 157. 158. 159. 166. 168. 169. 177. 182. 183; nach chinesischen Geographen II, 159. 166; Namen II, 92; Umwandrung II, 164. 165; s. Kang-rinpotsche.
Kailas Range II, 369. 376.
Kaji-pangbuk, Lagerplatz I, 234.
Kaji-rung, Tal I, 234.
Ka-la II, 359.
Kali Gandak, Fluß II, 61.
Kalun, hoher tibetischer Beamter I, 180.
Kam, Dorf I, 253.
Kamba-sumbo II, 26.
Kamba Tsenam II, 302. 305. 316. 318. 330. 335.

Kam-la I, 191.
Kamtschung-tschu II, 302.
Kando-sanglam II, 176.
Kandschur, Bibel der Tibeter I, 299. 372.
Kandschur-lhakang I, 299. 320. 330. 331.
Kangan I, 32.
Kanglung-buptschu II, 31.
Kanglung-la II, 30.
Kangmar II, 342.
Kang-rinpotsche s. a. Kailas.
Kangscham-tsangpo II, 273.
Kanpo-Lama, dritter Lamagrad I, 316. 317.
Kantschung-gangri II, 336. 337. 338. 376.
Kanum, Kloster I, 317; II, 382.
Kapta, Berg II, 354.
Kaptar-chane II, 205.
Kaptschor, Lagerplatz I, 233.
Kara-kasch I, 85.
Kara-kasch-darja II, 222. 223. 224.
Kara-korum-Gebirge I, 2. 72. 79. 83. 133; II, 365. 374.
— Paß I, 45; II, 205.
Karbu, Ort I, 36.
Karbu-la II, 87.
Kargan-la II, 84.
Kargil I, 37.
Karma Puntso II, 271. 272. 277. 287. 355.
Karma Tambing I, 190. 192.
Karnali II, 157.
Karong-tso II, 350.
Karu, Kloster I, 58. 364. 365.
Kaschmir I, 21. 32; Maharadscha I, 24. 25.
Kathing, Tal I, 385.
Katschen, Abteilung des dritten Lamagrades I, 316. 317.
Kebetschungu I, 176.
Kebjang II, 351.
Kelung-tsangpo I, 235.
Kemar II, 351.
Kesar-tsangpo I, 234.
Ke-tsangpo II, 2.
Keva, Berg I, 193.
Kham I, 172. 172.
Kiang, s. Wildesel.
Kien Lung, chinesischer Kaiser I, 299. 300. 329.
Kilung-la II, 53.
Kintschen-la II, 306. 308.

Kisil-unkur II, 216.
Kitchener, Lord I, 8. 11. 16; II, 385. 387; Residenz in Simla I, 17; II, 387.
Kitschung-la II, 30.
Kjam-tschu II, 22. 25.
Kjangbam II, 9.
Kjangbam-tsangpo II, 21.
Kjangrang II, 351. 363.
Kjaring-tso I, 185. 223. 234.
Kjärkjätal II, 33.
Klein-Puppy II, 245. 248. 261. 267. 274. 279. 280. 286. 298. 303. 352. 386.
Kniefallwanderung um den Kailas I, 321; II, 172. 173.
Koeppen I, 289. 295. 396; II, 178.
Kograng-sanspo I, 72. 74.
Kokbo, Tal II, 10. 13.
Könige, die vier großen I, 302.
König Oskar, Tod II, 381.
Kore-la II, 56. 58. 59. 60. 61. 64. 374.
Korlo, Gebetmühle I, 366.
Köteklik II, 208.
Kotgar II, 283.
Krishna, Pundit I, 244. 367. 372.
Krustentiere I, 122. 207.
Kubi-gangri II, 70. 78. 81.
Kubi-tsangpo II, 72. 73. 74. 77. 80. 81. 83; Wassermenge II, 72.
Kulane, s. Wildesel.
Kule-la II, 318.
Kulturpflanzen I, 365, 377, 384; II, 2. 33.
Kum-bum, Kloster I, 299. 301.
Kung Guschuk, Bruder des Taschi-Lama I, 228. 252. 263. 264. 267. 277. 347. 348. 349. 362; sein Heim I, 347. 348. 349; Frau I, 348.
Kung-lung I, 192. 193.
Kung-muga II, 64.
Kung-scherja II, 280.
Kung-tsangpo I, 234.
Kungtschuk-tong II, 62.
Kung-tso I, 193.
Kuru-tschok II, 54.
Kven-lun I, 119. 129; II, 374.

Laän-la I, 200.
Labrang, Vatikan von Taschi-lunpo I, 222. 223. 231. 271. 296; Grenze II, 14.

Ladak, Könige I, 51. 52. 58.
Ladaki, Gesang I, 131. 197. 252; II,
 216. 217; unempfindlich gegen Kälte I,
 145; Ortsgedächtnis I, 136; Pferde I,
 45; Begriffe von Reinlichkeit I, 135;
 Treue der Frauen I, 137; Vermischung
 mit Nachbarvölkern I, 344; Vertrauen
 in Missionare I, 50.
Ladung=la II, 279. 287.
Lagba, Leichenträger I, 333.
La-ghanjak, Paß I, 187. 188.
Lahtsang (Ryder) II, 71.
Lake Lighten I, 81. 88. 89. 93. 96. 109.
 118; Tiefen I, 100.
Lake Rawling I, 134.
Lakkor=tso II, 356.
Laktsang II, 351.
Lama, Anzahl in Taschi=lunpo I, 279.
 316; als Arzt II, 263; ausgestoßener
 II, 4; Bedeutung des Wortes I, 396;
 bettelnde I, 345. 346; II, 5. 6. 12;
 Bruderschaft I, 275; Dämonenbeschwö-
 rung I, 282; Doktordisputation I, 314.
 315; Eheerlaubnis I, 370; eingemauerte
 I, 327. 328. 396—405; Einnahmen I,
 322; Erbschaft I, 390; Fleischgenuß I,
 280; gelbe I, 275. 289. 301. 365; Gesang
 I, 275. 276. 391; Gottesdienst I, 391;
 göttliche I, 370; vier Grade I, 316;
 Verletzung des Keuschheitsgelübdes I,
 328; Leben I, 368. 369; Leichenzerstückler I, 404; magische Künste I, 327.
 328; Maskentänze I, 278. 279; tief-
 stehende Moral I, 39. 342; Musik I, 280;
 Musikinstrumente I, 275. 278. 279; rote
 I, 301; Tracht I, 271; Tod und Bestattung
 I, 304. 333. 334. 367. 368; Vorlesung für
 Novizen I, 330; Verpflegung I, 323;
 vornehme II, 69; wandernde I, 321.
 322; II, 175; Wohnungen I, 322. 370.
Lamaismus I, 295. 392; heilige Bücher
 I, 372; Feste I, 269; Gründer II, 17; Neu-
 jahrsfest I, 269; Stellung zum Buddhis-
 mus I, 279; religiöse Zentren II, 177.
Lama=juru, Kloster I, 38. 39.
Lama=kuntschuk, göttliche Lamas I, 370.
Lamblung I, 231.
Lamlung=la II, 325. 346.

Lamo=tang I, 255.
Lamtschyker II, 176.
Landor II, 143.
Lanek-la I, 72. 94; II, 204.
Langak-tso (Rakas-tal) II, 91. 101. 128.
 134. 135. 159. 162. 164; unterirdischer
 Abfluß II, 134. 155; Aufbrechen des
 Eises II, 155; Austrocknung II, 162;
 Höhenlage zum Manasarovar II, 144;
 Inseln II, 148. 153; Kanal II, 143.
 144; Lotungen II, 145 ff.; Sage der
 Tibeter II, 144; Teufelssee II, 148;
 Umriß II, 145; Wasser II, 155; Wasser-
 zufluß II, 156; stürmisches Wetter II,
 148; Zufrieren II, 155.
Langbo=nan II, 139. 140. 380.
Langmar=tsangpo II, 2.
Langta=tschen II, 83.
Langtschen=kabab II, 157.
Langtschen=kamba II, 86. 155. 157. 160
Lap II, 339.
Lapsen=tari II, 8.
Laptschung=so II, 338. 339.
Largäp, Distrikt II, 9; Häuptling II, 16. 21.
La-rock, Paß I, 250. 251.
La=schung, Land I, 162.
La=schung=tso I, 162.
Lastschafe I, 242; II, 183. 257.
Latsche=to, Insel II, 149.
La=tschu II, 156.
Lavar=gangri II, 360.
Lavar=tsangpo II, 362.
Lbatatal I, 68.
Leh I, 41. 52; Friedhof I, 53, 54; Mis-
 sionare I, 50; alter Palast I, 53.
Lehlung=gumpa I, 374. 385.
Lemtschung=tso II, 250. 251.
Lendschotal I, 388.
Lesdain, Graf von I, 244; II, 368. 372.
Lhabse II, 178.
Lhajak II, 74.
Lhasa I, 174. 201. 252. 259; II, 177. 319;
 Besetzung der Stadt durch Engländer
 I, 274; Grenze II, 14; Straße I, 251.
Lhato II, 178. 186.
Lien Darin, Amban I, 265; II, 189.
Liktse, Kloster II, 57. 58.
Linga I, 395; II, 1.

Linga-gumpa I, 247. 389. 390. 391. 392. 393. 394.
Linga-koh, Dorf I, 389.
Lingö, Dorf I, 381.
Ling-schi-tang I, 81. 83.
Littledale I, 178. 194; II, 368. 371. 372. 378.
Loang-gonga II, 85.
Lobsang, Begleiter Hedins II, 199. 219. 274. 381.
Lobsang Tsering I, 173. 174. 266. 267; II, 184. 345.
Lobsang Tsundo Gjamtso, Staatsminister I, 277. 284. 285.
Lo Gapu II, 58. 63; Residenz II, 63.
Long, Gegend II, 210.
Lopön Rinpotsche = Padmasambhava II,17.
Loptschak-Mission I, 51.
Losar, Neujahrsfest der Lamaisten I, 269; Hymne I, 276.
Lo-schung II, 26.
Lößlehm I, 253.
Lößterrassen I, 306.
Lukkong, Dorf I, 65.
Luma-schar II, 273.
Lumbo-gangri II, 51. 53.
Lumbur-ringmo-tso II, 254. 257.
Lundup Tsering II, 14.
Lungar I, 68.
Lungdep-ningri II, 185.
Lungdep-tschu II, 184.
Lung-gandän-gumpa I, 383. 397.
Lung-jung II, 74.
Lungmar-la II, 373.
Lungnak, Tal I, 72.
Lungnak-buptschu II, 289.
Lungnak-la II, 353. 373.
Lungring, Paß II, 26.
Lunkar-gumba II, 352. 353. 354.
Lunkar-la II, 353. 354. 356.
Lunpo-gangri II, 291. 292. 294. 295. 297. 299. 309. 326. 369. 376.

Mabie-tangsang-angmo II, 352.
Ma Daloi I, 264. 301. 358. 362.
Malcolm I, 118. 131.
Ma-lung-Fluß I, 248.
Mama-nani II, 110.
Mamer, Dorf I, 33.

Manasarovar I, 170; II, 85. 87. 90. 159. 373; Abfluß zum Rakas-tal II, 101. 134. 155; Beschreibung im Kloster Tugu II, 131; Bootfahrt II, 92 ff.; Bootfahrten vor Hedin II, 106; von Gletschern erodiert II, 107; Lotungen II, 101 ff. 110. 134. 135. 136. 137; Quellen im Seeboden II, 133; Sattel zwischen Rakas-tal II, 102; Seespiegelveränderungen II, 110; Strandlinien II, 92; Süßwassersee II, 134; Uferlinie, alte II, 125; Umriß II, 135; Verbindung mit Rakas-tal II, 143; Wasser II, 100; Rückgang des Wassers II, 125; Wasserstand II, 125; Wasserzufluß II, 139; Zufrieren II, 125.
Man-da-la II, 374.
Mangnang, Kloster II, 381.
Manimauern I, 38. 56. 58. 178. 232. 242. 247. 365. 381. 383. 385. 389; II, 23. 32. 178. 186.
Mani-ringmo s. Manimauern.
Mankogh-la I, 74.
Mankor, Gebetmühle I, 366.
Manlung, Fluß I, 72.
Manuel I, X. 19. 28. 31. 38. 48. 55. 57. 68. 91, 94, 97.
Ma-pama Talai (D'Anville) II, 160.
Maptschu-kamba II, 157.
Marco Polo I, 220; II, 511.
Marium-la II, 71. 72. 158. 160. 325.
Marium-tschu II, 72. 73.
Markham II, 366. 367. 371.
Marku-tso I, 201.
Marmik-gumpa II, 356.
Marnjak-la II, 85.
Marsimik-la I, 69. 70.
Martsang-tsangpo II, 72. 73.
Martschar-tso I, 223. 233.
Marx, Dr. Karl I, 49; II, 382.
Maskentänze I, 278. 299. 280. 281.
Matajun I, 36.
Matschung I, 380.
Memo-nani II, 85. 91.
Memo-tschutsän II, 336.
Mendong-gumpa II, 281. 284. 323. 345. 348. 349.
Men-la II, 355. 373.

Mense-tsaka I, 242.
Mentang II, 63.
Men-tschu I, 52.
Merke-sang II, 351.
Minto, Lord, Vizekönig I, 11. 12. 13. 17. 18; II, 188. 385. 386; Lady I, 12. 13; II, 188. 385. 386.
Mission I, 21.
Missionare s. Herrenhuter.
Mogbo-bimrop I, 179.
Mohanlal, Kaufmann I, 41. 49. 55.
— Arzt II, 191. 381.
Monlam-gongma II, 291.
Monsun, Bedeutung für Tibet II, 52.
Montgomerie, Oberst II, 71. 186. 359. 361. 367. 368. 377.
Moorcroft II, 91. 143.
Moränensee II, 74. 77. 85.
Morley, John, Staatssekretär I, 8. 10.
Mount Everest I, 251; II, 374.
Mts. Koïran II, 366.
Muglib I, 46. 62. 63.
Muhamed Isa, Karawanenführer I, 28. 42. 43. 44. 47. 49. 55. 57. 59. 66. 69. 70. 74. 87. 94. 138. 141. 163. 175. 186. 217. 358. 359; II, 32. 196. 206. 306. 307; Beerdigung II, 40—43; Festgewand I, 270; Grab II, 43. 47. 341; krank II, 36—40; Nachlaß II, 44; Tod II, 40.
Muktschung-simo II, 81. 83.
Mullbe I, 38.
Mun Cho Lakes (Nain Sing) II, 18.
Mundang in Nepal II, 58.
Mundschamtal II, 185.
Mun-tso II, 342.
Murgu II, 208.
Murmeltiere I, 157; II, 182. 360.
My-tsangpo I, 241. 243.
My-tschu I, 243. 244. 246. 248. 256. 260. 381. 382. 383. 384. 385. 386. 388. 389; II, 1; Brücke I, 388. 389; Oberlauf II, 2; Vereinigung mit Ragatsangpo I, 381; Wassermengen I, 389; II, 1.
My-tschu-tsangpo I, 243. 247.

Nadsum I, 194.
Nagma-tsangpo II, 16.
Nagor II, 67.

Nagrongtal II, 264.
Nain Sing I, 2. 185. 187. 202. 231. 260; II, 26. 27. 71. 72. 189. 367. 372. 373. 374; Karte I, 195. 223. 260; II, 9. 17. 18. 207. 269. 342; Route I, 178. 188. 201. 233.
Najala, Berg I, 375.
Nakbo-gongrong-gangri II, 338.
Nakbo-kondo-la II, 338. 372.
Naktsang I, 167. 179. 193. 231; II, 345; Gouverneur I, 185; Grenze II, 14.
Naktschu II, 270. 366.
Na-marden II, 107.
Na-marding II, 87.
Nama-schu II, 63.
Namatschang I, 233.
Namgjal-lhakang I, 300. 326. 327.
Namla, Dorf II, 67.
Namla-gumpa II, 67.
Namo II, 91.
Namreldi II, 133.
Namtschen II, 326. 328.
Nam-tso I, 338; II, 341.
Nangsa-la II, 74.
Naong-rung I, 235.
Naong-tsangpo I, 234. 235. 236. 237. 238.
Naptschu-tsangpo II, 355.
Närung-tsangpo II, 67.
Nebuk, Dorf II, 63.
Negu-la II, 33.
Neka, Gebiet I, 192.
Nema-tok II, 277.
Nepal II, 60, 61; Konsul in Taschi-lunpo I, 272. 337; Maharadscha II, 63.
Nepalesische Kaufleute in Tibet I, 337.
Nesar, Dorf I, 384.
Neujahrsfest in Taschi-lunpo I, 269 ff.
Neve, Dr. Arthur I, 21.
Neve, Dr. Ernst I, 21.
Nevu-la II, 325.
Ngangga II, 155.
Nganglaring-tso II, 345. 361. 362. 373.
Ngangtse-tso I, 191. 194. 200. 202. 212. 223. 230. 233. 237. 238; II, 8. 13; Lotungen I, 201. 204. 205. 212. 214; Salzgehalt I, 207; Süßwassersee I, 210.
Ngartang I, 248.
Ngavang, Statthalter II, 319. 324.

Ngavang Lobsang Tubbän Gjamtso, Dalai
    Lama I, 297.
Ngomo=dingding II, 74. 77. 83.
Ngurbu Tundup, Postbote I, 228. 231.
    232. 245. 252. 255.
Ngurkung=la II, 59.
Nien=tschen=tang=la I, 238. 244; II, 8. 190.
    290. 291. 295. 298. 368. 369. 374.
    376; Name für Gesamtkette I, 351.
Nima=lung=la II, 289. 290.
Nima=pendi II, 108.
Nima Taschi II, 329. 334. 346.
Njagga=tsangpo II, 349.
Njandi=gumpa II, 165. 166.
Njangjo, Dorf II, 63.
Njangtal I, 263. 296.
Njang=tschu I, 263. 363.
Njuku II, 51.
No=la II, 374.
Nonnen I, 317. 318. 321. 345. 371; II,
    5. 6. 349. 354.
Nub=kong=la II, 368.
Nubra I, 59.
Nyenchhen=thangla II, 365.

Oang Gjä II, 319. 326. 327.
O'Connor, Major I, 219, 228. 289. 339.
    351. 358; II, 42. 122. 188. 195.
Ogawa, Professor II, 157. 161.
Ogorung=tsangpo II, 2.
Om mani padme hum I, 40; II, 177. 178.
Om mati Moji sale do I, 369.

Pablaberge I, 233. 236. 237. 244. 247.
Padmapani II, 177.
Padmasambhava I, 279; II, 17.
Pama, Wacholder II, 2. 33. 62.
Panggong=Paß I, 65.
Panggong=tso I, 2. 64; II, 162. 369. 375;
    alter Abfluß zum Indus I, 64.
Pangse=tak, Tal II, 31.
Pani, Dorf I, 260.
Pankur, Gegend II, 258.
Pantholops=Antilopen I, 84. 109; II, 242. 277.
Pantschen Lobsang Jische, zweiter Taschi=
    Lama I, 299.
Pantschen Lobsang Palden Jische, dritter
    Taschi=Lama I, 299. 300.

Pantschen Lobsang Tschöki Gjaltsan, erster
    Taschi=Lama I, 297.
Pantschen Rinpotsche, Titel des Taschi=
    Lama I, 267. 289.
Pantschen Tenbe Nima, vierter Taschi=
    Lama, Grabkapelle I, 302.
Pantschen Tenbe Vangtschuk I, 302.
Pantschor II, 330. 334. 335. 336. 339.
    340. 341. 351.
Päpste, tibetische, politische Bedeutung I, 357.
Párá=sangpo (Nain Sing) I, 234.
Parka, Dorf II, 139. 154.
Parka Tasam, tibetischer Beamter II, 153.
Parma II, 351.
Parong=la II, 17.
Parrjang II, 351.
Parvatal II, 20.
Pasa=guk, Dorf II, 49. 300. 302.
Pati=bo, Gebiet I, 186.
Patschental II, 92. 105. 137. 138.
Patschungtal II, 92. 105. 137. 138.
Patterson I, 42. 43. 45. 47. 49. 53. 54. 55.
Pedangkette II, 359.
Pedang=la II, 357. 373.
Pedang=tsangpo II, 357. 358. 359.
Peling = Europäer I, 180. 181.
Pemba Tsering II, 44. 45. 313. 318. 334.
Pembosekte I, 365. 366. 381; II, 17;
    Grabmäler in Tarting=gumpa I, 366;
    Umwanderung des Kailas II, 168.
Penla=buk II, 8.
Pernanakbo=tang I, 250.
Pesu, Tempel in Linga=gumpa I, 392—394.
Peter, Rev. I, 49. 56.
Petschen=la II, 373.
Photu=la II, 374.
Pike=la I, 191.
Pilger in Taschi=lunpo I, 320. 321. 330;
    um den Kailas II, 84. 165. 167. 171;
    um Dangra=jum=tso II, 17; mongo=
    lische II, 366.
Pinsoling, Kloster und Dorf I, 375. 376;
    Alter des Klosters I, 376; Brücke I, 376.
Pobrang I, 64. 65. 66. 67.
Pod, Name für Tibet II, 7.
Pongtschen=la I, 232.
Poo II, 382.
Porungtal I, 241.

Poru-tso II, 355. 360.
Potala, Palast des Dalai-Lama I, 357.
Potu-la I, 38.
Pratab Sing, Maharadscha I, 24. 25.
Prüfstein für Sünder II, 170.
Pul-tso I, 88. 119. 120. 122; Tiefe I, 122.
Pundi, Berg II, 92. 105. 136. 147.
Pundi-gumpa II, 138.
Punditen I, 1.
Pung-tschu II, 67.
Puntsuk I, 170. 172.
Puptschung-ri I, 235.
Puptschung-tsangpo I, 236.
Purangtal II, 91.
Pusum, Dorf I, 375.
Pu-tschu II, 26.

Quadt, Graf, deutscher Generalkonsul I, 15.
Quelle, heilige II, 86; warme I, 155. 241. 242. 253; II, 135. 289. 336. 353.

Raben I, 129. 140. 142. 151. 346.
Rabsang I, 48. 126. 127. 128. 136. 137.
Rabaktal II, 317.
Raga-loschung II, 30.
Raga-tasam II, 27. 338.
Raga-tsangpo I, 260. 377. 382; II, 22. 25. 26. 309.
Ragok, Tal I, 185.
Ragu (Nain Sing) I, 185.
Rakas-tal s. Langak-tso.
Ramusio II, 371.
Rara I, 191.
Rartse II, 363.
Ravak-la II, 30.
Rawling I, 15. 42. 47. 88. 96. 117. 118. 119. 125. 126. 129. 131. 134. 245. 375; II, 27. 49. 72. 91. 188. 227. 241. 250; Nachruf auf Muhamed Isa II, 42.
Rehim Ali I, 78. 99. 100. 137. 157. 159. 175.
Ribbach, Herr und Frau I, 50.
Rigi-hloma II, 355.
Rigi-tschangma II, 355. 356. 359.
Riktschen, Abteilung des dritten Lamagrades I, 316.
Rinak-tschuksän I, 178.
Rindor II, 315. 316. 324. 334.

Ringding, Abteilung des dritten Lamagrades I, 316.
Rintsche Dortsche II, 315.
Riotschung II, 245.
Ri-tschung-tschu II, 111. 108; Wassermenge II, 108.
Robert, Alexander I, 27. 31. 36. 38. 48. 55. 57. 67. 110. 135. 138. 170. 211. 259; II, 1. 25. 46. 94. 131. 182. 191. 200. 201; als Arzt I, 154. 155; als Meteorologe I, 129.
Rock, Fluß II, 50.
Rokdso, Dorf I, 253.
Ronggak-tschu II, 84.
Rub Das I, 48. 138.
Rukjok-tsangpo II, 53. 299. 300.
Ruldap-tso II, 367. 373.
Rungma, Dorf I, 255. 364.
Rungma-tok II, 245.
Rung-tschu I, 248. 250. 251.
Ryder, Major I, 42. 289; II, 27. 35. 42. 49. 91. 143. 181. 291. 306. 369. 373. 376; Karte I, 260. 375; II, 26. 27. 31. 144. 160.

Sabung, Dorf I, 363.
Saggo-la II, 372.
Saka, Provinz II, 324. 325; Straßen II, 32. 33; Statthalter II, 319.
Saka-dsong II, 27. 31. 35. 290. 302.
Sakti I, 59.
Sälung-urdu II, 133.
Salwen II, 368. 373. 374. 375.
Salz I, 167. 171. 202; als Münze II, 49.
Salzseen II, 354; Austrocknung I, 84.
Salztransport I, 174; II, 48. 183.
Samde-puk, Kloster I, 395.
Samde-pu-pe, Kloster I, 396.
Samderlingtal II, 33.
Samje-la II, 290. 291. 292. 294. 295. 328. 373.
Samoma-saktschä I, 165.
Samo-tsangpo II, 87.
Sänd s. Indus.
Sangge-ngamo-buk II, 345.
Sangmo-bertik-la II, 340. 372.
Sangmo-bertik-Tal II, 338.
Sangra, Berg I, 236. 237.

Sangra-palhé I, 237. 238.
Sangsang II, 324.
Sangtschen-Tsangpo I, 256.
Sangtschen-tschu II, 275.
Sanskar-Pferde I, 45.
Santschen-la II, 277.
Säreding I, 237.
Sar-lung II, 367.
Särpo-tsungé, Berg I, 238.
Särschik-gumpa II, 17.
Sasik Gombas (Nain Sing) II, 17.
Saspul I, 40.
Sassertal II, 208. 209.
Satledsch II, 160. 373. 380. 381; Abfluß aus Langak-tso II, 161; altes Bett II, 154. 156; Flußgebiet II, 107. 162. 183; Quelle I, 155. 157. 163; genetische Quelle II, 107; chinesische Geographen II, 157.
Sa-tschu II, 36. 48.
Satschen-tsangpo II, 31. 35. 293. 325.
Satsot-la II, 288.
Saunders II, 190. 295. 358. 366. 367. 369. 376.
Schahidullah II, 212.
Scha-langscham II, 269. 273. 274. 277. 288. 343. 344. 354.
Schak-tschu II, 8.
Scha-la II, 9. 22. 372.
Schalu-gumpa I, 327.
Schalung-la II, 335.
Schammtal I, 246. 247. 248.
Schamsang II, 70. 71. 355.
Schangbuk-la II, 13.
Schang-schung-la II, 366. 372. 373.
Schang-tschu I, 244. 256. 368.
Schansa-dsong I, 185. 201; II, 320; Straße I, 233.
Schapka II, 77.
Schapka-tschu II, 78.
Schärjak II, 73.
Schar-schalep-la II, 374.
Schar-tso II, 272.
Scha-tschu I, 389; Namen I, 389.
Sche, Ort I, 56.
Schejok II, 201. 203.
Schejokfluß I, 60.
Schemen-tso II, 238. 241.
Sche-ru-la II, 374.

Schialung II, 207.
Schiar-gang-la II, 368. 372. 373. 374.
Schibeling-gumpa II, 109. 123.
Schib-la I, 243.
Schib-la-jilung, Tal I, 243.
Schigatse I, 174. 201. 252. 385; Basar I, 340. 341; Bestattungsplatz I, 332; Dsong I, 263. 270. 305. 340; Häuser I, 305; Lage I, 296; Straßen I, 201. 223. 242. 245. 251. 253; Umfang I, 305.
Schipki II, 382.
Schipki-la II, 382.
Schirgul I, 38.
Schnabel, Missionar II, 382.
Schovo-tso II, 359.
Schugu-la II, 372.
Schukkur Ali I, 48. 137.
Schuro-tso I, 193; II, 13. 20. 21. 22. 342.
Schwefelquellen I, 75.
Segre, Dorf I, 258.
Sekija, Kloster I, 251. 370. 390.
Se-la I, 238.
Sela-la I, 238. 239. 240. 244. 246. 259; II, 8. 295. 372. 376.
Sele-nang, Fluß I, 238. 240.
Selin-do I, 240.
Selipuk II, 353. 361.
Selipuk-gumpa II, 362.
Selling-tso I, 2; II, 293.
Semo-gungma I, 53.
Semo-jogma I, 53.
Semoku II, 314. 318. 325.
Semo-tsangpo II, 137.
Senes-jung-ringmo II, 253.
Sen-kamba-la II, 84.
Senkor I, 167.
Seojynna-Gebirge I, 170. 172.
Sera, Kloster I, 301.
Ser-lam II, 356. 359.
Serme-lartsa II, 26.
Serolung-gumpa II, 87. 92.
Serpun, Goldkontrolleur II, 191. 287. 356.
Serpun-lam II, 287.
Serschik-gumpa I, 224.
Sertsang-tschu I, 194.
Sertschung-la II, 53.
Shawe, Dr. I, 49.
Shellifuk II, 361.

Sherring I, 143. 155; II, 106. 122.
Simla I, 5. 6. 384—387; Palast des Vizekönigs I, 12. 13. 15; Residenz Kitcheners I, 17. 387.
Sind s. Indus.
Singi-buk II, 183.
Singi-jyra II, 185.
Singi-kabab II, 157. 181. 184. 186.
Singi-kamba II, 183. 184. 375.
Singi-tsangpo II, 183.
Singi-tschava II, 185.
Singrul I, 59.
Sirtschung, Dorf I, 384.
Siru Cho (Nain Sing) II, 17.
Snowdon II, 387.
So, Fluß I, 254.
Sodschi-la I, 34. 35. 65.
Soma-njagga-tsangpo II, 349.
Soma-tsangpo II, 293. 342. 348. 349. 375.
Sonamarg I, 34.
Sonam Ngurbu II, 360. 362.
Sonam Tsering I, 46. 47. 63. 66. 117. 138.
Sonnenfinsternis I, 225. 226. 227.
Spanglung-Tal I, 71. 72.
Spittok, Kloster I, 41.
Srinagar I, 21. 24. 29.
Srong Tsan Ganpo, König I, 298.
Stagna-gumpa I, 58.
Stogh, Dorf I, 52; Radscha I, 52. 267.
Stoghpa I, 52.
Stoliczka, Grab I, 53. 54.
Strachey I, 161; II, 91. 143.
Strandlinien II, 360; am Manasarovar II, 92; am Dangra-jum-tso II, 18.
Straßen, von Lhasa nach Ladak (Tasam) II, 27; von Lhasa nach Tok-dschalung II, 287; im My-tschu-Tal I, 388; nach Saka-dsong II, 32; in Tibet II, 179. 338.
Stupa = Tschorten II, 63.
Suän, Begleiter Hedins II, 202. 310. 332. 333.
Sukpu-la II, 33.
Sultak I, 61.
Sundang-tsangpo II, 362.
Sung-tschu II, 156.
Sur-la II, 356.
Sur-la-Gebirge II, 358. 360. 361.

Sur-la-Kemi-la II, 356.
Surle-tsangpo II, 355. 356.
Surnge-la II, 364. 372. 373.

Tabie-tsaka II, 48. 288 289. 296. 338. 338. 350. 354. 356. 376.
Tagar, Dorf I, 59.
Tage-bup-Tal II, 86.
Tage-tsangpo II, 85. 86. 87. 107. 160; Quelle des Satledsch II, 159. 163.
Tagla-tsering II, 345.
Tagrak-tsangpo I, 233. 234. 235. 236.
Tag-ramotsche II, 85.
Tagu-la II, 66.
Tajep-parva-la II, 360.
Takbur II, 34.
Takbur-la II, 34. 35.
Takburtal II, 35.
Takjung Lama, Abt II, 281.
Takkar II, 272. 273. 275. 280. 283. 285. 286. 288. 316. 362. 383.
Ta-la I, 248. 249. 250.
Tambaktal II, 66.
Tam-la II, 85.
Tam-lung-la II, 85. 107. 160.
Tamlung-tso II, 85.
Tamtschok-kabab II, 157. 158.
Tamtschok-kamba I, 364.
Tanak, Ort I, 257. 364.
Tanak-putschu I, 256.
Tandschur I, 372.
Tang Darin, Oberkommissar I, 354.
Tang-gang, Dorf I, 263.
Tang-jung, Provinz I, 190. 193; Häuptling I, 192.
Tang-jung-tsaka I, 187.
Tang-jung-tso (Nain Sing) I, 187. 193.
Tang-la II, 366.
Tang-na I, 377.
Tanka II, 124. 285. 298.
Tanka-gumpa I, 369.
Tankse I, 46. 62; II, 196.
Tarbung-la II, 13.
Targjaling-gumpa II, 48. 49. 281.
Targo-gangri I, 224; II, 8. 10. 13. 14. 15. 17. 18. 19. 20. 21. 22. 338. 342. 343. 344. 376.
Targot-la (Nain Sing) II, 17.

Targot Lha Snowy Peaks I, 202.
Tárgot Lhagéb (Nain Sing) I, 17.
Targo=tsangpo II, 9. 10. 13. 14. 16;
  Wassermenge II, 19.
Tarkjang=la II, 373.
Tarmartse=tso 191.
Tarok II, 351.
Tarok=schung II, 353.
Tarok=tso I, 291. 293. 296. 323. 328.
  334. 352. 354. 375. 376.
Tarpotsche, Votivstange I, 251.
Tarting=gumpa I, 253. 365. 366. 367.
Tarting=tschoro I, 365.
Tartschen II, 181. 365.
Tartschen=labrang, Beginn und Ende der
  Kailaswanderung II, 165. 176.
Tasam II, 27. 32. 48. 56. 138. 288. 291.
  298. 325. 338.
Tasang=la II, 65.
Taschi=Buti, Frau I, 343.
Taschi=gang, Dorf I, 263.
Taschi=gembe I, 251. 371. 372. 373. 374.
Taschi=Lama I, 127. 179. 218. 219. 227.
  256. 259. 267. 278. 289. 303. 314. 315.
  320. 331. 366. 371. 390; erster I, 297;
  zweiter I, 299; dritter I, 288; vierter I,
  288. 302; fünfter I, 302; II, 132; sechster
  I, 288; großes Ansehen I, 274. 275;
  Audienzen von Europäern I, 288; Äuße=
  res I, 276. 277. 286. 292; Beamte I,
  272. 277; Beisetzung I, 293; 25. Geburts=
  tag I, 290; Gemächer I, 284. 285. 286;
  Grabkapellen I, 296. 297. 298. 302. 320;
  weltliche Herrschaft I, 290; Kleidung I,
  286. 329; Lehrer I, 277; Mutter I,
  277; neuer I, 294; Neujahrsfest I, 276.
  282; der Papst von Tschang I, 274;
  Reise nach Indien I, 287. 288. 357;
  Segen I, 320. 321; Tod I, 293.
Taschi=lunpo I, 179. 198. 222. 295. 296;
  II, 177; Ansicht I, 264. 296; Bauten
  I, 270. 271. 312. 313; Begräbnisplatz
  332; Bibliothekssaal I, 299; Bilder=
  galerie I, 328. 329; Festspielhof I, 271.
  272; geistliche Funktionen I, 313. 314.
  326. 327; Götterbilder I, 331; Grab=
  kapellen I, 272; Gründung I, 297; In=
  dustrie I, 322. 331; Kirchenmusik I, 317;
Küche I, 325; Neujahrsfest I, 269 ff.;
  Pilger I, 320. 321; Polizei I, 328; rote
  Galerie I, 313. 323. 325; Rüstkammer
  I, 317; Wandmalereien I, 303. 304;
  Zahl der Mönche I, 316. 317.
Tede=nam=tso (Nain Sing) II, 343. 347.
Tela=mata=la II, 360.
Tengri=nor I, 238. 351; II, 295. 368. 375.
Teri=nam=tso II, 293. 323. 342. 343. 345.
  346. 348. 356; Namen II, 347.
Tertsi II, 346.
Tete=la II, 343. 344.
Tetschen, Berg II, 347.
Tetschung II, 347.
Thakur Jai Chand II, 88. 122. 188. 381.
Tibet, Bevölkerung II, 78; Einführung
  des Buddhismus II, 279; Erforschung
  I, 1. 2; Hauptfluß II, 78; Seen I, 2;
  Unterjochung durch China I, 290. 291;
  Verbot, das Land zu betreten II, 320;
  Zukunft I, 357.
Tibeter, höhere Ämter II, 318. 319; Ansicht
  über Manasarovar II, 92. 93, über Son=
  nenfinsternis I, 226. 227; Äußeres I, 165.
  166; II, 11; Bettler I, 195. 345; II, 69;
  Boote I, 257. 258. 260; heilige Bücher I,
  299; Buttertee I, 221; Dämonenglauben
  I, 282; Ehe I, 336; feindliche Gesinnung
  gegen Europäer I, 127; Flinten I, 167; II,
  5; Frauen I, 341. 342. 343. 344; Fron=
  dienst II, 293; Gebete I, 173; Gegner
  der Jagd und Fischerei I, 192; II, 108.
  271; Gruß I, 164. 250; Hausrat II,
  3. 4. 331; Jäger I, 167. 242. 243;
  II, 317; anatomische Kenntnisse I, 335;
  Kleidung I, 175. 180. 181. 182. 191;
  Klöster I, 256; Lage I, 252; Lager=
  leben II, 350; Landbau I, 251. 255;
  Leben II, 180; Leichenzerstückler I, 333;
  Lieder I, 198. 199; II, 50; Mönche I,
  305 (s. auch Lamas); Nahrung I, 166;
  II, 4; Namengebung II, 255; Nomaden
  I, 161. 167. 201. 344; II, 74. 75. 253.
  293, Frauen I, 168, Handelsartikel I,
  383, Schafzucht II, 276; orthodoxe Wall=
  fahrtrichtung I, 298; Pferde I, 171; von
  Priestern beherrscht I, 346; Räuber I,
  190. 226. 299; II, 55. 140. 300. 301.

335. 337; Reiter I, 307; Schminke I, 342; Schmuck I, 252. 260. 272. 273. 343; Schnupftabak I, 175; Steinhütten II, 3; Tee I, 166; Totengebräuche I, 332—336; Vermischung mit anderen Völkern I, 344; Viehzucht I, 167; Würfelspiel II, 324; Zeitrechnung II, 165; Zelte II, 10. 11. 12. 331; Zopf II, 11; Zweifel an Unfehlbarkeit des Dalai-Lama I, 275.
Tigu-tang I, 388.
Tikse, Kloster und Dorf I, 56. 58.
Ting-la II, 10.
Tingri II, 320.
Tiri-nam-tso II, 347.
Tirtapuri II, 380. 381.
Toa-nabsum I, 234.
Tok-dschalung I, 383; II, 2. 287.
Tok-dschonsung II, 73.
Tokpa, Goldgräber I, 171.
Toktschen II, 87. 137. 364. 380. 382.
Tomo-schapko I, 194.
Tong, Landschaft I, 383.
Tong-tso II, 258. 269.
Tormakaru, Berg I, 236.
Totling-gumpa II, 380. 381.
Tova-tova, Distrikt I, 234.
Tradum II, 55. 56.
Tradum-gumpa II, 56.
Transalai II, 378.
Transhimalaja I, 259. 386; II, 2. 7. 8. 22. 26. 35. 74. 83. 92. 183. 189. 238. 240. 290. 295. 306. 323. 325. 336. 338. 339. 340. 343. 351. 353. 355. 358. 361. 365. 366. 367. 368. 369. 372. 373. 374. 380; Bau und Bedeutung I, 244; II, 375; eines der mächtigsten Gebirgssysteme II, 374; Einführung des Namens durch Hedin II, 295. 376. 377. 378; Gesteinmasse II, 374; höchster Punkt II, 375; Kämme II, 374; klimatische Grenze I, 244; II, 8; Kulminationspunkt II, 374; Niederschläge II, 374; Pässe II, 373. 374; Täler II, 374.
Trotter II, 367.
Tsaka-tschusän I, 241.
Tsake-la II, 369.

Tsaktserkan I, 270. 353. 356. 359.
Tsalam-nakta-la II, 339. 350. 372.
Tsamba, geröstetes Mehl I, 193.
Tsang, Provinz II, 158.
Tsangpo I, 249. 251. 254. 258. 259. 260. 296. 375. 380; II, 66. 67. 363. 369. 371. 374; Brücke I, 375. 376; Durchbruch durch Himalaja I, 256; Geschwindigkeit I, 358. 379; Namen I, 256; Tal bei Schigatse I, 255; Ufer I, 254; Wasser I, 254; Wassermenge II, 34. 69. 70; s. a. Brahmaputra.
Tsangpo Tschimbo = Tsangpo I, 256.
Tsaparang II, 381.
Tsari-nam-tso II, 347.
Tsaruk II, 351.
Tsasa-la II, 58.
Tsa-tschu-tsangpo II, 56. 57.
Tschabuk-tso II, 288.
Tschagha, Dorf I, 375.
Tschakko, heilige Quelle II, 86.
Tschaklam-la II, 274. 275.
Tschaktak-tsangpo II, 30. 33. 34. 49. 53. 296. 300. 301. 302. 325. 336. 337. 338. 367; Geschwindigkeit II, 33. 49; Vereinigung mit Tsangpo II, 31; Wassermenge II, 33. 49.
Tschaktschom-la I, 172.
Tschamo-lungtschen II, 167.
Tschang, Bier I, 62.
Tschang, Provinz I, 290. 322.
Tschanga, Dorf I, 58.
Tschang-dang, Dorf I, 263.
Tschang-la I, 58. 59. 61. 65; II, 369.
Tschang-la-Pod-la II, 7. 22. 295. 372. 376; Bedeutung des Namens II, 7.
Tschang-lung-barma I, 74.
Tschang-lung-jogma I, 74. 75. 77. 78. 249.
Tschangma II, 351.
Tschangpa I, 109. 110. 152. 165. 167.
Tschang-schung, Fluß II, 26.
Tschang-tang I, 109. 168. 244. 250. 344; II, 22. 83. 92. 340.
Tschang-targo-ri II, 18.
Tschang-tschenmo-Tal I, 72; II, 204.
Tschapka-la I, 231.
Tschärgip-gumpa II, 141.
Tschargut-tso I, 180. 185.

Tschärok II, 70.
Tscharvak II, 206.
Tschega-gumpa I, 250.
Tschema-jundung II, 72. 73. 74. 84.
Tschema-jundung-pu II, 74. 84.
Tschenresi I, 371.
Tschesang-la I, 245. 246.
Tschikum II, 65.
Tschiptu-la II, 351.
Tschi Tschao Nan, Geograph II, 157.
Tschiu-gumpa II, 92. 135. 136. 140. 380; Abt II, 136.
Tschockar-schung-tschu II, 58.
Tschoktschu I, 241. 242.
Tschomo-gangri II, 292.
Tschomo-sumdo II, 5.
Tschomo-utschong II, 26. 30. 33. 298. 306. 308. 317. 325. 326. 330. 339.
Tschong-jangal II, 204.
Tschorten I, 38. 326; II, 178.
Tschuding, Nonnenkloster I, 364.
Tschugge-lung, Tal I, 243.
Tschuma, Fluß II, 16.
Tschungsang II, 30.
Tschunit-tso II, 288. 289. 350. 375.
Tschuru II, 51.
Tschuschar II, 351.
Tschuta I, 75.
Tsebo-la II, 372.
Tselungtal II, 176.
Tsepagmed I, 319. 331. 371.
Tsering, der Koch I, 98. 126. 137. 138. 141. 154. 155. 160. 189. 190; II, 41. 43. 90. 196. 197.
Tsering Dava I, 170. 172.
Tsering Tundup II, 136.
Tseti-la II, 182. 183.
Tseti-latschen-la II, 169. 183. 295. 373. 376.
Tse-tschung-tso II, 77.
Tso, Distrikt II, 63.
Tso-charki-tsangpo II, 63.
Tso-kavala II, 176.
Tso-mavang (Manasarovar) I, 91. 170; II, 87. 91. 160. 162. 341; Heilkraft des Wassers II, 341. 342; Liebling der Götter II, 148; salzigwerden II, 162.
Tsongka-djong II, 32. 33.

Tsongkapa, Reformator der Gelbmützen-Lamas I, 289. 297. 300. 301. 302. 326. 331. 390; Grab I, 301; Tempel I, 300; Tempelwächter I, 300.
Tsongpun Taschi II, 274. 277. 281. 282. 284.
Tso-niti II, 74.
Tso-niti-kargang II, 74.
Tso-njak I, 87.
Tso-ri I, 196.
Tso-rinpotsche, s. Manasarovar.
Tsotot-karpo II, 65.
Tsuktschung-tschang I, 376.
Tsumtul-pu, Kloster I, 176.
Tubbän Tschöki Nima Geleg Namgjal, der sechste Taschi-Lama I, 288.
Tubges, Begleiter Hedins I, 204. 288.
Tugdän-gumba I, 252. 370.
Tugendsekte, s. Gelugpa.
Tugri-la II, 84.
Tugu-gumpa II, 108. 109. 112. 132; Saal des Seegottes II, 109; Wandmalerei II, 109.
Tugu-lhamo, Berg II, 185.
Tuksum II, 68. 69.
Tumsangtal I, 240.
Tundup Lama II, 380.
Tundup Sonam I, 119. 131. 138. 146. 147. 157. 163. 173.
Tuta II, 352.
Tuto-pulpa, Berg II, 56.
Tutu-dapso II, 169.
Tyntschung II, 84.

U, Provinz II, 319.
Uchy-la II, 325.
Udscham-tso II, 67.
Ugju, junger Tibeter II, 31. 32.
Umbo II, 72.
Upa, Bewohner von U II, 319.
Urga I, 274; II, 177.
Uschy, Dorf II, 325.

Vackha, Fluß I, 37.
Venedig, Dogenpalast II, 370.
Votivgeschenke I, 302. 303.
Vertrag zwischen China und England I, 350. 352; zwischen England und Rußland II, 193.

Viceregal Lodge in Simla I, 15. 18; II, 385.
Viehzucht, untere Grenze II, 3.

Wacholder I, 248; II, 2; s. auch Pama.
Waddell I, 256. 289. 295; II, 177.
Wallenberg, Gesandter I, 353; II, 213.
Wandkarten im Dogenpalast zu Venedig II, 370.
Wandmalereien I, 303. 304.
Warren Hastings I, 288. 300.
Wasserscheide I, 64. 231. 237. 238. 239. 244. 247. 256; II, 2. 22. 30. 35. 51. 53. 74. 85. 92. 160. 183. 295. 302. 306. 336. 338. 351. 356. 368. 372. 373. 375.
Webber II, 71.
Weißer Fleck der Karte von Tibet I, 131. 228; II, 189. 194. 250. 320. 345. 353. 360. 372. 373.

Wellby I, 48. 81. 88. 92. 93. 96. 118. 119. 126. 129. 131. 133.
Wildesel I, 68. 89. 138. 160. 173; II, 9. 35. 75. 137. 138. 253. 242.
Wildgänse I, 149. 150. 151. 167. 260. 346; II, 14. 149. 150. 326. 327.
Wölfe I, 112. 130. 149. 151. 160. 178. 180; II, 13. 325. 356.
Wood, Hauptmann I, 289; II, 35. 189. 291. 369. 373; Karte II, 27.

Yaks, I, 140. 172. 173. 178. 183; II, 10; ausgestopfte I, 385; Jagd I, 139. 140. 157—159; harte Zunge I, 145.
Yasin II, 374.
Younghusband, Sir Francis I, 6. 10. 18. 23. 28. 42. 48. 259. 289; II, 42. 188.

Ziegeltee I, 166. 347.
Ziegen, tibetische I, 165.
Zugmayer I, 96. 118; II, 227.

नमो मणि पद्मे हूँ